—— 빅데이터와 소셜 미디어 네트워크 이론 – NodeXL 분석론 ——

Analyzing Social Media Networks with NodeXL
Insights from a Connected World

노드엑셀을 이용한 소셜 미디어 네트워크 분석

Derek L. Hansen · Ben Shneiderman · Marc A. Smith
권상희 옮김

컴원미디어

노드엑셀을 이용한 소셜 미디어 네트워크 분석

© (주)글로벌콘텐츠출판그룹, 2019

1판 1쇄 인쇄__2019년 02월 15일
1판 1쇄 발행__2019년 02월 25일

지은이__데렉 L. 한센(Derek L. Hansen)·벤 슈나이더만(Ben Shneiderman)·마크 A. 스미스(Marc A. Smith)
옮긴이__권상희
펴낸이__홍정표
펴낸곳__컴원미디어
　　　　등록__제25100-2007-000015호
　　　　이메일__edit@gcbook.co.kr
공급처__(주)글로벌콘텐츠출판그룹
　　　　주소__서울특별시 강동구 풍성로 87-6(성내동)
　　　　전화__02) 488-3280 **팩스**__02) 488-3281
　　　　홈페이지__http://www.gcbook.co.kr

값 24,000원
ISBN 978-89-92475-84-6 93070

머리말

본 역서는 빅(Big)데이터와 소셜 네트워크 분석(Social Network Analysis)에 관심이 있는 사용자에게 노드엑셀(NodeXL)을 소개하는 입문서이다.

소셜 미디어와 빅데이터 시대 정형·비정형 데이터의 다양한 종류의 네트워크 데이터를 수집, 분석, 시각화 할 수 있다. 본서는 1장-3장에서는 소셜 네트워크 분석 이론을 간략히 소개하고 4장-7장은 노드엑셀 사용에 관한 튜토리얼(교습)을 바탕으로 노드엑셀 설치와 시작방법을 통하여 노드엑셀의 메뉴별 기능과 사용법을 소개하고 있다. 8장-15장은 다양한 소셜 미디어의 분석방법을 다루는 장으로 데이터 다운로드와 분석방법을 실제 데이터로 쉽게 설명하고 있다. 사례로 다루는 소셜 미디어 플랫폼 장르는 이메일(E-mail) 스레드메일(Thread mail)[1] 네트워크, 트위터(Twitter), 페이스북(Facebook), 웹(Web, 하이퍼링크 네트워크), 플리커(Flickr), 유튜브(YouTube), 위키(Wiki) 등으로, 소셜 미디어의 데이터 수집과 분석사례를 다루고 있다.

제 1 편_ 소셜 미디어 분석을 위한 소개

제1장 소셜 미디어 및 소셜 네트워크 소개
제2장 소셜 미디어: 집단 협업의 새로운 기술
제3장 소셜 네트워크 분석: 측정, 시각화, 모형도출

제 2 편_ NodeXL 튜토리얼: 실습 학습

제4장 NodeXL 시작: 레이아웃, 디자인, 라벨링
제5장 네트워크 메트릭스의 계산과 시각화
제6장 데이터 준비와 필터링

---

1) 하나의 프로그램 내에서 여러 개의 실행 흐름을 두기 위한 모델

제7장 클러스터링과 그룹핑

제 3 편_ SNS 사례분석

제8장 이메일(E-mail): 오늘날 커뮤니케이션의 일상요소

제9장 스레드(Thread) 네트워크: 매핑메시지보드와 이메일 리스트

제10장 트위터(Twitter): 대화, 오락, 정보를 하나의 네트워크에 통합한 플랫폼

제11장 페이스북(Facebook) 네트워크의 시각화 및 해석

제12장 웹(Web): 하이퍼링크 네트워크

제13장 플리커(Flickr): 사람, 사진, 태그의 연결

제14장 유튜브(YouTube): 컨텐츠, 인터렉션, 유명세의 대조적 패턴

제15장 위키(Wiki) 네트워크: 창조성과 협업의 연결성

본서는 소셜 네트워크의 세부 장르별 데이터의 수집과 분석을 통하여 실제 사례를 적용하여 응용할 수 있는 사례로 구성하였다. 특히, 노드엑셀을 처음으로 사용하는 초보자를 위해 노드 엑셀 개념, 설치, 이론, 실습방법을 단계적으로 구성하여 초보에서 응용까지 할 수 있게 하였 다. 본서를 통하여 기본이론을 학습(學)하고 프로그램을 쉽게 익(習)혀서 소셜 미디어의 빅데이 터와 소셜 미디어 텍스트 분석, 미디어 마케팅, 문화소비 등에 자신의 사례에 적용할 수 있도록 구성하였다.

목차

Part 1
소셜 미디어 분석을 위한 소개

제1장_ 소셜 미디어 및 소셜 네트워크 소개

1.1 들어가기 ·· 21

1.2 역사적 관점 ·· 22

1.3 소비자 적용 관점으로 본 소셜 미디어의 성장 ···························· 23

1.4 개인 기부가 공공 재산을 창출 ·· 24

1.5 누가 이 책을 읽어야 하는가 ·· 26

1.6 소셜 미디어를 민족 복지에 적용 ·· 26

1.7 세계적인 노력 ·· 29

1.8 실무요약 ·· 31

1.9 연구의제 ·· 31

참고문헌 ··· 33

추가자료 ··· 33

제2장_ 소셜 미디어: 집단 협업의 새로운 기술

2.1 들어가기 ·· 35

2.2 소셜 미디어의 정의 ·· 36

2.3 소셜 미디어 디자인 프레임워크 ··· 37

2.4 소셜 미디어 사례 ··· 47

2.5 실무요약 ·· 68

2.6 연구의제 ·· 69

참고문헌 ··· 70

추가 자료 ·· 71

제3장_ 소셜 네트워크 분석: 측정, 시각화, 모형도출

3.1 소셜 네트워크 분석이란? ·· 72

3.2 네트워크 관점 ·· 73

3.3 네트워크의 유형들 ·· 77

3.4 네트워크 분석결과와 실행자의 관점 ··· 79

3.5 네트워크 분석 지표 ··· 80

3.6 풍부한 연산 시대의 소셜 네트워크 ··· 81

3.7 풍부한 소셜 네트워크의 시대: 데스크에서 모바일로 ················· 82

3.8 네트워크 분석의 도구 ··· 82

3.9 소셜 네트워크의 시각적 표현 ··· 83

3.10 소셜 미디어에 적용되는 일반적 네트워크 ··································· 83

3.11 실무요약 ··· 84

3.12 연구의제 ··· 85

참고문헌 ··· 86

Part 2
NodeXL 튜토리얼: 실습 학습

제4장_ NodeXL 시작: 레이아웃, 디자인, 라벨링

4.1 들어가기 ··· 91

4.2 NodeXL 다운받기와 설치하기 ··· 93

4.3 NodeXL 실행하기 ··· 94

4.4 레이아웃: 그래프 창에서 꼭짓점(Vertex) 정렬하기 ··················· 98

4.5 비주얼 디자인: 네트워크 디스플레이 의미 있게 만들기 ········· 102

4.6 레이블링: Vertex 및 Edge에 텍스트 레이블(Label)을 추가하기 ··· 107

4.7 실무요약 ··· 111

4.8 연구의제 ··· 112

참고문헌 ·· 113

추가자료 ·· 114

제5장_ 네트워크 메트릭스의 계산과 시각화

5.1 들어가기 ··· 115

5.2 Kite 네트워크 예시 ·· 116

5.3 그래프 Metrics 계산 ·· 117

5.4 레미제라블 동시출현 네트워크 ·· 124

5.5 실무요약 ·· 130

5.6 연구의제 ·· 131

참고문헌 ·· 132

제6장_ 데이터 준비와 필터링

6.1 들어가기 ·· 133

6.2. SeriousEats 네트워크의 예 ·· 134

6.3 중요한 특징을 보여주고 클러터를 줄이기 위한 필터링 ················ 140

6.4 합성 ··· 150

6.5 실무요약 ·· 151

6.6 연구의제 ·· 151

참고문헌 ·· 152

제7장_ 클러스터링 및 그룹핑

7.1 들어가기 ·· 154

7.2 2007년 미국 상원의원 투표 분석 ·· 155

7.3 레미제라블의 캐릭터 클러스터 ·· 164

7.4 FCC 로비 연합체 네트워크 ··· 164

7.5 실무요약 ·· 169

7.6 연구의제 ·· 170

참고문헌 ·· 171

추가자료 ·· 171

Part 3
SNS 사례분석

제8장_ 이메일(E-mail): 오늘날 커뮤니케이션의 일상요소

8.1 들어가기 ·· 175

8.2 이메일의 정의와 역사 ·· 177

8.3 이메일 네트워크 ·· 179

8.4 이메일 네트워크 분석은 어떠한 질문들에 답할 수 있을까? ···················· 181

8.5 이메일 자료 사용하기 ·· 184

8.6 노드엑셀에 있는 이메일 자료 정리하기 ······························· 191

8.7 개인 이메일 네트워크 분석하기 ··· 195

8.8 조직 이메일 네트워크를 통해서 현재 사용되는 조직도 만들기 ······ 202

8.9 (엔론)이메일의 역사적 그리고 법리적 분석 ·························· 208

8.10 실무요약 ··· 211

8.11 연구의제 ··· 212

참고문헌 ··· 213

제9장_ 스레드(Thread) 네트워크: 매핑메시지보드와 이메일 리스트

9.1 들어가기 ··· 215

9.2 Threaded 대화의 역사와 정의 ·· 216

9.3 어떤 질문을 할 수 있는가? ·· 220

9.4 Threaded 대화 네트워크 ·· 221

9.5 기술 지원 이메일 리스트 분석: CCS-D ·································· 224

9.6 ABC-D 이메일 리스트에 대한 새로운 커뮤니티 관리자 찾기 ······· 232

9.7 RAVELRY 그룹 이해하기 ·· 235

9.8 실무요약 ·· 238

9.9 연구의제 ·· 239

참고문헌 ··· 240

제10장_ 트위터(Twitter): 대화, 오락, 정보를 하나의 네트워크에 통합한 플랫폼

10.1 들어가기 ·· 242

10.2 트위터의 너트와 볼트 ·· 246

10.3 트위터의 네트워크 ·· 252

10.4 데이터 수집 ·· 257

10.5 트위터로 검색 ··· 262

10.6 실무요약 ·· 280

10.7 연구의제 ·· 281

참고문헌 ··· 282

추가자료 ··· 282

제11장_ 페이스북(Facebook) 네트워크의 시각화 및 해석

11.1 페이스북 소개: 세계의 소셜 그래프 ···································· 284

11.2 페이스북의 역사 ·· 286

11.3 페이스북 네트워크를 매핑하는 이유는 무엇인가? ·········· 288

11.4 페이스북 우정 네트워크는 어떤 종류의 네트워크인가? ··· 289

11.5 데이터를 노드엑셀로 가져오기 ··· 290

11.6 기본 페이스북 시각화 만들기 ··· 295

11.7 정렬된 및 정렬되지 않은 데이터와 속성 ·························· 296

11.8 Friend wheel에서 Pinwheel로: 페이스북을 통한 노드엑셀 시각화 ······ 306

11.9 실무요약 ··· 312

11.10 연구의제 ··· 313

참고문헌 ·· 314

추가자료 ·· 315

제12장_ 웹(Web): 하이퍼링크 네트워크

12.1 들어가기 ··· 316

12.2 하이퍼링크 네트워크 ·· 318

12.3 보손 데이터 제공자 ·· 322

12.4 예 1: 나의 조직 웹사이트로 연결되는 사람은 누구인가? ······ 323

12.5 예 2 : 분야/산업/부문의 하이퍼링크 네트워크란 무엇인가? ······ 337

12.6 블로그, 임시 변경 사항 및 네트워크 흐름 ······················· 340

12.7 실무요약 ··· 342

12.8 연구의제 ··· 342

참고문헌 ·· 344

제13장_ 플리커(Flickr): 사람, 사진, 태그의 연결

13.1 들어가기 ··· 346

13.2 플리커 소셜 미디어 ·· 347

13.3 플리커 네트워크 ·· 354

13.4 플리커 네트워크를 분석함으로써 어떠한 질문들이 답변이 될 수 있을까? ······ 358

13.5 노드엑셀에 플리커 자료 가져오기 ······································· 360

13.6 플리커 자료를 사용하는 것 ·· 364

13.7 노드엑셀을 사용하여 플리커 네트워크를 분석하는 것 ······ 365

13.8 실무요약 ··· 377

13.9 연구의제 380

참고문헌 383

제14장_ 유튜브(YouTube): 컨텐츠, 인터렉션, 유명세의 대조적 패턴

14.1 들어가기 385

14.2 유튜브란 무엇인가? 386

14.3 유튜브의 구조 388

14.4 유튜브 네트워크 391

14.5 중심, 그룹, 층: 유튜브의 소셜 네트워크 분석은 어떤 질문에 답할 수 있는가? 392

14.6 노드엑셀에 유튜브의 데이터 가져오기 395

14.7 유튜브 네트워크 데이터에 대한 준비 399

14.8 유튜브 네트워크에 대한 분석 400

14.9 실무요약 420

14.10 연구의제 421

참고문헌 422

제15장_ 위키(Wiki) 네트워크: 창조성과 협업의 연결성

15.1 들어가기 423

15.2 위키시스템의 주요 특징들 426

15.3 편집활동으로부터의 위키 네트워크 432

15.4 위키 프로젝트내에서 다른 유형의 편집자를 식별하기 435

15.5 특정 사용자 유형을 보이기 위한 노드엑셀 시각화 전략 441

15.6. 문서 토론 페이지에서 양질의 공헌자 찾기 449

15.7 로스트피디아 돌아다니기: 노드엑셀을 사용하여 위키시스템의
     큰 규모의 협력적 구조 나타내기 455

15.8 위키시스템으로부터의 데이터 수집 462

15.9 실무요약 464

15.10 연구의제 465

참고문헌 467

색인 470

들어가기

우리는 네트워크의 시대에 살고 있다. 때로는 학술 연구자의 열망은 상업 개발자, 기업가 및 정부기관 직원의 요구와 조화를 이룬다. 저자들은 정보 연구, 컴퓨터 과학 그리고 사회학에 대한 보완적인 배경뿐만 아니라 휴먼- 컴퓨터 상호작용(HCI), 네트워크 분석, 소셜 미디어 및 정보 시각화에 대한 학제간 연구(學際間研究, Interdisciplinarity) 주제에 대한 공통 관심사를 함께 공유해 왔다.

동시에 트위터, 페이스북, 플리커(Flickr), 유튜브(YouTube) 및 소중한 자원을 생산하는 위키피디아와 같이 눈에 띄는 오픈 소스 커뮤니티와 같은 소셜 미디어 상용 플랫폼의 성공에 대처하고 있는 기업가 커뮤니티의 관심이 커지고 있다. 이 기업가들은 그들의 창조물을 네트워크로 인식하고 사회 공동체의 언어를 활용하고 동기 부여, 영향력 및 사회적 역할에 대해 연구문제화 한다.

소셜 미디어 네트워크 분석 및 시각화 도구는 많은 연구 그룹 및 신생 회사에서 출현했다. 이러한 선구적인 네트워크 분석도구는 프로그래밍 기술과 기술 네트워크 용어에 대한 지식이 필요한 경우가 많으므로 프로그래밍 기술이 없는 사람들이 네트워크 데이터를 가져 와서 이해할 수 있는 문제가 된다. 2000년 초까지 네트워크 메트릭스(metrics)는 성숙한 주제지만 지난 10년 동안 특히 2018년은 인공지능 4차 산업 등으로 인하여, 레이아웃 및 클러스터링 알고리즘에 대한 연구가 급격히 증가하여 시각화가 가능한 수준의 품질을 향상시켰다. 마찬가지로 네트워크를 필터링, 강조 표시 및 해독하는 전략이 점차 커지면서 점점 더 많은 네트워크에서 점점 더 다양한 문제를 해결할 수 있게 되었다. 저자는 운 좋게도 노드엑셀 도구를 개발한 독창적인 기술을 갖춘 팀원이 되었다. Microsoft Research External Research Projects 그룹이 후원하는 본 팀은 미국 및 유럽 전역에 걸쳐 전 세계의 다른 사람들과 연결된다. 주간 전화는 2년 넘게 요구 사항을 개발하고 우선순위를 설정하는 소셜 미디어 네트워크 분석의 진입 장벽을 상당히 낮추는 동시에 네트워크 통찰력을 찾는 사용자에게 제공되는 힘을 높일 수 있다. Excel

2007은 비즈니스 커뮤니티에서 폭넓게 수용되고 다양한 기능을 제공하며 확장의 편리성 때문에 데이터 가져오기 및 조작을 위한 첫 번째 플랫폼으로 선택했다. 그런 다음 기존 분석 및 그래픽 도구에서 최상의 기능을 가져 와서 통계 방법과 정보 시각화 전략을 긴밀하게 통합하면서 다양한 사용자가 쉽게 익힐 수 있다는 목표를 염두에 두었다.

네트워크 차트의 시각적 속성을 정확하게 관리해야 꼭짓점(Vertex) 레이아웃, 크기, 색상, 모양, 이미지, 레이블 및 불투명도에 대한 풍부한 컨트롤과 모서리(Edge)의 두께와 같은 병렬 속성이 필요했다. 빠른 필터링에 대한 요구는 야만적인 더블 슬라이더 범위 컨트롤을 기반으로 하는 동적 쿼리에 만족했다. 여러 소스의 데이터를 지원하려는 열망은 공통 플랫폼에서 여러 네트워크를 가져오기 위한 강력한 노력으로 이어졌다. 소셜 미디어 네트워크에 대한 통찰력을 얻으려는 욕망은 유튜브, 트위터, 플리커(Flickr) 및 개인 이메일과 같은 인기 있는 소셜 미디어 네트워크 소스의 네트워크 데이터 스트림을 열 수 있는 몇 가지 '핵심적이고 연결(spigot)'된 통합을 이끌어 냈다.

노드엑셀 출시 후 릴리스 될 때, 때로는 단 몇 주 만에 우리는 자체 소셜 네트워크 연구 프로젝트에서 테스트 한 다음 3가지 학업 코스와 컨퍼런스의 전문 자습서에 사용했다. 이러한 경험 덕분에 우리는 유용성 측면을 개선할 수 있었고 또한 교수 전략을 개선한 분석 프로세스에 대한 중요한 설명을 이끌어 냈다. 각 단계에서 우리는 소셜 미디어 분석에서 실용적인 통찰력을 얻는 데 있어서 우리와 사용자가 달성할 수 있는 것에 대한 열망을 제기했다. 우리는 노드엑셀 사용자가 달성할 수 있는 것에 만족하지만, 우리는 소셜 미디어 분석 가능성의 다양성과 이러한 다양성으로 인해 소셜 미디어 시대를 겸허하게 하게 대하며 더불어 새로운 기회와 도전은 매우 클 것으로 보인다. 이에 대한 연구원과 개발자는 앞으로 수년간 소셜 미디어에 대하여 생산적으로 참여하게 될 것이다.

감사의 말

The authors would like to thank the many people who have made this document and the NodeXL project possible. First, the members of the NodeXL design and development team include Natasa Milic-Frayling, Eduarda Mendes Rodrigues, Janez Brank, and Annika Hupfeld from Microsoft Research in Cambridge, England, and Jure Leskovec at Standford. We thank Tony Capone from Microsoft Research in Redmond, Washington, for his remarkable programming prowess, thoughtful discussions about features, and always courteous help to us and the NodeXL user community.

Support for NodeXL development has been generously provided by Tony Hey, Daron Green, and Dan Fay from the Microsoft Research External Research Programs group in Redmond, Washington.

We thank Eric Gleave from the University of Washington; Vladimir Barash from Cornell University; and Cody Dunne, Udayan Khurana, and Adam Perer from the University of Maryland for their intellectual contributions to our grand adventure.

We thank SeriousEats (www.seriouseats.com), which has allowed us to use data collected from its fascinating online community. We also thank Emily Mason, Chad Doran, and Rachel Collins, who collected data sets used in the book as part of their coursework and came up with compelling analyses of them. Special thanks to Chris Wilson of Slate Magazine for sharing the Senate 2007 voting data.

Our many users have provided remarkable feedback, but Pierre de Vries merits a specific mention for pushing NodeXL beyond our expectations. Our research collaborators Dana Rotman and Elizabeth Bonsignore have made it possible to field-test NodeXL and carefully document the results. The students of several classes who were assigned projects with NodeXL have been patient and forgiving as we refined the rough edges. Many thousands of people have downloaded NodeXL, and several have created research and business results using the tool. We appreciate the time and attention our users give the tool and the project and hope they will continue to upgrade with us as the project grows. We are grateful to these and many other people for their efforts to make NodeXL an easy and useful tool for understanding complex networks.

Andrew Fiore, the University of California at Berkeley

Barry Wellman, University of Toronto

Bill Johnston, ForumOne Communications

Cliff Lampe, Michigan State University

Dave Ashton, OsVisNet Project

David Shamma, Yahoo! Research

Eleanor Wynn, Intel Corporation

Elizabeth Bonsignore, University of Maryland

George Barnett, University of California at Davis

Han Woo Park, Yeungnam University

Howard Rheingold, social media author and teacher

Jes Koepfler, University of Maryland

John Kelly, Morningside Analytics

Julian Hopkins, Monash University

Keith Hampton, University of Pennsylvania

Lada Adamic, University of Michigan

Libby Hemphill, Illinois Institute of Technology

Mathieu Bastian, Project Gephi

Martha Russell, Stanford Media-X program

Nicky Van Zyl, Vodacom South Africa

Nosh Contractor, Northwestern University

Phillip Howard, University of Washington

Pierre de Vries, independent telecommunications policy researcher

Randy Farmer, social media strategy consulting, WikiAnswers

Rob Cross, University of Virginia

Ton Zijlstra

Yann Leroux

Our Twitter fans!

저자들에 대한 소개

데렉 L. 한센(Derek L. Hansen)은 메릴랜드 대학교 iSchool의 교수이자 커뮤니티와 정보의 진화 연구센터의 관리자이다(http://casci.umd.edu). 이 연구센터에서는 다양한 분야의 융합연구를 진행하고 있으며, 실제 및 가상공간에서 필요한 것들을 지원하기 위한 참신한 사회적 기술력을 견인하는 연구에 집중하고 있다. 또한 그는 인류의 컴퓨터 이용에 관한 연구인 휴먼 컴퓨터 인터랙션 연구소의 활동적인 연구원 중 한 명이다(www.cs.umd.edu/hcil). 한센 박사는 미시간 대학교 정보대학원에서 박사 학위를 받았다. 박사 후 학제 간 연구로 STIET 연구원에서(http://stiet.si.umich.edu) 효과적인 온라인 사회 기술 이해 및 설계시스템 연구를 주로 하였다. 소비자 건강 정보, 온라인 커뮤니티의 소셜 네트워크 분석으로 의료, 과학 및 엔터테인먼트 분야를 중심으로 "목록 추천 시스템" 및 "소셜 네트워킹의 특성"을 주로 연구하고 있다.

벤 슈나이더만(Ben Shneiderman)은 메릴랜드 대학의 컴퓨터 과학과 교수로(1983~2000), 휴먼 컴퓨터 인터랙션 랩(www.cs.umd.edu)의 창립자이다(www.cs.umd.edu/~ben). 그는 ACM(1997) 펠로우로서 AAAS 어워드(2001), ACM SIGCHI Lifetime Achievement 어워드(2001)를 수상했다.

벤 슈나이더만은 Catherine Plaisant와 공저로 『Designing the User Interface : Strategies for Effective Human Computer Interaction』(제5판, 2009년 4월, www.awl.com/DTUI)을 집필했다. S. Card 및 J. Mackinlay와 『Readings in Information Visualization: Using Vision to Think』(1999), Ben Bederson과 『The Craft of Information Visualization』(2003)을 공동집필했으며, 『Leonardo' Laptop : Human Value and the New Computing Technologies』(2002, MIT Press) 등을 출간하여 IEEE 도서상을 수상했다.

마크 A. 스미스(Marc A. Smith)는 사회학자로 컴퓨터를 매개로 하는 상호작용과 온라인 커뮤니티의 사회조직화 전문가이다.

그는 레드몬드에 있는 마이크로소프트 연구소에서 커뮤니티 테크놀로지 그룹을 설립하고 운영했으며, 소셜 미디어 보고서와 텔리전트 시스템을 위한 분석툴 개발을 주도했다. 그는 Peter Kollock과 온라인 그룹들이 소셜 주문 개발, 상호작용, 확인하는 방식들을 탐색하는 글들을 모아 『Communities in Cyberspace』(Routledge)를 공동 편집했다.

마크 A. 스미스의 연구는 주로 컴퓨터를 매개로 하는 수집활동에 초점이 맞춰져 있다. 그의 목표는 소셜 사이버 공간들을 시각화하는 것인데, 그들의 구조, 역동성, 수명주기에 관한 것들이다. 그가 마이크로소프트사에 재직시 개발한 웹 애플리케이션 'NetScan'과 마이닝 엔진은 연구자들이 Usenet과 관련된 저장소의 게시 비율, 게시자, 상호게시 활동기여도 등 세부 정보들을 연구할 수 있게 해주었다.

그는 엑셀 스프레드시트로 쉽게 활용할 수 있는 소셜 네트워크 분석 기능을 갖춘 무료 NodeXL 프로젝트(www.codeplex.com/nodexl)에 참여하고 있다. 설명서는 책으로도 발간되었으며, 무료로 이용이 가능하다(http://casci.umd.edu/NodeXL_Teaching). 마크 A. 스미스는 필라델피아 드렉셀 대학교에서 국제지역학을 전공하였고, 캠브리지대에서 사회이론으로 석사를 마치고, UCLA에서 사회학 박사학위를 받았다.

〈옮긴이 소개〉

권상희 성균관대학교 미디어커뮤니케이션학과 교수이다. 사이버커뮤니케이션과 고급 커뮤니케이션 통계분석론을 강의하고 있다. 소셜 미디어, 미디어이론을 연구하고, 빅(big)데이터, AI, 미디어이론에 관심을 두고 있다.

서울대학교 언론정보학과에서 학사, 캘리포니아주립대 Radio-Television-Film학과에서 석사, 남 일리노이대에서 Mass Communication & Media Arts로 박사를 마쳤다. (주)삼성전자 홍보실과 아칸사스주립대 신문방송학과에 조교수로 재직했으며, 캠브리지대에서 연구년을 보냈다.

역서로 〈사이버 커뮤니케이션 이론〉, 〈디지털 시대 미디어 임팩트〉, 〈미디어의 경쟁과 공존〉, 〈아나운싱 : 디지털시대 방송 커뮤니케이션〉과 저서로 〈컨버전스와 미디어의 세계〉, 〈디지털 문화론〉이 있다. 주요 연구로 상호작용 차원연구, 미디어 적소연구, 인터넷 미디어 뉴스형식 연구, 인터넷 발달 보도 프레임 연구, 뉴 할리우드 영화의 포스트모더니즘 연구, 인터넷 광고 효과 모형, 온라인 저널리즘 기사구성방식 비교, 뉴미디어시대 방송, 통신 융합 연구, 생명공학 보도경향 연구 등이 있다.

skweon@skku.edu

ANALYZING SOCIAL MEDIA NETWORKS WITH NODEXL

Part 1

소셜 미디어 분석을 위한 소개

1

소셜 미디어 및 소셜 네트워크 소개

목차

1.1 들어가기	21	1.7 세계적인 노력	29
1.2 역사적 관점	22	1.8 실무요약	31
1.3 소비자 적용 관점으로 본 소셜 미디어의 성장	23	1.9 연구의제	31
1.4 개인 기부가 공공 재산을 창출	24	참고문헌	33
1.5 누가 이 책을 읽어야 하는가	26	추가자료	33
1.6 소셜 미디어를 민족 복지에 적용	26		

1.1 들어가기

수십억의 사람들이 매일 소셜 미디어를 통해 수십억 건의 소셜 네트워크를 만들고 있지만, 클릭 및 주요 입력으로 관계를 형성하고 소셜 네트워크를 어떻게 구축하는지를 생각하는 사람은 거의 없다. 이메일, 블로그, 마이크로 블로그 및 위키와 같은 소셜 미디어 도구를 열정적으로 사용하는 사람은 개인적 또는 공개적으로 메시지를 보내고, 강하게 느낀 의견을 게시하거나, 커뮤니티 지식에 기여하여 파트너십을 개발하고 문화유산을 홍보하며 개발을 촉진할 수 있다. 헌신적인 소셜 네트워킹 담당자는 디지털 미디어를 만들고 공유하며 경험을 공유하고 이웃과 동료에게 도움을 주고 창의력을 표현할 수 있는 자료(resource)를 평가하거나 추천한다. 그 결과는 사람들을 다른 사람, 문서, 위치, 개념 및 기타 대상과 연결시켜 광범위하고 복잡한 연결망이 형성된다. 수십억 개의 메시지, 링크, 게시물, 편집, 업로드된 사진 및 비디오, 리뷰 및 권장사항으로 형성된 연결에서 수집, 분석, 시각화, 그리고 시사점을 형성할 수 있는 새로운 도구를 사용할 수 있다. 소셜 미디어는 인간 상호작용을 위한 광범위한 플랫폼으로, 우리를 서로 연결하고 보이지 않는 관계를 시각화할 수 있다. 결과는 이전에는 볼 수 없었던 규모의 소셜 네트워크를 세밀하게 그리고 매핑할 수 있는 새로운 기회가 생겼다. 이제 사회적 관계망에서 나오는 복잡한 구조는 사회적 네트워크 분석의 과학을 활용하는 컴퓨터 프로그램 및 그래픽 맵을 사용하여 연결고리와 링크 내에서 모양과 주요 위치를 파악할 수 있다. 이러한 그림들은 이전에 알려지지 않은 사회적 풍경을 통해 새로운 안내를 할 수 있다.

1.2 역사적 관점

네트워크 과학은 광범위한 물리적 및 사회적 현상에서의 연결 패턴 연구에 중점을 둔다. 네트워크 연구자들은 화학적, 유전적 연결, 동물들이 서로 잡아먹는 먹이 사슬, 집단행동, 공감, 사회적 응집력, 사생활, 책임, 시장, 동기 부여 및 신뢰와 같은 인간 사회 현상을 심층적으로 분산시켜 기초적 물리적 시스템을 탐구해 왔다. 지난 수십 년 동안 네트워크 연구자들은 새로운 데이터 수집 방법, 혁신적인 수학 기법 및 놀라운 예측 가능성을 개발했다. 영주 켈빈(1824-1907)이 과학 발전의 방법으로 신중한 측정을 장려한 것과 마찬가지로 집단행동, 협력 및 생산적인 공동체의 새로운 과학은 새로운 형태의 측정을 요구하고 한다. 마찬가지로 뉴턴(1643-1727)과 라이프니쯔(1646-1716)가 움직이는 물체의 물리적 세계를 파악하기 위해 수학적 방법을 만든 곳에서 사회과학자들은 소셜 네트워크의 진화, 확산 및 붕괴를 포착하기 위한 고급 수학적 방법을 개발하고 있다. 갈릴레오(1564-1642)의 망원경, 훅(1635-1703)의 현미경 또는 렌젠(1845-1923)의 엑스레이와 같은 새로운 정보 분석도구는 이전에는 볼 수 없었던 구조를 시각화해 낸다. 목성의 달, 식물 세포 및 살아있는 생물의 해골은 모두 이전의 기술로 밝혀졌다. 오늘날, 새로운 네트워크 과학 개념 및 분석도구로 인해 이전에는 불가능했던 방식으로 격리된 그룹, 영향력이 있는 참가자 및 커뮤니티 구조를 시각화할 수 있게 되었다.

소셜 네트워크 분석(social network analysis)은 인간관계와 연결에 대한 연구에 네트워크 과학의 광범위한 분야를 적용하는 것이다. 소셜 네트워크는 페이스북과 프렌드스터, 심지어 첫 이메일 메시지와 같은 시스템보다 오랜 역사를 가지고 있다. 누군가가 다른 사람들과 도움을 교환한 이래로 소셜 네트워크는 거의 보이지 않았지만 존재했다. 소셜 네트워크는 사람들과 사물 간의 연결고리를 통해 만들어진다. 소셜 네트워크 과학 그 자체는 비교적 새로운 것으로, 20

세기 초에 그래프와 토폴로지의 수학에서 2세기에 걸친 작업을 기반으로 한 뿌리가 있다. 21세기에, 네트워크 과학은 평범한 네트워크 통신의 새로운 글로벌 문화와 함께 꽃 피었다. 광범위한 네트워크 연결을 통해 지난 수십 년 동안 수십억 명의 사람들이 소셜 미디어를 창의적으로 사용하여 삶을 바꾸었다. 우리는 소셜 미디어를 사용하여 가족과 친구들을 더 가깝게 하고, 이웃과 동료에게 다가 가고, 제품과 서비스 시장을 활성화한다. 소셜 미디어는 로컬 지역을 연결하고 컨택을 확장할 수 있는 연결을 생성하는 데 사용된다. 이러한 연결고리는 사소한 것에서부터 가장 가치가 있는 강력한 공동작업, 관계 및 커뮤니티에 이르기까지 다양하다. 위키피디아, 수백만 명이 사용하는 오픈 소스 소프트웨어, 정치 참여의 새로운 형태, 연구를 가속화하는 과학 공동작업자와 같은 대규모 성공적인 공동 협력 프로젝트를 창출하기 위해 소셜 미디어 도구가 성공적으로 사용되었다. 블로그, 위키, 트위터, 페이스북과 같은 시스템은 이제 겨우 세계적으로 확산되는 사회 및 정치적 영향에 대한 헤드라인 뉴스가 되었다. 소셜 미디어와 관련된 기관의 모양, 크기 및 목표가 매우 다르긴 하지만 모든 소셜 미디어 공간을 통일하는 공통 구조는 소셜 네트워크다. 이 모든 시스템은 흔적을 남기는 연결을 만들고 공동으로 네트워크를 만든다.

1.3 소비자 적용 관점으로 본 소셜 미디어의 성장

소셜 미디어는 Facebook 및 Twitter와 같은 소비자 애플리케이션 형태로 존재지만 대부분의 기업, 기관 및 조직을 둘러싸고 있는 방화벽 뒤에는 소셜 미디어 도구가 많이 사용된다. 이러한 기업 내에서 직원들은 문서를 공유하고 메시지를 게시하고 광범위한 토론에 참여하고 주석(annotaion)을 문서화하며 다른 직원 및 기타 자료와 광범위한 연결 패턴을 만든다. 네트워크 통신은 고객 및 파트너와 상거래의 모든 측면에 사용되는 내부 신경 시스템에 필수적인 요소가 되었다. 소셜 미디어 도구는 품질을 향상시키고 비용을 절감하며 마케팅, 광고 및 고객 지원에 새로운 기회를 제공하는 고객 및 파트너 커뮤니티를 만들 수 있는 내부 토론을 실시한다.

기업이 전자메일, 게시판, 블로그, 위키, 문서 공유 및 활동 스트림과 같은 도구 채택에 따라 여러 소셜 네트워크 데이터 구조가 생성된다. 이러한 네트워크에는 중요한 역할을 담당하는 비즈니스 네트워크 참가자를 노출시켜 중요한 비즈니스 가치를 지닌 정보가 포함되어 있다. 일부 직원은 회사의 다른 부서 간에 브리지 또는 브로커 역할을 한다. 다른 사람들은 그들이 다른 많은 사람들을 위한 정보의 원천으로 봉사하고 있음을 나타내는 연결 패턴을 가지고 있다. 조직의 소셜 네트워크 분석은 회사의 조직 구조에 대한 MRI 또는 X-ray 이미지 형식을 제공한다. 이러한 이미지는 조직의 구성원이 전통적인 '조직도'의 공식적인 계층 구조와 대조적으로 실제로 구성되는 방식을 보여준다.

기술 컨설팅 회사는 최근 조직 내 연결 패턴 분석의 가치를 강조하기 시작했다. 가트너 그룹(Gartner Group)은 소셜 네트워크 분석이 '미개척 정보 자산'이라며, 기업에서 전략적 이점으로 작용할 것이라고 보고했다. 그들은 회사 내의 '관계, 정보 흐름 및 가치 교환에 대한 비즈니스 인텔리전스' 분석을 권장한다. 조직 분석, 가치 네트워크 분석, 영향 분석 등 세 가지 분리된 상거래 영역에 네트워크 분석이 집중될 수 있다고 이들은 주장한다. 각 단위에서 네트워크 분석은 초크 포인트 및 레버리지 위치 파악, 전문 기술 위치 파악 및 혁신 향상을 위한 유용한 방법이다.

1.4 개인 기부가 공공 재산을 창출

소셜 미디어 집단 상품은 공적 가치와 부를 창출하는 상향식 개인 이니셔티브의 놀라운 이야기다. 개별 소셜 미디어 기고 모음은 방대하고 유익하면서도 복잡한 사회 기관을 창출할 수 있다. 이 책의 저자와 성장하는 소셜 미디어 분석가의 흥미로운 도전 과제는 소셜 미디어 기고의 창발적이고 집합적인 속성을 인식하면서 개인행동에 초점을 맞추는 것이다. 나무, 가지, 잎뿐만 아니라 소셜 미디어 숲까지 보려면 많은 양의 상호작용 기록을 통합하고 정리하고 제시할 수 있는 도구가 필요하다. 연결의 소셜 미디어 환경을 보다 잘 파악하면 사용자 인터페이스와 정책이 개선되어 개인의 기여도와 품질이 향상될 수 있다. 개인, 조직(individuals, groups) 및 정부가 소셜 미디어를 우선순위에 보다 효과적으로 적용하는 데 도움이 되는 더 나은 관리 도구 및 전략으로 이어질 수 있다.

수많은 유토피아 주석가가 소셜 미디어의 장점을 보고하고 선포했다. 그러나 위험한 범죄자, 악의적인 선동가, 인종적 증오자 및 억압적인 정부는 소셜 미디어 도구를 사용하여 파괴적인 활동을 가능하게 한다. 소셜 미디어의 비평가들은 생명력 있는 자원이 많은 작은 조각들로 구성되어 있을 때 잃어버린 책임감과 창조적 공헌에 대한 존중의 위험성에 대해 경고한다.[1] 이러한 위험은 소셜 미디어 현상을 연구, 개선 및 보호할 수 있는 방법을 이해하는 데 관심을 갖게 한다. 왜 다른 사람들이 실패하는 동안 일부 그룹의 사람들이 이 도구를 사용하여 성공하는가?

커뮤니티 관리자 및 참가자는 소셜 미디어 공간의 소셜 네트워크 맵(social network map)을 사용하여 최상의 기능을 배양하고 부정적인 결과를 제한하는 방법을 배울 수 있다. 소셜 네트워크 측정 및 지도를 사용하여 집단활동에 대한 통찰력을 얻고 생산능력의 최적화를 유도하면서 컴퓨터 매개 통신에서의 대부분의 노력을 괴롭히는 파괴력을 제한할 수 있다. 이러한 커뮤니티를 육성하는 데 관심이 있는 사람들은 소셜 미디어 활동을 측정하고 매핑하여 소셜 미디어 노력을 서로 비교하고 대조할 수 있다.

전세계 커뮤니티 이해 관계자, 관리자, 지도자 및 회원은 소셜 네트워크 분석방법을 적용하여 커뮤니티의 역동성과 개별 기여도의 영향을 연구, 추적 및 비교하는 방법을 익히는 것이 도움이 된다는 사실을 알게 되었다. 비즈니스 리더 및 분석가는 주요 소셜 네트워크 제공자를 식별하고 조직 전체의 간격이나 연결을 찾아보고 중요한 문서 및 기타 디지털 개체를 발견하여 조직의 성과를 향상시키기 위해 기업 소셜 네트워크를 연구할 수 있다. 마케팅 및 서비스 디렉터는 소셜 미디어 네트워크 분석을 사용하여 자사 제품 및 서비스의 홍보를 유도하고, 칭찬 및 불만 사항을 추적하고, 고객 요청에 응답할 수 있다. 커뮤니티 관리자는 공통 관심사를 중심으로 사람들을 모으고 사회적으로 생산적인 관계가 성립되도록 보장하는 공공 접근 시스템에 이러한 기술을 적용할 수 있다. 소셜 미디어 도구는 정부기관 지도자가 자신의 커뮤니티와 커뮤니티를 구축하고 관리하는 데 능숙해 지도록 요구하는 국가 우선 순위의 중심이 되었다. 모든 수준의 정부는 공중보건 정보 보급, 재난대응, 에너지 절약, 환경보호, 지역사회 안전 등을 위한 소셜 미디어 도구를 최적화하고 유지하는 법을 배워야 한다.

이 책에서 우리는 소셜 네트워크 분석의 방법과 개념의 적용을 통해 이러한 소셜 미디어 현상의 사회구조와 조직을 탐구한다. 네트워크 분석은 사람들을 포함하여 엔티티 간의 연결고리를 기술하고 분석하는 비교적 최근의 과학적 방법이다. 네트워크 분석은 네트워크를 요약하고 링크 매트릭스(matrix) 내의 전략적 위치와 직위를 차지하는 핵심 인물 또는 기타 대상을 식별하는 강력한 방법을 제공한다. 이러한 구조를 매핑하는 시각화는 연결된 모집단 내의 모양, 크기, 밀도, 하위 영역 및 주요 위치에 대한 직관력과 통찰력을 제공하기 위해 수치적인 측정값을 보완한다. 수십 년 동안 헌신적인 과학자, 기술자 및 기업가는 도구, 분석방법, 시각화 접근법 및 소셜 네트워크 분석을 위한 데이터 소스를 크게 향상시켰다. 점점 더 유력한 소프트웨어 응용프로그램을 사용하여 이러한 현상을 연구하고 유용하고 실용적인 통찰력을 발견할 수 있다. 최근까지 이러한 도구는 많은 관심있는 사용자를 배제한 중요한 프로그래밍 및 데이터 관리 기술을 요구했다. 우리는 사용하기 쉽도록 설계된 소셜 네트워크 분석도구에 중점을 두고 소셜 미디어, 무료 및 개방형 Network Overview Discovery 및 Excel 2007 애드인 프로그램인 노드엑셀을 살펴보려고 한다.

1.5 누가 이 책을 읽어야 하는가

이 책에서 소셜 미디어 연구에 관심이 있는 실무자, 연구원 및 학생에게 도움이 될 수 있다. 이 책을 사용하여 비즈니스 리더, 강사 및 학생들은 측정, 분석 및 해석을 통해 소셜 네트워크 도구 및 개념을 마스터링하는 데 집중할 수 있다. 독자들은 내부 비즈니스 활동, 외부 고객 커뮤니티 및 경쟁 구도를 밝히기 위해 네트워크에서 통찰력을 추출하는 방법을 배우게 된다.

학문 분야의 교수와 강사는 학기 중 강좌뿐만 아니라 컴퓨팅, 비즈니스 및 사회과학과 관련되어 보다 짧은 단위에서 이 책을 유용하게 사용할 수 있다. 컴퓨터 과학/공학, 정보과학, 인간 컴퓨터 상호작용, 정보 시각화 및 사회 물리학의 기술 수업은 '소셜 컴퓨팅(social computing)'이라는 주제에 점차 초점을 맞추고 있다. 기업 및 경영 대학의 경우 기업 협업 및 고객 커뮤니티가 인기있는 주제. 사회과학에서 사회학자, 인류학자, 역사학자, 경제학자, 통계학자, 정치과학자 및 집단지성, 집단행동 및 실천 공동체의 다른 학생들은 이전에는 결코 불가능했던 규모로 데이터 분석을 할 수 있는 역사적인 기회를 가지고 있다. 디지털 인문학자 및 강사는 사람과 문화 예술품 간의 소셜적인 연결을 이해하고 가능하게 하기 위해 점점 더 소셜 미디어를 사용한다.

1.6 소셜 미디어를 민족 복지에 적용

전 세계의 정부기관은 비용 절감을 통한 향상된 서비스 제공 가능성에 매력을 느끼지만 컨텐츠 통제, 명예훼손, 음란물 또는 테러에 대한 책임의 상실로 인해 어려움을 겪는다. 방대한 정부 데이터 저장소에 대한 공개 접근은 정치적 적대자가 사용할 수 있는 바람직하지 않은 정보에 주의를 환기시키면서 가치를 확대한다. 정부 전문가들은 시민 참여의 확대로 인해 흥분을 감추지만, 그러한 참여가 개인정보를 보호하고 명예훼손을 피하면서 검열을 피하는 정보의 흐름과 의무에 대한 통제를 의미할 수도 있다. 선진국과 개발 도상국은 에너지 절약과 금연을 장려하는 것에서 시민의 새로운 차원의 정치 참여에 이르기까지 소셜 미디어를 사용하여 사회를 변화시킬 잠재력에 매료되어 있다.

혁신적인 네티즌과 시민의 초기 노력은 기존 소셜 미디어 플랫폼이 재난이나 위기상황에서 국가 우선순위(national priorities)를 결정할 수 있도록 기여를 했다. 예를 들면, 2005년 8월 New Orleans의 허리케인 카트리나 이후 자원봉사자들은 소셜 미디어를 통해 활동을 조율하고, 음식을 제공하고, 주택을 건설하는 재건을 도울 웹사이트를 만들었다. 2007년 4월 16일 32명의 버지니아 공대 캠퍼스 회원이 외로운 사수로부터 살해당했을 때 1500명이 자기 조직을 하고 외부인들에게 무슨 일이 일어나고 있는지 알려주는 위키피디아 페이지를 구성했다. 캘리포니아의 산불 때는 소방관과 주민들 간의 의사 소통을 위해 사진과 트위터를 수집하기 위해 Flickr를 혁신적으로 사용하도록 자극했다. 그러나 이러한 용도와 기타 용도는 설계자가 이러한 요구를 예상하고 사진이나 트윗이 그룹, 위치 또는 시간별로 편리하게 정리될 수 있도록 겸손한 디자인 변경을 한 경우 훨씬 더 효과적이었다.

재난대응은 일반적으로 연방정부의 책임으로 간주되지만 지역 안전과 같은 기타 서비스는 지방정부의 책임으로 간주된다. 여기서도 혁신적인 개인은 다음과 같은 노력을 설명하는 이웃 국가 프로젝트(Nigh of Neighbors)와 같은 주민 대면지원을 가능하게 하는 웹사이트와 서비스를 만들었다.

실시간 협력적 이웃(Real-Time collaborative Neighborhood) 감시 및 보도 : Nation of Neighbors의 웹 기반 커뮤니티 네트워크는 이웃이 지역 범죄, 의심스러운 활동 및 기타 커뮤니티 문제를 실시간으로 공유할 수 있게 한다. 우리의 사명은 시민과 법 집행 기관이 범죄를 저지하고 단절시키고 강력한 공동체를 건설하기 위해 함께 일할 수 있게 하는 것이다. 개인 레벨 또는 커뮤니티 그룹 또는 대행사의 구성원으로 참여할 수 있다.

1996년에 납치되어 살해된 아동의 이름을 따서 명명된 3건의 앰버 얼라트(Alber Alert) 앰버 경고(AMBER Alert, America's Missing: Broadcasting Emergency Response) 또는 황색경보가 또 다른 성공적인 지역사회 안전에 기여하였다. 미국 법무부가 조정한 이 경보 시스템은 납치 아동의 약 500건의 안전한 귀가에 직접적으로 도움이 되었다고 주장한다. 또한 다른 많은 납치 행위를 막을 수 있을 정도로 인지도를 높일 수 있었다.

토네이도, 지진, 홍수 또는 기타 자연재해에 대한 주민 보고서 및 사기, 학대 및 정부 기금 낭비에 대한 보고가 있다. 연방의회 카드 카탈로그 라이브러리 또는 의학의 PubMed 서비스 국립 도서관의 수정과 같은 긍정적인 기여는 더 많은 가능성을 제시하는 데 앞장서고 있다. 혁신적인 Peer-to-Patent 시스템(Novek의 WikiGovernment 2009 책 참조[2])은 특정 기술 분야의 전문가를 초대하여 특허출원과 관련된 선행기술에 대한 정보를 제공한다. 그런 다음 그룹 토의를 통해 특허 심사관에게 제출할 10가지 항목을 선정하여 미국 특허청 및 상표 사무소의 업무 속도를 높이고 개선했다. Noveck은 자신의 주장을 다음과 같이 요약한다. "일반 시민들은 투표나 말하는 것보다 제공할 것이 더 많다. 이들은 전문지식을 제공할 수 있으며, 그렇게 함으로써 강력한 협업체제가 될 수 있는 기회를 실현할 수 있다".

박물관, 공원, 병원 또는 학교 자원봉사자는 국가 및 지역 사이트에서 공공 서비스를 개선할 수 있다. http://serve.gov 및 http://nationalservice.gov와 같은 정부가 운영하는 웹사이트는 이러한 서비스 노력을 용이하게 하며 www.volunteeringinamerica.gov의 데이터는 상위 3개 주에서 38퍼센트 이상의 주민이 자원봉사하고 있음을 나타낸다. 유타주, 네브래스카 주, 미네소타 주, 플로리다 주, 네바다 주, 뉴욕 주에서는 20퍼센트 이하의 자원봉사자 비율을 보였다. 자원봉사 노력의 가시성을 높이고 대중 인식을 높이면 자원봉사 프로그램 참여가 증가할 수 있는가? 웹 서비스는 외계 인텔리전스 검색과 같이 가정에서 머물며 기술과 기술을 기고하기를 원하는 자원봉사자들 사이에서 작업을 배포하는 데에도 사용할 수 있다.

> SeTI@home은 외계 지적 정보 검색(SeTI)에서 인터넷에 연결된 컴퓨터를 사용하는 과학적 실험이다. 전파 망원경 데이터를 다운로드하고 분석하는 무료 프로그램을 실행하여 참여할 수 있다.
>
> http://setiathome.berkeley.edu/sah_about.php

화성 분화구의 이미지 분석을 돕기 위해 '클릭 작업자'를 얻는 NASA(National Aeronautics and Space Administration)의 초기 성공은 최근에 화성의 지형지물을 매핑하고 분화구를 세는 데 도움이 되는 노력을 하게 했다. 마찬가지로 스미스 소니언 연구소 에드워드 오(Edward O)를 달성하기 위한 야심찬 삶의 백과 사전를 위한 집을 제공한다. 윌슨(Wilson)은 지구상의 180만 종에 대한 웹페이지 목표를 발표했다. 생물 다양성과 환경보전을 지원하기위한 과학 지식의 이점은 잠재적으로 크지만 전문적인 과학자, 시민 과학자 및 자연 애호가가 함께 일하는 데는 많은 어려움이 따른다. 디자이너와 커뮤니티 관리자는 아직 광범위한 참여를 얻으려는 동기부여 구조와 인식 전략을 찾지 못했다.

소셜 네트워크의 또 다른 강력한 사용은 공공 정보(예 : 독감 퇴치, 날씨 알림 또는 지역사회 안전 위협)의 신속한 공공정보 전파(public information dissemination)를 지원하는 것이다. 많은 사람들이 TV 프로그램이나 신문 기사에서 공무원의 발표보다 친구나 가족의 휴대전화나 이메일 메시지를 신뢰하고 행동하는 경향이 더 크다. 공무원은 또한 에너지 보존 전략, 환경보호 계획 또는 비만 감소 또는 금연에 대한 건강 경고에 대해 시간에 민감하지 않은 정보를 유포할 수 있다. 시민이 제작한 유튜브 비디오는 기자 회견에서 전문가가 신중하게 작성한 이의 제기보다 더 많은 영향을 미친다. 리트윗 수 및 비디오 다운로드 수는 다양한 전략이 다른 인구 통계학적 세그먼트에 얼마나 효과적으로 도달했는지 보여준다.

많은 비정부 커뮤니티 그룹의 지도자들은 점점 더 풍부한 서비스를 제공하는 소셜 미디어 및 유비쿼터스 휴대폰의 성장하는 힘에 감사하게 되었다. 지역사회는 최신 기술을 중재한 학부모, 교사 협의회, 이웃 감시 및 재난 계획 팀에 의해 활성화 될 수 있다. 도서 클럽, 고등학교 오케스트라, 지역 조류 관찰자와 같은 소규모 그룹조차도 트위터 피드, Facebook 페이지 또는 Google 그룹과 같은 커뮤니케이션 도구를 사용하면 도움이 된다.

1.7 세계적인 노력

이 책은 미국에서 많이 알려진 사례를 다루고 있지만, 소셜 미디어 전략을 적용하고 더 많은 연구개발을 장려하려는 세계적 노력이 있다. 유럽 기반 유망과학기술연구소(Institute for Prospective Technological Studies)는 'EU 정보사회와 경제에 대한 사회 컴퓨팅의 영향'과 '공공 서비스 2.0 : 공공 서비스에 대한 소셜 컴퓨팅의 영향'이라는 두 가지 사려 깊은 보고서를 발표했다.

첫 번째 보고서는 "사회적 컴퓨팅은 정치적 논쟁, 사회적 응집력 및 조화 확보에 시민들을 다시 참여시키는 데 점점 더 중요한 역할을 할 수 있으며 유럽 연합의 거대한 도전에 대한 대화의 기반을 제공할 수 있다". 두 번째 보고서는 "정책 입안자들이 사회 컴퓨팅의 기회를 포착할뿐만 아니라 바람직하지 않은 영향을 완화할 것을 장려한다"며 "정부에 의한 시민 중심의 공공 서비스의 제한된 제공"을 비판했다. 보고서는 소셜 컴퓨팅 이니셔티브의 권한 부여 및 투명성 특성이 기존의 전력 균형을 혼란시키는 것처럼 보인다.

연구자와 정책 입안자의 관심을 기술에서 사회문제로 전환하려는 성명서를 내놓은 Euopean Society of Socially Embedded Technologies(www.eusset.eu)와 같은 다른 노력도 있었다.

> 많은 사람들이 컴퓨팅 및 정보과학의 초점을 하드웨어 및 소프트웨어와 관련된 기술적 접근에서 인간의 설계활동 및 정보 시스템 사용을 고려한 것으로 대체하려고 시도했다. 문화적 다양성, 사회적 포함, 사회적 및 환경적 지속가능성을 어떻게 지원할 수 있는가? 새로운 방식의 참여와 참여를 위해 우리는 어떻게 설계할 수 있는가?
>
> http://www.eusset.eu/index.php?id=5

또한 중국 과학 아카데미는 사회적 컴퓨팅 실험을 강력하게 추진하고 있다. 핵심은 (1)테스트 베드 및 시뮬레이션 툴 개발 (2)사회 계산의 토대 (3)사회적, 사이버 및 물리적 시스템에 집중 등이다.

국제 웹 사이언스 트러스트(Web Science Trust, www.webscience.org)는 웹이 사회적으로 내재되어 있다는 핵심 교리를 취하고 있으며 주요 연구 질문들 중에는 "웹을 복잡한 사회 기술 현상으로 이해할 수 있는 학제 간 인식론을 어떻게 개발할 수 있는가?" 그것의 입장 문서는[3][4]사회 공학적 시스템 사고를 통합하는 강력한 과학적 기반을 개발할 필요가 있다고 확인한다. Hendler[5] 외에 많은 사람들은 이 도전이 얼마나 어려운지 지적한다.

> 이 기술이 허용하는 방식으로 상호작용하는 인간이 사용할 수 있는 사회적 모델은 설명하기가 더 어렵다 … 사이트의 성공 또는 실패는 지원하는 규칙, 정책 및 사용자 커뮤니티에 달려 있다. 웹 기술의 성공 또는 실패가 종종 이러한 사회적 특징에 의존하는 것처럼 보이면 성공적인 애플리케이션을 설계할 수 있는 능력은 시스템의 사회적 측면의 특징과 기능을 더 잘 이해할 필요가 있다.

웹 사이언스 노력은 직장 경험에 대한 신선한 사고를 창출하는 방법으로 런던의 타비 스톡 연구소(Tavistock Institute)에서 시작된 사회 기술 시스템(sociotechnical systems, STS)의 과학을 창안하기 위한 오랜 노력과 조화를 이룬다. 개인이나 팀 및 커뮤니티가 조직 및 그 이상에서 기술을 적용할 때 경험을 다룰 수 있도록 확장되었다. STS 사고에 대한 통합된 관점은 전체 과제를 다루고 의사결정에 대한 책임을 명확히 하여 동기 부여를 높이고 모든 참가자의 경험을 풍부하게 한다. 어떤 사람들은 STS를 경영 및 업무설계 주제로 좁게 생각하지만, 이 용어는 기술설계가 인간의 필요와 가치에 어떻게 성공적으로 적응할 수 있는지를 보여 주었다.

많은 사회과학자들이 사회 기술 시스템 설계에 관심을 가지고 있다. 응용된 인류학자들은 휴대전화 회사가 민족적 방법을 사용하여 이러한 장치가 어떻게 가족, 사업 및 사회구조를 변화시키고 있는지 더 잘 이해하고 있다. 마찬가지로 일부 사회학자와 정치과학자들은 정보 통신 기술이 전 세계의 사회를 어떻게 변화시키고 있는지 연구하고 있다.

이 책의 저자는 다양한 학자 및 전문가들이 이미 소셜 미디어가 어떻게 변화하고 있는지에 대해 우리에게 기여한 많은 것들을 알고 있다. 우리는 또한 미래의 기술설계 뿐만 아니라 미래의 사회적, 경제적, 정치적 시스템 설계에 있어서 그들에게 적극적인 역할을 보인다. 기술 개발자는 유용성과 사교성을 다루고, 인간의 필요와 가치에 경계를 두며, 정책과 규범의 균형에 민감하다.

1.8 실무요약

기존 사회 기관, 교육 과정, 사업 계획 및 정부 정책은 소셜 미디어 도구 및 그 적용의 결과로 이동하고 있다. 선도적인 대학에서는 소셜 컴퓨팅, 사회 정보학, 뉴미디어, 디지털 사회 및 기타 용어 연구과정을 추가하고 있다. 저널 편집자, 회의 주최자 및 국가 과학 기금 제공 기관은 이러한 새로운 도구 및 기술을 사용할 수 있는 기회를 활용하기 위해 노력하고 있다.

개인, 조직 및 정부기관은 위험을 피하면서 소셜 미디어를 유용하게 사용하고 있다. 이러한 소셜 미디어 네트워크가 어떻게 번창하고, 변화하고, 실패 하는지를 이해하는 것은 연구자와 전문가에게 실질적인 과제이다. 소셜 네트워크 분석 연구자들은 이러한 동적 프로세스를 체계적으로 연구하기 위한 일련의 개념과 메트릭스를 제공한다. 정보 시각화 혁신자들은 복잡한 소셜 네트워크에서도 패턴, 트렌드, 클러스터, 갭(gap) 및 아웃 라이어(outliers)를 발견할 수 있도록 도와준다. 또한, 비즈니스 제품 개발자에게 경쟁 우위를 가져다 주는 해결책, 정부기관 직원을 위한 기회 및 비정부적인 사회적 기업가를 위한 새로운 가능성이 발견되고 있다.

1.9 연구의제

이제 소셜 미디어 네트워크 분석의 신흥 분야에 종사하는 사람들에게 흥미진진한 시간이 되었다. 연구자들은 새로운 형태의 작업과 게임을 가능하게 하는 새로운 협업기술과 사회적 전략을 고안하고 있다. 또한 기존 커뮤니티를 분석하여 어떤 전략과 디자인 결정이 성공으로 이어지는지를 확인한다. 소셜 미디어의 성공사례가 풍부하지만 원하는 목표를 달성하기 위해 소셜 미디어를 효과적으로 적용하려는 시도가 실패한 경우가 많다. 소셜 네트워크 분석은 일화를 과학적 근거로 대체하여 소셜 미디어 노력을 평가하는 체계적인 방법을 제공한다. 불행하게도 많은 관측통은 비즈니스 전략, 마케팅 계획, 연구 방향, 커리큘럼 또는 정부 프로그램 변경에 긴급성을 보지 않는다. 우리는 이 책이 매력적인 비즈니스 기회, 매력적인 연구과제, 강력한 교육 요구 및 소셜 미디어가 해결할 수 있는 중요한 국가 우선순위와 네트워크 분석을 보여줌으로써 마음이 바뀌기를 바란다.

1940년대의 물리학자들은 그들이 촉발한 놀라운 힘에 의해 도전받고 어려움을 겪었던 것처럼, 이 사회 현상을 연구하는 연구자들은 인간의 연쇄 반응을 방출하는 기술을 창조할 수 있으며, 우리의 세계에 도전하는 사회 문제를 극복하기 위해 방대한 양의 인간 에너지를 활용할 수 있다. 지난 400년 동안 과학자들은 중력, 자력, 핵력, 유전정보와 같은 근본적인 물리적 현상에 집중해 왔다. 그들의 작품은 핵심 물리적 힘에 대한 통찰력과 통제력을 얻음으로써 인간의 삶에 커다란 변화를 가져 왔다. 물질 통신 및 원자력은 이러한 방대한 지적 노력의 성과를 보여주는 사례다. 마찬가지로 생물학자들은 DNA의 구조를 드러내고 단지 펼쳐지는 강력한 기법과 관행을 열어 모든 삶의 핵심 과정을 밝혀냈다. 강력한 기술을 파괴적인 목적으로 사용하려는 사람들이 존재하기 때문에 건설적인 결과를 보장하기 위해 긴급한 노력이 필요하다. 공개 토론, 광범위한 참여, 개인 권리 존중이 보다 유익한 결과를 도출하는 데 도움이 될 수 있다고 믿는다.

참고문헌

[1] J. lanier, you Are Not a Gadget: A Manifesto, knopf Publishers, New york, 2010.

[2] B. Noveck, wiki Government: how Technology can Make Government Better, Democracy Stronger, and citizens More Powerful, Brookings Institution Press, washington, Dc, 2009.

[3] T. Berners-lee, w.T. hall, J.w. hendler, N. Shadbolt, D. weitzner, creating a science of the web, Science 313 (5788) (2006) 769–771.

[4] N. Shadbolt, T. Berners-lee, web science emerges, Scientific American (october 2008) 32–37.

[5] J.w. hendler, N. Shadbolt, w.T. hall, T. Berners-lee, D. weitzner, web Science: An Interdisciplinary Approach to Understanding the world wide web, communications of the AcM 51 (7) (2008).

추가자료

Benkler, y. (2005). *The wealth of networks: How social production trans- forms markets and freedom.* New haven, cT: yale University Press.

Castells, M. (1996). *The rise of the network society.* Malden, MA: Blackwell.

Christakis, N., & Fowler, J. (2009). *Connected: The surprising power of our social networks and how they shape our lives.* New york: little, Brown.

Cross, r.l., Parker, A., & cross, r. (2004). *The hidden power of social networks: Understanding how work really gets done in organizations.* Boston, MA: harvard Business Press.

Heath, c., & luff, P. (2000). *Technology in action.* cambridge, Uk: cambridge University.

Kleinberg, J. (2008). The convergence of social and technological net- works.

Communications of the ACM, 51(11), 66–72.

Preece, J., & Shneiderman, B. (2009). The reader-to-leader frame- work: Motivating technology-mediated social participation. *AIS Transactions on Human-Computer Interaction, 1*(1), 13–32. Available at: http://aisel.aisnet.org/ thci/vol1/iss1/5.

Putnam, r.D. (2000). *Bowling alone: Collapse and revival of the American Community.* New york, Ny: Simon and Schuster.

Shneiderman, B., & Plaisant, c. (2009). *Designing the User Interface: Strategies for effective Human-Computer Interaction* (5th ed.). Boston, MA: Addison-wesley.

Surowiecki, J. (2004). *The wisdom of crowds.* New york, Ny: Anchor Books.

Vieweg, S., Palen, l., liu, S.B., hughes, A.l., & Sutton, J. (2008). collective intelligence in disaster: examination of the phenomenon in the aftermath of the 2007 Virginia Tech shootings (pp. 44–54). Proc. 5th International IScrAM conference, May 5–7, washington, Dc.

whitworth, B., & de Moor, A. (eds.), (2009). *Handbook of research on socio-technical design and social networking.* hershey, PA: IGI Global.

CHAPTER

2

소셜 미디어: 집단 협업의 새로운 기술

목차

2.1 들어가기 ··· 35
2.2 소셜 미디어의 정의 ·············· 36
2.3 소셜 미디어 디자인 프레임워크 ···· 37
　2.3.1 생산자와 소비자의 규모 ········· 38
　2.3.2 인터랙션의 속도 ·················· 40
　2.3.3 기본요소의 장르 ·················· 41
　2.3.4 기본요소의 권한통제 ············· 42
　2.3.5 접속의 종류 ······················· 43
　2.3.6 컨텐츠 유지 정책 ················· 45
2.4 소셜 미디어 사례 ·················· 47
　2.4.1 비동시적 스레드 대화 유형 ······· 47
　2.4.2 동시적 대화 유형 ················· 49
　2.4.3 월드와이드웹 ······················ 53

2.4.4 협업을 통한 저작활동 ············· 54
2.4.5 블로그와 팟캐스트 ················· 55
2.4.6 소셜 공유 ·························· 58
2.4.7 소셜 네트워킹 서비스(SNS) ······· 60
2.4.8 온라인 시장과 생산 ··············· 62
2.4.9 아이디어 창출 ····················· 64
2.4.10 가상세계 ························· 64
2.4.11 모바일 기반 서비스 ·············· 66
2.5 실무요약 ·························· 68
2.6 연구의제 ·························· 69
참고문헌 ······························ 70
추가 자료 ······························ 71

2.1 들어가기

　사회적 상호작용(social interaction)을 지원하는 신기술의 등장은 이 시대의 특징 중 하나다. 소셜 미디어 기술은 사회 곳곳에 큰 영향을 끼치고 있다. 가까운 사람은 물론 세상과 소통하기 위해 수십억의 인구가 페이스북과 같은 네트워크를 이용하고 있다. 최근에는 모바일 기기를 이용해 실시간 소통도 늘고 있다. 필요에 따라 이러한 기술을 수용하고 적용하는 행위는 인간의 독창성과 사회성을 반영하는 것이라고 할 수 있다.

소셜 기술의 폭발적 성장에도 그 잠재력은 이제 겨우 시작단계에 불과하다. 소셜 기술을 효과적으로 활용하고 개선하는 일은 간단한 게 아니다. 그 속에는 사회적 관습과 기술적 인프라 간의 복잡한 상호작용이 있다.

온라인 활동의 근간이 되는 사회 기술적 인프라, 즉 플랫폼은 사회적 상호작용에 영향을 끼친다. 이를 인정하는 게 반드시 기술결정주의라고 할 수는 없다. 오히려, 기술이 물질사회의 구조를 바꾸고 이는 곧 사회를 바꾼다는 점을 인정하는 유물론이라고 할 수 있다. 트위터와 기존의 블로그는 목적과 용도가 다르다. 책, 신문, 이메일, SNS 모두 각자 고유의 요소를 가지고 독특한 상호작용의 장을 가지고 있다. 소셜 미디어를 활용해 효율적으로 목적을 달성하는 데는 이러한 지평과 함께 이들을 둘러싸고 태동된 사회적 관습을 이해해야 한다.

온라인 소셜 미디어 도구에 있어 가장 고무적인 것 중 하나는 엄청난 양의 소셜 데이터를 생성해낸다는 것이다. 이를 통해 개인과 조직, 커뮤니티 등에 대한 이해도를 높일 수 있다. 구체적으로는 관계 데이터가 마련돼, 우리가 사는 세상을 이해하고 개선하는데 활용될 수 있는 자료가 되고 있다.

이 장의 목적은 중요한 소셜 미디어 시스템을 소개하고 핵심 속성에 대해 이야기할 수 있는 언어와 프레임워크를 제공하는 것이다. 또한 비공식적으로 소셜 미디어 시스템과 암묵적으로 그리고 명시적으로 만드는 네트워크 간의 관계를 소개하기 위한 것이다. 이 장에서는 소셜 미디어의 정의부터 시작하여 소셜 미디어의 유형을 특성화 하기 위한 프레임워크를 살펴본 후, 최근 등장한 몇 가지 중요한 소셜 미디어 기술에 대해 고찰해본다.

2.2 소셜 미디어의 정의

소셜 미디어는 이용자 간 사회적 상호작용을 도와주는 온라인 도구를 말한다. 텔레비전과 책처럼 대중에게 컨텐츠를 전달하지만 이용자의 컨텐츠 생성이나 공유를 지원하지 않는 전통 미디어와 대비해 쓰인다. 소셜 미디어는 '일대다의 대화(one to many)'를 '다대다의 대화(many to many)'로 승화시키는 것이라 할 수 있다.[1] 실제로는 전자메일, 토론 포럼(discussion forum), 블로그, 마이크로 블로그, 텍스트 작성, 채팅, 소셜 네트워킹 사이트, 위키, 사진 및 비

---

1) www.webpronews.com/blogtalk/2007/06/29/the-definition-of-social-media

디오와 같은 서비스를 포함하여 최근 몇 년 사이에 등장한 많은 새로운 온라인 사회공학 시스템을 설명하기 위한 포괄적인 표현이다. 사이트 공유, 리뷰 사이트 및 멀티 플레이어 게임 커뮤니티, 웹 2.0, 읽기/쓰기 웹, 소셜 컴퓨팅, 소셜 소프트웨어, 집단행동 도구, 사회 기술 시스템, 컴퓨터 매개 통신, 그룹웨어, 컴퓨터 지원 협업(cScW), 가상 또는 온라인 커뮤니티, 사용자 생성 컨텐츠 및 소비자 생성 미디어가 있다.

미래의 그래픽 인터페이스(윈도우), 컴퓨터 마우스 및 다중 저작 디지털 컨텐츠를 예견하고 memex[1] 및 Douglas Engelbart라는 하이퍼텍스트와 유사한 장치를 구상한 Vannevar Bush와 같은 정보시대의 개척자[2]들은 그것이 실현되기 수십 년 전에, 인간의 지성을 보강하는데 관심이 있었다. 다시 말해 그들은 복잡한 문제 상황에 접근하고, 자신의 특별한 필요에 맞게 이해하고, 문제에 대한 해결책을 도출할 수 있는 능력을 향상시키는 시스템을 개발하고자 했다. 이러한 목표는 하이퍼텍스트, 인간 - 컴퓨터 상호작용, 월드와이드웹(World Wide Web), 모바일 기술의 주목할 만한 발전을 통해 서서히 실현되었다.[3]

세상이 점점 연결된 사회로 가면서 관심은 사회적 경험의 증강과 집단지성으로 옮겨갔다. 소셜 미디어 도구를 통해 컨텐츠를 만들고 찾고 공유하는 것은 물론 엄청난 양의 정보를 소화하고 이해하는 데 협력하고 있다. 곧 새로운 협력의 방법이 소셜 미디어를 통해 열렸다. 사용자는 수천 명의 다른 '비슷한' 사람들의 이전 구매 습관을 기반으로 개인화된 추천을 받고, 군중에 의한 실시간 투표를 기반으로 고품질의 뉴스 기사를 확인하고, 세계에서 가장 크고 가장 많이 읽힌 백과 사전을 공동으로 제작할 수 있다.

2.3 소셜 미디어 디자인 프레임워크

소셜 미디어 시스템에는 다양한 형태와 상호작용 방식이 있다. 소셜 미디어의 구성은 사회적 상호작용에 막대한 영향을 끼친다. 각 소셜 미디어 시스템의 차이점을 구분하고 유사점을 이해하는 것이 중요하다. 소셜 미디어 시스템에는 모두가 개인을 연결하지만, 다음과 같은 질문을 결정하는 기술설계 선택에 따라 부분적으로 크게 다르다. 누가 무엇을 볼 수 있는가? 누가 누구에게 회신할 수 있는가? 컨텐츠는 얼마나 오랫동안 볼 수 있는가? 무엇이 무엇에 연결할 수 있는가? 누가 누구에게 연결할 수 있는가? 서론에서 논의된 바와 같이, 이러한 디자인 선택은 그들이 가능하고 조정하는 사회적 상호작용에 영향을 줄 수 있다. 또한 사회적 관행, 인격 및 역사가 소셜 미디어 시스템의 사용방식에 크게 영향을 준다. 디자이너가 전자메일 및 토론 포럼과 같은 성공적인 소셜 미디어 시스템을 통해 무엇인가를 배웠다면 놀라울 정도로 다양한 개인 및 지역사회 요구를 충족시킬 수 있다. 많은 소셜 미디어 시스템의 적용성에도 불구하고 전자메일, 위키 및 대규모 멀티 플레이어 비디오 게임과는 다른 방식으로 시스템을 구별하는 것은 중요하다. 시스템과 서비스가 당황스럽게 확산되는 것을 이해하는 한 가지 방법은 여러 소셜 미디어 서비스를 배치할 수 있는 주요 차원을 고려하는 것이다. 이 접근법은 소셜 미디어 도구를 비교하기 위한 언어와 프레임워크를 제공한다.

소셜 미디어의 비교를 위한 공통된 기준으로 삼을 여섯 가지 주요 요소는 다음과 같다.

- 컨텐츠 생산과 소비자의 규모
- 상호작용의 속도
- 기본요소의 장르
- 기본요소의 통제
- 접속의 종류
- 컨텐츠의 보유 여부

이것들은 가능한 관심의 유일한 차원은 아니지만, 소셜 미디어 도구 간의 중요한 차이점을 많이 포착한다. 그들은 또한 다양한 소셜 미디어 플랫폼에 의해 암묵적으로 또는 명시적으로 생성된 네트워크를 분석하기 위해 보다 공식적인 방법을 사용할 책의 나머지 부분을 위한 토대를 마련하는 데 도움을 준다.

2.3.1 생산자와 소비자의 규모

대다수 소셜 미디어 시스템에서 생산자와 소비자는 동일한 집단이다. 한편으로는 생산을 하면서도 소비를 하기 때문이다. 그럼에도 컨텐츠의 생산과 소비자를 구분해 보는 것은 유용할 수 있다.

의도한 생산자와 소비자의 규모에 따라 소셜 미디어는 다를 수가 있는데, 예컨대 이메일의 경우 한 사람이 작성하는 반면 위키는 수백 명이 참여할 수 있다. 개별적으로 작성된 이메일은 한 명의 다른 사람에게 전송되거나 수천 명의 사용자에게 브로드캐스트 될 수 있다. 보다 일반적으로, 소셜 미디어 도구는 디지털 물체의 생산 및 소비의 다양한 규모를 지원한다. 표 2.1은 소셜 미디어 시스템과 전통적인 미디어 시스템의 몇 가지 예를 제공하며 이들과 관련된 다양한 조치가 생산자 및 소비자 규모 차원에 해당한다. 일부 시스템은 사용 시나리오 또는 토론중인 기능에 따라 다른 위치에 표시된다.

많은 소셜 미디어는 개인이나 소규모 그룹이 소통하는데 도움을 준다. 인스턴트 메시지나 일반적인 SNS 안에 쪽지전달 같은 기능은 전화나 대면 미팅처럼 친근감 높은 커뮤니케이션 채널 역할을 한다. 또 트위터나 이메일 그룹 전송처럼 개인이 집단에게 커뮤니케이션 할 수도 있다.

다른 소셜 미디어 도구를 사용하면 중규모 그룹이 도움이 된다. 소셜 네트워킹 사이트의 친구 피드와 Twitter 홈페이지를 사용하면 그룹(즉, 친구 또는 팔로우하는 사용자)이 나만의 맞춤식 정보 스트림을 암시적으로 생성할 수 있다. 온라인 설문 조사와 같은 다른 도구는 데이터를 분석하는 소수의 사람들을 위해 많은 사람들의 정보를 수집하는 데 도움이 된다. 블로그 스피어 내의 틈새 주제에 관한 그룹 블로그 또는 관련 블로그 모음을 통해 중간 규모의 블로거 및 주석 작성자가 서로 상호작용할 수 있다. 다수의 도구를 사용하면 중소 규모 그룹간에 Facebook 그룹, YouTube 채널, IRC(Internet Relay Chat) 룸 또는 틈새 주제에 대한 소셜 네트워킹 사이트와 같은 도구 조합의 일부로든 상호작용할 수 있다. 경우에 따라 부서 또는 작업그룹 위키에서 회원 또는 동료가 자신의 그룹에 관심있는 자료를 공동 작성하도록 허용할 수 있다. 마지막으로 일부 도구를 사용하면 중형 생산자 그룹이 TV 프로그램과 비슷한 방식으로 대규모 소비자 그룹에 도달할 수 있다. 이 프로그램은 제작에 상당한 노력을 기울이지만 대개 대중에 도달한다. 그 중 일부는 IMDB(Internet Movie Database, 인터넷 영화 데이터베이스)와 같은 온라인 데이터베이스를 포함한다. 여기에는 사용자 제작 영화 컨텐츠가 전세계와 공유된다. Digg와 같은 뉴스 등급 사이트는 수십에서 수백 명이 독서 전용 사용자가 훨씬 많은 인구가 소비하는 특정 뉴스 기사를 추천한다. 토론 포럼(discussion forum)은 수십 명의 활동 회원들과 수천 명의 독자가 볼 수 있다. Wikipedia 페이지는 수십 명의 사람들이 편집하고 수천 명이 읽는다.

가장 흥미로운 소셜 미디어 도구 중 하나는 집단지성을 활용하는 것이다. 다수의 평가를 바탕으로 책이나 영화 등 개인화된 추천을 해주는 서비스가 대표적이다. 일반 대중과 같은 대규모 그룹이 기업과 같은 상대적으로 작은 규모의 그룹에 아이디어를 기여하는 것도 있다. 프록터앤갬블사의 아이디어 커넥션이 좋은 사례다. 이밖에 이베이처럼 대중이 물건을 사고 팔 수 있는 온라인 시장도 있다.

표 2.1 생산자 및 소비자 집단의 규모별로 구성된 소셜 미디어 및 사전 디지털 미디어 시스템의 예시

소비자 인구의 사이즈	생산자 인구의 사이즈		
	작음	보통	큼
작음	• 인스턴트 메시징 • 개인용 메시지 　(예 : Facebook) • 영상 채팅 • 전화 • 대면 회의	• 의사결정자에게 위원회보고 • 온라인 설문 조사 • 소셜 네트워킹 친구 피드 • 내가 팔로우하는 사람들의 　트윗을 보여주는 트위터 　홈페이지	• 의사결정자를위한 전문 　서비스 보고서 • 추천 시스템을 기반으로 맞춤 　추천
보통	• '소셜' 또는 가족 블로그 • 커뮤니티 사이트 또는 소셜 　네트워크의 프로필 페이지 • 부서별 이메일 목록 • 추종자로 전송 트윗 • Facebook의 담벼락 게시	• 틈새 주제에 대한 블로그 그룹 • 인터넷 릴레이 대화방 • 내부 부서 위키 • 페이스북 그룹 • 틈새 YouTube 채널 • 현지 시장(예 : craigslist)	• 전문 그룹 전문 보고서 • NASA 클릭 작업자[2] • 아이디어 생성 사이트[3]
큼	• 인기있는 블로그, 　팟캐스트(podcasts) 또는 웹 　캐스트 • 대형 포럼 또는 이메일 　목록에 메시지 보내기 • 인기 트위터 사용자 트윗 • 인기있는 YouTube 동영상 • 회사 웹사이트 • 소설	• 뉴스 등급 사이트(예 : Digg) • 위키 백과 페이지 • TV 프로그램 • 인기있는 토론 포럼 • 온라인 사용자 생성 　데이터베이스(예 : IMDB) 　또는 마켓 플레이스(예 : 　스레드리스)	• 대형 온라인 마켓 플레이스(예 　: eBay) • 위키피디아 백과 사전 • YouTube 동영상 공유 • Flickr 사진 공유 • 인기있는 대규모 멀티 　플레이어 게임

2.3.2 인터랙션의 속도

　통상 동시/비동시로 구분한다. 이메일이나 음성메시지와 같은 시스템은 상호작용의 속도가 수 시간 또는 수 일, 수 주로 늘어날 수 있다. 즉시성을 없더라도, 이러한 시스템은 참여자가 다른 참여자와의 조율 없이 스스로 참여 스케줄을 조정할 수 있다는 장점이 있다. 반면 실시간 채팅, 인스턴트 메시지, 화상회의 등의 동시 시스템은 전화처럼 즉각적인 참여가 필요하다. 이와

---

2) www.scienceofcollaboratories.org/resources/collab.php?317
3) www.ideaconnection.com/crowdsourcing/procter-gamble-00007.html

같은 참여의 속도는 각 소셜 미디어 사용자가 어떻게 구성되느냐에 영향을 끼친다.

그러나 최근에는 이러한 구분의 경계선이 흐려지고 있다. 트위터에 대한 리플라이는 즉시 게시돼도 좋지만, 수 일 후에 게시돼도 전혀 문제 없다. 지메일에 구글챗과 같은 기능이 연계되며 비동시와 동시 커뮤니케이션의 구분이 모호해지고 있는 것도 마찬가지다. 그러나 이러한 도구 내에서 상호작용의 속도에 대한 사용자의 다양한 기대는 소셜 미디어 환경을 이해하는 데 중요하다.

2.3.3 기본요소의 장르

디지털 객체(Digital object)의 종류도 소셜 미디어간 구분점이다. 각 소셜 미디어는 특징적인 디지털 대상물을 중심으로 발전해왔는 데, 유튜브의 경우 비디오, 플릭커는 사진, 아이튠즈는 음악과 팟캐스트 등이다. 페이스북 같은 경우 인스턴트 메시지, 노트, 사진 등 다양한 기본요소들이 섞여 있다. 이러한 기본요소는 인터랙션의 근간을 이루기 때문에 어떤 종류의 것이 적용되는지 이해하는 게 중요하다.

소셜 미디어 시스템의 기본요소인 디지털 객체는 크기와 유형이 다양하다. 트위터 게시물(tweet)은 140자로 제한되는 반면 전자메일 메시지는 일반적으로 몇 줄에서 몇 단락 길이이다. 이 크기의 차이는 서로 다른 상호작용 패턴을 생성한다. 인스턴트 메시징의 크기 제한은 일반적으로 적용되지 않지만 텍스트 상자 및 메시징 창의 크기와 같은 디자인 선택은 간결성을 높인다. 한편 MediaWiki(Wikipedia에서 사용하는 위키 플랫폼)는 6단계의 헤더를 지원하고 자동으로 목차를 생성하므로 비교적 큰 페이지를 쉽게 만들 수 있다. 소셜 미디어 도구가 지원하는 다양한 유형의 디지털 객체는 이들 사이의 유사점과 차이점을 이해하는 또 다른 방법이다. YouTube의 비디오, Flickr의 사진, Delicious의 북마크(즉, 웹사이트 URls), Amazon의 책, iTunes의 음악 또는 Podcast, hulu의 TV 쇼, 페이스북, 트위터 트위터, 토론 포럼(discussion forums)이나 이메일 목록의 메시지, 위키피디아의 페이지, eBay의 제품, SlideShare의 프레젠테이션, Second Life의 3D 개체 및 linkedIn의 경력 전문가 각각은 다양한 수준과 참여 메커니즘을 제공한다. 예를 들어, 가상세계는 구체화된 물리적 상호작용을 더 자세히 모델링한다. 여기서 아바타는 근접성과 방향성을 통해 의미를 전달할 수 있다.[4] 그들은 또한 다른 파트너와의 상호작용에서 아바타를 성공적으로 꼭두각시하기 위해 주의를 기울이며 얼굴을 맞대고 상호작용하는 많은 부담을 소개한다.[5] 이러한 차이가 미디어 유형(예 : 동영상, 오디오, 텍스트, 3D 모델)과 관련될 수 있지만 각 유형 내에서 더 많은 차이가 있다. Wiki는 테이블과 글머리 기호와 같은 구조화 된 텍스트 요소를 지원하지만 전자메일은 지원하지 않다. Webkinz와 같은 일부 가상세계는 만화 캐릭터를 사용하지만 World of Warcraft와 같은 멀티 플레이어 게임은 현실감 있는 모양의 생물을 포함한다. 물론 Facebook과 같은 일부 소셜 미디어 시스템에는 프로필 페이지, 벽 게시물, 개인 메시지, 응용프로그램, 인스턴트 메시지, 메모, 그룹, 사진, 태그, 상태 업데이트 등 많은 기본요소가 포함된다. Wikipedia에는 사용자 페이지, 토론 페이지, 기사, 편집 내용, 범주 등이 있다. 이러한 시스템에서도 시스템의 기본요소를 식별하는 것은 상호작용의 기본요소이기 때문에 중요하다. 또한 네트워크를 구성하거나 서로 소통할 때 필요한 구성 요소이다.

2.3.4 기본요소의 권한통제

기본요소에 대한 권한 구성을 어떻게 하느냐는 각 소셜 미디어마다 다르다. 컨텐츠의 작성, 수정, 일기 권한 등이 누구에게나 개방된 것이 있는 반면 등록회원에게만 허용된 경우도 있다. 개방돼 있을수록 스팸 등 커뮤니티의 환경을 저해하는 요소가 발생할 소지가 높다. 일부 시스템에서는 익명 사용자, 등록된 사용자 및 관리자와 같은 특별한 권한이 있는 사용자를 구분한다. 예를 들어, 일부 토론 포럼에서는 사용자가 게시하기 전에 로그인해야 하지만 누구나 커뮤니티에서 작성한 메시지를 읽을 수 있다. 이렇게 하면 누구나 컨텐츠에 대한 액세스를 허용하면서 더 높은 진입 장벽을 만들어 스팸을 줄일 수 있다. 또한 사용자가 사회적 편차로 정의한 참가자를 제외할 수 있다. 보다 민감한 성격의 다른 토론 공동체들(예를 들어, 환자 지원 그룹)에서, 사람이 등록 될 때까지 컨텐츠에 대한 액세스가 제한될 수 있으며, 이는 현재 관리자에 의한 어떤 유형의 승인 프로세스를 필요로 하는 프로세스 일 수 있다. eBay와 같은 시스템은 사용자가 항목을 판매하기 전에 유효한 신용 카드 정보를 제공해야 한다. 커뮤니티가 더 개방 될수록 Wikis와 Usenet에 자주 전송되는 스팸에 의해 입증되는 비정상적인 행동에 대한 잠재력이 커진다. 그러나 커뮤니티를 너무 많이 폐쇄하는 것은 참여자 수를 줄이는 반면, 개방성은 스팸 및 악용의 영향을 제거하는 등 고품질 기여를 유도할 수 있다. 이는 등록되지 않은 사용자가 남긴 잘못된 편집 내용이 등록된 다른 사용자나 등록되지 않은 사용자에 의해 신속하게 되돌려지는 Wikipedia의 많은 고가치 페이지에서 입증된다.

접근성에 대한 장벽을 어떻게 구성하느냐는 온라인 커뮤니티 활성화에 있어 신중히 고민해야할 요소이다.[6] 예를 들어 현실 사회를 연구할 때 Ostrom[7]은 성공적인 공동체가 경계를 분명히 정의하여 주로 내부에서 생산되거나 유지된 자원을 이용하는 외부인과 관련된 문제를 극복하는 것으로 나타났다. 경계는 그룹 회원 간의 빈번하고 지속적인 상호작용을 장려한다는 점에서 중요하다. 이것은 반복적인 상호작용이 협력을 장려하는 데 있어 가장 중요한 단일 요소일 수 있기 때문에 중요하다.[8] 개인이 미래에 상호작용할 가능성이 없다면, 이기적으로 행동하고 무임승차를 하려는 큰 유혹이 있다. 다른 한편으로는, 사람이 계속적으로 다른 사람들과 상호작용할 것이라는 것을 아는 것은 평판의 창조로 이어질 수 있고, 단기간의 이기적인 행동에 대한 강력한 억지력으로 작용할 수 있다. 경계는 사람들이 예상 청중을 형성하는 방식 때문에 참여하고자 하는 상호작용의 종류에 영향을 줄 수 있다. 전화 및 우체국과 같은 일부 미디어는 특정 그룹의 특정 사용자만 메시지에 대한 잠재 고객이 될 것으로 기대한다. 대중 매체 나 웹 토론 게시판의 메시지와 같은 다른 매체는 알려지지 않은 다수의 사람들이 볼 수 있다. 또한, 일부 미디어는 메시지 생성자의 신원을 확실하게(예 : 공중전화 또는 익명의 문자) 알 수 없도록 한다.

권한구조는 지배구조(governance structure)와 중앙통제적 또는 분산적인 환경에 큰 영향을 미친다. 이메일 그룹이나 게시판처럼 중앙통제적인 구조에서는 일인 또는 소규모의 집단이 컨텐츠의 배포와 접근을 통제하며 모든 커뮤니케이션이 하나의 통로를 통해 이뤄진다. 반면 유즈넷처럼 분산적인 환경에서는 수 백 수 천개의 개별 시스템이 얽혀 있어, 어느 특정인이나 특정 집단이 컨텐츠나 구성원을 통제하지 못한다.

권한통제의 세밀함(granularity of control)을 파악하는 것 역시 중요하다. 위키 사용자는 공유된 문서를 수정할 수 있지만 다른 시스템은 한번 게시된 내용은 수정할 수 없도록 구성돼 있다. 자기가 만든 컨텐츠만 수정 가능한 시스템이 있는가 하면 구글닥스처럼 다른 이들의 문서를 편집할 수 있는 시스템도 있다. 같은 시스템에서 사용자 그룹에 따라 권한이 다를 수도 있다. 권한통제의 세밀함은 인터랙션의 속도와 교차해 살펴보며 시스템의 특징을 지을 수 있다 (표 2.2).

2.3.5 접속의 종류

소셜 미디어 시스템의 기본요소를 연결할 수 있는 다양한 방법이 있다. 각 종류의 소셜 미디어 시스템에서 네트워크를 구성하고 이해하려면 이러한 연결 또는 관계를 이해하는 것이 중요한다. 다음 장에서는 네트워크의 이론과 언어에 대해 설명할 것이다. 이 섹션에서는 소셜 미디어 시스템에 존재하는 여러 유형의 연결에 대해 설명하고 이러한 연결 모음이 소셜 네트워크 분석의 수학, 도구 및 통찰력으로 분석할 수 있는 더 큰 사회 시스템을 만드는 방법을 탐구한다.

접속이 명시적(explicit)으로 이뤄진 것인지 묵시적(implicit)으로 이뤄진 것인지 구분할 수 있다. 명시적인 접속에서 사용자는 분명한 접속 의도를 가진 것이며 묵시적인 접속은 온라인 활동 과정에서 발생하는 것이라고 할 수 있다. 명시적 접속은 소셜 미디어를 통한 구체적 접촉

표 2.2 소셜 미디어의 예는 상호작용의 속도와 내용에 대한 통제의 단위로 분류

상호작용의 속도	제어 세분화		
	• 세밀함 : 최소 단위의 컨텐츠(문자, 픽셀, 바이트)를 직접 제어할 수 있다.	• 보통 : 사용자는 간접적으로만 변경하거나 다른 사용자가 변경할 수 있는 중간 크기의 컨텐츠 블록(개체, 속성, 트랙, 플레이어)을 제어한다	• 강함 : 사용자가 다른 사람이 거의 편집하거나 수정하지 않은 큰 컨텐츠 블록(문서, 메시지, 블로그 게시물, 사진)을 제어한다.
동기식	• 실시간 공유 캔버스	• 가상세계, 멀티 플레이어 게임, 실시간 네트워크 뮤지컬 방해	• 채팅, 인스턴트 메시징, 문자 메시지, 트위터
비동기식	• 공유 문서(예를 들어, 구글 문서 도구), 소스 코드, 위키 백과	• 선집, 보고서 섹션, 토론 그룹 또는 포토셋과 같은 수집된 작품에 대한 기여	• 이메일, 블로그 게시물 및 의견, 링크, 사진, 비디오 및 문서의 공유, 턴 기반 게임

의 대표적 사례로는 SNS 사이트에서 누구에게 친구맺기를 신청하거나 트위터 팔로우 요청, 또는 인스턴트 메시지의 주소록에 등록하는 것 등이다.

묵시적 접속은 누군가에게 이메일을 보내거나 게시판 글에 댓글을 달거나, 좋아요를 누르는 등의 행위이다. 이러한 행위는 모두 의도적인 것이지만 상대방과 구체적으로 연결하기 위한 목적으로 이뤄진 것은 아니다. 같은 토론 포럼이나 페이스북 그룹에서 '어울리는' 사람들을 연결하거나 동일한 위키 페이지를 편집하는 것과 같이 좀더 미묘한 묵시적 연결을 식별할 수 있다. 이 개인은 서로를 알지 못하지만 공통 관심사와 활동으로 연결된다. 다른 연결은 종종 공개되지는 않지만 토론 포럼, 음악 다운로드, 전화 통화 패턴 및 위치 정보 읽기 패턴과 같은 소셜 미디어 시스템의 호스트 또는 소유자가 사용할 수 있는 데이터에서 유추할 수 있다. 무수한 방법으로 사용자는 이제 그 사용자를 주변 사람, 위치 및 디지털 객체와 연결하는 복잡한 웹을 형성하는 흔적을 남긴다.

또 다른 접속 종류는 방향성이다. 만약 두 친구가 페이스북을 통해 연결됐다면 둘 간의 접속은 상호적이며 방향성이 없다. 그러나 트위터와 같은 시스템은 상대방의 승인이 없더라도 그 대상을 팔로우할 수 있다. 즉 접속이 한 방향으로만 흐른다.

마지막으로, 연결은 서로 다른 것을 의미하며 서로 다른 가중치와 값을 가질 수 있다. 예를 들어, Facebook의 두 사람이 친구가 되거나 친구가 될 수 없다. 이것은 on 또는 off인 이진

(binary) 연결이다. 대조적으로 두 명의 Facebook 친구가 서로에게 개인 메시지를 보낼 수 있다. 메시징 연결의 강도는 메시지 수 또는 서로 메시지를 보낸 날 수에 따라 측정할 수 있다. 이것은 강도가 다른 가중(weighted) 연결의 예이다. 이러한 가중치에는 종종 연결 강도에 대한 중요한 정보가 들어 있다. 예를 들어 Marc이 지난 주에 Ben에게 10개의 메시지를 보냈고 Derek에게만 1개을 보냈다면 Marc이 Derek보다 Ben에게 더 강력하게 연결되었다고 말할 수 있다.

지금까지 공유된 예제는 주로 사람들을 서로, 객체를 서로 또는 사람을 객체에 연결한다. 최근 위치(location) 정보는 소셜 미디어 서비스의 확장 부분이 되어 사람, 사물 및 장소간에 연결을 만들 수 있다. 스마트 모바일 장치는 위치 및 활동에 대한 정보를 새롭고 강력한 방식으로 통합하는 새로운 소셜 미디어 시대를 열고 있다. 서로 다른 시기에 조차 다른 사람들과 같은 장소에 있으면서 새로운 종류의 동점이 형성되고 있다. 다른 누군가의 근처에 노트북을 두는 것만으로 하이퍼링크와 유사하지만 사람들에게 적용되는 '하이퍼 타이(hyper-tie)'라는 새로운 종류의 관계를 만들 수 있다.

2.3.6 컨텐츠 유지 정책

소셜 미디어는 컨텐츠를 유지하는 지에 따라 구분할 수 있다. 위키처럼 수정된 기록까지 항구적으로 보관하는 시스템이 있는가 하면 인스턴트 메시지나 인터넷 전화처럼 기록되지 않는 게 있다. 물론 기록할 수는 있으나 여기에는 추가적인 노력이 들어간다. 대다수 소셜 미디어 시스템은 양 극단의 중간 정도에 있다고 보면 된다.

컨텐츠 유지 방침은 제품이나 사용자 환경에 따라 다를 수도 있다. 어떤 인스턴트 메시지 서비스는 대화를 저장하지 않는 반면 어떤 서비스는 기본으로 대화를 저장한다. 중요한 것은, 서비스 자체에서 저장을 하지 않더라도 상대방 사용자가 저장할 수 있다는 점이다. 이에 따라 소셜 미디어 사용에 주의를 기울여야 한다.

표 2.3 소셜 미디어 유형과 사례

소셜 미디어 유형	사례
비동시적 스레드 대화 유형	
• 이메일	• Gmail, Hotmail, AIM Mail, Yahoo! Mail, MS Outlook
• 이메일 리스트, 유즈넷 뉴스그룹	• Slashdot, Google groups, Yahoo! Groups, Yahoo! Answers, listserv

동시적 대화유형	
• 채팅, 인스텐트 메시징, 문자	• UnIX Talk, IRC,Yahoo! Messenger, MSN Messenger, AIM, Google Talk, ChaCha
• 음성 회의	• Skype, Gizmo, ichat, Window's live

월드와이드웹	
	• Ford.com, UMD.edu, Prevent.org, Serve.gov, Data.gov
	• Faculty member websites, artists' portfolio websites, family history websites

협업을 통한 저작활용	
• 위키	• Wikipedia, Wikia(lostpedia), pbwiki, wetpaint
• 고유 문서	• Google Docs, zoho, Etherpad

블로그와 팟캐스트	
• 블로그	• liveJournal, Blogger, WordPress
• 마이크로블로그와 액티비티 스트림	• Twitter, yammer, Buzz, Activity Streams
• 멀티미디어 블로그와 팟캐스트	• Vlogs (video blogs such as Qik), photo blogs (Fotolog, FAIlblog.org), moblog (mobile blogging such as moblog.net), podcasts (iTunes, nPR0

소셜공유	
• 비디오와 TV	• YouTube, hulu, netflix, Vimeo, chatroulette
• 사진과 그림	• Flickr, Picasso, deviantART
• 음악	• last.Fm, imeem, Sonic Garden
• 북마크, 뉴스, 책	• Delicious, Digg, Reddit, StumbleUpon, Goodreads, libraryThing, citeulike

소셜 네트워킹 서비스 SNS	
• 소셜과 데이트	• Facebook, MySpace, BlackPlanet, Tagged, eharmony, Match
• 전문가 서비스	• linkedIn, Plaxo, XInG
• 틈새 네트워크	• Ning(e.g., classroom 2.0), Ravelry, Grou.ps

온라인 시장과 생산	
• 금용거래	• eBay, Amazon, craigslist, kiva
• 사용자 생산 제품	• Instructables, Threadless, Topcoder, Sourceforge, codeplex
• 평가 사이트	• ePinions, Amazon, Angie's list, yelp

아이디어 창출	
• 아이디어 창출, 선택 사이트	• Ideaconnection, chaordix, IdeaScale, Imaginatik

가상세계	
• 가상현실세계	• Second life, club Penguin, Webkinz, habbo
• Massively multiplayer games	• World of Warcraft, lord of the Rings Online, Aion

모바일 기반 서비스	
• 위치 공유; 주석달기, 게임	• Foursquare, Gowalla, loopt, MapMyRun, Geocaching, letterboxing, ScVnGR

2.4 소셜 미디어 사례

이 섹션에서는 글을 쓰면서 소셜 미디어의 인기있는 유형에 대해 간단히 설명한다. 표 2.3은 소셜 미디어 시스템을 나열하고 각각의 예를 분류한다. 또한 이 절의 색인 역할을 한다. 소셜 미디어 도구에 대한 보다 포괄적인 목록은 Go2Web20[4] 및 Wikipedia를 참조할 수 있다. 이 책의 초점 때문에 이 소셜 미디어 도구가 만드는 기본 유형과 연결 유형을 논의하여 네트워크 유형을 강조한다.

2.4.1 비동시적 스레드 대화 유형

이메일, 이메일 리스트, 유즈넷 뉴스그룹, 게시판 등은 인터넷 초창기부터 온라인 커뮤니티 활동의 근간이 됐으며 여전히 중요한 역할을 한다. 새롭게 등장하는 소셜 미디어 서비스들도 이러한 비동시적 대화(Asynchronous communication) 기능을 계속 가지고 간다. 비동시적 대화는 통상 연관된 주소와 함께 메시지가 전송되며, 저자는 한 명이고 해당 저자는 다른 이들의 메시지에 답변할 수 있고 또 다른 답변에 답변을 더하는 식으로 대화 스레드를 만들 수 있다. 이를 통해 컨텐츠의 송신자와 수신자간 암묵적으로 형성되는 리플라이 네트워크, 또는 리플라이 그래프가 생성된다. 리플라이 네트워크 분석을 통해 관계 형성이나, 사회적 역할, 하부그룹 간의 커넥션 패턴 등을 알아볼 수 있다. 다음은 대표적인 비동시적 스레드 대화들이다.

- **이메일** – 일상적으로 사용되기 때문에 현실 세계의 커넥션을 가장 잘 반영하는 것으로 평가된다.

  전자메일 메시징은 1960년대 후반에 도입되었으며 우리에게 친숙한 '@'는 1971년 Ray Tomlinson에 의해 소개되었다. 전자메일 목록은 PONG와 같은 해와 달 착륙 종료와 함께 1972년에 처음 소개되었다. 오늘날 전자메일은 거의 보편적으로 하루 수천만 명의 사용자가 수십억 개의 메시지를 교환하고 있다.

  전자메일의 편재성 때문에 Exchange에서 생성된 암시적 회신 네트워크는 종종 실제 연결의 진정한 표현이다. 8장과 9장에서는 개인 이메일 수집(예 : 자신의 이메일 보관), 조직 이메일 수집(예 : 회사 이메일 트래픽) 및 커뮤니티 수집(예 : 이메일 리스트)의 세 가지 유

---

4) www.go2web20.net

형의 이메일 수집을 분석하는 방법에 대해 설명한다.

- **이메일 리스트(Email list)** - 리스트에 포함된 다수의 사용자에게 전송이 가능해 이메일을 커뮤니티 형태로 변신시킨다. 이메일 정도에만 익숙한 사용층에 도달하기 수월하다. 게시판과 달리 푸시 성격으로, 게시판 방문처럼 의도적인 행위 없이도 수신이 된다. 인터넷에서 가장 흔한 그룹 인터랙션으로 추정된다.

- **유즈넷 뉴스그룹** - 1979년 나타났으며, 수천 수만 개의 뉴스그룹이 각각 특정 주제에 대한 메시지와 리플라이로 구성돼 있다. 이메일 리스트와 달리 경계가 모호하고 어느 한곳의 관리가 없다.

  유즈넷 뉴스그룹(Usenet newsgroup)은 1979년 노스 캐롤라이나 대학(University of North Carolina)에서 처음 만들어졌다. Usenet은 수십 년에 걸쳐 수만 개의 뉴스그룹을 담아 냈다. 각 뉴스그룹은 다양한 주제를 다루고 스레드라는 구조로 서로의 메시지를 묶어서 포함한다. 이메일 리스트의 모음처럼 Usenet 뉴스그룹은 서로에게 회신하여 메시지를 개별적으로 작성함으로써 토론 스레드의 공동 구성을 촉진할 수 있다. 정치, 고양이, 요리, 컴퓨터에 이르기까지 Usenet은 수십만 개의 메시지를 수만 개의 대화 그룹으로 분류하여 수만 개의 뉴스그룹으로 분류했다.

  유즈넷 뉴스그룹은 전자메일 목록과는 달리 중앙 집중식 제어 및 경계가 상대적으로 부족하다는 점에서 크게 다르다. 회원 자격이나 메시지를 받는 다른 사람들의 소망에 관계없이 누구나 뉴스그룹에 메시지를 게시할 수 있다. 전자메일 및 이메일 리스트와 마찬가지로 뉴스그룹에는 작성자가 스레드에서 회신한 사람과 연결될 때 작성되는 '회신 그래프'라는 핵심 소셜 네트워크 구조가 있다. 유즈넷 뉴스그룹은 최첨단 사회 플랫폼이 아니지만 다른 형태로 계속해서 살아가는 혁신에 영감을 불어 넣어 도움을 주었다. 예를 들어, Microsoft Research netscan 프로젝트는 Usenet에서 사회적 상호작용을 시각화하는 가치를 보여주었다.[9] 이제는 잠재력이 실현될 때까지만 약속된다. Usenet 뉴스그룹은 Grouplens라고 불리는 최초의 협업 필터링 시스템 중 하나에 영감을 불어 넣었다. Grouplens는 같은 생각을 가진 사람들의 기호에 따라 즐길 가능성이 있는 컨텐츠에 대한 개인화된 권장 사항을 제시했다.[10]

- **BBS에서 토론 포럼까지** - 전화 모뎀 시절의 게시판 기능을 했으며, 관리자가 존재해 접속 권한 등을 통제했다.

1970년대 후반[5], 전화접속 게시판 시스템(Bulletin Board System, BBS)은 사람들이 다양한 방식으로 상호작용할 수 있는 다양한 게시판을 호스팅했다. 전화 연결 및 음향 모뎀을 사용하여 데스크톱 개인용 컴퓨터에서 실행되는 수천 개의 개별 BBS가 초기 형태의 네트워크 스레드된 메시지 토론을 포함하여 디지털 데이터를 교환했다. 메시지는 BBS 네트워크를 통해 현재 소셜 미디어 서비스를 통해 전달되는 것보다 천천히 이동했다. 메시지는 한 컴퓨터에서 다른 컴퓨터로 몇일에 걸쳐 이동했다. 그러나 월드와이드웹에 대한 차세대 토론 기술처럼 이 시스템은 스레드 대화 및 경계에 대한 중앙 집중식 제어의 일부 수준을 허용했다. BBS 관리자는 자신의 서비스에 액세스 할 수 있는 사람을 선택하고 다른 시스템에서 보유, 교환 및 복사할 내용을 선택했다.

전화 접속 게시판 시스템을 사용한 지 수십 년 후에 현대의 월드와이드웹 토론 게시판 응용프로그램은 전자메일, 전자메일 목록, 뉴스그룹 및 토론 스레드의 여러 측면을 웹 기반 환경으로 이식해갔다. 웹 포럼이나 토론 게시판은 이제 사용자가 여러 범주(주제 또는 스레드라고 함)로 메시지를 작성하고 응답 체인을 통해 서로 연결할 수 있게 해주는 많은 사이트의 공통된 기능이다. YouTube와 같은 비디오 서비스와 함께 신문 및 블로그 사이트의 기사 아래에 매달려있는 대화 스레드가 종종 발견되어 암시적 대화식 소셜 네트워크의 범위를 확장한다. 게시판 및 기타 상호작용 미디어가 월드와이드웹의 인터페이스와 통합되어 대화 인터페이스 및 데이터베이스가 Slashdot.org, Plastic. com 및 Fool.com 과 같은 정교한 토론 시스템으로 개선되어 갔다. 이 사이트는 오랜 시간 동안의 기본값과 알파벳순을 넘어 대화형 컨텐츠를 구성하는 새로운 방법을 제공하는 웹 인터페이스를 제공한다. 이러한 시스템은 독서 데이터 및 컨텐츠 검토를 추적할 수 있는 백엔드 데이터베이스를 사용하여 개인 선호에 따라 컨텐츠를 동적으로 필터링하여 정보 과부하를 극복할 수 있다.

2.4.2 동시적 대화 유형

문자와 채팅 등의 동시적 대화(synchronous conversation)는 실시간으로 이뤄진다는 점에서 비동시적 대화와 다르다. 전신과 전화, 양방향 라디오 등이 인터넷 시절 이전의 대표적인 동시적 대화 기술이다.

---

5) www.bbsdocumentary.com

텍스트 메시징, 채팅, 인스턴트 메시징, 오디오 및 화상 회의와 같은 동기식 대화는 비동기 대화식과 달리 실시간으로 발생한다. 이러한 인터넷 기반 대화의 선구자는 전신, 전화, 양방향 라디오 및 유사한 기술을 통해 탄생했다. 1970년대 초반 처음 사용된 Unix 토크 메시징은 컴퓨터 네트워크를 기반으로 한 텍스트 기반 동기식 대화의 최초 사례 중 하나였다. 이 간단한 시스템은 채팅 및 인스턴트 메시징의 초기 선구자로, 두 사람이 처음에 텍스트 스트림을 공유할 수 있으며 두 사용자는 동일한 공간에 혼합되어 나타나는 문자를 입력한다. 이후의 혁신과 개선으로 텍스트 스트림이 분리되어 오늘날 사용할 수 있는 다양한 형태의 짧은 메시징 및 문자 메시지 서비스로 발전했다. 인스턴트 메시징 또는 화상 회의와 같은 일부 기능은 일대일 또는 소그룹 대화를 지원하는 반면, 채팅과 같은 다른 기능은 특정 '채널'에 '조정'된 사람과 더 많은 대화를 가능하게 한다.

- **채팅** – 초기 인터넷 시절 큰 인기를 끌었으며, 특정 주제를 중심으로 채팅방이 형성됐다. 대화방마다 관리자가 있어 통제했다.

채팅은 초기 인터넷에서 가장 인기있는 상호작용 방식 중 하나였으며 America Online 및 CompuServe와 같은 미국 상업용 온라인 제공 업체의 수익 중 최대 1/3을 차지했다. 1970년대 후반 미국의 '시민 밴드(CB)' 라디오는 나중에 채팅 서비스가 반영하는 사회적 상호작용을 위한 새로운 공간을 열어 준 아날로그 기술이었다. CB 라디오는 지리적 공간으로 제한되었지만 주파수 간격에 위치한 수십 개의 채널 시리즈로 토론을 구성하여 다른 방법으로 만난 적이 없는 사람들 간의 공개 토론을 허용했다. 대부분의 채팅 시스템은 다양한 주제와 관심사에 맞춰진 많은 수의 채널을 지원한다. '인터넷 중계 채팅'서버의 IRC 네트워크는 전 세계적으로 거의 끊임없이 스트리밍되는 수많은 주제에 대한 많은 사람들의 채팅으로 가득 찬 번성하고 풍부한 공간으로 남아 있다.

외부인에게 텍스트 채팅은 혼란스러운 장소가 될 수 있다. 그러나 숙련된 사용자는 이러한 미디어에서 많은 의사 소통을 수행할 수 있다. 유즈넷과는 달리 대부분의 문자 채팅 시스템은 서버 소유자가 시스템 및 개별 채널을 통해 많은 권한을 가지는 중앙 집중식 서버를 중심으로 구성된다. 상업적 채팅 서비스에서 채팅 채널은 제공자의 직원 또는 지정된 자원봉사자일 수 있다. 가장 큰 비상업적인 시스템인 IRC에서 각 채널에는 사람을 뽑을 수 있는 사람이 있으며, 누가 채널에 들어 왔는지 제어할 수 있으며 입력할 수 있는 사람 수를 결정할 수 있다. 특정 의견을 서로 연결하는 명확한 링크가 없기 때문에 사람과 컴퓨터가 누가 누구와 이야기하고 있는지를 아는 것이 어려울 수 있다. 즉, 채팅으로 작성된 회신 네트워크는 오류가 발생하거나 확률이 높을 수 있다.

- **인스턴트 메시징(instant messaging)** - 보다 개인화된 일대일 대화를 지원한다. 친구목록을 통해 대화상대를 유지한다.

인스턴트 메시지 텍스트 채팅 클라이언트는 개인적이고 종종 일대일 채팅 환경을 제공한다. '친구 목록'이라고 하는 도구는 사람들이 친구 또는 연락처 목록을 유지하면서 동일하거나 호환 가능한 도구를 사용하도록 허용한다. 메신저 소프트웨어는 사람의 '친구'가 그 순간 가능한 대화를 할 수 있는지 여부를 나타낸다. 대화상대 목록에서 사람을 선택하면 짧은 줄의 텍스트를 실시간으로 교환할 수 있는 개인 창을 열 수 있다. 최근의 Skype와 같은 도구는 친구 목록을 병합하고 전체 음성 전화로 텍스트 채팅을 보내는 기능을 제공해 통신 모드 간의 차이를 모호하게 만든다. 두 개의 기본 네트워크가 이러한 서비스의 사용자를 연결한다. 하나의 네트워크는 사용자를 친구 목록의 사용자와 연결시키는 우정 네트워크이다. 또 다른 네트워크는 대화하는 빈도에 따라 사람을 연결하는 대화 네트워크이다. 인스턴트 메시징 서비스를 제공하는 조직은 이러한 네트워크를 사용하여 잠재적이고 활동적인 내부 연결을 캡처할 수 있다.

- **문자** - 가장 많이 사용하는 전자 커뮤니케이션이다.

텍스트 채팅은 전 세계적으로 폭넓게 채택된 SMS(Mobile Short Messaging Service)라는 모바일 형태로 전자 통신의 가장 널리 사용되는 형태가 되었다. 약 30억 명의 휴대전화 및 기타 장치 사용자가 매일 수십억 개의 텍스트를 교환한다. 텍스트 메시징에는 많은 기능이 없다. 데스크톱, 랩톱 또는 스마트 폰 장치가 일상적으로 오디오, 비디오 및 문서 첨부 파일을 처리하는 경우 문자 메시지는 160자로 제한된다. 단순성과 낮은 대역폭 요구사항으로 거의 보편적으로 사용 가능하고 비교적 저렴하며 모바일 장치에서 액세스 할 수 있다. 문자 메시지는 인터넷 서비스의 기본 진입점이자 가족, 직장 및 시민 관계를 하나로 묶는 수단이 되었다. SMS는 교환되는 메시지의 수에 따라 전화를 서로 연결하는 통신 네트워크를 생성한다.

- **음성 회의** - 가장 동시적인 도구이다. 단순함과 저비용으로 생산성 높은 커뮤니케이션 도구로 인식된다. 최근 전화 회의는 인터넷 전화를 통한 커넥션을 통해 비용이 획기적으로 절감되고 있다.

가장 참여도가 높은 채팅 세션보다 오디오 및 화상 회의(Video conferencing)는 매우 긴밀한 형태의 사회적 상호작용이다. 사람들은 거의 실시간으로 상호작용하고 말하기, 답장, 몸짓으로 얼굴을 마주 치는 것과 비슷한 상징적 교환의 거의 연속적인 순환을 한다. 표준 전화를 사용하는 오디오 회의(Audio conferencing)는 꾸준히 성장하여 소규모 팀뿐만 아니라 수백 명의 사용자를 위한 교육 또는 마케팅 세션으로 널리 사용되는 서비스가되었다. 사용의 간편함, 저렴한 비용 및 인간의 목소리에 중점을 두어 전화 회의를 널리 사용되고 생산적인 응용프로그램으로 전환시켰다. 오디오 컨퍼런스에서 연사도 청취자도 옷차림, 표정 또는 안구 접촉에 대해 걱정할 필요가 없으므로 다른 사람들을 괴롭히지 않고다른 작업을 동시에 수행할 수 있다. 오디오 컨퍼런싱은 VoIP(Voice over Internet Protocol) 연결을 통해 점점 더 많이 이루어지고 있으며, 지구상에서 비용이 크게 줄어들고 사용이 늘어난다. Skype와 같은 도구는 이제 단순한 텍스트 채팅을 넘어, 많은 시간대에 12명 이상의 사람들과 오디오 컨퍼런스를 한다.

- **화상 회의(video conferencing)** – 음성 회의와 달리 참여자가 외모에도 신경을 써야 된다. 신기술 적용으로 비용이 대폭 떨어지며 확산되고 있다.

비디오 폰은 1940년대부터 약속된 '미래의 비전'이었지만 대량 생산에 실패했다. 초기 시스템 하드웨어 및 연결에 드는 높은 비용에는 비디오 연결이 부과하는 사회적 어색함이 배가되었다. 오디오 전용 연결과 달리 비디오는 사람들이 머리카락을 빗거나 넥타이를 똑바로 세우거나 옷을 입고, 적어도 카메라가 볼 수 있는 영역을 정리해야 한다. 비디오는 방황하는 관심과 멀티 태스킹을 허용하는 전화 통화의 융통성 없이 얼굴을 맞대고 만나는 것과 같은 참여의 연속적인 디스플레이를 필요로 한다. 이러한 장애물에도 불구하고 하드웨어 및 연결 비용이 거의 제로에 가까워짐에 따라 널리 사용되는 화상 회의의 비전이 현실화되기 시작했다.

코넬 대학의 CUSeeMe와 같은 초기 인터넷 기반 전화 시스템은 1992년부터 열렬한 사용자 커뮤니티를 개발했다. 내장된 비디오 카메라와 Skype 및 기타 인스턴트 메시징 클라이언트의 Apple 컴퓨터 및 비디오 서비스에 대한 ichat 프로그램을 포함하여 많은 멀리 떨어진 손자를 보며 조부모를 비롯한 다양한 사용자 커뮤니티와 음악 밴드 및 프로젝트 작업 팀을 배포했다. 기업의 화상 회의 사용이 꾸준히 증가했으며 고품질의 사운드와 이미지 및 향상된 안정성을 보장하기 위해 전용 통신회선을 사용하여 화면 및 문서 공유 서비스와 통합되었다. 비디오 게임 콘솔 및 스마트 폰의 비디오 카메라는 화상 회의 사용자의 범위를 더욱 확대했다.

오디오 회의 또는 화상 회의를 통해 누가 누구와 대화했는 지에 기반한 소셜 네트워크는 데이터를 이용할 수 있는 경우 비교적 쉽게 생성할 수 있다. 그러나 데이터를 자동으로 캡처하기가 어렵기 때문에 대화 자체(예 : 누구에게 답장을 보내는 지)에 대한 보다 세분화된 분석이 어렵다. 텍스트 변환 및 비디오 얼굴 인식에 대한 자동화된 기술의 발전으로 앞으로 수년 내에 이러한 네트워크 교환을 효율적으로 추출할 수 있다.

2.4.3 월드와이드웹

월드와이드웹은 최대 네트워크로, 하이퍼텍스트 개념을 도입해 인터넷을 연결했다. 브라우저를 통해 서버에 올려진 웹컨텐츠에 접근이 가능하며, 대다수 소셜 미디어가 웹을 플랫폼 삼아 작동한다. 검색이 중요한 역할을 하는데, 초기 검색은 수 백만 개의 웹사이트를 분류하는 방식이었으나 링크된 빈도를 측정하는 구글의 페이지랭크 알고리즘이 등장하며 검색의 수준을 획기적으로 개선했다.

가장 큰 공용 기계 판독형 네트워크는 월드와이드웹으로, 웹페이지 및 이미지(URl-Uniform Resource Locator로 식별됨)와 같은 웹컨텐츠는 하이퍼링크로 연결된다. World Wide Web, WWW 또는 웹은 1980년대 Tim Berners-lee에 의해 처음 생각되었지만 1990년대까지는 실현되지 않았다. 처음으로 Ted nelson(Xanadu)과 Douglas Engelbart(online System, NLS)가 인터넷으로 1960년대에 개발한 하이퍼텍스트 개념과 결혼했다.[11] 그 결과 웹브라우저를 사용하여 전 세계 서버에서 호스팅되는 웹컨텐츠를 볼 수 있는 매우 유연한 플랫폼이 탄생했다. 오늘날 웹은 대부분의 소셜 미디어 도구가 구축되는 기본 플랫폼이다. 이 섹션과 12장에서는 주로 기업, 조직 및 정부 웹사이트, 홈페이지 및 문서(예 : 이미지 및 pdf 파일)와 같은 기존 웹사이트에 중점을 둔다.

비록 당신이 그것을 깨닫지는 못하지만, Google을 통해 웹을 검색할 때 네트워크 분석은 사람들의 일상 생활에서 중요한 역할을 한다. 웹컨텐츠의 양이 늘어남에 따라 검색엔진의 역할이 웹컨텐츠에 더 많이 액세스 할 수 있게 되었다. 초기 검색엔진은 관련성을 판단하기 위해 각 웹페이지(및 관련 메타 데이터 필드)의 텍스트 내에서만 데이터를 참조했다.

AltaVista와 같은 1세대 검색엔진은 수백만 페이지에 달하는 모든 단어의 색인을 작성하여 검색어와 일치시킨다. Google은 PageRank 알고리즘을 개발함으로써 검색결과의 품질을 획기적으로 향상시켰다. 이 알고리즘은 웹페이지가 웹네트워크에서의 위치에 얼마나 중요한지를 결정한다. 핵심에서 PageRank 알고리즘은 페이지에 대한 링크를 해당 페이지의 중요도에 대한 '투표'로 간주하여 들어오는 많은 링크가 있는 페이지가 더 높은 점수를 받게 한다. 링크가 잘된 사이트의 링크를 받는 것은 알 수 없는 사이트의 링크를 받는 것보다 중요하다. 이 개념과 관련 개념은 제5장에서 논의된 바와 같이 네트워크 내의 한 지점의 '중심'에 대한 다양한 측정으로 캡처된다. 월드와이드웹에서 발견된 여러 네트워크에 대한 자세한 분석과 상호 연결된 웹

페이지의 네트워크를 생성할 수 있는 '크롤러' 도구에 대한 것은 12장에서 설명한다.

2.4.4 협업(collaboration)을 통한 저작활동

다수의 참여자가 그룹이 커뮤니티 차원에서 협력해 문서나 기타 저작물을 만들 수 있으며, 많은 소셜 미디어가 이 같은 기능을 지원한다.

워드프로세싱은 타자기와 함께 자란 사람들을 위한 혁신이다. 많은 사람들이 컴퓨터에서 문서를 만들고 편집하는 것이 타자기를 사용하는 것보다 분명한 개선이라고 생각하지만 종종 독방적인 프로세스로 남아 있다. 전자 필기의 더 나아진 부분은 사용된 레이아웃과 글꼴을 개선하는 것이 아니라 사람들이 집단적으로 문서를 작성하고 소비하는 방식으로 바꾸는 것이다. 여러 소셜 미디어 도구를 사용하면 소규모 그룹 및 수천 명의 커뮤니티가 문서 및 문서 저장소를 효과적으로 만들고, 유지 관리하고, 구성할 수 있으므로 문서 및 저장소의 공동 작성을 용이하게 한다.

- **위키** - 가장 많이 알려진 집단 문서작성 서비스는 위키피디아(Wikipedia)이다. 웹페이지의 형식으로 된 문서를 인터넷 사용자가 저작, 수정이 가능하다. 다양한 위키 엔진이 있는데, 모두 수정사항을 기록한다는 특징이 있다. 페이지간의 하이퍼링크나 사용자간의 커넥션 등의 네트워크 구성을 분석해 컨텐츠의 관계나 사회적 역할을 알아 볼 수 있다.

    1990년 초에 Ward cunningham이 만든 위키는 잠재적으로 모든 인터넷 사용자가 웹페이지 형태로 문서의 공유 모음에 액세스하고 편집할 수 있는 사람들의 그룹을 허용하는 도구이다. Wikipedia에서 사용하는 MediaWiki와 같은 오픈 소스 제품뿐만 아니라 Wetpaint, PBWiki 및 SocialText와 같은 기업 제품을 비롯한 많은 '위키 엔진(즉, 플랫폼)'이 있다. Wikis는 교육 자원에서 기술 문서, 환자 지원 정보에 이르기까지 주제에 관한 백과 사전(예 : Wikipedia), 팬 또는 게임 사이트, 회사 인트라넷 컨텐츠 및 정보 저장소를 만드는 데 사용된다. 구현 간의 많은 차이에도 불구하고, 모든 위키 엔진은 각 위키 페이지의 편집을 추적하여 자세한 페이지 기록을 만든다. 이러한 편집은 워드프로세서의 '실행 취소' 기능의 사회적 버전을 만드는 것에 해당한다. 최근 변경 내역 페이지에서 컨텐츠 업데이트를 추적하고, 구독한 후 특정 페이지의 변경 사항을 통보 받거나, 모든 편집 내용을 기록한 사용자의 '사용자 기여 페이지'를 볼 수 있다.

    위키에는 많은 암시적 네트워크가 포함된다. 일부 네트워크는 하이퍼링크를 통해 또는 페이지가 범주로 그룹화 될 때 페이지를 다른 페이지에 연결한다. 다른 네트워크는 예를 들어 사람이 다른 사람의 사용자 페이지에 게시하거나 두 사람이 같은 페이지를 공동 편집할 때 사람과 사람을 연결한다. 이 네트워크는 15장에서 설명한 것처럼 컨텐츠 관계 또는 사회적 역할을 더 잘 이해할 수 있도록 활용될 수 있다.

- **공유 문서(shared documents)** – 기업이나 정부 등의 기관에서 문서의 작성과 편집을 협력해 진행하며 문서를 공유하는 시스템이다. 협력과 공통된 관심사 등의 패턴이 드러난다.

  워드프로세싱 및 스프레드시트 파일과 같은 공유 문서(shared documents)를 통한 공동작업에 대한 아이디어는 잘 정립되어 있으며 위키에서 제공하는 커뮤니티 접근 방식을 뛰어 넘는다. 기업, 정부 및 지역사회 단체가 Google 문서, Windows LiveSync 또는 DropBox를 통해 편리하게 문서를 공유하고 편집할 수 있다는 사실을 알게 되면서 공동 문서작성이 계속해서 인기를 끌고 있다. 동일한 문서를 편집하는 사용자는 네트워크가 아직 명확하지 않지만 협력 패턴, 공동 관심사항 또는 새로운 공동작업 기회를 확인할 수 있는 네트워크를 형성한다.

2.4.5 블로그와 팟캐스트

블로그는 텍스트 위주의 단순함에서 출발해 각종 멀티미디어 컨텐츠까지 수용 가능한 플랫폼으로 성장했다. 전통 미디어 등 기존 정보제공자들에 도전하는 양상으로까지 발전했으며 특히 속보성이 중요한 뉴스분야에서 막강한 영향력을 끼치고 있다. 테크노라티와 같은 블로그 전문 검색 서비스가 트랙백이라는 블로그 링크 등을 분석해 최신 블로그 내용을 제공한다. 웹크롤러를 통해 커넥션을 자동분석할 수 있어 사회적 이슈를 이해하는데 블로그를 이용할 수 있다.

블로깅은 웹페이지 게시의 특별한 형태이다. 믿을 수 없을 정도로 단순한 블로그는 본질적으로 풍부한 디지털 컨텐츠를 게시하는 데 비용이 적게 드는 메커니즘이다. 초기 블로그는 일련의 문자 메시지 또는 '게시물'을 역순으로 표시하므로 가장 최근 게시물은 항상 페이지 상단에 있었다. 오늘날 블로그는 컨텐츠 프리젠테이션 및 논평을 위한 풍부한 플랫폼을 제공한다. 블로그에는 그림, 비디오 및 오디오로 보완된 문자 메시지가 포함될 수 있다. 블로그는 컨텐츠를 검색, 컨텐츠 구독을 위한 Really Simple Syndication(RSS), 독자가 각 블로그 게시물에 댓글을 달 수 있는 기능, 게시물을 분류하는 태그, 관련 블로그에 대한 포인터가 함께 제공된다. 응용프로그램 및 위젯의 범위. 라이브 저널, Blogger 및 WordPress와 같은 인기 있는 도구는 블로그를 본질적으로 무료로 광범위하게 사용할 수 있도록 한다. 또한 일반적으로 큰 사이트에 포함된다.

블로그 및 확장 기능을 갖춘 블로거는 현재 프리 미디어에 필적할만한 잠재 고객을 구축할 수 있으며 특히 현재의 정보가 가장 중요한 뉴스 분야에서 더욱 많은 기존 정보 제공업체에 도전할 수 있다. 블로그와 블로거는 브랜드, 정치 후보자 및 뉴스 기사의 잠재적으로 강력한 제작자 및 차단기로 간주된다. 그들은 또한 아이들의 이야기와 사진을 공유하는 가족과, 모호한 주제를 탐구하는 틈새 이익 집단을 위한 마이크로(micro) 출판 전선 역할을 한다. 개별 블로그 또는 직접 작성한 저자 세트가 단일 블로그를 작성할 수 있다. 다른 사람들은 코멘트를 통해 또는 자신의 블로그를 다른 블로그에 연결함으로써 블로그 스페이스라고 하는 상호 연결된 블로그의 모놀리 식 컬렉션을 만든다.

Technorati와 같은 전문 검색엔진은 최신 블로그 영역을 조사하고 블로그 링크(트랙백이라고도 함)의 고유 속성과 블로그에 신뢰도 점수를 할당하는 주석의 수를 사용한다. 웹크롤러를 사용하여 연결을 자동으로 캡처할 수 있기 때문에 연구원들은 블로그와 같이 고도로 분열된 미국의 경기장뿐만 아니라[12] 이란과 같은 다른 분야의 정치 담론의 성격과 같은 문제를 더 잘 이해할 수 있도록 블로그 공간을 분석할 수 있다.[13]

- **마이크로 블로그와 액티비티 스트림** – 140자로 제한된 트위터가 대표적이다. 팔로우한 사람들의 최신 포스팅이 자동으로 전달된다. Facebook이나 linkedIn도 상태 업데이트 등의 기능으로 마이크로 블로깅 기능을 사용한다. 마이크로 블로깅은 몇 가지 흥미로운 소셜 네트워크 구조를 만들어 내는데, 팔로잉과 팔로우드 관계이다. 페이스북과 달리 이는 편재성이 있다.

  트위터 마이크로 블로깅 시스템은 불과 몇 년 전에 대중에게 공개되었고 이제 전 세계적인 현상이 되었다. 그것은 최근 게시물에 초점을 맞춘 전통적인 블로그와 비슷하지만, '트윗(tweets)'이라는 게시물은 140자 이내로 제한된다. Twitter는 블로그 피드에 대한 아이디어를 활용하여 다른 모든 트위터 사용자에게 가입, 즉 '팔로우(따라가기)'를 허용한다. 사용자의 맞춤 피드는 자신이 팔로우하는 모든 개인의 가장 최근의 트윗을 표시하여 한입 크기의 정보를 실시간으로 스트리밍한다.

  다수의 경쟁 서비스가 존재하며, 그 중 일부는 다른 서비스 위에 중첩된다. 예를 들어 Facebook 및 linkedIn에는 친구에게 브로드캐스트되는 마이크로 블로그 역할을 하는 상태 메시지가 있다. 최근에는 Google Buzz와 공개 자원인 identi.ca도 유사한 서비스를 제공한다. 마이크로 블로그 사이트는 여러 가지 흥미로운 소셜 네트워크 구조를 만든다.

가장 명백한 네트워크는 '따라가기'와 '뒤에 오는 것' 관계에 의해 생성된 네트워크이다. Facebook과는 달리, 이러한 '따라가기' 관계는 잠재적으로 직접적이다. 귀하를 따르지 않는 사람과 그 반대일 수 있다. 이는 Facebook 및 linkedIn에있는 무명 연결과는 대조적이다. 사용자가 다른 사람의 마이크로 블로그 게시물에 대한 회신 또는 재게시 메시지 (예 : '리트윗' 또는 RT)에 따라 사용자를 연결하는 다른 네트워크가 만들어진다. 트위터에서 발견된 여러 네트워크에 대한 자세한 분석은 10장에서 다루고 있다.

- **멀티미디어 블로그와 팟캐스트** – 대역폭이 증가하며 비디오나 사진 블로그, 팟캐스트 등이 인기를 끈다. 멀티미디어 블로그의 경우 가입자의 투고도 가능하며, 팟캐스트는 기존 블로그처럼 구독이 가능하다.

대역폭 및 멀티미디어 지원이 증가함에 따라 비디오 블로그(vlogs), 사진 블로그, 모바일 블로그(moblogs) 및 오디오 블로그(일반적으로 팟캐스트라고 함)를 비롯하여 블로그와 관련된 다양한 서비스가 등장했다. 이러한 멀티미디어 블로그는 특정 주제에 중점을 둘 수도 있고, 특정 개인의 일상 경험에 집중할 수도 있다(lifelogging/lifeblogging). 일반적으로 사람들은 텍스트에서 초기 게시물에 댓글을 달 수 있으며 때로는 다른 비디오에 대한 비디오 응답을 권장하는 블로그와 마찬가지로 멀티미디어를 사용하여 회신할 수 있다. 유머러스한 사진 블로그인 Failblog와 같은 일부 멀티미디어 사이트는 독자들의 컨텐츠 제출을 권장하지만 게시되기 전에 사이트 담당자가 심사한다. 다른 멀티미디어 블로그는 개인 또는 소그룹에서 저술한 것으로, 소규모에서 대규모 그룹까지 읽을 수 있다.

Moblog는 스마트 폰과 같은 휴대 기기를 사용하여 사진, 동영상 및 텍스트를 업로드하는 데 사용되며 위치 정보가 자동으로 태그된 경우가 많다(예 : moblog.net 및 Qik 참조). Podcast에는 오디오 또는 비디오 컨텐츠가 포함될 수 있으며 기존 블로그와 마찬가지로 iTunes와 같은 도구를 사용하여 구독할 수 있으므로 새 컨텐츠가 자동으로 다운로드된다. 그들은 웹사이트의 일부로 제공될 수도 있지만, 팟캐스트에 대한 의견을 말하기 위한 시설은 일반적인 것이 아니다. 기술 향상으로 인해 향후 비디오, 이미지 및 오디오와 같은 멀티미디어 컨텐츠의 검색 도구와 주석이 더 많이 보인다. 멀티미디어 블로그 및 팟캐스트로 만든 네트워크는 블로그 및 마이크로 블로그에서 만든 네트워크와 유사하다. 이들은 컨텐츠를 컨텐츠에, 그리고 확장하여 컨텐츠 작성자와 연결한다. 또한 사람들은 멀티미디어 게시물을 설명하기 위해 비슷한 태그를 사용하는 다른 사람들과 연결할 수 있다. 또한, moblogs는 공유 위치를 기반으로 개인을 연결할 수 있다.

2.4.6 소셜 공유

개인이 컨텐츠를 유형별로 공유하는 사이트이다. 관심있는 컨텐츠를 사용자가 자발적으로 공유하는 방식으로 컨텐츠 검색의 수고를 덜어준다.

소셜 공유 사이트는 개인이 일반적으로 특정 유형(예 : 동영상, 사진, 웹사이트)의 컨텐츠를 공유할 수 있도록 설계되었다. 이들은 동료 커뮤니티가 흥미로운 컨텐츠를 공동으로 식별하고 공유할 수 있게 함으로써 검색엔진의 컨텐츠를 목적에 맞게 검색할 수 있는 대안을 제공한다. 그들은 대중이 선반에 있는 것을 결정하는 현대 탐색의 화신이다. 소셜 네트워킹 사이트(예 : Facebook의 사진 공유 및 태그)와 같은 다른 소셜 미디어 도구에서 소셜 공유가 발생하지만 소셜 공유 사이트는 일반적으로 컨텐츠 중심의 독립 실행형 도구이다.

- **비디오와 TV(Video and TV)** – 유튜브가 대표적이다. 유튜브는 채널도 생성이 가능하며, 사용자 사이의 연결도 가능하다.

  디지털 비디오 카메라가 널리 사용되면서 사람들은 비디오를 업로드하여 다른 사람들과 공유한다. YouTube 및 Vimeo와 같은 사이트는 대중이 비디오 컨텐츠를 자유롭게 업로드하고 공유하고 블로그에 링크하거나 다른 웹사이트에 포함시킬 수 있다. 기업, 대학 및 언론 매체는 자신의 유튜브 '채널'에 컨텐츠를 게시하고 때때로 유튜브의 파트너십 프로그램에 참여한다. 구글 비디오, Metacafe, hulu 및 netflix 스트리밍 서비스와 같은 사이트를 통해 사용자는 TV 프로그램, 영화 및 짧은 비디오 클립을 검색하고 볼 수 있다. 이러한 사이트는 다양한 소셜 네트워크 구조의 본거지이다. 예를 들어, 유튜브는 사용자가 '친구'가 되거나 서로 연락할 수 있게 한다. 또한 사용자가 서로의 동영상에 댓글을 달거나 동영상을 '즐겨찾기'로 설정하거나 업로드된 동영상 스트림을 구독할 때 사용자간에 관계를 만들 수 있다. 서로 관련된 동영상 네트워크는 공유 태그 또는 공유된 시청자를 기반으로 만들어진다. 유튜브에서 발견된 여러 네트워크에 대한 자세한 분석은 14장에서 볼 수 있다.

- **사진과 그림(Photo and Art)** – 야후의 플리커(Flickr)가 대표적이며 사용자들이 공유할 사진을 올린다. 사진에는 태그가 붙어 분류를 용이하게 하고, 유사한 태그 사용자간 연결도 되고 댓글을 남기는 등 네트워크 관계가 형성된다.

  카메라 발명 이후 사람들은 앨범, 스크랩북 및 냉장고 자석을 통해 사진을 공유했다. 소셜 미디어 도구를 사용하면 다른 사람들 또는 전세계의 일부 그룹과 사진 및 디지털 아트 복사본을 공유할 수 있다. 가장 인기있는 서비스 중 하나는 야후의 플리커이다. 플리커는 개인(예 : 사진을 업로드하는 사진 작가), 그룹 및 태그를 설명하는 태그에 방대한 디지털 사진을 제공한다. 대부분의 소셜 공유 사이트처럼 플리커는 사용자가 소셜 네트워크 사이트의 친구와 같은 연락처 네트워크를 만들고 사진 배포를 해당 개인 또는 세계 전체로 제한할 수 있도록 한다. Picasa, SmugMug, PhotoBucket 및 DeviantART와 같은 많은 유사한 서비스가 있으며 슬라이드와 같은 일부 사이트는 음악과 함께 슬라이드 쇼로 사진을 정렬할 수 있다. 개인이 한 번에 하나의 이미지를 구매할 수 있게 해주는 stock.xchng 및 iStockphoto와 같은 재고사진 및 벡터아트 사이트도 많이 있다. 또한 페이스북과 같은 사이트에는 사진 공유 및 태깅 요소가 포함된다. 풍부한 주석이 달린 컨텐츠로 다양한 유형의 네트워크를 구축할 수 있다. 일부 네트워크는 사진에 함께 등장하는 사람들을 연결하는 반면 다른 네트워크는 다른 사람들의 예술을 따르거나 같은 그룹에 속한 사람들을 연결한다. 유사한 태그를 사용하거나 다른 사용자의 사진에 댓글을 달거나 다른 사용자의 사진을 댓글을 쓰거나 유사한 위치에서 사진을 찍거나 동일한 유형의 카메라를 사용하는 사람들을 연결하는 암시적 네트워크를 생성할 수 있다. 플리커에서 발견된 여러 네트워크에 대한 자세한 분석은 13장에서 볼 수 있다.

- **음악(Music)** - 라스트FM과 같은 음악 사이트는 비디오나 사진 공유 사이트와 유사하며 사용자간 연결이나 댓글 남기기 등이 가능하다. 음악 추천 기능 등이 특징적이다.

  last.Fm, imeem 및 Sonic Garden과 같은 사이트를 비롯하여 다양한 소셜 공유 사이트가 음악을 중심으로 활동한다. 이러한 사이트는 태그 및 아티스트와 같은 다양한 메타데이터 필드를 통해 다른 사용자를 친구로 사귀고 코멘트를 게시하고 사이트를 탐색할 수 있는 기능과 같은 비디오 및 사진 공유 사이트와 많은 속성을 공유한다. 일부 사이트(예 : imeem)가 다른 한 가지 방법은 명시적 재생 목록(믹스 테이프의 현대적인 화신)을 만들 수 있는 능력이며 올바른 노래 컬렉션에서 오는 가치를 인식하는 것이다. last.Fm과 같은 일부 사이트는 협업 필터링 기술을 활용하여 현재 즐기는 음악을 기반으로 즐길 가능성이 있는 음악을 추천한다. 추천 필터 시스템의 하위 집합인 협업 필터링 도구는 다른 사용자의 데이터를 사용하여 개인화된 권장 사항을 만든다. 특정 그룹의 사용자가 좋아하는 노래가 마음에 들면, 아직 듣지 않은 노래를 좋아할 것이다. 음악 공유 사이트에서 만든 네트워크는 다른 공유 사이트의 네트워크와 비슷하다.

- **북마크, 뉴스, 책(Bookmarks, News, Books)** - 북마크는 다른 이들에게도 공유되면 유용

할 수 있는데, 새롭고 흥미로운 정보를 순식간에 얻을 수 있는 방법이다.

사용자가 월드와이드웹에서 컨텐츠를 검토할 때 나중에 사용하기 위해 웹페이지나 웹페이지에 대한 포인터를 저장하는 것이 일반적이다. 이러한 북마크 모음은 다른 사람들에게도 유용할 수 있다. 사용자가 북마크 포인터를 웹사이트에 저장하고 그 링크를 다른 사람들과 공유할 수 있게 하는 몇 가지 서비스가 등장했다. deli.cio.us, digg, reddit 및 stumbledupon과 같은 서비스는 사용자가 웹에서 유용하고 흥미로운 자료에 대한 포인터를 수집하고 다양한 방법으로 주석을 추가하고 다른 사람 또는 대중을 선택하기 위해 게시할 수 있는 다양한 도구를 제공한다. 관련 도구모음을 사용하면 이러한 사이트의 사용자가 다른 많은 사용자로부터 누적된 링크를 필터링, 검색 및 정렬할 수 있다. 많은 사용자가 웹에서 유용한 자료를 회상하기를 열망하고 종종 특정 웹사이트에 대한 관심 또는 감사를 다른 사용자에게 알리려고 한다. digg와 같은 사이트는 품질 메커니즘을 추가 분류하기 위해 프로세스에 투표 메커니즘을 추가하여 북마크 공유 아이디어를 개선했다. 이러한 서비스는 웹사이트 또는 블로그 게시에 대한 관심을 표명한 사용자의 강력한 후속 조치를 개발했으며, 이를 집계하여 다른 사람들이 볼 수 있도록 순위를 매겼다.

북마크 공유 서비스는 새롭고 흥미로운 정보를 식별하고, 역사적인 흔적을 만들고, 공유 관심 분야의 커뮤니티를 형성하는 빠른 방법을 제공한다. 도서(예 : Goodreads, libraryThing) 및 저널 기사(citeulike, connotea)와 같은 비 웹 기반 컨텐츠의 경우에도 유사한 사이트가 있지만 사용자가 제공하는 리뷰가 더 많은 경우가 많다. 이러한 시스템에는 다른 컨텐츠 공유 사이트와 유사한 네트워크는 물론 투표 동작을 기반으로 하는 네트워크가 포함된다.

2.4.7 소셜 네트워킹 서비스(SNS)

70년대에 특정 시스템 접속자에게 본인의 현재 상태를 알려주는 프로그램에서 출발했다. 현대에는 사용자가 본인의 정보, 사진, 비디오 등을 친구나 팔로워에게 공유하는 소셜 네트워킹 서비스로 발전했다.

1971년 les Earnest는 시스템 사용자가 다른 사용자의 상태를 확인할 수 있는 '손가락' 프로그램을 작성했다. 사용자가 손가락 프로그램을 통해 요청하면 '.plan'이라는 파일이 다른 사용자에게 표시된다. 이 파일은 곧 인터넷의 많은 초기 사용자와 이전 네트워크의 명함 및 사무실 문이 되었다. 일부 사용자는 파일을 정기적으로 업데이트하여 현재 위치, 활동 및 마음 상태를 기록했다. 이 간단한 상태 및 프로파일 시스템은 시간이 지남에 따라 진화했으며 사람들이 다른 사람들에게 자신을 소개할 수 있게 해주는 시스템의 창조에 영감을 주었다. 소셜 네트워킹 서비스라고 불리는 현대의 화신은 사람들이 자신의 신원을 밝히는 친구나 추종자와 자신에 관한 연락처 정보, 텍스트, 이미지 및 비디오를 공유할 수 있게 한다. 프렌드스터(Friendster)와 같은 초기 사례는 사용자가 다른 사용자를 '친구'로 삼아 소셜 네트워크 기능 집합의 기본 윤곽을 설정하여 서로 다른 사람들의 활동을 업데이트하고 컨텐츠를 공유할 수 있게 했다.

- **소셜과 데이트** – 페이스북이 급성장하며 지구상 최대의 소셜 그래프를 탄생시켰다. 페이스북을 통해 사용자간 관계를 맺는 방식은 매우 다양하기에, 페이스북은 풍부한 소셜 네트워크 데이터를 제공한다. 특정 지역에서는 현지 서비스가 더 활성화된 현상도 있으며, 또 데이트 상대 찾기에 특화된 서비스도 있다. 한편, 페이스북 등은 데이터 수집에 제한을 두는데, 트위터처럼 개방된 서비스와 달리 페이스북은 어떤 데이터에 접근이 가능하고 얼마간 데이터를 사용할 수 있는지 등을 제한한다.

Facebook이나 MySpace와 같은 서비스는 불과 몇 년 만에 소셜 네트워킹 서비스를 지배하게 되었다. 2010년에 4억 명의 사용자가 있었고 그 중 많은 사람들이 정기적으로 활동하고 있으며, Facebook은 지구상에서 가장 큰 기계 판독 가능 '소셜 그래프' 중 하나를 포함한다. 페이스북 관계를 시작하는 명백한 'friending'에서 사람들이 다른 사람들의 '벽'에 글을 쓰면서 상호작용할 수 있는 여러 방법에 이르기까지, 사람들이 다른 사람들의 컨텐츠를 '좋아한다'는 것을 나타내는 많은 방법들이 페이스북에서 서로 연결된다 메시지 전송, 사진 태깅, 공통 팬클럽 또는 그룹 가입 등이 있다. Facebook 및 관련 시스템은 결과적으로 소셜 네트워크 데이터의 풍부한 소스이다.

브라질과 인도의 Orkut과 영국의 Bebo와 독일의 StudioVz와 같은 특정 지역을 지배하는 다른 서비스가 있다. 일부 소셜 사이트는 Tagged, eharmony, Match와 같은 데이트 또는 BlackPlanet과 같은 특정 인구 통계 그룹에 중점을 둔다. 여기에는 더 일반적인 목적의 소셜 네트워크에서는 사용할 수 없는 상세한 프로필 정보가 포함되어 회원들이 '호환되는' 동반자를 찾을 수 있다.

페이스북과 같은 이러한 소셜 네트워킹 서비스의 대부분은 자신의 데이터에 대한 제한적인 이용약관을 강요한다. 트위터를 둘러싼 개방적이고 자유로운 모델과 달리 페이스북은 어떤 데이터에 액세스할 수 있는지 그리고 데이터가 사용될 수 있는 기간을 제한한다. 결과적으로 Facebook 소셜 네트워크 분석은 어려울 수 있다. 개인은 자신의 상호작용 및 소셜 네트워크와 관련된 일부 Facebook 데이터를 추출할 수 있지만 그 데이터조차도 단기간 및 특정 목적으로만 사용할 수 있다. 개인 Facebook 네트워크를 분석하는 방법에 대한 설명은 15장에서 다룬다.

- **전문가 서비스** - 링크드인과 같은 서비스는 비즈니스 네트워크 구성에 초점을 맞춘다. 채용과 관련된 서비스가 인기를 끌며 구인 구직 시장의 중요한 요소가 되고 있다.

   linkedIn, Plaxo 및 XInG와 같은 서비스는 비즈니스 네트워킹에 종사하는 직업 전문가의 자체 프레젠테이션에 맞춰 조정된 소셜 네트워크 기능을 제공한다. 사용자는 이력서를 게시하고, 취업 알선을 보내고, 동료를 추천하고, 동료를 다른 동료에게 소개하고, 비공개 메시지를 교환하고, 대학 동창회 또는 특별 관심 그룹과 같은 그룹에 가입할 수 있다. 이러한 네트워크는 많은 산업 분야에서 구직 절차의 중요한 부분이 되고 있다.

- **틈새 네트워크(Niche Network)** - 특정 주제를 둘러싼 특화 네트워크도 있다. Ning이나 Grou.ps 같은 것이 대표적이며 개방되거나 폐쇄형으로 운영될 수 있다.

   최근에 Ning 및 Grou.ps와 같은 사이트에서는 사용자가 특정 주제를 기반으로 소셜 네트워킹 사이트를 쉽게 만들 수 있다. 예를 들어, 신기술 사용에 관심이 있는 교육자는 교실 2.0 닝 사이트에서 만나고 당뇨병 환자는 당뇨병 환자를 만난다. 이러한 사이트는 누구나 가입하거나 폐쇄할 수 있으므로 초대된 회원만 가입할 수 있다. 또한 다른 온라인 커뮤니티의 호스트에는 프로필 페이지와 같은 핵심 소셜 네트워킹 기능이 통합되어 있으며 커뮤니티 컨텐츠와 통합된다. 예를 들어, Knvelters의 커뮤니티인 Ravelry는 사용자에게 현재의 속보, 좋아하는 계획 및 완성된 뜨개질 프로젝트를 보여준다. 이 책의 9장에서는 Ravelry를 탐구한다.

2.4.8 온라인 시장과 생산(Online Markets and Production)

많은 소셜 미디어 사이트는 제품과 서비스의 생산, 평가, 교환을 지원하기도 한다.

- **금융거래(financial transactions)** - 이베이와 아마존과 같은 온라인 시장에 대한 수요가 폭발적으로 늘고 있다. 이러한 서비스는 같은 제품에 대한 관심을 공유하는 공급자와 수요자 커뮤니티를 형성한다. 이러한 시장은 공급자와 수요자를 연결시키며 거래 네트워크를 형성한다. '예측 시장'이라는 서비스가 생겨나 미래 특정 이벤트에 대한 예측에 현금성 자산을 투자하는 거래를 한다. 이러한 금융거래 사이트는 구매패턴 분석을 통해 시장의 역동성을 이해하는데 활용될 수 있다.

   교환 네트워크는 구매자와 판매자가 만나고, 뉴스를 교환하고, 거래를 하거나, 상품을 구입하거나, 미래 활동을 위한 계획을 수립하는 시장의 핵심에 항상 있었다. eBay 및

Amazon과 같은 경매 사이트 또는 제품, 서비스, 아파트 및 작업에 대한 위치별 광고를 용이하게 하는 craigslist와 같은 광고 사이트의 형태로 온라인 시장에 대한 엄청난 수요가 있었다. 이 서비스는 동일한 제품에 관심이 있는 구매자와 판매자의 커뮤니티를 생성한다. 예술가, 공예가 또는 사진작가와 같은 많은 소기업 및 전문가는 서비스 제공 업체, 컨설턴트 및 개인 트레이너와 함께 개인 또는 집단 웹사이트를 통해 제품을 일상적으로 광고한다. 이러한 독립적인 소기업은 eBay의 피드백 메커니즘과 같은 평판 시스템 도구를 통해 폭넓은 잠재 고객을 확보하고 신뢰성을 높일 수 있다.

이마켓 플레이스는 거래를 통해 판매자와 구매자를 연결하는 네트워크를 만들어 무역 네트워크를 만든다. kiva와 같은 관련 서비스를 통해 개발 도상국의 기업가에게 돈을 기부하고 소액 대출을 지원하며 블로그 게시물 및 공개상환 통계를 통해 진행상황을 추적할 수 있다. 마지막으로, '예측 시장'이라고 부르는 서비스의 증가로 사람들은 현금가치가 미래 사건에 연계된 자산을 매매할 수 있다(예 : 공화당이 다음 미국 대통령이 될 것임). 시장 가격은 사건이 발생할 확률로 해석된다. 예로는 Intrade, Betfair 및 할리우드 증권 거래소와 같은 특정 시장이 포함된다. 이러한 금융 거래 서비스는 시장 역학을 이해하는 데 사용할 수 있는 구매 패턴 또는 Amazon에서 찾은 추천 시스템의 기반으로 풍부한 네트워크 데이터를 만든다.

- **사용자 생산 제품(user-generated products)** – 협동을 통해 제품을 개발하고 판매하는 사이트이다. 오픈소스 소프트웨어 운동이 대표적이다. 무료로 배포되는 소프트웨어 개발을 위해 사용자들이 코드를 기여하는 것이다. 사용자가 디자인한 무늬를 담은 티셔츠를 판매하는 사이트도 있다.

소셜 미디어 사이트는 공동으로 제품을 개발, 공유 또는 판매하는 데 중점을 둔다. 오픈소스 소프트웨어의 움직임은 사용자가 무료로 사용할 수 있는 소프트웨어 도구를 개발하는데 필요한 코드를 제공하는 훌륭한 예이다. Sourceforge 및 Codeplex와 같은 사이트는 소프트웨어 변경 사항을 추적하고 다운로드 횟수를 모니터링하며 기본적인 토론 기능을 제공하여 개발자 커뮤니티를 지원하는 도구를 제공한다. 탑코더(Topcoder)와 같은 다른 사이트는 사용자가 프로그래밍 작업에서 서로 경쟁할 수 있게 하여 승자가 도전 과제를 게시한 조직이나 개인이 돈을 받는다. 이 사이트는 공유 프로젝트 및 과제를 기반으로 사람들을 연결하는 네트워크를 만든다. Amazon의 Mechanical Turk는 항목 분류 및 이미지 식별과 같은 '인간 정보 작업'을 지원할 수 있는 플랫폼을 제공한다. 이 '일터를 위한 시장'은 전 세계 사람들이 시간이 지남에 따라 합산될 수 있는 소액 지불업무를 수행할 수 있게 한다. 다른 커뮤니티는 특정 제품에 중점을 둔다. 예를 들어, Threadless에서는 사용자가 만든 디자인의 티셔츠를 구입할 수 있다. 이 사이트는 무역 네트워크뿐만 아니라 유사한 프로젝트를 수행하는 사람들을 연결하거나 유사한 태그를 사용하여 제품을 설명하는 네트워크를 생성한다.

- **평가 사이트** – 소셜 미디어 사이트는 대부분 사용자가 제품이나 서비스에 대한 평가를 올리도록 하는데, 아마존 같은 경우 평가글과 함께 제품에 대한 별점매기기도 지원한다. 위치기반 서비스를 이용한 레스토랑, 병원, 쇼핑 평가도 있다.

　　많은 소셜 미디어 사이트에서는 사람들이 제품이나 서비스에 대한 리뷰를 올릴 수 있다. ePinions 및 Amazon과 같은 일부 사이트는 거의 모든 생각할 수 있는 제품의 평가와 서평을 지원한다. Angie's list 및 yelp와 같은 리뷰 사이트의 로컬 버전은 식당, 쇼핑 및 유흥 시설과 같은 위치 기반 서비스 또는 의사, 계약자 및 서비스 전문가와 같은 서비스 제공업체에 중점을 둔다. 이 사이트는 친구들이 서로(예 : 옐프) 친구가 될 때 명시적인 네트워크를 만들고, 사용자가 좋아하는 장소 또는 서비스를 이용할 때 암시적 네트워크를 만든다. 그들은 또한 다른 사람들과 비슷한 등급을 제공하는 사람들을 연결하는 네트워크를 만든다.

2.4.9 아이디어 창출(Idea Generation)

　　대중의 집단지성을 활용하려는 노력이 시도되고 있는데, 신선한 아이디어 확보 차원에서 '아이디어 창출(idea generation)' 기능을 활용하는 소셜 미디어 사이트들이 있다. 아이디어 커넥션과 같은 회사는 외부 기관이 사용자들에게 문제를 제시하고, 적절한 금전적 보상을 하게끔 하는 시스템을 운영한다. Chaordix 및 IdeaScale과 같은 회사의 다른 도구를 사용하면 사용자가 아이디어를 게시하고 다른 사용자의 아이디어에 투표할 수 있으므로 가장 좋은 아이디어를 얻을 수 있다. 이 서비스는 아이디어에 투표한 사람을 기반으로 사람들을 연결하는 네트워크를 만든다. 또한 두 아이디어가 모두 마음에 드는 사람들의 수에 따라 아이디어를 다른 아이디어에 연결하는 네트워크를 만든다.

2.4.10 가상세계

　　가상세계(virtual world), 그래픽 세계 및 대규모 멀티 플레이어 게임은 실제 장소와 얼굴을 맞대고 상호작용하는 방식을 모델링한다. 최신 가상세계는 사용자가 새로운 공간을 만들고, 객체를 만들고, 강력한 프로그래밍 언어를 사용하여 동작을 자동화할 수 있게 한다. 이러한 정교한 형태의 소셜 미디어는 엄청나게 풍부한 네트워크 모음을 만든다. 카드 게임 및 주사위 놀이와 같은 비교적 간단한 게임 경험을 제공하는 서비스조차도 친구 네트워크, 팀 및 순위를 만드는 정교한 방법을 제공한다. 게임 시스템은 일반적으로 사용자가 클럽, 길드, 종족 또는 팀에 합류할 때 제휴 네트워크를 생성할 수 있도록 한다. 게임 내에서 사용자가 서로를 쏘거나 죽이거나 치명적인 자료를 교환할 때 레코드가 만들어지면서 네트워크를 만드는 프로세스가 있다.

- **가상현실 세계** - 세컨드라이프와 같은 가상현실 세계에서 참여자는 아바타를 통해 동시적 커뮤니케이션을 할 수 있으며, 비동시 미디어에서는 찾을 수 없는 사회적, 물리적 존재감을 느낄 수 있다. 이러한 가상현실 세상에서는 생성되는 소셜 데이터는 서비스 제공사에 귀속된다. 그러나 데이터가 확보되면 네트워크 커넥션에 대한 풍부한 자료가 될 수 있다.

  많은 멀티 플레이어 게임이 전투 역할극에 계속 집중하고 있지만, 많은 '사회적' 가상세계는 널리 분산된 그룹이 개인적인 접촉을 유지하는 수단이 되었다. 여기에는 성인용으로 설계된 Second life와 The Sims, Club Penguin, Webkinz, habbo와 같은 아동 및 청소년을 위한 시스템이 포함된다.

  가상세계는 일반적으로 다양한 커뮤니케이션 채널을 제공 할뿐만 아니라 서로 가까이에 있는 '아바타' 바디를 조작할 수 있다. 이러한 시스템은 텍스트 채팅과 같은 동기식 통신을 지원한다. 가상세계는 말하기, 포즈, 몸짓으로 말하거나 텍스트 줄이나 공유된 공간 오디오 컨퍼런스를 통해 동일한 '방'을 차지하는 많은 사람들이 만나서 '말하기'를 가능하게 한다. 이 상호작용이 실시간으로 발생하기 때문에 모든 참가자가 동시에 활성화되어야 한다. 그러나 그 대가로 가상세계는 비동기식 미디어에 없는 강력한 사회적, 물리적 존재감을 제공한다. 가상세계는 텍스트 줄과 제스처, 포즈 및 음성을 통합하여 다채널 품질 및 얼굴을 마주 보며 상호작용하는 미묘한 차이를 시뮬레이션 할 수 있다. 어린이 및 청소년의 경우 사용자는 게임을 하거나 가상작업을 완료하고 가상현금을 사용하여 가상 주택을 장식하거나 가상 애완동물에게 먹이를 줌으로써 가상현금을 얻을 수 있는 매력적인 환경을 제공한다.

  가상세계와 가상세계에서 생성된 소셜 데이터는 일반적으로 가상세계와 소셜 데이터를 제공하는 회사가 소유한다. 따라서 가상세계 서버 소유자는 시스템을 독점적으로 제어하여 분석 목적으로 데이터에 액세스하기가 어려워졌다. 그러나 데이터를 사용할 수 있는 경우 사용자가 텍스트 또는 가상 항목을 교환 할 때마다 가상세계에서 생성되거나 서로 가깝거나 동일한 객체와 상호작용할 때 네트워크 연결의 풍부한 소스이다.

- **MMO** – Massively Multiplayer Online 게임은 동시에 수 백에서 수 천명이 접속해 상호
작용하는 가상현실 환경을 마련해 준다.

    대규모 멀티 플레이어 온라인 게임(MMO)은 영구 가상세계(virtual worlds)에서 동시에 상호작용하는 수백 또는 수천 명의 플레이어가 포함된 비디오 게임이다. 그들은 Xbox 360 및 PlayStation 3와 같은 컴퓨터 또는 게임 콘솔에서 재생할 수 있지만 인터넷을 활용한다. 롤 플레잉 게임(예 : World of Warcraft, Everquest), 전략 게임(Mankind, 전설 전쟁), 1 인칭 슈팅 게임, 레이싱 게임 등이 포함된다. 그들은 제2차 세계 대전 전장이나 도시와 같은 특정 지역과 일치하는 가상세계 또는 가상세계에서 발생할 수 있다. 많은 MMO에는 길드, 부족 또는 팀과 같은 복잡한 사회적 합의가 포함된다. 라이브 오디오 – 피드를 포함한 정교한 협업 툴이 제공되며, 게임 이용자들은 허용된 가상통화 퀘스트를 완료하거나 자신의 제국을 구축하는 데 필요한 항목을 구입할 수 있다.

2.4.11 모바일 기반 서비스(Mobile-Based Services)

    최근 소셜 미디어 도구는 스마트 폰의 GPS 기능을 적극 활용해 위치 정보를 폰에서 만든 다양한 컨텐츠에 적용한다.

    가상현실의 다음 단계는 물리적 현실이다. 최근의 소셜 미디어 도구는 사용자가 물리적 위치에 주석을 달 수 있도록 하드웨어 및 소프트웨어 도구를 통합한다. Apple iPhone 및 Motorola Droid 전화와 같은 모바일 컴퓨터 장치는 이제 GPS(Global Positioning System) 및 셀 타워 위치 서비스를 기반으로하는 위치 감지 기능과 통합되었다. 컴퍼스와 결합된 장치는 공간에서 사용자를 안정적으로 찾고 방향을 지정할 수 있다. 장치가 정확한 위치 정보를 가지면 해당 정보 장치로 생성된 모든 디지털 객체와 연관될 수 있다. 사진은 찍은 지구의 장소로 쉽게 연결될 수 있다. 식당 리뷰는 식당 위치의 지도와 연관될 수 있다. 주석은 작성한 위치에 링크 될 수 있다. 또한 모바일 장치는 여가 시간에 그리고 주목할 만한 이벤트가 펼쳐질 때 생성되고 캡처될 수 있기 때문에 더 많은 소셜 미디어 컨텐츠를 만들 수 있다.

    위치는 사용자 주변의 세계에 대한 상황별 정보를 제공하려는 소셜 미디어 서비스의 핵심이다. 장치가 알려진 위치에 있을 때 단순히 '여기'와 관련된 컨텐츠를 요구하면 관련 자료를 신속하게 제공할 수 있다. 또한 새로운 소셜 미디어 서비스에 의해 요청될 수 있는 기능을 제공하기 위해 추가 센서가 사용될 수 있다. 여기에는 스틸 및 비디오 카메라, 오디오 및 모션 센서, 모션을 감지하는 가속도계 및 장치와 장치 연결을 가능하게 하는 도구가 포함된다. 이러한 결합된 기능과 스마트 장치의 확산은 모바일 소셜 미디어 도구의 밝은 미래를 약속한다. 작은 화면

과 상대적으로 느린 네트워크 및 컴퓨팅 자료를 사용하여 액세스하고 소화하기 쉬운 서비스를 제공하는 회사를 이미 보았다. 더 많은 사용자가 모바일 장치에서 소셜 미디어 서비스에 액세스 할 때 새로운 기회가 생긴다. 아직 모바일 기반 소셜 미디어 서비스의 초기 단계에 있지만 흥미로운 사례가 있다.

- **위치 공유, 주석달기, 게임** – 현재 위치를 친구에게 공유하고 메시지를 남기거나 음식적 평가글을 적는 등의 활동이 가능하다. 포스퀘어의 경우 이를 게임으로 승화해 예컨대 가장 자주 특정 위치를 방문하는 사람에게 '시장' 타이틀을 주기도 한다. GPS를 이용해 조깅코스를 개발해 공유하거나, 운동기록도 측정할 수 있다. 이러한 위치 공유 서비스는 다른 네트워크 구조와 비슷하나 위치라는 지리적 측면을 더했다는 특징이 있다. 이를 통해 근접거리에 기반하거나 자주 동일한 장소를 방문하는 사용자 등의 새로운 네트워크를 만들 수 있다.

   Google 위도와 같은 서비스를 통해 사용자는 지도에서 자신의 위치를 감지하고 플로팅한 다음 해당 위치를 다른 인증된 사용자와 공유할 수 있다. 자신의 위치를 공유하도록 선택한 다른 사용자의 위치는 지도에서 볼 수 있다. Gowalla, loopt, Foursquare와 같은 소셜 미디어 서비스는 친구들과(현재 Facebook과 같은 다른 사이트를 통해) 현재 위치를 공유하고, 다른 사람들에게 가상 메시지나 선물을 남기고, 레스토랑, 바, 공원과 같은 위치의 리뷰를 쓸 수 있게 한다. Foursquare는 위치 공유 패턴을 기반으로 점수를 유지하는 게임 레이어를 추가한다. 예를 들어 다른 사람보다 같은 위치에서 '체크인'한 사람은 해당 장소의 '시장'으로 선언된다. 지오캐싱(Geocaching)과 레터 박스와 같은 모바일 게임은 사람들이 흔히 GPS 도구를 사용하여 다른 플레이어가 찾을 수 있는 작은 상이나 우표를 포함하는 '캐시'를 숨기도록 권장한다. ScVnGR은 보다 일반적인 지오 코딩 플랫폼을 제공하여 누구나 위치 기반 모바일 게임을 만들 수 있으며 모바일 장치가 있는 사람들이 즐길 수 있는 여행을 할 수 있다. 마지막으로, MapMyRun과 같은 사이트는 사용자가 맵에서 조깅 코스를 작성하고 공유할 수 있을 뿐 아니라 교육 마일을 기록할 수 있다. 자전거 타는 사람, 등산객, 심지어는 골퍼까지도 비슷한 사이트가 존재한다. 그 중 일부는 Garmin 제품과 같은 GPS 장치의 데이터를 사용하여 사용자가 컴퓨터에 자신의 심박수, 고도 및 속도에 대한 데이터를 업로드 할 수 있도록 한다.

   이러한 위치 공유 및 주석 서비스는 종종 다른 소셜 미디어 서비스에서 발견되는 것과 유사한 네트워크 구조를 포함하지만 추가 차원으로서의 지리적 위치를 포함한다. 장소는 사람, 태그, 날짜 및 연결과 같은 많은 소셜 미디어 서비스에서 발견되는 다른 엔터티 집합을 조인한다. 이렇게 하면 특정 거리 내에 있는 사람이나 동일한 위치를 자주 방문하는 사람을 기반으로 사람들을 서로 연결하는 네트워크를 만들 수 있다.

2.5 실무요약

소셜 미디어 도구는 최근에 개발되었음에도 불구하고 보편화되었다. 사회적 네트워크의 힘을 잘 활용하는 비즈니스 성공 전략이 보고되었지만 [14][15][16], 정부 프로젝트에 적용할 때 긍정적인 효과를 보인 다른 사람들은 빠르게 진화하고 있다.[17][18] 그러나 성공적인 사례마다 소셜 미디어 환경을 분석하고 이해하기 위한 보다 체계적인 방법이 필요하다.

소셜 미디어 도구 또는 특성에 대해 합의된 분류 체계가 없다. 실무자가 자신의 개인적 및 전문적 요구에 맞는 서비스를 이해하는 것이 중요하다. 소셜 미디어를 광고 및 제품 홍보를 위해 사용하려는 기업 및 정부 의사결정권자는 자신이 원하는 청중에게 가장 잘 도달하는 메커니즘과 해당 커뮤니티에서 허용되는 예의를 배우면 더 성공적일 것이다. 저자들은 소셜 미디어 시스템을 특성화하는 데 도움이 되는 다음과 같은 6가지 핵심 요소에 대해 논의했다.

- 컨텐츠 생산과 소비자의 규모
- 상호작용의 속도
- 기본요소의 장르
- 기본요소의 통재
- 접속의 종류
- 컨텐츠의 보유 여부

또한 표 2.3에 요약된 인기있는 소셜 미디어 시스템 중 일부를 간략하게 소개했다. 그렇게 하면서, 그들이 만드는 네트워크의 유형을 강조하여 나머지 네트워크에 대한 토대를 마련했으며, 네트워크의 분석 및 시각화에서 실용적인 통찰력을 얻는 방법에 대해 논의할 것이다.

2.6 연구의제

소셜 미디어 도구가 널리 채택되면서 사회과학 연구의 황금기가 도래했다. 소셜 미디어 시스템은 커뮤니케이션 패턴, 위치 정보, 우정 및 기타 사회구성에 대한 풍부한 데이터를 제공한다. 이 데이터를 마이닝하면 인간의 본성에 대한 수많은 통찰력을 제공할 수 있다. 또한 우리가 목표를 달성하기 위해 소셜 미디어 도구를 효과적으로 활용할 수 있도록 답변해야 하는 중요한 질문이 많이 있다. 예를 들어 자발적 참여 유도[19], 설득력이 있는 시스템 개발[20], 소셜 미디어 커뮤니티 관리[21], 구체적인 목표 달성을 위한 활동 구성, 확장성 한계 발견, 더 나은 시각화를 하기 위해 도구를 개발하고 신뢰, 공감, 책임감 및 사생활과 관련된 쟁점은 광범위한 실무자에게 도움이 될 수 있는 강력한 연구 기반을 갖고 있다. 이러한 문제를 해결하면 설계자와 커뮤니티 관리자는 직관과 일화에 의지하지 않고 정보에 입각한 의사결정을 내릴 수 있다.

빠른 상업 발전 속도로 인해 연구 커뮤니티는 설계 변경, 새로운 정책 및 진화하는 표준의 영향을 평가하는 새로운 도전 과제를 제시한다. 서로 다른 영역에 적합한 인식이나 보상의 형태는 무엇인가? 서로 다른 기대, 기술 및 경험을 가진 참가자를 포함하는 커뮤니티가 어떻게 수용될 수 있을까? 어떻게 악의적인 행동을 줄일 수 있을까? 건강, 교육, 에너지 또는 국제 개발에 대한 이익을 실현할 수 있을까?

참고문헌

[1] V. Bush, "As We May Think," Atlantic Monthly, 1945.

[2] D. Engelbart, A conceptual framework for augmentation of man's intellect, in: P.W. howerton, D.c. Weeks (Eds.), Vistas in Information handling, vol. I, Spartan Books, Washington, 1963, pp. 1–29.

[3] B. Shneiderman, c. Plaisant, Designing the User Interface: Strategies for Effective human-computer Interaction: Fifth ed., Addison-Wesley Publ. co., Reading, MA, 2010.

[4] E. hall, The Silent language, Doubleday Press, new york, 1990.

[5] M. Smith, S. Farnham, S. Drucker, The Social life of Small Graphical chat Spaces, Proceeding AcM chI 2000 conference, The hague, netherlands, March 2000, new york: AcM Press, 2000.

[6] D. Powazek, chapter 8: Barriers to Entry Making Them Work for It, In Design for community, Waite Group Press, 2001.

[7] E. Ostrom, Governing the commons: The Evolution of Institutions for collective Action, cambridge University Press, new york, 1990.

[8] R. Axelrod, The Evolution of cooperation, Basic Books, new york, 1984.

[9] M. Smith, Tools for navigating large social cyberspaces, commun. AcM 45 (4) (April 2002) 51–55.

[10] P. Resnick, n. Iacovou, M. Sushak, P. Bergstrom, J. Riedl, Grouplens: An Open Architecture for collaborative Filtering of netnews, in: AcM conference on computer Supported collaborative Work conference, 10/1994, chapel hill, nc, 1994, pp. 175–186.

[11] T. Berners-lee, Weaving the Web: The Original Design and Ultimate Destiny of the World Wide Web, harper Paper- backs, 2000.

[12] l.A. Adamic, E. Adar, Friends and neighbors on the web, Soc. networks 25 (3) (2003) 211–230.

[13] J. kelly, B. Etling, Mapping Iran's Online Public: Politics and culture in the Persian Blogosphere, Berkman center Research Publication no. 2008-01,

2008, Available, at: http://cyber.law.harvard.edu/publications/2008/Mapping_ Irans_ Online_Public.

[14] c. li, J. Bernoff, Groundswell: Winning in a World Transformed by Social Technologies, harvard Business Review, Boston, MA, 2008.

[15] J. Porter, Designing for the Social Web, new Riders, Berkeley, cA, 2008.

[16] D. Tapscott, A.D. Williams, Wikinomics: how Mass collaboration changes Everything, Portfolio, Penguin Books, london, Uk, 2007.

[17] T. kalil, leveraging cyberspace, IEEE commun. Mag. 34 (7) (1996) 82–86.

[18] B. noveck, Wiki Government: how Technology can Make Government Better, Democracy Stronger, and citizens More Powerful, Brookings Institution Press, Washington, Dc, 2009.

[19] k. ling, G. Beenen, P. ludford, X. Wang, k. chang, X. li, et al., Using social psychology to motivate contributions to online communities, J. of computer–Mediated commun. 10 (4) (2005) article 10.

[20] B.J. Fogg, Persuasive Technology: Using computers to change What We Think and Do, Morgan kaufmann, San Francisco, cA, 2002.

[21] J. Preece, Online communities: Designing Usability, Supporting Sociability, John Wiley & Sons, chichester, Uk, 2000.

추가 자료

Easley, D., & kleinberg, J. (2010). *Networks, crowds, and markets: Reasoning about a highly connected world.* new york: cambridge University Press.

Rheingold, h. (2002). Smart mobs: *The next social revolution.* cambridge, MA: Basic Books.

Shirky, c. (2008). *Here comes everybody: The power of organizing without organizations.* new york, ny: The Penguin Press.

Smith, M., & kollock, P. (Eds.), (1999). *Communities in Cyberspace.* london, Uk: Routeledge.

Wenger, E., White, n., & Smith, J.D. (2009). *Digital Habitats; stewarding technology for communities.* Portland, OR: cPsquare.

3

소셜 네트워크 분석: 측정, 시각화, 모형도출

목차

3.1 소셜 네트워크 분석이란?	72	3.5.2 특정 Vertex 기준 지표	80
3.2 네트워크 관점	73	3.5.3 집단화와 커뮤니티 검출 알고리즘	81
3.2.1 트위터 네트워크 예	73	3.5.4 구조, 네트워크 모티프 및 사회적 역할	81
3.2.2 Vertex	74	3.6 풍부한 연산 시대의 소셜 네트워크	81
3.2.3 Edge	75	3.7 풍부한 소셜 네트워크의 시대: 데스크에서	
3.2.4 네트워크 데이터 재현	75	모바일로	82
3.3 네트워크의 유형들	77	3.8 네트워크 분석의 도구	82
3.3.1 전체, 부분 및 자기중심 네트워크	77	3.9 소셜 네트워크의 시각적 표현	83
3.3.2 단일형태, 다중형태, 제휴 네트워크	77	3.10 소셜 미디어에 적용되는	
3.3.3 멀티플렉스 네트워크	77	일반적 네트워크	83
3.4 네트워크 분석결과와 실행자의 관점	79	3.11 실무요약	84
3.5 네트워크 분석 지표	80	3.12 연구의제	85
3.5.1 합계 네트워크 지표	80	참고문헌	86

3.1 소셜 네트워크 분석이란?

인간은 혈연관계, 언어, 교류, 갈등, 협력 등에 의해 형성된 소셜 네트워크를 통해 살아왔고, 소셜 네트워크를 통해 다른 사람들과 연결된다. 즉 소셜 네트워크는 직·간접적으로 다른 사람들이나 단체, 물건 등과 상호작용할 때 형성된다. 소셜 네트워크 분석은 수학 그래프 이론의 개념을 바탕으로 한다.

인터넷 소셜 미디어 애플리케이션과 모바일 디바이스의 확산은 소셜 네트워크를 이전보다 더욱 뚜렷하게 만들었다. 소셜 네트워크 분석을 활용하여, 사용자를 포함하는 연결된 독립체 (Entity) 집합에서 발견된 패턴을 탐색하고 시각화할 수 있다. 소셜 네트워크 분석의 관점에서, 조직 또는 기업의 계층 구조를 대표하는 'org-chart(조직도)'는 너무 단순하고 부서와 부서 간에 존재하는 교차연결에 대한 중요한 정보가 부족하다고 평가된다. 조직도의 단순화된 트리 구조와는 대조적으로, 조직이나 인구에 대한 사회적 네트워크 관점은 고속도로 시스템, 항공사 경로, 또는 철도 네트워크의 지도와 유사한 시각화가 가능하다(8장 참조). 비슷한 방법으로 소셜 네트워크 맵은 사회적 배경을 함께 살펴볼 수 있으며 네트워크의 중심이나 주변에 어떤 요인들이 있는지 볼 수 있다.[1-6]

3.2 네트워크 관점

소셜 네트워크를 연구하는 사람들은 그룹 그리고 사물들 사이의 연결의 새로운 패턴을 만들기 위해 결합하는 각각의 관계의 집합을 소셜 세계(social world)의 구성 요소로 본다. 소셜 네트워크 분석의 초점은 관계(between)이다.[7]

많은 네트워크는 사람의 특성보다 개인을 둘러싼 관계들의 패턴으로 설명되고 '누구를 아는 것'이 '어떻게 아는가'를 파악하는 것보다 더 중요하다. 네트워크 분석 접근은 중요한 사람이나 일, 소그룹들을 강조하는 수학적이고 그래픽 언어를 통해 사람들끼리의 연결망을 볼 수 있게 한다. 이때, 서로 아는 친구의 수와 두 그룹 사이의 gatekeeper나 bridge 역할을 누가 얼마나 영향력이 있는지를 측정하는 것과 같이 직관적으로 감지되지 않는 사회적 관계 패턴을 파악한다. 네트워크 분석 접근법은 사람들을 서로 연결하는 상호연결의 네트워크를 시각화할 수 있으며 중요인물, 사건, 하위그룹을 그래픽적으로 강조하여 구분 또는 표현할 수 있다.

3.2.1 트위터 네트워크 예

그림 3.1은 네트워크를 시각화하기 위한 일반적인 방법인 네트워크 그래프라고도 하는 소시오그램(Sociogram)의 예시이다. 이 간단한 그래프는 텍스트 문자열인 '#WIN09'를 포함시켜 2009년 뉴욕대학 네트워크 관련 워크숍에 대한 글을 올린 트위터 사용자들의 사회적 관계를

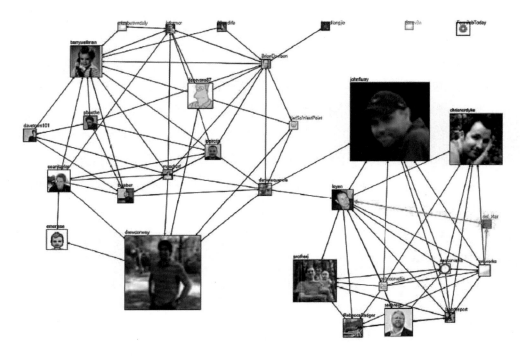

그림 3.1 텍스트 문자열인 '#WIN09'를 포함시켜 2009년 뉴욕대학 네트워크 관련 워크숍에 대한 글을 올린 트위터 사용자들의 사회적 관계를 나타낸 네트워크 그래프

나타내고 있다.

트위터 네트워크는 Node(개인 또는 집단)와 Edge(관계)라는 두 개의 기본 구성 요소로 이루어진다. Node는 트위터 사용자의 이미지로 표현되며, Edge는 한 Node에서 다른 Node로 향하는 선으로 표현된다. Edge는 다른 사람을 '팔로우'하거나 어떤 사용자가 다른 사용자에게 '멘션'이나 '답멘션'을 할 때 생긴다. 많은 사람들이 '팔로우'하고 두 그룹 모두에게 연결됐는지와 같이 누가 중요한 위치에 있는 사람인가를 알 수 있게 해 준다.

3.2.2 Vertex

Node, Agent, Entity 또는 Item이라고도 하는 꼭짓점(Vertex)은 사람이나 직장그룹, 팀, 조직, 기관, 심지어 나라 같은 사회적 구조, 때로는 웹페이지를 비롯한 컨텐츠, 더 나아가 가상 공간이나 사건까지도 나타낸다. 각 Vertex를 묘사하는 속성 데이터는 분석과 시각화에 도움을 준다. 그림 3.1에서 트위터에서 누가 가장 활발하게 활동하는지를 전달하기 위해 총 게시물 수에 대한 설명 속성 데이터를 사용하여, 누가 가장 트위터에서 활발한 활동을 하는지를 알 수 있다. 노드엑셀과 같은 네트워크 시각화 도구에서는 특성 데이터를 Node의 크기, 색상 또는 불투명도와 같은 시각적 속성으로 표현할 수 있다(4장 참조)

3.2.3 Edge

Link, Tie, Connection, Relationship이라고 불리는 모서리(Edge)는 두 꼭짓점(Vertex)을 연결하는 구성요소로, 다양한 유형의 관계를 나타낸다. Edge는 두 개의 개체 사이에서 어떤 형태로든 관계하고 연결되는 것으로 다른 타입의 데이터를 나타낼 수 있다. Edge의 유형은 연결의 방향성 존재 여부에 따라 방향성이 없는 연결(undirected edge)과 방향성이 있는 연결(directed edge)로 구분할 수 있고, 연결정도(degree) 포함 여부에 따라, 가중치가 없는 연결(unweighted edge)과 가중치가 있는 연결(weighted edge)로 구분할 수 있다.

3.2.4 네트워크 데이터 재현

네트워크 데이터는 속성 데이터와 표현하는 방법도 다르다. 속성 데이터에서 각 열은 개인을 나타내고 행은 속성을 나타내는 데이터 지표를 만드는 것이 일반적이지만, 표 3.1과 같이 네트워크를 나타내는 행렬에서 각 열은 개인을 나타낸다. 이 네트워크는 1과 0만 포함하므로 이진(binary) 네트워크이다. 여기서 1은 연결이 있음을 나타내고 0은 연결이 없음을 나타낸다. 추가값을 허용하면 가중 네트워크를 생성할 수 있다. 예를 들어 1을 다른 사람에게 보낸 이메일 메시지 수로 대체할 수 있다.

표 3.1 네트워크를 나타내는 행렬

	Ann	Bob	Carol
Ann	0	1	1
Bob	0	0	0
Carol	1	0	0

또 다른 네트워크 표현을 'Edge List'라고 한다. 이름에서 알 수 있듯이, 그것은 표 3.2에 나온 것과 같이 네트워크의 모든 Edge의 목록이다.

그래프 이론의 기초

　네트워크 분석은 수학자 Leonhard Euler의 연구에 뿌리를 두고 있다. 그는 1736년 프리겔 강에서 섬들을 연결한 일곱개 다리를 건너는 방법에 대해 연구했다. 어떤 다리도 한번 이상 건너지 않고 모든 섬을 지날 수 있는 방법에 대해 꼭짓점(Vertex)과 모서리(Edge)의 관점에서 문제를 다시 생각해 봄으로써 그는 한 번만 각 다리를 건너는 것이 불가능하다는 것을 보여주었다. 이 문제는 추상적으로 보였지만, 그 해법은 그래프 이론의 수학적 발전으로 이어졌고, 특히 수백 년 후 Paul Erdös와 Alfr의 수학적 연구와 1950년대의 무작위 그래프의 개발에 이르렀다. 소셜 네트워크 분석은 이러한 개념을 바탕으로 사람들의 그룹 간에 발생하는 연결을 포착하도록 확장한다.

표 3.2　네트워크를 나타내는 Edge List

Vertex 1	Vertex 2
Ann	Bob
Ann	Carol
Carol	Ann

　네트워크를 나타내는 마지막 방법은 네트워크 그래프를 통한 것이다. 그림 3.2는 표 3.2의 데이터를 기반으로 한 네트워크 그래프이다.

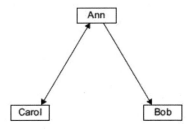

그림 3.2　앞의 표 3.2의 데이터를 기반으로 한 네트워크 그래프

3.3 네트워크의 유형들

소셜 네트워크의 크기는 소수의 사람들에서부터 국가 및 행성 인구에 이르기까지 다양하다. 또한 포함된 Node의 유형, 이를 연결하는 Edge의 특성 및 형성 방식도 다르다. 이 섹션에서는 네트워크 과학자들이 다양한 유형의 네트워크를 설명하기 위해 식별한 몇 가지 특성을 소개한다.

3.3.1 전체, 부분 및 자기중심 네트워크

자기중심적인(Egocentric) 네트워크에서 관심의 중심이 되는 개인을 '자아(Ego)', 그와 연결된 사람들을 'Alter'라고 부른다. 페이스북의 친구 네트워크는 자기중심 네트워크의 예이다. 왜냐하면 모든 개인은 정의 상 다른 모든 Node에 연결되어 있기 때문이다. 전체(또는 완료) 네트워크는 모든 사람들과 그들 간의 연결을 포함하고 모든 자아는 동등하게 취급된다. 트위터 네트워크가 전체 네트워크의 예이다. 전체 네트워크를 분석하는 것이 항상 가능하거나, 많은 함의를 제공할 수 있는 것은 아니다. 부분적 네트워크는 전체 네트워크의 샘플을 제공하며, 자아 중심적이 아니라 주제중심적 네트워크이다.

3.3.2 단일형태, 다중형태, 제휴 네트워크

Unimodal(단일형태) 네트워크는 같은 형태의 개체만 연결하는 반면, 다중 네트워크(Multimodal network)는 다른 형태의 개체를 연결한다. 예를 들면, 사용자들을 토론회나 그들이 코멘트한 블로그 포스트에 연결하거나 음식, 식당 웹사이트 'SeriousEats, www.seriouseats.com' 등에 연결할 수 있다. 다중 네트워크의 일반적인 유형은 두 꼭짓점(Vertex) 유형을 가지는 Bimodal(이원성) 네트워크이다. 이 네트워크의 데이터는 개인과 사건, 활동을 포함해 Affiliation(제휴) 네트워크를 만든다.

3.3.3 멀티플렉스 네트워크

전화, 이메일, 그룹 멤버십 공유, 결혼과 같은 여러 가지 방법으로 두 사람이 연결되는 것이 일반적이지만, 대부분의 네트워크에는 한 가지 유형의 연결이나 모서리(Edge)만 포함된다. 그러나 많은 연결을 고려해야 하는 네트워크로 시각적 표현에서 다른 연결은 독특하게 표현되어

초기 소셜 네트워크 분석

사회관계망을 분석하는 사회과학의 뿌리는 1800년대 초, 첫번째 사회학자, 오귀스트 콩테, 그리고 나중에 사회학에서 1900년대 초에 발견된다. 사람들을 서로 연결하는 행동들에 대한 생각은 사회과학의 핵심에 머물러 있었지만, 사회적 관계를 기록하기 위한 체계적인 언어를 만들기 위한 노력은 20세기에야 시작되었다.

1934년에 모레노[8]는 "누가 살아남을 것인가"를 출판했는데, 이 출판물은 오늘날 네트워크 분석의 표준이 되는 중요한 수학적 요소를 추가했다. 1930년대에 데이비스 외는 18명의 남부 여성들이 14건의 사회 행사에 참여한 것을 관찰한 상세한 기록을 수집했고, 그 데이터의 그래프는 중복이 최소인 두 개의 뚜렷한 그룹을 보여주었다[9]. 모레노 (Moreno)는 사회학을 발전시키고 사회학문학의 창시자로 여겨지며 축구팀 구성원들 사이의 관계를 연구했고 우정과 적대감의 패턴을 발견했다[10].

초기 소셜 네트워크 분석 작업은 산업 공장 환경에서 소규모 작업그룹의 연결에 초점을 맞췄다. 예를 들어, Roethlisberger와 Dickson[11]은 그룹 내의 개인이 서로 협력하는 방식을 기록하면서 Western Electrical Routher실을 분석의 대상으로 삼았다.

하버드 사회학자 George Homans[12]의 수학적 연구는 데이터 집합 내에서 클러스터나 그룹을 자동으로 결합시키는 데 초점을 두었다[13]. 1950년대에, Nadal은 사회적 역할과 그들 가까이에 있는 사회적 구조에 대해 연구했다[14]. 그는 사람들이 서로 다른 사람들과 연결되어 있더라도 비슷한 연결의 패턴을 볼 수 있다는 것을 제시했다. Nadel은 이러한 패턴들을 체계적으로 연구할 수 있다고 제안했지만, 1950년대에 데이터와 계산수준으로는 달성이 불가능했다.

시간이 흐르면서 폴 라자르펠드를 포함한 모레노의 동료들은 현대적 형태의 소셜 네트워크 분석(그래프의 전체와 각 개인에 대한 중요한 네트워크 속성 계산을 위한 지표와 알고리즘)의 핵심 요소를 추가했다.

야 한다. 이때, 멀티플렉스 네트워크라고 불리는 다양한 연결 유형을 가진 네트워크를 고려할 수 있다. 그래프는 서로 다른 모서리(Edge) 유형(예 : 색상, 점선, 솔리드선) 또는 모서리(Edge) 명칭을 사용하여 각 모서리(Edge) 유형을 고유하게 나타낼 수 있다.

3.4 네트워크 분석결과와 실행자의 관점

네트워크 과학자들은 거의 모든 학문 분야와 점점 더 많은 수의 실무자 커뮤니티에서 찾아볼 수 있다. 지난 수십 년 동안 사회과학자들은 네트워크 구조가 건강, 직장, 지역사회에 영향을 미친다는 것을 보여주었다. 취직을 하고, 승진하고, 병에 걸리고, 혁신을 채택하고, 더 많은 활동과 과정이 소셜 네트워크 측면에서 설명되었다. 네트워크 방법은 학술 연구를 넘어 확산되어 조직, 시장 및 운동을 관리하는 중요한 도구가 되고 있다. 기업가들은 고객들이 그들의 신제품에 대한 뉴스를 서로에게 퍼뜨릴 때 입소문 마케팅의 강력한 효과를 활용하는 방법을 이해하기 위해 네트워크 분석 기법을 적용한다. 많은 정치인들은 기부자, 자원봉사자, 유권자로 변할 수 있는 지지자들의 연결된 네트워크의 잠재력을 인정한다. 엔지니어는 네트워크 분석을 사용하

ADVANCED TOPIC

네트워크 분석 개발을 위한 역사적 장애요인

1930년대 사회관계망 분석의 주요 요소들의 급속한 발달에 뒤이어 침체시기가 있었다. Morno의 개인 및 전문가 책임에서부터 사용 가능한 네트워크 데이터 세트와 컴퓨팅 자원의 비용과 부족에 이르기까지 여러 가지 이유로 인해 소셜 네트워크 분석은 수십 년 동안 쇠퇴했다.

초기의 소셜 네트워크 문헌은 사회적 유대에 대한 수동 수집 및 처리 데이터를 바탕으로 만들어졌다. 연구원들은 일반적으로 다양한 업무와 목적을 위해 정기적으로 접촉한 사람들을 나열해 달라고 요청하면서 인구 구성원을 관찰하거나 조사한다. 이 접근법의 엄청난 비용은 기업과 조직에서 소셜 네트워크 분석을 광범위하게 적용하는 데 있어 주요한 제한 요인이었다. 최근 컴퓨터 관련 사회적 관계가 급증하고 네트워크 데이터 세트를 생성하는 비용이 감소함에 따라 네트워크 접근법이 점점 더 실용적으로 변화하였다. 우리의 상호작용과 연관성에 대한 더 자세한 정보가 모바일 장치와 소셜 미디어 서비스에 의해 추적되고 포착됨에 따라, 네트워크 분석은 점점 더 유용해지고 있다.

많은 네트워크 지표를 생성하려면 적당한 크기의 데이터 세트를 관리하더라도 수백만 개의 계산이 필요할 수 있다. 최근의 컴퓨팅 파워의 폭발적 증가로 인한 비용 하락은 네트워크 접근법의 실용성을 더욱 높이고 있다.

여 보다 효과적인 전력망, 컴퓨터 네트워크 및 운송 시스템을 구축한다. 법 집행관과 변호사는 잠재적인 범죄자들을 확인하고 보호하기 위해 이메일 네트워크를 분석한다. 그리고 정보기관은 돈줄과 친족관계에 의해 만들어진 네트워크를 보고 테러리스트들을 수색한다. 적어도 네트워크 사고와 개념에 대한 기본적인 이해는 우리 시대의 핵심적인 읽고 쓰는 능력이다. 통계학처럼, 네트워크 분석은 많은 분야에 수많은 응용분야를 가지고 있다.

3.5 네트워크 분석 지표

사회학자, 물리학자, 컴퓨터 과학자, 수학자들은 소셜 네트워크를 새롭게 측정하고 계산하는 이론과 알고리즘을 만들기 위해 협력했다. 이러한 과정에서 개발한 정량적 네트워크 지표들을 통해 분석가들은 사회를 체계적으로 해부하여 네트워크를 비교하고, 시간에 따른 네트워크 변화를 추적하며, 네트워크 내에서 개인과 클러스터의 상대적 위치를 결정할 수 있다.

소셜 네트워크 지표는 처음에는 단순한 연결 수에 초점을 맞추었고 밀도(density), 중심성(centrality), 구조적 틈새(structural hole), 균형(balance), 이행성(transitivity)의 개념이 개발됨에 따라 더욱 정교해졌다. 일부 지표는 네트워크를 전체적으로 설명할 수 있다. 예를 들어, 네트워크 밀도는 실현되는 모든 가능한 연결의 비율을 계산하여 높은 연결을 가진 node의 정도를 측정한다.

3.5.1 합계 네트워크 지표

밀도(Density)가 꼭짓점(Vertex)들의 상호 연결 수준을 설명하는데 사용되는 메트릭스. 밀도는 현재 존재할 수 있는 가능한 관계의 총 수로 나눈 값이다. 집중(Centralization)은 네트워크가 몇몇 중요한 노드들에 집중된 정도를 나타내는 합계 지표로서, 중앙집중식 네트워크는 몇 개의 중요한 노드로부터 나오는 많은 모서리(Edge)를 가지고 있는 반면에 분산형 네트워크는 각 노드가 소유한 모서리(Edge) 수에 거의 차이가 없다.

3.5.2 특정 Vertex 기준 지표

네트워크의 '중간'에 특정 노드가 있다고 말할 수 있는 방법을 설명하는 중심도 측정치는 네트워크 내에서 개인의 위치를 식별한다.

- **단계 중심성(Degree centrality)**은 꼭짓점(Vertex)에 링크된 연결의 수를 세는 것.
- **매개 중심성(Betweenness centrality)**은 얼마나 자주 다른 두 점 사이에 가장 짧은 길이 있는지를 측정.
- **접근 중심성(Closeness centrality)**은 한 점과 다른 점 사이의 평균 거리를 측정해 다른 네트워크의 다른 관점을 받아들임.
- **고유벡터 중심성(Eigenvector centrality)**은 중심성의 구체적인 관점. 소수의 연결이 잘 연결되면 적은 연결로 높은 중심성 갖게 됨.
- **집단화 계수(Clustering coefficient)**는 중심성 측정과 달라 자아 중심적 네트워크에 초점. 연결들의 밀도가 높으면 집단화 계수가 높음.

3.5.3 집단화와 커뮤니티 검출 알고리즘

네트워크 접근은 그룹의 실제와 경계를 가정하는 접근과 대조적이다. 네트워크 관점에서, 그룹은 다른 그룹보다 서로 더 연결되어 있는 노드의 모음이다. 상대적으로 더 응집력이 있거나 밀접하게 연결된 노드 집합은 집단을 형성하며, 공식적으로 인정되는지 여부와 관계없이 집단의 존재를 규정할 수 있다.

3.5.4 구조, 네트워크 모티프 및 사회적 역할

같은 네트워크 내 두 사람은 한번씩 다른 사람과 연결되는 패턴을 공유하는데, 이러한 이차적인 연결패턴은 네트워크 분석의 독특한 특징이다.

소셜 미디어에 대한 연구는 기여자들이 지역사회 내에서 그들의 역할이나 지위를 반영하는 독특한 네트워크 패턴을 만드는 방법을 보여 주었다(예 : Welser, Gleave, Smith [16]). 이러한 패턴들은 이러한 사회적 공간에서의 행동이 전문화한다는 증거이다.

3.6 풍부한 연산 시대의 소셜 네트워크

네트워크 통신 기술의 확장으로 네트워크 개념을 알고 있고 네트워크 데이터에 관심이 있는 사람들의 수가 크게 늘어났다. 사회와 국가에 걸쳐 있는 사람들의 연결망에 대한 생각은 한때 난해했지만, 오늘날 많은 사람들은 그들의 가족, 사회, 직업, 그리고 그들의 삶을 구성하는 인터넷 친구, 친구, 친구, 동료, 그리고 주소의 명백한 사회 네트워크를 적극적으로 관리한다.

'친구의 친구'의 개념은 이제 '소셜 네트워킹'이라는 분명한 이름을 가진 Facebook, MySpace, LinkedIn과 같은 인터넷 소셜 미디어 애플리케이션에서 쉽게 설명된다.

네트워크 개념이 일상생활에 들어오면서 눈에 보이지 않는 연결과 유대는 더욱 분명해졌고, 정보와 관심을 공유하는 패턴은 확대되고 있다. 1960년대 이후 저렴한 컴퓨터 자원과 네트워크 데이터 세트가 이용 가능하게 되면서 훨씬 더 큰 규모의 사회적 관계 분석 연구가 가능하게 되었다.

3.7 풍부한 소셜 네트워크의 시대: 데스크에서 모바일로

오늘날 사람들 사이의 상호작용은 점차 컴퓨팅 시스템을 통해 이루어진다. 컴퓨터로 읽을 수 있는 형식으로 네트워크를 만들고, 우리의 상호작용은 데이터베이스와 로그기록으로 만들어져 저장, 기록되어 기계 판독이 가능한 형태로 매일 많은 유형의 네트워크를 생성한다. 수 테라바이트 데이터베이스를 구축하는 기술적 방법은 페타바이트 단위의 데이터를 관리하는 데 있어 더욱 중요한 작업으로 전환되었다. 새로운 네트워크 데이터 소스가 수백만 명에서 수십억 명까지의 사용자, 장치 및 위치에 이르는 방대한 데이터 스트림을 기록하는 센서가 풍부한 최신 장치에서 쏟아져 나오면서 이 문제는 더욱 심각해질 것이다.

소셜 네트워크 데이터를 분석하기 위한 도구와 컨셉은 빠르게 개발되고 있다. SenseNetworks는 모바일 데이터 수집, 분석 서비스의 좋은 예이고, CureTogether와 FitBit는 의학적인 자기 진단을 가능하게 해주는 디바이스와 통합된 웹 어플로 가능한 사회적 움직임의 예이다. 다른 사람들과의 센서 데이터 교환 가능하게 하는 새 디바이스 등장하여, 전체 국가 지도와는 다른 건강과 환경 컨디션을 합친 지도가 만들어질 수도 있다.

3.8 네트워크 분석의 도구

네트워크 분석에 대한 관심은 증가했지만, 최근까지 분석도구의 개발은 부진했고, 그것들은 많은 사람들에게 여전히 사용하기 어려운 과제였다. 네트워크 접근법의 적용은 전통적으로 관계와 패턴에 초점을 맞춘 새로운 개념과 아이디어를 단순히 습득하는 것 이상의 것을 수반하는 도전이었다. 네트워크 데이터는 전통적으로 생성과 수집이 어려웠으며, 네트워크를 분석하고 시각화하기 위한 도구는 상당한 기술적 기술과 프로그래밍 언어에 대한 숙달된 지식을 요구해왔다. 최근에 와서야 주요 소셜 미디어 네트워크 소스에서 데이터를 추출하고 프로그래밍 기술이나 명령줄 인터페이스를 사용하지 않고도 기본적인 네트워크 분석 작업 흐름을 수행할 수 있는 새로운 툴이 등장했다.

소셜 미디어 네트워크를 추출, 분석 및 표시하기 위해 함께 사용할 수 있는 다양한 도구의 좋은 예는 Drew Conway의 블로그에서 확인할 수 있다.[14] 이것은 고급 사용자에게 자료에 대한 특별한 액세스를 제공하는 Python 또는 기타 프로그래밍 언어의 요구와 API(응용프로그램 프로그래머 인터페이스)를 마스터할 수 있는 사용자를 위한 강력한 도구모음이다.

대조적으로, 이 책은 비프로그래머인 노드엑셀 사용자를 위해 설계된 단일 툴에 초점을 맞추고 있다. 그 이유는 노드엑셀이 상대적으로 사용하기 쉽고 풍부한 시각 및 분석을 지원하고 Excel 스프레드시트 소프트웨어와 통합되기 때문이다.

3.9 소셜 네트워크의 시각적 표현

현대 사회 네트워크 분석을 특징짓는 핵심 요소 중 하나는 복잡한 네트워크의 시각화이다. 네트워크의 시각화는 이해와 직관을 줄 뿐 아니라 매력적이고 아름다울 수도 있다. 하지만 네트워크 시각화는 너무 조밀하고 커졌을 때, 혼란을 주기도 하고 네트워크 그래프도 의미있는 패턴을 나타내지 못하기도 한다. 그림 3.5에 나타낸 것과 같은 잘 조직되고 읽기 쉬운 네트워크 그래프를 만드는 것은 어렵다.

3.10 소셜 미디어에 적용되는 일반적 네트워크

소셜 네트워크 접근의 가치는 다른 방법으로 불가능한 질문에 대한 대답이 가능하다는 점이다. 네트워크 분석은 그룹의 형성 등 중요한 사회 현상 설명에 도움을 줄 수 있다. 기존의 접근법을 네트워크 접근법과 결합하면 다음과 같은 중요한 질문에 답할 수 있다.

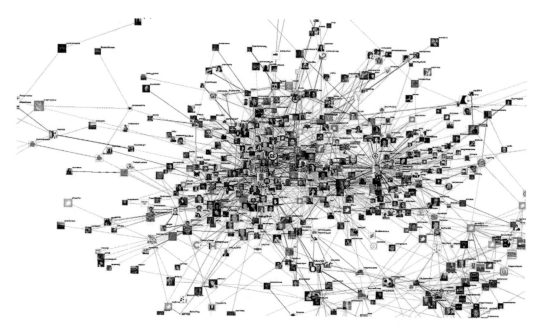

그림 3.5 중간 크기의 노드 링크 네트워크 다이어그램은 Twitter 사용자를 패턴으로 시각화한 것이다. 수십 개 이상의 꼭 짓점(Vertex)이 포함된 네트워크 그래프는 많은 문제점을 보여준다. 많은 꼭짓점(Vertex)들이 다른 꼭짓점(Vertex)들과 겹치는 것이다. 일부 꼭짓점(Vertex)과 연관된 모서리(Edge)의 수는 계산할 수 없으며, 다른 모서리(Edge)도 소스에서 대 상까지 추적할 수 없다. 네트워크 레이아웃의 개선은 활발하게 연구되고 있는 영역이다.

- 소셜 미디어 저장소 내에서 어떤 사회적 역할이 행해지는가? 커뮤니티는 중요한 역할을 수 행할 사람들을 충분히 가지고 있는가?
- 어떤 개인이 그룹이나 집합 내에서 중요한 사회적 역할을 하는가?
- 어떤 소그룹이 존재하는가? 소그룹 간 연결이 존재하는가? 연결이 안 된 그룹을 연결하는 역할을 하는 사람은 누구인가?
- 네트워크를 통해 어떻게 새로운 아이디어가 전파되는가? 영향을 주는 사람들은 누구인가?
- 특정 사건(새로운 고용 또는 해고) 이후 소셜 네트워크의 변화로 전반적인 구조가 어떻게 되었는가?

3.11 실무요약

최근 몇 년 동안 실무자들이 비즈니스, 지역사회 관리, 정치적 영향, 팀 협동을 위해 네트워 크 분석을 적용할 수 있는 기회는 최근 크게 증가했다.

데이터 수집, 분석의 어려움은 강력한 데이터베이스 방법들과 잘 만들어진 네트워크 분석과 시각화 도구들로 인해 줄어들고 있다. 이제 실무자들은 몇 개월이 아니라 몇 시간 내에 수행된 자신의 데이터에 대한 네트워크 분석을 바탕으로 보다 효과적인 의사결정을 내릴 수 있다. 개념과 도구를 배우는 것은 필요한 첫 번째 단계이지만, 보상은 크다. 소셜 미디어와 네트워킹 컨설턴트의 성장하는 산업은 방대한 양의 책들과 유익한 웹사이트, 온라인 세미나와 위키피디아 페이지로 보완되어 필요한 교육을 폭넓게 이용할 수 있게 한다. 이와 동시에, 네트워크 분석방법은 대학 커리큘럼을 통해 빠르게 확산되고 있으며 고등학교 과정으로 확산되고 있다.

3.12 연구의제

네트워크 분석에 대한 연구는 지난 몇 년 간 극적으로 발전했다. 기존의 접근법이 안정되고 있지만 혁신적인 접근 방식은 여전히 새로운 연구를 촉발하고 있다. 연구자들은 훨씬 더 효율적인 알고리즘을 개발했고 하드웨어 개발자들은 강력한 그래픽 프로세서(게임 컴퓨터 기반), 대규모 컴퓨터 어레이 및 확장 가능한 클라우드 컴퓨팅 서비스를 만들어 냈다. 새로운 소셜 미디어 서비스는 관련 연구가 황금기를 맞이하며 이전보다 더욱 연관된 데이터를 많이 생산하고 있다. 복잡한 프로세스를 몇 번의 클릭으로 패키징하는 것은 많은 분야에서 다음 과제이다.

참고문헌

[1] J.P. Scott, Social Network Analysis: A Handbook, Sage, Thousand Oaks, CA, 2000.

[2] D. Easley, J. Kleinberg, Networks, Crowds, and Markets: Reasoning about a Highly Connected World, Cambridge University Press, Cambridge, UK, 2010.

[3] M. Newman, A.-L. Barabasi, D.J. Watts (Eds.), The Structure and Dynamics of Networks, Princeton University Press, Princeton, NJ, 2006.

[4] P. Carrington, J. Scott, S. Wasserman (Eds.), Models and Methods in Social Network Analysis (Structural Analysis in the Social Sciences), Cambridge University Press, Cambridge, UK, 2005.

[5] W. de Nooy, A. Mrvar, V. Batageli, Exploratory Social Network Analysis with Pajek (Structural Analysis in the Social Sciences), Cambridge University Press, Cambridge, UK, 2005.

[6] S. Wasserman, K. Faust, Social Network Analysis: Methods and Applications (Structural Analysis in the Social Sciences), Cambridge University Press, Cambridge, UK, 1994.

[7] B. Wellman, Structural analysis, in: B. Wellman, S.D. Berkowitz (Eds.), Social Structures, Cambridge University Press, Cambridge, UK, 1988, pp. 19 – 61.

[8] J.L. Moreno, Who shall survive? A new approach to the problem of human interrelations, Nervous and Mental Disease Publishing Co., Washington, 1934.

[9] A. Davis, B.B. Gardner, M.R. Gardner, Deep South: A social Anthropological Study of Caste and Class, University of Chicago Press, Chicago, Ill., 1941.

[10] L.C. Freeman, The Development of Social Network Analysis: A Study in the Sociology of Science, BookSurge, LLC, North Charleston, SC, 2004.

[11] F. Roethlisberger, W. Dickson, Management and the Worker, Cambridge University Press, Cambridge, UK, 1939.

[12] G. Homans, The Human Group, Harcourt-Brace, New York, 1950.

[13] R. Breiger, S. Boorman, P. Arabie, An algorithm for clustering relational data with applications to social network analysis and comparison with

multidimensional scaling, J Math Psychol 12 (1975) 328 – 383.

[14] S.F. Nadel, The Theory of Social Structure, Cohen & West, London, 1957.

[15] R. Burt, Brokerage and Closure: An Introduction to Social Capital, Oxford University Press, Oxford, 2005.

[16] H. Welser, E. Gleave, M. Smith, Visualizing the signatures of social roles in online discussion groups, J. Soc. Struct. 8 (2) (2007).

[17] S. Milgram, The small world problem, Psychology Today 2 (1967) 60 – 67.

[18] S. Sampson, Crisis in a cloister. Unpublished doctoral dissertation, Cornell University, 1969.

[19] W. Zachary, An information fl ow model for conflict and fission in small groups, J Anthropol Res 33 (1977) 452 – 473.

[20] B. Wellman, An electronic group is virtually a social network, in: Kiesler Sara (Ed.), Culture of the Internet, Lawrence Erlbaum, Mahwah, NJ, 1997.

[21] M. Granovetter, The strength of weak ties, Am J Sociol 78 (6) (1973) 1360 – 1380.

[22] J. Padgett, C. Ansell, Robust action and the rise of the medici, 1400-1434, Am. J. Sociol. 98 (6) (1993) 1259 – 1319.

[23] D. Kent, The Rise of the Medici: Faction in Florence, 1426-1434, Oxford University Press, Oxford, 1978.

[24] M. Mizruchi, L. B. Stearns, A longitudinal study of the formation of interlocking directorates, Adm. Sci. Q 33 (2) (1988) 194 – 210.

[25] B. Mintz, M. Schwartz, The Power Structure of American Business, University of Chicago Press, Chicago, 1985.

ANALYZING SOCIAL MEDIA NETWORKS WITH NODEXL

Part 2

NodeXL 튜토리얼: 실습 학습

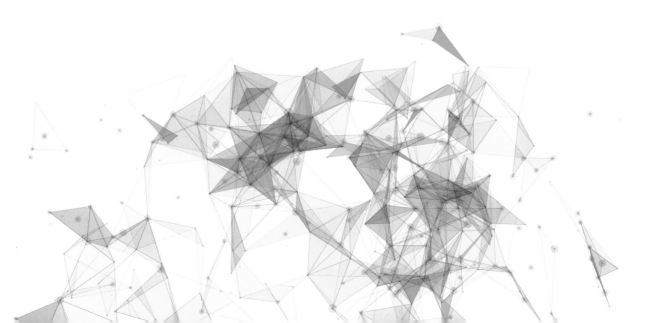

4

NodeXL 시작: 레이아웃, 디자인, 라벨링

목차

4.1 들어가기 …………………………… 91	4.5.2 설명 데이터 추가하기 …………… 103
4.2 NodeXL 다운받기와 설치하기 ……… 93	4.5.3 Vertex크기(및 기타 시각적 속성) 변경하기 … 103
4.3 NodeXL 실행하기 ………………… 94	4.5.4 열 자동으로 채우기 ……………… 104
4.3.1 데이터 입력하기 ………………… 95	4.5.5 범례 ……………………………… 105
4.3.2 그래프 표시하기 ………………… 95	4.5.6 일반 그래프 모양 변경하기 ……… 106
4.3.3 Edge 강조 표시하기 …………… 96	4.6 레이블링 : Vertex 및 Edge에
4.3.4 Edge 리스트 가져오기 ………… 96	텍스트 레이블(Label)을 추가하기 … 107
4.3.5 그래프 창 크기 조정 및 이동하기 …… 97	4.6.1 Vertex 레이블 추가하기 ……… 107
4.4 레이아웃 : 그래프 창에서 꼭짓점(Vertex) 정렬하기 … 98	4.6.2 숨겨진 열 보기 ………………… 108
4.4.1 자동 레이아웃 ………………… 98	4.6.3 모양으로 레이블 추가하기 ……… 108
4.4.2 방향이 지시된 그래프 유형 …… 98	4.6.4 도형과 함께 레이블 추가하기 …… 109
4.4.3 그래프 창 업데이트하기 ……… 100	4.6.5 툴팁 추가하기 ………………… 110
4.4.4 수동 레이아웃 ………………… 100	4.6.6 Edge 레이블 추가하기 ………… 110
4.4.5 수동 레이아웃 유지하기 ……… 100	4.6.7 노드엑셀 파일 저장하기 ……… 111
4.4.6 확대/축소 및 크기 조정하기 …… 101	4.7 실무요약 …………………………… 111
4.5 비주얼 디자인 : 네트워크 디스플레이	4.8 연구의제 …………………………… 112
의미 있게 만들기 ……………… 102	참고문헌 ………………………………… 113
4.5.1 꼭짓점(Vertex) 색상 ………… 102	추가자료 ………………………………… 114

4.1 들어가기

파트 1에서 언급한 것처럼 전 세계에 수많은 사람들은 이메일, 포럼 사이트, 블로그, 마이크로 블로그, 위키와 같은 소셜 미디어 도구들을 사용하고 있다. 개인들은 사무용 컴퓨터와 고정

장치와 모바일 장치의 웹 기반 앱과 같은 미디어를 통해 연락을 주고받는다. 이러한 기술을 통하여 생성된 상호작용 관계망은 개인, 조직, 커뮤니티에서 중요성이 커지고 있다. 소셜 미디어 사용자들이 어떻게 발전하고 변화하고 실패하거나 성공하는지를 이해하는 것은 연구자들과 전문가들에게 점점 더 큰 관심사가 된다(2장). 이러한 역동적인 과정을 체계적으로 연구하기 위하여 소셜 네트워크 분석의(3장) 콘셉트와 메트릭스의 세트를 제공하고자 한다. 정보를 시각화하는 방법은 사용자들이 복잡한 소셜 네트워크의 패턴, 트렌드, 클러스터, 그리고 아웃라이어들을 이해하는 데에 도움을 준다.

소셜 네트워크 분석과 시각화를 위한 소프트웨어들이 존재하지만, 대부분의 분석 프로그램들은 사용에 있어 전문적인 지식과 스킬을 요구한다. 특히 프로그래밍 언어에 대한 경험이 부족한 사람들에게는 사용하기가 더 많이 어렵다. 소셜 네트워크 분석 소프트웨어의 논문에서 Wikipedia가 소프트웨어에 대한 현재 리뷰를 제공한다. 노드엑셀은 소셜 네트워크 분석의 콘셉트와 방법을 이해하고 분석결과를 시각화하기에 편리하게 사용할 수 있는 프로그램이다. 오픈 소스 소프트웨어 도구인 노드엑셀은 시각화가 기본요소인 소셜 네트워크 분석의 콘셉트와 방법을 쉽게 배우도록 설계됐다[1].

노드엑셀 템플릿은 다양한 기본적 네트워크 분석과 시각화 기능을 제공하는 스프레드시트 응용프로그램에 대한 무료 오픈 소스이다. 노드엑셀은 관계 네트워크 그래프를 표현하고 필요한 모든 정보를 저장하기 위해 여러 워크시트가 포함되고 구조화된 통합 문서 템플릿을 제공한다. 네트워크 관계(즉, 그래프 모서리(Edge))는 네트워크에 연결된 모든 꼭짓점(Vertex) 쌍을 포함하는 'Edge 리스트'로 표현된다. 이 'Edge 리스트'는 네트워크에서 연결되는 모든 꼭짓점(Vertex)이 포함된다(3장 참조). 다른 워크시트들이 각 Vertex(즉, 노드)와 클러스터(즉, 그룹)에 대한 정보를 포함한다. 시각화 기능들은 사용자들이 사용하면 다양한 네트워크 그래프, 지도 데이터, 모양, 색, 크기, 투명도 및 위치와 같은 시각적 속성에 드러내도록 해준다.

노드엑셀은 소셜 미디어 네트워크 분석을 배우는 학생들과 네트워크 분석을 비즈니스 문제에 적용하려는 전문가들을 지원하도록 설계됐다. 노드엑셀은 전문 프로그래머가 아니더라도 사용이 쉬운 도구를 제공하며, 익숙한 스프레드시트를 지원한다. 노드엑셀은 강력한 자동 기능이 포함되어 있으며, 개별 Vertex 배치, 레이블링, 색깔 속성을 수동으로 제어할 수 있다. 또한 노드엑셀은 메트릭스 및 통계적 방법들과 시각화를 통합하여 세 가지 접근 방식을 모두 활용한다. 이 도구는 수천 개의 Vertex를 가진 적당한 크기의 네트워크를 지원하지만 일부 사용자는 수만 개의 Vertex를 성공적으로 처리했다.

4.2 NodeXL 다운받기와 설치하기

Microsoft의 Codeplex 사이트(https://nodexl.com)에서 노드엑셀을 다운로드할 수 있다. 노드엑셀은 Excel 2007, 2010, 2013, 2016에서 작동하지만, 이전 Excel 버전 또는 Mac 버전 Excel에서는 작동하지 않는다. 소스 코드는 Codeplex 사이트에서도 사용할 수 있다. 프로그래머는 새로운 데이터 가져오기 기능을 추가하거나 새로운 레이아웃 알고리즘을 개발하거나 새로운 메트릭스를 추가하여 프로젝트에 참여할 수 있다. 노드엑셀은 지속적으로 업데이트되고 있으므로 최신 버전인지 확인해야 한다. 노드엑셀 강좌를 수강하는 학생은 이 책에 사용된 노드엑셀 버전 1.0.1.113을 Codeplex 웹사이트 https://archive.codeplex. com에서 다운로드할 수 있다. 최신 버전을 사용하면 이 책의 예시와 사용 중인 버전 간에 약간의 불일치가 있을 수 있다. 버전 1.0.1.113 이후의 변경 사항 목록을 보려면 http://nodexl.codeplex. com/wikipage ?title= CompleteRelease History for a list of changes since 1.0.1.113에서 노드엑셀 기록을 참조하면 된다.

NodeXL.zip 파일을 다운로드한 다음 압축을 풀고 Excel이 닫혔는지 확인한 다음 Setup.exe를 실행하고 압축 해제된 파일을 삭제해야 한다. 연구실 컴퓨터에 설치하기 위해서는 IT지원 직원이 필요할 수 있다. Excel 2007 템플릿을 처음 설치하는 경우에는 설치 프로그램에서 여러 가지 필수 구성 요소를 선택해 설치할 수 있다.

노드엑셀은 **그림 4.1**과 같이 링크(https://nodexl.com)에 접속하여 구매할 수 있으며, Student User로 구입하면 1년에 $39로 저렴하게 노드엑셀 Pro 버전을 이용할 수 있다(**그림 4.2**).

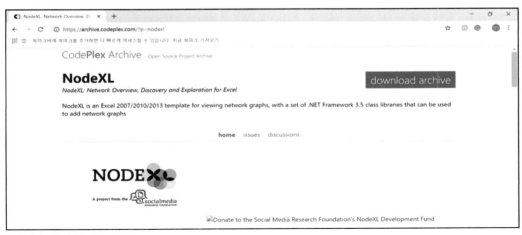

그림 4.1 NodeXL 링크 화면

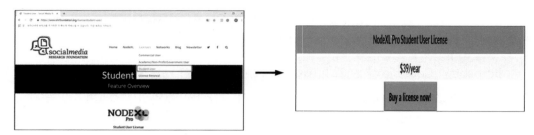

그림 4.2 Student User로 구입 시 $39/year로 이용 가능

4.3 NodeXL 실행하기

노드엑셀은 템플릿을 여는 두 가지 방법이 있다. '시작 메뉴 → 모든 프로그램 → Microsoft NodeXL → Excel 2007 템플릿'을 통해 열 수 있다. 다른 방법은 Excel 2007을 실행하여 새 문서를 만들고 '내 템플릿'을 선택하여 'NodeXL Graph'를 선택하면 된다. 노드엑셀을 실행하면 **그림 4.3**과 같은 Excel 화면이 보인다.

노드엑셀의 기본 디자인은 세 부분으로 나누어진다. 맨 위에 있는 부분은 노드엑셀 메뉴바이며, 왼쪽 아래 부분은 데이터를 입력하는 'Edge 워크시트'고, 오른쪽 아래 부분은 워크북의 관계를 시각적으로 표현해주는 그래프 창이다. 노드엑셀을 다루기 위해 입력창에서 Vertex와 Edge의 개념을 알아야 한다. **하나의 사람/개체는 하나의 Vertex**(또는 Node라고도 한다)가 되며, 각 사람들 사이의 **상호작용(연결선)을 Edge**(또는 Link라고도 한다)라고 표현한다.

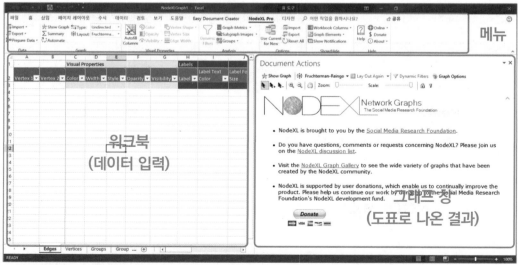

그림 4.3 노드엑셀 메인화면

4.3.1 데이터 입력하기

노드엑셀을 사용하기 위하여 먼저 'Edge 리스트'에 데이터 입력이 필요하다. 사용자가 데이터를 직접 입력할 수 있다. 예를 들어, 사람의 이름을 Vertex 1 및 Vertex 2 각 행에 입력할 수 있다(그림 4.4).

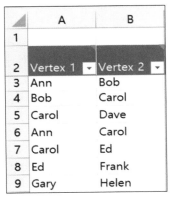

그림 4.4 Vertex 1 및 Vertex 2 행에 데이터 입력

4.3.2 그래프 표시하기

익숙한 네트워크 형태로 표시하기 위해 그래프 창 바로 위에 있는 '그래프 표시(Show Graph)' 메뉴를 클릭한다. 예제에서는 방향이 지정되지 않은 관계를 가정한다(그림 4.5). 즉, Ann은 Bob의 친구이고 Bob은 Ann의 친구이다.

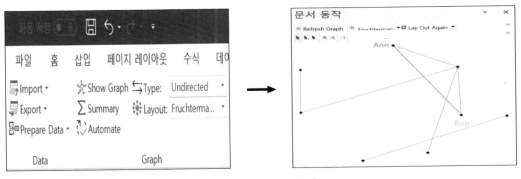

그림 4.5 Show Graph 클릭 후 네트워크 결과(예 : Ann은 Bob의 친구)

4.3.3 Edge 강조 표시하기

워크북 행 중 하나를 클릭하여 그래프의 두 Vertex를 강조 표시한다. 예를 들어, 6행을 클릭하면 Ann과 Carol을 연결하는 Edge가 강조 표시된다(그림 4.6). 여러 행을 클릭할 수도 있으며 모든 관련 Edge와 Vertex가 강조 표시된다.

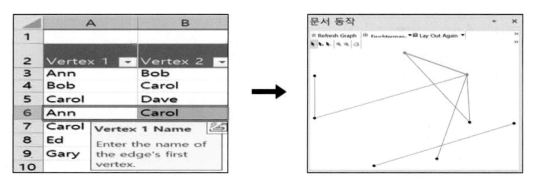

그림 4.6 6행(Ann과 Carol)을 클릭 후 Vertex가 강조 표시된 모습

4.3.4 Edge 리스트 가져오기

노드엑셀을 시작하는 또 다른 방법은 '가져오기(Import)' 명령을 사용하여 기존 파일 또는 데이터 소스에서 관계 데이터를 불러오는 것이다. 가져오기 명령은 다른 노드엑셀 명령과 함께 노드엑셀 메뉴 리본(그림 4.7)에서 찾을 수 있다. 'Edge 리스트'나 '인접성' 행렬의 형태로 관계 데이터를 제공할 수 있다(3장 및 [2] 참조). 노드엑셀은 Pajek 또는 UCINET과 같은 다른 소셜 네트워크 분석 프로그램이나 다른 열린 Excel 통합 문서에서 파일을 가져올 수 있다.

또한, GraphML 형식으로 저장된 네트워크를 가져올 수도 있다. 다른 방법으로는 Excel 스프레드시트를 복사하고 붙여서 'Edge 리스트'를 채울 수도 있다. 노드엑셀에는 트위터 및 유튜브와 같은 소셜 사이트 또는 컴퓨터에 저장된 전자메일 모음에서 네트워크 데이터를 직접 가져오는 가져오기 도구가 포함되어 있다(파트 3 참조).

노드엑셀 메뉴 리본(그림 4.7)은 노드엑셀 기능에 대한 액세스를 제공한다. 버튼 위에 마우스를 올리면 해당 기능에 대한 추가정보가 표시된다. 마우스 오른쪽 버튼을 클릭하여 일부 기능에 접근할 수 있다. 노드엑셀 컨트롤을 사용하여 의미있는 레이아웃의 Vertex를 만들고, Edge의 시각적 속성(예 : 색상, 크기, 불투명도)을 제어할 수 있다. 또한, 네트워크 데이터를 설명하는 네트워크 메트릭스를 계산할 수 있다.

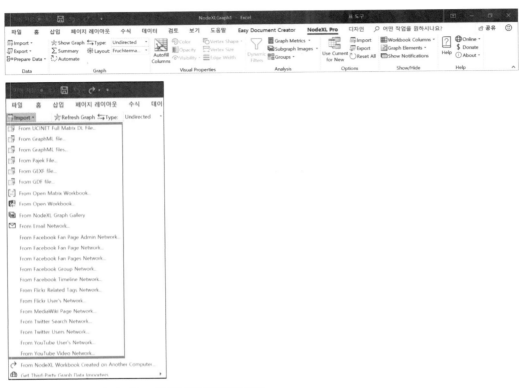

그림 4.7 메뉴 리본 및 네트워크 데이터 직접 가져오기 도구

4.3.5 그래프 창 크기 조정 및 이동하기

데이터로 작업할 때 양쪽 화살표(↔) 기호가 나타날 때까지 커서를 창의 왼쪽으로 이동하고 드래그하여 원하는 크기로 그래프 창의 크기를 조정할 수 있다. '문서 작업'이라는 제목을 클릭하고 드래그 하여 그래프 패널을 워크시트 데이터의 왼쪽, 위 또는 아래로 이동할 수도 있다. Excel 창 외부로 그래프 창을 끌어올 수도 있다. 대형 모니터 또는 두 대 이상의 모니터가 있는 컴퓨터에서 노드엑셀 그래프 창을 이동하면 전체 화면을 차지하고, 스프레드시트는 다른 화면에서 명확하게 볼 수 있다.

4.4 레이아웃: 그래프 창에서
꼭짓점(Vertex) 정렬하기

4.4.1 자동 레이아웃

　노드엑셀은 그래프 창이나 노드엑셀 메뉴 리본의 컨트롤에서 선택할 수 있는 몇 가지 자동 레이아웃을 제공한다. 노드엑셀의 기본 레이아웃 유형은 Fruchterman-Reingold[3]이다. 우정 네트워크의 예시에서 불필요한 횡단(즉, 두 Edge가 서로 교차하는 시간)을 포함하여 Fruchterman- Reingold는 유용하지 않다. Edge 교차점은 Vertex 간의 연결 추적을 더 어렵게 만들 수 있으며 일반적으로 최소화해야 한다. 그래프 창의 드롭다운 메뉴에서 Circle Layout을 선택하고 다시 레이아웃을 선택하면 더 읽기 쉽고 매력적인 시각적 레이아웃을 볼 수 있다(그림 4.8).

　다양한 레이아웃 유형(예 : Sugiyama, Harel-Koren Fast Multiscale)을 사용하면 분석중인 데이터 세트에서 유용한 패턴, 관계 또는 비정상적인 기능을 확인할 수 있다.

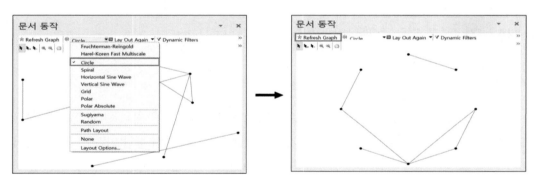

그림 4.8 Circle Layout 선택 후 결과

4.4.2 방향이 지시된 그래프 유형

　노드엑셀에서 기본 그래프 유형은 방향이 지정되지 않는다. 즉, Vertex 1과 Vertex 2 사이의 관계가 대칭임을 의미한다. 우정의 예시에서 Ann이 Bob의 친구인 경우 Bob은 Ann의 친구이기도 하다. 이것은 그래프 창에 Ann과 Bob을 연결하는 Edge로 표시된다.

　노드엑셀 메뉴 리본을 사용하면 그래프 유형을 지시된 대로 지정할 수 있다. 즉, 관계를 한 방향으로만 설정할 수 있다. 예를 들어, Ann은 Bob을 파티에 초대했다. 이 경우 누가 초대장을 보냈는지 아는 것이 중요하다. 방향이 지시된 그래프의 경우, Vertex 1이 소스이고 Vertex 2가

Vertex 위치 고정

없음 이외의 자동 레이아웃을 선택한 경우에도 그래프 새로 고침을 클릭할 때 변경되지 않도록 Vertex 위치를 수정할 수 있다. 이렇게 하려면 먼저 그래프 창에서 원하는 Vertex를 선택하여 고정시킨다. 그런 다음 그래프 창을 마우스 오른쪽 버튼으로 클릭하고 선택한 Vertex 속성 편집을 선택한 후, '잠김'이라는 단어 옆에 있는 드롭다운 메뉴에서 예를 선택한다. 이렇게 하면 '잠김?'이라는 'Vertex 워크시트'의 열에 정보가 추가된다. 이 열을 보려면 노드엑셀 메뉴 리본의 Show/Hide 섹션에 있는 Workbook Columns 버튼을 클릭하고 목록에서 레이아웃을 확인한다(**그림 4.18** 참조). 기본적으로 숨겨져 있는 'Vertex 워크시트'에 Layout 관련 열이 표시된다. 제자리에 고정된 각 Vertex에 대해 '예'로 채워진 '잠김?' 열이 표시된다. 이 정보를 편집하여 고정된 Vertex를 수동으로 변경할 수 있다. 원하는 경우, X 및 Y 레이블이 있는 두 개의 열을 사용하여 Vertex 위치를 미세 조정할 수도 있다. 예를 들어, 특정 Vertex의 Y값을 동일한 수로 설정하여 완벽하게 정렬되도록 할 수 있다.

대상이며, 목적지 Vertex에 이르는 화살표가 표시된다(즉, 화살표는 Ann에서 Bob으로 향한다). 노드엑셀 메뉴 리본(**그림 4.9**)의 그래프 섹션에 있는 드롭다운 메뉴에서 Type: Directed를 선택한 후, 방향 그래프(**그림 4.7**)를 새로 고침(그래프 창)을 클릭하면 방향성이 나타난다.

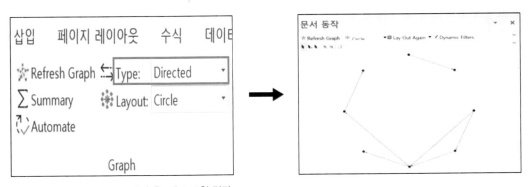

그림 4.9 Type: Directed 설정 후, 새로 고침 결과

4.4.3 그래프 창 업데이트하기

네트워크 레이아웃에 영향을 미치는 기본 데이터, 기능을 변경할 때마다(예 : 방향성 및 방향성이 없는) 그래프 새로 고침 버튼을 클릭하여 그래프를 업데이트해야 한다. 레이아웃을 변경하려는 경우, 새 레이아웃 유형을 선택하고 다시 레이아웃을 클릭하여 처리 시간을 줄일 수 있다.

4.4.4 수동 레이아웃

예를 들어, 파티 초대장 네트워크에서는 관계를 더 잘 이해할 수 있도록 꼭짓점(Vertex)을 수동으로 배치할 수 있다. 한 번에 하나씩 꼭짓점(Vertex)을 클릭하고 드래그하여 구조를 강조하거나 보다 질서 정연한 화면을 만들 수 있다(그림 4.10). 주위에 상자를 그리거나 키보드의 컨트롤키를 누른 상태에서 추가 꼭짓점(Vertex)을 클릭하여 여러 꼭짓점(Vertex)을 선택할 수도 있다. 드래그 할 때 선택된 여러 개의 꼭짓점(Vertex)들이 함께 움직인다.

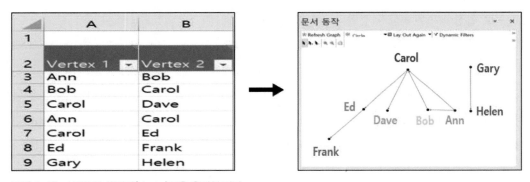

그림 4-10 수동으로 꼭짓점(Verex)들을 움직인 결과

4.4.5 수동 레이아웃 유지하기

중요한 관계를 보여주는 레이아웃을 얻은 후에는 해당 레이아웃을 유지할 수 있다. 레이아웃 선택 메뉴에서 그래프 새로 고침을 선택한 후에 수동 레이아웃을 유지하는 '없음(None)'을 선택해야 한다(그림 4.11). Vertex 위치를 고정하는 또 다른 영구적인 방법은 **ADVANCED TOPIC: Vertex 위치 고정** 상자에 설명되어 있다.

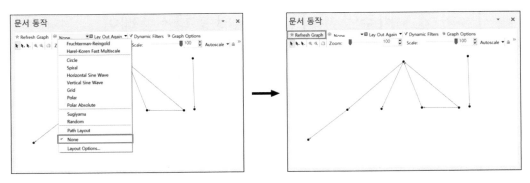

그림 4.11 None Layout 선택한 후 결과

4.4.6 확대/축소 및 크기 조정하기

그래프의 하위 섹션을 더 자세히 보려면 확대/축소 슬라이더(또는 그래프 창의 마우스 스크롤 막대)를 사용할 수 있다. 확대한 후에는 스페이스 바를 누른 상태에서 마우스 단추를 클릭하고 이동하려는 방향으로 커서를 드래그하여 그래프를 패닝할 수 있다. '크기 조정' 슬라이더를 사용하여 Vertex 및 Edge의 크기를 한 번에 변경할 수도 있다(그림 4.12).

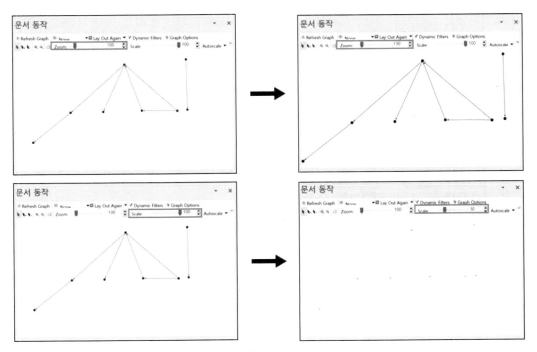

그림 4.12 Zoom (100 → 130) 및 Scale (100 → 30)으로 변경한 결과

4.5 비주얼 디자인: 네트워크 디스플레이 의미 있게 만들기

그래프는 패턴, 관계 및 표 형태의 'Edge 리스트'에 나타나기 어려운 흥미로운 기능을 나타낼 수 있다. 노드엑셀을 사용하면 Edge 및 Vertex의 색상 및 크기와 같은 시각적 속성을 변경하여 그래프에 사용할 수 있는 다양한 그림을 만들 수 있다.

4.5.1 꼭짓점(Vertex) 색상

꼭짓점(Vertex)의 색상을 변경할 수 있다. 예를 들어, 파티 초대 그래프에서 파란색 노드가 있는 남성과 분홍색 노드가 있는 여성을 나타내는 꼭짓점(Vertex)에 색을 지정할 수 있다. 왼쪽 하단에 있는 워크시트를 보고 'Vertex 워크시트'를 클릭한다. 파티원 초대 데이터 세트에 있는 8개의 꼭짓점(Vertex) 목록이 나타난다. 'Vertex 워크시트'의 내용은 처음에 그래프 표시를 선택할 때 Edge 데이터에서 자동으로 생성되었다. 표준 색상 이름을 사용하여 각 사람이 원하는 색상을 입력한다.

또는 사람을 선택한 후 노드엑셀 메뉴 리본의 시각적 속성 섹션에 있는 색상 버튼을 클릭하고 색상 팔레트에서 원하는 색상을 선택한다. Ctrl키 또는 Shift키를 사용하여 여러 개의 꼭짓점(Vertex)들을 선택하고 이러한 방식으로 모든 시각적 속성을 함께 설정할 수 있다. 색상 열을 채우고 그래프 새로 고침을 클릭하여 그래프 창을 다시 표시한다(그림 4.13).

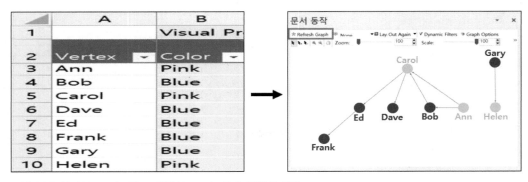

그림 4.13 남자 Vertex는 Blue, 여자 Vertex는 Pink 변경 후 결과

4.5.2 설명 데이터 추가하기

데이터 세트의 사용자(속성 데이터)에 대한 추가정보가 있을 수 있다. 다른 소스에서 데이터를 입력하거나 붙여 넣어 자신의 데이터 열을 추가할 수 있다. 각 사람의 나이를 기록하려면 열 머리글 '여기에 자신의 열 추가'가 나타날 때까지 'Vertex 워크시트'를 오른쪽으로 스크롤한다. 추가 지시 사항을 얻으려면 이 머리글에 커서를 놓는다. 다음 사용가능한 열을 선택하면 속성 이름(예 : 연령)을 입력한 다음, 각 사용자의 값을 입력할 수 있다. 나이에 하나씩, 그리고 연초 이후 개인이 참석한 사전 파티 수에 대해 두 개의 새로운 Columns를 추가한다(그림 4.14). 기본적으로 새 열은 텍스트로 서식이 지정된다. 이 경우 숫자 데이터를 입력하기 전에 일반 또는 숫자로 열을 다시 형식화하는 것이 좋다. 속성 데이터가 개인에 매핑되는 방식을 보다 쉽게 보려면, 'Vertex 워크시트'의 첫 번째 열(Vertex 이름)을 고정하여 Excel 2007 보기 리본에서 첫 번째 열 고정 → 고정 창을 선택하여 항상 표시되도록 한다.

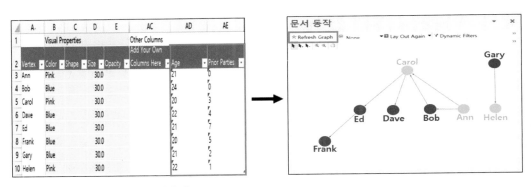

그림 4.14 Age와 Prior Parties 열 추가

4.5.3 Vertex 크기(및 기타 시각적 속성) 변경하기

속성 데이터를 나타내는데 사용할 수 있는 또 다른 시각적 속성은 'Vertex 워크시트'의 Size 열로 제어하는 Vertex 크기다. 커서를 크기 열 머리글 위에 놓으면 입력해야 하는 데이터 유형(이 경우 1에서 10까지의 숫자)을 볼 수 있다. 이 같은 방법을 사용하여 색상, 모양 및 불투명도(그림 4.15)와 같은 다양한 시각적 속성 필드에 입력할 데이터 유형을 확인한다.

Size 열(불투명도 또는 색상과 같은 다른 시각적 속성)에 숫자를 입력하는 방법에는 세 가지가 있다. (1) Size 열에 수동으로 입력할 수 있다. (2) Size 열에 수식을 입력할 수 있다(예 : 앞에서 입력한 선행 열). (3) 노드엑셀의 자동 채우기 열 기능을 사용하여 다른 열(예 : 이전 당사자)의 데이터를 기반으로 크기 열을 자동으로 채울 수 있다. 그림 4.13은 노드엑셀 자동 채우기 열 기능을 사용하여 이전에 입력한 이전 당사자 데이터를 기반으로 크기 번호를 자동으로 채운 결과를 보여준다.

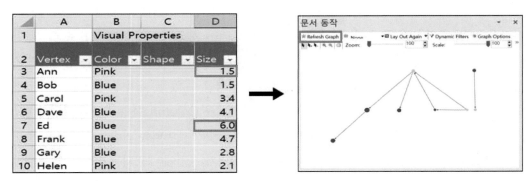

그림 4-15 Vertex Size 최소 1.5~최대 6.0 설정 후 결과

4.5.4 열 자동으로 채우기

다시 작성하려면 먼저 노드엑셀 메뉴 리본에서 '자동 채우기(Autofill Columns)' 버튼을 클릭한다(그림 4.15). 결과 대화상자 창(그림 4.16)은 드롭다운 상자 세트를 제공하여 입력한 데이터를 추가 필드로 선택하거나 각 Vertex에 대해 계산할 수 있는 네트워크 메트릭스를 제공한다(5장 참조). 이 대화상자에서 노드엑셀이 크기, 모양과 관련된 워크시트 열을 채우는 방법에 대한 지침을 제공할 수 있다. Vertex 크기 옆에 있는 드롭다운 메뉴 버튼(▼)을 클릭하여 사용 가능한 모든 데이터 열을 보고 Prior Parties를 선택한다. 이는 노드엑셀에게 Prior Parties 열의 데이터에 대한 Vertex 크기를 지정하도록 지시한다. Vertex와 Edge의 다른 많은 시각적 속성에 대해서도 동일한 작업을 수행할 수 있다. Vertex와 관련된 것은 'Vertex 워크시트'의 열을 채우고, Edge와 연관된 것은 'Edge 워크시트'의 열을 채운다. 하단의 자동 채우기 버튼을 클릭하면 시각적 속성 열의 데이터가 채워지고 변경 사항을 반영하도록 그래프가 새로 고쳐진다.

각 속성에는 관련 속성 페이지가 있어 일부 속성을 미세 조정할 수 있다. 예시에서는 Vertex가 충분히 잘 보이도록 크게 하고 다른 Vertex를 가릴 수 없도록 한다. Vertex 크기 행에서 옵션 열(그림 4.16)의 버튼을 클릭하고 'Vertex 크기 옵션'을 선택하여 대화상자를 불러온다(그림 4.16). 최대 Vertex 크기를 6.0으로 변경하고 OK를 선택한 다음 Autofill을 선택하여 그림 4.15와 같은 그래프를 업데이트한다. 이렇게 하면 최대 선행 파티 값(7)이 Vertex 크기 6.0에 매핑된다. **ADVANCED TOPIC: Vertex 크기 고급 옵션** 상자는 사용가능한 다른 옵션을 설명한다.

Vertex 크기 고급 옵션

Vertex 크기 옵션 대화상자(예 : 그림 4-16)는 속성 데이터를 크기와 같은 시각적 속성에 매핑하기 위한 몇 가지 옵션을 제공한다. 기본적으로 속성 데이터(예 : 선행 당사자)는 가장 작은 숫자(0)가 왼쪽에 표시된 Vertex 크기(1.5)와 일치하고 가장 큰 숫자(7)는 Vertex 크기와 일치하도록 선형으로 매핑된다. 매핑에서 고려할 최소 또는 최대 데이터 값을 매뉴얼로 설정하여 일부 데이터를 매핑에서 제외할 수 있다. 예를 들어, "열에서 가장 작은 수" 대신 "이 소스 열 번호 매핑"을 1로 설정하면 0 또는 음의 값을 무시할 수 있다. 숫자를 속성에 매핑할 때 "예외 값 무시(Ignore outliers)" 상자를 선택하면 특이치(예 : 표준편차가 평균보다 두 배 이상 높거나 낮은 숫자)가 자동으로 식별된다. 또한 노드엑셀을 사용하면 기본 선형 매핑 대신 log 매핑을 사용할 수 있다. 이 기능은 전원법이나 log 분포를 따르는 참여 데이터를 처리할 때 유용하다.

모든 옵션을 기본 설정으로 재설정하려면 Autofill 열 대화상자(그림 4.16)의 모든 Autofill 재설정 버튼을 클릭해야한다. 워크시트 자체의 데이터에는 영향을 주지 않는다. Autofill 열 대화상자는 워크시트 열을 채우는 방법에 대한 지침일 뿐이다. 'Vertex 워크시트'의 Size 열과 같은 특정 열의 실제 워크시트 데이터를 지우려면 Vertex Size 행의 Options 화살표를 클릭하고 Clear Vertex Size Worksheet Column Now를 선택한다. 모든 워크시트 열 지우기 버튼(그림 4.16 하단)을 사용하여 수동으로 Autofill 또는 채우기 여부에 관계없이 모든 '자동완성' 워크시트 열의 내용을 삭제할 수 있다. 이러한 삭제를 실행 취소할 수 없으므로 주의해서 사용해야 한다. 이렇게 하면 Edge나 Vertex 데이터(예 : Vertex 열 데이터), 추가 열에 추가한 데이터는 삭제되지 않지만 Autofill 열 기능을 사용하여 채울 수 있는 다른 필드는 삭제된다.

4.5.5 범례

자동 채우기를 사용할 때마다 노드엑셀이 범례에 추가되며 그래프 창 아래쪽에 표시될 수 있다. 이 범례는 사용자가 그래프의 시각적 속성을 이해하도록 도와준다. 이 예시에서는 Vertex 크기 속성이 자동 채우기에 의해 설정되었으므로 범례에는 Prior Parties 값(0-7)의 범위와 매핑되는 꼭짓점(Vertex)의 크기(1.5-6)가 표시된다(그림 4.15). 색상 설정이 수동으로 입력되

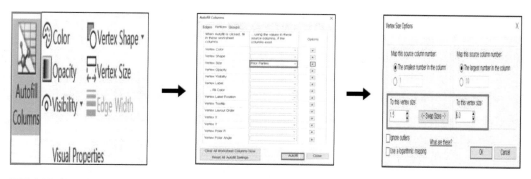

그림 4.16 'Autofill Columns' 클릭 후 Vertex 사이즈 설정

었으므로 이 값은 범례에 표시되지 않는다. 범주 데이터를 범례에 표시하는 유일한 방법은 분류된 그래프 체계를 사용하는 것이다(**ADVANCED TOPIC: 체계** 참조).

4.5.6 일반 그래프 모양 변경하기

시각적 기능을 설정하는 또 다른 방법은 그래프 창으로 이동하여 옵션 버튼을 클릭하거나 그래프 창에서 마우스 오른쪽 버튼을 클릭하고 옵션을 선택하는 것이다. 이렇게 하면 꼭짓점(Vertex), 선택한 꼭짓점, 모서리, 선택한 모서리, 폰트, 여백 등에 대한 기본 시각적 기능을 컨트롤하는 노드엑셀 그래프 창 Options 대화상자(그림 4.17)가 나타난다. 기본 시각적 속성(예 : 색상, 모양, 불투명도)은 채워지는 경우 'Vertex 또는 Edge 워크시트'의 해당 열에 있는 데이터로 대체된다.

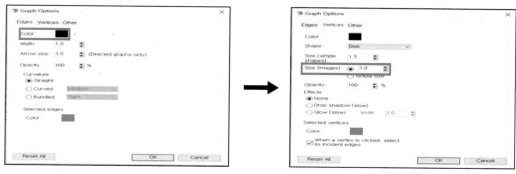

그림 4.17 Edges의 Color, Vertices의 Size 변경

체계

노드엑셀에는 체계(Schemes)라는 도구가 포함되어 있으며 노드엑셀 메뉴 리본의 시각적 속성 섹션(그림 4.7)에서 사용할 수 있다. 체계 버튼을 클릭하면 사용 중인 데이터 유형에 따라 그래프의 시각적 속성을 쉽게 설정할 수 있는 대화상자가 열린다. 여기에는 그래프 체계, 가중 그래프 체계, 시간 그래프 체계의 3가지 체계 옵션이 포함된다. 체계 기능을 사용하는 방법의 예는 11장의 Facebook 토론을 참조하라.

4.6 레이블링: Vertex 및 Edge에 텍스트 레이블(Label)을 추가하기

텍스트 레이블은 그래프를 명확히 하고 의미를 추가하는데 도움이 된다. 대부분의 경우 레이블이 꼭짓점(Vertex)에 적용된다. 예를 들어, 소셜 네트워크에서 사람들의 이름을 레이블로 사용할 수 있다. 몇 가지 경우에는 모서리(Edge)에 레이블을 적용하여 연결 유형을 설명한다. 예를 들어, 사람이 다른 사람에게 패키지를 전달한 경우, 패키지를 연결하는 모서리(Edge)에 패키지 번호가 표시될 수 있다.

4.6.1 Vertex 레이블 추가하기

노드엑셀은 Vertex 레이블을 표시하는 세 가지 방법을 제공한다.

- **모양으로 레이블** – 레이블 텍스트(예 : Vertex 이름)는 직사각형 상자로 둘러싸여 있으며 Vertex가 된다. 이 작업을 수행하려면 모양 열을 레이블로 설정해야 한다.
- **모양과 함께 레이블** – 레이블 텍스트는 기본 디스크 모양과 같은 지정된 모양과 함께 나타난다. 겹치기와 혼란을 줄이기 위해 각 Vertex 레이블의 기본 및 반경 위치를 지정할 수 있다.
- **툴팁** – 툴팁 텍스트는 커서가 Vertex 위로 움직일 때만 팝업으로 나타난다. 이렇게 하면 그래프 창을 깔끔하게 유지하면서 동시에 한 Vertex에 연결된 텍스트를 볼 수 있다. 도구

설명 텍스트는 레이블과 함께 사용할 수 있다.

4.6.2 숨겨진 열 보기

노드엑셀은 시각적 속성, 레이블, 레이아웃 및 그래프 메트릭스와 관련된 많은 데이터 열을 저장하여 워크시트의 탐색을 어렵게 만든다. 따라서 많은 열이 기본적으로 숨겨진다. 이 열을 표시하거나 숨기려면 노드엑셀 메뉴 리본의 Show/Hide 그룹에서 Workbook Columns 버튼을 선택하고(그림 4.7) 표시할 열을 선택한다(그림 4.18). 레이블 상자를 선택하여 관련 열을 숨긴다.

그림 4.18 Workbook Columns의 Show/Hide 메뉴

4.6.3 모양으로 레이블 추가하기

Autofill 열 기능을 사용하여 레이블 열을 Vertex 열 또는 원하는 다른 열의 이름으로 채울 수 있다. 또는 'Vertex 워크시트'의 레이블 필드에 데이터를 직접 복사하거나 붙여 넣거나 다른 필드를 결합하는 수식을 입력할 수 있다(**ADVANCED TOPIC: 이미지를 Vertex로 추가하기** 참조). 레이블 필드가 채워지면 Shape 열의 드롭다운 메뉴에서 레이블을 선택한다(그림 4.19). 레이블을 채우는 사각형 모양의 배경색은 레이블 채우기 색상을 선택하여 변경할 수 있다. 예를 들어, Gary와 Helen의 배경색을 밝은 회색으로 설정하여 다른 그룹과의 구분을 강조할 수 있다. 크기, 색상 및 불투명도를 비롯한 다른 시각적 속성은 계속 적용된다. 예를 들어, Ed는 다른 모든 Vertex보다 크게 표시된다. 때로는 분홍색과 같은 밝은 색상을 사용하면 텍스트를 읽기 어려워지기 때문에 진한 분홍색과 같이 어두운 색상으로 변경할 수 있다.

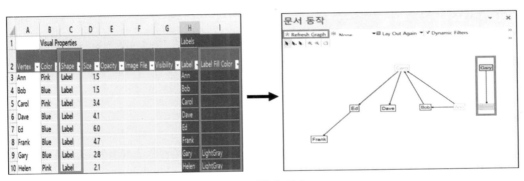

그림 4.19 Shape를 Label로, Color를 LightGray로 설정한 후 결과

4.6.4 도형과 함께 레이블 추가하기

다른 모양과 함께 레이블을 표시할 수 있으므로 크기와 같은 속성을 비교할 때 더 명확하게 나타낼 수 있다. 그림 4.20을 만들려면 Shape열의 내용을 삭제하거나 디스크로 설정하고 레이블 열에 정보를 설정한다. 처음에는 모서리(Edge)나 다른 꼭짓점(Vertex)과 겹치는 레이블이 있을 수 있다. 이 문제를 줄이기 위해 각 꼭짓점(Vertex)에서 레이블 위치를 설정할 수 있다 (그림 4.19). 레이블이 도형으로 선택되지 않고 레이블 주위에 사각형이 없으므로 채우기 색 레이블 옵션은 더 이상 적용되지 않는다.

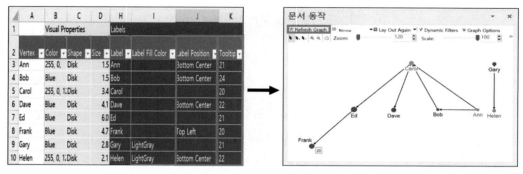

그림 4.20 Label Position과 Tooltip 설정 후 결과

4.6.5 툴팁 추가하기

꼭짓점(Vertex) 위로 마우스를 가져가면 나타나는 데이터를 추가할 수도 있다. 이를 툴팁이라고 한다. 그림 4.20에서 Autofill Columns 기능은 도구 설명 열과 Age열을 연결하는데 사용되었다. Frank의 Vertex 위에 마우스 포인터를 올려놓으면 나이가 표시된다(이 경우 20).

4.6.6 Edge 레이블 추가하기

모서리(Edge) 레이블을 추가하는 것은 비교적 간단하다. 레이블을 수동으로 추가할 수 있는 'Edge 워크시트'에는 레이블 열이 있다. 자동완성 기능을 사용하여 이 열의 내용을 채울 수도 있다. 그림 4.21에서 초대장을 확장한 매체에 대한 정보는 레이블 열에 포함되어 있다.

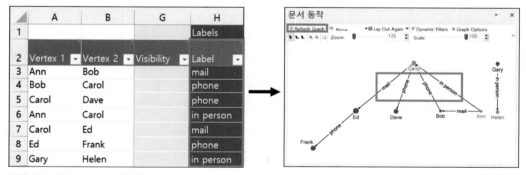

그림 4.21 Edge Labels 창에 mail, phone, in person 입력 후 결과

수식을 사용하여 레이블 만들기

Excel에는 레이블을 만들 때 유용한 텍스트 범주의 수식이 많이 있다. 수식을 사용하려면 먼저 '텍스트' 대신 '일반'으로 열을 다시 설정해야 한다. 그렇지 않으면 수식의 결과 대신 입력한 수식이 표시된다. 일반 형식으로 변경한 후에는 업데이트하려는 셀로 이동하고 수식 입력줄을 클릭한 다음 Enter키를 눌러 변경사항을 적용해야 한다. 하나의 유용한 트릭은 사람의 이름(Vertex column)과 속성 데이터(Age column)와 같은 여러 필드의 정보를 결합하는 것이다. 다음 수식은 '&' 기호를 사용하여 Vertex 및 Age 데이터와 ""기호를 결합한 것이다.

= Vertices [[#This Row], [Vertex]]&""&Vertices[[#This Row],[Age]]

첫 번째 행에 대한 결과는 'Ann 21'이 된다. 이름이 너무 길면 LEFT함수를 사용하여 지정된 문자수만 포함할 수 있다. 다음 수식을 사용하여 Vertex 열의 처음 6자를 포함할 수 있다.

= LEFT(Vertices[[#Thsi Row], [Vertex]],6)

TRIM, UPPER, PROPER, LOWER, CLEAN과 같은 추가 텍스트 기능을 사용하여 일관성을 유지하고 데이터를 정리할 수도 있다.

4.6.7 노드엑셀 파일 저장하기

노드엑셀 파일을 저장하려면 다른 Excel 파일처럼 표준 Excel 통합 문서(xlsx 확장명)를 선택하여 저장한다. Excel 97-2003 통합 문서, 매크로 사용 통합 문서, 이진 통합 문서로 저장하면 안 된다.

4.7 실무요약

노드엑셀은 스프레드시트 환경에서 네트워크 분석과 시각화를 지원하는 엑셀 2007 템플릿이다. 이 챕터에서는 사람들 간에 우정 네트워크를 사용하여 노드엑셀의 기본적인 기능을 소개한다. 스프레드시트는 각 Edge에 대한 열과 워크시트를 표현하고, 각 Edge 열을 포함하는 'Vertex 워크시트'를 포함한다. Edge와 Vertex를 설명하는 특정 데이터를 연구자가 직접 설정할 수 있고, Autofill Columns 기능을 사용함으로써 크기, 색깔, 불투명도와 같은 시각적 특성을 자동으로 연결할 수 있다. Vertex는 자동으로 레이아웃을 사용하여 그래프를 정리할 수 있고, 수동으로 배치하여 고정할 수 있다. 레이블은 다른 Vertex 모양 대신에 사용하거나 그 외에도 추가로 사용될 수 있다. Vertex 레이블 위치와 색깔은 선명하고 읽기 쉽도록 사용자가 조정할 수 있다. Tooltip Label 기능을 사용하면 마우스 포인터로 Vertex를 가리킬 때 추가 데이터를 표시할 수 있다. Edge 레이블을 추가하면 연결 유형을 나타낼 수 있다. 시각적 속성의 풍부한 배열은 다음 장에서 설명할 네트워크 메트릭스와 결합할 때 특히 강력하다.

4.8 연구의제

네트워크 분석 프로그램의 개발자는 소프트웨어를 개발할 때 여러 중요한 결정을 내려야 된다.[4, 5] 비록 정통적인 방법은 매력적인 비주얼을 보여주고(display), 네트워크 레이아웃을 강조하지만[1, 6, 7, 8, 9, 10, 11], 현대적 방법은 벤치마크 작업에 대한 사용자 수행이 보다 중요하다.[12, 13, 14, 15] 예를 들어, 두 Vertex의 정도를 비교하거나 놓친 관계를 파악하거나 일반적인 Vertex의 속성을 확인해야 한다. Cliques를 발견하거나 Vertices, Chains를 나누는 정교한 작업에도 주로 연구에서 활용되고 있다. 또한, 중복을 방지하고 레이블을 쉽게 읽을 수 있도록 하며, 사용자가 Vertex에서 다른 Vertex까지 Edge를 따라할 수 있도록 해야 한다. 연결된 구성요소를 표시하면서 고립된 Vertex와 작은 구성요소들이 소홀해지지 않도록 주의를 기울여야 한다. 중요한 연구 질문은 네트워크의 크기와 복잡성이 증가하고 설계자와 사용자가 tradeoff(거래)를 하게 하여 일부 작업을 용이하게 하고 다른 작업은 어렵게 만든다[16]. 이보다 더 어려운 과제는 시각적 디자인과 네트워크 레이아웃을 자동으로 수행하면서 효과적인 프레젠테이션을 진행하는 것이다[14, 17]. 다행스럽게도, 이러한 주제는 연구 분야의 활발한 영역으로, 서로 다른 응용 도메인에서 발생하는 직접/간접적 네트워크에 대해 사용자가 어떤 기본 작업을 수행하는지 명확하게 해준다. 사용자의 통제는 해결책으로 떠오르고 있지만, 사용자가 각 선택의 의미를 명확히 이해할 수 있어야 한다.

참고문헌

[1] Smith, M. A., Shneiderman, B., Milic-Frayling, N., Mendes Rodrigues, E., Barash, V., Dunne, C., ... & Gleave, E. (2009, June). Analyzing (social media) networks with NodeXL. In Proceedings of the fourth international conference on Communities and technologies (pp. 255-264). ACM.

[2] Hanneman, R. & Riddle, M. Chapter 5: Using Matrices to Represent Social Relations, in: Introduction to Social Network Methods, University of California, Riverside, Riverside, CA (published in digital form at http://faculty.ucr.edu/~hanneman)

[3] Fruchterman, T. M. J. & Reingold. E. M. (1991). Graph drawing by force-directed placement, Software Pract. Ex. 21(11), 1129-1164.

[4] Battista, G. D., Eades, P., Tamassia, R. & Tollis. I. G. (1998). Graph Drawing: Algorithms for the Visualization of Graphs. Prentice Hall, New York.

[5] Ware. C. (2008). Visual Thinking for Design, Morgan Kaufmann Series in Interactive Technologies, Morgan Kaufmann, Burlington, MA, 2008.

[6] M.K. Coleman, D.S. Parker. (1996). Aesthetics-based graph layout for human consumption, Software Pract. Ex. 26(12), 1415-1438.

[7] Dwyer, T., Lee, B., Fisher, D., Quinn, K. I., Isenberg, P., Robertson, G., & North, C. (2009). A comparison of user-generated and automatic graph layouts. IEEE Transactions on Visualization & Computer Graphics, (6), 961-968.

[8] Huang, W., Hong, S. H., & Eades, P. (2006, January). How people read sociograms: a questionnaire study. In Proceedings of the 2006 Asia-Pacific Symposium on Information Visualisation-Volume 60 (pp. 199-206). Australian Computer Society, Inc.

[9] Huang, W., Hong, S. H., & Eades, P. (2007). Effects of sociogram drawing conventions and edge crossings in social network visualization. Journal of graph algorithms and applications, 11(2), 397-429.

[10] H.C. Purchase, The effects of graph layout, in: OZCHI'08: Proc. 2008 Australasian Computer Human Interaction Conference, Nov.-Dec. 1998, pp. 80-86.

[11] Purchase, H. C., Carrington, D., & Allder, J. A. (2002). Empirical evaluation of aesthetics-based graph layout. Empirical Software Engineering, 7(3), 233-255.

[12] Eades, P. & Sugiyama. K. (1990). How to draw a directed graph, J. Inf. Proc. 13(4), 424-437.

[13] Huang, W. (2007, February). Using eye tracking to investigate graph layout effects. In Visualization, 2007. APVIS'07. 2007 6th International Asia-Pacific Symposium on (pp. 97-100). IEEE.

[14] Shneiderman, B., & Aris, A. (2006). Network visualization by semantic substrates. IEEE Transactions on Visualization and Computer Graphics, 12(5), 733-740.

[15] van Ham, F., & Rogowitz, B. (2008). Perceptual organization in user-generated graph layouts. IEEE Transactions on Visualization & Computer Graphics, (6), 1333-1339.

[16] Ware, C., Purchase, H., Colpoys, L., & McGill, M. (2002). Cognitive measurements of graph aesthetics. Information visualization, 1(2), 103-110.

[17] Dwyer, T., Koren, Y., & Marriott, K. (2006). IPSep-CoLa: An incremental procedure for separation constraint layout of graphs. IEEE Transactions on Visualization and Computer Graphics, 12(5), 821-828.

추가자료

Bonsignore, E. M., Dunne, C., Rotman, D., Smith, M., Capone, T., Hansen, D. L., & Shneiderman, B. (2009, August). First steps to NetViz Nirvana: evaluating social network analysis with NodeXL. In *Proceedings. IEEE international symposium on social intelligence and networking (SIN-09)* August, Vancouver B. C., Canada.

Hansen, D.L., Rotman, D., Bonsignore, E.M., Milic-Frayling, N., Mendes-Rodrigues, E., Smith, M., et al. (2009). Do you know the way to SNA?: A process model for analyzing and visualizing social media data, Technical Report, University of Maryland.

Smith, M., Shneiderman, B., Milic-Frayling, N., Mendes-Rodrigues, E., Barash, V., Dunne, C., et al. (2009). Analyzing (social media) networks with NodeXL. In *Proceedings Communities & Technologies Conference*, June 2009 State College, PA.

5

네트워크 메트릭스의
계산과 시각화

목차

5.1 들어가기 ·········· 115	5.4.2 Edge 가중치 시각화 ·········· 125
5.2 Kite 네트워크 예시 ·········· 116	5.4.3 중요한 개인을 찾기 위한
5.2.1 노드엑셀 파일 열기 ·········· 116	vertex metrics 계산과 시각화하기 ······ 126
5.3 그래프 Metrics 계산 ·········· 117	5.4.4 X, Y 좌표에 대한 그래프 메트릭스 매핑 ··· 128
5.3.1 vertex-구체적 metrics ·········· 118	5.4.5 축과 같은 그래프 요소 보이기와 숨기기 ··· 130
5.3.2 고유 벡터 중심성 ·········· 120	5.5 실무요약 ·········· 130
5.3.3 종합적인 그래프 메트릭스 ·········· 121	5.6 연구의제 ·········· 131
5.4 레미제라블 동시출현 네트워크 ·········· 124	참고문헌 ·········· 132
5.4.1 Edge 가중치 column 분류하기 ·········· 125	

5.1 들어가기

네트워크를 이해하려고 할 때 분석가들은 늘 중요한 꼭짓점(Vertex)이나, 소그룹(locate subgroups) 혹은 얻는 감각에 대하여 한개 네트워크가 어떻게 다른 네트워크와 상호 연관되어 있는지를 확인하려고 한다. 시각화 자체가 이러한 것을 수행할 수 있으며 정량적 네트워크 metrics를 유용하게 사용하도록 도와준다. 네트워크 그래프 metrics라고 불리기도 한다. 이는 소셜 네트워크 분석 연구자들에 의해 개발되었다(3장 참조).

네트워크 그래프 metrics는 전체 네트워크를 설명하거나 하나의 네트워크 내에서 소그룹 또는 특정 배우의 특성을 묘사할 수 있다. 밀도집계 그래프 metrics는 네트워크 밀도로 체계적으로 커뮤니티를 비교할 수 있으며 어느 커뮤니티가 고도로 밀집되어 있고, 밀집되어 있지 않은지를 분석하는데 도움 준다. 시간이 지남에 따라 밀도집계 그래프 metrics를 추적하는 것은 전체 네트워크 개입의 효과를 결정할 수 있다. 예를 들어, 변의 총수를 확장하고 그래프의 '밀도'를 증가하게 한 다음 포토(photo)를 계획적으로 사람들에게 소개하고 공유한다.

개인 수준 metrics는 네트워크 내 개인의 위치를 이해할 수 있도록 하며 중요하거나 '중심'적인 사람을 찾을 수 있도록 도와준다. 예를 들면, 네트워크 metrics는 네트워크 중에서 누가 인기 있고 누가 인기 없는지를 식별할 수 있다. 한번 확정되면, 분석가들과 관리자들은 더욱 정확하게 누구와의 연결이 밀접하고 영향력이 있는지를 알 수 있고 또는 새로운 프로그램 추진하도록 시도하며 폭 넓은 이해를 얻을 수 있다. metrics는 또한 많은 커뮤니티 내에서 소그룹이나 사회적 역할을 식별하는데 사용될 수도 있다. 특정 네트워크 내에 존재하는 혼합된 사회 역할을 이해한다면 그들의 건강한 혼합적인 사회 유형을 가지고 있는 여부와 어느 우수한 후보자가 곧 해임될 후보자를 대체할지를 분석하는 것을 도와줄 수 있다. 노드엑셀은 여러 네트워크 그래프 metrics를 계산한다. 계산한 다음 이러한 metrics들로부터 네트워크 그래프에 시각적 변화를 줄 수 있다. 그 강력한 능력을 본 장절에서 배울 수 있다. 또한 네트워크 metrics의 vertices, edges 필터링한 부분에 관하여서는 뒷 장절에서 배울 수 있다(6장 참조).

5.2 Kite 네트워크 예시

매개 그래프 metric을 한층 더 이해하려면 David Krackhardt가 만든 폭넓게 사용되고 있는 'Kite 네트워크'를 사용할 수 있다. 본 교과서 웹사이트 Kite_Example.xlsx에서 파일을 다운로드할 수 있고 또는 수동으로 새로운 노드엑셀 양식을 만들어 **그림 5.1**에 표시된 것과 같이 무방향성 리스트와 그래프를 재생할 수 있다. 다운로드 버전은 **그림 5.1**에 있는 것과 같이 꼭짓점(Vertex)의 위치를 수정한다.

5.2.1 노드엑셀 파일 열기

Excel 파일을 여는 것처럼 노드엑셀 파일을 연다. 만약 노드엑셀이 시스템에 설치되어 있는 경우 Excel은 표준적인 파일 작성 xlsx 확장명을 가지고 있다 하더라도 노드엑셀을 식별하여 사용할 수 있다. 로컬 컴퓨터 옵션에서 노드엑셀의 빈번한 업데이트와 차이에 의해 '다른 컴퓨터에 노드엑셀 워크북 설치' 들어가기 메뉴에 노드엑셀을 설치하는 것을 선택해야 할 수 있다.

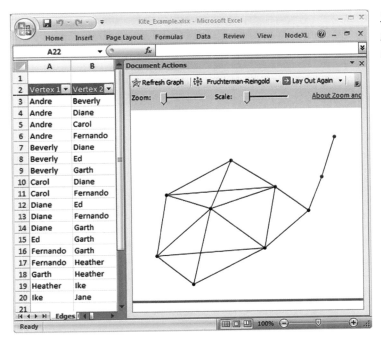

그림 5.1 간접연결 'Edge 리스트'와 수동으로 생성된 레이아웃이 보이는 연(Kite) 네트워크

Kite_example.xlsx 파일을 열면 노드엑셀이 자동적으로 작동된다. 파일이 열리면 Show Graph를 선택한다. 매개 꼭짓점(Vertex)의 X 및 Y 좌표가 고정되어 있으므로(4장 꼭짓점 (Vertex) 위치 고정 참고) 배치의 계산법은 꼭짓점(Vertex)의 위치에 영향을 주지 않는다.

5.3 그래프 Metrics 계산

그래프 메트릭스를 계산하려면, 우선 노드엑셀의 Analysis 섹션에 있는 'Graph Metrics' 버튼을 누른다. 그러면 Graph Metrics 대화상자가 열린다(그림 5.2). 계산하고 싶은 metrics 를 선택하고 그들 옆에 있는 박스들을 체크하면 된다. 세부사항 링크 옆에 있는 한 개 metric의 모든 것을 선택할 수 있는 버튼을 클릭하고 계산하고 싶은 metric을 선택한다. 일부 그래프 메트릭스는 대규모 네트워크로 작업할 때 계산하는데 일정한 시간이 걸릴 수 있다. 이 때 상태표시줄은 진행상태가 나타나므로 이를 참고하면 된다. 노드엑셀의 최신 버전은 계산시간을 대폭 향상시켰다. 일단 완성하면, 노드엑셀은 매개꼭짓점(Vertex)의 일련의 특정한 그래프 메트릭스가 'Vertex 워크시트' 열에 나타난다. 이 그래프는 무방향성 그래프이기 때문에 in-degree 와 out-degree metrics는 측정될지라도 계산되지 않는다. 노드엑셀은 또한 전체 워크시트의

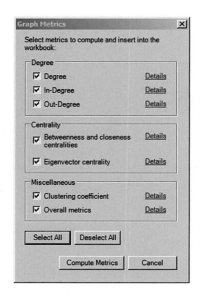

그림 5.2 모든 메트릭스가 선택된 노드엑셀 그래프 메트릭스 대화상자

metrics에 관한 것을 보여주고 전체 네트워크의 요약 정보를 보여준다.

5.3.1 vertex – 구체적 metrics

vertex의 세부적 metrics를 보면 예를 들어 Centrality measures와 Clustering coefficients가 있다. 일단 'Vertex 워크시트'에 들어가 보기로 하자. 당신은 새로운 그래프 metrics 열을 보게 될 것이다. 이 열을 숨길 수 있으며 만약 취소하려면 노드엑셀의 work book 열에서 Graph Metrics를 선택하면 된다 (그림 4.17). 매개값은 꼭짓점(Vertex) 중의 하나와 직접적으로 연관되어 있다. 예를 들면 제3항에서 그래프 metrics가 Andre에 특정되어 있음을 알 수 있다(그림 5.3).

Vertex metrics는 시각적 특성에 매핑할 수 있으며(그림 5.3), 노드엑셀의 시각적 특성 메뉴에 있는 Autofill 열을 사용하여 다시 만들 수 있다. 그래프는 Degree의 매핑 사이즈는 1.5 ~ 6이고 Betweenness Centrality(매핑 투명도)는 50 ~ 100이라는 것을 보여준다. 그리고 Closeness Centrality는 툴팁(tooltip)에 매핑되고 Labels는 Vertex를 설정하므로 그들은 Edges와 교차되지 않는다. 매개 Metric을 설명하고 어떻게 그것이 Kite 네트워크와 연관되어 있는지를 아래와 같이 설명한다.

연결 중심성(Degree)

꼭짓점(Vertex)의 degree란(때로는 degree centrality라고도 불림) 특별한 모서리(Edge)의 수와 연결되는 것을 통계내는 것이다. Diane는 6개의 연결 중심성을 가지고 있다. 그는 6명의 기타 개인들과 직접적으로 연결되어 있다. Diane와 비교해보면 Jane는 1개의 연결 중심성을 가지고 있다. 그는 1명의 개인과 연결되어 있다. 모서리(Edge)는 개인이 한 클래스 내에서 강한 우정의 관계를 표현한다. 그림 5.3에서 연결 중심성의 매핑 범위가 1~6이며 Diane이 클래스 내에서 인기가 있는 사람이라는 것을 알 수 있고 Jane은 인기가 없는 사람이라는 것을 알 수 있다. 꼭짓점(Vertex)의 사이즈는 자동완성 기능을 갖추고 있으며 범위를 1.5~6으로 하면 꼭짓점(Vertex)을 명확하게 볼 수 있지만 너무 크게 해서는 안 된다(4장 참조). 만약 방향성 그래프를 분석한다면(예를 들면 한쪽컨에서만 네트워크 초대), 하나의 degree metric은 두개의 metrics로 구분된다: (1) in-degree, (2) out-degree. 이런 상황에서, 노드엑셀은 degree만 계산한다. 왜냐하면 네트워크는 무방향성을 포함하기 때문이다.

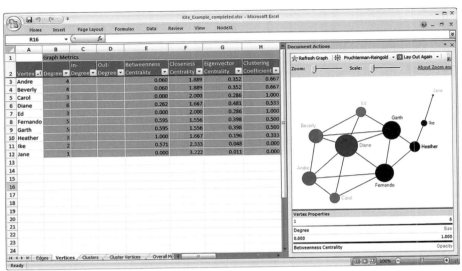

그림 5.3 각 Vertex를 위한 그래프 메트릭스를 보여주는 연(Kite) 네트워크. Degree는 사이즈 1.5~6으로 설정, Betweenness Centrality는 50~100으로 투명도에 대한 설정, Closeness Centrality는 tooltip과 같이 설정

매개 중심성(Betweenness Centrality)

인기가 중요하지만 그것이 전부는 아니다. Kite 네트워크의 Heather를 보면 그녀는 오직 3명과만 직접적인 관련이 있다(3개의 Degree를 가지고 있음). 그녀는 상대적으로 낮은 Degree를 가지고 있지만 그녀는 그래프에서 Ike(Jane과는 간접적)와 다른 사람 사이에서 '다리 역할'을 하므로 매우 중요한 역할을 한다. 예를 들어, 정보가 한 사람에서 다른 사람에게로 전달되는 경우, Heather는 Ike와 Jane이 그래프 내에서 다른 사람들과 교류할 수 있게 하는데 중요한 역할을 할 것이다. 실제로 만약 그녀가 네트워크에서 없어진다면 Ike와 Jane은 다른 사람들로부터 분리될 것이다. 따라서 Heather는 높은 매개 중심성을 가지고 있다. 반면에 Ed의 매개 중심성은 0이다. 여기에서 주의할 점은 만약 그가 그래프에서 없어진다고 해도 모두가 여전히 다른 사람들과 연결되어 있으며 그들의 짧은 통신경로는 변하지 않는다. **그림 5.3**에서 보여주듯이 자동완성 기능이 매개 Vertex 불투명도 중개 중심성의 값을 설정하는데, 그 범위는 0(Ed와 Carol이 제일 밝음)으로부터 1(Heather가 제일 어두움)이다. 매개 Vertex를 볼 수 있도록 불투명도를 최소 50으로 최대 100으로 설정하는 것을 유지하였다.

근접 중심성(Closeness Centrality)

관심가는 또 다른 특징은 네트워크 중 각각이 어떻게 다른 사람들과 근접하는가 하는 것이다. 만약 필요로 하는 정보가 네트워크상에 있다면 일부 사람들은 다른 사람들보다 빨리 정보를 얻을 수 있다(몇 개 간단한 단계). 그러나 다른 사람들은 더욱 많은 단계를 거쳐 정보를 얻을 수 있다. 근접 중심성이란 각 Vertex로부터 다른 각 Vertex까지의 최단 평균 거리를 측정하는 것이다. 다른 Centrality Metrics와는 달리, 노드엑셀 버전1.0.1.113 네트워크에서 낮은 근접 중심성이 많이 나타난다. 노드엑셀의 최신 버전은 반대로 더욱 높은 값이 더욱 중심적인 사람을 표시한다. 가능한 한 근접 중심성의 최저 점수는 1로 한다. 이는 한 사람이 네트워크상에서 다른 모든 매개인과 연계된다는 것을 나타낸다. Kite 네트워크에서 Fernando와 Garth는 낮은 근접 중심성을 나타낸다. 이는 그들은 네트워크를 통해 정보의 전파를 개시하는데 좋은 위치에 있음을 알 수 있다. 그림 5.3에서 자동완성 기능을 사용하여 근접 중심성 Metrics에 툴팁을 설정하는데 만약 Ed 위에 마우스를 가져간다면 2가 나타난다. Stanley Milgram(3장 참고)이 아이디어를 개발했다. 지구상의 임의의 두 사람의 평균 근접 중심성은 6이다. 그의 아이디어의 중점은 '6개 Degree 분리 이론'이다.

5.3.2 고유 벡터 중심성(Eigenvector Centrality)

많은 경우에 인기 있는 사람을 연결하는 것이 인기 없는 사람을 연결하는 것 보다 더욱 중요하다. 고유 벡터 중심성 네트워크 Metric은 하나의 꼭짓점(Vertex)이 얼마나 많은 연계를 가지고 있는지를 고려할 뿐만 아니라(예 : Degree) 연결된 꼭짓점(Vertex)의 Degree도 고려한다. Heather와 Ed가 각각 3개의 Degree를 가지고 있다. Ed는 클래스에서 가장 인기 있는 사람 Diane와 직접 연결하고 반면에 Heather는 인기 없는 Ike와 연결된다. 이것은 왜 Heather의 고유 벡터 중심성 Metric이 Ed 보다 낮은지 그 이유를 설명한다(그림 5.3).

집단화 계수(Clustering coefficient)

어떤 경우에 한 개인의 친구들은 서로 친구가 될 수 있다. 예를 들어 Ed의 3명의 친구들 Beverly, Diane과 Garth는 모두 직접 연결되어 다른 한 그룹을 이룬다. 일반적으로 그래프 내 모든 꼭짓점(Vertex)이 다른 매개와 직접적으로 연관되어 있으면 한개 소그룹이나 완전한 그래프가 이루어진다. 한편, 한 개인의 친구들 간에 서로 친구가 아닌 경우도 있다. 예를 들어 Ike의 두 친구 Heather와 Jane는 서로 친구가 아니다. 집단화 계수는 Vertex들 간에 어떻게

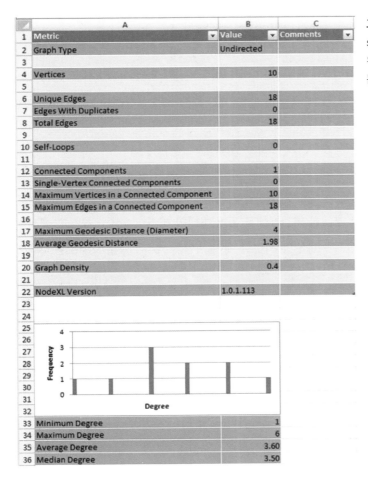

	A	B	C
1	Metric	Value	Comments
2	Graph Type	Undirected	
3			
4	Vertices	10	
5			
6	Unique Edges	18	
7	Edges With Duplicates	0	
8	Total Edges	18	
9			
10	Self-Loops	0	
11			
12	Connected Components	1	
13	Single-Vertex Connected Components	0	
14	Maximum Vertices in a Connected Component	10	
15	Maximum Edges in a Connected Component	18	
16			
17	Maximum Geodesic Distance (Diameter)	4	
18	Average Geodesic Distance	1.98	
19			
20	Graph Density	0.4	
21			
22	NodeXL Version	1.0.1.113	
23			
24			
25			
26			
27			
28			
29			
30			
31			
32			
33	Minimum Degree	1	
34	Maximum Degree	6	
35	Average Degree	3.60	
36	Median Degree	3.50	

그림 5.4 연 네트워크와 vertex specific 메트릭 정도의 빈도분포를 위한 집합 그래프 메트릭스를 보여주는 노드엑셀의 전반적인 메트릭스

연결되어 있는지를 측정한다. 예를 들어 Heather의 이웃 세명은 Frenando, Garth, Ike이다. 그들 중 하나의 연결만이 존재한다(Fernando와 Garth 연결). 여기에는 3가지 연결이 가능하다 (Fernando-Garth, Fernando-Ike, Garth-Ike). 따라서 Heather의 집단화 계수는 1/3이다.

5.3.3 종합적인 그래프 메트릭스(Overall graph metrics)

'종합 메트릭스(overall metrics) 워크시트'로 이동한다. 이것은 전체 네트워크를 종합한 것이다(그림 5.4). 이러한 metrics는 다음과 같은 것을 포함한다.

- **Graph Type** – 방향성 혹은 무방향성
- **Vertices** – 꼭짓점(Vertex)의 총수('Vertex 워크시트'의 행수)

- **Unique Edges** - 'Edge 워크시트'에서 unique edges의 수
- **Edges With Duplicates** - 'Edge 워크시트'에서 꼭짓점(Vertex)이 중복된 수. 꼭짓점 (Vertex)이 중복되는 경우가 있다. 예를 들어 네트워크 포럼에서 한 사람 a가 여러 차례 걸 쳐서 다른 사람 b에게 응답할 때를 말한다. 후술하는 바와 같이 가중치로 결합되지 않는 한 중복되는 꼭짓점(Vertex)은 일부 metrics 즉 degree가 정확하지 않을 수 있다(6장 참조).
- **Total Edges** - 모서리(Edge) 총수(예 : 'Edge 워크시트' 행수).
- **Self-Loops** - 꼭짓점(Vertex)과 자신이 연결되어 있는 모서리(Edge) 수. 'Edge 리스트' 가 edges tab의 Vertex 1과 Vertex 2에서 일부 똑같은 이름을 포함할 때 Self-Loop가 발생한다(즉 한 사람이 그들 자신과 연관). 예를 들어 이메일 리스트 'Edge 리스트'에서 한 사람 이 그의 혹은 그녀 자신의 이메일에 회신할 때 발생할 수 있다. Self-Loops는 그래프 창에서 시각적으로 표시된다.
- **Connected Components** - Connected Components의 수(즉, 그래프에서 꼭짓점 (Vertex)의 클러스터는 상호 연결되어 있지만 다른 꼭짓점(Vertex)과 분리). Kite 네트워 크에는 단 하나의 Connected Component가 있다. 하나의 꼭짓점(Vertex)에서 다른 모 든 꼭짓점(Vertex)으로 갈 수 있다. 반대로 4장에서 논의된 Invitati 네트워크는 두개의 Connected components를 포함한다. 큰 그룹은 Carol, Ed, Dave, Bob, Ann, Frank 를 포함하며, 소그룹은 Gary와 Helen을 포함한다(그림 4.17 참조).
- **Single Vertex Connected Components** - 그래프에서 다른 꼭짓점(Vertex)들과 연결 되지 않은 독립적인 꼭짓점(Vertex)의 수. Kite 네트워크 혹은 Invitation 네트워크에는 독립적인 꼭짓점(Vertex)이 없다.
- **Maximum Vertices in a Connected Component** - 최대 꼭짓점(Vertex)과 연결된 구 성 요소의 꼭짓점(Vertex)들의 수. 이것은 Kite 네트워크에서 꼭짓점(Vertex)의 수와 동 일하다. 그것은 그들이 오직 Connected Component의 모든 파트이기 때문이다. Invitation 네트워크에서 제일 큰 구성요소는 6명을 포함한다. 그러므로 이 값은 6이다.
- **Maximum Edges in a Connected Component** - 최대 모서리(Edge)와 연결된 구성요 소의 모서리(Edge)의 수. 이것은 Kite 네트워크에서 모서리(Edge)의 수와 동일하다. 그 것은 그들이 오직 Connected Component의 모든 파트이기 때문이다. Invitation 네트 워크에서 최대 모서리(Edge) 구성 요소는 여섯 개의 연결이 있다.
- **Maximum Geodesic Distance(Diameter)** - 거리 측정은 두 사람 사이의 최단경로 거리 이다. 만약 모서리(Edge)를 거리라고 생각하고 꼭짓점(Vertex)을 집이라고 생각한다면

Geodesic Distance는 한 사람이 집에서 다른 데로 갈 때 반드시 거쳐야 하는 거리의 수이다. 한 사람이 최단경로를 주행한다고 가정한다. 네트워크에서 최대 측정거리, 혹은 직경이란 모든 최대 측정거리 혹은 두 꼭짓점(Vertex) 사이의 최장거리이다. Kite 네트워크에서 그 값은 4이다. 예를 들면 Jane과 Diane의 최단 거리는 4, Jane과 Andre, Beverly, Carol, Ed 사이의 최단거리도 마찬가지로 4이다. 나머지 측정거리는 모두 작다. 예를 들면 Jane와 Ike의 최단거리는 1이다.

- **Average Geodesic Distance** – 모든 측정거리의 평균. 이 값은 사회 구성원들이 어떻게 다른 사람들과 교류하는가 하는 것이다. 만약 높으면, 소셜 네트워크에서 많은 사람들이 서로 직접적으로 모른다. 사람들은 친구의 친구를 통해 서로 연결할 수 있다. 하지만 최단경로는 아니다. 만약 그것이 낮다면, 대부분 사람들이 서로 알거나 혹은 공통적인 친구를 가지고 있다.

- **Graph Density** – 네트워크에서 꼭짓점(Vertex)들이 어떻게 연결되는가 하 는 것을 나타내는 0과 1 사이의 수. 무방향성 그래프에서 모든 꼭짓점(Vertex)들은 최소 하나의 모서리(Edge)를 통해 다른 모든 것들과 접속된다. 그래프 밀도는 모서리(Edge) 총수로 모서리(Edge)들이 가능한 최대의 수를 나눔으로써 계산한다. Kite 네트워크에는 18개의 모서리(Edge)와 45개의 가능한 모서리(Edge)들이 있으며 그래프 밀도는 pf 0.4이다. 더욱 밀집된 그래프(예 : 0.6)는 꼭짓점(Vertex)의 수와 같은 더욱 많은 모서리(Edge)의 총수를 포함한다.

  - **NodeXL version** – 메트릭스를 계산할 때 사용되는 노드엑셀 버전

이외에 Frequency Chart는 매개 가능한 꼭짓점(Vertex)과 구체적 그래프 metrics의 생성이다. 예를 들어 **그림 5.3**에서 보여주듯이 서로 다른 Degree Metrics의 주파수를 보여준다. 단 한 사람 Jane이 1개의 Degree를 가지고 있다(왼쪽에 있으나 표시하지 않음). 마찬가지로 오직 한 사람(Ike)만이 2개의 Degree를 가지고 있고, 한 사람(Diane)이 6개의 Degree를 가지고 있다. 반면에 세 사람은 3개의 Degree를 가지고 있다(Carol, Ed, and Heather). Frequency charts는 비교적 큰 네트워크를 분석할 때 앞으로 공부하는데 많은 도움이 될 것이다. 아래에 metric 분포에 대한 몇 가지 기본 통계를 보여준다(최소 Degree, 최대 Degree, 평균 Degree, 중간 Degree). 이러한 것들은 모든 네트워크를 분석할 수 있고 시간에 따라 네트워크를 비교하는데 도움을 준다.

추가적인 그래프 메트릭스 계산하기와 가져오기

많은 네트워크 메트릭이 있으며, 노드엑셀에 의해 계산된다. 또한 새로운 측정 항목이 끊임없이 개발중이다. 추가 집계 측정 항목은 Excel의 내장 함수를 사용하여 계산할 수 있다. 예를 들어, 연결정도(Degree)의 분산을 보고 싶다면 다음 함수를 사용하여 계산할 수 있다.

=VARP(Vertices[Degree])

네트워크 집중화 측정 네트워크가 핵심 인물에 얼마나 의존하는지 그것의 연결성. 이러한 총계 측정 항목 중 상당수는 수식을 사용하여 노드엑셀에서 계산된다. 일부 특수 그래프 측정 항목은 현재 계산되지 않는다. 노드엑셀에서 모서리(Edge)를 사용하는 중심성 메트릭 무게(Newman의 신중한 리뷰[1] 참조), 네트워크 메트릭에 대한 설명으로는 측정 기준이 다른 네트워크 분석도구를 사용할 수도 있다.

그러한 측정지표가 필요한 연구원들은 Pajek 또는 UCINET와 같은 다른 네트워크 분석도구를 사용하여 계산하고 추가열로 NodeXL로 가져올 수 있다.

5.4 레미제라블 동시출현 네트워크

대부분의 네트워크는 Kite 예제 네트워크 보다 크고 거대하다. Vertex graph metrics는 특히 큰 네트워크의 경우에 도움이 된다. 왜냐하면 뒤엉켜 있는 꼭짓점(Vertex)과 모서리(Edge)들 속에서 시각적으로 묻힐 수 있는 중요한 꼭짓점(Vertex)을 식별하는데 도움을 주기 때문이다. 이 부분에서 사용자는 Victor Hugo의 소설 Les miserables의 캐릭터들 간의 네트워크를 볼 것이다. 장면들의 캐릭터 등장에 대한 데이터는 Stanford GraphBase book by Knuth[2]에서 편집하고 'Edge 리스트'는 Newman and Girvan[3]가 만들었다. 네트워크는 장면에서 나타난 숫자에 의해 책속의 캐릭터들을 연결시킨다. 이것은 가중치 그래프의 예제이다. 왜냐하면 캐릭터들은 한 가지 이상의 장면에서 함께 나타날 수 있기 때문이다. 또한 이것은 무방향 그래프이다. '레미제라블 예제 네트워크' 파일을 이 책의 웹사이트에서 다운받을 수 있다. 이 예제 네트워크는 254개의 모서리(Edge)와 77개의 꼭짓점(Vertex)을 가지고 있다.

5.4.1 Edge 가중치 column 분류하기

이것은 가중된 네트워크이기 때문에 'Edge 워크시트'는 'edge weight'라고 이름이 붙은 column을 포함한다. 이 column은 캐릭터들이 함께 나오는 장면의 수를 나타낸다. 예를 들면, Cosette와 Valjean은 다른 어떤 짝보다 같이 31번 장면에서 나온다.

Excel features를 사용해서 edge weight column을 책 속에 가장 빈번히 같이 등장하는 캐릭터들을 식별하는 큰 것에서부터 작은 것으로 분류할 수 있다. 그렇게 하기 위해서 edge weight column의 label에서 drop down menu triangle을 선택한다. 분류 후 아래로 스크롤 하는 것이 edge weight distribution의 빠른 정보를 얻는 좋은 방법이다. 이 경우에는 사용자는 작은 수의 캐릭터가 많은 연결을 가지고 있고 대부분은 작은 수의 연결을 자지고 있다는 것을 볼 수 있을 것이다. 이는 logarithmic or power law distribution을 따라간다는 것을 알려준다.

5.4.2 Edge 가중치 시각화

Edge weight 열은 꼭짓점(Vertex)에 대해서 했던 비슷한 방법으로 모서리(Edge)의 시각적인 부분을 만드는데 사용될 수 있다. 그림 5.5를 새로 만들기 위해서, 먼저 색깔 열의 최고 위쪽 빈 부분에 'Maroon'이라는 단어를 적어 넣어서 edge Maroon을 만들어라. 그리고 복사를 해서 내려라. 이것은 모서리(Edge)를 검은색 꼭짓점(Vertex)으로부터 더욱 눈에 쉽게 띄게 만들어 준다.

다음으로는 Autofill Columns 기능을 사용해서 모서리(Edge) 넓이와 불투명도를 설정해라. 이 조합은 캐릭터들 간에 강한 연결과 약한 연결을 자지고 있는가에 대해서 분명한 시각적인 구분을 제공한다. edge width option으로 가서 최대치를 4로 설정해라. 밑에 있는 데이터가 비슷한 분산을 따르기 때문에 모서리(Edge) 넓이와 불투명도를 위한 Logarithmic Mapping box 사용을 확인해라. Harel-Koren Fast Multiscale 레이아웃을 선택해라. 이것은 그림 5.5와 정확히 맞지 않을 수도 있다. 왜냐하면 이것을 실행시킬 때마다 레이아웃이 바뀌기 때문이다. 다른 레이아웃들을 보기 위해서 Layout을 다시 클릭해라. 몇몇은 그림 5.5와 가깝게 닮아 있을 것이다. legend에 있는 수치들은 최대치 edge weight 수치 31 대신에 3의 최대치를 보여준다. 이것은 31의 자연로그가 3.434이고 정수내림하면 3이기 때문이다.

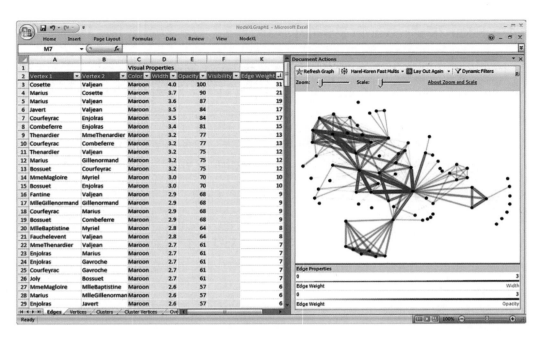

그림 5.5 레미제라블 캐릭터 동시등장 네트워크 데이터의 예. 큰 것부터 작은 것 순으로 Edge 가중치로 분류되고 Harel-Koren Fast Multiscale layout과 수작업을 통해 시각화되었다. Edge 넓이 (1부터 4), 불투명도 (10부터 100)을 logarithmic mapping option을 이용한 Edge weight column에 사용했다.

5.4.3 중요한 개인을 찾기 위한 vertex metrics 계산과 시각화하기

다음으로, 이 장에 소개된 모든 graph metrics를 계산하라. 그러면 중요한 개인을 인식하기 위한 다른 네트워크 메트릭을 분류할 수 있다. 예를 들면, 연결 중심성과 중개 중심성을 바탕으로 한 분류는 Valjean이 리스트의 최상위에 위치함을 보여주며 그가 책의 중인공과 주요 인물과 다른 인물들 간의 중개자 역할을 하고 있음을 알려준다. 최고 고유 벡터 중심성을 가진 인물은 Gavroche(0.318)이며 젊은 부랑자이며 많은 다른 인물을 함께 연결시킨 비공식적인 배달원을 연기했다.

그래프의 시각적인 부분 중에 네트워크 메트릭 매핑은 메트릭이 무엇을 의미하는지 또한 인물간의 관계를 더 잘 이해하게 해준다. **그림 5.6**은 Autofill Columns 기능을 사용하여 degree to vertex size, betweenness centrality to opacity, clustering coefficient to the tooltip을 보여준다. 큰 그래프에서 outlier를 무시하기 위해 Autofill Columns 안에 있는 고급 기능을 이용하거나 로그 매핑을 이용하는 것은 종종 유용하다. overall metrics worksheet에 있는 빈도 분산 그래프는 outliner나 로그분산을 가지는 메트릭 식별하는데 도움을 줄 수 있다. 예를 들면, 중개 중심성 그래프는 분명한 outlier가 다른 수치로부터 떨어져 있는 정도를 보여준다. 이는 장발장의 수치와 상응한다. 장발장의 높은 betweenness 수치가 다른 모든 다른 점을 모호하지 않게 하기 위해서 Vertex Opacity 옵션의 ignore outliers box가 선택 되었다.

범례는 중개 중심성의 최대치가 'Ignore Ouliers' 기능의 효과로 0.131으로 제한된 것을 보여준다. 높은 outlier betweenness 수치를 가진 모든 인물들은 가장 높은 nonoutlier betweenness 수치(0.131)로 설정 되었다. edge opacity는 60의 최대치로 설정되어 있다. 그래서 모서리(Edge)는 label과 꼭짓점(Vertex)들이 너무 불분명하게 하지 않을 것이다.

이 방법으로 레미제라블 인물 네트워크 데이터를 시각화 하는 것은 독특한 역할을 가진 개인을 식별하는데 도움을 준다. 예를 들면, Myriel 신부는 비교적으로 작은 수의 연결을 가지고 있다 하지만 높은 중개 중심성을 가지고 있다. 그래프에서 보이듯이, 이는 그는 오직 다른 7명의 인물들의 연결고리라는 사실을 뒷받침한다. 그래프의 왼쪽 위에 부분에 빡빡하게 연결된 꼭짓점(Vertex)들의 집합체는 학생 범례를 나타낸다. 커서를 학생 범례 중 하나 위에 위치를 하면 0.927의 높은 집단화 계수(Clustering coefficient)를 보여주며 이는 이 역할이 그의 친구들과 밀도 높은 cluster를 형성하는 것을 알려준다. 이 단락에서 이는 학생 범례는 그들 자신보다

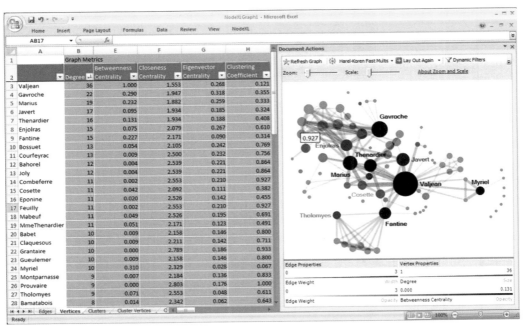

그림 5.6 레미제라블 네트워크 매핑, vertex size 대한 degree(1.5부터 5), vertex 불투명도에 대한 betweenness centrality(50 to 100), 그리고 tooltip에 대한 clustering coefficient. 주목할 만한 metrics를 가진 인물은 라벨표기가 되어 있다. Edge width(1에서 4)와 edge opacity(10에서 60)는 edge weight의 로그 매핑을 바탕으로 한다.

도 역할을 거의 보여주지 않는다는 것을 뜻한다. 높은 연결 중심성과 중개 중심성을 가진 Marius는 분명한 예외이다. Gavroche의 다른 그룹 그리고 다른 주요 인물들과의 직접적인 연결은 그의 높은 고유 벡터 중심성의 요소이다.

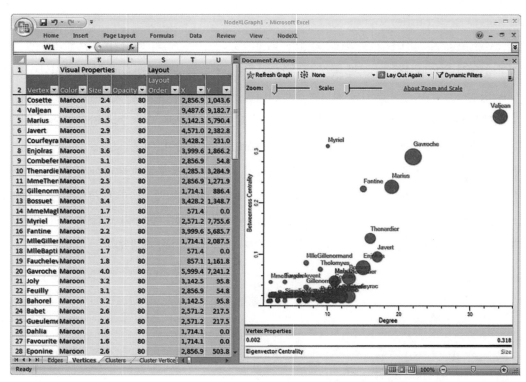

그림 5.7 레미제라블 매핑. X 축에 degree와 Y축에 betweenness centrality, 축은 보이고 모서리(Edge)는 숨겨져 있다. Scale은 outlier로 장발장의 위치로 설명하기 위해 조정되었다.

5.4.4 X, Y 좌표에 대한 그래프 메트릭스 매핑

대부분의 레이아웃에서 꼭짓점(Vertex)들의 정확한 위치는 의미가 없고 꼭짓점(Vertex)과 다른 꼭짓점(Vertex)의 상대적인 위치에만 의미가 있다. 그러나 네트워크 그래프 메트릭과 다른 속성 데이터들을 지도화 시키고 어떻게 두 메트릭스들이 다른 것들과 연결되어 있는지 시각화시키기 위해 X, Y 좌표를 지도화 시키고 싶을 것이다. 다른 메트릭스들은 시각적인 요소들은 조정하는데 사용되어 질 수 있고 추가적인 수치들은 나타내줄 수 있게 한다. 예를 들면, 그림 5.7에서 각 꼭짓점(Vertex)의 size는 고유 벡터 중심성 점수에 바탕을 두고 있고 이의 X, Y 축의 위치는 상대적으로 연결 중심성과 중개 중심성 점수로 결정이 된다. 그래프는 Myriel 같은

outlier를 더욱 분명히 만들어준다.

그림 5.7을 다시 만들기 위해서 Autofill Columns 기능을 사용하라. 먼저, vertex label을 설정하라. 그러면 각 캐릭터의 이름이 나타나게 된다. 다음으로, degree에 vertex X를, 중개 중심성에 vertex Y를, 고유 벡터 중심성에 vertex size를 설정해라. 만약 장발장과 같은 주목할 만한 outlier가 있다면 수동적으로 특정 metric을 위한 최대치를 설정할 수 있을 것이다. 그림 5.8은 어떻게 Options 대화상자가 중개 중심성을 위한 적정한 최대치를 설정하는데 사용되는지 보여준다. 이 예제에서 0.4로 설정되었다. 왜냐하면 이것은 두 번째로 높은 수치를 가지고 있는 Myriel의 수치보다 조금 높다. 그 결과로 수치는 0부터 0.4로 설정된다. 이 접근법은 꼭짓점(Vertex)들을 더욱 읽기 쉽게 해준다. 하지만 장발장의 위치는 잘못될 수 있다. 왜냐하면 그의 중개 중심성은 사실 그래프에서 그의 명백한 위치보다 상당히 높기 때문이다.

vertex opacity 열과 같은 몇몇 열의 데이터는 적절한 줄의 autofill option arrow와 clear edge sheet wokrsheet column now를 선택함으로써 지울 수 있다. 이것은 워크시트의 데이터를 정리할 수 있다. 그리고 나서 edge opacity source column name를 재설정하기 위해 autofill options를 사용할 수 있다. 이 방법으로 저 정보는 범례에 나타나지 않게 될 것이다. 또한 지워졌다면 다시 나타나지 않을 것이다. 모서리(Edge)는 모서리(Edge) 워크시트에 visuality 열의 setting 중 모든 모서리(Edge)들을 숨기기를 통해 제거될 수 있다. 꼭짓점(Vertex) 색깔은 수동으로 maroon으로, opacity는 80으로 설정되었다.

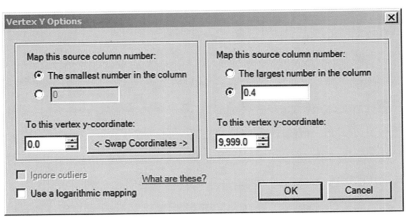

그림 5.8 Vertex Y options는 장발장의 outlier를 제거하고 Y 축을 적절히 수치화하기 위해서 0.4 최대치로 설정되었다.

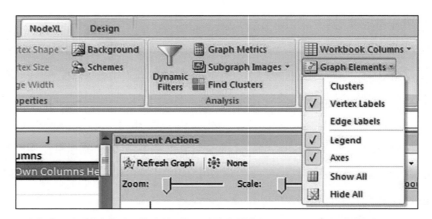

그림 5.9 노드엑셀 메뉴 리본에서 축이 포함된 정보를 표시하기 위해 Graph Elements 선택하기

5.4.5 축과 같은 그래프 요소 보이기와 숨기기

그림 5.7에서 보이는 축을 보기 위해서는 노드엑셀 메뉴 리본의 Graph Elements 드롭다운 메뉴를 찾아야 한다. 그리고 Axes 상자를 체크해라. 이것은 또한 범례 같은 다른 그래프 요소를 보여줄 것인지 숨길 것인지 결정할 수 있게 해주는 장소이다.

5.5 실무요약

사회 네트워크 분석은 네트워크와 네트워크 안에 있는 개인과 그룹들을 이해하기 위한 강력한 정량적인 그래프 메트릭스의 묶음을 제공한다. 이것들은 전체로써 네트워크를 특성화 시키는 연결된 부분들의 수와 그래프 밀도 같은 네트워크 메트릭스를 종합한다. 그것들은 또한 degree를 포함한 vertex metrics, 중개 중심성, 고유 벡터 중심성, 근접 중심성 그리고 네트워크 안에 특별하고 중요한 사람들을 나타내주는 집단화 계수(Clustering coefficient)를 포함한다. 이들 메트릭스는 데이터를 이해하는데 도움을 주는 size와 opacity 같은 시각적 요소를 지도화 할 수 있다. 이런 기술은 레미제라블 동시출현 네트워크 안에 두드러지는 캐릭터를 식별하는데 도움을 주었다. 레미제라블 예시는 또한 어떻게 가중된 네트워크가 edge width와 edge opacity를 사용하여 의미 있게 시각되었는지 보여준다. 메트릭스와 제휴 데이터는 또한 축 label로 scatterplot를 만드는 X, Y 좌표로 지도화 될 수 있다. 메트릭스와 시각화의 조합은 꼭짓점(Vertex)과 모서리(Edge)의 관계를 관찰하고 이해하는데 강력한 수단을 제공한다.

5.6 연구의제

노드엑셀의 네트워크 메트릭스는 광범위하게 사용된다. 왜냐하면 그것들은 네트워크 안에 개인들의 중요한 요소들을 나타내주기 때문이다.[4-8] 하지만 그것들의 계산은 느릴 수도 있다.[9] 그래서 개선된 알고리즘과 여러 가지 프로세서를 사용한 실행의 평행화, 빠른 계산에 대한 특수한 그래프 동시 프로세스를 위한 연구자의 노력이 중요하다. 또한 직접적인 또한 양자 간의 그래프를 위한 향상된 centrality 메트릭스와 다양한 edge weight를 가진 그래프가 필요하다. 다른 메트릭스는 중요한 꼭짓점(Vertex), 모서리(Edge), motifs, cycles 그리고 다른 구조적인 특징을 예를 들면 triangles, cliques, near-cliques, chains, holes 같은 것들을 발굴하는데 도움을 주기 위해 정기적으로 생성될 수 있다.

참고문헌

[1] M.E.J. Newman, Mathematics of networks, in: L.E. Blume, S.N. Durlauf (Eds.) The New Palgrave Encyclopedia of Economics, second ed., Palgrave Macmillan, Basingstoke, 2008.

[2] D .E. Knuth, The Stanford GraphBase: A Platform for Combinatorial Computing, Addison-Wesley, Reading, MA, 1993.

[3] M.E.J. Newman, M. Girvan, Finding and evaluating community structure in networks, Phys. Rev. E 69 (2004) 026113.

[4] P. Bonacich, Power and centrality: A family of measures, The American Journal of Sociology 92 (5) (1987) 1170-1182.

[5] L.C. Freeman, A set of measures of centrality based on betweenness, Sociometry 40 (1977) 35-41.

[6] L.C. Freeman, Centrality in social networks: conceptual clarification, Social Networks 1 (3) (1979) 215-239.

[7] D . Koschützki, K.A. Lehmann, L. Peeters, S. Richter, D. Tenfelde-Podehl, O. Zlotowski, Centrality indices, in: U. Brandes, T. Erlebach (Eds.) Network Analysis: Methodological Foundations, Springer-Verlag, LNCS 3418, 2005, pp. 16-61.

[8] S. Wasserman, K. Faust, Social Network Analysis: Methods and Applications (Structural Analysis in the Social Sciences), Chapter 5, Cambridge University Press, Cambridge, UK, 1994.

[9] U. Brandes, A faster algorithm for betweenness centrality, J Math Sociol 25 (2001) 163-177.

6

데이터 준비와 필터링

목 차

6.1 들어가기 ································ 133
6.2. SeriousEats 네트워크의 예 ·········· 134
  6.2.1 복합 네트워크 데이터로 작업 ······ 134
  6.2.2 병합 중복 점 ·················· 135
  6.2.3 도형과 색을 사용한
    다른 타입의 정체성 선 ·········· 136
  6.2.4 A~Z까지 정렬선 ·············· 138
  6.2.5 자동 충전 데이터 열 ·········· 138
  6.2.6 사용자 정의 레이아웃 옵션 ······ 139
6.3 중요한 특징을 보여주고 클러스터를
  줄이기 위한 필터링 ·············· 140

  6.3.1 다이나믹 필터 ················ 142
  6.3.2 Autofill Columns를 이용해서
    필터링하기 ·················· 146
  6.3.3 Subgraph 만들기 ············ 147
6.4 합성 ·························· 150
6.5 실무요약 ························ 151
6.6 연구의제 ························ 151
참고문헌 ·························· 152

6.1 들어가기

대부분의 실제 세계 소셜 미디어 네트워크는 우리가 살펴본 것 보다 더 크다. 대규모 네트워크의 감각을 구상하고 만드는 것은 그들이 밀접하게 연결되어있는 경우는 특히나 도전이라 할 수 있다. 다음 장에서는 대규모 네트워크 데이터 세트를 분석하기 위해 여러 가지 전략을 배울 것이다.

하나의 전략은 분석과 시각화하기 전부터 역할과 관계있는 데이터를 더 요약하는 것이다. 이전에 사용한 레미제라블 데이터 집합이 접근 방법의 예이다. 두 배우가 함께 등장하는 각 장면을 보고하는 것보다, 두 배우와 그들이 함께 있던 장면의 수를 나타낸다. 어떤 장면들은 캐릭터가 함께 등장하면 당신은 더 이상 알지 못함으로써, 이 방법은 약간의 정보를 잃지 않고 데이터가 요약화된다. 그러나 연결의 총 수를 아는 것은 많은 질문에 대답이 충분하며, 관계의 개요를 제공하기 위한 자세한 기술보다 뛰어나다. 이 장에서는 가공되지 않은 레미제라블 같은 네트워크를 어떻게 가중 그래프로 만들 것인지에 대해 설명한다.

대규모 데이터 세트를 처리하기 위한 다른 전략은 선과 점을 선택해 지우는 데이터 필터링을 하는 것이다. 필터링은 그 상호관계를 가진 점에 선을 식별하는 데 도움이 된다. 예를 들어, 메시지의 대부분을 차지하는 리스트 서브에 20의 가장 활발한 포스터 사이의 관계를 볼 수 있다. 필터링은 또한 다른 지역 또는 연령 범위 내의 것 같은 사람의 다른 부분 집합 사이의 관계를 비교하는 데 사용할 수 있다. 이것은 큰 네트워크 데이터를 선 교차나 중복점이 많이 없이 이해 가능한 네트워크의 시각화를 만드는데 큰 네트워크가 종종 필요하다.[1] 필터링은 또한 노드엑셀에 제공되는 같은 동적 필터링 도구를 사용하는 경우 특히 네트워크를 탐험하는 좋은 방법 일수 있다.

6.2. SeriousEats 네트워크의 예

이 섹션에서는 식품 애호가에 의해 SeriousEats 온라인 커뮤니티에 열린 토론회 게시물이나 블로그 댓글에서 생성된 네트워크를 분석한다. 데이터 자료는 에밀리 메이슨이 2009년 3월 7일과 8일에 SeriousEats 웹사이트에서 공개적으로 액세스 가능한 컨텐츠를 수집해 만들었다. 이 책에 사용된 예제 파일은 https://NodeXL.codeplex.com/NodeXL 사이트에 들어가서 Documentation에서 'Serious Eats dataset'라는 제목의 파일에서 데이터를 다운로드 해야 한다.

6.2.1 복합 네트워크 데이터로 작업

파일은 Vertex 1과 Vertex 2 목록이 포함되어 있다. Vertex 1은 사이트에 기여한 지역사회구성원의 사용자 이름이 포함되어 있다. Vertex 2는 토론 포럼이나 커뮤니티 회원에 게시된 블로그 게시물의 이름을 축약하는 것을 포함한다. 블로그 게시물은 'B_' 로 시작하고 토론 포럼의 게시물로 시작 'F_'로 한다. 예를 들어, 첫 번째 행은 사용자 gastronomeg가 축약된 제목 misosoup와 블로그 항목에 게시된 것을 알 수 있다. 이러한 유형의 예로 'multimoral' 네

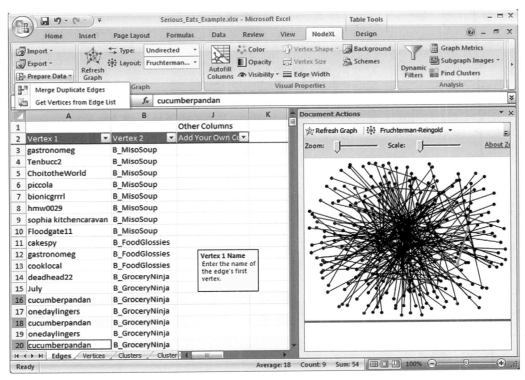

그림 6.1 SeriousEats는 중복된 모서리(Edge)로 데이터를 병합한다. 예를 들어 사용자 cucumberpardan은 블로그 게시물 B_GroceryNinja에 세 번(행 16,18 및 20) 연결되지만 단 하나의 모서리(빨간색)만 연결된다. "중복 모서리 병합" 준비에서 노드엑셀 메뉴 리본의 준비 데이터 드롭다운 목록이 선택된다.

트워크는 Vertex의 다른 형태로 사람, 블로그, 또는 포럼을 비롯한 다양한 유형의 것을 의미한다. 이것은 지금까지 보아온 멀리 있는 것의 같은 타입의 꼭짓점(Vertex)들인 싱글 모드 네트워크와는 기본적으로 대조적이다.

멀티 모드 네트워크의 일반적인 유형은 bimodal 또는 two-mode 네트워크이고 그것을 연결하는 사람들(Vertex 1)과 이벤트, 활동들, 또는 조직과 연계(Vertex 2)된 것들이다. 이러한 네트워크 과학자들에 의해 '제휴(affiliation) 네트워크'라고 불린다.[2, 3]

6.2.2 병합 중복 점

당신은 어떤 행이 중복된 것을 알 수 있다. 일부 지역사회 구성원이 같은 포럼 또는 블로그에 여러 시간을 기록하기 때문에 오류가 아니다. 예를 들어, 사용자 cucumberpandan은 별도의 세 가지 경우에 블로그 GroceryNinja에 게시한다. 그러나 단 하나의 점은 시각적으로 세 번째

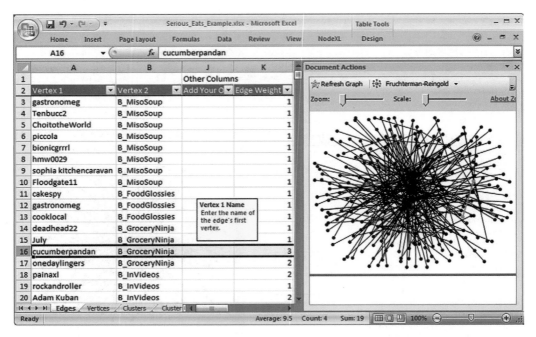

그림 6.2 SeriousEats는 사용자 cucumberpardan과 블로그 게시자인 GroceryNinja 및 새로운 Edge Weight 열을 연결하는 단 하나의 행을 보여주는 데이터를 병합한다.

행을 나타내는 그래프 창에 표시된다. 노드엑셀은 점이 중복된 횟수에 대한 정보를 유지하면서 당신이 중복점을 제거할 수 있다. 노드엑셀 메뉴 리본의 준비 데이터 드롭다운 메뉴에서 '병합 중복 엣지(duplicate edges)' 버튼을 클릭하고 그래프를 새로 고친다.

이제 롤업된 모서리(Edge)의 수를 나타낸다. 점 가중치라는 새 열을 볼 수 있다. 위의 그림 6.2에서와 같이 세 개의 원래 행이 하나로 병합(merge)되었기 때문에, 지금 B_GroreryNinja 3의 점 가중치를 보여주는 cucumberpandan이라는 하나의 행이 보인다. 전체적으로, 원래 417 병합되지 않은 점은 이제 362 병합 점에 응축된다. 당신은 데이터가 417 행의 원래의 수와 같아야 점 무게 열을 합산하여 손실되지 않았음 확인할 수 있다.

6.2.3 도형과 색을 사용한 다른 타입의 정체성 선

그림 6.2에서 나타낸 그래프는 많은 선과 점을 많이 포함하기 때문에 쉽게 해석할 수 없다. 이것은 또한 선을 나타내는 다른 것(유저, 블로그 포스트들, 포럼 토픽)을 가리키지 않는다. 이 문제를 해결하려면, 당신은 선의 각 유형에 고유한 모양(shape)과 색상(color)을 설정해야 된다. 이 식을 이용하여 자동적으로 정렬 또는 직접 수동으로 수행될 수 있다.

멀티 모달 제휴 네트워크를 유니 모달 네트워크로 변환

멀티 모달 제휴 네트워크(multimodal affiliation network)를 유니 모달 네트워크 (bimodal network)로 변형시킨다. SeriousEats 네트워크 등의 bimodal 네트워크는 개인 대 개인 네트워크(person-to-person network), 제휴 대 제휴 네트워크 (affiliation-to-affiliation network)와 같은 두 개의 단일 모드 네트워크로 변형할 수 있다. 새로운 네트워크의 크기는 소속된 사람들의 수에 영향을 받는다. 만약 토론 주제와 같은 비교적 적은 수의 제휴 항목에 많은 사람들이 연관되어 있는 경우 제휴 대 제휴 네트워크는 작은 반면, 개인 대 개인 네트워크는 커질 것이다.

제휴 데이터에서 생성한 개인 대 개인 네트워크는 사람 사이의 간접적인 관계를 나타낸다. 예를 들어, SeriousEats 사용자인 gastronomeg는 동일한 블로그의 댓글을 통해 사용자 Tenbucc2에 연결되어 있다. 레미제라블 네트워크(5장 참조)는 소속 데이터로부터 생성된 개인 대 개인 네트워크의 예이다. 네트워크들은 함께 같은 장면에 표시하기 때문에 그들이 할 수 있지만, 네트워크간 작용으로 사람들을 연결한다. 15장 같은 위키 페이지의 많은 공동 편집한 개인에 따라 다른 예를 포함한다. 소속 두 가지 제휴 네트워크는 대조적으로, 사람의 제휴를 공유하는 사람들의 수에 기초하여 소속되는 것들 사이의 관계를 보여준다. SeriousEats의 블로그인 B_Quote는 포럼 주제 F_DoubleDevon와 연결되는데, 그 이유는 NotAmerican라는 사용자가 두 가지 모두에 글을 적기 때문이다. 토론의 주제는 완전히 다를 수 있지만 참가자는 동일하다. 이러한 유형의 관계는 '제휴'한 사람의 수에 따라 다른 책에 대한 책을 관련 기능 아마존의 '또한 이 품목을 구매한 고객'으로 된 추천 시스템의 기초 역할을 무엇인가라는 아마존과 같은 추전시스템을 기초로 전해지는 것이다. 15장은 각 위키 페이지의 공동 편집자의 수에 기초하여 이러한 종류의 위키 페이지 대 페이지 네트워크를 포함한다. 개인 대 개인 또는 제휴 대 제휴 네트워크로 네트워크를 바이 모달(bimodal) 바뀌는 것은 보통 행렬의 사용을 필요로 한다. 이러한 UCINET 같은 일부 네트워크 패키지는 당신을 위해, 이것은 변환을 할 것이다.[4] 또는, 그것을 사용하여 합리적 규모의 네트워크를 위해 할 수 있는 엑셀에 내장된 피벗 테이블 기능과 SUMPRODUCT 함수이다. 원 바이 모달 SeriousEats 네트워크 'Edge 리스트'로부터 제휴 대 제휴 데이터를 생성하는 방법의 예는 파일 SeriousEats_Affiliation_Matrix_Example.xlsx에 들어 있다. 이 파일은 책의 예제 웹사이트에 있다.

6.2.4 A~Z까지 정렬선

Excel을 사용하여 내장된 선 워크시트에 선 열 제목 옆에 있는 드롭다운 메뉴를 선택하여 기능을 정렬한다. 메뉴에서 'A부터 Z로 정렬'을 선택한다. 이것은 쉽게 고유 색상을 설정할 수 있는 그룹 블로그 게시물 및 토론 포럼 게시물의 모든 작동 기능은 먼저 서로 옆에 알파벳순으로 모든 선을 정렬하고 모양이 각 그룹에 대한 속성을 설정한다.

6.2.5 자동 충전 데이터 열

색상을 블랙으로 설정하고 사람들을 위한 디스크 모양으로 한다. 효율적으로 열 셀에 입력하려면, 원하는 색상을 입력하고 혹은 마우스의 오른쪽 버튼을 클릭해서 원하는

그림 6.3 Vertex 열을 알파벳순으로 정렬(Sort A~Z).

색상과 모양을 선택하면 된다. 첫 번째 행의 모양을 선택해 두 셀을 강조하고 + 기호가 될 때까지 모양 셀의 오른쪽 하단 모서리(Edge)에 커서를 이동할 수 있다. 이 기호를 아래로 드래그하여 셀이 같은 내용으로 채워진다. 당신이 'B_'로 시작하는 첫 번째 행에 도착하면, 청색으로 고

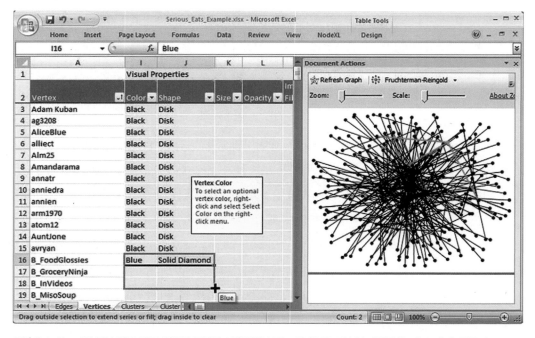

그림 6.4 Excel의 기본 제공 자동 채우기 도구를 사용하여 블로그의 색 및 모양 열 데이터("B_"로 시작) 채운다.

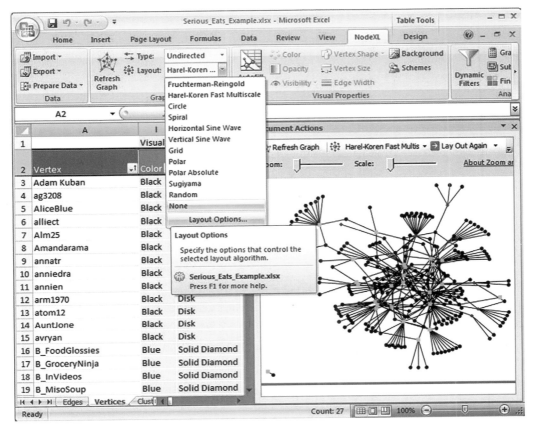

그림 6.5 SeriousEats 사용자를 검은색 점으로 표시하고 포럼 주제를 주황색 정사각형으로, 블로그 주제를 파란색으로 업데이트 한 그래프이다. 여기에는 삼각형 모양의 Harel-Koren Fast Multiscale 레이아웃이 사용된다. 레이아웃 옵션을 사용해 그래프의 작은 구성 요소를 큰 그래프(그래프의 왼쪽 아래 모서리에 있는 단일 포럼 – 사용자 이름 쌍에 주목하라)에서 분리할 수 있다.

체 다이아몬드 모양으로 변경한다. 그림 6.4에서와 같이 'B_'로 시작하는 모든 행을 채우기 바로 가기를 사용한다. 검은색 점과 오렌지색 사각형에 'F_'로 시작하는 포럼 게시물로 남아있는 사용자 이름을 채운다. 결과를 볼 수 있는 그래프를 새로 고친다.

6.2.6 사용자 정의 레이아웃 옵션

레이아웃 옵션 버튼을 클릭하면 옆에 그림에 표시된 대화상자가 열린다(그림 6.5). 어떤 작은 요소를 큰 요소와 분리하고 그래프 하단의 줄로 정렬되도록 하려면 '그래프의 더 작은 구성 버튼을 넣음(Put the graph's smaller components at the bottom of the graph)' 상자의 체크표시를 해제한다. 레이아웃 옵션 대화상자는 꼭짓점(Vertex)들이 그래프 창에 가깝게 위치하도록 여백을 설정할 수 있다. 또한 7장과 11장에서 설명하는 Fruchterman- Reingold 레이아웃으로 설정할 수 있는 옵션도 제공한다.

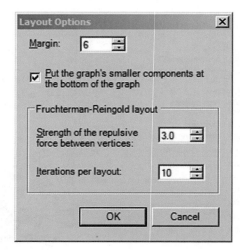

그림 6.6 레이아웃 옵션 대화상자에서 '그래프 넣기 그래프 하단의 작은 구성 요소'가 선택된 모습

6.3 중요한 특징을 보여주고 클러터를 줄이기 위한 필터링

그래프에서 점과 선들을 걸러내는 다양한 이유들이 있다. 필터링은 반복적으로 데이터를 찾고 중요한 점과 선들을 확인하며 그래프를 설득력 있게 읽기 쉽게 만들거나 잘못된 데이터를 제외시키는데 도움을 준다. 다음의 필터링 유형들은 사용자의 필요에 따라 모서리(Edge)와 꼭짓점(Vertex)을 설정할 수 있다.

- **값 기반 필터링** – 이 유형의 필터는 연관된 데이터의 위 또는 특정값 이하의 모서리(Edge)나 꼭짓점(Vertex)을 제거한다. 예를 들어, 연구자는 18세 미만 나이에 해당하는 값들을 걸러낸다. 더 강하고 자주 연관되는 관계에 집중하기 위해 5 미만인 꼭짓점(Vertex)들을 제거할 수도 있다. 데이터 값은 모서리(Edge)와 꼭짓점(Vertex)을 나타낼 수도 있고, 네트워크를 측정하는 데이터일 수도 있다.

- **범주 필터링** – 이 유형의 필터는 특정 연관된 모서리(Edge)나 꼭짓점(Vertex)을 제거한다. 예를 들어, 남성에 해당되는 꼭짓점(Vertex)의 네트워크를 여성에 관한 꼭짓점(Vertex)

을 빼냄으로써 보여준다. 이런 분류 필터는 쉬운 비교를 위해 하위 연결망을 만든다. 예로, 사용자는 분류 필터를 미국의 주요 4지역을 나타내기 위해 4개의 부분망을 만들 수 있다.

- **서수 필터링** – 이 유형의 필터는 너무 높거나 낮게 측정된 모서리(Edge)나 꼭짓점(Vertex)을 제거한다. 예로, 사용자는 인기를 측정하는데 사용되는 상위 10개의 네트워크를 보여줄 수 있다. 대신에 사용자는 최소한 20개의 인기 정도 사이의 관계를 알고 싶어할 것이다.

ADVANCED TOPIC

멀티 모드 네트워크에서 꼭짓점(Vertex) 이름 지정

멀티 모달 네트워크(multimodal network)로 작업할 때는 꼭짓점(Vertex)의 유형을 추적해야 한다. 예를 들어, SeriousEats 데이터 세트에서 특정 꼭짓점(Vertex)이 블로그, 포럼 주제 또는 사람인지 여부를 알고 싶다. 하나의 유용한 트릭은 꼭짓점(Vertex) 유형 자체에 꼭짓점(Vertex) 유형에 대한 정보를 포함시키는 것이다. 이렇게 하면 NodeXL이 고유한 꼭짓점(Vertex) 목록을 자동으로 만들 때 각 꼭짓점(Vertex) 유형을 설명하는 추가 열이 없어도 꼭짓점(Vertex) 유형을 구별할 수 있다. SeriousEats 데이터 세트는 각 블로그 게시물의 시작 부분에 'B_'를 포함시키고 각 포럼 주제의 시작 부분에 'F_'를 포함시킴으로써 이를 수행한다. 꼭짓점(Vertex) 이름을 식별자로 시작하는 것은 정렬이 6.2.3 절에 설명된 것과 같이 유사한 항목을 함께 그룹화 하는 데 사용될 수 있기 때문에 유용하다.

Excel의 내장된 텍스트 공식은 이 정보를 사용하여 모양 및 색상과 같은 시각적 속성을 자동으로 채운다. 예를 들어, **그림 6.5**에서 찾은 원하는 색상을 복제하려면 색상 수식에 다음 수식을 사용할 수 있다.

```
= IF(LEFT(Vertices[[#This Row],[Vertex]],2) "B_","Blue",IF(LEFT(Vertices[[#This Row],[Vertex]],2)  "F_","Orange","Black"))
```

이를 중첩된 If 문이라고 한다. 각 꼭짓점(Vertex) 이름의 처음 두 글자(예 : 왼쪽 2)를 보고 If 논리를 사용하여 지정된 색상을 지정한다. 세 가지 유형의 꼭짓점(Vertex)이 있는 경우 If 문 대신 VLOOKuP 표를 사용해야 한다(예제는 11장 참조).

이러한 여러 유형의 필터링을 결합하여 네트워크 데이터에 대한 고도로 사용자 정의된 보기를 구성할 수 있다. 분석가들은 종종 네트워크 데이터를 반복적으로 필터링하여 그래프의 복잡성을 줄이고 어떤 유형의 필터링이나 어떤 값이나 카테고리를 사용할 지 미리 알지 못한다. 다수의 모서리(Edge) 교차 또는 꼭짓점(Vertex) 겹침 없이 이해할 수 있는 그래프를 작성하려면 필터링이 필요하다.[1] 관계없는 내용을 포함하지 않고 중요한 관계와 요소를 강조하는 이해할 수 있는 그래프를 볼 때 성공했음을 알 수 있다. 노드엑셀은 이 섹션에서 제공될 모서리(Edge)와 꼭짓점(Vertex)을 필터링 하기 위한 다양한 도구를 제공한다.

6.3.1 다이나믹 필터

다이나믹 필터(dynamic filters) 기능을 사용하면 속성이나 메트릭 데이터를 표현 슬라이더를 사용하여 실시간으로 그래프 창에서 꼭짓점(Vertex)과 모서리(Edge)를 제거할 수 있다.[5-8] 사용자는 NodeXLdml 분석 선택란의 바 또는 그래프 창을 이용하여 다이나믹 필터를 열 수 있다(사용자는 그래프의 상단 오른쪽에 있는 아래방향 화살표를 클릭할 수 있다). 양쪽의 두 빈칸은 범위를 제공하여 필터링을 돕는다. 오른쪽의 숫자는 최대의 값이며 왼쪽의 숫자는 최소의 값이다. 위의 각 슬라이더는 각각의 값에서의 꼭짓점(Vertex)과 모서리(Edge)를 보여주는 도수 분포이다. 예를 들어, 맨 위에 있는 슬라이더는 점들을 걸러내고 선들을 남겨둔다. 두 번째 슬라이더는 선들과 이것들과 연관된 모든 점들을 잡아낸다. 현재 X와 Y의 위치가 그래프에 보이고 사용자가 특정 유용한 때가 아닌 다른 경우도 될 수 있는 그래프에서 선들의 위치를 보여준다.

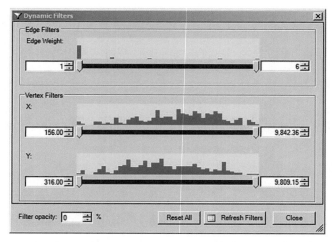

그림 6.7 노드엑셀 다이나믹 필터(Dynamic Filters) 대화상자에는 상자 및 슬라이더가 두 개 있으며 모서리(Edge) 및 꼭짓점(Vertex)을 필터링하기 위해 최솟값과 최댓값을 설정할 수 있다. 빈도 분포는 각 슬라이더 위에 시각적으로 표시된다.

추가적인 메트릭스는 추산되거나 새로운 단이 점과 점 워크시트 그리고 숫자상의 데이터로 밀집될 때 새로운 필터가 나타난다. 계산하는 메트릭 정도는 5장에서 미리 설명하였다. 그런 다음 다이나믹 필터의 대화상자에 있는 워크북 읽기 버튼을 누른다(그림 6.7). 이제 사용자는 **그림 6.8**에서 보여주듯이 Vertex Filter에서 'Degree'라고 된 새로운 슬라이더 타이틀을 볼 수 있다.

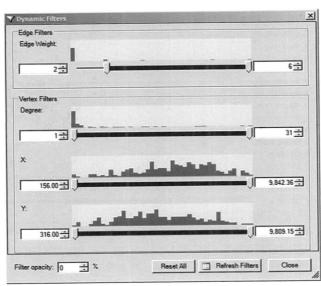

그림 6.8 노드엑셀 동적 필터 대화상자에서 '필터 새로 고침'을 선택하고 모서리(Edge) 가중치를 1에서 2로 변경한 모습이다.

Edge Weight 슬라이더를 왼쪽에서 오른쪽으로 옮기면 숫자가 1에서 2로 변한다. 이 그래프는 빠르게 정보가 업데이트되어서 점이 나타내는 정도가 2이거나 그 이상의 점들이 보여준다. **그림 6.9** 그래프의 결과는 사용자가 두 번 이상 게시 한 토론 주제(또는 블로그)를 묶어 보여준다.

항목들이 걸러지면, 단지 시야에서 보이지 않는 것일뿐, 그 항목들은 여전히 그래프에 저장이 되어 있다. 만약 스프레드시트의 데이터 부분에서 점과 선의 일치하는 버튼을 누르면 다시나타날 것이다. **그림 6.9**에 나타난 gastronomeg와 MisoSoup 제목의 블로그 포스트의 연결점은 이것이 Edge Weight가 2보다 작음에도 빨간색으로 나타난다.

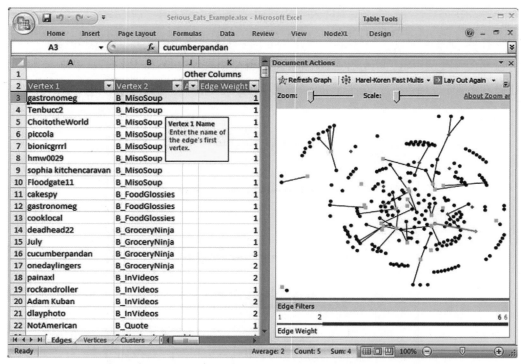

그림 6.9 모서리(Edge)가중치가 2 이상인 모서리만 표시하는 동적 필터링된 그래프. 빨간색 막대가 사용자 게시물을 블로그 게시물 B_MisoSoup에 연결하는 등의 선택된 모서리(Edge)는 제외된다.

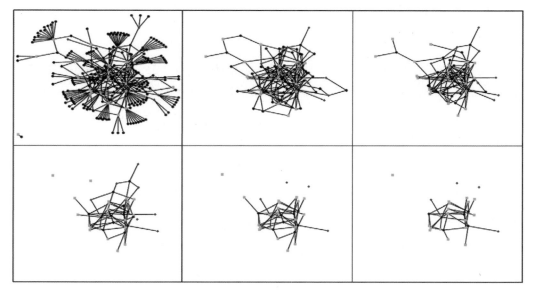

그림 6.10 최소 Degree 1(왼쪽 위 이미지)부터 최소 Degree 6(오른쪽 아래 이미지)의 모습. 최소 Degree 슬라이더를 점차적으로 증가시켜 노드엑셀에서 만든 블로그, 토론 및 사람들의 SeriousEats 소셜 미디어 네트워크 6 이미지 모습이다.

모든 꼭짓점(Vertex)과 모서리(Edge)를 보기 위해서는 다이나믹 필터의 다이얼로그 박스 (그림 6.8)에 있는 Reset All 버튼을 클릭하면 된다. 다음으로 슬라이더의 왼쪽에 있는 위쪽 화살표 방향을 누른다. 이러면 점진적으로 왼쪽 박스에 있는 숫자보다 적은 점들을 제거한다. 그림 6.10은 점들을 1단계에서 2단계로 그리고 3단계로 가면서 조금씩 제거하는 모습이다.

동시에 걸러진 꼭짓점(Vertex)들이 덜 눈에 띄게 보여주기 위해 필터의 투명도를 조절할 수 있다. 그림 6.11처럼 만들기 위해 그림 6.8의 다이나믹 필터에 있는 박스에 10을 넣는다. 전에 언급한 것과 같이 필터의 투명도가 0이면 단지 보이지 않게 숨겨져 있을 뿐 점과 모서리(Edge) 들이 그래프에 저장되어 있다. 이 중 하나의 결과는 만약 사용자가 정보를 걸러낼 때 눈에 보이는 선들은 그래프에 포함된 모든 꼭짓점(Vertex)들처럼 배치가 될 것이다. 또한 사용자가 보이는 모서리(Edge)들만 유일하게 보이고 싶다면, 드롭다운 화살표와 레이아웃의 'Visible Vertices Again'을 선택함으로써 모서리(Edge)들을 나타나게 할 수 있다.

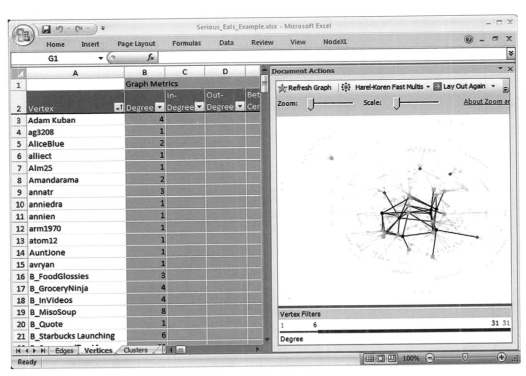

그림 6.11 동적 필터는 필터 불투명도가 10인 최소 6단계로 설정된다.

이미지 내보내기

노드엑셀을 사용하면 다양한 형식과 크기로 그래프 창의 이미지를 내보낼 수 있다. 그 래프 창을 마우스 오른쪽 버튼으로 클릭하고 '클립보드로 이미지 복사'를 선택하여 이미 지를 클립보드로 복사할 수 있다. 더 많은 옵션을 보려면 마우스 오른쪽 버튼을 클릭하고 '파일로 이미지 저장'을 선택한다. 기본적으로 그래프 창과 동일한 크기의 이미지가 저장 되지만 이미지 크기 설정 기능을 사용하여 원하는 크기를 지정할 수 있다. 그런 다음 이 미지 저장을 선택하면 jpg, bmp, gif, tif, png 및 xps 등의 다양한 형식으로 저장할 수 있다. xps 파일 형식은 벡터 기반이므로 적절한 소프트웨어를 사용하면 더 큰 이미지 크 기로 조정하고 품질을 유지할 수 있다.

6.3.2 Autofill Columns를 이용해서 필터링하기

Dynamic Filters 대화상자에서 'Reset All'를 선택해서 모든 꼭짓점(Vertex)들이 나타나 게 한다. Autofill Columns 대화상자를 열어서 Vertex Visibility 메뉴에서 'Degree'를 선 택한다. Vertex Visibility Options 대화상자를 열어서 'Greater than or equal to'를 선택 하고 옆에 숫자 '6'을 입력한다.

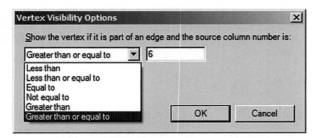

그림 6.12 꼭짓점(Vertex) 가시성 옵션 대화상자는 6보다 크거나 같은 꼭짓점(Vertex)만 표시하도록 설정한다.

Sugiyama 레이아웃으로 이 네트워크를 다시 표시하기 이런 방법을 통해서 필터링된 Vertex나 Edge 하나를 선택하면 이미 이 그래프에서 존재하고 있는 것만 빨간색으로 나타난 다. 이 도표에서는 'BreadBaking'를 선택해서 '13'이라는 Degree를 갖고 있지만(관련된 인 원수가 13명이다) 이 그래프에서는 한 명만 나온다. 다른 12명의 Degree가 '6'보다 낮은 것이 때문이다.

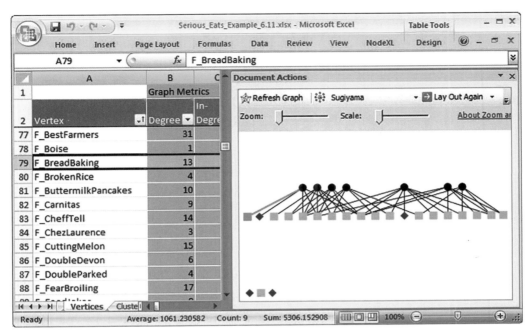

그림 6.13 노드엑셀 Autofill Columns를 통해 6급 이상으로 제한된 SeriousEats 소셜 미디어 네트워크의 필터링된 보기이다. Sugiyama 레이아웃이 사용된다.

원 도표로 돌아가서 Autofill Columns 대화상자를 열어서 Vertex Visibility에서 'Degree'를 삭제한다. Options에서 Clear Vertex Visibility Worksheet Column을 선택한다. 이렇게 하면 Visibility Column에 있던 내용들이 다 지워지고 초기 세팅으로 돌아간다.

6.3.3 Subgraph 만들기

복잡한 네트워크를 이해하는 또 다른 유용한 방법은 큰 그래프의 개별 섹션 또는 하위 그래프를 보는 것이다. 노드엑셀을 사용하면 네트워크의 각 꼭짓점(Vertex)에 대한 하위 그래프 이미지를 만들 수 있다. 네트워크 과학자들은 이러한 자신적 네트워크를 호출한다(3장과 11장 참조). 이들은 개별 꼭짓점(Vertex)의 관점에서 네트워크의 개인화 된 보기를 제공하며 장점을 서로 비교할 때 유용하다. 예를 들어, 유사한 구조(예 : a hub and spoke)를 가진 Vertex는 토론 포럼(9장 참조)에서 질문 응답자와 같은 유사한 사회적 역할을 수행할 수 있다. 네트워크 하위 그래프 이미지를 만들려면 노드엑셀 메뉴 리본의 분석 섹션에서 하위 그래프 이미지 버튼을 클릭한다. Subgraph Images 대화상자가 나타난다. 첫 번째 옵션을 사용하면 각 서브 그래프에 포함할 인접 꼭짓점(Vertex)의 레벨을 선택할 수 있다. 예를 들어 기본 값 1.5는 소스 꼭짓점(Vertex)과 직접 이웃을 연결하는 모서리(Edge)와 이웃을 서로 연결하는 모서리(Edge)를

Visibility Column Options

다른 시각적 특성 열과 마찬가지로 Visibility 열은 자동 채우기(autofill) 열을 사용하여 채우거나 수식을 사용하여 채울 수도 있고 원하는 옵션을 직접 입력하여 수동으로 채울 수 있다. 다음 옵션을 사용할 수 있다.

- **모서리(Edge)에 있는 경우 표시(Show if in an edge)** : 꼭짓점(Vertex)이 모서리의 일부의 경우 이를 표시한다. 그렇지 않으면 꼭짓점(Vertex) 행을 무시한다. 이것이 기본 값이다.
- **넘기기(Skip)** : Vertex 행과 Vertex를 사용하는 모든 Edge 행을 건너뛴다. 그들을 그래프로 읽지 말아야 한다. 이것이 자동 채우기 열 표시 필터 기능이 제어하는 동작이다. 일부 꼭짓점을 건너뛰고 그래프 메트릭을 계산하도록 선택하면 해당 꼭짓점이 없는 것처럼 계산된다. 이는 자동으로 클러스터를 계산할 때도 마찬가지다(7장 참조).
- **숨기기(Hide)** : 꼭짓점(Vertex)이 모서리(Edge)의 일부이면 꼭짓점(Vertex)과 모서리(Edge)를 숨긴다. 그렇지 않으면 꼭짓점 행을 무시한다. 이것이 동적 필터의 기능이다. 숨겨진 꼭짓점(Vertex)과 모서리(Edge)는 네트워크 그래프 메트릭 계산할 때 포함된다. 그들은 단지 그래프 시각화(visualization)에 나타나지 않는다(효과는 다른 꼭짓점을 대체하는 방식으로 볼 수 있다).
- **보이기(Show)** : 모서리의 일부인지 여부에 관계없이 꼭짓점을 표시한다.

보여준다. 2.0을 선택하면 모든 모서리(Edge)와 원본 모서리(Edge)의 이웃을 모든 이웃과 연결하는 모서리(Edge)가 표시된다. 데이터가 Facebook과 같은 소셜 네트워킹 사이트에서 나온 것이라면 2.0 설정은 친구들, 서로 알고 있는 친구와 친구들(FOAF)을 보여준다. 지금은 2.0으로 선택하고 상자를 선택하여 꼭짓점(Vertex) 및 꼭짓점(Vertex)의 입사 모서리(Edge)를 선택하고 만들기를 클릭한다. 그러면 그림과 같이 Subgraph라는 새 열이 생성된다. 부분 그래프 이미지는 현재 선택된 레이아웃 알고리즘에 따라 서로 상대적으로 배치되므로 데이터에 적합한 그림(예 : Harel- Koren Fast Multiscale)을 사용한다. 하위 그래프는 꼭짓점(Vertex) 간의 중요한 차이점을 강조 표시한다. 이 점을 설명하기 위해 'Vertex 워크시트'의 Vertex 열 (A to Z) 정렬하고 'F_'로 시작하는 꼭짓점(Vertex)까지 스크롤한다. F_Vietnamese 및 F_PerfectFood에 대한 하위 그래프를 비교한다. F_Vietnamese 이미지는 F_Vietnamese

토론이 다른 토론 포럼이나 게시물을
자주 방문하지 않는 사람들 사이에 발
생한다는 것을 분명히 한다. 반대로
F_PerfectFood 포럼에는 다른 포럼 및
블로그 게시물에 게시한 많은 사람들이
포함된다. 유사한 비교가 블로그('B_'
로 시작)와 사람들을 위해 이루어 질 수
있다. 따라서 하위 그래프는 연결정도
(Degree)와 같은 기본 메트릭이 매우 유
사한 경우에도 중요한 구조적 차이를 나
타낼 수 있다. Subgraph Images 대화
상자의 다른 옵션을 사용하여 이미지의

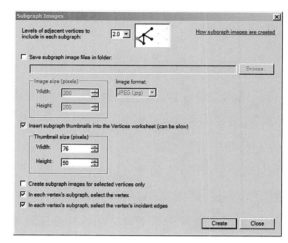

그림 6.14 Subgraph Images 대화상자에서 포함할 인접 꼭짓
점(Vertex) 수를 2.0으로 설정한다.

크기를 변경하고 컴퓨터의 파일 시스템에 저장된 새 이미지 파일로 내보낸 'Vertex 워크시트'
에서 다음 하위 그래프 이미지 생성을 강조 표시된 꼭짓점(Vertex)으로 제한할 수 있다.

그 다음에 Create를 클릭하면 Sub graph라는 새로운 column이 나온다. Subgraph는 꼭
짓점(Vertex)의 차이점을 선명하게 보이는 것이다.

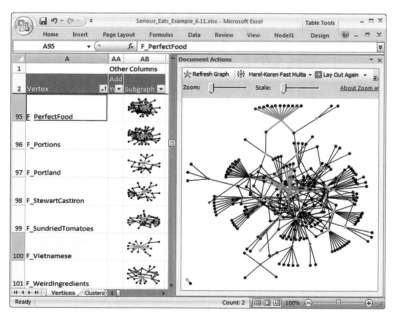

그림 6.15 그래프(그래프의 상단)와 PerfectFood(그래프의 중간)와 같은 포럼 간의 차이점을 보여주는 'Vertex 워크시
트'의 서브 그래프 이미지

6.4 합성

이 섹션과 이전 섹션에서 다양한 접근법을 결합함으로써 그림 6.16을 다시 만들 수 있다. 그림 6.16은 그림 6.1에 표시된 원래의 그래프보다 훨씬 더 읽기 쉬운 그래프를 나타낸다. 자동 채우기 열을 사용하여 꼭짓점(Vertex) 가시성을 '4보다 크거나 같음'으로 설정하고(동적 필터를 사용하여 적절한 임계값을 찾은 후) 꼭짓점(Vertex) 크기 (1.5~4)를 연결정도(Degree)로 매핑하고 모서리(Edge) 폭 (1~3)을 설정했다. Edge Weight, Edge 불투명도 (50~100)도 Edge Weight로 설정된다. 꼭짓점(Vertex)은 경계 스패너(즉, 블로그 및 토론 포럼에 게시하는 사람들)를 보다 쉽게 만들기 위해 수동으로 배치되었다. 가장 높은 차수의 꼭짓점(Vertex)에 대해 레이블을 수동으로 입력한다. 그림 6.16은 다수의 사람들(검은색 동그라미로 표시)이 여러 블로그(파란색 다이아몬드)에 게시하는 반면, 많은 사람들이 여러 포럼(오렌지색 사각형) 또는 블로그 및 포럼에 게시한다는 것을 분명히 한다. 또한 I've Never Tasted 및 Best Farmers와 같이 다른 사람들보다 훨씬 더 많은 참여를 요구하는 중요한 블로그 및 포럼을 식별하는 데 도움이 된다.

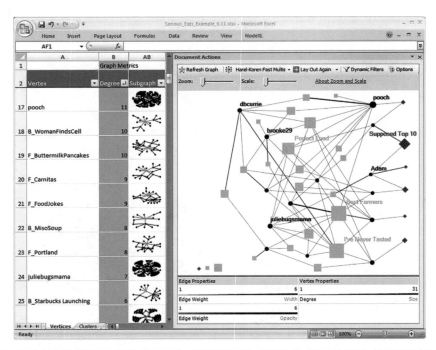

그림 6.16 가장 중요한 사람들(검은색 동그라미), 포럼(오렌지색 사각형) 및 블로그(파란색 다이아몬드)를 강조하는 SeriousEats 시각화

6.5 실무요약

대규모 네트워크에 대한 이해는 특히 어려울 수 있다. 보다 이해하기 쉬운 전략 중 하나는 데이터를 요약된 형식으로 압축하는 것이다. 예를 들어, 중복 모서리(Edge)를 병합하여 가중치가 적용되지 않은 그래프에서 가중 그래프를 생성한다. 또 다른 전략은 모서리(Edge)나 꼭짓점(Vertex)을 필터링하는 것이다. 필터링은 특정 값(예 : 18세 미만), 카테고리(예 : 남성) 또는 서수 관계(예 : 가장 많이 연결된 상위 10개 꼭짓점)를 기반으로 할 수 있다. 필터링해야 하는 한 가지 이유는 너무 많은 연결이 있는 네트워크에 의해 가려질 수 있는 숨겨진 구조를 탐색하는 것이다. 노드엑셀의 동적 필터 기능을 사용하면 시작 및 끝 범위를 나타내는 슬라이더의 위치를 설정하여 그래프에 표시된 내용을 대화식으로 결정할 수 있다. 이러한 범위는 그래프 메트릭 또는 네트워크와 관련된 기타 속성 데이터의 데이터를 사용할 수 있다. 네트워크 그래프를 필터링하는 또 다른 이유는 더 읽기 쉽고 설득력 있는 이미지를 만드는 것이다. 자동 채우기 열 기능을 사용하여 사전 결정된 기준에 따라 가시성 열을 선택적으로 설정하는 것은 나머지 것들이 효과적으로 조작될 수 있도록 꼭짓점(Vertex) 또는 모서리(Edge)를 완전히 필터링하는 효과적인 방법이다. 하위 그래프 이미지는 각 Vertex 자아 네트워크의 스냅샷을 제공하여 일반적인 사회적 역할과 구조를 식별할 수 있도록 한다. 이 장에서는 멀티 모달 네트워크를 소개했다. 여기서 꼭짓점(Vertex)은 동일한 네트워크에서 하나 이상의 엔티티 유형(예 : 사람 및 토론 포럼)을 나타낸다.

6.6 연구의제

이 장에서는 복잡한 네트워크 그래프의 가치 기반, 범주형 및 서수 필터링이 통찰력과 강렬한 디스플레이를 생성하는 방법을 보여 주었지만 동적 쿼리 및 필터 설계 전략은 여전히 개선의 여지가 있다.[9-11] 네트워크 연구자들이 경험을 쌓으면서 중요한 특징을 강조하고 산만한 요소를 제거하기 위해 필터를 선택하고 설정하는 데 더욱 체계적인 접근법을 개발할 수 있다.[12] 일련의 동작을 저장하고 새로운 데이터 집합으로 재생할 수 있다면 유용한 개선이 될 것이며, 표준 프로세스 모델을 개발하면 소셜 미디어 네트워크 분석을 위한 최첨단 기술이 크게 향상될 수 있다. 이러한 프로세스 모델은 체계적이고 유연하며 통계와 시각화를[13, 14] 원활하게 통합하고 사용자를 효과적으로 안내하면서 흥미로운 가능성을 탐색할 수 있다.

참고문헌

[1] C. Dunne, B. Shneiderman, Improving graph drawing readability by incorporating readability metrics: a software tool for network analysts, Technical Report, university of Maryland Technical Report HCIL-2009-13, 2009.

[2] J.P. Scott, Social Network Analysis: A Handbook, Sage, Newbury Park, CA, 2000.

[3] S. Wasserman, K. Faust, Social Network Analysis: Methods and Applications (Structural Analysis in the Social Sciences), Cambridge university Press, Cambridge, uK, 1994.

[4] R. Hanneman, M. Riddle, Chapter 17: Two Mode Networks. Introduction to Social Network Methods, university of California, Riverside, CA, 2005 Riverside (published in digital form at http://faculty.ucr.edu/ hanneman.

[5] M. Derthick, J. Harrison, A. Moore, S.F. Roth, Efficient Multi-Object Dynamic Query Histograms, Proceedings, IEEE Symposium on Information Visualization 1999, San Francisco, California, (October, 1999), pp. 84-91.

[6] S.G. Eick, Data Visualization Sliders, Proceedings 7th Annual ACM Symposium on user Interface Software and Technology, ACM Press, New York, 1994, pp. 119-120.

[7] K. Fishkin, M.C. Stone, Enhanced Dynamic Queries via Movable Filters, Proceedings. ACM CHI Human Factors in Computing Systems, ACM Press, New York, 1995, pp. 415-420.

[8] B. Shneiderman, Dynamic queries for visual information seeking, IEEE Software 11 (6) (1994) 70-77.

[9] Q. Li, C. North, Empirical comparison of dynamic query sliders and brushing histograms, Proceedings. IEEE Symposium on Information Visualization 2003, (October 2003), pp. 147-154.

[10] L. Tweedie, B. Spence, D. Williams, R. Bhogal, The Attribute Explorer, Proceedings of the CHI '94 Conference Companion on Human Factors in

Computing Systems, ACM Press, New York, 1994, pp. 435–436.

[11] K. Wittenburg, T. Lanning, M. Heinrichs, M. Stanton, Parallel Bargrams for Consumer–Based Information Exploration and Choice, Proceedings 14th Annual ACM Symposium on user Interface Software and Technology, ACM Press, New York, 2001, pp. 51–60.

[12] A. Perer, B. Shneiderman, Systematic yet flexible discovery: Guiding Domain Experts through Exploratory Data Analysis, Proceedings ACM 13th International Conference on Intelligent user Interfaces, New York, NY, 2008, pp. 109–118.

[13] A. Perer, B. Shneiderman, Integrating Statistics and Visualization: Case Studies of Gaining Clarity during Exploratory Data Analysis. CHI '08: Proceedings SIGCHI Conference on Human Factors in Computing Systems, ACM, New York, NY, 2008, pp. 265–274.

[14] B. Shneiderman, Inventing discovery tools: combining information visualization with data mining, Inf. Vis. 1, (1) (2002) 5–12.

7

클러스터링 및 그룹핑

목 차

7.1 들어가기	154		7.3 레미제라블의 캐릭터 클러스터	164
7.2 2007년 미국 상원의원 투표 분석	155		7.4 FCC 로비 연합체 네트워크	164
7.2.1 네트워크 안에서 그룹을 식별하기 위해			7.5 실무요약	169
Edge를 제거	157		7.6 연구의제	170
7.2.2 자동적으로 클러스터 구분	161		참고문헌	171
7.2.3 수동으로 클러스터들을 창조	162		추가자료	171

7.1 들어가기

많은 대형 네트워크는 소규모 그룹 또는 하위 그래프로 복잡한 구성으로 이루어진다. 미국의 고등학교 네트워크는 jocks, gother, goth 등의 하위 그룹으로 구성되어 있다. 페이스북 네트워크는 가족, 학교 친구, 직장 동료, 그리고 다른 형태의 연결로 이루어져 있다. 미국 의회와 같은 입법기관들은 두 개의 주요 정당과 수많은 작은 연합을 포함하고 있다. 네트워크 내에서 그룹을 식별하고 서로 관계를 매핑하는 것은 지능적인 전략적 결정을 내리는 데 필수적일 수 있다. 네트워크 분석은 경쟁적이나 보완적인 그룹, 잠재적인 동맹자로 이루어진 강력한 그룹, 그리고 개인을 새로운 그룹에 연결하는데 도움이 된다. 그룹을 식별하고 시각화하는 것도 대규모 네트워크를 이해하여 나무사이에서 길을 잃지 않도록 하는 데 도움이 되는 강력한 전략이다. 소셜 네트워크 분석은 그룹을 식별하고 파악하는 기본적인 틀을 제공하는데, 네트워크 연구자들은 이것을 '클러스터(Cluster)'나 '커뮤니티(Community)'라고 부른다.

네트워크 분석의 용어로는 클러스터는 꼭짓점(Vertex)들이 조밀하게 연결된 포켓인데, 드물게 다른 포켓과 연결이 된다.[1] 예를 들어 **그림 7.1**에는 긴밀히 구성된 3개의 포켓들이 서로 몇 개의 유대관계를 통해 느슨하게 연결된 네트워크가 있다.

소셜 네트워크 분석의 장점 중 하나는 미리 찾아보지 못한 클러스터를 자동으로 식별하는 데 사용될 수 있다. 자연적으로 발생하는 이 클러스터들은 공식적인 그룹 맴버쉽 보다는 사회적 유대 관계의 패턴에 기반을 두고 있다. 예를 들어, 기업 이메일 네트워크(8장 참조)의 분석은 공식적인 보고 계층구조가 아닌 통신 패턴에 기초한 개인의 진정한 그룹을 제공할 수 있다. 이 장에서는 노드엑셀에서 클러스터를 식별하고 시각화하는 방법을 배우게 된다.

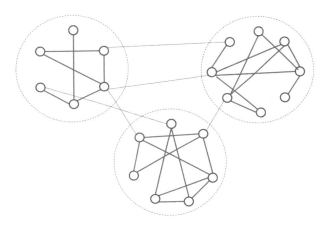

그림 7.1 각각 점선 내부에 표시되는 세 개의 조밀하게 연결된 클러스터로 구성된 네트워크이다. 군집 사이의 동점은 드물고 밀도가 낮다.

7.2 2007년 미국 상원의원 투표 분석

이번 장에서는 2007년 미국 상원의원의 투표 패턴을 분석해 유사한 투표 패턴을 바탕으로 연결된 상원의원의 집단을 확인할 것이다. Slate 매거진의 Chris Wilson은 원래 투표 네트워크 데이터를 제공했는데, 저자들이 이것을 노드엑셀로 가공하여 웹사이트에서 이용할 수 있게 만들었다.

2007년 미국 상원들의 투표패턴을 살펴보자. 미국 연방의회(United States Congress)는 미국 연방정부의 입법부이다. 상원(United States Senate)과 하원(United States House of Representatives)의 양원(兩院)으로 구성되어 있다. 미국 헌법에 따라, 하원의 435명의 개별

의원은 지역을 대표하며, 임기는 2년이다. 하원 의석수는 인구수에 따라 주 별로 배분된다. 각 주에서 선출하는 하원의원의 수는 인구비례에 따라 정해진다. 100명의 상원의원은 6년 임기로, 인구와 관계없이 각 주에는 2명씩의 상원의원이 있다. 2년 마다 상원의원의 약 1/3이 다시 선출된다. 미국은 각 주에서 연방의원 선거를 관리하며 각 주에서 선출하여 연방에 보낸다.

상원 네트워크는 상원의원들을 동일한 방식으로 투표하는 횟수에 근거하여 의원들을 서로 연결하는 자료로 만들어진다. 예를 들어, Akaka의원(D, 하와이)과 Allard 의원(R, 콜로라도)은 일치하게 투표한 횟수는 84번 밖에 안된 반면에 Akaka의원(D, 하와이)과 Baucus의원(D, 몬태나)은 일치된 투표횟수가 208번이 있다. 확실히 두 민주당 상원은 민주당과 공화당 상원 사이보다 강한 연관성이 있다. 네트워크는 간접화되지 않으며 유사한 표수를 기반으로 가중된다(그림 7.2에 일치된 투표 column 참조). 그런데 이러한 분석은 투표에 자주 불참한 상원의원들의 경우(즉, 캠페인 중) 문제가 되는 부분이 있다. 이러한 이유로, 데이터 집합에는 각 상원의원이 투표한 총 표수(Vertex1_Total & Vertex2_Total)와 두 상원의원이 일치된 비율(Percent_ Agreement)도 포함된다. 'Vertex 워크시트'에는 상원의원의 정당 가입, 상원의원이 대표하는 주, 그리고 2007년 상원의원이 투표한 총 표수 등 각 상원의원에 대한 데이터가 포함되어 있다.

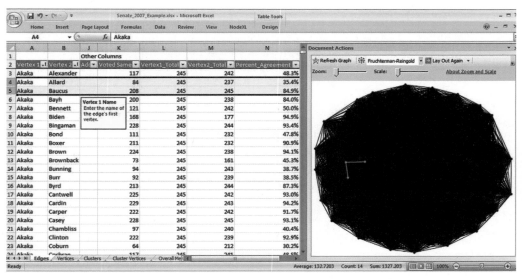

그림 7.2 2007년 미 상원 공동투표 네트워크가 모든 48명의 상원의원이 서로 연결되어 있는 것을 보여주고 있다. NodeXL Edge 워크시트의 다른 열에는 각 상원의원 쌍이 동일한 횟수와 해당 비율 합의가 나와 있다. 약한 묶음(아카카와 알라드)과 강한 묶음(아카카와 바쿠스)이 강조된다. 이와 같은 '도로' 시각화는 유용한 통찰력을 보여주기 위해 정교함이 필요하다.

7.2.1 네트워크 안에서 그룹을 식별하기 위해 Edge를 제거

2007년 상원 네트워크와 같이 무게가 있는 네트워크를 이용할 때 하위그룹들을 식별하기 위해 몇몇 Edge를 제거하는 것이 필요하다. 왜냐하면 모든 상원들이 적어도 한 번은 다른 상원 의원에게 투표를 하므로 show graph를 선택했을 때(클릭 했을 때) 의미 없는 검은 연결더미가 나타나기 때문이다(그림 7.2). 그래프를 좀더 의미 있게 만들려면 상원의원들 간에 높은 수준의 동의를 보이는 Edge만을 나타나게 해야 한다.

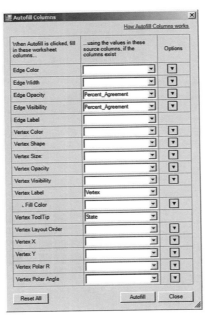

그림 7.3 Edge 가시성 옵션이 '0.65보다 큼'으로 설정된 노드엑셀 자동 채우기 대화상자. Edge 불투명도 옵션이 0.65(Edge 불투명도 10) ~ '열의 최대 수'로 설정되었다.

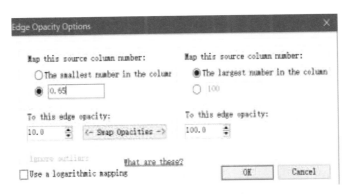

그림 7.3.1 Edge Opacity Options

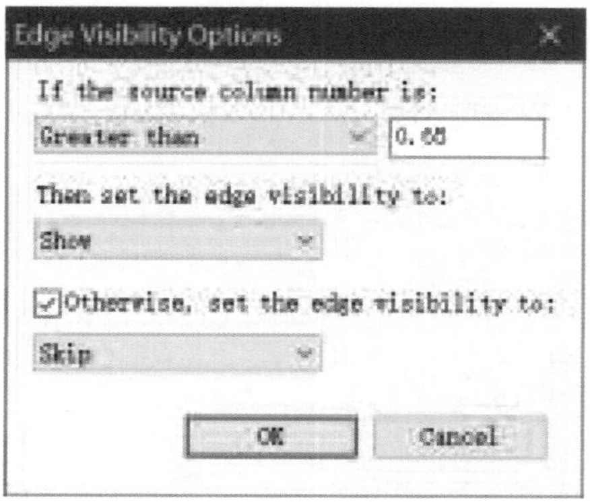

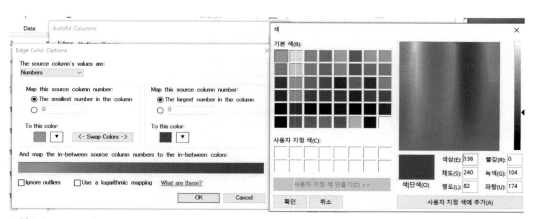

그림 7.3.2 Edge Visibility Options

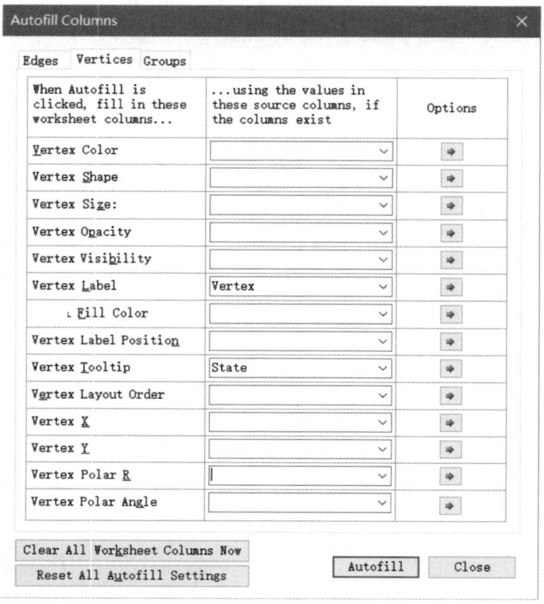

그림 7.3.3 Autofill Columns

그림 7.3.4 Edge Color Options

그림 7.3처럼 Autofill Columns의 모서리(Edge)를 0.65 보다 큰 경우에 나타나도록 설정한다. 0.65는 모든 상원의원의 평균적인 동의값이다. 결과적으로 동의가 65% 보다 적으면 그래프에 연결되지 않는다. 6장에서 이야기 했듯이 모서리(Edge)를 제거한다는 것은 건너뛴다는 뜻이지 숨긴다는 뜻이 아니다. 그 결과, 그래프에 표시되지 않거나 '메트릭스 그래프' 또는 '클러스터'와 같은 그래프를 볼 수 없다. column에서 가장 작은 수 대신에 0.65(그림 7.3.1, 그림 7.3.2)를 입력한다. 65%의 동의부터 시작되는 모서리(Edge)들 사이에서 큰 차이를 보여줄 것이다. 그리고 Autofill Columns의 Vertex label를 vertex로, Vertex tooltip을 State로 설정

한다(그림 7.3.3). Autofill 버튼 클릭 후 모양을 만들고 간결하게 하기 위해서 모서리(Edge)의 컬러를 바꾼다(그림 7.3.4). Fruchterman-reingold 그래프로 새로 고치고(그림 7.3.5), 그리고 또 시각화할 때 꼭짓점(Vertex)간의 겹침을 예방하기 위해서 Layout Option 창에서 마진과 Layout 척력(repulsive forces)을 설정해야 한다(그림 7.3.6). 그림 7.4에 보이는 것처럼 꼭짓점(Vertex)들이 두 분류로 나누어질 때까지 Layout을 계속 실행한다.

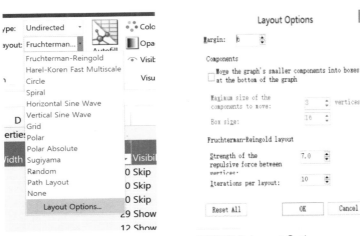

그림 7.3.5 Layout Options   **그림 7.3.6** Layout Options

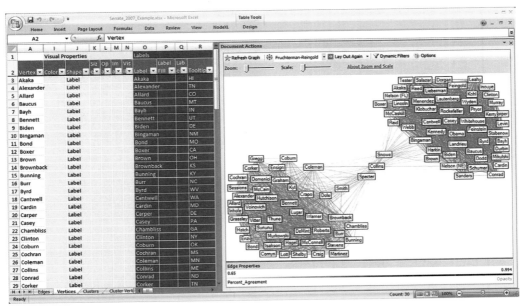

그림 7.4 2007년 미국 상원은 자동 채우기 열을 사용한 후(그림 7.3 참조), 꼭짓점(Vertex) 도형을 레이블로 설정하고 모서리(Edge) 색상을 (128, 128, 192)로 설정한 후 네트워크 그래프를 공동 투표한다. Fruchterman-Reingold Layout은 충분한 반복 후 중간에 경계 스패너가 몇 개 있는 두 개의 명확한 그룹을 시각적으로 생성한다.

Fruchterman-Reingold 레이아웃의 고급 레이아웃 옵션 변경

Fruchterman-Reingold 레이아웃은 강제 유도 레이아웃 알고리즘이며 시스템 에너지를 최소화하는 평형을 찾기 위해 꼭짓점(Vertex)을 서로 가까이 또는 더 멀리 이동하는 스프링 같은 모서리(Edge)를 처리한다(https://nwb.slis.indiana.edu/community/?n VisualizeData 참조). 노드엑셀은 레이아웃 옵션을 열어 제시된 메뉴에서 배치유형을 선택해서 레이아웃에 대한 설정을 변경할 수 있다(6장의 그림 6.5 및 그림 6.6 설명 참조). 다음의 매개변수는 Fruchterman-Reingold 레이아웃에 사용된다.

- 꼭짓점(Vertex) 사이에 반발력의 강도 숫자가 높으면 꼭짓점(Vertex)이 서로 더 많이 밀어낸다. 2007년 상원 네트워크 데이터를 작업할 때 Vertex 중복을 줄이려면 Vertex overlap을 7.0으로 늘린다(그림 7.5).

- 레이아웃마다 관한 반복 횟수. 그래프를 새로 고칠 때(또는 레이아웃으로 다시 업데이트) Fruchterman-Reingold 레이아웃을 수행할 횟수가 결정된다. 레이아웃을 실행할 때마다 Vertex의 현재 위치에서 시작된다. 바람직한 배치에 도달하기 위해서는 배치를 여러 번 실행해야 하는 경우가 많은데 그렇게 하는 것은 느리고 연산 집약적일 수 있다. 대형 네트워크를 사용하는 경우 레이아웃 당 반복 횟수를 줄일 수 있으며, 필요한 경우 그래프가 비교적 안정적인 위치에 놓일 때까지 레이아웃 다시 버튼을 여러 번 사용할 수 있다. 원하는 레이아웃을 얻기 위해 상원 네트워크 데이터에 대해 작업할 때 그래프 새로 고침을

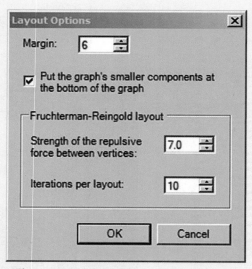

그림 7.5 노드엑셀의 Layout Options 창은 꼭짓점(Vertex) 사이의 역효과를 증가시켜 중복을 줄이기 위해 꼭짓점(Vertex)을 분산시키는 데 사용된다.

선택한 후 적어도 한 번 이상 Layout을 클릭해야 할 것이다. 혹은 레이아웃마다 반복 횟수를 늘려도 좋다.

7.2.2 자동적으로 클러스터 구분

노드엑셀은 네트워크 구조를 기반으로 클러스터를 자동적으로 구분한다. 노드엑셀 버전 1.0.1.113은 조밀하게 모여진 꼭짓점(Vertex) 그룹을 찾는 알고리즘을 사용하는데 이런 꼭짓점(Vertex) 그룹은 다른 클러스터의 꼭짓점(Vertex)에 느슨하게 연결된다(Wakita & Turumi의 특정 알고리즘[2]과 Newman의 배경과 지역이식 알고리즘[3] 참조). 클러스터의 숫자는 정해진 것이 아니고 알고리즘이 가장 적절하다고 생각하는 대로 숫자를 결정한다. 모든 vertex는 하나의 클러스터에 연결되고 클러스터들은 겹치지 않는다. 모든 클러스터의 vertex들의 숫자는 현저하게 바뀔 수 있다. 어떤 경우 하나의 클러스터가 모든 점들을 포괄할 수 있고, 다른 경우 하나의 클러스터가 하나의 꼭짓점(Vertex)만을 포함할 수도 있다.

클러스터 알고리즘을 이용하려면 노드엑셀 analysis ribbon 섹션에서 find cluster (Group by cluster) 버튼을 누른다(그림 7.5.1). 누르기 전에 Cluster Options에서 Use Wakita-Tsurumi 를 선택할 필요가 있다(그림 7.5). 그 다음에 자동으로 '클러스터 워크시트'와 '클러스터 Vertex 워크시트'에서 데이터를 채운다. '클러스터 워크시트'에서 각각 클러스터마다 이름(예 : 클러스터 C14, C143 및 C193)을 붙이고 각각 클러스터의 모양과 컬러를 뚜렷하게 정한다(그림 7.6). 예를 들어 클러스터 c14는 자동적으로 red 컬러와 shape disk를 부여받았다. 노드엑셀 메뉴 리본에서 그래프 요소를 선택한 다음 클러스터를 선택

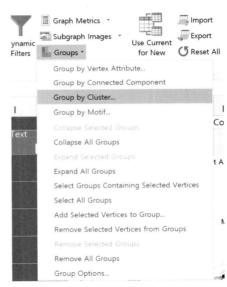

그림 7.5.1 Groups 옵션

하고 refresh graph를 클릭하기 전까지 클러스터 컬러와 모양은 나타나지 않는다. 'Vertex 워크시트'의 색깔과 모양에 대한 정보는 무시될 수 있지만 같은 클러스터 그래프 요소를 취소한 다음에 그래프를 새로 고치면 표시될 것이다.

'클러스터 Vertex 워크시트' 맵을 보면 모든 점이 하나의 클러스터에 속한다. 알고리즘이 대략 공화당과 민주당에 포함되는 2개의 큰 클러스터로 구분하는 동시에 독특하게 경계를 넘어간 개인 클러스터(Collins)를 구분한다. 알고리즘이 기술적으로 민주당이 아닌 독립적인 Snowe와 2명의 다른 상원들(liberman과 senders)은 민주당 클러스터에 들어가게 했다.

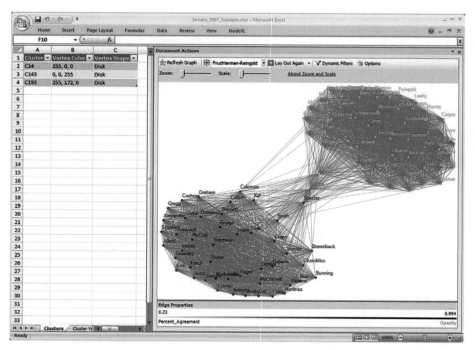

그림 7.6 U.S. 상원은 클러스터 찾기 기능을 적용하고 노드엑셀 메뉴 리본에서 그래프 요소-클러스터 보기를 선택한 후 2007년 네트워크를 공동으로 투표한다. 자동으로 식별되는 세 개의 클러스터 각각에는 '클러스터 워크시트'에 이름, 색상 및 모양이 지정된다.

안타깝게, 자동적으로 할당된 색깔은 저자들이 기대된 미국의 전당제도에 관한 색깔과 다르게 나타났다. 미국에서 빨간색은 공화당과 관련이 있고 파란색은 민주당과 관련이 있다. 이런 알고리즘은 정치적 문화적인 부분이 부족해서 그럴 수 있다. '클러스터 Vertex 워크시트'에서 각 클러스터에 할당된 색상을 변경하여 컬러를 바꿀 수 있다(그림 7.6). 또한 상원의원의 이름을 보다 명확하게 보기 위해 label 모양도 바꿀 수 있다.

7.2.3 수동으로 클러스터들을 창조

우리는 이미 클러스터에 각각의 Vertex가 포함되고, 클러스터 내부나 클러스터 상호간의 연결을 볼 수 있음을 알고 있다. 그룹 관계를 이미 알게 된 경우, 클러스터

	A	B	C
1	Cluster	Vertex	
2	C14	Collins	
3	C143	Specter	
4	C143	Smith	
5	C143	Coleman	
6	C143	McCain	
7	C143	Voinovich	
8	C143	Murkowski	
9	C143	Warner	
10	C143	Thune	
11	C143	Sununu	
12	C143	Stevens	
13	C143	Shelby	
14	C143	Roberts	

Clusters **Cluster Vertices**

그림 7.7 노드엑셀 클러스터는 각 꼭짓점(Vertex)을 정확히 하나의 클러스터에 매핑하는 워크시트를 정한다. 예를 들어, 콜린스는 클러스터 C14의 유일한 멤버인 반면, 스펙터, 스미스 및 다른 멤버는 클러스터 C143의 멤버이다.

와 '클러스터 Vertex 워크시트'에 데이터를 수동으로 입력하면 된다. 예를 들어 각각 상원의 당을 안다면 그 정보를 입력하면 된다. 이것은 이전에 자동적으로 파악한 정보와 조금 차이가 날 수도 있다. 'Vertex 워크시트'에서 상원들의 이름을 복사하고 붙여넣기를 해서 column b에 붙여 넣고 상원들의 정당을 column a에 넣으면 그림 7.8처럼 될 것이다.

다음으로 '클러스터 워크시트'에 각 정당의 대표적인 클러스터가 만들다. '클러스터 Vertex 워크시트'에 있는 클러스터가 빠졌는지 확인한다. 이것을 그래프로 나타내면 4개의 클러스터가 나타날 것이다. 각각 적당한 컬러를 적용하면 blue는 민주당, red는 공화당, dark orange는 2개의 무소속 클러스터로 나타난다. 그 다음

	A	B	C
1	Cluster	Vertex	
2	D	Akaka	
3	R	Alexander	
4	R	Allard	
5	D	Baucus	
6	D	Bayh	
7	R	Bennett	
8	D	Biden	
9	D	Bingaman	
10	R	Bond	
11	D	Boxer	
12	D	Brown	
13	R	Brownback	
14	R	Bunning	

Clusters **Cluster Vertices**

그림 7.8 클러스터는 각 꼭짓점(Vertex)(제너레이터)을 수동으로 클러스터(정치 파티)에 매핑하는 데 사용되는 워크시트를 지정한다.

에 이름을 읽기 쉽게 vertex의 label을 선택하라. 그리고 refresh graph버튼을 누르면 **그림 7.9**와 같이 나온다.

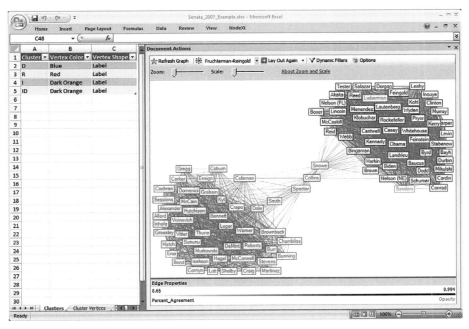

그림 7.9 노드엑셀 '클러스터 워크시트'에는 파란색으로 표시된 민주당(D), 빨간색으로 표시된 공화당(R) 및 진한 주황색으로 표시된 독립 민주당(I) 및 독립 민주당(ID)이 나와 있다.

그림 7.9처럼 두 개의 명확한 공화당, 민주당 클러스터가 나타나고, 무소속 상원의원들은 민주당에 투표를 한 경향을 알 수 있다. Snowe, Collins, Specter는 두 개의 클러스터의 중간점 정도로 각 당에 비슷한 비율로 투표했음을 알 수 있다.

좀 더 자세한 정보도 알 수 있는데, 예를 들면 특정기준을 계산할 수도 있는데 상원들의 높은 중재 중심성이나 다른 측정 기준을 찾음으로써 계산할 수 있다. 상원의원의 이름을 클릭함으로써 그 상원의원이 어느 주에서 왔고 어떤 상원들과 연결이 되어 있으며 edge-filtering 기준점이 65%에서 이상인지 이하 인지도 알 수 있다. 예를 들어 edge-filtering 기준이 높아지면 민주당이 공화당보다 더 지지를 받는 것을 의미한다.

7.3 레미제라블의 캐릭터 클러스터

다른 식의 네트워크에서 클러스터링 알고리즘이 어떻게 운영되는지 보려면 레미제라블 캐릭터들의 동시 출현이 어떻게 이루어지는지 보면 된다.(5장) Find Clusters 기능을 사용해서 이전과 같은 설정으로 네트워크를 시각화한다(그림 7.10).

많은 클러스터들이 Harel-koren fast multiplex layout에 의해 모여 있다. 보라색은 오렌지와 그린의 클러스터들이 모여 있음을 의미한다. 어떤 점들은 근처에 있지도 않은데 같은 클러스터에 있다고 나타나거나 관련이 있다고 나타나기도 한다. 예를 들어 javert와 Fantine은 갈색 사각형으로 표현된 같은 그룹인데 다른 그룹과 선이 연결 되어 있다. Valjean, thenardiers 그리고 다른 마이너 캐릭터는 시각 배치에서 뚜렷하게 나타나지 않는다.

이러한 결과는 시각화 된 클러스터들이 컬러와 모양 특히 다양한 클러스터와 함께 복잡한 네트워크에 기인하고 있다는 증거이다. 특히 다양한 클러스터들의 복잡한 네트워크 상태에서의 그래프는 클러스터링 알고리즘의 한계를 보여주는데, 이전에 노드엑셀에서 말한 노드엑셀은 하나의 점이 하나의 클러스터로 규정되는 것이 그 부분이다. 예를 들어 Valjean과 Marius는 여러 클러스터에 포함될 수 있으나 하나의 클러스터에 규정되게 한다.

7.4 FCC 로비 연합체 네트워크

소셜 네트워크 분석과 시각화는 결합된 연구를 토의할 때 그 위력이 잘 나타난다. 이 섹션에

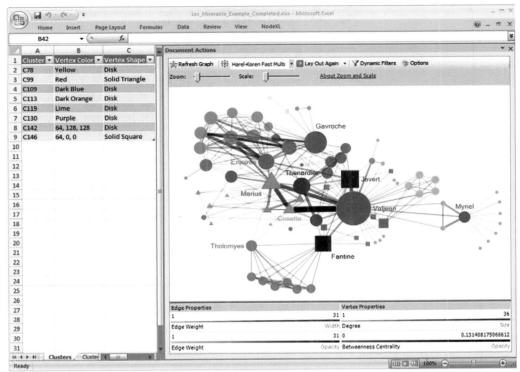

그림 7.10 Les Misérrables 고유한 색상과 모양 조합으로 표현되는 자동으로 식별되는 클러스터와 캐릭터 공동 출현 네트워크.

서는 Washington University의 경제 정책 연구 센터의 연구 동료인 Pierre de Vries에 의해 노드엑셀에서 생성된 네트워크 시각화를 볼 것이다. 이 사례는 2010년 제1회 사회구조 시각화 심포지엄에서 제출된 것이다.

그림 7.11에서 보여주는 소셜 네트워크 관계는 FCC에 로비하는 수백 개의 단체들의 관계도 이다(그림 7.11의 결과를 나타나는 구체적인 절차: 그림 7.11.1~그림 7.11.8). 안건 01-92는 양자 간의 보상에 관한 것이다. 이것은 통신회사가 같은 회사를 사용하지 않는 전화에 대해 양쪽에 돈을 지불하는 것에 대한 소송이다. 입법부는 대부분의 기관간의 관계도가 필요했고 FCC가 공개적으로 문서화했다. 이 네트워크 데이터는 FCC의 electronic comment filing system을 통해서 메타데이터에 작성된 것을 기반으로 했다.

이 네트워크는 2001~2008년 소송기간 동안 로비 기관 사이의 모든 연결을 보여준다. 꼭짓점(Vertex)들은 기관들을 대표한다. 모서리(Edge)들은 공통되게 서류를 한 기관들과 연결되고, 모서리(Edge)의 두께는 공통된 서류의 숫자를 나타낸다. 어두운 모서리(Edge)는 중요성이 높은 것을 나타낸다. 꼭짓점(Vertex)의 크기는 로비투자를 한 기관과 공통된 서류의 총수를 나

추가 클러스터링 알고리즘

수많은 네트워크 클러스터링 알고리즘이 있으며, 커뮤니티 구조 알고리즘이라고도 불린다.(Newman & Girvan[1] Les Misérrables네트워크 데이터에 사용되는 다른 알고리즘에 따라 다른 결과에 대한 개요 참조). 많은 커뮤니티 및 클러스터 검색 알고리즘이 대규모 네트워크에 작용이 잘 안되어 품질과 속도 간에 선택하게 된다. 노드엑셀에서 사용하는 알고리즘을 포함하여 대부분의 알고리즘은 비간접, 비중량 네트워크에 기반한다. 보다 복잡한 네트워크에 적용하고 합리적인 결과를 얻을 수 있지만, 네트워크 데이터의 특정 속성을 고려하는 다양한 알고리즘이 포함된 보다 전문적인 커뮤니티 탐지 도구를 사용해야 할 수도 있다. 대부분의 도구는 노드엑셀의 풍부한 시각적 기능을 활용할 수 있도록 데이터를 Clusters 및 Cluster Vertices 워크시트에 쉽게 붙여 넣을 수 있는 형식으로 출력한다. 노드엑셀의 미래 버전에는 추가 클러스터링 알고리즘이 포함될 것이다.

또한 꼭짓점(Vertex) 특성 집합에서 작동할 수 있는 많은 비 네트워크 클러스터링 알고리즘이 있다. 여기에는 k-me, 계층적 집적, 계층적 분열을 비롯한 많은 것들이 포함된다. 예를 들어, 비 네트워크 클러스터링 알고리즘을 사용하면 참여 패턴이 유사한 그룹(예 : 특정 기능 모음을 유사하게 사용하는 그룹)으로 사용자를 클러스터링할 수 있다. 그런 유사한 방법으로 시스템을 사용하는 사람들이 서로 어떻게 연결되어 있는지 보기 위해 네트워크 그래프를 통해 확인할 수 있다.

타낸다. 자금 축적이 잘 된 기업이나 무역조합은 기업 간의 연결이 필요치 않음에도 위와 같은 현상이 두드러진다. 영향력은 노드의 컬러로 나타난다. 더 진한 핑크색의 노드는 연한 핑크보다 잘 연결 되어 있음을 나타낸다. 작은 회사들은 다른 지역교환 통신 사업자 연합과 연결함으로 영향력을 얻을 수 있다. 신고하지 않은 몇몇 기관들은 그들의 많은 교제들 덕분에 영향력이 있을 수 있다.

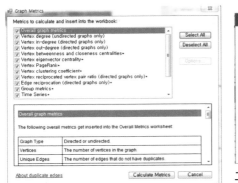

그림 7.11.1 Graph Metrics

그림 7.11.2 Vertex Color Options

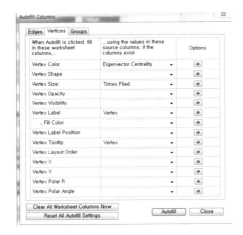

그림 7.11.3 Autofill Columns

그림 7.11.4 Autofill Columns

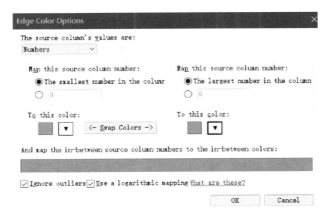

그림 7.11.5 Edge Color Options

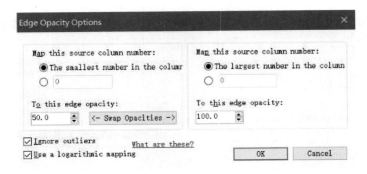

그림 7.11.6 Edge Opacity Options

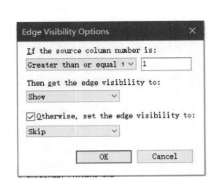

그림 7.11.7 Edge Visibility Options

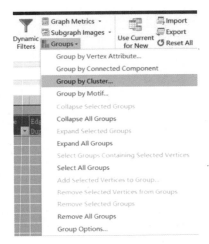

그림 7.11.8 Group by Cluster Menu

Fruchterman-reingold 알고리즘은 이 데이터의 예비 네트워크 레이아웃을 보는 것에 사용되곤 했다. find clusters는 클러스터를 구별하고 꼭짓점(Vertex)들의 위치를 시각적으로 수동으로 배치하는데 쓰인다. 일단 클러스터들이 위치가 정해지면 클러스터들의 색이 정해지고 색은 고유벡터 집중값을 나타낸다. 이 파일은 고해상도로 나타 낼 수 있고, 그래프의 다른 부분을 확대하면 꼭짓점(Vertex) 레이블을 읽을 수 있게 되었다. 이 도표는 실제적인 연합과 제휴와 일치함을 확인했다. 예를 들어 오른쪽 위, 아래 클러스터는 지방의 통신회사들이다. 중간쪽 아래 클러스터는 느슨한 지방 교역연합과 지방의 경쟁적 지역 교환통신 사업자들과의 연합을 볼 수 있다. 가운데 거대한 덩어리는 다양한 교환과 빈번한 연결이 숫자에서의 우세함을 보여준다. 이 클러스터 그래프가 실제 상황을 보여주기 때문에 공공에 대한 이해를 증진시키고, 로비를 효율적으로 하는데 사용된다. 기업가들은 이 그래프를 잠재적 협력이나 비협력에 대한 부분에 사용할 수 있다(예를 들면 어떤 기업연합에 가입을 하거나 아니면 하지 말아야 하는가). 또한 연결성의 변화를 사용하여 절차에서 합의의 발생 또는 중단을 추적할 수 있다. 기업가가 아닌 사람들은 전체적인 이해 없이 대략적인 구조를 파악할 수 있다.

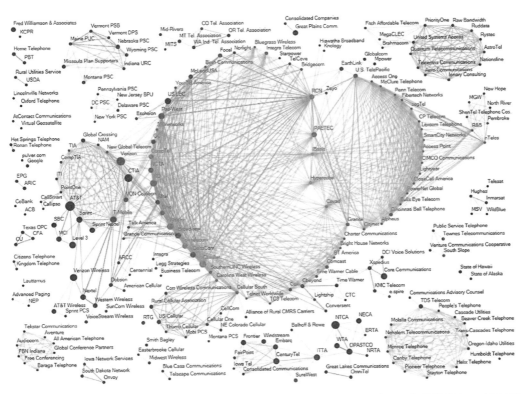

그림 7.11 미국 연방통신위원회(Edge) 정책에 대해 공동으로 논평을 발표한 로비 연합(Vertex). 꼭짓점(Vertex)의 크기는 파일 수를 나타내고 색상은 고유 벡터의 중심성을 나타낸다(핑크 높음). 모서리(Edge)가 어두울수록 조직은 많은 공동 파일링과 연결된다. 원래는 Fruchterman-Reingold를 사용하여 위치를 지정했으며 노드엑셀의 클러스터 찾기 알고리즘으로 식별된 클러스터를 고려하여 수동 배치되었다.

7.5 실무요약

많은 거대한 네트워크는 클러스터나 커뮤니티처럼 하위그래프(subgraph)라 불리는 작은 그룹들로 구성된다. 클러스터는 다른 포켓과 드물게 연결되는 조밀하게 연결된 꼭짓점(Vertex)의 포켓이다. 클러스터의 구분과 그들의 관계는 큰 네트워크를 이해하기 위해선 필수적인 부분이다. 클러스터는 Find Clusters기능 같은 커뮤니티 탐지 알고리즘을 통해 자동으로 구분할 수 있다. 그룹 멤버십에 대해서 안다면 꼭짓점(Vertex)들은 수동으로 클러스터를 만들수 있다. 클러스터가 자동적으로 생성되거나 수동으로 생성될 때 노드엑셀에서 고유의 컬러와모양으로 다른 클러스터들의 멤버십을 나타내며 시각화 할 수 있다. 클러스터들은 automatic layout 알고리즘(Fruchterman-reingold)과 같은 것으로 구분할 수 있고, 이것은 꼭짓점(Vertex)이 가까이 있는 것끼리 그룹을 만들어 빽빽하게 연결하고 있다.

그러나 상원 네트워크 데이터 세트로 입증되었듯이 이것들을 그룹으로 구분하기 전에 어느정도의 모서리(Edge)에 대해서 정리를 해야 한다. 2장에서는 이해와 설명 결정 그리고 설들이기본이 되는 시각화된 그래프에 대해서 살펴보았다.

지금 노드엑셀의 중요한 특징들을 배웠다. 그러나 노드엑셀을 이용해서 실제 상황의 문제를해결하기 위해서는 많은 연습이 필요하다. 점점 더 복잡해지는 소셜 미디어 데이터 세트와 과제를 해결함에 따라, 활기차고 성장하는 분야에 기여하게 될 것이다.

7.6 연구의제

과거 10년간 클러스터링 알고리즘이 난해한 주제에서 대중적인 주제로 많은 발전이 있었다. newman의 연구는 복잡한 네트워크를 구성하고 보여주며, 구조적인 부분에서 실질적인 발전을 이루었다. 이러한 발전은 중요한 직접적인 양자 간의 혹은 다자간의 네트워크의 깊이 있는연구를 촉진시켰다. 대부분 알고리즘은 천천히 운용되어, 리서치 커뮤니티는 다양하고 전문적인 그래픽 프로세서를 접목할 수 있는 알고리즘을 찾고 있었다.[4]

다음 단계는 컴퓨터 네트워크를 병렬식 혹은 집단의 컴퓨터 데이터 처리를 효율적으로 하게하는 부분이다. 대부분의 기술자들이 모서리(Edge)의 연결을 기반으로 클러스터를 만든다. 그러나 대안책은 클러스터 노드이다. 예를 들면 모든 사람들이 같은 대학을 졸업했다면 같은 클러스터이다.[5] 이것은 여러 멤버쉽을 다루는데 있어 시각적 도전을 도입한다.

참고문헌

[1] M.E.J. Newman, M. Girvan, Finding and evaluating community structure in networks, Phys. Rev. E 69 (2004) 026113.

[2] K. Wakita, T. Tsurumi, Finding community structure in megascale social networks: [extended abstract]. in: Proceedings of the 16th international Conference on World Wide Web (Banff, Alberta, Canada, May 08-12, 2007). WWW '07. ACM, New York, 2007, pp. 1275-1276.

[3] M.E.J. Newman, Detecting community structure in networks, Eur. Phys. J. B 38 (2004) 321-330. II. no dexl tuto rial 102 7. Clustering and Grouping

[4] V.D. Blondel, J.-L. Guillaume, R. Lambiotte, E. Lefebre, "Fast unfolding of community hierarchies in large networks" arXiv (2008): 0803.0476. Available at: http://works.bepress.com/lambiotte/4

[5] A. Aris, B. Shneiderman, Designing semantic substrates for visual network exploration, Inf. Visual. J. 6 (4) (2007) 1-20.

추가자료

Barnes, J., & Hut, P. (Dec. 1986). A hierarchical o(n log n) forcecalculation algorithm. *Nature, 324*(6096), 446-449.

Brandes, U., Delling, D., Gaertler, M., Gorke, R., Hoefer, M., Nikoloski, Z., et al. (2008). On Modularity Clustering. *IEEE Transactions on Knowledge and Data Engineering, 20*(2), 172-188.

Girvan, M., & Newman, M.E.J. (2002). Community structure in social and biological networks. *Proceedings of the National Academy of Sciences of the United States of America, 99*, 7821-7826.

Newman, M. (2006). Modularity and community structure in networks. *Proceedings of the National Academy of Sciences of the United States of America,* 103, 8577‒8582.

Newman, M.E.J. (2001). The structure of scientific collaboration networks. *Proceedings of the National Academy of Sciences of the United States of America, 98,* 404 ‒409.

Newman, M.E.J. (2003). The structure and function of complex networks. *SIAM Review,* 45, 167‒256.

ANALYZING SOCIAL MEDIA NETWORKS WITH NODEXL

Part 3

SNS 사례분석

8

이메일(E-mail):
오늘날 커뮤니케이션의 일상요소

목차

8.1 들어가기	175	8.7.1 시각화된 이메일 개요 만들기	195
8.2 이메일의 정의와 역사	177	8.7.2 전문주제 네트워크 이메일 그래프 만들기	200
8.3 이메일 네트워크	179	8.8 조직 이메일 네트워크를 통해서	
8.4 이메일 네트워크 분석은 어떠한 질문들에		현재 사용되는 조직도 만들기	202
답할 수 있을까?	181	8.8.1 TechABC의 조직 이메일 네트워크	203
8.4.1 개인 이메일 네트워크 질문들	182	8.8.2 TechABC의 자료를 정규화하고,	
8.4.2 조직의 이메일 네트워크 질문들	183	필터링하기	204
8.5 이메일 자료 사용하기	184	8.8.3 TechABC의 통신패턴에 대한 개요 만들기	205
8.5.1 이메일 준비하기	185	8.8.4 TechABC의 부서분포 검토해보기	207
8.5.2 노드엑셀로 이메일 네트워크 가져오기	187	8.9 (엔론)이메일의 역사적 그리고 법리적 분석	208
8.6 노드엑셀에 있는 이메일 자료 정리하기	191	8.9.1 내용 네트워크를 사용하여	
8.6.1 똑같은 사람의 반복되는		중요 인물들 찾기	209
이메일 주소 지우기	191	8.10 실무요약	211
8.6.2 반복되는 부분 합치기	193	8.11 연구의제	212
8.7 개인 이메일 네트워크 분석하기	195	참고문헌	213

8.1 들어가기

이메일은 그 어느 유형의 소셜 미디어 보다 사회에 더 많이 퍼졌다. 받은 편지함이 책상 위에 얹혀져 있고 스팸이 식육가공품이였던 시절을 되새기는 것조차 어려워졌다. 현재 14억의 세계 이메일 사용자들이 매일 500억의 스팸메일이 아닌 메일을 보내고 있다. 이 숫자는 매년 줄어들 기세가 보이지 않고, 점차 올라가고 있다. 이메일은 많은 기업들, 비영리 단체들, 그리고 정부 관계기관의 사실상의 통신수단이다. 이메일과 이메일 목록은 가족들에게 연락을 하고, 이웃끼리 활동을 조정할 때, 환자에게 도움을 줄 때, 최첨단 연구를 나눌 때, 기술적인 문제를 풀어나갈 때, 그리고 다른 활동을 주최할 때 사용된다.

2009년 4월에는 90%의 미국 인터넷 사용자들이 이메일을 써보거나 받아봤는데, 이것은 이메일이 제일 흔한 인터넷 활동임을 보여주고 있다. 이들의 반 이상은 최소 하루에 한번 이메일을 사용한다고 밝혔다. 다른 소셜 미디어들과는 다르게 이메일은 다양한 인구 그룹에 의하여 사용되고 있는데, Association of Cancer Online Resources(www.acor.org) 같은 그룹은 인터넷 사용이 적은 어르신들에게 까지도 이메일 목록이 보내질 수 있다고 말한다. 꾸준한 흐름의 이메일 배달은 개인의 컴퓨터와 전 세계의 핸드폰에 까지도 꾸준히 전송되고 있다.

일상생활에 이메일이 통합되면서 이메일 네트워크는 제일 접근하기 쉽고, 사회적 그리고 직장 관계를 잘 보여줄 수 있는 정확한 자료가 되었다. 한 사람의 개인 이메일을 분석하는 것은 거울을 보는 것과 같다. PostHistory 같은 시스템은 사람들이 보이는 소셜 미디어 묘사에 대한 흥미를 보여주고 있고, 소셜 관련성과 활동을 보여주는 것이 관심을 사로잡고 중요한 이벤트에 대한 스토리텔링을 할 수 있는지를 보여주고 있다. 네트워크 시각화는 개인의 사회적 유대 관계, 자기반성을 권장하는 것, 그리고 사회위생 안내에 대한 목표 묘사를 보여주고 있다. 이러한 지도와 보고서는 인정받지 못했거나 잊어버렸던 관계들을 돌아보게 하거나 그전에 같이 일했던 그룹의 현재 프로젝트를 다시 생각나게 도와준다. 이것은 우리 기억이 있는 편견 또한 극복할 수 있게 도와준다. 예를 들면 현재 진행되고 있는 이벤트에 더 집중하거나, 우리가 처음 시작한 일을 남에 의해서 시작된 것보다 더 기억날 수 있게 도와주고 있다. 개인 이메일 네트워크 시각화를 통하여 당신의 사회 세계를 다른 이에게 설명할 수 있다. 예를 들면, 새로 고용되는 자의 직업 역할이나 위치에 연관된 중요한 사회적 유대관계나 협력그룹에 대한 요약을 통해 이득을 얻을 수가 있다. 개인 이메일은 사학자, 연구원들, 기록 보관 담당자, 그리고 변호사들처럼 전자기록을 발견하고 보존하는 이에게는 상당히 중요한 것이다.

조직의 이메일 네트워크 그리고 이메일 목록을 분석하는 것은 중요한 선택에 대해 알려주고, 새로운 조정을 지지하는 다량의 사회 정보를 얻을 수 있다. 단체들은 독특한 사회역할, 조직의 사일로와 사이를 넓히는 자, 내부에서 영향력을 행사하는 사람, 그리고 연줄을 늘려야하는 고용되는 이를 찾을 수 있다. 이러한 정보는 고용, 승진, 개선방안, 회사에 정보를 알리는, 사람들이 사용할 수 있는 정보이다. 공식적인 조직도 보다는 고용되는 이의 무리에 대한 분석이 관행

형성과 단체 재건설하는 공동체에게 알릴 수 있으며 또한 합병 후에 관계를 통합시키는데 도움을 줄 수 있다. 전문지식 네트워크는 주제를 뜻하는 핵심어 사용을 통하여 발견되는데 이것은 더 똑똑한 직장집단 형성과 정보를 나눈 것으로 연결될 수도 있는 것이다. 기업 내부나 공공의 이메일 목록을 분석하는 것은 주제전문가를 찾는데 도움을 주고, 공동체의 건강을 감시하는 것과 대표직 유력한 후보를 찾는 데에 도움을 줄 수가 있다. 이것은 조직의 상황에선 편향된 자가 보고가 아닌 실제 행동에 의한 것이기 때문에 유효성이 높다.

이메일과 일을 함께하면 몇 가지의 윤리적인 문제가 제기되는데 기업의 이메일은 사적인 것과는 거리가 멀고 암호화되지 않는 이상 안전함과도 거리가 멀어 많은 사용자들이 그들의 이메일이 얼마나 공공한 것인지 모르고 있다. 2007 설문조사에 의하면 304개의 미국 기업들의 절반이 이메일 사용을 점검하고 있었다. 이러한 기업들의 4분의 1이 이메일을 남용한 직원들을 해고하기도 하였는데, 2006년 연관된 설문조사에서는 24%의 고용주들이 법원과 규제 기관으로부터 소환장을 받기도 하였다. 고용주들은 직원들의 보안침입과 소송위기를 규제할 수 있는 균형을 유지해야 하지만 빅 브라더(독재자)처럼 보여서는 안 되는 것이다. 이러한 환경에서는 기업 이메일을 검토하는데 있는 위험과 보상을 조심스럽게 고려해야 한다. 연구자들은 제대로 된 승인을 목록 주인들, 매니저들, 그리고 회원들로부터 받아야 하며 가명이 필요한 곳에는 가명을 쓰며 회원들의 개인정보를 보호할 줄 알아야 한다. 기업들과 연구원들은 분석의 목표, 메시지 내용에 대한 비밀보장을 보증하는 과정, 그리고 분석을 통하여 얻게 될 결정들에 대하여 또렷이 말할 때 투명도가 필요하다. 직원들이나 연구대상들이 참여하지 않기로 하는 것이나 이메일을 그전에 필터링(원하는 이메일을 미리 지우고 하는 것) 하는 것은 탐나는 옵션일 수도 있다. 이메일 모음에 대한 분석은 위험도가 있지만, 사회 네트워크에 대한 분석은 사회적 상호작용을 이해하는 방법 중에는 덜 거슬리는 방법일 수도 있다. 이것은 참여자 중 누구와 얘기를 하는지에 대한 정보를 줄 수는 있지만 무슨 대화내용이 오고 갔는지를 나누기 싫은 자들에게는 흥미로운 중간점이 될 수도 있다.

8.2 이메일의 정의와 역사

전자메일, 혹은 이메일은 전자 메시지가 커뮤니케이션 네트워크에 전송되는 것이며, 보통 파일을 첨부할 수 있는 기능이 달린 텍스트 파일로 보내지게 된다. 이메일은 인터넷 보다 오래 되었다. 1960년 처음으로 이메일 같은 메시지들이 메인 프레임 컴퓨터가 같은 사용자들 사이에서 오고 갔다. 또한, 똑같은 메인 프레임이나 호스트 컴퓨터를 갖은 사람들은 단말을 통하여 메시지를 주고받을 수 있었다.

1960년대와 1970년대에는 많은 기업들이 직원이 다른 나라에 있는 지점과 자회사의 직원들과 소통하는 것을 이 방법을 통해 하였는데 이메일은 ARPANET, 인터넷으로 진화된 미국 국방부가 만든 컴퓨터 네트워크의 '킬러앱'이 되었다. 1971년도에는 Ray Tomlinson이 유저 이름과 호스트 컴퓨터의 이름을 @ 기호로 나눈 첫 번째 네트워크 이메일을 보냈다.

1973년도에는 약 4분의 3의 ARPANET 자료는 이메일이 되었다. 시간이 흐르면서 이메일은 더 표준화 되었고 다른 컴퓨터와 네트워크 시스템으로부터 상호정보교환이 가능해졌다. 이메일과 소통하는 것의 응용은 특성이 많아지고 사용이 가능하게 되었다. 이메일 서비스는 Hotmail, Yahoo mail, 그리고 Gmail처럼 인기가 높아진 웹 서비스의 최종 소비자 관점이 증가하면서 사용이 무료화 되었다. 인터넷 서비스는 사용료가 있을 수 있으나, 이메일을 받거나 보내는 것에는 비용이 들지 않는다. 오늘날의 유저들은 이메일 메시지를 노트북, 넷북, 그리고 휴대폰 같은 무선 장치를 통하여 쓸 수 있다. 이메일이 하도 많이 사용되어 이제는 전문적인 환경에서도 사용이 의무적으로 되었다.

대부분의 독자들은 이메일에 익숙한데 몇 가지 중요한인 기술적 특성들이 이메일을 영향력 있게 만들어주고 있다.

- **신축성 있는 구조** – 이메일은 간단한 일반 텍스트 메시지, 화려하게 구성된 소식지, 혹은 상호적인 설문조사가 있다. 첨부 파일 기능 덕분에 용량이 너무 크지 않는 이상, 어느 유형의 디지털 내용이든지 보내기가 가능하다. 이러한 신축성은 이메일 일상적이며 정감 어린 농담, 형식 메모, 그리고 공식적인 편지를 쓰는 것을 지원하고 있다. 이런 신축성 때문에 이메일이 과적될 수 있는데 그 이유는 대화를 나누고, 파일을 저장하고, 할 일을 찾고, 그리고 거래를 처리하는데 한 가지 경로를 사용하기 때문이다.

- **비동기식** – 이메일의 비동기식 본성은 다른 사람들을 방해하지 않고도 사람들에게 메시지를 보내 받고는 것을 자신이 원할 때 할 수 있다. 바로 답장을 하지 못하는 점은 오해를 부를 수 있지만, 이것은 조심스럽고 철저할 수 있도록 권장하는 것이 될 수도 있다. 새로운 메시지가 편지함 제일 위로 올라가는 것은 새로운 메시지를 오래된 메시지로부터 구별할 수 있게 하면서 이메일의 비동기식 본성을 더욱더 잘 관리할 수 있게 도와주고 있다.

- **전파** – 이메일을 통하여서 많은 숫자의 사람들에게 동시에 메시지를 보낼 수 있다. 즉석 그룹들은 빠르게 만들 수 있는데, 모두에게 답장하기란 기능을 사용하여 많은 이메일 주소에

게 전송할 수 있다. Listserv와 다른 이메일 목록 소프트웨어 도구들은 수 천명의 사용자들이 소통하고 다른 사람들의 대화를 엿들을 수 있게 허락해 준다.

- **푸시 기술** – 이메일은 푸시 기술로 여겨지고 있다. 보내는 이가 받는 이의 편지함에 무엇이 보일지 받는 이의 도움 없이 정할 수 있다. 이것은 누군가의 관심을 받고 싶을 때 유용하나 이것 때문에 원하지 않는 스팸메일이 보내지는 것이기도 하다.

- **스레드된 대화** – 이메일 메시지들은 보통 스레드 패턴으로 메시지, 답장 메시지, 답장에 답장 같은 것으로 정리되어 있다. 이러한 패턴은 실제 대화에서 순서를 주고받는 방식을 따라하게 된다. 스레드는 말하는 대화의 구조 또한 연장시키는데 여러 개의 대화 평행선을 만듦으로서 도와주고 있다. 제대로 스레드가 된다면 연결된 메시지들은 한 개의 연관된 메시지로 보일 것이다.

Usenet과 토론포럼 같은 서비스들은 게시판이나 웹보드로 알려져 있는데, 이들은 이러한 특징들을 공유하고 있고 이로 인하여 Listservs와 비슷한 유형으로 보이고 있다. 이것은 9장에서 자세히 살펴보겠다.

8.3 이메일 네트워크

표준적인 이메일 네트워크에선 Vertex는 이메일 주소 혹은 해당되는 사람들을 표현하고, Edges와 Ties(Ties는 유대 관계를 말하는데, 여기서는 두 사람이 연결되는 이메일을 많이 보냈을 때 연결되는 것을 의미한다)는 메시지가 한 이메일 주소로부터 다른 주소로 보내졌을 때에 이루어진다. Edges가 규제된 이유는 메시지들이 보내는 이로부터 받는 이에게 옮겨지기 때문이다. 이러한 Ties는 두 사람 사이에 보내진 메시지 숫자에 의하여 결정된다. **표 8.1**은 Derek의 개인 이메일로부터 찾은 일곱 가지의 메시지에서 얻은 정보의 개요이다. 이 자료들은 'Edge 목록'으로 변환 되었고 **그림 8.1**에 시각적으로 보이고 있다.

표 8.1 *전자메일 네트워크 모서리(Edge) 목록

From	To	Cc	제목
Derek	Ben		HCIL 갈색 가방
Derek	Marc, Ben		여행 계획
Derek	Marc	Anna	등록
Marc	Derek		회복: 여행 계획
Carol	Derek		화요일 회의
Marc	Derek	Anna	회복:등록
Marc	Derek		다음 단계

*위의 이메일 네트워크 모서리(Edge) 목록에는 Derek의 개인 이메일에서 9개의 고유한 모서리(To 및 Cc 모두 포함) 및 5개의 꼭짓점(Vertex)가 포함되어 있다.

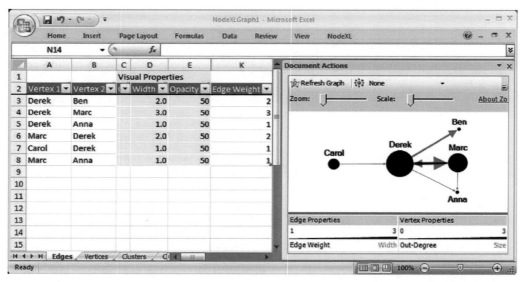

그림 8.1 심플한 이메일 네트워크가 노드엑셀에 시각화된 것이다. 화살표는 발송자로부터 수신자에게 가고 있다. 모서리(Edge)의 굵기는 (1부터 3) 보낸 메시지 숫자로 정해지고 있다. 모서리(Edge)의 투명도는 50으로 맞추어 졌으며, 꼭짓점(Vertex) 사이즈는 (1.5 부터 5) 출력 차수 혹은 보낸 메시지에 의하여 정해진다.

Edges 탭에 여섯 개의 행을 보면 **표 8.1**의 일곱 가지의 이메일 메시지를 다시 재현한 것을 볼 수 있다. 새로운 Edges는 기본 이메일 메시지 목록을 보았을 때 잘 보이지 않는 발송자와 수신자의 관계를 이해에 도움을 주고 있다. To와 Cc 이메일 부분에 있는 사람들은 Edge 무게를 잴 때 수신자로 세어졌다. 예를 들면, Derek으로부터 두 개의 메시지가 Ben에게 보내졌다. 첫 번째 메시지만이 Ben에게 보내졌는데 두 번째 메시지는 Marc에게도 보내졌다. Derek이

marc에게 보낸 메시지는 Anne에게도 복사가 되었고, Derek과 Anne 사이에 모서리(Edge)가 생겼다. 이러한 묘사의 능력은 수천 명의 이메일 메시지가 불과 몇 백 개의 줄 안에 담을 수 있다는 것이다. 자료를 다루는 또 다른 방안은 그 다음으로 논해지고 있다.

기본 이메일 네트워크는 다른 사회 그룹의 관련성을 보여주기 위해 집계될 수 있는데 예를 들면 꼭짓점(Vertex)들은 기업 근로자 집단, 조직의 부서들, 지방 지점, 혹은 단체 전체를 표현할 수 있다. 모서리(Edge)들은 다른 그룹에 있는 사람들 사이에 주고받은 메시지 숫자를 집계한 것을 상징한다. 예를 들면, 마케팅 부서로 부터 개발 부서로 보내진 모서리(Edge)의 무게가 100이라면 그 뜻은 마케팅 직원이 100개의 메시지를 개발 부서로 보냈다는 뜻이 된다. 이메일 주소 부분으로 호스트 이름에 조직 요소를 사용하는 것 또한 웹 메일을(조직 이메일이 아닌, 야후 같은 이메일 주소) 자주 사용하는 것 때문에 구성원에 대한 공부하는 것이 문제가 될 수 있지만, 이것으로 인하여 다른 부서의 사람들을 찾아낼 수도 있다. 그러므로 모서리(Edge)는 한 사람이 다른 부서에 메시지를 하는 것을 표현하고 있다. 예를 들면, 우리의 그전 시나리오에선 다섯 명의 사람이 100개의 메시지를 보내면서 모서리(Edge)의 무게를 5로 남겼을 수도 있다. 이러한 네트워크를 바탕으로 한 그래프는 조직 안에 부서들 사이의 관계를 보여주며, 제일 관련이 많은 부서와 고립된 부서를 강조하고 있다. 8.8 섹션은 큰 기술 회사 안에 직장집단들의 사이의 네트워크를 개요를 예시로 보여주고 있다.

8.4 이메일 네트워크 분석은 어떠한 질문들에 답할 수 있을까?

이메일 메시지는 더 큰 자료의 부분으로써 분석이 가능하다. 표 8.2를 보면 세 가지의 이메일 유형을 볼 수 있는데(개인, 조직, 그리고 공동체), 각각의 유형은 현재 참가자나 외부 관찰자를 통하여 분석이 가능하다. 개인 이메일 수집은 보내거나 받은 메시지를 포함한다.

조직 이메일 수집은 조직의 멤버가 보내고 받은 메시지를 포함하고 있는 것이다. 보통 이들은 여러 사람의 개인 이메일을 모두 합한다. 공동체 이메일 수집은 이메일 주소 목록으로 보낸 메시지들을 구독하는 멤버들에게 전송하는 것을 포함하고 있다. 이메일 목록은 어느 누구든지 참여하고 그 전 메시지들을 볼 수 있게 공공적일 수 있으며, 등록된 자들만이 참여하고 파일을 보관할 수 있게 반공공적이거나, 아님 초대되거나 허락된 멤버들만 참여하고 그 전 메시지를 볼 수 있는 전용적인 것일 수 있다.

표 8.2 다른 가능자와 관찰자를 가진 전자 우편 수집을 위한 분석의 유형

	개인	조직	커뮤니티
현재 참가자	지역 A : 자신의 이메일 분석	지역 B: 조직의 이메일 분석	지역 C : 참여한 커뮤니티 이메일 목록에서 진행중인 대화 분석하기
외부 관찰자	지역 D: 다른 사람의 이메일 분석	지역 E : 다른 조직의 이메일 분석	지역 F : 참여하지 않은 커뮤니티 이메일 목록 파일 분석

분석의 목표와 과정은 표 8.2에 보이는 것처럼 각 영역마다 다르다. 변호사, 사학자, 그리고 연구원 같은 외부 관찰자들은 역사와 관련된 연구 혹은 법적 이유 때문에 이메일 수집을 분석하게 된다. 반면에 매니저, 공동체 관리자, 목록 주인들, 그리고 멤버들 같은 현재 참가자들은 결정을 내리기 위하여 이메일을 분석하게 된다. 외부 관찰자들은 구체적인 것에 들어가기 전에 내용의 전체적인 개요를 읽고 나면 더 도움을 받을 수 있게 된다. 반면에 현재 참가자들은 전체적인 내용을 이미 알고 있으므로 편견이 있을 수는 있겠지만 구체적인 것에 더 빨리 들어갈 수 있다. 조직 이메일(지역 B와 E) 이나 다른 이의 이메일(지역 D)을 분석하는 것보다 개인의 이메일(지역 A) 이나 공공의 공동체 이메일(C와 F 지역의 많은 공동체) 목록을 분석 하는 것에는 개인정보에 대한 염려가 조금 줄어든다.

이 장에서는 개인과 조직의 이메일 수집에 대해서 검토하고 토론 포럼 과 Usenet 같은 공동체를 바탕으로 한 스레드 대화 도구에 비슷한 공동체 수집에 대해서는 9장에서 나누도록 하겠다. 이 장에서는 이메일 자료를 준비하고, 정리하고, 수입(들여보내는 것을 뜻함) 하는 것에 대해 말할 것이다.

8.4.1 개인 이메일 네트워크 질문들

개인 이메일 네트워크 자료에 대한 몇 가지 질문을 할 수 있다.

- **개인들** - 네트워크 안에서 중요한 자들은 누구인가? 예를 들면, 많은 연락처를 연결하는 경계 스패너는 누구인가? 누구와 제일 많이 연락을 주고 받는가? 주제를 논할 때 제일 활동적인 사람은 누구인가? 원하지 않고 문제가 되는 사람은 누구인가? 반응이 제일 없는 수령인은 누구인가?

- **그룹들** – 어떠한 집단이 존재하는가? 개인들은 어떠한 공동 활동에 속해 있는가? 하위 집단들 사이의 관계는 어떠한가?

- **시간적 비교** – 관계들은 시간이 지나면서 어떻게 변하는가? 행사가(예 : 새로운 곳으로 이사간 것) 네트워크에 어떠한 영향을 끼쳤는가? 내가 다시 연락을 함으로써 이득을 볼 현재 활동이 없는, 소극적인 그룹은 어느 그룹인가? 내가 어떠한 프로젝트나 사람들은 방치하였는가?

- **구조적인 패턴들** – 네트워크 관계 속에서 계속 나타난 흔한 사회적 역할이 있는가?(예 : 정보원, 결정을 내리는 자, 경계 스패너) 어떤 하위 집단을 형성하고 있는가?(예 : 파가 나뉘는 것, 팬들)

8.4.2 조직의 이메일 네트워크 질문들

조직 이메일 네트워크 자료에 대한 몇 가지 질문을 할 수가 있다 :

- **개인들** – 네트워크 안에서 중요한 자들은 누구인가? 예를 들면, 조직 사일로를 연결하는 경계 스패너는 누구인가? 영향을 주는 자는 누구이며 화제 전문의는 누구인가? 누가 연결이 되어있지 않으며 사회 유대를 통하여서 혜택을 받을 수 있는 자는 누구인가? 어떠한 사람의 대체자로는 누가 좋은가? 누가 틈새를 채우고 있는가? 누가 중요한 선택에 대해 더 잘 알고 있는 사람이었는가?

- **그룹들** – 이메일을 기본으로 한 그룹이 조직 구조와 어떻게 다른가? '조직 차트'가 이메일의 흐름에 대한 차트와 어떻게 다른가? 그룹들은 어떻게 서로 연관이 되어있는가? 어떠한 그룹이 더 연결이 되어야 하나? 어떠한 사무실이나 부서에서 논하지 않고 있는 핵심 역량이 있는가?

- **시간적 비교** – 단체 안에서 정보가 어떻게 흘러 들어가고 있는가? 개인과 하위 집단의 연결성이 시간이 지날수록 어떻게 바뀌고 있는가? 합치거나 새로운 사무실이 열리는 큰 상황이 사회적 관계에 어떠한 영향을 미치고 있는가?

- **구조적인 패턴들** – 어떤 네트워크 속성들이 성공과 관련이 되어있는가? 네트워크 구조로부터 떠오르는 스타들과 특별한 사회 역할을 알아볼 수가 있는가? 특정한 주제가 단체 안에

8.5 이메일 자료 사용하기

사용자의 관점에서는 이메일 메시지의 요소들은 심플하다. 이메일 헤더는 보내는 사람, 받는 사람, 참조(Cc), 숨은 참조(Bcc), 날짜, 그리고 제목을 쓰는 곳이 있다. 이메일 원문에는 메시지 내용, 그리고 첨부 파일들이 포함되어 있다. 이렇게 간단하게 보임에도 불구하고, 보이지 않는 복잡한 특징들이 있다. 이메일 프로토콜과 포맷에 대한 모든 것을 논하는 건 이 책의 범위를 벗어나게 되는 것이다. 그러나, 이메일 수집을 접근하고 분석하기를 시작하는 이들에게 도움이 될 몇 가지 주요 용어들과 중요한 점들을 알아보도록 한다.

- 이메일은 Simple Mail Transfer Protocol(SMTP)라는 것을 통하여 인터넷으로 전송이 된다.
- 이메일은 MIME(Multipurpose Internet Mail Extension)라는 포맷을 사용하여 ASCII 및 글이 아닌 첨부 파일 이외의 내용을 전자메일을 통해 전송할 수 있다.
- Microsoft Outlook 혹은 Apple Mail 같은 이메일 클라이언트 애플리케이션은 Post Office Protocol(POP)이나 Internet message Access protocol(IMAP) 같은 메일 서버를 사용하여 메시지를 회수하거나 캐시하게 된다. 기업의 이메일은 대게 Microsoft Exchange Servers나 Lotus Notes 같은 등록 상표가 붙은 프로토콜을 통하여 이메일을 회수한다.
- 이메일 메시지들은 이메일 의뢰인들을 위하여 여러 가지의 포맷을 통하여 메시지들을 저장한다. 어떤 이메일 의뢰인들은 각 메시지를 다른 파일에 저장을 하기도 한다. 어떠한 이들은 데이터베이스 포맷으로 저장하기도 한다. 흔한 포맷으로는 .eml, .emlx, .msg & .pst, .mbx, 그리고 .mbox가 있다.

이메일을 사용하는 것은 유용한 결과를 얻기 위하여 자료를 처리하는 것과 같은 기술적인 문제들이 있다. 이메일 네트워크의 가능성 있는 큰 크기는 문제가 될 수 있으며 자료 용량을 관리하기 위하여 전문적인 프로그램을 필요로 할 수 있다. 분석을 시작하기 전에 이메일은 시간, 사람, 그리고 주제로 자료를 줄이는 필터를 해놓아야 할 것이다. 또 다른 중요한 어려운 점/문제는 한 사람이 여러 개의 이메일 주소를 갖고 있다는 것이다. 보통 분석가들은 사람들의 사회적 관계들에 관심이 있지만, 이메일 계정들의 관계에는 관심이 없다. 동일한 사람의 서로 다른 별칭(전자메일 주소)을 합치는 문제는 '엔티티 확인', 'ID 확인', '중복 제거' 또는 '레코드 연결'이라고 한다. 이러한 정합을 행하기 위하여 자동화된 도구를 만드는 것은 아직 초기 단계에 있고 완전한 기능을 가진 기성품은 아직 준비하지 못한다. D-Dupe같은 연구 원형은 본질해결을 지원하지만 전문지식인의 도움이 필요하다. 다른 공개 연구 원형은 Internet Community Text Analyzer라는 자료인데, 이것은 'Name Networks'라는 것을 통하여 송신자와 수신자 이름(닉네임, 줄인 이름 등등)을 기록해서 이메일 내용을 고려하지 않게 된다.

8.5.1 이메일 준비하기

대부분의 이메일 클라이언트는 네트워크 분석이 가능한 형식으로 데이터를 보내지 않는다. 그러므로 당신이 분석하고자 하는 이메일은 다른 유형의 포맷으로 저장되어 있을 수 있으며, 다른 컴퓨터나 웹 메일 서버에 존재하고 있을 수 있다. 결론적으로 노드엑셀 같은 네트워크 분석도구로 보내기 전에 당신은 당신의 이메일을 준비해야 한다.

이메일 메시지들을 네트워크 관계로 전송하는 가장 쉬운 방법은 노드엑셀의 Import from Email Network 기능 같은 것을 사용하는 것이다. 이 기능은 최근 버전의 Windows가 미리 설치되고 좀 더 오래된 버전이 공짜로 다운 받을 수 있는 Windows Search 유틸리티를 사용한다. Windows Search 편지함 파일은 저장된 이메일 메시지, 예를 들면 Thunderbird, Outlook Express, 혹은 Office Outlook 2007이다. 또한 다른 컴퓨터와 정보를 나눌 때에 사용될 수 있다.

당신의 지역이나 공유 컴퓨터에서 당신이 분석하고자 하는 이메일이 없을 수 있다. 예를 들면, 당신은 Gmail이나 Hotmail 같은 웹 이메일 서비스에 의지해왔을 수도 있다. 거의 모든 웹 메일 서비스들은 당신의 메시지들을 복사해서 POP이나 IMAP를 통하여서 Thunderbird, Outlook Express, 아니면 Office Outlook 2007같은 이메일 프로그램으로 보내는 기능을 제공한다. IMAP을 사용하고 있다면, 모든 이메일 메시지 파일들을 다운로드 받고, 헤더 정보만 다운받지 않아야 한다. 그렇게 안한다면 Microsoft Search가 메시지 정보를 인지를 못하고 노드엑셀을 통해서 전하게 한다. 용량이 제한되어 있다면, 당신은 첨부된 파일을 다운로드 하지 않아도 된다. IMAP을 사용하는 경우 폴더별로 다운로드를 제한할 수도 있다. 예를 들면, 당신은 옛날 자료가 아닌 최근 들어서 받은 메시지들만 다운받기를 할 수 있다. 메시지들을 다운받은 후에 Microsoft Search가 모든 파일을 인지하는 데에는 시간이 좀 걸릴 수 있다. 만약 당신이 이메일 목록에 구독중이고 분석하고 싶은 모든 메시지를 꺼냈다면, 그것들을 폴더에 넣고

IMAP을 사용하서 그 폴더만 다운받을 수 있다. 그림 8.2는 Gmail이 2009라 하는 폴더를 IMAP을 통해서 Outlook Express에 다운받고 인식 받은 Windows Search 결과를 예로 보여주고 있다.

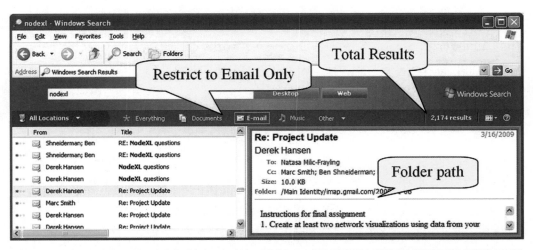

그림 8.2 윈도우의 검색 결과는 검색 용어 'NodeXL'이 포함된 2174개의 전자메일 메시지와 바탕화면에 포함된 폴더를 모두 보여준다.

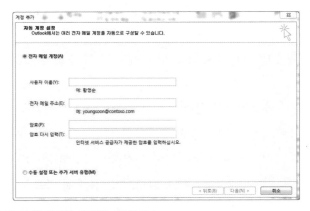

그림 8.2.1 아웃룩에서 전자메일 계정을 설정하는 창의 모습

아웃룩(Outlook)이라는 오피스 프로그램을 통해서 이메일 자료를 가지고 올 수 있다. 아웃룩을 처음 실행할 경우 **그림 8.2.1**과 같은 계정추가 화면이 나타난다. 오피스 버전에 따라서 화면구성은 다를 수 있다. 사용자의 이름과 이메일 주소 및 비밀번호를 입력하고, 다음 단계로 넘어가면, 아웃룩에서 연동된 개인 이메일을 확인할 수 있다.

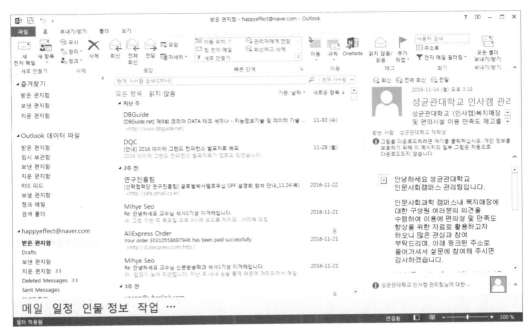

그림 8.2.2 아웃룩 2013 버전에서 개인 이메일을 확인하는 모습

그림 8.2.2는 아웃룩 2013 버전에서 이메일을 업로드한 화면의 예시이다. 한 학생의 이메일이 연동된 화면을 볼 수 있다. 이렇게 아웃룩에서 이메일 계정을 연동시킨 후에, 아웃룩 프로그램을 실행시킨 상태에서, 노드엑셀 프로그램을 실행시키면, 이메일을 Import할 수 있다.

8.5.2 노드엑셀로 이메일 네트워크 가져오기

Microsoft Search가 당신이 분석하고자 하는 이메일을 색인하였으면, 노드엑셀로 자료를 가져올 준비가 된 것이다. 이메일 네트워크 옵션에서 Import를 누르면 노드엑셀 메뉴 리본이 그림 8.3에서 보는 것과 같이 창으로 열릴 것이다.

어마어마하게 큰 사이즈의 이메일 수집은 메시지가 분석되기 전에 필터를 요구한다. 이메일 수집이 적당량의 사이즈여도 메시지들을 필터링 하는 것은 부분집합 메시지들을 어느 구체적인 주제를 논할 때 사용하기 편해진다. 필터링을 하는 것에는 여러 가지의 방법이 있다 :

- **시간에 따른 필터** – 구체적인 시간대에 보내고 받은 메시지들을 모두 포함한다. 노드엑셀에서는 구체적인 날짜 범위 안에 보여 지는 모든 메시지들을 날짜 범위 부분을 통하여서 결과에 넣어주고 있다. 시간에 따른 필터링은 자료를 네트워크들이 오랜 기간 동안 비교를 가능하게 하거나 중요한 이벤트의 영향력을 재는 데, 나누어 주는 것에 사용할 수 있다. 그

많은 양의 이메일 수집을 사용하는 것

Windows가 인식하지 못하는 포맷을 이메일 기록 보관소를 바탕으로 한 네트워크를 만들고 싶을 수 있다. 예를 들면, mbox와 maildir는 Linux와 Apple 시스템 메일 의뢰인들의 흔한 포맷인데, Maildir는 유저의 메일 의뢰인에 맞는 시스템 중요 디렉토리 안에서 메시지 당 100개의 텍스트를 저장하는 반면 mobx는 모든 메시지를 한 개의 파일에 저장한다.

이러한 문제를 다루는 데에 한 가지 방법은 이것을 Mailbag Assistant나 Aid4Mail 같은 전문적인 프로그램을 사용한다. 여러 개의 장치에 저장되어있는 이메일이나 포맷을 종합시키거나, 고급 검색들을 저장하거나 다양한 포맷 범위로 이메일을 전할 수도 있다. 예를 들면, 이러한 프로그램들을 사용하여 이메일 리스트 기록 보관소 파일들을 열 수 있고 Microsoft Search가 인식할 수 있는 'eml'이란 파일 포맷으로 변환할 수 있다. 한 작가는 Mailbag Assistant를 성공적으로 사용하여 기본 기계에서 약 100,000개 정도의 메시지들을 수집하였다.

또 다른 방법은 많은 수단으로 의문이 제기될 수 있는 이메일 메시지들에 데이터베이스를 만드는 것이다. 이를 통하여서 NodeXL import wizard에서는 찾아 볼 수 없는 언어 처리와 텍스트 마이닝을 적용할 수 있게 하는 것이다. Mailbag Assistant 같은 이메일 프로그램은 당신을 위해서 데이터베이스를 만들 것이다. 그러면 당신은 이메일을 XML로 변환시킬 수 있고 엑셀의 XML 지도 기능을 XML 데이터베이스로 내용으로 만든 엑셀 분야들에 덧붙일 수 있게 된다.

림 8.3을 보면 2009년 1월 1일부터 2009년 5월 31일 사이에 보낸 메시지들만 표시가 되어 있다.

• **발송자와 수신자에 근거하여 필터 되는 것** - 특정한 인물들로 부터 받거나 보내는 메시지들만 포함한다. 이러한 사람들은 그룹에 소속되어 있거나(부서, 직장집단), 흔한 특징을 나누고 있거나(차장 혹은 부장, Maryland주에 위치하고 있는 것), 아님 다른 이와 관계가 (John으로 부터 Bcc메시지를 받은 모든 이들) 형성되어 있는 이들 일 수 있다. 노드엑셀에서는 From, To, Cc, Bcc부분에서 찾을 수 있는 이메일 주소를 구체적으로 명시할 수 있

다. 디폴트 설정은 Boolean OR relationship이므로 만약 당신이 여러 개의 주소들을 포함했을 경우 이것은 이 주소에 관련된 모든 메시지들을 꺼내 올 것이다. 또한 그림 8.3의 오른쪽에 보이는 체크 란을 통하여 노드엑셀은 Cc, Bcc란에 적혀 있는 주소를 포함한 것에 메시지를 제한시킬 수 있는 가능성이 있다. 발송자와 수신자에 의한 필터링은 중요한 인물의 하위그룹에 대한 분석에 집중하기에 적합한 방법이다.

- **내용에 의해 필터하는 것** - 특징이나 내용을 나누고 있는 메시지들만 포함한다. 첨부파일이 있거나 없거나 노드엑셀 메시지에서는 특정한 사이즈 범위 안에 있는 메시지나 특정한 텍스트가 있는 메시지 혹은 제목이면 필터가 가능하다. 글 검색 기능은 기본적인 네이밍 컨벤션과 합쳐졌을 때 유용하다. 예를 들면, Aossociation of Internet Researcher의 이메일 목록의 모든 메시지들을 제목 검색창에 '[air-]'라는 검색어를 치면 선택할 수 있다. 그림 8.3에 보이는 것처럼, 'NodeXL'이란 단어를 갖고 있는 메시지들만이 포함이 되어 있다. 용어를 위한 예비 조사는 Window 의 검색에서 할 수 있다. 이를 통하여서 노드엑셀이 가져오기에 합당한 반송된 메시지의 개수를 확인하기에 사용될 수 있다(그림 8.2를 보자). 수 만개보다 적은 양의 메시지들은 노드엑셀 도구에 맞을 것이다.

- **폴더와 레이블에 의한 필터** - 특정한 폴더나 레이블이(예 : Gmail) 있는 메시지들만 포함한다. 사람들은 이메일을 내용물이나 프로젝트에 뜻이 있는 수집으로 정리하거나 표시하는데 노드엑셀에서는 특정한 폴더에서 찾을 수 있는 메시지로 제한시킬 수 있다. 간단한 핵심어를 통해 찾지 못하는 구체적인 프로젝트나 주제를 찾기 위할 때 폴더 필터링이 유용하게 쓰일 수 있다. 그림 8.3에서 보이듯이 '/Main Identity/imapgmail.com/2009'란 폴더 안에 있는 메시지들만 포함되어 있다. 메시지들이 다운로드 되고 색인이 되면 Window의 검색 기능이 이것을 통하여서 폴더의 전체적인 경로이름을 찾아낼 수 있다(그림 8.2를 보자).

- **기능들을 조합시킴으로 필터링 하는 것** - 수많은 필터링 옵션들은 예를 들어 중요한 사람들의 부분집합 사람들이 구체적인 핵심어를 중요한 시기에 보낸 메시지를 찾는 데에 복잡한 방법들을 종합시켜 찾을 수 있다. 더 고급스러운 필터링이 필요로 하다면 Mailbag Assistant 같은 고급스러운 이메일 관리 도구를 사용하여 원하는 메시지들을 위한 폴더를 만들고 폴더로 보내지는 것들을 제한할 수 있다. 이것은 고급 검색에 대한 문의들을 메시지를 발견하는 데에 사용할 수 있다.

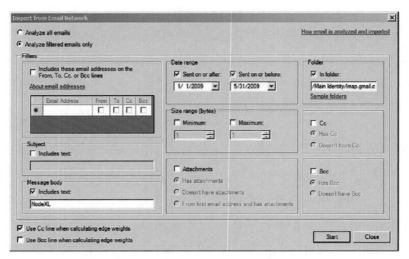

그림 8.3 노드엑셀 전자메일 네트워크에서 가져오기 대화상자에서 특정 폴더에 2009년 1월 1 일부터 2009년 5월 31일까지 'NodeXL'이라는 용어가 포함된 메시지만 포함하도록 필터링되었다.

소셜 네트워크 자료 세트에 포함된 메시지들을 필터링 하는 것 외에 노드엑셀은 To에 적혀 있는 주소 외에 Cc와 Bcc칸에 적혀 있는 것들을 통하여 모서리(Edge)의 무게를 계산할 수 있게 도와준다. 이것은 필터링으로부터 독립된 것인데 디폴트 설정으로는 To 칸에 적혀져 있는 주소들만이 포함된다. 그림 8.3에 보이는 대로는 Cc 칸도 모서리(Edge) 무게를 잴 때 포함되었지만 Bcc 칸은 포함되지 않았다.

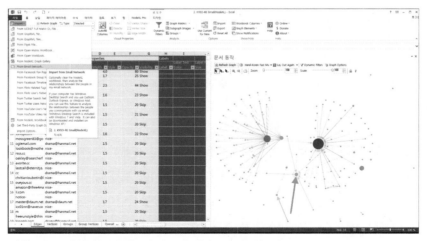

그림 8.3.1 아웃룩으로 표현된 이메일 네트워크를 노드엑셀로 불러들인 모습

그림 8.3.1의 화면에서 잘 보이진 않겠지만, 'Import → From Email Network' 메뉴를 선

택하면 그림 8.3의 화면을 볼 수 있고, 연구자의 의도에 따라 송신자, 수신자의 특정정보 선택, 이메일을 주고받은 기간의 설정, 특정 키워드 중심 검색 기능들을 활용할 수 있다.

그림 8.3.1은 앞서 아웃룩으로 표현된 학생의 이메일 네트워크를 불러온 것으로서, 그림 우측의 그래프는 노드간의 관계에 대해서 어느 정도 가공을 거친 상태이다. 초기의 그래프 구조는 복잡하며, 개별 노드간의 관계를 명확하게 판단하기 위해서는 Autofill Columns의 기능을 활용하여 연구자의 의도에 맞게 가공 및 수정할 필요성이 존재한다.[1]

8.6 노드엑셀에 있는
이메일 자료 정리하기

노드엑셀 안으로 이메일 자료를 보낸 후, 당신은 똑같은 사람의 반복되는 이메일 주소나 사람들이 자신의 메시지에 답장하는 경우 일어나는 self-referring loops도 정리할 것이다.

8.6.1 똑같은 사람의 반복되는 이메일 주소 지우기

노드엑셀로 이메일 자료를 보내는 것은 모서리(Edge)의 워크시트만 덧붙이는 것이다. 모서리(Edge) 목록에서 Show Graph나 Get Vertices를 선택하기 전에 당신은 똑같은 개인의 반복되는 이메일 주소를 결합시켜야 한다. 고급 실제 해결 소프트웨어 프로그램을 사용하지 않는 이상 이것은 수동적인 과정일 것이다.

제일 쉬운 방법은 Find and Replace Strategy(찾고 대신하는 방법)인데 이것은 엑셀과 워드 사용자에게 친근한 기능성을 사용하는 것이다. 이것을 효과적이게 하려면 당신은 Vertex 1의 알파벳순서로 정돈해야 할 것이며 이렇게 함으로써 사용자명이 똑같지만 다른 도메인인 주소들이 바로 옆에 있게 될 것이다. 그 다음 Find and Replace를 사용하여서 똑같은 사람의 주소를 똑같이 되게끔 변경을 해야 한다. Vertex 1에서 발견하지 못한 반복된 주소들을 Vertex 2에서 발견할 수도 있다. 자주 연락하는 사람을 찾기 위해서는 모서리(Edge) 무게로 열을 만들

---

1) 이메일 분석에 국한하여 고려할 경우, 개인 이메일 네트워크로 보이는 연결성은 미시적 연결을 살필 수 있으며, 가령 기업 관리자의 이메일 계정 정보를 얻을 수 있을 경우 해당 기업 네트워크의 소통방식을 파악하고 기업 커뮤니케이션에서 잘하는 점과 부족한 점을 찾을 수 있다고 보인다.

어서 제일 높은 모서리(Edge) 무게를 갖고 있는 자들이 반복되어 있지 않는지를 찾아보면 된다.

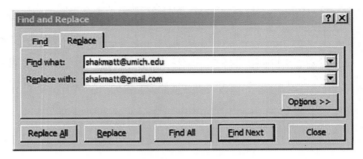

그림 8.4 Excel 2007 찾기 및 바꾸기 기능은 NodeXL Edges 워크시트에서 다른 전자메일 주소를 병합하는 데 사용된다.

ADVANCED TOPIC

반복되는 이메일 주소들을 합치는데 Lookup Table Strategy를 사용하는 것

　'Edges 워크시트'에 이메일 자료를 보냈으면, 당신은 Edge 목록에 있는 Prepare Data(자료 준비) 그리고 Get Vertices(꼭짓점 찾기)를 선택하여 'Vertex 워크시트'에 있는 특이한 이메일 주소들의 목록을 만들 수가 있다. 그 목록을 새로운 워크시트나 워크북에 복사하고, Original_Addresses라고 제목을 짓고, New_Addresses라는 새로운 열을 그 옆에 만든다. 원본 주소들에서 똑같은 사람의 반복되는 주소들을 찾았을 경우, 새로운 주소들 열에도 반복되게 한다. 그림 8.5에 Lookup_Addresses의 예가 보여 지고 있다.

　당신은 이제 VLOOKUP이란 기능을 사용하여 원본 주소들에 해당되는 새로운 주소들을 찾아볼 수 있고, 새로운 Edge 목록을 반복적인 이메일 주소 없이 만들 수 있다. 원본 Edge 목록을 'Edge 워크시트'로부터 복사하고 두 개의 새로운 열을 새로운 Edge 목록을 위하여 만든다. 새로운 Edge 목록 열들이 VLOOKUP 기능의 결과로 자동적으로 덧붙여질 것이다. 그림 8.5는 cell F9의 예를 보여주고 있다. VLOOKUP 기능은 Lookup_Addresses 테이블 첫 번째 열 안에 있는 cell D9에서 찾게된 원본 Vertex 1 주소들을 찾는다. 이 본보기에서는, cell A7에서 정확한 값을 찾는다. 다음 Lookup 테이블의 두 번째 열에 있는 가치로 돌아가는데, 이것은 cell B7에서 찾았던 것이다. VLOOKUP 공식 안에 있는 FALSE는 찾아지는 가치가 Lookup_Addrsses 테이블 첫 번째 열에 가치와 맞아야 한다고 밝혔다.

SUM			▼	f_x	=VLOOKUP(D9,$A$3:$B$8,2,FALSE)		
	A	B	C	D	E	F	G
1	Lookup_Addresses			Original Edge List		New Edge List	
2	Original_Addresses	New_Addresses		Vertex1	Vertex2	Vertex1	Vertex2
3	air-l@listserv.aoir.org	air-l@listserv.aoir.org		ben@cs.umd.edu	shakmatt@gmail.com	ben@cs.umd.edu	shakmatt@gmail.com
4	casci@umd.edu	casci@umd.edu		ben@cs.umd.edu	dlhansen@umd.edu	ben@cs.umd.edu	shakmatt@gmail.com
5	dlhansen@umd.edu	shakmatt@gmail.com		shakmatt@gmail.com	ben@cs.umd.edu	shakmatt@gmail.com	ben@cs.umd.edu
6	shakmatt@gmail.com	shakmatt@gmail.com		shakmatt@gmail.com	air-l@listserv.aoir.org	shakmatt@gmail.com	air-l@listserv.aoir.org
7	shakmatt@umich.edu	shakmatt@gmail.com		shakmatt@gmail.com	casci@umd.edu	shakmatt@gmail.com	casci@umd.edu
8	ben@cs.umd.edu	ben@cs.umd.edu		shakmatt@umich.edu	ben@cs.umd.edu	shakmatt@gmail.com	ben@cs.umd.edu
9				shakmatt@umich.edu	shakmatt@gmail.com	=VLOOKUP(D9,$A$3:$B$8,2,FALSE)	

그림 8.5 Lookup 테이블과 Excel=VLOOKUP ( ) 수식은 노드엑셀에서 중복된 전자메일 주소를 결합하는 데 사용된다.

똑같은 값을 찾지 못할 경우, 에러가 발생하는데 새로운 Edge 목록이 만들어지면 당신은 새로운 Vertex 1과 Vertex 2 열을 복사하고 Paste Special 기능(붙임)을 사용하여 새로운 워크북에 그들의 가치들을 붙이면 되겠다. 당신은 Vertex 1과 Vertex 2가 원본 자료와 똑같은 순서대로 있는걸 보장하기 위하여 원본 파일로부터 Edge 무게의 열을 복사하고 붙여야한다.

VLOOKUP 기능은 큰 파일들을 다룰 때 많은 양의 컴퓨터 자료들을 사용할 수 있으므로 이들이 계산이 되면 그들을 복사하고 Paste Special을 선택한 후 Values를 골라서 워크북에 변화가 있을 때 마다 컴퓨터가 매번 재계산 하지 않을 수 있게 할 수 있다. 노드엑셀을 사용할 때 쓸 수 있는 여러 가지의 VLOOKUP 기능들에 대해 배우려면 11장을 참고해야 한다.

8.6.2 반복되는 부분 합치기

똑같은 사람의 반복되는 이메일 주소가 한 개의 주소로 바뀌게 끔 'Edge 워크시트'에 업데이트를 했다면 당신은 어떤 이로부터 그 사람에게 보내진 수많은 메시지들로 표시된 다양한 Edge를 보게 될 것이다. 이처럼 반복되는 Edge를 이메일 주소들 사이에 많은 연결 줄 하나의 Edge로 '올리는' 것이 유용할 수 있다. 올려진 Edge는 목록에 주고받은 메시지 자료의 최종 숫자와 똑같은 무게를 갖고 있다. 어느 꼭짓점(Vertex)에 연결되어있는 모서리(Edge)는 특별하다고 여겨지기 때문에, 네트워크 메트릭이 정확하게 계산되려면 이 자료들이 올려지는 것이 매우 중요하다. 이메일 네트워크가 분석될 수 있게 준비하려면, 노드엑셀 메뉴 리본의 자료준비 섹션에 있는 Merge Duplicate Edges(반복된 모서리 합치기) 기능을 통해서 똑같은 사람들로 받은 반복되는 이메일 메시지들을 올릴 수가 있다. 이것이 반복되는 Edges를 올릴 것이며 Edge 무게들을 통계 내려 총 Edge 무게가 똑같을 수 있게 해준다. 그림 8.6은 그림 8.5에 A와 B열로부터 온 새로운 Edge 목록과 열 E와 F에 수동적으로 합친 버전을 보여주고 있다. 총 Edge 무게 열의 똑같은 것을 볼 수 있다.

	A	B	C	D	E	F	G
1	**New Edge List (Before Merge Duplicate Edges)**				**New Edge List (After Merge Duplicate Edges)**		
2	Vertex1	Vertex2	Edge Weight		Vertex1	Vertex2	Edge Weight
3	ben@cs.umd.edu	shakmatt@gmail.com	10		ben@cs.umd.edu	shakmatt@gmail.com	12
4	ben@cs.umd.edu	shakmatt@gmail.com	2		shakmatt@gmail.com	ben@cs.umd.edu	18
5	shakmatt@gmail.com	ben@cs.umd.edu	15		shakmatt@gmail.com	air-l@listserv.aoir.org	1
6	shakmatt@gmail.com	air-l@listserv.aoir.org	1		shakmatt@gmail.com	casci@umd.edu	4
7	shakmatt@gmail.com	casci@umd.edu	4		shakmatt@gmail.com	shakmatt@gmail.com	2
8	shakmatt@gmail.com	ben@cs.umd.edu	3			**TOTAL:**	37
9	shakmatt@gmail.com	shakmatt@gmail.com	2				
10		**TOTAL:**	37				

그림 8.6 노드엑셀의 중복 모서리(Edge) 병합 기능은 중복된 주소를 결합한 후의 효과. 자체 루프가 빨간색으로 표시된다.

가끔 사람들은 두 컴퓨터 사이에 파일을 나누고 싶거나 할일 목록처럼 자기 자신을 상기시키기 위하여 자기 자신에게 이메일을 보내기도 하는데 이러한 상황은 'Edge 워크시트'의 Vertex1과 Vertex2 열에 똑같은 주소 행을 만듦으로써 Self-Loop라는 현상을 일으키게 된다. 또한, 여러 개의 이메일 주소를 사용하고 반복되는 주소들을 지울 때에도 Self-Loop라는 현상을 일으키기도 한다. 그림 8.5의 아홉 번 째 행이 예가 된다. 많은 분석들에게는 이러한 셀프 루프들은 별로 중요하지 않고 자료를 보거나 네트워크 메트릭을 계산할 때에 거추장스러울

ADVANCED TOPIC

셀프 루프를 자동적으로 찾아내기

쉽게 셀프 루프를 찾아내려면, Self Loop라는 새로운 열을 만들고 '= Edges [[#ThisRow], [Vertex1]] = Edges [[#ThisRow], [Vertex2]]'라는 기능에 덧붙이면 된다. 만약 Vertex 1과 Vertex 2 열이 행과 똑같다면, TRUE라는 것이 반송될 것이다. 그렇지 않으면 FALSE라는 말이 반송되어질 것이다. 계산된 후에 당신은 Self-Loop을 찾기 위하여 열을 정리할 수 있다. 원한다면, 이들을 지우거나 Visibility(선명도) 열을 사용하여 건너뛸 수도 있다.

수도 있다. 당신은 그림 8.6에 있는 빨간 짝 같은 셀프 루프 Edge를 반복되는 Edge를 합친 후 추가된 단계로 치우는 게 좋다.

8.7 개인 이메일 네트워크 분석하기

개인 이메일 수집들을 어떻게 분석할 수 있는지의 예로 두 개의 프로젝트를 보여줄 것이다. 이 두 가지 이러한 시나리오를 바탕으로 사용되었다.

시나리오 - 당신이 감독해야 할 새로운 직원이 다음주부터 일을 시작하게 되었다. 그는 당신을 잘 알지 못하고, 이 회사에도 새로운 사람이다. 새로운 직장에 그가 잘 적응할 수 있게 당신은 당신이 일하는 사람들에 대한 개요와 그들의 관계를 간단히 적어주고자 한다. 당신은 두 가지의 시각화된 네트워크를 만들고자 결정을 내렸고, 한 가지는 당신의 모든 연락처의 개요가 적혀져 있고, 또 한 가지는 그 사람이 같이 일하게 될 직장 집단에 대한 자세한 부분들에 대한 것들이 적혀져 있다.

그 다음 사례에서는, 신입 사원은 메릴랜드 대학 iSchool의 조교수인 Derek Hansen과 함께 일하게 되는 박사 과정 학생이다. 그 학생은 연구원들과 함께 일하면서 노드엑셀을 검토하고 시험하게 될 것이다. 개인정보 보호 같은 이유 때문에, 이 섹션에 분석된 인터넷 네트워크는 공공적으로 알려지지 않는다. 당신은 당신의 이메일 자료를 비슷한 시나리오를 마음에 두고 분석하게끔 권장되고 있는데 이 섹션은 Microsoft Search가 그 전 섹션에서 말한 것처럼 이미 당신의 이메일을 색인했다고 예상한 채로 써진 것이다.

8.7.1 시각화된 이메일 개요 만들기

• 1단계: 노드엑셀로 자료를 가져온다.

몇 달 간 보내진 모든 이메일은 가져온다. 당신이 알고 있는 사람이 한 달 넘게 연락을 하지 않았더라도 이것은 당신의 활동적인 이메일 연락처를 수집하는데 도움이 될 것이다. 데이터 메뉴에 있는 Import From Email network라는 기능을 사용하여서 날짜 범위로 필터한다(2009년 5월 1일에서 2009년 5월 3일 사이). 더 포함하려면 'Use Cc line when calculating edge weights'라는 칸을 체크한다. Derek의 자료 세트는 Edge의 총 무게가 6763인 2477개의 Edge가 만들어졌다(이 말은, 2477짝의 이메일 주소들로 부터 6763의 메시지들이 오고 갔다는 말

보내고 받은 총 메시지 수 계산

다음은 'Edge 워크시트'의 모서리(Edge) 무게 데이터를 기반으로 'Vertex 워크시트'의 각 개인에 대해 보내거나 받는 모든 메시지를 합계하는 공식이다.

- **Sent [2]** : 각 사람에 대해 보낸 메시지의 총수를 계산한다.

  =sumif(Edges[Vertex 1],Vertices[[#This Row],[Vertex]],Edges[Edge Weight])

- **Received** : 각 사람에 대해 수신 된 총 메시지 수를 계산한다.

  =sumif(Edges[Vertex 2],Vertices[[#This Row],[Vertex]],Edges[Edge Weight])

다른 공식을 사용하여 개인이 보내거나 받은 총 메시지 수와 보낸 메시지의 비율을 계산할 수 있다:

- **Total** : 각 사람에게 보내거나받은 총 메시지 수를 계산한다:

  =Vertices[[#This Row],[Sent]]+Vertices[[#This Row],[Received]]

- **% _ Sent** : 수신된 모든 메시지의 백분율을 계산한다:

  =Vertices[[#This Row],[Sent]]/Vertices[[#This Row],[Total]]

이다).

• 2단계: 자료 정리

이것은 형식적인 분석이 아니기 때문에 똑같은 사람의 이메일 주소를 합칠 때에 Find and Replace 방법을 사용할 수도 있다. 그렇게 하고 반복된 Edge를 합친다. 이것은 2477개의 Edge를 2416개로 올릴 수 있다. 어느 자료도 잃어버리지 않도록, Edge 무게 열이 합치기 전의 합계와 같은지 체크한다.

---

[2] 전자메일 데이터를 가져올 때 '모서리(Edge) 무게를 계산할 때 cc : 행을 사용(혹은 bcc : 행 사용)'이 선택되면 다른 사람이 받은 당신이 보내는 메시지의 수를 제공한다. 즉, 한 사람이 두 사람에게 한 메시지를 보냈을 경우(그중 한 명은 cc행에 있어), 한 메시지만 작성했더라도 총수는 2가 된다.

• 3단계: 자료 필터하기

중요한 관계에 더 집중할 수 있게, 드문 이메일 대화들은 지우는 것이 좋다. 엑셀 자료와 데이터 정렬(Excel Data & Sort) 기능을 사용하여서, Edge 무게 열을 큰 것으로 부터 작은 것으로 분리한다. 가치들은 낮은 Edge 무게에는 많은 연결이, 그리고 높은 Edge 무게에는 적은 연결을 보이는 비대칭 분포를 보일 가능성이 있다. 제일 연결 줄이 적은 것을 자르는 부분을 지목해서 삭제 한다. 6장에서 배운 것처럼 적절한 자르는 선을 찾기 위하여 Dynamic Filters란 기능을 사용하는 것이 좋다. 예를 들면, Derek의 자료들 중에서 5보다 작은 Edge 무게가 지워진다면, 중요한 인물들은 그래도 남아 있지만 Edge의 총 숫자가 286으로 줄어들고 이것은 본래의 Edge보다 12%나 줄어든 숫자이다. 사용자는 수동적으로 행을 지울 수 있으며 그럴 경우 사용자의 자료는 더 관리하기 쉬운 사이즈가 되지만 나중에 할 분석에 필요한 몇 가지의 자료를 잃을 수도 있다. 예를 들면, 한 사람이 보낸 모든 메시지의 숫자를 계산 한다면, 드문 메시지를 지울 경우 받은 메시지의 숫자가 정확하지 못할 것이란 뜻이다. 그러므로 Autofill Columns 기능을 통하여 자르는 선 밑으로 Edge 무게를 Skip하는 것이 더 나을지도 모른다. 이렇게 함으로써 워크북 안에 있는 자료는 남기지만, 그래프를 보여줄 때나 네트워크 메트릭을 계산할 때에는 사용하지 않게 되는 것이다.

• 4단계: 그래프 메트릭 계산하고 새로운 행을 추가하기

다음으로, 'Vertex 워크시트'를 각각의 꼭짓점(Vertex)과 이메일 소셜 네트워크 그래프를 덧붙여줄 Show Graph를 선택한다. 자료 분석의 그 다음 단계는 모든 그래프 메트릭 계산하는 것인데 당신은 추가의 행을 더함으로써 사람들이 당신과 갖고 있는 관계, 그들의 장소, 혹은 그들의 소속같이 사람들의 속성을 표시할 수 있다. 공식들을 고급 주제에서 말한 것처럼 받거나 보낸 모든 메시지들을 계산하는 사용할 수 있다.

• 5단계: 이메일 소셜 네트워크를 시각화하기

그 다음 단계는 메트릭과 새로운 행들을 디스플레이 속성으로 시각화 시켜서 보여주는 것이다(4장 참조). 색깔, 투명도, 모서리(Edge) 무게 너비, 그리고 장소 같이 많은 디스플레이 속성들은 메시지, 관계, 그리고 저자 같은 자료 속성들을 보여주는데 사용될 수 있다. 속성의 보여주기 위한 최상의 자료 속성 도표화를 선택할 때에는 시행착오가 분명히 필요하다. 'Vertex 워크시트'에 있는 당신의 이메일 주소가 있는 행을 Skip으로 수동적으로 Visibility 행으로 설정하며 당신의 이메일 주소를 보여주거나 보여주지 않는 꼭짓점(Vertex)을 사용하는 소셜 네트

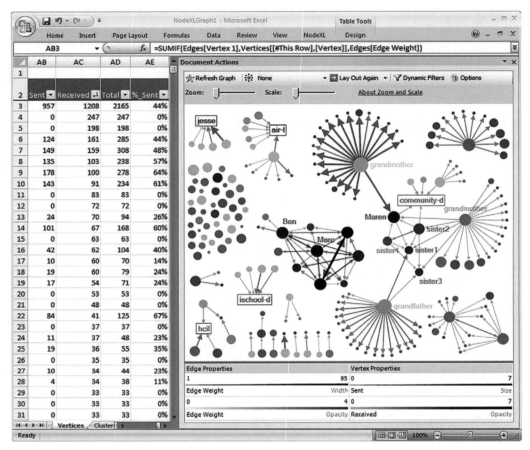

그림 8.7 2009년 5월 Derek Hansen의 전자메일 네트워크는 5개 이상의 메시지(Edge Visibility 〉 4)와의 연결만 표시한다. 크기는 보낸 전체 메시지의 로그 (1.5 ~ 3.5)를 기반으로 한다. 불투명도는 총 수신 메시지 수 (30 ~ 100)의 로그를 기반으로 한다. 모서리(Edge) 가중치는 모서리(Edge) 너비 (1 ~ 4)에 매핑되고 모서리(Edge) 가중치의 로그는 모서리(Edge) 불투명도 (10 ~ 70)에 매핑된다. 모양이 전자메일 목록의 레이블로 설정된다. Ben Shneiderman과 Marc Smith는 모양이 디스크로 유지되도록 레이블이 지정된다.

워크 그래프를 보는 것이 좋다. 그림 8.7은 Harel-Koren Fast Multiplex 레이아웃과 수동적으로 꼭짓점(Vertex) 자리를 위치한 후에 Derek의 네트워크를 보여주고 있다.

Derek의 이메일 주소와 연결성이 보이지 않고 있는데, 이러한 이유 때문에 그의 그래프는 덜 어수선한 것이고 별개의 그룹들을 강조할 수 있는 것이다. 허나, 이것은 그가 누구랑 많이 대화하는지, 그리고 그의 대화에 흐름 같은 정보를 숨기고 있다. 개인의 이메일 주소와 이름들은 개인정보 보호 차원에서 화면에 보이지는 않는다. Derek은 이메일 주소를 보이게끔 툴팁을 사용할 수도 있고, 그의 새로운 박사 학위 학생에게 파일을 제공해 주면서 그 학생이 이메일 주소로 꼭짓점(Vertex)을 그릴 수 있게 해줄 수 있다. 박사 학위의 학생이 같이 일할 것 같은 이들을 선택한 프린트된 버전이 만들어 질수도 있다.

• 6단계: 소셜 네트워크 시각화와 메트릭 자료를 이해하는 것

그래프를 분석하고 자료를 첨부하는 것은 그 전에 했던 질문들에 대한 답을 할 수가 있게 된다.

- **개인들** – 네트워크 안에 중요한 인물들은 누구일까? 그래프를 통해서 Derek의 사회 네트워크에서 중요한 역할이 되었던 사람들을 찾아볼 수 있는데, 이것은 누가 많은 양의 이메일을 보냈는가(많은 꼭짓점(Vertex)) 누가 많은 양의 이메일을 받았는가(더 짙게 표시된 꼭짓점(Vertex)) 누가 다른 그룹들에게 퍼져 나갔는가 그리고 누가 팀 안에 있는가를 볼 수 있다. 스프레드시트 자료에 엑셀 자료와 데이터 정렬(Data & Sort) 기능을 사용하는 건 중요한 인물들을 찾는 데에 효과적인 방법이다. 레이블링은 이메일 목록을 보여주는데 사용되었고, 이것은 수많은 사람들에게 이메일을 받지만 절대 보내지는 않는 독특한 특성을 갖고 있다. 그리고 많은 개인들이 이 그래프와는 연관이 안 되어있는 이유가, 그들은 Derek에게 직접 이메일을 보내고 그로부터 직접적으로 이메일을 받기 때문이다. 크고 옅은 색깔은 스팸 메일을 보내는 자일 가능성이 높으며 그 이유로는 그들은 메시지들을 많이 보내지만 답장을 받진 않기 때문이다. 반면에 작고 어두운 이들은 무반응의 수령인 일수도 있는 이유가, 그들은 많은 메시지들을 받지만 좀처럼 답장을 하진 않기 때문이다. 크고, 어두운 동그라미는 Derek이나 다른 동료들과 연락을 많이 하는 이를 표현하고 있다.

- **그룹들** – 어떠한 자연적인 조직관계가 존재하고 있을까? 현재까지 연결되어 있는 하위 집단은 Ben과 Marc가 있는 그룹인데, 이들은 이번 달에 글을 작성하고 있던 노드엑셀 팀이었다. 크고 작은 것으로 집합계수로 정렬하면 팀 구성원이 모두 전자메일 교환을 통해 서로 연결되기 때문에 이러한 개인을 식별하는 데 도움이 된다. 그 이유로는 팀 멤버들은 모두 서로에게 이메일을 주고받음으로써 연결이 되어있기 때문이다. 제일 큰 요소는 Derek의 가족과 친구들을 포함한 하위집단이다. 상호 연락된 그룹들은 Derek의 네 명의 여동생/누나들 그리고 아내인 Maren을 표시하고 있고, 모든 가족들에게 정규적인 소식을 보내는 할머니 할아버지 댁도 표하고 있다. 레이블이 안 된 다른 그룹들은 여러 개의 직장집단이다.

- **시간적 비교** – 이 소셜 네트워크 그래프는 이메일 연결 활동에 단지 한 달을 찍은 것이다.

다른 기간의 비슷한 소셜 네트워크 그래프를 비교하는 것은 다른 변화를 보여주며 흥미로운 변화 및 안정성 패턴을 보여줄 수 있다. 예를 들면, 노드엑셀 팀에 새로운 멤버가 들어오면서 연결된 새로운 이메일 주소가 보일 수 있는데, 이 새로운 멤버가 현재 고립되었던 개인들과 연결이 될 수도 있는 것이고, 보내고 답송하는 구조 또한 바뀔 수 있는 것이다.

- **구조 패턴** - 높은 수준에서는, 이 그래프는 동료들과 학생들과의 사이에서 일대일 관계가 많이 형성되고 있는 어떤 한 교수의 인생을 표현한 것이다. 이것에는 짙게 연결된 한 그룹이 있고 계속되는 대화가 가족 멤버들 사이에 일어나고 있다.

분석가나 큰 회사의 회계사의 비슷한 그래프가 완전히 다른 그룹들에게 보내는 메시지들 때문에 완전히 달라 보일 수 있다. 이 네트워크 그래프에 자주 보이는 한 가지 뚜렷하게 알아볼 수 있는 구조 패턴은 꼭짓점(Vertex)을 둘러싼 부채꼴 모양인데 이 부채꼴 구조 중심에는 메시지를 조금만 받고 많이 보내는 사람들을 표한 크고, 연한 색깔의 꼭짓점(Vertex)이 있다. 이 중심은 많은 답장을 받을 수는 있지만 Derek을 통하여서 받은 건 아니기 때문에, 아마도 사람들이 답장을 했더라면 Reply를 통해서 답을 했고, Reply to All이란 기능을 사용하지 않았을 것이다.

8.7.2 전문주제 네트워크 이메일 그래프 만들기

• 1단계: 이메일 소셜 네트워크 자료를 노드엑셀로 가져오기

이런 경우 우리는 특정한 주제를 논하는 메시지들만 포함하고 싶다. 그렇게 되면 누가 어떤 주제에 대해 아는지와 그들이 서로에게 어떻게 연관성이 있는지를 볼 수 있게 된다. 예를 들어, 우리는 Derek이 이메일을 주고받은 자 중에 누가 'NodeXL'에 대해 알고 있는지에 대해 알고 싶다면 **그림 8.3**은 5개월의 기간 동안 'NodeXL'이란 단어가 들어가 있는 메시지들만 Import From Email Network 창에 나타나게 한 것을 보여주고 있다.

• 2단계: 자료 정리

똑같은 사람의 반복되는 이메일 주소를 합치는데 전에 썼던 방법들을 쓰고 반복되는 Edge를 합친다. Derek의 자료 세트에선 388개의 서로 다른 Edge와 181개의 특이한 꼭짓점(Vertex)이 있다. 한 Edge의 투명도는 수동적으로 'Skip (0)'으로 설정되었는데 그 이유는 이

Edge가 셀프루프였기 때문이다.

• 3단계: 그래프 메트릭 계산하고 새로운 열을 추가하기

이 예처럼 적은 연결성이 있을 때, 자료 필터링 전에 메트릭 계산하는 것과 열을 추가하는 것이 가능하다. 모든 메트릭 계산하고 그전 본보기처럼 'Vertex 워크시트'에 똑같은 새로운 열들을 추가한다.

• 4단계: 자료 필터하기

연결성이 별로 없다면 다이나믹 필터를 사용하여 자르는 점을 찾는 것도 좋은 방법이다. 'NodeXL'이란 주제에 대해 제일 많이 알고 있는 사람에게 집중을 하고 싶다면, 낮은 Edge 무게나 메시지를 많이 보내지 않는 사람들을 걸러낸다. 단단히 연결된 꼭짓점(Vertex) 무리에 집중을 하고 싶다면, 그룹에 단단한 무리로 소속해져 있는 사람은 다른 사람들이 보내고 받는 메시지에 묻어가는 것이기 때문에 들락거리는 사람들을 걸러낸다. 그림 8.8은 다이나믹 필터링 전과 후의 노드엑셀 이메일 네트워크를 보여주고 있다.

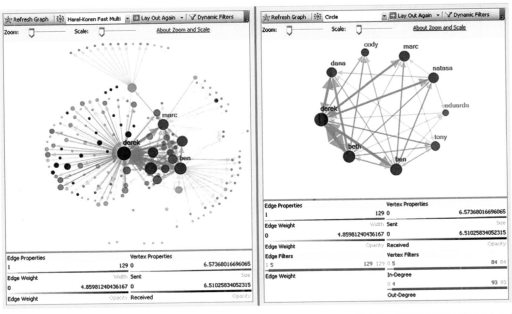

그림 8.8 Derek의 개인 메일 메시지 네트워크에 대한 NodeXL 시각화는 "NodeXL"이라는 용어가 5개월 동안 보내거나 받은 메시지로 제한된다. 동적 필터 적용 전후에 표시된다. 크기는 보낸 총 메시지의 로그에 매핑되며 불투명도는 총 수신된 메시지의 로그에 매핑된다. 모서리(Edge) 너비 폭 및 불투명도가 모서리(Edge) 무게를 표현한다.

• 5단계: 네트워크를 그려보는 것

그림 8.8은 최솟값과 최댓값에 조금의 변화만 준 채로 그림 8.7에 사용된 비슷한 자료 매핑을 보여주고 있다. 주요 다른 점은 Derek과 그의 연결된 사람들이 포함됐다는 것이다. 이것은 그래프에 어수선하게 채우기도 하지만 5개월 기간 동안 Derek이 같이 가장 많이 일한 사람들에 대한 정보를 보여주고 있다. 예를 들면, 그림 8.8의 필터된 그래프는 그가 같이 일한 두 명의 박사 학위의 학생인 Dana와 Beth, 그리고 같이 Maryland에 배치되고 그의 절친한 협동자인 Ben과 많은 대화를 나눈 것을 볼 수 있다.

• 6단계: 네트워크 시각화랑 자료를 이해하는 것

첫번째 그래프에 대한 해석은 그림 8.7과 비슷하지만 여기서의 연결은 'NodeXL'이란 단어가 들어있는 메시지들만 표시한 것이다. 그러므로 그 전 그래프에서 중요했던 인물들이 이 그래프에선 보이지 않았고, 어떠한 이들은 그 전 그래프보다 이 그래프에서 더 중요한 인물로 여겨졌다. 이러한 변화에도 불구하고, 분명한 비슷한 점이 있는데, 그림 8.7에 있는 중심보다는 메시지를 더 많이 받았겠지만, 이 그래프의 중심은 아직도 뚜렷하게 보이고 있다. 그림 8.7에서 보이는 똑같은 그룹의 개인들이 보이고, 이 멤버들은 노드엑셀 팀이기 때문에 이메일 내용에 'NodeXL'이란 용어를 많이 쓰기 때문에 그렇다.

8.8 조직 이메일 네트워크를 통해서 현재 사용되는 조직도 만들기

기업들은 통신 네트워크에 의존하여 활동한다. 휴대폰, 이메일, 달력, 웹보드, 토론 목록, 블로그, 위키, 상태 업데이트, 인스턴트 메시지, 채팅, 그리고 파일 나누는 조합은 아이디어, 다큐멘트, 스케쥴 그리고 자료를 나누는데 사용된다. 이러한 수집된 데이터의 연결성에 대한 패턴을 분석하는 것은 조직의 구조와 다이내믹에 대한 중요한 정보들을 보여줄 수 있다. 예를 들면, 직원이 다른 직원에게 이메일을 보냈을 때, 이 두 사람을 연결시키는 링크가 생기는데 그 뿐만이 아니라 그들의 조직적 그룹과 부서들도 연결시킬 수 있는 것이다. 이러한 연결 줄들은 '조직도'에 흔하게 보이는 나뭇가지들을 가로 자른다. 대부분의 기업들과 시설들은 그룹에 있는 사람들이 한 명의 매니저에게 보고하고, 그 매니저는 그 위에 있는 매니저에게 보고하는 계급 제도로 편성되어 있다. 이러한 연결 줄들은 계속 반복되어서 마지막으로 기업의 제일 높은 위치에 있는 사람에게 가는 것이다. 그렇게 해서 나무나, 나뭇가지의 피라미드를 만들며 전통적인 조직도를 구성하게 되는 것이다. 허나 이러한 나뭇가지 끝에 있는 '나뭇잎' 그룹은 다른 그룹에 직접적으로 연결이 되어 있으며, 그룹 내의 메시지를 전달하는 고리를 통과 하지 않는다. 기업 연결 줄의 네트워크에 대한 지도는 조직을 통한 연줄이나 흐름의 대한 정보를 보여주는 조직도의 대안 방법이다.

기업의 소셜 미디어 네트워크 자료를 추출하는 것은 사소하지 않고, 일반적인 사업에 많은 부분의 합동을 필요로 하는 것이다. 기업 이메일 시스템 관리자의 도움은 이메일 교환에 대한 기록에 접근하는데 매우 중요하다. 조직 구조에 대한 정보는 다른 기업의 디렉터리 시스템에 저장되어 있으며, 이것에는 각각의 직원에 대한 정보가 있는데, 그들의 직책, 물리적 위치, 등급, 그리고 보고하는 구조에 대해 나와 있다. 이 두 시스템으로부터 정보를 추출하는 것은 독특한 직원 혹은 이메일 주소 찾기는 다른 자료들과 합동 될 수 있지만, 이러한 정보를 따로 관리해 온 기업들에게는 힘이 들 수도 있다. 개인정보 보호, 경비, 그리고 법적인 문제들이 나올 수 있으면, 많은 관할권 때문에 이러한 문제들에 대해 잘 대응해야한다. 실적성과 자료를 네트워크 정보에 맞출 수 있으면 좋겠지만, 항상 실현 가능한 일이 아닌 이유가 개인정보 보호 문제들 때문인데, 여러 개의 정보 시스템에서 나오는 자료는 Edge 목록같이 바로 쓸 수 있는 유용한 네트워크 분석을 찾는 것은 희귀하고, 에러와 불일치한 정보를 제거해야 만 한다. 이러한 문제점이 있지만, 많은 기업들이 소셜 네트워크 자료와 조직 이메일 네트워크 자료 그리고 조직 디렉토리 정보를 합침으로써 조직 통신 패턴을 볼 수 있게 도와주고 있다.

8.8.1 TechABC의 조직 이메일 네트워크

이 섹션에서는 당신은 TechABC라 불리는 큰 글로벌한 기술 기업의 이메일 트래픽의 샘플을 분석하게 될 것이다. 이 기업은 100,000명이 넘는 직원들을 12개 나라의 수백 개의 지역에 왔다. 직원들은 평균 15명의 멤버가 있는 약 10,000개의 조직 단위에 포함되는데, 조직 이름은 가명을 쓴 것이다. 개인정보 보호 때문에 그 자료 전체를 제공할 수가 없다.

조직 단위의 각각의 사람들은 자신의 유닛 안에 있는 사람과 다른 유닛의 사람들에게도 이메일을 보내고 받고 있다. 이러한 정보는 조직 이메일 서버에 기록 되어 있으며 일주일치의 양이 추출되었다. 직원이 다른 직원에게 To, Cc, 혹은 Bcc에 적어서 보낸 Edge 목록을 위한 폴더가 생성되었다. 직원 개인에 대한 정보는 지워지고 그들의 개인정보 보호 차원에서 그들이 속한 조직 단위의 이름이 대신 들어갔다. 정보는 그 때 모두 합쳐졌고, 이로 인해서 한 부서로 부터 다른 부서로 보내진 메시지 숫자를 표한 Edge 무게가 만들어졌다. 이 과정은 같은 유닛에서 보내진 메시지는 셀프루프로 표시하였다. 똑같은 유닛 안에서 교환된 메시지 숫자도 유용할 수 있지만, Edge 목록에 넣는 것 보다 'Vertex 워크시트'에 결과적인 자료로 넣는 것이 최선일 것이다.

8.8.2 TechABC의 자료를 정규화하고, 필터링하기

기업 네트워크의 전체적인 그래프는 정보가 너무 많고 밀도가 너무 높다는 가능성이 있다. 예를 들면, TechABC의 raw(가공되지 않은) 보낸 이메일 네트워크는 백 삼십만의 Edge와 10,000의 꼭짓점(Vertex)을 포함시켰는데, 필터링하는 과정과 선택적인 전시는 구조를 이해하기 힘들게 하는 네트워크의 부분들을 없애버리는 데 필요한 것들이다(6장 참조). TechABC 같이 큰 자료를 대상으로 일하는 거라면, 당신은 엑셀의 용량 제한 때문에 Microsoft Access 같은 데이터베이스 프로그램을 사용하여 필터링을 하는 것이 좋다.

흔한 Edge 필터링 기술은 한계점 밑에 있는 연결점을 다 없애므로 드문 연줄을 다 잘라버리고 기업의 핵심 골격 구조를 보는 것이다. 제일 쉽게 사용할 수 있는 한계점은 유닛 사이에 보내진 raw 메시지들인데, 조직 내의 유닛의 크기들이 다르기 때문에 유닛 크기가 작아서, 직원이 작은 유닛들에게는 불공평한 것이다. 이 불공평한 차이 때문에 당신은 각각의 직원이 보낸 메시지를 바탕으로 새로운 Edge 변수를 만들어서 자료를 정규화해야 한다. 당신은 보내는 유닛, 받는 유닛, 아니면 두 개의 조합의 FTE의 숫자를 사용할건지 정해야 한다. 그림 8.9에서 보여준 그래프에는 한 주에 보내진 FTE마다 50개의 메시지보다 적게 보낸 Edge를 지웠다. 이 방법은 보내는 혹은 받는 유닛에 중도한 Edge이면 보관을 한다. 결과적으로 TechABC 네트워크는 2303개의 모서리(Edge)와 2267개의 꼭짓점(Vertex)을 포함하고 있는 것이다. 그림 8.10은 비슷한 방법을 사용하지만, 부분 집합에 더 집중을 하고 있기 때문에 한계점이 한 주에 FTE마다 10개의 메시지로 줄어들었다.

당신은 한 유닛에서 다른 유닛에게 보내진 메시지를 숫자를 계산할 때 보내진 모든 메시지를 퍼센트로 써서 자료를 정규화 시킬 수 있다. 이런 방법은 유닛의 전체적인 이메일 사용 패턴의 다른 점들을 고려하고 있는데, 예를 들면, 이것은 한 유닛에 메시지를 보내는 것은 보내는 유닛의 전체적인 퍼센트에는 적은 숫자이기 때문에 한 유닛으로부터 보내진 기업 소식에 대한 Edge는 없애버리는 것이다. 그전 보는 것처럼, 당신은 보내거나 받는 유닛의 전체적인 메시지가 분모로 셀 것인지 아님 두 개의 조합으로 사용할지 정해야 한다.

자료를 필터링하는데 쓸 수 있는 다른 방법들은 또 다른 이해로 인도 해줄 수 있다. 예를 들면, 약한 연결 줄만 보여주는 것은 잘 알려지지 않은 연결 줄을 보여 줌으로 기업의 연결 줄들을 어떻게 개선해 나아갈지 강조할 수 있게 된다. 조직 유닛의 특성은 네트워크 그래프를 필터하는데 도움이 되는데, 이것은 큰 그래프의 세부 항목을 확대하는데 도움을 주고 있다. 예를 들면, 당신은 특정한 부서나 비슷한 임무를 갖은 부분에 집중을 할 수 있다. TechABC의 연구 유닛 연결 줄을 자세히 보는 두 번째 예에서 이 방법을 다시 볼 것이다.

8.8.3 TechABC의 통신패턴에 대한 개요 만들기

당신은 구체적인 부서나 그룹에 대한 분석을 시작하기 전에 조직의 이메일 통신의 그래프에 대한 개요를 만드는 것이 좋다. 그래프 개요는 크기 때문에 읽기가 어려울 수도 있지만, 이것들은 메트릭 속성을 분열하고 중요한 유닛을 찾아내고, 꼭짓점(Vertex)을 강조하고, 그래프에서 연결성을 보여주고, 중요한 부분에 다이내믹한 필터를 사용하여 더 집중할 수 있도록 도와주고, 이러한 이유 때문에 동력학적으로 탐구할 때 좋다. 그림 8.9에 필터가 많이 된 TechABC에 대한 개요가 보이고 있는데, FTE당 50개 이상의 메시지인 Edge만 보이고, 주된 요소의 필터링만을 보여주고 있다. 이것은 기업의 중추라고 보면 될 것이다.

이 그래프와 첨부 자료는 기업에 대한 흥미로운 이야기를 해주고 있는데 전체적으로, 드물고, 크다. 이유는 우리가 높은 한계점을 골랐기 때문이다. 그래프 밀도는 매우 낮다. 이 뜻은 다른 유닛은 오로지 한 개나 두개의 유닛과 소통하고 있다는 것이다. 평균 측지거리는 10.2이고 최대 측지 거리는 29이며, 이 두 결과는 꽤나 높은 편이다. 낮은 한계점에서 높은 점수가 나온다면, 그것은 기업의 다른 방면에 있는 유닛과는 소통이 잘 안 되는 것이다. 기업의 목표는 다른 그룹과 연결성을 늘리는 것이 될 수도 있다. 예를 들면, 많은 기업들은 '실행 공동체'라는 것을 만들어 다른 조직그룹에 있는 사람들끼리 공통점이 비슷한 사람들끼리 모아둔 그룹을 만들고 기업 안에 연결성을 늘리고 싶다면, 네트워크 밀도를 올리고 지름을 줄이는 것이다.

글로벌 추세를 보는 것 외에, 기업의 각각의 유닛의 역할을 보는 것도 가능하다. 그림 8.9에서 보여준 것같이 많이 필터된 그래프도 많은 중심을 갖고, 빽빽하게 연결되어 있는 무리를 보고, 그리고 다른 유닛들 사이에게 연결 다리가 되어주고 있는 그룹을 찾을 수도 있다. 그들의 네트워크 위치로 부터 만들어지는 특별한 가치를 보여주는데, 많은 유닛과 연결되어 있는 조직적 유닛들은 IT 매니지먼트나 도서실 서비스처럼 기업의 많은 부분에 연류되어 있는 그룹일 것이다.

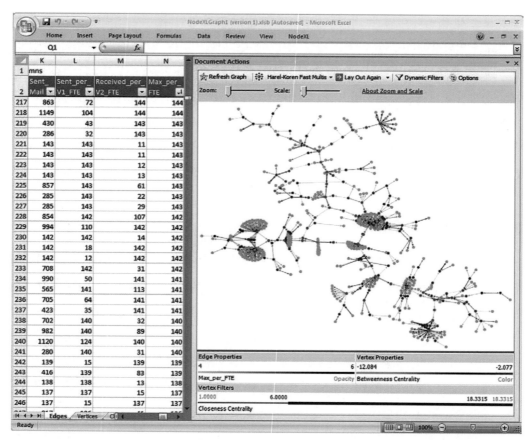

그림 8.9 TechABC의 조직 단위 이메일 네트워크 '백본(backbone)'. 단위(즉, FTE 당 50개가 넘는 메시지를 교환하는 사람들) 사이의 높은 트래픽 연결에 중점을 둔다. 색상은 다리 중심으로 중요한 역할을 하는 녹색 꼭짓점(Vertex)과 중간점으로 매핑된다. Edge 불투명도는 FTE 당 메시지에 매핑된다. 동적 필터는 낮은 중심성을 가진 필터를 제외시키는데 사용되었는데, 이는 큰 구성 요소의 일부가 아닌 모든 꼭짓점(Vertex)을 필터링하는 트릭이다.

연결은 잘 안되어 있지만 매개 중심성이 높은 그룹들은 조정 기능이 있을 가능성이 높고, 그리하여 여러 개의 그룹 사이에서 정보를 연결해주는 다리 역할을 하고 있을 가능성이 높다. 한 그룹에 고립된 그룹이나 무리들이 한 개나 몇 개의 다른 그룹에게 전문적인 기능을 있는 그룹일 수도 있다. **그림 8.9** 같은 네트워크를 분석하는 것은 비슷한 기능을 하는 유닛들이 누구 인지 볼 수 있게 도와주고 다른 메트릭에 어떻게 비교되는지 볼 수 있으며, 이로 인해 추가 연결로 혜택을 볼 수 있는 그룹을 찾아낼 수 있게 도와준다.

8.8.4 TechABC의 부서분포 검토해보기

그림 8.9와 같은 개요 지도는 도움을 줄 수가 있지만, 이것은 너무 난잡할 수도 있고 큰 기업의 자세한 정보들을 과하게 필터처리 할 수도 있다. 확실한 정보를 얻으려면 같은 목적을 가지고 있는 유닛들이 네트워크 세부 항목들에게 집중을 해야 할 것이다. 이 섹션에서는 TechABC 안에 어떤 연구 임무를 맡은 조직적 유닛을 보게 될 텐데, 이들은 Microsoft Excel의 검색 기능을 통하여 조직 유닛 이름 안에 '연구'가 들어가 들어있는 유닛들을 찾는다.

당신은 네트워크 분석을 당신의 선택 기준에 맞는 핵심 유닛으로만 제한할 수 있다. 하지만 핵심 유닛에 연결된 모든 유닛을 포함하는 게 더 많은 정보를 얻을 수 있다. 예를 들면, **그림 8.10**은 모든 연구 유닛과 그들이 받거나 보낸 메시지까지 포함하였는데, FTE 마다 10개의 메시지의 한계점이 유닛들의 다른 크기를 구별하기 위해 사용이 되었다. 이것은 연구 유닛에만 집중이 되어 있기 때문에, 비조사 유닛들의 관계를 보이지 않고 있다. 결과는 1.0도 연구 유닛 네트워크의 수집이다. 비슷한 그래프를 만들려면, 연구라는 새로운 행을 'Edge 워크시트'에 추가해야 한다. 만약 Vertex1 혹은 Vertex2 가 연구 유닛이라면 1을 쓰고 그러지 않으면 0을 써라. Edge Visibility Equal 그리고 Autofill Columns를 사용해 다른 Edge는 빼고, 이 Edge 만 1이 되게 해놓는다.

네트워크는 여러 개의 중요한 연결 다리 유닛들, 그리고 연결되지 않았지만 연결되어야하는 유닛들을 보여주고 있다. 예를 들면, 연구 유닛 Specific 6은 여러 개의 연구 그룹들을 직접적이거나 간접적으로 연결하는데 중요한 역할을 하고 있는데, 조직적 유닛은 Specific 10은 큰 Specific 2 유닛을 다른 연구 유닛에 연결 시켜주는 유일한 경로이기 때문에 중요하다.

위에 있는 General 17 같이 작은 유닛이지만 서로에게는 연결이 되어있지 않은 여섯 개의 다른 연구 그룹들에게 연결이 되어 있는 유닛처럼, 연결 다리가 되는 중요한 비연구적 그룹들이 있다. 이 작은 유닛은 중요한 역할을 맡을 가능성이 높고, 작은 크기가 직원 이직 때문에 피해를 입을 수 있으니 기업은 그룹의 기능을 지원하기 위한 추가 자원을 주는 것을 고려해야 할 것이다. 반면에, 이 네트워크는 Market Research 1과 2를 완전히 다른 요소로 보여주고 있다. 간접적으로라도 연결을 해주고 있지 않은 것이다. 전반적으로 몇 개의 연구 유닛이 서로에게 간접적으로 연결되어 있고, 이것은 직원을 바꾸는 것, 인턴쉽, 혹은 다른 나눌 수 있는 프로젝트를 통하여 증가한 교환의 가능성이 있을 수 있다. 여기에 다른 부서 간에 협동을 통하여 이익을 받을 수도 있다. 이것은 내용 전문가들이 분석할 수 있는 것이다. 통찰력은 기업에 대한 지식이 많이 필요하겠지만, **그림 8.10**은 이러한 해석을 통하여서 얻을 수 있는 몇 이익을 보여주고 있다.

비연구적인 유닛도 포함해 있다. FTE 마다 10개 혹은 더 많은 메시지들을 보낸 Edge만 포함 되어있으며, Edge 너비와 투명도는 raw 보낸 메시지에 의하여 포함되었다. 꼭짓점 (Vertex) 크기는 그룹 멤버들의 수대로 정해졌다. 분명한 끊긴 연결 줄과 중요한 주경 간 폭 연구 그룹들과 비연구적인 그룹들을 잘 살펴보아야 한다.

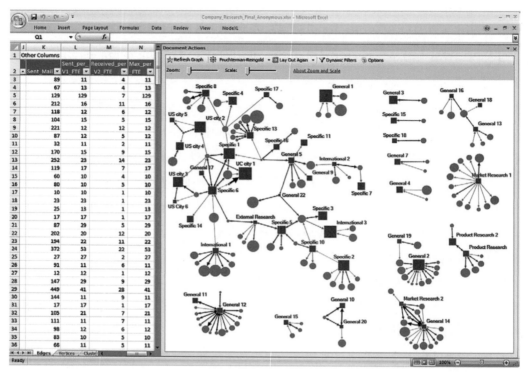

그림 8.10 TechABC의 조직 단위 네트워크로 연구 단위(밤색 사각형) 및 전자메일 교환을 통한 비 검색 단위(파란색 디스크)가 포함된다. FTE 당 전송되는 메시지가 10개 이상인 모서리(Edge)만 포함된다. 모서리(Edge) 너비(1-2) 및 불투명도 (40-100)는 원시 보낸 메시지를 기반으로 한다. 꼭짓점(Vertex) 크기는 그룹 구성원(FTE)의 수를 기반으로 한다. 연구 그룹(예 : SpeciC 6)과 비회원 그룹(예 : General 17의 바로 위에 있는 파란색 디스크)뿐만 아니라 일부 명백한 연결 해제 (예 : Market Research 1 및 2)

8.9 (엔론)이메일의 역사적 그리고 법리적 분석

앞에서는 기업에 대해 내부자의 관점에서 조직적 네트워크를 살펴보았다. 이번 섹션에서는 국외자의 관점에서 조직적 네트워크를 보고 소송에 관련된 이메일 말뭉치를 이해해야 할 것이다. 구체적으로, Enron 직원들이 받고 보낸 이메일 메시지의 부분 집합을 보게 될 것이다. 공공적으로 볼 수 있는 자료 세트인 원본은 약 50만 메시지를 포함하고 있고 Enron을 조사할 때 연방 에너지 규제 위원회(FERC)에 의하여 만들어 졌다. MIT, CMU, 그리고 SRI의 연구자들로부터 정리되고 영구적으로 접근 가능하게 만들어 졌다. 이 장에 있는 분석은 버클리에 있는 캘리포니아 대학의 학생들과 연구원들이 쓴 1700개의 부분 집합 메시지들에 의하여 써졌고, 이 메시지들은 오로지 일에 대한 메시지들만 보이게끔 필터링되었다. 이 메시지들은 사업에 연관된 메시지들에 집중했고, California Energy Crisis에 대한 토론도 포함되어 있다. 메시지들은 다운로드 되었고, 색인되었으며, 그 전에 말했던 방식을 통해서 노드엑셀로 보내졌다. 이 책의 웹사이트에서 이 섹션에서 보인 노드엑셀 파일에 해당되는 이미지를 다운로드 받을 수 있다. 분석은 Jeffrey Heer 의 연구에서 영감을 얻었다[4].

8.9.1 내용 네트워크를 사용하여 중요 인물들 찾기

사학자들과 변호사들이 자주 보는 문제 중 하나는, 중요한 사건의 핵심 인물이 누구였는지를 찾아내는 것이다. 이메일을 자주 사용하는 직원들에게는 이메일 네트워크는 누가 누구와 대화하는지를 간단하게 보여줄 수 있다. 특정한 단어 혹은 단어 집합으로 필터하는 것이 어떤 사건과 연과 있는 사람들을 찾을 수 있는 좋은 방법이다.

Enron 이메일 네트워크 메시지들을 분석하면 이러한 예를 볼 수 있다. 이 메시지들은 'FERC'란 단어를 포함하고 있고, FERC는 연방 에너지 규제 위원회의 약자이다(이것은 독립적인 기관으로 자연 가스, 기름, 그리고 전기를 전송하는 것을 규제하는 곳이다). 이러한 FERC 네트워크를 만들려면, 노드엑셀의 가져오기 도구를 사용하여 메시지 바디에 'FERC'라는 단어가 있는 메시지를 필터할 수 있다. 네트워크의 결과로 직원 이메일 주소를 표현하는 370 꼭짓점(Vertex)과 672개의 Edge 무게가 나타났다. 이것은 UC 버클리 학생들의 1803 모서리(Edge)와 1102 꼭짓점(Vertex)들을 포함한 것에 태그된 Enron의 메시지 네트워크의 작은 부분의 집합이다. 'Vertex 워크시트'에 있는 '%_Received'라는 행은 받은 메시지가 총 메시지 수의 차지한 비율을 표현하고 있고, 그 외에 전체적으로 받고 보낸 FERC 메시지들이 이 워크시트에 포함되어 있다.

메트릭 그래프를 계산한 다음, **그림 8.11**에 있는 것과 같이 그래프를 만들어 중요한 인물들을 강조할 수 있다. 각각의 꼭짓점(Vertex) 크기는 진입 차수 기반으로 각 꼭짓점(Vertex)의 크기를 설정한다. 이 이유는 서로 다른 사람들이 보내는 것이 FERC 메시지를 받는 'go to'의 특성이 있다. 꼭짓점(Vertex) 색깔은 %_Received 자료에 의해 정해지고 있는데, 꼭짓점

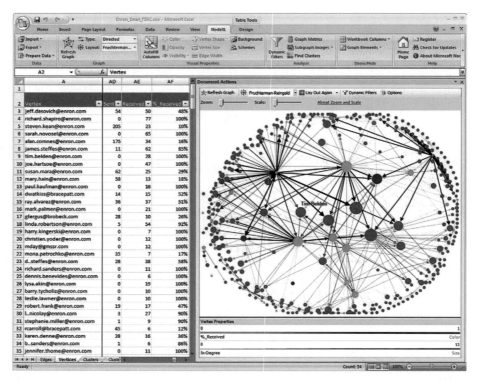

그림 8.11 Enron Corporation의 직원들 간에 'FERC'라는 단어가 포함된 메시지를 포함한 전자메일 네트워크. 꼭짓점 (Vertex) 크기 (1.5 ~ 4)는 실수에 기반한다. 친환경 꼭짓점(Vertex)은 많은 FERC 메시지를 받았지만 많은 것을 보내지 는 못했다. 초기에 Harel-Karen 레이아웃이 사용되었고 Fruchterman-Reingold가 뒤따르며 더 많은 주변 꼭짓점 (Vertex)을 모서리(Edge)로 밀었다. Tim Belden은 유죄를 인정하고 다른 최고 경영 책임자를 목격했다.

(Vertex)이 초록색 일수록 그 개인이 메시지를 많이 받고 보내지는 않았다는 것이다. 숨길 것 이 있는 개인들은 메시지를 보내지 않을 수도 있다. 이 뜻은 큰 초록색 꼭짓점(Vertex)에 집중 한다면 죄를 짓고 있는 자를 찾을 수 있다는 것이다. 이 중 한 꼭짓점(Vertex)은 Enron Energy Services의 높은 위치에 있는 사람으로서 Enron의 가격이 높아지는 것을 지지한 사람 으로 보이고 있는 Tim Belden을 묘사하고 있다. Belden은 전선 사기죄 음모에 대해서 유죄를 받았고 이것은 다른 Enron 사람들에 대한 증인을 하기 위한 흥정이었다.

그림 8.11처럼 시각화된 네트워크는 중요한 인물을 찾아내는데 도움이 되겠지만, 이런 것은 신중하게 사용되어야 한다. 이 본보기에서는, 자료 세트에 Tim Belden에게 보낸 메시지가 하 나도 없는데, 이것은 그의 자료를 불투명하게 한다. 그가 이메일을 일부러 지웠을 수도 있고 아 니면 원본 자료에 제한이 있었기 때문이었을 것이다. 그의 이메일 패턴에 대한 자료가 정확 할 지라고, **그림 8.11**은 완벽하지 않으며, 이것은 Tim Belden 외에 죄를 짓지 않은 이들을 강조

하고 있기 때문이다. 또한, 자료의 제한 때문인지, 아님 그러한 죄를 지을 때 이런 이메일을 사용하는 것이 좋지 않다는 것을 알아서인지, 그와 같은 죄를 지은 이들에 대한 정보는 그 그래프에서 아예 찾아볼 수 없다. 분명하게, 메시지들의 내용을 읽는 것은 제일 중요한 일이다. 그러나 네트워크를 보는 것은 개인과 메시지들을 찾는데 도움이 될 수 있다.

특정한 개인이 연관이 되어있단 사실을 알게 되면, 그가 자주 만나거나 연관이 있는 사람을 알아보기 위해서 그의 이메일을 보는 것이 효과적인 방법일 수도 있다. 예를 들면, **그림 8.11**은 John Shelk 와 Tim Belde의 사이에 큰 연결을 보여주고 있다. 이것은 John이 자주 회의 미팅에 대한 보고를 Tim에게 하였지만 답장을 받지 못한 점에 대한 설명을 해주고 있는 것이다. 네트워크 시각화 도구와 내용을 합하는 것은 Enron 네트워크 자료 세트가 한 것과 같이 강력한 설명하기 위한 플랫폼을 만드는데 도움을 줄 수 있다.

8.10 실무요약

이메일 네트워크는 개인의 사적인 사회적 그리고 직장 관계들을 자세히 보여주는데, 이는 매니저, 공동체 분석가, 사학자, 연구원들, 그리고 변호사업의 사람들이 흥미를 가질 수 있는 것이다. 이메일은 자주 그리고 광범위하게 전문적인 영역으로 사용되고 있기 때문에, 이것은 중요하고 전문적인 관계들을 수집할 수 있다. 세 가지의 이메일 수집 유형이 있는데, 개인, 조직적, 그리고 공동체이다. 분석가의 경험이 이미 수집한 자료에 대한 분석은 참으로 중요한 것이고, 이것은 물어보게 될 질문에 유형이나 얼마만큼의 디테일이 필요한지에 대한 효과가 바뀌어 질 것이다.

이메일 네트워크와 일을 하게 되면 어려운 점이 많이 있을 것이다. 큰 수집들은 관리할 수 있는 크기로 바꿔야 할 것이다. 필터링은 날짜, 보낸이/받는이, 메시지의 내용, 폴더 혹은 레이블, 아님 어느 조합일수도 있다. 반복된 이메일 주소들을 합하는 것은 시간이 오래 걸릴 수 있는 일이지만 필요한 단계이다. 이메일 네트워크를 조직적 자료와 합하는 것은 문제가 될 수도 있고, 윤리적인 것을 많이 고려해야 할 수도 있지만, 책임감 있게 할 수만 있다면 가장 중요한 통찰력과 정보를 얻게 될 것이다.

개인 그리고 조직적 이메일 네트워크는 통찰력을 위하거나 개요를 나누기 위해 사용될 수도 있다. 이런 네트워크들은 개인과 주위 사람들 혹은 조직적 유닛과 그들의 연결망들 사이에 만들어질 수 있다. 경계 스패너, 중심 멤버, 방송, 그리고 반응이 없는 받는자 같은 개인들과 관계를 분석을 통하여 볼 수 있다. 단단히 묶인 하위 그룹도 찾아볼 수 있다. 그들의 서로 서로의 관계 또한 그릴 수 있다. 중재 영향 그리고 외부 충격이 네트워크에 미치는 영향은 시간이 지남에 따라 추적될 수 있으며 반복적인 사회적 역할 또는 하위 그룹 유형(예 : 파벌, 팬)과 같은 공통 구조 패턴이 식별될 수 있다. 이러한 분석들은 어떠한 사람이나 그룹이 상호 교류, 새로운 사람에게 사회구조를 개요로 만들어 주어야하는지, 새로운 공동체에 영향력 같은 것이 필요한지 보여주고 있다.

8.11 연구의제

이메일 사용이 널리 퍼질수록 사용자 인터페이스 및 관리 도구를 향상시키기 위해 사용 패턴을 이해하는 것이 목표인 연구자 커뮤니티가 늘어났다. 연구자들은 개인의 이메일[5, 6] 사용에 집중을 두었는데, 그들은 이제 법의학적인 도구를 사용하여 사람의 이메일이나 그룹의 이메일[3, 7]을 보기 시작하였다[8, 9]. 인기가 많아지고 있는 주제는 큰 이메일 수집에서 필요한 자료를 찾는 방법을 찾아내는 것이다. 탐색 도구는 관례적인 키워드 아님 관건 문구 찾기 방법에 사용되었지만, 시각화 도구에 관심이 증가하면서 사용자들은 현세적인 패턴, 개인의 관계들, 그리고 그룹안의 사회구조에 대한 개요를 얻을 수 있게 되었다.

이메일 분석 시스템을 향상시킬 수 있는 기회들은 이러한 목표를 위한 연구들을 늘리고 있고 인사부 사람, 범죄 과학 수사단, 법적 분석가, 그리고 사회과학자 같은 사람들이 이러한 도구들을 요구하고 있다. 현세적인 변화들을 찾아내는 능력은 분석가들에게 도움이 될 것이다. 현세적인 변화들은 간단한 연대표나 네트워크 도표를 사용하여 시각화 될 수 있다. 하위그룹의 형성과 해산은 중요한 변화에 대한 신호이며, 루머가 도는 것, 조직 재편성 같은 것을 찾아낼 때 사용될 수 있는 정보이다. 이메일을 지리학적 위치나 사무실 빌딩 자리에 엮는 것은 기업들의 사회 과정들을 이해하는데 도움을 줄 수 있다.

참고문헌

[1] F.B. Viégas, D. Boyd, D.H. Nguyen, J. Potter, J. Donath, Digital artifacts for remembering and storytelling: PostHistory and Social Network Fragments, in: Proceedings of Hawaii International Conference on System Sciences (HICCSS), 2004, pp. 105-111.

[2] S.I. Donaldson, E.J. Grant-Vallone, Understanding self-report bias in organizational behavior research, J. Bus. Psychol. 17 (Dec. 2002) 245-260.

[3] A. Leuski, Email is a Stage: Discovering People Roles from Email Archives. Proc SIGIR 2004, ACM Press, New York, 2004, pp. 502-503.

[4] Heer, Exploring Enron: Visualizing ANLP Results, Available online at: http://hci. stanford.edu/jheer/projects/enron/v1

[5] N. Ducheneaut, V. Bellotti, Email as habitat: an exploration of embedded personal information management, Interactions 8 (5) (2001) 30-38.

[6] S. Whittaker, V. Bellotti, J. Gwizdka, Email in personal information management, Commun. ACM 49 (1) (2006) 68-73.

[7] J.R. Tyler, D.M. Wilkinson, B.A. Huberman, E-mail as spectroscopy: automated discovery of community structure within organizations, Informat. Soc.: Int. J. 21 (2005) 143.

[8] V.R. Carvalho, W.W. Cohen, On the Collective Classification of Email Speech Acts. Proc. SIGIR 2005, ACM Press, New York, 2005, pp. 345-352.

[9] D. Elsweiler, M. Baillie, I. Ruthven, Exploring memory in email refinding, ACM Trans. Information Systems 26 (4) (2008) 1-36.

[10] A. Perer, B. Shneiderman, D.W. Oard, Using rhythms of relationships to understand E-mail archives, J. Am. Soc. Inf. Sci. Technol. 57 (14) (2006) 1936-1948.

[11] A. Perer, M.A. Smith, Contrasting portraits of email practices: Visual Approaches to Reflection and Analysis, Proceedings International Conference on Advanced Visual Interfaces (AVI 2006), 2006, pp. 389-395.

[12] G. Venolia, C. Neustaedter, Understanding Sequence and Reply Relationships

within Email Conversations: A Mixed-Model Visualization, Proc. CHI 2003, ACM Press, New York, 2003, pp. 361-368.

[13] F.B. Viegas, S. Golder, J. Donath, Visualizing Email Content: Portraying Relationships from Conversational Histories, Proceedings SIGCHI 2006, ACM Press, New York, 2006, pp. 979-988.

9

스레드(Thread) 네트워크:
매핑메시지보드와 이메일 리스트

목차

9.1 들어가기 ······················· 215

9.2 Threaded 대화의 역사와 정의 ·········· 216

9.3 어떤 질문을 할 수 있는가? ·········· 220

9.4 Threaded 대화 네트워크 ·········· 221

9.5 기술 지원 이메일 리스트 분석: CCS-D ···· 224

    9.5.1 네트워크 데이터 이메일 목록 준비 ···· 225

    9.5.2 CSS-D에서 중요한 사람들과

        사회적 역할 확인하기 ············ 226

9.6 ABC-D 이메일 리스트에 대한

    새로운 커뮤니티 관리자 찾기 ·········· 232

9.7 RAVELRY 그룹 이해하기 ············ 235

9.8 실무요약 ···················· 238

9.9 연구의제 ···················· 239

참고문헌 ······················ 240

9.1 들어가기

Thread는 net을 하나로 묶어주는 것이다. 인터넷이 시작된 이후로 대부분의 가상 커뮤니티는 주요 통신 채널로서 비동기식 Threaded 대화 플랫폼에 의존해 왔다. Usenet 뉴스그룹, 이메일 리스트, 웹 보드 및 토론 포럼은 모두 서로 응답하는 메시지 모음을 포함한다. 기본적인 post-and-reply threaded된 메시지 구조에 지원하는 일반적인 대화 스타일은 매우 다양한 용도로 사용해왔으며, 초점과 목표의 범위가 넓게 설정된 커뮤니티에 도움이 된다. 암 생존자들과 기술 지원이나 종교 지도를 원하는 사람들은 Threaded 대화를 기업 작업그룹처럼 사용할 가능성이 높다. Boardreader, Omgili, BoardTracker와 같은 대화를 수집하는 새로운 검색엔진은 Threaded 대화의 인기와 중요성을 강조한다. 초창기 Usenet과 이메일 리스트를 발표된 이후로 Threaded 대화의 기본적 구조는 놀라울 정도로 유사했지만, 설계자는 대화를 다른 내용, 등급과 통합하는 새로운 방법을 발견했다. 많은 Threaded 대화 포럼은 회원의 사진과 약력, 참여 통계(예 : 게시물 수, 최근 활동), 각 회원의 컨텐츠에 대한 사용자 평점에 따른 평판 점수 및 비공개 메시지를 보여주는 프로필 페이지를 포함한다. 커뮤니티나 사람(예 : 사람의 프로필 페이지의 공개 벽), 아이템(예 : 영화, 배우), 그룹(예 : UMD 동창) 그리고 이벤트와 같은 다양한 Threaded 메시지 대화를 첨부하는 방법을 발견했다. 전통적인 포럼이 더 많은 기능을 갖추게 되었을 뿐만 아니라 Facebook(11장), YouTube(14장), Flickr(13장) 및 Twitter(10장)와 같은 많은 소셜 미디어 플랫폼에서 Thrended 대화가 진행되었다. 이 장에서 주로 전통적인 포럼과 이메일 리스트에 초점을 맞출 것 이지만 분석의 대부분은 다른 컨텍스트에도 적용될 것이다.

Threaded 대화 구조는 개인이 다른 사람의 메시지에 응답할 때마다 개인 간의 직접 연결이 만들어지기 때문에 네트워크 분석에 도움이 된다. 불행히도, 대부분의 Threaded 대화 시스템은 이런 연결된 데이터를 쉽게 이용 가능하도록 만들지는 않는다. 사용된 소프트웨어 플랫폼의 수와 많은 그룹이 구독된 구성원만 액세스 할 수 있도록 하기 때문에 스레드된 메시지 내용의 대부분은 쉽게 액세스 할 수 없다. 많은 Threaded 메시지 시스템은 중요한 통계인 참가 통계 및 등급(예 : 상위 10 명의 참가자)을 보고한다. 그러나 그들은 가상 커뮤니티의 중요한 요소 그리고 실제의 내부 커뮤니티 회원들 사이에 사회적 연결을 담아내는데 실패했다.

9.2 Threaded 대화의 역사와 정의

Threaded 대화는 유비쿼터스 게시물 - 회신 - 응답 구조를 사용하여 여러 참가자 간의 온라인 토론을 가능하게 하는 일반적으로 사용되는 디자인 테마이다. 이것은 이메일 리스트들부터 웹 토론 포럼, 사진 공유 및 고객 리뷰 사이트에 이르기까지 다양한 형태로 나타난다. Threaded 대화의 특징은 Resnick et al.(2006)[1] 여기에 몇 가지 수정 사항이 나와 있다.

- **Topic** - 관심이 있는 그룹을 발견하여 사용자가 '가입'할 수 있도록 도와주기 위해 계층적으로 구성된 주제, 그룹 또는 공간 집합이다. 주제 또는 그룹은 지속적이지만 내용은 시간이 지남에 따라 변경될 수 있다. 그림 9.1는 두 가지 주제를 포함하는데 주제1은 소셜 미디

어이고 주제2는 노드엑셀이다.

- **Thread** – 각각의 주제와 그룹들 안에서, 가장 상위 레벨의 메시지와 해당 메시지에 대한 응답이 있다. 때때로 더 멀리 내포반응(nesting)하는 것이 허락된다. 상위레벨 메시지와 그것에 응답하는 전체를 Thread라고 부른다. 그림 9.1에서, 5개의 독특한 Thread가 있다. Thread A는 두 개에 메시지를 포함하는 반면에 Thread B는 6개의 메시지를 포함한다. Thread D는 한 개의 메시지만 포함한다.

- **Single authored** – Thread에 기여한 각 메시지는 단일 사용자가 작성한다. 사람들의 사용자 이름이나 이메일 주소가 게시물 옆에 표시되어 사람들이 누구와 통화하는지 알 수 있다. 그림 9.1에서 각 메시지의 작성자와 게시물의 시간이 표시된다. 사용자는 여러 Thread (예 : Beth)에 게시하거나 Thread(예 : 캐시)에 여러 번 게시할 수 있다.

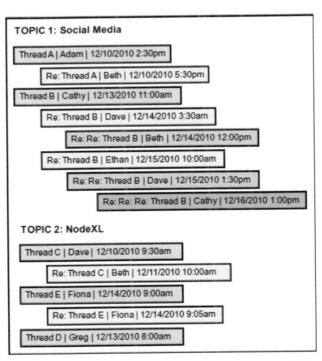

그림 9.1 서로 다른 두 가지 주제의 일부인 5 개의 threaded를 보여주는 threaded 대화 다이어그램 각 게시물에는 주제 (예 : 주제 A), 단 하나의 저자(예 : Adam) 및 시간 소인(예 : 12 / 10 / 2010 오후 2:30)이 포함된다. 들여 쓰기는 응답 구조의 배치를 나타낸다. 초록색 게시물은 새로운 글을 시작하다(즉, 최상위 threaded). 노란색 글씨는 녹색 글씨에 직접 답장하고, 주황색 글씨는 노란색 글씨로, 분홍색 글씨는 주황색 글에 회신한다

- **Permanence** - 이메일 리스트와 Usenet을 포함하는 많은 Threaded 대화에서 메시지를 게시하면 다시 쓰거나 수정할 수가 없다. 새로운 메시지가 게시될 수 있지만 아무리 많은 사람이 원한다 해도 원본 게시물은 수시로 수령할 수 없다. 일부 대화 게시판 및 Google Wave와 같은 최신 시스템에서는 최초 기고 후에 원래 게시물을 수정할 수 있다.

- **Homogeneous view** - 메시지를 주제로 파티셔닝하는 것은 많은 토론 인터페이스에서 공유되는 기능이다. 게다가, 대부분의 시스템 사용자는 모두 주제별로 동일한 메시지보기를 시간순 또는 역순으로 볼 수 있다.

메시지는 종종 Threads로 분류된다(예 : **그림 9.1**). 경우에 따라 시스템은 읽지 않은 메시지를 강조 표시할 수 있도록 사용자가 이전에 본 메시지를 추적한다. 그러나 이는 사람들이 메시지를 보는 방법의 유일한 개인 설정이다.

이런 기본적인 구조뿐만 아니라, Threaded 대화 플랫폼의 다른 많은 중요한 방식들이 있다. 이메일 리스트 같은 일부는 기술은 모든 구독자에게 업데이트를 보내는 푸시 기술이다. 토론 포럼과 같은 다른 기술은 개인이 메시지를 보기 위해서 웹사이트를 방문하도록 요구한다. 그러나 이메일 리스트들의 보관 및 토론 포럼 이메일 알림은 이러한 구분을 상당히 흐리게 만든다. 또한, 이번 장에서 비동시적 Threaded 대화에 초점을 맞추고 있으나, 인스턴트 메신저나 chat 같은 많은 동시적 대화는 메시지의 상호작용 및 특성이 다른 경우에도 유사한 응답 구조를 따른다.

또 다른 중요한 차이는 누가 컨텐츠에 접근할 수 있는 것이다. 공개 대화는 웹사이트(또는 이메일 목록 보관소)를 방문하는 사용자가 커뮤니티에 속하지 않더라도 컨텐츠를 읽을 수 있도록 한다. 이들은 검색 엔진에 의해 수시로 색인을 만들어 그들의 내용이 어둠에서 상승하는 것을 돕는다. 반공공의 대화는 사용자가 컨텐츠에 액세스하기 전에 사용자 이름을 만들고 로그인해야 하지만 다른 사람이 커뮤니티에 가입할 수 있도록 하거나 적어도 커뮤니티 정책을 준수하려는 사람은 허용해야 한다. 로그인하면 이전에 보존된 모든 컨텐츠에 액세스 할 수 있다. 비공개 대화는 일부 기존 회원을 통해 초대를 받았거나 일부 조직의 회원인 경우에만 공개된다. 많은 기업 포럼이나 이메일 목록이 이 범주에 속한다.

공공 온라인 Threaded 대화 커뮤니티의 역사는 1970년대 후반에 전자게시판 시스템(Bulletin Board System), 이메일 리스트 트랙션이 얻어진 Usenet처럼 1980년 중요한 발전으로 시작됐다. 가장 초기의 대화형 대화 시스템은 전화 접속 연결에 의존했기 때문에 지역 전화 통화 거리 내의 그룹이 형성되도록 유도했다. 이러한 초기 커뮤니티 시스템 사용자는 놀랍도록 의미가 있는 관계와 풍요로운 문화를 개발하기에 텍스트 전용 통신이 충분하다는 것을 보여주었다(예 : Jason Scott의 "BBS : The Documentary", www.bbsdocumentary.com 참조). 초기 커뮤니티는 운명에서부터 초자연적인 상황에 이르기까지 다양한 토픽들을 아우르고 있다. 공개 커뮤니티에 대한 액세스는 무료였다. 한편, 하워드 라인란드(Howard Rheingold)의 고전 서적 "가상 커뮤니티 : 전자 프론티어(Homesteading on the Electronic Frontier)"에 설명된 샌프란시스코 베이 지역 출신의 작가 커뮤니티인 웰(WELL)과 사람은 구독료를 부과했다.[2] 1980년대 중반에 Listserv와 같은 기술이 개발되기 시작하여 관심이 있는 그룹이 자신의 커뮤니티 이메일 리스트를 쉽게 만들 수 있게 되었다.

인터넷과 월드와이드웹이 1990년대에 아주 흔하게 되었기 때문에, 원래의 전자게시판 시스템(BBS) 서비스들의 대부분은 인터넷 서비스 제공자로 되거나 대체되었다. 비록 그들은 많은 서비스를 제공했지만, 비동시적 Threaded 대화가 주류 중 하나가 되었다. 상대적으로 1980년대에 거의 사용자가 없던 Usenet과 같은 툴들은 1990년대에 기하급수적으로 증가했고, 1991년도에 대략 2000개 정도였던 뉴스그룹들이 1996년에 11,000개의 뉴스그룹에 근접하게 커졌다. 오늘날, 이메일 리스트와 토론 게시판은 여전히 대부분의 온라인 커뮤니티를 지배하는 주요 기술이다. 이들은 놀랍도록 견고하며 사용자 그룹이 광범위한 사용 시나리오에 적용할 수 있도록 한다.

Threaded 대화는 소셜 네트워킹 사이트, 회사 인트라넷, 고객 리뷰 사이트 및 Yahoo!와 같은 그룹웨어 도구에도 적용되었다. 시간이 흐르고, 많은 Threaded 대화 툴들은 개인 프로필 페이지들, 메시지 비율, 게시물의 숫자, 읽는 횟수 그리고 멤버십 가입 날짜와 같은 활동 통계를 포함한 보완 기능이 추가되었다. Slashdot과 같은 커뮤니티는 회원들이 명성 점수를 개발할 인센티브를 제공할 뿐만 아니라 회원들이 특징(예 : 높은 품질, 유머러스함)으로 메시지를 협업적으로 식별할 수 있도록 분산 평가 제도를 개발했다. Google은 게시물을 편집하고 다양한 유형의 컨텐츠(예 : 검색 결과, 이미지, 동영상, 위젯, 지도)를 포함할 수 있지만 코어에서 Threaded 대화 구조를 사용하는 새로운 상호작용 플랫폼 인 Wave를 출시했다.

Threaded 대화를 사용하는 커뮤니티에 관한 연구는 BBS와 Usenet의 초기에 시작되었다. 오늘날 많은 주제가 계속 탐구되고 있다. 예를 들어, Kollock과 Smith의 1999년 저서 "Communities in Cyberspace"에는 온라인 정체성, 비정상적인 행동 및 갈등 관리, 사회 질서 및 통제, 커뮤니티 구조 및 역 동성, 시각화 및 집단 행동에 대한 장이 포함되었다.[3] 이러한 모든 주제는 소셜 네트워킹 사이트, 블로그, 마이크로 블로깅 및 위키와 같은 새로운 기술과 새로운 맥락에서 여전히 탐구되고 있다. Preece[4], Kim[5], Powasek[6]의 초기 책은 온라인 커뮤니티를 관리하는 사람들에게 영속적이고 실질적인 조언과 영감을 제공해주었다.

다양한 학문의 연구자들은 Threaded 대화 커뮤니티를 분석하고 커뮤니케이션, 경제, 정보 과학, 건강, 사회학, 그리고 컴퓨터 과학 저널과 회의에 결과를 게시한다. 몇몇이 인터넷 주위에서 나타났다. 예를 들어 인터넷 연구 협회(AoIR), 컴퓨터 의료 통신 저널(JCMC), 컴퓨터 기계와 인간 간 상호작용 협회(ACM-CHI), 컴퓨터 지원 협력 회의 등이 있다. 연구 결과에 따르면 대다수의 컨텐츠를 제공하는 소수의 핵심 구성원, 드물게 기여하는 많은 주변 구성원 및 다른 사람의 대화를 과장하여 많은 이익을 얻는 많은 수의 lurkers[7]와 일관된 참여 패턴이 있음을 보여준다.[8] 컴퓨터 메게 대화의 성격은 주로 그들과 관련된 커뮤니티의 유형에 의해 거대하게 의존한다. 예를 들어, 기술 및 의료 지원 커뮤니티는 표현된 공감 수준[9]과 해당 컨텐츠의 재사용 가능성 측면에서 다르다.[10]

9.3 어떤 질문을 할 수 있는가?

많은 대화 모음 안에서 형성되는 네트워크를 탐구해야 하는 많은 이유가 있다. 신입 사원이나 지역사회 구성원은 '지금까지의 이야기'를 신속하게 따라 잡아야 유용한 기여를 할 수 있다. 커뮤니티 관리자들은 거대한 토론 참여자의 인구와 그들이 생산해낸 컨텐츠의 대량에 대한 은유 소방관 및 게임 감시원으로 봉사할 수 있는 도구가 필요하다. 연구자나 경쟁자 같은 아웃사이더들이 한 벌의 관계를 자세히 볼 때, 소셜 네트워크 분석은 가장 주목할 만한 사람과, 서류, 사건들을 가리킬 수 있다. 다음은 커뮤니티 대화의 네트워크 분석으로 해결할 수 있는 몇 가지 특정 질문에 대한 설명이다.

- **Individuals** - 커뮤니티 내의 중요한 개인은 누구인가? 예를 들어, 질문 응답자, 토론 시작자 및 관리자는 누구인가? 주제 전문가는 누구인가? 나가는 관리자를 대신할 수 있는 사람은 누구인가? 독특한 틈새 시장을 누가 채우고 있는가?

- **Groups** - 누가 공동체의 핵심 구성원을 구성한가? 핵심 그룹 구성원은 어떻게 상호 연결되어 있는가? 더 큰 커뮤니티 내에 하위 그룹이 있는가? 그렇다면 하위 그룹은 어떻게 상호 연결되어 있는가? 그들은 어떻게 다른가?

- **Temporal comparisons** - 시간에 흐름에 참가패턴과 전반적 구조적인 커뮤니티의 특징

이 어떻게 변화되어 가는가? 주변 참가자부터 핵심 참가자 개인의 진보로 무엇을 보이는가? 그리고 누가 변화를 잘 만들어왔는가? 새로운 관리 팀과 같은 주요 행사, 저명한 회원의 퇴사 또는 신입 회원 영입을 통해 지역사회구조가 어떻게 영향을 받고 있는가?

- **Structural patterns** - 커뮤니티의 지속 가능성과 관련된 네트워크 속성은 무엇인가? 지역사회구성원 간에 반복되는 일반적인 사회적 역할(예 : 답변자, 토론 시작 자, 질문자, 관리자)은 무엇인가?

9.4 Threaded 대화 네트워크

Threaded 대화들을 분석하는데 이용되었던 가장 일반적인 네트워크는 답신(Reply) 네트워크다. 매 시간 누군가는 또 다른 사람의 메시지에 답신을 할 때마다, 그녀는 그 다른 사람에게 직접적인 유대를 만든다. 만약 그녀가 같은 사람에게 답신을 여러 번 한다면, 더 강한 가중치가 매겨진다. 답신 네트워크가 어떻게 만들어지는지의 뉘앙스를 이해하기 위해서 당신은 **그림 9.1**에 원래의 데이터와 그 데이터로부터 유리된 답신 네트워크를 비교할 수 있다(**그림 9.2 참조**).

관련되었지만 서로 다른 네트워크는 최상위 수준 응답 네트워크로서, 모든 복제자를 직접 응답하는 사람 대신 각 Thread를 시작한 사람에게 연결한다(그림 9.3 참조). 이 네트워크는 한 개의 Thread를 통해서 중간에 발생한 대화들을 덜 강조하는 반면에, Threads를 시작한 것을 강조한다. 일반적으로 모든 응답이 질문 및 답변(Q&A) 커뮤니티와 같은 원래 포스터로 보내지는 짧은 Thread가 있는 일부 커뮤니티에서는 이 네트워크가 기본 역학보다 더 잘 반영될 수 있다. 그러나 조금 더 긴 Threads의 토론 커뮤니티들이나 포럼들에서는, 기준 답신 네트워크는 일반적으로 우선되는데 이유는 그 Thread에 나중에 사람들이 종종 서로 답신을 달 것이기 때문이다.

포스터를 Thread(또는 포럼)에 연결하는 소속 데이터를 사용하여 바이 모달 네트워크를 작성할 수도 있다. 이들은 포스터(즉, 사용자)를 Thread에 연결하는 비 방향성 가중 네트워크이다. 예를 들어 모서리(Edge)는 Cathy를 Thread B에 연결한다. 왜냐하면 그녀는 Thread에 두 번 게시했기 때문에 2의 가중치를 가진다. Beth는 Thread A와 Thread B, Thread C에 1의 weight로 연결되었을 것이다. 왜냐하면 그녀는 그것들에 각각 한 번씩 게시했기 때문이다. 이 네트워크는 당신이 9.7절 에서 보듯이 경계 스패너를 식별하는 데 이상적이다. 사용자 네트

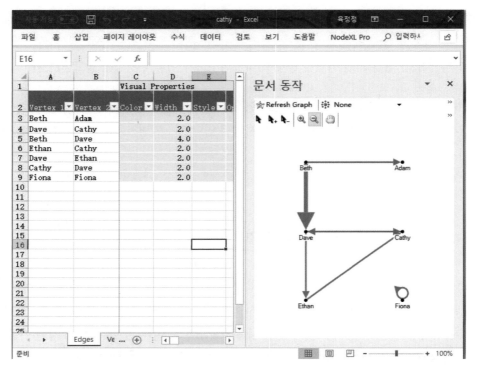

그림 9.2 그림 9.1의 데이터를 기반으로 노드엑셀에 표시된 회신 네트워크 그래프 예 토론 네트워크는 각 복제자가 복제한 사람에게 가리키는 모서리(Edge)를 만든 다음 중복된 모서리(Edge)를 병합하여 구성된다. Beth가 Dave에게 직접두 번 대답했기 때문에 그들을 연결하는 모서리(Edge)가 두꺼워졌다. Fiona는 자신의 메시지에 답장을 했으므로 자체루프가 있다. Greg은 실을 시작했지만 대답을 하지 않았다. 그는 모서리(Edge) 목록에 없기 때문에 일반적으로 그래프에 나타나지 않다. 그러나 그는 수작업으로 Vertices 탭에 추가되었으며 그의 가시성이 '표시'로 설정되어 나타난다.

워크는 사용자가 참여하는 Thread(또는 forums) 수와 thread-to-thread 수(또는 forum-to-forum) 네트워크를 공유하는 참여자 수에 따라 thread를 연결한다. 이 네트워크는 많은 threads 또는 forums를 포함한 거대한 커뮤니티의 개관 그래프를 만드는 데 적합하다.

threaded conversation networks를 만들기 위해 필요했던 데이터를 준비하는 것은 어려움이 될 수 있는데 이유는 그들은 다양하고 넓은 기술들을 의존하기 때문이다. 이메일 리스트목록은 9.5.1 절에서 설명한 전자메일 가져오기 마법사를 사용할 수 있기 때문에 노드엑셀에서캡처하는 가장 쉬운 대화이다. 토론 포럼, Usenet 및 관련 시스템의 데이터는 화면 scraper를사용하여 수동으로 데이터를 입력하거나 포럼 데이터베이스에서 query를 수행하거나 webApplication Programming Interface(API)를 통해 증가하는 경우 생성해야 한다. 어떤 접근 방식을 사용하든 데이터 세트에는 각 메시지 에 대한 다음 정보 중 일부를 포함하는 헤더 정보가 있을 수 있다: 타임 스탬프, 메시지 작성자, 이 메시지가 해당 메시지에 대한 식별자(있는

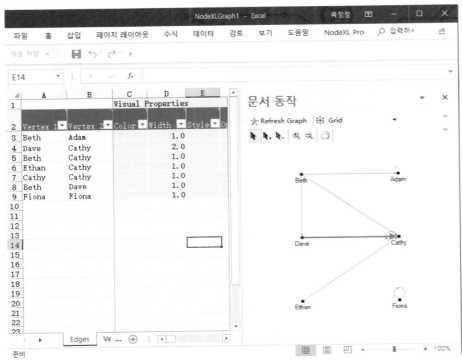

그림 9.3 그림 9.1의 데이터를 기반으로 노드엑셀에 표시된 최상위 응답 네트워크 그래프. 네트워크는 각 응답자로부터 thread를 시작한(즉, 최상위 메시지를 게시 한) 사람에게 가리키는 가장자리를 작성한 다음 중복된 가장자리를 병합하여 구성된다. Cathy가 가장 긴 Thread를 시작했고 이후의 모든 replier가 그녀에게 링크되기 때문에 Cathy가 표준 Reply 네트워크 그래프(그림 9.2)보다 Cathy가 더 중요한 역할을 수행하고 있음을 주목한다(그림 9.2). Cathy와 같은 사람들은 자기 회신으로 이어지는 사람들에게 응답할 수 있기 때문에 이러한 유형의 네트워크에서는 자가 루프가 자주 발생한다

경우), 주체 라인(또는 스레드 ID), 태그 집합, 첨부 파일, 작성자 프로필에 대한 링크, Thread가 속한 그룹이나 포럼 및 등급이 포함된다. 각 유저에 관한 정보의 분리된 파일도 유용하다. 여기에는 다른 지역사회 활동에 대한 집단 통계 통계가 포함될 수 있다(예를 들어 섹션 9.7 참조). 이런 모든 데이터는 대화 네트워크의 맵을 만드는데 유용할 수 있지만, 핵심에서 간단한 모서리(Edge) 목록은 대화의 소셜 네트워크 분석을 시작하는 데 필요한 최소한의 항목이다.

사용 중인 토론 플랫폼의 유형은 또한 발생할 가능성이 있는 데이터 문제에 영향을 미친다. 예를 들어, 이메일은 종종 사람들이 이메일 주소들을 여러 번 등록하게 하며, 이것은 같은 사람에 복제된 주소들을 결합할 필요를 만든다(8장 참조). 사람들이 섹션 9.5.1에 언급된 것처럼 서로보다는 이메일 리스트 주소들에 답신을 하기 때문에 이메일 리스트는 또한 답신 구조가 명확하지 않을 때 문제가 있다. 회사 이메일 리스트들과 토론 포럼들은 일반적으로 개개인을 위해 가장 명확한 독특한 식별자를 가지지만, 그럼에도 이름이나 제목의 변화는 문제가 발생할 수 있다.

이메일 리스트를 통한 답신 네트워크는 오직 리스트로 메시지의 보냄이나 게시하는 것만 캡처한다는 것을 인식하는 것도 중요하다. 이메일 목록에서 개인과 직접 주고받는 많은 개인 메시지는 캡처되지 않는다. 커뮤니티 유형 및 기본 설정(예 : 이메일 목록 답장 설정)에 따라 이러한 비공개 메시지는 모집단간에 교환되는 대부분의 메시지를 설명할 수 있다. 게다가 회사 미팅들, 폰 전화, 그리고 인스턴트 메신저의 교환 같은 커뮤니케이션의 다른 형태는 토론 포럼 네트워크에서는 보이지 않는다. 다른 채널들을 통해서 더욱 효과적으로 기여하고 의사소통하는 사람들은 아마 토론 포럼 데이터 세트에 약간만 나타날 수 있다. 그러나 이러한 제한이 주어질지라도, Threaded 대화 네트워크의 분석은 커뮤니티 역학에 관한 생명력 있는 정보를 제공할 수 있고 중요한 개인들과 그룹들의 식별을 도울 수 있다.

9.5 기술 지원 이메일 리스트 분석: CCS-D

이메일 리스트, Usenet 뉴스그룹, 또는 개인들이 문제를 해결하는 것을 돕고 자세한 기술, 아이폰과 같은 제품 또는 웹 디자인과 같은 토픽들의 이해를 돕게 만드는 웹 토론 포럼을 사용하는 많은 기술적 지원 그룹들이 있다. 많은 회사들은 제품의 사용법과 함께 발생되는 문제에 관한 것을 배우고 고객의 걱정들을 해결하기 위해, 미래 개선에 관한 새로운 아이디어를 창출하고, 충성도 높은 고객 커뮤니티를 만들기 위해 이런 포럼들을 주최한다. 이런 목표들을 달성하기 위해 지역사회에서 어떤 사람이 중요한 역할을 이해하는 것이 중요한다. 이는 여러 활동적인 커뮤니티를 관리 할 때 어려울 수 있다. 이번 섹션에서 웹 디자인에서 CSS의 효과적인 사용에 헌신적인 CSS-D 이메일 리스트의 중요 멤버들을 식별하는 방법을 배울 것이다. 이것은 날마다 약 50개의 메시지를 보내는 매우 활동적인 리스트이다. 친절하게 대화하고 토론자를 격려하며 가이드라인을 준수하는 몇 안 되는 관리자들이 있다. 커뮤니티의 완벽한 설명을 위해 [10]을 보고 전략들의 일부를 커뮤니티 관리자 그리고 멤버들을 매우 효과적으로 만들기 위해서 약간의 전략을 사용했다.

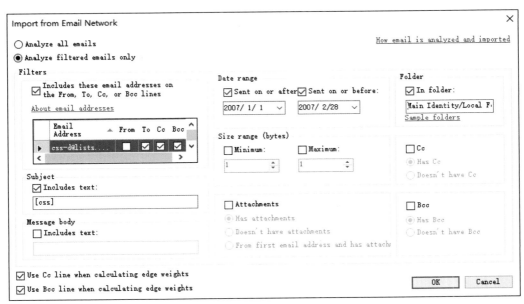

그림 9.4 이메일 리스트로 보낸 메시지로 네트워크를 제한하는 두 가지 방법을 보여주는 노드엑셀의 이메일 네트워크에서 가져오기 대화상자이다. 한 가지 방법은 제목 줄에 '[css-d]'가 포함된 메시지를 포함하는 것이다. 다른 방법은 목록 주소로 보낸 메시지를 포함하는 것이다(css-d@lsss-discuss.org). 메시지는 2 개월의 데이터(2007년 1월 및 2월)만 포함하도록 필터링 된다.

9.5.1 네트워크 데이터 이메일 리스트 준비

구독하고 있는 이메일 리스트에서 데이터를 얻는 가장 쉬운 방법은 Outlook으로 이메일을 보내어 노드엑셀의 가져오기 기능을 사용해 'Edge 리스트'를 만드는데 이 때 From Email Network 옵션을 사용한다(8장 참조). 만약 이메일 리스트를 구독하지 않는다면, 문서 저장소에서 지난 메시지들을 다운 받을 수 있을 것이다. 그리고 이메일 전문 프로그램을 이용해(8장 참조) 필요한 데이터를 보내고 바꾸고 가져올 수 있다. 리스트를 구독한다고 가정한다.

목록에 전송전용 이메일만 포함해야 된다. 만약에 이메일들이 나누어진 폴더에 들어가 있다면 email network dialog filter에 있는 '가져오기(import)'를 사용하여 그 폴더만 찾는다. 만약에 리스트 이메일들이 사적인 이메일들과 섞여있다면, subject line filter를 사용할 수 있다, 이메일의 이름이 일반적으로 제목에 포함되어 있다고 가정한다(그림 9.4). 아니면 리스트에 보낸 메시지만 포함할 수 있다(To, Cc or Bcc 란에)(그림 9.4). 지정된 시간에 온 메시지들을 나누고 싶을 것이다. 이런 경우, 2007년 1월부터 2월의 데이터가 포함된다.

이메일 리스트 데이터는 같은 주소로 전송되는 모든 메시지에 고유하다. 그 결과 목록의 이메일주소는 모든 참여자들의 이메일 주소를 연결하는 네트워크다. 새로운 thread로 시작하는 메시지는 리스트 주소로 보내질 것이다. 그리고 가끔씩 다른 사람들에게 Cc 할 것이다. 첫 번째로 온 포스트에 답하는 방법은 이메일 목록 구성에 달려있다. Css-d 같은 리스트들은 처음 보낸 이메일에 기본 응답을 설정한다. 만약 기존 이메일 클라이언트에 reply를 누르면 바로 그 사람에게 답이 갈 것이다, 'reply to all'은 email cc list에 있는 모든 사람에게 이메일을 보낼 것이다. 이 구성은 네트워크 분석에 좋은데 그 이유는 노드엑셀은 이메일 회신되는 사람의 이메일에 답하는 이메일 주소를 포함한다. 이것은 좀 더 사적인 메시지에 좋지만, 이메일 리스트에는 빠져있어 이메일 분석에는 좋지 않다. 다른 이메일 리스트는 기본설정으로 'reply to'를 누르면 나와 있는 리스트로 보낸다. 그리고 처음 보낸 사람에게 cc 하려면 'reply to all'을 눌러야 된다. 이 구성은 노드엑셀에서 이메일을 가져오기 할 때 문제를 일으킬 수 있다. 왜냐하면 이것은 누가 누구한테 메일을 보내는지 명시 되어있지 않기 때문이다. 이런 리스트들을 분석하려면 이메일 프로그램을 사용해야 되는데 이것들은 제목과 헤더 정보에 기초하여 thread를 구별해낼 수 있어야 한다. 그리고 이것들은 누가 누구에게 보내는지 알 수 있게 해준다.

넘쳐나는 이메일 리스트 주소의 영향들을 지우려면 당신은 그것들을 네트워크에서 지워야 할 것이다. 그래프 보기를 사용해 리스트를 만들고 이메일 리스트 주소 열을 워크시트에서 찾는다. 그리고 'skip'이라고 'Visibility' 칸에 기입한다. 이것을 사용하면 앞으로의 분석과 시각화에 포함되지 않을 것이다. 예를 들어, 메트릭스를 기입하면 이메일 주소 리스트를 위한 메트릭스들이 계산되지 않음을 확인할 수 있을 것이다. 'Refresh Graph'를 선택하면 이메일 리스트 주소가 그래프에 포함되지 않음을 볼 수 있을 것이다.

9.5.2 CSS-D에서 중요한 사람들과 사회적 역할 확인하기

온라인 커뮤니티에서, 유저들은 다른 패턴과 스타일로써 기여한다. 다른 말로는, 커뮤니티 멤버들은 각자 다른 사회적 역할을 가지고 있다. 속해 있는 커뮤니티의 사회적 역할 구성을 이해하면 당신은 더 효과적인 커뮤니티 관리자가 될 수 있다. 불행하게도 간단한 활동과 참여는 토론 포럼의 여러 유형의 기여도를 알아내기 힘들다. 반대로 소셜 네트워크 분석은 지표를 제공하는데 이 지표는 독특한 사회적 역할을 자동적으로 분별해 내기위해 그리고 시간의 지남에 따라 나타나는 유행을 추적하는데 사용된다. 이것은 커뮤니티 매니저를 도울 수 있다.

이번 섹션에서는 어떻게 CSS-D 커뮤니티에서 중요한 사람들과 사회적 역할들을 분별하는 법을 배우게 될 것이다. CSS-D와 같은 Q&A커뮤니티에서 가장 중요한 두 가지 사회 역할을 구별하기 위해 서브 그래프의 이미지를 사용하고 복합적인 지표를 만드는 것이 도움이 될 것이다(두 중요한 그룹: 답을 가진 사람, 토론하는 사람). 복합적인 지표를 이용해 두 그룹 사이의 관계를 시각화할 수 있다.

- **다른 유형의 고가치 기여자를 식별한다.**

  어떤 커뮤니티 회원이 가장 중요한 질문 응답자인가 또는 질문자인가? 다른 많은 사용자
  를 누가 연결하는가? 이 질문에 대답하면 누가 감사해야할지(그리고 무엇을 위해) 그리고
  개인의 필요를 어떻게 지원할 지 알 수 있는가?

- **지역사회에 적합한 사람들이 있는지 결정한다.**

  커뮤니티가 충분한 질문 응답자를 끌어 모으고 있나? 공동체를 하나로 묶을 커넥터가 충
  분한가? 토론이 Q&A에서 밀려 나오고 있나? Q&A에 토론 공간이 녹아 있나? 이러한 질
  문에 대한 답을 아는 것은 어떤 정책이 필요한지뿐만 아니라 더 많이 모집하거나 격려 할
  사람을 아는 데 도움이 될 수 있다.

- **사회적 공간의 변화와 취약점을 인식한다.**

  커뮤니티 구성이 성장함에 따라 어떻게 변했나? 지역사회를 떠나는 특정 저명한 회원의
  효과는 무엇인가? 어떤 멤버가 현재하는 일의 유형으로 대체할 수 없는가? 커뮤니티 변경
  에 대한 정책 변경 또는 설정 변경의 효과는 무엇인가(예 : 전체 답장 대 발신자에게 보낼
  기본 답장 동작 변경)? 이 질문에 답하면 변화에 대비하고, 이전 결정과 사건의 효과를 이
  해하고, 중요한 관계를 키울 수 있다.

이 섹션에서는 CSS-D 커뮤니티에서 중요한 개인 및 사회적 역할을 식별하는 방법을 배우게
된다. subgraph 이미지를 사용하고 CSS-D와 같은 Q&A 커뮤니티에서 가장 중요한 두 가지
사회적 역할을 식별하는 데 도움이 되는 복합 측정 항목을 작성하면 된다. 사람들과 토론 사람
들에게 대답한다. 그러면 이 메트릭을 사용하여 이러한 개인 간의 관계를 보여주는 시각화를
개발할 것이다.

네트워크에 중요한 사람들을 구별하는 가장 쉬운 방법은 1.5개의 subgraph 이미지들의 각
Vertex는 Harel-Koren Fast Multiscale 레이아웃을 사용해 만드는 것이다. 일단 이런 이메
일 사용자들의 지역 커뮤니티의 subgraph 이미지들이 만들어지면 당신은 in-degreed(메시
지를 대부분의 사람들로부터 받는 사람)과 out-degree(메시지를 대부분의 사람들에게 보내는
사람)같은 이메일 사용자들을 'Vertex 워크시트'에 있는 그래프 지표를 나눌 수 있다. 이 멤버

가 적극적인 참여자이며 다른 활성 참가자와 대화하기 때문에 커뮤니티의 핵심 멤버가 무엇인지 파악하기 위해 고유 벡터와 같은 중심성 기준으로 정렬할 수도 있다.

CSS-D 참여자들의 subgraph 이미지들을 걸쳐서 Scanning하는 것은 이메일 리스트 커뮤니티에 있는 다양한 사회적 역할을 이해하는 것을 도와줄 것이다. 그림 9.5는 세 개의 참여자 유형들(질문하는 사람들, 답하는 사람들 그리고 토론을 시작하는 사람들)의 예를 어떠한 지표들을 따라서 그들을 분별해내는지 보여 준다(자세한 내용은 **ADVANCED TOPIC : 사회적 역할 측정** 참조). 질문자들은 질문들을 올리고 답변자의 가능성이 있는 한, 두 명의 개인들에게 답을 받는다. 답을 하는 사람들은 그들과 잘 연결되어있지 않은 사람들에게 메시지를 보낸다.[11] 토론을 시작하는 사람들은 대게 서로에게 잘 연결되어있는 사람들에게 메시지를 받는다.

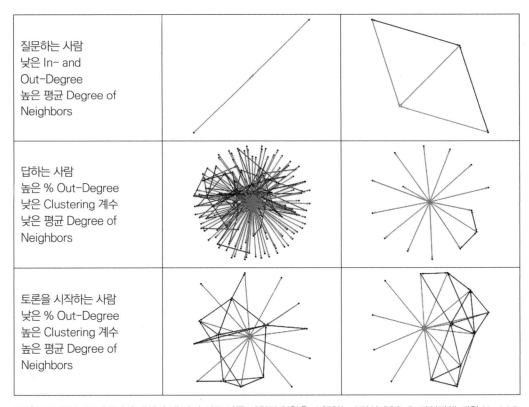

그림 9.5 CSS-D 커뮤니티 내에서 세 가지 서로 다른 사회적 역할을 수행하는 6명의 CSS-D 기여자에 대한 NodeXL Subgraph 이미지(1.5도, 꼭짓점(Vertex) 및 입사 모서리(Edge)는 빨간색으로 강조 표시됨). 사람들이 주로 격리된 사람 (즉, 다른 사람과 연결되어 있지 않은 사람)의 질문에 응답한다. 질문 사람들은 일반적으로 연결정도(Degree)가 낮지만 연결정도(Degree)를 가진 사람들로부터 메시지를 받는다(즉, 응답자). 토론 시작자는 긴 thread를 시작하고 종종 서로를 아는 사람들로부터 많은 답장을 받는다.

ADVANCED TOPIC

사회적 역할 측정

일반적으로 사람들의 사회적 역할을 식별하는데 그들의 서브그래프 이미지를 참고하는데, 그러나 이런 방법을 많은 사람들에게 적용하는 것은 문제가 될 수가 있다. 대신에, 이것은 자동적으로 사회적 역할을 분별해내는 집계 지표를 만드는 것이 가능하다. 이 지표는 네트워크 지표 및 참여 지표의 조합으로 구성되어 있다. 시간이 지남에 따라 커뮤니티 내에 사회적 역할 통계를 사용해 자동적으로 분석하면 건강한 커뮤니티를 만들 수 있을 것이다. 이것은 또한 **그림 9.6**과 **그림 9.7**에 나오는 것처럼 더 쉽게 개인의 사회적 역할과 그들이 어떻게 다른 사람과 연결되어 있는지 시각화할 수 있다. 사회적 역할을 식별하는데 사용되는 특정 지표를 사용할 수 있으며 분석되는 소셜 미디어의 기본 형태에 연관되어 있다. 핵심 소셜 네트워크 지표들은 노드엑셀을 사용해 만들 수 있다. thread 당 평균 게시물 또는 활성일 당일에 관한 지표들은 다른 방법들을 통해 찾아야 한다. **표 9.1**은 몇몇 지표들에 대해서 보여주고 있는데 이 지표들은 thread 대화에서 답하는 사람들을 식별한다.

이러한 모든 지표 기준들은 일반적으로 답하는 사람들의 행동과 높은 값으로 일치하도록 고안되었다. 당신이 어떤 데이터를 가질 수 있는지에 따라서 당신은 다른 지표들을 합쳐 평균을 내고, 곱하고, 가중평균을 내서 집계지표를 만들 수 있다. 나중에 이 섹션에서 우리는 간단한 계산을 할 것이다. 이 계산은 퍼센트에서 벗어난 정도와 클러스터링 계수의 역행렬을 곱하여 총 답하는 사람의 점수를 구하는데 이 계산은 노드엑셀에서 계산하기 쉽다. 모든 degree의 차단장치를 만들어(in-degree and out-degree) 15 또는 그 이상의 후보를 가려낼 수 있다. 예상대로 답하는 사람들은 높은 값으로 식별될 것이다. 추가적으로 토론을 시작하는 사람들의 낮은 값은 in-degree(이들은 많은 사람들에게 메시지를 전송하지 않으면서 많은 답을 받는다)와 높은 클러스터링 계수(이들은 서로에게 연결되어 있다)의 많은 퍼센트를 차지하고 있다.

표 9.1 사회적 역할 Metric

Metric	서술
(사용자 스레드 수) ÷ (사용자 게시 수)	간결함을 선호한다. 더 큰 값 = 더 적은 스레드당 메시지 수
(사용자 회신 포스트) ÷ (사용자 총 게시물)	개시가 방지된다. 더 큰 값 = 쓰레드를 시작하지 않다.

(표 9.1 계속)

Metric	서술
(사용자 등급) ÷ (총 사용자 수)	많은 사람들과 이야기한다. 더 큰 값 = 커뮤니티 구성원 중 상당 부분에 대한 응답이다.
(1 - Clustering 계수)	서로 잘 연결되지 않은 사람들과 대화한다. 더 큰 값 = 더 낮은 클러스터링 계수 (즉, 잘 연결된 이웃)
1 ÷ 이웃 평균 Degree	소수의 사람들과 연결되는 사람들과 대화한다. 더 큰 값 = 더 많은 격리된 개체와 대화
(사용자의 활성 일) ÷ (사용자의 활성 일 수)	대부분의 요일에 게시된다. 더 큰 값 = 여러 날의 게시물을 더 자주 표시한다.
(사용자의Out-Degree)÷(사용자의Out-Degree + 용자의In-Degree)	out-degree 퍼센트. 더 큰 가치 =는 그 (것)들로부터 받기 때문에 보다는 그 (것)들에 응답 때문에 더 사람들에 연결된다.

특정한 사회에서의 특정한 사회적 역할과 유행은 그들의 특정 커뮤니티에 나타나는 성격에 달려 있다. CSS-D 커뮤니티는 주로 Q&A 커뮤니티로, 대부분은 질문자와, 주로 눈에 띄는 소수의 답을 하는 사람들, 적은 수의 토론을 시작하는 사람으로 구성되어 있다. 다른 토론을 기반으로 한 커뮤니티에서는 더 많은 토론을 시작하는 사람들과 다른 사회적 역할이 있는데 이 역할들은 flame warriors, commentators and connectors이다. 사회가 건강한지 확인할 수 있는 좋은 방법은 서로 다른 사회적 역할을 하는 사람들의 비율을 확인 하는 것이다. 예를 들어, CSS-D 커뮤니티가 너무 적은 양을 답하는 사람이 있거나 너무 많은 양의 질문자가 유입된다면 이 커뮤니티는 효과적으로 돌아가고 있지 않을 수 있다.

CSS-D 이메일 리스트에 대한 응답 네트워크를 보는 것은 인구의 구성에 관한 일반적인 통찰력을 제공하나 네트워크 사이즈가 필터링 없이 해석하는 것이 힘들 수 있다. **그림 9.6** 맵들은 답하는 사람들(**ADVANCED TOPIC: 사회적 역할 측정 참조**)을 색으로 표현하는데 초록색은 답하는 사람들이고 빨간색은 토론을 시작 하는 사람들이다. 파란색은 총 15개 미만의 연결정도(degree)를 나타낸다. 더 큰 노드는 더 높은 고유 벡터 중심성을 가지고 있는데 이것들은 서로 잘 연결 되어있는지 보여준다. Binned 레이아웃은 격리집단을 구별해내는데 이 집단은 이메일 리스트 주소 자체가 제거되어 있기 때문에 많다. 격리집단은 리스트에 포스트를 하고 답을 받지 않고 때로는 리스트에 답하는 사람의 주소를 복사하지 않고 리스트에 답하는 사람들이다. 전반적으로 복합 네트워크는 중심이 되는 답을 해주는 사람들과 연결된 많은 개인들과, 수적으로는 적지만 서로 주기적으로 상호작용이 안정된 코어 그룹 멤버를 보여준다.

중요한 커뮤니티 멤버들에게 더 초점을 맞추기 위해서 총 15 degree 보다 적은 양의 꼭짓점(Vertex)을 필터링 해야 된다. 그림 9.7은 수동으로 꼭짓점(Vertex)을 배치한 네트워크를 보여준다. subgraph 이미지는 상위 세 응답자들을 보여준다. 모서리(Edge) 폭 및 불투명도에 표현되는 edge weights는 이 개월 간 누구와 상호작용했는지 알게 해주고, 비슷한 관심사를 가질 가능성이 있다. 심지어 이 핵심 멤버들 중에도 토론 시작자들은 다른 토론 시작자들에게 잘 응답하지 않는다. 그리고 가장 크게 응답자를 분류하면서 핵심 회원들로부터 많은 메시지를 받는 것을 알 수 있다. 이것은 그가 커뮤니티 내에서 여러 가지로 중요한 역할을 가지고 있음을 보여준다. 만약 그가 네트워크에서 없어지면 핵심멤버들끼리 접촉이 훨씬 줄어들 것이다. 이것은 커뮤니티 관리자들이 개인을 적절히 평가하고 그 커뮤니티에 남아있도록 권장해야 한다.

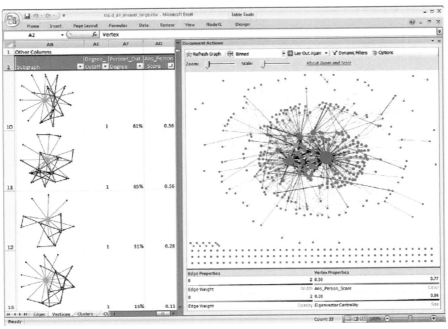

그림 9.6 이메일 목록 주소 자체의 꼭짓점(Vertex)을 제거한 후 2007년 1월에서 2월까지 CSS-D 이메일 리스트 네트워크의 노드엑셀 맵이다. 답변 사람들(친환경)과 토론 시작자(적색)는 계산된 응답자 점수로 식별된다(**고급 주제 : 사회적 역할 측정 참조**). 파란색 꼭짓점(Vertex)의 총 도수는 15 미만이다. 상위 4명의 토론 시작자의 부분 그래프 이미지 (1.5)가 표시된다. 꼭짓점(Vertex) 크기는 고유 벡터 중심으로 매핑된다. 모서리(Edge) 가중치는 모서리(Edge) 크기(1.5-4)와 불투명도 (20-80)에 매핑되어 로그 스케일을 적용하고 특이치를 무시한다. 많은 헬프 기반 커뮤니티와 마찬가지로 CSS-D는 대부분 사람들과 토론 시작자로 소수의 질문을 하는 질문자로 구성된다.

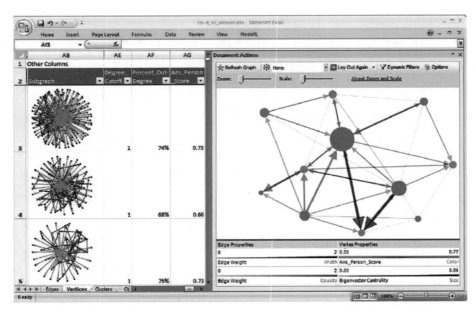

그림 9.7 가장 중심적인 멤버들만을 보여주는 그림 9.6에서 볼 수 있는 CSS-D 이메일 목록의 필터링 된 버전의 노드엑셀 맵이다. 비교점을 보다 명확하게 그리기 위해 꼭짓점(Vertex)과 모서리(Edge)의 최대 크기가 증가되었다.

9.6 ABC-D 이메일 리스트에 대한 새로운 커뮤니티 관리자 찾기

온라인 대화의 관리자는 사회 질서 유지, 참여 촉진과 사회를 집 같은 느낌을 해 주는 데에 중요한 역할을 하고 있다.[12] 보통 그들이 제일 활동적인 구성원이며 다른 구성원들이 잘 알고 있고 존경 받은 상황에서 자기의 역할을 잘할 수 있다. 관리자의 중요성 때문에, 한 관리자가 떠나거나 퇴직할 때 커뮤니티를 분열하게 할 가능성이 있다. 이 부분에서 우리는 네트워크 분석이 어떻게 떠날 관리자를 대신할 잠재적인 후계자를 밝히는 데에 도움이 되는가에 대해 살펴본다.

분석의 데이터가 ABC-D이라는 이메일 리스트에서 나오며 특정의 직업에 바탕을 둔다. 실천적인 커뮤니티의 고전적인 사례[13]이고 다양한 기관을 넘는다. CSS-D같지 않게, ABC-D는 커뮤니티의 영역에 대한 심층적인 토론을 격려하고 주로 질문과 답신이 아니다.

이 네트워크는 지향적(directed)이다: 화살표가 A사람에서 B사람으로 표시되는 것이 A가 B의 문자를 답신하다는 의미다. 대화의 threaded 특정이 데이터에 반영되지 않는다. ABC-D의 데이터는 Maryland대학 정보학부의 대학생인 Chad Doran에 의해 2주 간 수집된 것이다.

그리고 Chad Doran가 관리자의 대체의 시나리오를 제출했다. 더 보완한 분석은 더 긴 기간 (예 : 2달)을 포함해야 한다.

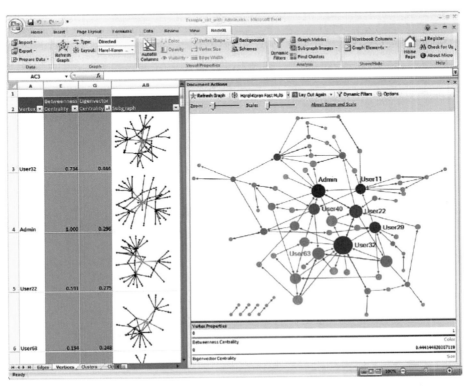

그림 9.8 ABC-D의 이메일 리스트 응답 네트워크의 노드엑셀 맵이다. 현재 관리자(Admin) 및 네트워크의 가장 중심에 있는 다른 구성원에 레이블이 지정된다. 큰 꼭짓점(Vertex)은 높은 고유 벡터 중심성을 가지며 어두운 보라색 꼭짓점 (Vertex)은 더 높은 중심성을 가진다. 각 구성원의 지역 2도 네트워크 인접 지역을 나타내는 하위 그래프가 워크시트에 표시된다.

그런데 지금의 데이터 설정은 핵심 아이디어를 설명하는 데에 충분하다. 조직의 구성원의 사생활을 존중하기 위해서 모든 데이터가 익명화 시켰다. 커뮤니티의 이름도 포함한다.

첫 번째 그림이(그림 9.8) 전체의 답신 네트워크를 제시하고 몇 개의 중요한 개인(그래프 metrics에 의해 식별되는)에만 표를 붙인다. 이 네트워크의 재미있는 점은 전부 중 개인이 한 큰 부분하고 연관되어 있고, 개인별 연결정도(degree)가 상대적으로 낮다는 것이다(최대 총 수치는 14, 평균 개인 수치는 약 3). 결과는 이 네트워크가 상당히 외향적인(spread out) 네트워크이다. 그래프 metrics를 계산하고 가장 중심적인 개인 즉 관리자를 대체할 수 있는 제일 적당한 위치를 차지하고 있는 개인을 식별하는 데에 이용한다. 꼭짓점(Vertex)의 자주색이 짙을

수록 더 높은 betweenness centrality를 가지고 있는데, 이는 그들이 다른 꼭짓점(Vertex)을 연결하고 네트워크 전체를 통합하는데 중요하다는 의미이다. 더 큰 꼭짓점(Vertex)은 더 높은 eigenvector centrality를 가지며, 이는 이 사람이 다른 사람들과 잘 연결되어 있다는 것이다.

예상대로, 현직 관리자(labeled Admin)는 가장 높은 betweenness centrality와 상대적인 높은 eigenvector centrality를 가지고 있다. 흥미롭게도 가장 높은 eigenvector centrality를 가지고 있는 사람(User32)은 관리자와 직접적인 연결이 없다. 우리가 데이터를 수집하는 기간 내에 두 사람은 서로에게 아무 대답도 주지 않았다. 또 하나의 중요한 개인은 User11, 높은 betweenness centrality 가지고 있는 것이 몇 개의 꼭짓점(Vertex)에게는 유일한 연결이기 때문이다. 그러나 그의 대부분 연결이 드물게 보내는 사람간의 연결이기 때문에 그의 eigenvector centrality은 상대적으로 낮다. 모든 표에 있는 개인은 높은 metrics 수치를 갖고 있고 관리자를 대체할 좋은 후보자일 수 있다. 물론 이 네트워크에 포함되지 않은 다른 특징, 예를 들면 근무 의향, 친절, 경력 등도 중요한 결정요인이다.

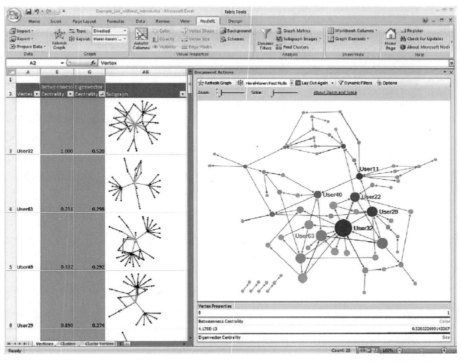

그림 9.9 현재 관리자가 네트워크에서 제거된 ABC-D의 이메일 목록 응답 네트워크의 노드엑셀 맵이다. 그래프 메트릭은 관리자 없이 다시 계산된다. 크기와 색상은 이전 그래프(그림 9.5)와 같은 것을 의미하며 비교를 용이하게 하기 위해 꼭짓점(Vertex) 위치가 고정되었다.

만약에 관리자를 이 네트워크에서 없애면 어떤 변화가 일어나는지를 알고 싶을 것이다.(그림 9.9) 네트워크 metrics의 중요한 열쇠는 betweenness centrality와 eigenvector centrality는 남아있는 개인들에 의해 변할 것이다. 왜냐하면 그들이 다른 metrics의 성질에 의해 결정되는 것이기 때문이다(5장 참조). 따라서 관리자가 없는 표를 보면 한 사람의 관리자가 될 가능성을 더 정확하게 접근할 수 있다. 전체로서의 네트워크가 어떤 영향을 받는 지를 살펴보는 데에도 도움이 된다. 예를 들면, 관리자를 치우는 게 average closeness centrality를 3.2에서 3.5까지 인상하게 만들고 관리자가 없어지면 사람들이 이렇게 직접적으로 연결되지 않을 것을 의미한다. 그리고 이 네트워크 안에 있는 특정 하위집단이 다른 하위집단하고 맺고 있는 연결을 잃은 것도 발견할 수 있을 것이다. 예를 들면, 그래프의 상부의 있는 그 큰 집단. 이런 차별은 꼭짓점(Vertex)의 위치가 고정될 때 더 쉽게 발견할 수 있다(4장 참조).

그림 9.9는 가능한 대체자로 식별되는 초기의 개인들이 좋은 후보자라는 것을 확인해 준다. 그리고 특정 후보자가 선택되면, 예를 들면 User32, 이 지역사회에서 연결이 잘 안 되는 하위집단이 있을 수도 있다(예 : 그래프의 가장 위에 있는 node들의 그룹). 그들은 자기가 모르거나 대화를 자주하지 않은 사람이 관리자가 되면 소외감을 느끼게 될 수 있다는 것이 걱정이다. 이 그래프가 이들을 연결하게 할 수 있는 개인도 제시한다(User11과 User22). 이런 정보를 가지고 떠날 관리자는 지혜롭게 User32하고 User22가 관리자를 같이 담당하는 제안을 내릴 수도 있다. 아니면 선발된 사람이 소외감을 느낄 수 있는 사람들하고 연결하기 위해서 이 개인들하고 관계를 발전시켜야 한다.

9.7 RAVELRY 그룹 이해하기

Ravelry(www.ravelry.com)는 모든 실에 대한 열정을 가지고 있는 사람들이 모여드는 온라인 커뮤니티이다.

2010년 1월에 600,000명을 넘은 편물공(knitters)과 crocheters가 이 사이트에 등록했다. 이용자들이 프로젝트, 실 저장, 바늘을 분비하고, 디자인, 아이디어, 기술을 공유하고 발견하고, 공통 관심사에 대한 토론하고 탐구를 통해 우정관계를 맺는다. 이 부분에서 당신은 가상 Ravelry 커뮤니티의 관리자 역할을 맡는다. 당신은 세 개의 토론 포럼에서 제일 높은 지위를 차지하고 있는 20명의 포스터에 대한 데이터를 분석할 것이다. 이 데이터와 초기의 네트워크 분석은 Rachel Collins라는 대학생(University of Maryland's iSchool)이 개발했다. 우리가 책에서 이 데이터를 분석하고 대단히 흥미로운 커뮤니티에 대한 토론을 한다는 것을 허락해 주신 Ravelry 커뮤니티에게 특별한 감사를 드린다. 사생활 보호를 위해서 모든 집단과 개인의 이름은 수정되어 있다.

　세 개의 그룹 토론 포럼을 당신에게 맡기고 감독하고 발전시켜야 한다고 상상해 본다. 그들은 고도의 활동적인 그룹이라서 모든 메시지를 따르고 나무에서 삼림을 알아보는 것이 너무 어렵다. 제일 중요한 그룹 구성원들이 어떻게 연결하고 있는지, 또한 그룹들이 어떻게 차별화 되어 있는가에 대한 더 좋은 인식을 가진다. 이 인식이 신입 구성원에게 제일 좋은 그룹을 추천할 데에 도움이 된다(당신의 웹사이트에서 그 포럼을 중요하게 연결하고 있는 것을 의미한다). 그리고 필요할 때 부를 수 있는 전문지식이나 특정 사회관계를 가지고 있는 개인을 식별하는 데에도 도움이 된다. 가시화를 그룹 구성원들에게 공유하고 구성원들의 내성을 격려한다.

　당신이 관리하고 있는 그룹의 하나는 공동 이익 그룹이고(AFC), 하나는 meetup(Chicago Fiber Arts)이고, 또 하나는 knit-along(Project Needy)이다. 이 그룹들은 수백 개의 비슷한 그룹 중에 세 개다. 각 그룹의 토론 포럼은 그들의 중앙 중추 같은 역할을 하고 있다. 개인이 원할 만큼 많은 포럼 그룹을 참여할 수 있다. 당신이 프로젝트 출력, 토론 게시판의 이용, 블로그 활동, 커뮤니티 역할에서 제일 높은 지위를 차지하고 있는 20명 포스터의 친구 수량에 대한 데이터를 이미 수집했다. 이를 통해 당신은 일반적으로 가장 중요한 활동적인 구성원에 집중하여 단일 분석에서 다양한 활동을 서로 연관시킬 수 있다.

　그림 9.10에서 세 그룹/포럼(파란색으로 표시)하고 그들을 포스트하는 사람간의 연결하는 bimodal 그래프를 제시한다. Edge의 두께는 포럼 포스트(대수의 맵 사용)의 수량에 근거를 둔다. 제일 얇은 선이 구성원들을 이런 집단하고 연결한다. 이미 이 집단의 구성원인데 아직 포

스트해 본 적이 없는 집단. 다른 시각적 특성은 커뮤니티의 다른 부분에서 개인의 활동 수준을 전달하는 데 사용된다. 밤색의 꼭짓점(Vertex) 또한 커뮤니티 블로그를 소유하지만, 솔리드 디스크는 커뮤니티의 운영자 또는 자원봉사 편집자이다. 이 그래프가 중요한 개인을 식별하는 데에 다양한 그룹에 포스트하는 사람하고 특정한 색깔/크기/형태의 조합으로 도움이 될 수 있다. 세 그룹을 비교하는 데에도 도움이 된다. 예를 들면, 도표에서 알 수 있는 것은 Apathetic Funloving Crafters(AFC)이라는 포럼이 매우 활동적이고 많은 블로그가 있으며, 수많은 프로젝트를 완성하는 사람의 수량이 상대적 적다. 반면에, 'Project Needy'이라는 그룹에서는 많은 생산성이 높은 사람이 포함되고, 그중에 많은 사람들은 관리자이며 블로거이다. 대조적으로, 'Chicago Fiber Arts'이라는 그룹에서는 보다 소수의 블로거하고 프로젝트 활동이 있다.

Ravelfy 커뮤니티의 신입회원은 그림 9.10 같은 가시화를 이용해서 어느 그룹을 가입하고

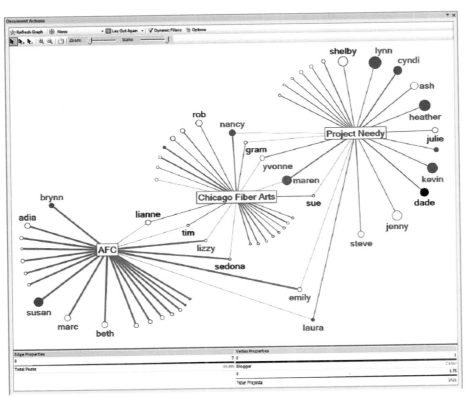

그림 9.10 파랑으로 표시된 세 개의 Ravelry 그룹(즉, 포럼)을 서클로 표시된 참여자에게 연결하는 바이 모달 네트워크. 모서리(Edge) 너비는 게시물 수를 기반으로 한다(대수 매핑과 함께). 꼭짓점(Vertex) 크기는 완성된 Ravelry 프로젝트의 수를 기준으로 한다. 적갈색 꼭짓점(Vertex)에는 블로그가 있고 단색 원에는 커뮤니티 중재자 또는 자원봉사자 편집자가 있다. 네트워크는 그룹을 비교할 뿐만 아니라 중요한 경계 스패너(예 : 여러 그룹에 연결된 스패너)를 식별하는 데 도움이 된다.

싶은 지를 빠르게 감지하고 중요한 구성원들을 식별한다. 관리자도 이것과 비슷한 그래프를 이용해서 지원 편집자의 잠재적인 후보자를 발견하거나, 경계 스패너의 그룹을 식별하고 공통 이익이 있기 때문에 이를 바탕으로 새로운 그룹을 형성한다. 이런 그래프를 그룹에게 제공하고 내성을 촉진할 수도 있고 잠재적으로 새로운 연결을 발전시킨다. 사이트에서의 활동들이 서로 간에 어떻게 관련하고 있는 지를 이해하는 데에도 이런 그래프를 이용할 수 있다. 더 체계적으로 초기의 주장을 입증하려면 통계를 이용할 필요성도 있지만. 예를 들면, 그림 9.10에서 위치 기반 그룹들이 활동적인 블로그를 하고 있는 구성원의 비율이 낮다는 것을 보여준다. 그리고 프로젝트를 완성하는 많은 사람들이 프로젝트 그룹에 속한 것 같다. 이런 경향을 이해하는 것이 당신의 커뮤니티와 그룹의 목표를 정하고 다른 유형의 사용자를 포함하는 데에 도움이 될 수 있다.

9.8 실무요약

많은 온라인 커뮤니티들이 이메일 리스트, 토론 포럼, 뉴스그룹 등의 형식으로 threaded 대화를 이용한다. 그들이 이용하는 광범위한 기술의 전달 기반은 다르지만, 모든 threaded 대화가 비슷한 특성을 가지고 있다. single-authored 메시지로 구성하여 thread된다(즉, 한 top-level 메시지, 그에 대한 답신, 답신에 대한 답신). Thread는 주제나 그룹에서 흔히 발견되고, 메시지는 영구적이고, 이용자들이 대화에 대한 공유적인 관점을 가지고 있다. 이러한 대화들은 직접적이고 가중치가 높은 응답 네트워크 및 Top-Level 응답 네트워크를 비롯한 여러 네트워크의 생성에 도움이 된다(thread(또는 포럼)를 게시한 개인에게 연결하는 방향이 없고 가중치가 있는 제휴 네트워크). 그리고 user-to-user와 thread-to thread를 포함하는 제휴 네트워크로부터 유도된 비 방향성 가중 네트워크 등 여러 네트워크를 스스로 형성하게 만든다. CSS-D라는 기술지원 커뮤니티에 대한 분석을 통해서 중요한 사회적 역할을 어떻게 식별하는지 또는 응답자, 토론 시작자, 질문자의 역할을 담당하고 있는 사람을 어떻게 발견하는지를 제시한다. ABC-D라는 토론 기반인 이메일 리스트에 대한 분석이 커뮤니티의 관리자를 대체하기 위해서 어떻게 해야 네트워크의 metrics(예 : betweenness와 eigenvector centrality)을 기반으로 좋은 후보자를 발견할 수 있는 방법을 보여준다. Ravelry의 분석이 bimodal affiliation 네트워크를 이용해서 포럼기반 그룹이 어떻게 연결하고 있는지에 대해 이해하고, 중요한 경계 스패너를 식별하고, 토론에 속하지 않은 네트워크 metrics(예 : 블로그 활동, 프로젝트 활동)하고 그룹 토론 활동을 관련시킨다.

9.9 연구의제

섹션 9.2에서 언급한 것처럼 threaded 대화 커뮤니티에 대한 연구는 긴 역사를 갖고 있다. 아직까지는 많은 재미있는 연구 문제들이 남아 있다. threaded 대화가 다양한 상호작용 기술을 가지고 있는 더 복잡한 사회 환경에서 투영됨에 따라 이들이 어떻게 상호작용 하고 있는 지를 이해하는 것이 점점 중요해진다. 예를 들면, Hansen이 더 연구적인 위키 저장소[10]를 이용해서, 선형 대화(즉, 이메일 리스트)를 결합시킴을 통해 기술하고 환자 지원단이 이익을 얻을수 있다는 것을 발견했다. Ravelry의 예에서는 네트워크 커뮤니티가 다른 도구(예 : 블로그) 또는 활동(즉, 프로젝트)의 사용과 어떤 관련이 있는지 이해하기 위해 연구 커뮤니티에서 아직 널리 사용되지 않은 전략을 보여주었다. 네트워크 기반 연구는 성공한 온라인 커뮤니티의 결정요인을 이해하는 데에도 필요하다. 예를 들면, 무슨 비율로 응답자, 토론자, 질문자를 구성하여더 좋은 결과가 나오는지, 전체적으로 네트워크 통계치가 성공과 연관이 있는지 우리는 모른다. 디자인 관점에서 볼 때 Google Wave 및 기타 프로토타입 시스템에서 볼 수 있는 thread 대화 모델[1]을 향상시킬 수 있는 많은 매력적인 기회가 있다. 특히 유망한 접근법 중 하나는 시각화를 사용하여 사람들이 Netscan 프로젝트 및 관련 노력에서와 같이 커뮤니티 상호작용을 이해할 수 있도록 돕는 것이다.[14]

참고문헌

[1] P. Resnick, D. Hansen, J. Riedl, L. Terveen, M. Ackerman, Beyond threaded conversation, in: CHI '05 Extended Abstracts on Human Factors in Computing Systems (Portland, OR, USA, April 02-07, 2005). CHI '05. ACM, New York, NY, 2005, pp. 2138-2139.

[2] H. Rheingold, The Virtual Community: Homesteading on the Electronic Frontier, Adison-Wesley Pub. Co, Reading, MA, 1993.

[3] M. Smith, P. Kollock (Eds.), Communities in Cyberspace, Routeledge, London, UK, 1999.

[4] J. Preece, Online Communities: Designing Usability and Supporting Sociability, John Wiley & Sons, Inc., New York, NY, 2000.

[5] A.J. Kim, Community Building on the Web : Secret Strategies for Successful Online Communities, first ed., Peachpit Press, 2000.

[6] D. Powazek, Design for Community, illustrated ed., Waite Group Press, 2001.

[7] B. Nonnecke, J. Preece, Lurker demographics: counting the silent, in: Proceedings of the SIGCHI Conference on Human Factors in Computing Systems (The Hague, The Netherlands, April 01-06, 2000). CHI '00. ACM, New York, NY, 2000, pp. 73-80.

[8] D. L. Hansen, Overhearing the crowd: an empirical examination of conversation reuse in a technical support community, in: Proceedings of the Fourth international Conference on Communities and Technologies (University Park, PA, USA, June 25-27, 2009). C&T '09. ACM, New York, NY, 2009, pp. 155-164.

[9] J. Preece, K. Ghozati, In search of empathy online: a review of 100 online communities, Proceedings of the 1998 Association for Information Systems Americas Conference, 1998, pp. 92-94.

[10] D. Hansen, Knowledge Sharing, Maintenance, and Use in Online Support Communities, Unpublished Dissertation, University of Michigan, http://hdl.handle.net/2027. 42/57608

[11] H.T. Welser, E. Gleave, D. Fisher, M. Smith, Visualizing the signatures of

social roles in online discussion groups, J. Social Struct. 8 (2) (2007).

[12] B. Butler, L. Sproull, S. Kiesler, R.E. Kraut, Community effort in online groups: who does the work and why, in: S. Weisband, L. Atwater (Eds.), Leadership at a Distance, Lawrence Erlbaum Associates Inc, Mahwah, NJ, 2005.

[13] E. Wenger, Communities of Practice: Learning, Meaning and Identity, Cambridge University Press, Cambridge, 1998.

[14] T. Turner, M. Smith, D. Fisher, H.T. Welser, Picturing Usenet: mapping computer-mediated collective action, J. Comput. Mediat. Commun. (2005).

10

트위터(Twitter): 대화, 오락, 정보를 하나의 네트워크에 통합한 플랫폼

목차

10.1 들어가기 ·············· 242		10.3.5 Retweet, #hashtag 및 정보 확산 ··· 256
10.2 트위터의 너트와 볼트 ·········· 246		10.4 데이터 수집 ·············· 257
10.2.1 @reply[답장]과 @mention[언급] ··· 246		10.5 트위터로 검색 ·············· 262
10.2.2 #hashtag ·············· 249		10.5.1 자기중심 네트워크(Ego network) ···· 263
10.2.3 Retweeting ·············· 250		10.5.2 유행화 주제 ·············· 270
10.3 트위터의 네트워크 ·········· 252		10.6 실무요약 ·············· 280
10.3.1 친구, 팔로워, 정보 및 주의 ······ 253		10.7 연구의제 ·············· 281
10.3.2 주의력, 중요도 및 고유 벡터의 중심성 ·· 254		참고문헌 ·············· 282
10.3.3 정보, 이점 및 사이의 중심성 ······· 254		추가자료 ·············· 282
10.3.4 @replies 및 대칭 연결 ·········· 255		

10.1 들어가기

　이것은 거의 기본적이다. 사람들, 사업들, 그리고 당신이 좋아하는 연예인들로부터의 메시지들, 그리고 당신에게 관심 있는 자들에게 짧은 메시지를 쓸 수 있는 비어 있는 박스가 있다. 그러나 트위터의 금관 악기 제작은 성공의 열쇠 중 하나였다. 트위터는 커다란 사용자 기반과 써드 파티 개발자들의 커스터마이징과 확장을 통해 지난 수년간 가장 인기 있고 대화가 많고 다양한 소셜 미디어 플랫폼으로 성장했다. 이것은 수백만 명의 사용자들을 얻었고 정치 후보자들이 캠페인 운동 때 많은 지지자들을 얻기 위하여 이것을 사용하였고[1] 이것은 배우자들, 음악가들, 개그맨들이 그들의 개인적인 삶을 팬들에게 보여주고 팬 층을 올리기 위하여 사용하고 있고 사업들이 상품에 대한 정보를 주고 개인이 원하는 대로 할 수 있는 소비자 서비스를 주려 할 때에도 사용되고 있다. 트위터는 허리케인[2]이나 산불 같은 자연재해 피해자들 사이에서 정보 공유를 조정하는 역할을 했으며, 일부는 트위터가 2008년 인도의 테러 공격과 이란의 정치 혼란에 대한 전 세계 의식을 2009년 여름에 고양시키는 데 도움이 되었다고 제안한다.

트위터의 겸손한 시작을 고려하면 나쁘지 않다. 트위터는 2006년 샌프란시스코에서 시작된 팟캐스팅 Odeo 내부에서 사이드 프로젝트로 시작되었다.

트위터는 2007년 미국 텍사스 주[3] 오스틴에서 열린 사우스바이서부(SXSW) 영화제와 음악축제에서 공개되면서 기술지향적 커뮤니티에서 실제 '버즈'를 처음 만들었다. 이 회사는 웹상을 수상했고 축제 기간 동안 '백 채널'로 사용하여 뜨거운 신제품과 모임에 대한 정보를 공유했다.

2008년 말/2009년 초, 플래시 농구 슈퍼스타 샤킬 오닐(@THE_REAL_SHAQ)은 2008년 11월에 트위터 사용자가 되었다. 초반에 그는 그의 트위터 팬들에게 이렇게 말했다: "저와 어떻게 관계를 맺는지에 대한 힌트를 줄게요. 전 샤킬 오닐은 유머 감각이 있어요."

그리고 얼마 후, 배우이자 프로듀서인 Ashton Kutcher(@aplusk) 그리고 토크 쇼 호스트인 Oprah Winfrey(@oprah)가 트위터에 가입하였고 Kutcher는 Winfrey의 토크쇼에 나와 CNN과의 우호적인 경쟁을 공개하였다. 이 경쟁은 CNN(뉴스 네트워크)과 Kutcher 둘 중에 누가 백만 명의 팔로워를 먼저 갖게 될 것이냐 였다. Kutcher가 이 경쟁을 이겼다. 그러나 언론의 주목을 끄는 것은 호기심 많은 새로운 사용자가 텔레비전에서 트위터에 대해 알게 됨에 따라 트위터를 주류로 끌어 들였다.

그림 10.1의 성장 차트는 2007년 3월과 SXSW 축제에 의하여 2009년 4월에 큰 성장을 보여주고 있다(Ashton, Oprah, 그리고 친구들의 대중 매체 영향력을 보여주고 있다). 차트의 오른쪽을 보라. 2009년 가을 이후의 성장은 극적이며 이제는 모든 사람들이 트위터를 타고 있는 것처럼 느껴진다.

간단한 상태 메시지 게시에 대한 아이디어가 일반적으로 증가하고 있다. 2009년 가을 현재 인터넷 사용자 중 거의 20%가 일부 상태 업데이트 서비스[6]를 사용하고 있으며 트위터는 멀리 떨어져 있으며 가장 인기가 있다.

트위터가 인기를 얻으면서, 그것은 스스로 독립 실행형 플랫폼에서 전체 통신 생태계의 중심지로 성장했다. 트위터는 기본적인 웹에 기반을 둔 인터페이스를 가지고 있다(그림 10.2). 그러나 다른 데스크톱과 웹에 기반을 둔 도구들이 널리 사용되고 있다. 인기 있는 클라이언트 중 하

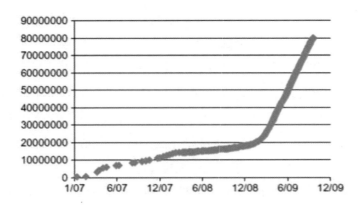

그림 10.1 트위터의 성장 추세이다. 성장곡선은 SXSW 축제와 오프라 윈프리 쇼로 2007년 3월과 2009년 4월에 급격한 증가를 보여준다.

나인 TweetDeck(그림 10.3)에는 여러 개의 열이 있으므로 사용자는 모든 친구, 특정 대화 또는 관심 주제 및 검색 질의와 같은 여러 피드를 동시에 따를 수 있다. Twitter(그림 10.4)는 또 다른 유형인데, 이것은 단일의 행 포맷을 갖고 있고 인스턴트 메시지의 레이아웃을 따라하고 있다.

점점 더 많은 기업들이 트위터를 사용하기 시작하면서, CoTweetite와 HootSuite(www.hootsuite.com)와 같은 지원 툴이 개발되었다. 단일 공유 Twitter 계정(예 : 기업 브랜드에 속

그림 10.2 트위터의 웹 기반 인터페이스. 가장 눈에 띄는 내용은 트윗(오른쪽)의 스트림과 사용자 별 정보가 있는 대시보드(왼쪽)이다.

그림 10.3 TweetDeck은 널리 사용되는 데스크 탑 기반 트위터 클라이언트이다.

하는 계정)의 협업 관리 및 사용을 허용하는 것 외에도 이러한 서비스는 메시지 및 응답수와 같은 통계를 표로 작성한다. 이것은 많고 많은 제3자 트위터 프로그램들의 샘플일 뿐이고, 매일 새로운 프로그램들이 개발되고 있다.

이 챕터에서는 글로벌 트위터 대화의 일부를 활용하고 매핑하는 방법에 대해 알아보겠다. 트위터 사용자와 대화들을 분석하는 것은 숫자와 추세를 표로 만드는 것 이상이다. 이는 사람 간의 연결과 상호작용에 관한 것이다. 소셜 네트워크 분석 기법을 통해 트위터 네트워크를 검사하고 모든 연결이 서로 어떻게 연결되어 있는지 등을 확인할 수 있으며, 예를 들어 모든 연결이 서로 어떻게 관련되는지를 알 수 있게 될 것이다. 마지막으로, 트위터를 대중매체 현상으로 어떻게 연구할 것인지와 세계적인 대화에 흐름을 따라하는 것에 대해 배우게 될 것이다.

그림 10.4 Twhirl은 데스크탑에 기반을 둔 인기 많은 트위터 클라이언트이다.

10.2 트위터의 너트와 볼트

트위터는 대화적인 마이크로 블로그로 생각할 수 있다. 블로거처럼 트위터 사용자는 자신이 구독하는 모든 사람들의 스트림에 나타나는 메시지를 게시한다. 트위터의 이러한 기초/토대는 Really Simple Syndication(RSS)의 기능성을 반영한 것이다.

트위터는 당신의 메시지를 구독하고 받는 사람들을 당신의 팔로워 또는 당신을 따르는 사람들에게 전화를 한다. 그 주위를 둘러보면, 당신이 따르는 사람들은 당신의 친구라고 불린다. 이러한 용어들은 블로그의 맥락에서 구독자와 구독에 일치한 것이다. 표 10.1은 블로그 사용자들과 트위터 사용자에게 익숙한 몇 가지 기능과 트위터에 해당하는 기능이 나열되어 있다.

블로그와 트위터의 중요한 차이점 중 하나는 메시지의 크기이다. 마이크로 블로그에 마이크를 넣는 특징이다. 트위터 메시지 140 글자로 제한되어 있다. 그 이유는 트위터가 휴대전화 SMS(텍스트 메시지)를 통하여 사용되도록 설계되어 있기 때문이다(텍스트 메시지는 160글자로 제한되어 있다).

이러한 짧은 메시지를 이제부터 트윗이라고 부르게 될 것이다.

구조화 된 많은 정보가 140자로 압축될 수 있다! 지금 짐을 좀 풀겠다.

트위터는 많은 구조를 가지고 시작하진 않았다. 그러나 다른 인터넷 사회 공간과 마찬가지로 트위터의 사용자 인구는 핵심 기능을 넘어서 혁신을 이룩했다. 트위터는 다른 서비스들 보다, 더 많은 것들을 배우고 사용자들과 협의하여 그들의 관행을 채택하고 기술로 다시 구축함으로써 유용한 기능을 추가하고 있다.

표 10.1 블로그와 트위터 기능성과 전문용어 비교

Blog	Twitter
Subscriber	Follower
Subscription	Friend
Post	Tweet

10.2.1 @reply[답장]과 @mention[언급]

모든 메시지가 공개된 공간에 글을 쓸 때 대화는 어떻게 진행될? 대화를 나눌 때에는, 사람들은 단지 말을 하는 것이 아니라 서로를 구체적으로 말을 한다. 그렇다면 어떤 메시지가 특별히 당신을 위한 메시지인지 어떻게 알 수가 있을까? 이것은 두 사람 대화에서 모든 문제를 해결하는 데 어려움이 있다(모든 대화는 적어도 두 명이 필요하다!) 그러나 그룹 토론에서 따라하기란 쉽지 않다.

트위터 사용자는 @reply('앳 리플'로 발음)라는 이름으로 이를 해결했다. 메시지 앞에 @ 기호가 붙은 사용자 이름을 포함시켜 메시지가 특별히 사용자를 위한 것임을 나타낼 수 있다. 이 트윗은 아직도 공개적이지만 대화의 의도된 흐름은 분명하다. @replies는 받는 이가 보내는 이를 팔로우 하지 않아도 받는 이의 피드에 보인다는 점을 참고하라.

비유하자면, 만약 Scott이란 사람이 위험하게 길을 건너고 있다면, Vlad란 사람이 "Scott, 그 버스 조심해!"라고 말할 수도 있는 것이다. 그는 버스를 조심하라고 말하지 않고 스콧에게 특별히 경고하며, 이를 통하여 Scott이 길바닥의 펜 케이크가 되는 것을 막아주는 것이다. 트윗에서는 그림 10.5와 같이 보인다.

vlad43210 Hey, @redlog, watch out for that bus!
2 minutes ago from Seesmic

그림 10.5 @reply 메시지가 포함된 트윗. 이 메시지는 @vlad43210에서 @redlog로 전송된다.

@replies가 표 10.2의 대화를 쉽게 따르는 이유를 설명해 보겠다.

표 10.2의 오른쪽에 있는 사례에서 C가 스크램블 에그를 만들지 않고 노드엑셀을 사용하고 있다는 것이 명백하다. 온라인 대화의 언어 구조를 연구하는 인터넷학자 Honeycutt과 Herring은 @reply를 '접근성의 지표'라고 언급하고 트위터의 대화가 일관성 있고, 많은 대화가 동시에 진행되는 '시끄러운' 환경에도 불구하고 의도된 대화상대방의 주의를 끌 필요가 계속 있다.

표 10.2   @replies가 없고(왼쪽) @replies가 있는(오른쪽) 대화

Without @replies	With @replies
A. I'm using NodeXL to visualize my Twitter net.	A. I'm using NodeXL to visualize my Twitter net.
B. I'm making scrambled eggs for breakfast.	B. I'm making scrambled eggs for breakfast.
C. So am I!	C. @A So am I!

어떻게 보면, @replies는 팔로워/친구 관계보다 더 나은 사회적 유대관계를 더 잘 보여주는 지표일 수도 있다. 사회적 유대관계가 얼마나 강한지를 측정하는 한 가지 방법은 관련된 두 사람 간의 상호작용 빈도이다. 이것은 학술적인 소셜 네트워크 문학에 반복적으로 나타나며 모든 온라인 통신 포럼, 즉 온라인 통신 분야의 학자들에 의해 자본화 되었다.

트위터에서는 다른 온라인 소셜 네트워크 서비스와 마찬가지로, 선언된 '친구', '연락처', '바디' 등의 긴 목록을 가질 수 있다. 누군가가 당신의 연락처 목록에 올라간 후에는 계속 유지하려고 노력하지 않다. 지인에 불과한 사람들과 단짝 친구들은 서로 그다지 달라 보이지 않다. 반면에, 어떤 사람과 대화를 이어가는 것은 노력, 그리고 생각을 필요로 한다.[9] 사람들이 온라인으로 많은 '친구'를 가지고 있음에도 불구하고, 정기적으로 메시지를 교환하는 친구들의 비율이 비교적 적다는 연구 결과가 나왔다.

엄밀히 말하자면, 모든 @replies가 기술적이거나 대화식으로 응답하는 것은 아니다. 어떤 것은 단순히 다른 사람의 이름으로 언급한다(그것들을 @mentions라고 부르자). 이제 그 전에 예제로 돌아가 보자. 시간 내에 메시지가 수신되지 않으면 Vlad는 다음과 같이 트위터를 올릴 수 있다. "방금 버스에서 @redlog를 봤다. Bummer"라고 한다. 이 트윗은 @redlog로 연결되지는 않지만 단지 그를 언급한다.

누군가를 위한 메시지와 누군가에 대한 메시지를 자연어로 구분할 수 있을 뿐만 아니라 Twitter는 @replies와 @mentions를 기술적으로 구분한다. 트윗이 @ 기호로 시작할 때만 (즉, 다른 사용자의 이름이 트윗의 시작 부분에 있음) @reply로 등록된다. 트위터 인프라는 대화 스레딩 용도로만 응답을 추적하며, @endion이 아닌 전자를 위해 API에 필드가 있다. @reply인 트윗에는 확장 가능한 마크업 언어 XML 응답에 _reply_to_user_id라는 추가 줄이 포함 된다.

```
<in_reply_to_user_id>28361132</in_reply_to_user_id>
```

응답을 받는 사람의 사용자 ID(이 경우, Vlad's)를 포함한다. 덧붙여 말하면, 응답이 특정 트윗에 대한 것이면 'in_reply_to_status_id'라는 다른 항목이 있는데 이 항목에는 해당 트윗의 고유 ID가 들어 있다.

@replies가 대화적으로 작성되었다. 모두가 당신의 대화에 관심이 없다. 그래서 트위터는 @replies가 대화를 나누는 두 사람을 공통으로 둔 제3자만이 볼 수 있게 현명하게 만들었다. 따라서 **표 10.2** (r)의 예로 돌아가면 C의 응답 '@A so am I!'은 B가 A와 C 모두를 팔로우하는 경우에만 B가 볼 수 있다.

@replies와 @mentions 사이의 구분이 자신의 분석 목적에 중요한지 여부는 귀하에게 달려 있다. 설명의 문제로 @replies를 @mentions의 하위 집합으로 생각할 것이다. 모든 @replies는 @mentions이지만 모든 @mentions는 @replies가 아니다. 알았냐? 그것은 '팔로워'와 '친구'처럼 거의 혼란스럽다.

10.2.2 #hashtag

관심 있는 것이 누군가가 아니라 오히려 무언가이다. 그 일에 관해 이야기하는 모든 사람을 추적하는 것은 어려울 수 있다. 특히 대부분의 사람들이 서로를 모르는 경우에 특히 그렇다. 트위터의 검색 기능을 사용하지만 "무엇을 검색하시겠습니까?" 또는 두 단어로 된 제품 이름처럼 단순한 것이라면 효과가 있을 수 있다. 하지만, 그것보다도 조금 더 복잡한 것이라면, 더 나은 해결책이 필요하다.

다행스럽게도 트위터 커뮤니티는 해시태그(answer-hashtag)를 사용한다. 태그는 사회적인 서표를 하고 사진 공유 서비스에서부터 블로그와 서평에 이르기까지 다양한 종류의 온라인 커뮤니티에서 인기 있는 짧고 기술적인 키워드이다. 트위터에서 이 태그는 # 기호로 식별된다. # 기호는 '파운드', '숫자' 및 '샤프(날카로운)' 등 다양한 이름으로 불려 지지만 트위터에서는 '해시'라고 불린다. 따라서 해시태그는 설명 기호 앞에 # 기호가 있는 키워드이다.

해시태그는 트위터에서 나온 것이 아니라 Jaiku라는 유사한 서비스에서 유래했다. 블로거와 저명한 기술 커뮤니티 회원 인 Chris Messina는 Jaiku의 '채널' 기능 후에 '채널태그'라고 부르는 해시태그의 사용을 일 제안했다.

반 직관적인 것처럼 보이지만 이벤트, 회의, 뉴스, 기사 등의 키워드를 선택하는 느슨하게 연결된 사람들의 그룹은 컨센서스 선택에 신속하게 수렴 할 것이다.

일부 해시태그는 #chi2010 회의와 같은 이벤트 또는 2009년 여름 #iranelection 또는 #mumbai의 공격과 같은 주요 공개 이벤트에 사용된다. 일부 해시태그는 게임이 되었다. 해시태그 게임에서 사용자는 재미있는 주제를 선택하고 가장 좋은 예를 생각해낸다. 우리의 즐겨찾기 중 두 가지는 디스커버리 채널의 MythBusters 쇼 그랜트 이마하라(Grant Imahara)가 시작한 #robotpickuplines와 비틀즈의 노래 제목을 인터넷 관련 용어와 결합하여 말장난을 만드는 것이었다. #internetbeatles.

- #robotpickuplines(로봇의 작업멘트) "만약 쿼티 배열의 키보드를 다시 배열할 수 있다면 당신과 나를….아 잠시만요, 신경 쓰지 마세요."

- Yelp! #internetbeatles
- FFFF00 Submarine #internetbeatles

보면 알겠지만, 이 예에서는 게임에 관련된 해시태그(#)가 적혀져 있다. 이렇게 하면 해시태그를 통해 게임을 하는 모든 트위터 사용자는 이미 작성한 사람을 따르지 않더라도 이 트윗을 찾을 수 있다.

특정 해시태그는 '금요일을 따르라'는 트위터의 주요 문화 행사를 주도했다. 매주 금요일, 트위터는 트위터가 사람들을 따라가는 것을 좋아하고 다른 사람들도 그들을 따라갈 것을 권장한다. 이는 추천 시스템과 같으며 흥미로운 사람들을 알아보고 새로운 추종자를 유치할 수 있는 좋은 방법이다. '금요일을 따르라' 전통 - 그것이 충분히 오래 되었다면 해시태그(#followfriday 또는 #ff)와 @mentions를 결합한다.

10.2.3 Retweeting

남과 아이디를 공유하는 것은 트위터의 가장 중요한 부분 중 하나이다. 자신의 아이디어를 공유 할뿐만 아니라 읽은 것을 따라가는 사람들에게 당신을 팔로우하는 사람들에게 전달할 수 있다. 예에서는 Scott와 Vlad의 일련의 'retweet'을 보여준다. 그림 10.6에 나와 있는 흥미로운 트윗부터 시작한다.

@ASAnews가 작성한 이 트윗에는 뉴스 기사에 대한 링크가 포함되어 있다. Scott은 ASAnews를 팔로우하지만 많은 친구들이 그렇지 않음을 알고 있다. Scott은이 정보를 다른 사람들과 공유하기를 원하므로 그는 그것을 '리트윗'한다. 리트윗은 다른 누군가의 트윗을 가져와서 자신의 추종자가 볼 수 있도록 속성으로 재방송한다. 이 트윗을 리트윗하기 위해 Scott은 그림 10.7과 같은 메시지를 작성한다.

Scott의 트윗은 'RT @ASAnews'로 시작한다. RT는 'retweet'의 약자이며 ASAnews 계정의 @mention과 retweeted 메시지의 텍스트가 온다. 이제 Scott의 추종자들은 @ASAnews를 팔로우하지 않더라도 이를 볼 수 있다.

예를 들어 Vlad는 Scott을 팔로우하지만 @ASA 뉴스를 팔로우하지 않는다. Scott이 그것을 다시 리트윗하지 않았다면 Vlad는 이 트윗을 보지 못했을 것이다. 그러나 그는 자신이 한 것을 기쁘게 생각하며, 그림 10.8에서 볼 수 있듯이 그것을 팔로워들에게 전하고 싶다.

ASAnews New York Times' columnist David Brooks touts social science/sociology as new "physics" in economic theory: http://bit.ly/5F7U8r

9:25 AM Dec 23rd from web

그림 10.6 @ASA 뉴스에서 올린 흥미로운 트윗이다. 이 트윗은 리트윗 체인을 시작한다(다음 그림 참조).

redlog RT @ASAnews: NYT columnist David Brooks touts social science/sociology as new "physics" in economic theory: http://bit.ly/5F7U8r

9:57 AM Dec 23rd from Seesmic

그림 10.7 @redlog는 @ASA 뉴스에서 게시한 트윗을 다시 설정한다. 비록 그들이 @ASANews를 직접적으로 팔로우하지 않더라도, David Brooks의 기사에 대한 @ASANews 메시지는 이제 @redlog의 팔로워들에게까지 전파된다.

vlad43210 RT @redlog: RT @ASAnews: NYT columnist David Brooks touts social science/sociology as new "physics" in economic theory: http://bit.ly/5F7U8r

about 23 hours ago from Seesmic

그림 10.8 @vlad43210은 @ASA뉴스에서 게시한 트윗의 리트윗이다. 이제 메시지는 @ASA news 또는 @redlog를 팔로우하지 않더라도 @vlad43210의 팔로워에게 전파된다. 이런 식으로, 메시지는 리트윗을 통해 퍼질 수 있고 매우 많은 청중에게 도달할 수 있다.

Vlad가 여기서 한 일을 주목하라. Scott의 트윗 전부를 가져다가 처음부터 'RT @redlog'를 앞에 놓았다. Vlad의 트위트를 보면, 팔로워 한 명은 Scott으로부터 이 아이디어를 배웠다고 추론하는데 Scott은 다시 @ASA 뉴스에서 이 아이디어를 배웠다.

리트윗 추적은 트위터 소셜 네트워크에서 아이디어나 정보의 확산을 추적하는 한 가지 방법이다. Scott이 'RT @ASAnews'를 리트윗에 추가하면 트윗의 길이가 140자 제한을 초과하게 다. 그는 어떻게든 약어를 써야 하고 'NewYorkTimes'를 'NYT'로 줄이기로 선택했다. 다른 약어는 기사 및 형용사를 생략하는 등의 리트윗팅에서 자주 사용된다. 따라서 네트워크를 통해 리트윗을 따르는 것은 아이들의 게임 '전화'[4]에서 상황이 바뀌는 방식으로 텍스트가 이동하면서 변형되기 때문에 정확하지 않다.

리트윗팅은 놀랍도록 복잡한 사회 활동이다. 연구[4]는 '최선의 관행'이 아직 제대로 수행되고 있음을 보여준다. 특히 '해야 할 일'이 모호하다. 기여에 관해서는 종종 사실이다. 메시지가 '멀리' 여행을 했다면 곧 RT @username 참조 문자열일 뿐이며 메시지 자체를 위한 여유 공간을 남기지 않을 것이다. 리트윗팅하는 사람은 누구에게 신용을 주고 싶은지 결정해야 한다. 내용에 따라 그 사람이 정보를 배운 사람에게(예를 들어, 뉴스 기사를 전 달하는 경우) 또는 원래의 작가 인 사람에게 신용을 부여할 수 있다(예 : 영리한 농담 또는 문구 회전). 아직까지 트위터에서는 어떤 컨벤션도 등장하지 않았다.

리트윗팅을 통해 당신이 알고 있는 멋진 사람들을 과시할 수 있다. 소셜 미디어 연구원[4] boyd, Golder, Lotan은 사람들이 '새로운 청중에게 트윗을 증폭 시키거나 확산'하고 '다른 사람들의 생각을 입증'하기 위해 다시 리트윗한다고 제안했다. @A가 @B의 트윗 중 하나를 되풀이하면, @A는 @B를 상당히 생각하고, @B는 (적어도 @A에) 영향을 미친다는 것을 보여준다.

전에는 @replies 및 #hashtags와 마찬가지로 트위터가 최근 리트윗팅의 가치를 인식하고 아키텍처에 리트윗을 구축했다. 한편으로는 API를 통해 리트윗을 추적하고 액세스 할 수 있기 때문에 이는 유용한다. 그러나 트위터 사용자에 대한 상수가 있다면 끊임없이 변화하는 요구에 맞게 기술을 계속 사용할 것이다.

10.3 트위터의 네트워크

친구 및 팔로워의 형태로 구성된 컨텐츠는 @replies 및 @mentations, #hashtags 및 리트윗을 통해 트위터 사용자 인구를 다양한 방식으로 네트워크로 연결할 수 있다. 이러한 기능들을 두 트위터 사용자들 사이에 존재할 수 있는 일종의 연결이라고 생각할 수 있다. 예를 들어 @reply는 작성자를 대상(@ 기호 뒤의 사용자 이름)에 연결한다.

모든 트위터 사용자 간의 @replies, @mentions 및 이와 유사한 집합은 동일한 사용자 집합을 겹치는 서로 다른 연결 집합이다. 특정한 연결 세트와 그것에 관련된 모든 개인들이 하나의 네트워크를 형성한다. 트위터에는 여기에 나열된 기능만큼 많은 네트워크가 있으며, 이러한 네트워크 각각은 다른 점을 설명한다.

다음 섹션에서 네트워크에 대해 이야기할 두 가지 주요 방법이 있다. 첫 번째로 이러한 네트워크에 참여하는 개인(사용자 또는 배우)과 이들 사이의 관계에 대해 논의할 것이다. 두 번째로 노드엑셀 그래프 캔버스의 네트워크를 시각적으로 표현하는 것에 대해 설명하겠다. 여기서 개인은 그래프의 노드 또는 꼭짓점(Vertex, 대개 다양한 크기와 색상의 디스크 모양)과 침목을 나타낸다. 네트워크에 대해 사람들 간의 관계 집합으로 말할 때 '사용자' 또는 '배우'와 '타이'라는 용어를 사용하고, '노드(Node)' 또는 '꼭짓점(Vertex)'과 '모서리(Edge)'라는 용어도 사용할 것이다. 디스크와 라인을 통해 사람 사이의 관계를 나타내는 네트워크를 말한다.

10.3.1 친구, 팔로워, 정보 및 주의

당신의 트위트를 받고 있는 사람들이 당신의 팔로워임을 기억하라. 당신이 받는 트위트를 받은 사람들은 당신의 친구들이다. 그림 10.9는 이러한 관계를 보여준다.

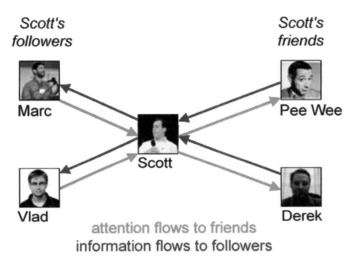

그림 10.9 친구 및 팔로워 네트워크는 정보이다. 주의 네트워크 이 그림은 Scott과 친구 2명(Pee-Wee, Derek)과 팔로워 2명(Marc, Vlad)을 그린 것이다.

이 그림에서 Scott(@redlog)의 팔로워는 Marc(@marc_smith)와 Vlad(@vlad43210)이다. Scott에게는 Derek(@shakmatt)과 1980년대 TV 연예인 Pee-Wee Herman(@peeweeherman)이라는 두 친구가 있다. 이는 Scott이 Derek과 Pee-Wee에게 관심을 갖고 트위트를 받고 Vlad와 Marc가 Scott을 주목하고 있다는 것을 의미한다.

친구/팔로워 네트워크는 정보 네트워크와 주의 네트워크라는 두 가지 종류의 네트워크라고 생각할 수 있다. 앞의 그림에서 빨간색 모서리(Edge)로 표시된 팔로워 타이는 주의력이 어떻게 흐르고 있는지 보여 준다(예 : Scott에서 Pee-Wee로). 대신 친구/팔로워를 정보 네트워크로 생각하려면 단순히 모서리(Edge)의 방향을 변경하라. Derek에서 Scott까지 파란색 화살표는 Derek의 트윗이 Derek의 팔로워 중 하나 인 Scott에게 정보가 흐르고 있음을 보여준다.

친구/팔로워 네트워크를 서로 다른 두 가지 방법으로 생각하는 것이 유용하다.

10.3.2 주의력, 중요도 및 고유 벡터의 중심성

주의 네트워크는 개념적으로 웹 전체와 유사하다. 트위터 사용자들은 서로 하이퍼링크가 있는 웹페이지와 같다. 트위터 사용자들은 많은 팔로워들을 원하고, 웹페이지 소유주들이 다른 페이지로부터 그들에게 많은 링크를 원하는 것과 같다. 따라서 웹에 대해 동일한 분석 기법 중 일부는 추적자 네트워크로 직접 변환된다. 웹 도메인에서 특별히 관련된 분석 기법은 고유 벡터 중심이며, 이것은 특정 개인이 네트워크 내에서 얼마나 중요한지를 측정하는 척도이다. '중요한' 사용자는 다른 사용자가 주의를 기울이고, 다른 사용자가 주의를 기울이는 경우가 많다. 고유 벡터의 중심성 측정은 웹페이지의 '중요도'를 측정하기 위한 Google의 PageRank 알고리즘의 핵심 부분이다.

고유 벡터 중심은 스팸 발송자를 식별하는 데 실질적인 중요성을 가질 수 있다. 스팸메일 발송자가 뒤따르는 것은 원치 않는 관심의 한 종류이다. 스팸메일을 보내는 사람들은 그들의 스팸메일을 퍼뜨리기 위해 가능한 한 많은 팔로워들을 갖고 싶어 한다. 하지만, 스팸 발송자가 많은 사람들을 따라다니고 많은 팔로워들을 모았더라도, 스팸 발송자가 실제로 그렇게 영향력이 있는 것은 아니라는 것을 인식할 수 있기를 원할 것이다. 예를 들어, 10,000명의 사람들을 쫓는 스팸메일을 생각해보자. 정보의 흐름을 주의의 흐름과 구별할 수 없었던, 비 간접적 네트워크에서, 이 사람은 정말로 영향력이 있는 것처럼 보일 것이다. 그러나 스팸메일 발송자로부터 그가 따르고 있는 사람들에게로 관심이 흘러가고 있다. 그리고 스팸 발송자가 다수의 팔로워를 얻을 수 있더라도(예 : 팔로워를 따르는 모든 사람들을 다시 찾아내는 것과 같은 일부 사람들은 링크를 따르는 것이 중요한지 여부를 알고 싶어 할 것이다.) 그래서 스팸을 따르는 사람들이 '중요'인지 물어본다. 이러한 이유로, 고유 벡터의 중심성은 유용한 측정치이며, 스팸 발송자가 상대적으로 중요하지 않거나 팔로워가 적은 많은 수의 사람들이 따라간다면 스팸 발송자가 모두 영향을 받는 것은 아니라고 결론을 내릴 수 있다.

10.3.3 정보, 이점 및 사이의 중심성

어떤 종류의 네트워크에서 우리는 중요성에 덜 관심을 가지며 네트워크에서의 개인의 위치가 정보에 대한 액세스에 어떻게 영향을 미치는지에 더 관심이 있다. 정보의 흐름을 살펴보겠다. 이것은 그림 10.9의 파란색 모서리(Edge)로 설명된다. 그림 10.10은 두 개의 클러스터(왼쪽은 A-D, 오른쪽은 F-J)와 중간(E)의 한 배우를 보여 준다. 두 클러스터 사이의 유일한 연결은 배우 E이다. 두 클러스터 사이를 통과하는 정보가 있으면 통과해야 한다. C에는 네 개의 이웃

A, B, D 및 E가 있다. 그러나 A, B 및 D는 모두 동일한 정보를 제공하므로 동일한 정보를 제공한다. E만이 다른 사람들을 알고 있으므로 비 중복 정보를 제공할 수 있다. 일반적으로 중도 성은 다른 배우와 배우 사이의 최단경로 수를 측정한다. 배우가 높은 정도를 가졌다면, 이것은 많은 비 중복 정보가 그를 통과한다는 것을 의미한다.

배우 E는 네트워크의 다른 부분들 사이의 '다리'이다. 대기업—여러 부서로 연락하는 직원이 다양한 종류의 정보에 더 적시에 접근할 가능성이 높다. 지식은 힘이며 올바른 네트워크 위치에 있는 것은 사회적으로나 직업적으로 유리할 수 있다.

그림 10.10은 고유 벡터의 중심성(꼭짓점(Vertex) 위에 표시)과 중심성(아래)을 구분한다. 배우 E가 가장 높은 이유는 E와 연관된 C와 G가 그 뒤를 이었다. 그러나 E는 가장 낮은 고유 벡터의 중심을 가지며 C와 G는 가장 높다.

앞 절에서는 고유 벡터의 중심이 스팸 발송자를 식별하는 데 어떻게 도움이 될 수 있는지 설명했다. 이제 중간에서 무엇을 할 수 있는지 알아보겠다. 우리가 높은 간격을 중복되지 않은 정보에 접근할 수 있는 것으로 묘사했다는 것을 상기하라. 반면에, 낮은 간격을 가진 사람들은 대부분 중복을 제공한다. 정보 만약 여러분이 팔로우하는 많은 사람들이 같은 것들을 트위터에 올리고, 같은 링크를 공유한다면, 여러분은 그것들 중 일부를 따르는 것을 중단해야 할지도 모른다. 한 가지 선택 방법은 중간에 순위를 매기고 가치가 가장 낮은 사람들을 제거하는 것이다.[5]

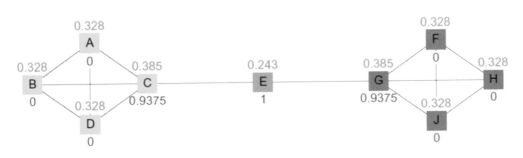

그림 10.10 중간 배우는 두 공동체 사이의 다리 역할을 한다. 배우 위의 빨간색 숫자는 고유 벡터 중심이며, 아래쪽의 파란색 숫자는 중간 정도이다.

10.3.4 @replies 및 대칭 연결

친구/팔로워 네트워크와는 달리 @reply 네트워크에서는 메시지가 의도된 수신자에 대한 정보를 전달하고 발신자가 수신자에게 주의를 기울이고 있다는 표시이기 때문에 정보 및 관심의 흐름이 같은 방향으로 이동한다. Vlad가 버스를 알아보기 위해 Scott(그림 10.5)에게 권유 한 사례가 있다. Vlad는 Scott에게 관심을 보였고 또한 중요한 정보를 제공했다. 친구 / 팔로워 관계에서주의와 정보의 대칭 교환과는 대조적으로 비대칭 연결이다.

비대칭적인 관심은 유명인이라는 또 다른 중요한 개념의 핵심이다. 유명하다는 것은 많은 사람들이주의를 기울인다는 것을 의미한다. 결국, 많은 사람들이 자신이 좋아하는 유명 인사와 무슨 일이 일어나고 있는지 알고 싶어 하기 때문에 매거진의 표지에 나타나는 유명한 사람들이다. 그러나 유명인들은 대부분 팬들에게 관심을 기울이지 않다(적어도 개별적으로는 안 됨). 트위터의 비대칭적인 관심 관계는 Oprah Winfrey와 같은 사람들이 TV에서하는 것처럼 수백만 명의 팬을 확보할 수 있게 해 줄뿐 아니라 모든 사람 또는 모든 사람에게 관심을 기울일 필요가 없다. 요컨대, 비대칭적인 관심은 트위터가 대화 형 매체뿐만 아니라 다른 형태의 대중 매체의 확장이 되도록 한다.

마찬가지로, 대칭의 존재도 유익하다. 두 사람이 서로 따라 간다면, 그들은 서로 서로주의를 기울이고, 각각 서로에게 정보를 전달한다. 이것은 강력한 도구이다. 각자가 다른 쪽에 @ 답장을 보내면 더욱 그렇다. 왜냐하면 이것은 그들 사이의 강력한 사회적 유대감의 더 나은 증거이기 때문이다. @replies의 교환은 두 개의 비대칭 관계에서 대칭 연결을 만든다. 대칭은 관계의 강점에 대한 완벽한 대용품이 아니다. 어떤 사람들은 이를 일종의 자동 상호성으로 따르기도 한다. 다른 사람들은 이것이 가능하지 않다고 생각하지만, 이것은 우리가 가진 가장 합리적인 근사치이다.

10.3.5 Retweet, #hashtag 및 정보 확산

친구/팔로워 및 @reply 네트워크 모두 정보가 전달된다는 점에서 정보 네트워크이다. 앞서 언급했듯이, 정보는 이러한 네트워크를 통해 빠르게 확산되는 경향이 있으며, 매초마다 트위터에서 생성되고 유포되는 엄청난 양의 컨텐츠에서 개별 메시지가 손실되는 경향이 있다. 10.2.2절과 10.2.3절에 설명된 #해시태그 및 리트윗 기능은 트위터의 사용자들이 이러한 정보의 흐름을 조직하고 구체적이고 중요한 메시지를 따르도록 돕는다. 이러한 기능과 관련된 네트워크는 트위터를 통한 특정 정보의 흐름을 설명한다.

#hashtag는 실제로 트위터에 자신의 네트워크를 형성하지 않는다는 점에 유의해야 한다. 대신, 그들은 친구/팔로, @replies 또는 리트윗 관계와 결합된다. 예를 들어 #hashtag #BlackFriday(11월 미국 추수 감사절 휴가를 따르는 쇼핑 이벤트에 해당)가 친구/팔로우 네트워크를 통해 확산되는 방식에 관심이 있다고 가정 해 보겠다. #BlackFriday를 자신의 트윗

중 적어도 하나에 넣은 트위터 사용자를 모두 보고 나서 이 사용자들 사이의 모든 친구 / 팔로우 링크를 찾아서(그리고 그린다). 또는 #hashtag가 @replies 또는 리트윗을 통해 펼쳐지는 모습을 보고 싶다면 동일한 사용자 집합 사이에 @reply 또는 retweet 링크만 그릴 수 있다.

이러한 네트워크를 통해 #hashtags를 확산시키는 것은 학계와 업계 전문가 모두에게 중요한 관심사이다. 트위터는 잠재 고객에게 다가가고 제품을 홍보하는 등의 훌륭한 플랫폼이다. #hashtags는 제품에 고유 한 식별자를 부여하는 가장 좋은 방법이므로 Twitter를 통해 확산되는 것을 쉽게 추적할 수 있다. 전반적인 확산 규모는 성공의 핵심 척도이지만 확산 패턴 또한 중요하다. 확산 패턴이 다르기 때문에 다양한 마케팅 전략을 제안한다. 특정 사용자가 #hashtag를 언급하면 해당 사용자의 팔로워 중 많은 사람들이 멘션을 시작하는 '스타' 패턴은 제품 채택의 핵심이 메시지 및 개인에 있다는 것을 암시한다. 레벨. 예를 들어, 메시지는 매우 익숙하거나, 채택자의 영향을 쉽게 받거나, 초기 채택자의 영향력이 클 수 있다. 반대로 사용자가 다른 친구의 트윗에서 여러 번 보인 후 #hashtag만 언급하는 그리드 패턴은 사회적 영향이 채택에서 큰 요인이며 메시지가 중복되는 방식으로 퍼져 나가는 것이 중요하다는 것을 나타낸다.

트윗은 특히 트위터를 통한 #hashtag 및 기타 메시지의 확산과 관련이 있다. 사용자가 자신의 트윗에 메시지를 단순히 언급하는 대신 #hashtag를 사용하여 메시지를 다시 사용할 때, 또는 같은 #hashtag를 가진 사람에게 응답하는 것이 같은 메시지라는 것을 나타내는 것이다. 재택 근무조치는 그 자체로 사용자를 잠재적 사업자로 식별한다. #hashtags의 리트윗 네트워크에서 사용자의 위치는 프로모션의 중요성을 나타낸다. 앞서 설명한 대로 고유 벡터의 중심을 사용하여 이 위치를 측정할 수 있다. Vlad가 #BlackFriday로 다른 사람의 메시지를 다시 접했지만 아무도 Vlad의 메시지를 그대로 받아들이지 않으면 상대적으로 승진에 중요하지 않다. 만약 많은 사람들이 Vlad의 메시지를 다시 본다면, 그는 훨씬 더 중요해질 것이다. 마지막으로, 많은 사람들이 Vlad의 메시지를 리트윗하고 많은 사람들이 Vlad의 리트윗을 방문한다면, Vlad는 판촉 활동에 매우 중요하며, 잠재 고객에게 Black Friday 이벤트의 잠재적 관심사를 전달해야 한다.

10.4 데이터 수집

노드엑셀로 트위터 데이터를 수집하는 것은 간단하고 쉬운 프로세스이다. Excel에서 노드엑셀 메뉴 리본 클릭하면 왼쪽에는 Data라는 메뉴 그룹과 Import라는 드롭다운 목록이 표시된다. 목록을 클릭하면 몇 가지 옵션이 표시된다. 우리가 관심을 가질 두 가지는 '트위터 사용자 네트워크에서'와 '트위터 검색 네트워크에서'이다(그림 10.3 참조). 첫 번째 옵션은 특정 트위터 사용자(즉, 사용자의 친구 및 팔로워)의 개인 네트워크로부터 데이터를 수집한다. 두 번째 옵션은 검색어를 사용할 때 최근에 해당 용어를 사용한 모든 개인과 해당 개인 간의 연결을 수집한다(그림 10.11). 두 가지 옵션에 대해 더 자세히 설명한다.

그림 10.11 노드엑셀의 가져오기(Import) 메뉴이다. 사용자의 네트워크와 검색 질의에서 Twitter 데이터를 가져오는 두 가지 옵션이 있다.

트위터에서 데이터를 수집하는 것은 일반적으로 느린 과정이다. 이것은 몇 가지 요인 때문이다. 첫째, 인터넷을 통한 데이터 전송 속도는 느릴 수 있고, 트위터는 대역폭 제한이 있다. 결국, 수백만 명의 사람들이 항상 트위터와 데이터를 주고받는다. 둘째로, 네트워크는 상당히 빠르게 성장할 수 있다. 트윗에 적극적이지 않은 사람일지라도, 만약 그 사람의 소수의 이웃들(친구들과 추종자들)이 많은 이웃들을 가지고 있다면, 큰 2급 네트워크를 가질 수 있을 것이다.

따라서 트위터에서 데이터를 수집 할 때 '속도 제한'을 인식해야 한다. 트위터는 한 사용자가 수집 한 데이터의 양을 시간당 150개의 요청으로 제한한다. 실질적으로 이것은 시간당 최대 150명에 대한 정보를 검색할 수 있음을 의미한다. 이는 큰 숫자로 보일 수 있지만 검색 및 대규모 사용자 네트워크를 분석할 때 이 제한을 초과하는 것이 드문 일이 아니다. 데이터가 많이 필요한 경우에는 해결 방법을 보려면 'REST API 및 계정 허용 목록' 상자를 참조하라.

큰 네트워크는 또한 많은 시간을 의미한다. 특정 검색 용어를 언급한 사용자 1000여 명의 데이터를 수집하려면 사용자당 약 10~30초가 걸릴 수 있다.

노드엑셀은 데이터 집합의 사용자 수를 인위적으로 제한하는 것과 같은 데이터 수집 속도를 높이기 위한 몇 가지 옵션을 제공한다. 그러나 일반적으로 노드엑셀은 데이터 분석 및 시각화 도구이며 데이터 수집에 최적화되지 않다. 노드엑셀을 사용하여 데이터를 수집할 때 이러한 제한 사항에 주의하라.

ADVANCED TOPIC

The Rest API and Whitelisting Your Account
[Rest API와 계정을 화이트리스팅하는 것]

트위터는 representational state transfer(REST) application programming interface(API)를 사용하여 제3자 클라이언트에 XML 또는 JavaScript Object Notation(JSON) 형식의 데이터를 제공한다. 이 API는 TweetDeck 및 Twitter와 같은 타사 클라이언트 및 NodeXL이 Twitter에서 데이터를 검색할 수 있도록 허용한다.

기본 API에 대해 걱정할 필요 없이 복잡한 Twitter 작업과 관련하여 NodeXL을 사용할 수 있지만 특히 데이터 집약적인 작업을 수행하는 경우 계정을 허용할 필요가 있거나 고려해야 할 필요가 있다(알파벳 수프의 크기가 너무 큰 경우 이 박스의 나머지 부분은 건너뛰어도 된다).

트위터에서 자료를 얻으려 할 때마다 NodeXL는 URL의 방식으로 API 요청을 구성하게 된다. 만약 한 작가의 팔로워들을 모두 포함하고 싶다면, 다음과 같은 요청을 할 수도 있다.

http://www.twitter.com/followers/ids.xml?screen_name=redlog

트위터의 API는 이것을 유저네임 @redlog을 따르는 모든 이의 아이디를 요청하는 것으로 인식하게 된다. API에 대해 더 자세히 http://apiwiki.twitter.com에서 배울 수 있다.

이제, redlog의 2차 네트워크를 검사하고 싶다는 가정을 해 보겠다. 이것은 @redlog의 친구들 그리고 팔로워들, 그리고 추가로 그들의 친구들과 팔로워들, 그리고 이 모든 것 각각에 API 요청들이 필요로 한다.

예를 들면, 만약 @redlog가 400명의 친구와 팔로워가 있다면, 802개의 요청이 있을 것이란 뜻이다. 한 개의 요청은 @redlog의 친구 목록을 얻는데 사용하는 것이고, 다른 건 그의 팔로워들을 요구하는데 쓰이고, 모든 친구와 팔로워를 갖기 위하여 각각의 사람마다 두개의 요청이 들어가는 것이다. 일반 계정의 경우 시간당 150 개의 검색으로 제한되므로 프로세스가 6시간 이상 소요된다.

계정을 화이트 리스팅하면 시간당 150개가 넘는 검색어를 최대 20,000개까지 만들 수 있다. 계정이 '화이트 리스트'에 추가가 된다면 큰 할당량을 허락하여 준다.

계정을 '화이트 리스트' 하려면, http://twitter.com/help/request_whitelisting 에 들어가야 한다. 트위터 계정으로 로그인하고, 서식을 작성한다. 계정이 '화이트 리스트'의 경우, 노드엑셀 트위터 import interface에 유저네임과 비밀번호를 입력한다.

ADVANCED TOPIC

VBA를 사용하여서 네트워크들을 다루는 것

노드엑셀 스프레드시트는 일반 스프레드시트처럼 조작할 수 있다. 즉, Visual Basic macro를 사용하여 노드엑셀 네트워크를 조작하기 위한 스크립트를 작성할 수 있다. Visual Basic macro는 '개발도구' 메뉴의 드롭다운 옵션이므로 먼저 개발도구를 메뉴 바에 나타나게 해야 한다. 그 방법은 '파일' 메뉴를 클릭한 좌측 메뉴 바 '옵션 클릭 → 리본 사용자 지정 → 우측 기본 탭의 개발도구 체크 → 확인'을 클릭하면 된다.

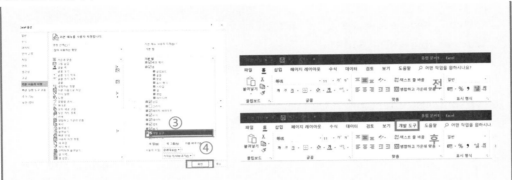

예를 들어, 트위터 네트워크를 보고 있고 두 사람 사이에 상호관계를 맺고 있는 관계, 즉 서로가 비대칭적인 관계가 아닌 두 사람 서로를 팔로우 하는 관계를 보고 싶다고 가정한다. 이것을 이루려면, 모든 규제된 모서리(Edge)가 반대방향에 존재하게끔 해야 한다.

```
Sub Mutuality()
´ change these if you have added or removed rows
´ or columns in the Edges worksheet
COL_V1 = 1
COL_V2 = 2
COL_VISIBILITY = 6
ROW_START = 3

Dim wksht As Worksheet
Set wksht = Sheets("Edges")
´ Be sure to go to Tools > References and select Microsoft Scripting Runtime
Dim arr As Dictionary
Set arr = New Dictionary
´ step 1: put all the edges into an array
current_row = ROW_START
While wksht.Cells(current_row, COL_V1).Text> " "
k = wksht.Cells(current_row, COL_V1) & "_"&
wksht.Cells(current_row, COL_V2)
arr.Add k, 1
current_row = current_row + 1
Wend
```

```
' step 2: show edges if and only if their counterparts appear in the edge list.
current_row = ROW_START
While wksht.Cells(current_row, COL_V1).Text < " "
k = wksht.Cells(current_row, COL_V2) & "_" &
wksht.Cells(current_row, COL_V1)
If arr.Exists(k) Then
wksht.Cells(current_row, COL_VISIBILITY) = 1
Else
wksht.Cells(current_row, COL_VISIBILITY) = 0
End If
current_row = current_row + 1
Wend
End Sub
```

이 마크로는 두 가지의 단계가 있다. 첫 번째로, 이것은 규제된 Edge를 모두 목록에 썼다. 그 다음, Edge를 다시 살펴본 다음, 반대 반향에 Edge가 있는지를 확인한다. 만약에 그렇다면, Edge는 보이는 것으로 표시가 될 것이며, 그렇지 않으면 안 보이는 것으로 될 것이다.

매크로를 실행 한 다음 "Refresh Graph"을 클릭하여 통합 문서를 다시 로드하고 그래프를 업데이트한다. 꼭짓점(Vertex)의 가시성(Visibility)이 "Show if in an Edge"로 설정된 경우 일부 꼭짓점(Vertex)이 더 이상 나타나지 않을 수 있다. Visibility 열을 지우거나 설정을 1로("shouw"를 지칭) 변경하면 꼭짓점(Vertex)을 다시 표시할 수 있다.

10.5 트위터로 검색

다음 페이지들에선 노드엑셀을 어떻게 사용하여서 트위터의 흥미로운 패턴과 구조를 발견할 수 있는 지의 예를 보이겠다. 먼저 개인 네트워크(egonet)를 살펴본 다음 정보가 소셜 네트워크를 통해 확산되는 것을 탐색한다.

10.5.1 자기중심 네트워크(Ego network)

트위터의 일반적인 용도 중 하나는 가족, 동료, 지인 등 개인 소셜 네트워크와 연락을 유지하는 것이다. 트위터의 일부 친구 및 팔로워는 내가 가까이 있는 사람들의 것이고 다른 이들은 먼 지인이나 아예 모르는 낯선 사람일수도 있다. 우리는 트위터 사용자의 친구 및 팔로워를 자신의 '자기중심 네트워크'라고 부른다. 트위터 사용자의 자기중심적인 네트워크를 논할 때는 사용자는 '자아(ego)'라고 불리며 친구 또는 팔로워들은 'alter'로 불리고 있다(그러나 우리가 그 관계 중 하나에 대해 구체적으로 이야기 할 때 '친구' 또는 '팔로워'라는 용어를 사용함) 이 섹션에서는 '자아(ego)'와 'alter'라는 용어를 사용한다.

자기중심적인 네트워크에 몇 가지 유대관계는 상호적이다. 자아는 alter를 팔로우하고 alter는 자아를 팔로우함으로써 서로의 상태 업데이트를 계속 확인할 수 있다. 사회과학 안의 상호적인 연줄에 대한 연구가 이러한 유대관계는 먼 지인보다 친한 친구들과 가족 사이에 존재한다고 밝혔다. 이 연구에 따라서, 이 섹션에서 우리는 상호관계가 많은 네트워크가 강력한 사회적 관계의 집합을 나타내는 것으로 가정한다. 두 사람이 서로의 업데이트에 관심이 있는 반면, 한 방향으로만 가는 유대관계는 약한 사회 유대를 보여주고 있는 것이다. 일테면 트위터의 유명인은 자신의 팔로워에 대해 알지 못하는 경우가 많다.

소셜 네트워크에 강한 유대관계를 보여주는 또 다른 지표는 'closed triad'라는 것인데, 이것은 하나의 자아의 2개의 alter간의 유대관계를 보여주는 것이다. 상호관계와 마찬가지로 'closed triad'에 대한 연구는 강한 사회적 유대의 긴밀한 커뮤니티가 느슨한 커뮤니티보다 더 'closed triad'를 탄생시킨다는 것을 보여준다. 이 연구에 따라서, 우리는 자신과 alter들 사이에 많은 'closed triad'가 있는 자아는 모두가 서로를 알고 있는 단단한 공동체에 편입될 가능성이 높다고 가정한다. 반대로, closed triad가 조금밖에 없는 자아라면, 그는 혼자 있을 확률이 높다. 예를 들면, 비즈니스 마케터를 위한 트위터 계정에는 그들의 제품에 관심이 있는 팔로워가 많을 수 있으나, 그 팔로워들은 서로를 알고 있진 않다.

자기중심적인 네트워크에 대한 분석은 트위터를 개발 또는 광고 플랫폼으로 사용하려는 경우 실행 가능한 결과를 가져올 수 있다. 예를 들어, 긴밀한 커뮤니티는 제품을 함께 또는 전혀 채택하지 않을 수도 있지만 반면에 많은 단 방향 연결로 이룬 흩어져 있는 자기중심적 네트워크는 팔로워 수가 많으나 친구가 적은 트위터 사용자로 만든 네트워크의 'hub'의 행동에 크게 영향을 받을 수 있다.

특히 트위터 셀럽들의 자기중심적인 네트워크 분석을 통해 오늘날 돈이 많고 유명한 사람들이 어떻게 소셜 미디어를 사용하여 수천 명(수백만 명에 달하지 못한다면)의 팬을 확보할 수 있는 방법을 엿볼 수 있다.

　노드엑셀의 도움을 통하여, 상대적 존재나 상호적인 유대관계의 결여, 그리고 자신의 자기중심적인 트위터 네트워크의 closed triad를 살펴볼 수 있다. 대부분의 자기중심적인 네트워크는 강하고 약한 사회적 유대관계가 섞여있어서, 상호적인 유대관계나 triad를 하나의 숫자로 요약하면 소셜 서클에 대한 잘못된 결론이 도출되는 경우가 많다. 대신 소셜 네트워크를 시각화하면 가까운 사람과 먼 사람의 관계, 가까운 친구와 지인 사이의 상호작용을 살펴볼 수 있다.

　많은 트위터 사용자들은 사소한 식습관에서부터 여행 준비, 주요 생활 이벤트 등과 같은 중요 행사에 이르기까지 자신의 삶에서 이벤트를 방송한다. 이러한 이벤트들은 사용자의 팔로워들에게 일시적적으로 보여드림으로 사용자 자기중심적인 네트워크를 만든다. 작은 자기중심적인 네트워크(예 : 사용자의 팔로워가 자신의 가족에만 극한 되어있는 경우)에선 이러한 형태의 브로드캐스트는 해외여행이나 멀리 이사 한 친지들과 연락을 취하는 데 유용하다. 그러나 활동적인 사용자들은 다소 자기중심적인 네트워크를 갖고 있고, 그들의 tweet은 그들에 대해 관심이 없는 이들에게도 보이게 된다. 동시에 트위터 사용자가 모으는 추종자의 수가 너무 많아서 누가 트위터를 읽고 있는지 추적하기가 어렵다. 노드엑셀을 사용하면 자신의 자기중심적 네트워크를 비교적 쉽게 동료나 가족과 같은 그룹을 나눌 수 있다. 새로운 트위터 목록 기능을 활용하여 이 그룹을 트위터에서 팔로우하거나 참조하기 편리한 목록으로 편성할 수 있다.

　노드엑셀에서 자기중심적 네트워크를 분석하는 첫 번째 단계는 데이터를 수집하는 것이다. 이를 위한 한 가지 방법은 노드엑셀에서 Twitter 사용자의 네트워크에서 Import 기능을 사용하는 것이다. Excel 메뉴에서 NodeXL 탭을 클릭한 다음 노드엑셀 메뉴 리본 왼쪽에 있는 Import 드롭다운 목록에 여러 가지 Import 옵션이 표시된다(먼저 노드엑셀 워크북 지우기 확인란이 선택

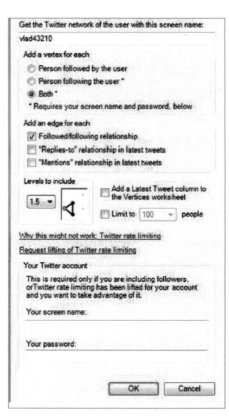

그림 10.12 NodeXL의 트위터 사용자 네트워크 Import 화면. 선택 수준 옵션은 @vlad43210의 친구와 팔로워뿐만 아니라 그 사이의 친구/팔로워 연결을 모두 가져온다

되어 있는지 확인). 드롭다운 목록에서 대화상자와 함께 표시되는 Twitter 사용자의 네트워크 옵션(그림 10.12)을 선택한다.

상자 맨 위에는 Twitter 사용자의 자기중심 네트워크의 수집을 위한 텍스트 필드가 있다. 이 예에서는 자체 트위터 계정인 @vlad43210을 사용한다. 텍스트 필드 아래에는 세 가지 확인란이 있다. 트윗에 Follows, 회신 대상 및 멘션 관계의 모서리(Edge)를 추가한다. Follows(팔로우즈) 옵션만을 선택하고, 나머지 두 개는 정보 네트워크와의 관련도가 더 높으며 구체적인 내용은 뒤 부분에 조사할 것이다. 또한 친구나 팔로워가 아닌 모든 Alter의 데이터를 수집할 수 있도록 '친구와 팔로워 모두 가져오기' 확인란이 선택되어 있는지 확인한다.

아래에는 'Get connections out to X degrees' 드롭다운 목록이 표시된다. 드롭다운 목록에서 '1.5'를 선택하여 모든 alter와 follow 및 친구 관계를 캡처한다. 두 번째 일련의 관계는 자기중심 네트워크에서 closed triad의 존재를 관찰하기 위해 필요하다. 그런 다음 'Add statistic columns to the Vertices worksheet(slower)' 및 'Add a Tweet column to the Vertices worksheet' 선택되지 않았다. 이것들은 당신의 자기중심 네트워크에서 트위터 활동에 대한 데이터를 수집하는 데 매우 유용하지만, 우리는 활동이 아닌 관계에 초점을 맞추고 있다.

마지막 두 개의 텍스트 필드를 사용하면 '화이트 리스트' Twitter 계정이 있는 경우 사용자 이름과 암호를 지정할 수 다(이전 설명). 그런 다음 확인을 누르고 데이터 가져오기 프로세스를 시작할 수 있다. 프로세스가 완료되면 스프레드시트가 다시 표시된다. 이 스프레드시트는 여러 쌍의 트위터 사용자와 이들 사용자 간의 관계로 채워진다. 이러한 사용자와 관계를 그래프 캔버스에 표시하려면 'Refresh Graph'를 클릭해야 할 수도 있다. 중심에 있는 자아(예 : @vlad43210)는 수많은 alter들에 의해 둘러싸여 있다. @vlad43210에는 서로 따르지 않는 많은 다른 사람들이 있기 때문에 캔버스의 그림은 별과 비슷하다. 이것들은 대부분 낯선 사람들과 그의 약한 사회적 유대관계일 가능성이 있다(그림 10.13).

@vlad43210의 강한 사회적 유대를 확인하려면 자기중심적인 네트워크에서 양쪽 방향 모두 타인과 적어도 두개 이상의 타이를 가진 alter(두 개의 타이는 같은 사람으로 향한 가능성 있음), 친구 또는 팔로워를 관찰할 수 있다. 지금까지 수집한 모든 데이터는 @vlad43210과 적어도 하나의 타이를 가진다. 두 개 이상의 타이를 가진 alter는 @vlad43210의 다른 alter(폐쇄된 트라이애드의 일부임을 의미)와의 타이를 갖거나, @vlad43210에 대한 상호 친구/팔로우 타이를 갖는다. 앞서 논의한 바와 같이, 이 두 가지 요소는 @vlad43210과 해당 개인 사이에 보다 강력한 사회적 관계가 있음을 나타낼 수 있다. 네트워크의 그래프 표현에서, 다른 사람과 두 개의 관계가 있는 alter는 두 개 이상의 모서리(Edge)와 적어도 한 개의 다른 꼭짓점

(Vertex)으로 표현된다. 이러한 꼭짓점(Vertex)에만 초점을 맞추려면 먼저 in-degree와 out-degree를 계산해야 한다. 'calculate graph metrics' 버튼을 클릭하고 'in-degree' 및 'out-degree'를 선택한 후 'calculate graph metrics'를 클릭하면 된다.

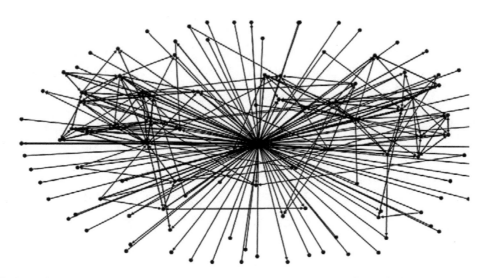

그림 10.13 @vlad43210의 1.5급 자기중심적 트위터 네트워크. 중앙에 있는 꼭짓점(Vertex)은 @vlad43210이고, 모서리(Edge)에 있는 많은 꼭짓점(Vertex)들은 @vlad43210의 약한 사회적 유대관계를 나타내며, 대부분은 전혀 모르는 사람들이다.

이제 in-degree+ out-degree〉1의 기준으로 그래프 Vertex 선명도를 설정한다. 우리가 이러한 기준에 맞는 Vertex는 최소 두 명의 친구, 두 명의 팔로워, 아님 한명의 친구 그리고 한 명의 팔로워(똑같은 사람일수도 있음) 를 갖고 있는 것이 바람직하다고 생각한다. 이렇게 하려면, 먼저 'Vertex 워크시트' 안에 있는 표 'Add your own Columns here'라는 셀을 클릭한 다음 셀 값을 C3 및 D3의 합으로 설정하고, 이에 대응한다(각각 in-degree및 out-degree에 대응). 열의 나머지 셀들은 동일한 공식으로 자동 처리된다. 이제 열 레이블을 편집하여 이 새 열에 'Sum Degree'라는 레이블을 붙인다. 마지막으로 Autofill 열을 클릭하고 'Vertex Visibility' 옆의 드롭다운 목록을 클릭한 다음 'Sum Degree'를 클릭하고 드롭다운 목록 옆의 버튼을 클릭하여 in-degree+ out-degree〉1의 기준에 맞는 Vertex만 나오도록 1을 입력한다. OK를 클릭하고, Autofill, Refresh Graph를 차례로 클릭한다. Vertex 수는 훨씬 더 작아지고 그래프는 더 이상 별처럼 보이지 않는다. 대신 @vlad43210은 조밀하게 연결 되어 있는 두개의 Vertex 그룹으로 둘러싸이고 그룹들 사이에서 조금의 연결들만 있는 것을 보수 있다.

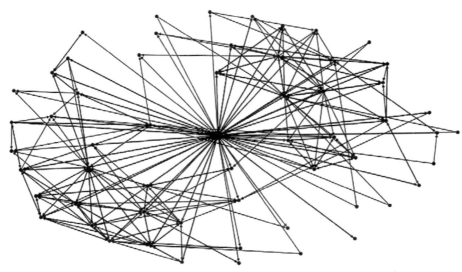

그림 10.14 @vlad43210의 1.5도 자기중심 트위터 네트워크. @vlad43210의 강력한 사회적 유대, 즉 그의 친구들과 동료에 초점을 맞추기 위해 완전히 낯선 사람들을 걸러냈다. 두 개의 클러스터가 나타난다(오른쪽 상단과 왼쪽 하단).

　　그림 10.14는 @vlad43210의 자기중심적인 네트워크가 두개의 각자 단단히 연결된 그룹 혹은 무리들이 있다는 것을 볼 수가 있다. 노드엑셀은 자동 클러스터 감지 수행으로 이러한 직관을 확인하는 데 도움이 될 수 있다. 클러스터를 검색하려면 노드엑셀 메뉴 리본에 있는 분석 섹션에 있는 'Find Clusters'를 클릭하면 된다. 노드엑셀이 자동적으로 클러스터를 검색하고 서로 다른 클러스터의 꼭짓점(Vertex)에 다른 색상을 할당한다(이러한 할당은 자동 채우기 열을 통해 정의되거나 워크시트를 편집하여 정의된 모든 꼭짓점(Vertex) 색상을 재정의함).이제 'Refresh Graph'를 클릭하면 캔버스에 새로운 vertex 색깔들이 보일 것이다.

　　이제 여러 클러스터의 vertex를 클릭하여 클러스터가 @vlad43210의 자기중심 Twitter 네트워크의 의미있는 파티션을 나타내는지 확인할 수 있다.

　　워크시트를 보는 것은 보라색 클러스터는 Vlad의 학구적인 동료들로 해당되는 것을 보여주고 있으며, 반면에 초록색 클러스터는 그의 친구들이란 것을 보여주고 있다. 이러한 무리들은 Vlad의 트위터 계정에 두개의 목록을 만드는데 사용할 수 있다: 하나는 친구들과 소통하는 것이고 다른 하나는 동료들과 소통하는 것이다.

　　또한 앞에서 설명한 고유 벡터 중심성(eigenvector centrality)와 매개 중심성(betweenness centrality), 근접 중심성(closeness centrality)의 개념을 사용하여 주목 및 정보 시각에서 @vlad43210의 자기중심적 트위터 네트워크에서 행위자의 상대적 중요성을 살펴볼 수 있다. 10.3.1절에서 논의한 바와 같이, 친구/팔로워 네트워크에서 높은 고유 벡터

(eigenvector centrality), 매개 중심성(betweenness centrality), 근접 중심성(closeness centrality)을 가진 행위자들은 관심의 중심이다. 같은 네트워크에서 매개 중심성(betweenness centrality)이 높은 행위자들은 정보 브로커이다. 노드엑셀을 사용하면 이러한 수량을 그래프 캔버스에 있는 Vertex의 서로 다른 속성에 매핑하여 동시에 시각화할 수 있다.

고유 벡터 중심성(eigenvector centrality) 안의 Vertex 색상과 매개 중심성(betweenness centrality) 안의 Vertex 크기를 매핑해 보겠다. 이 작업을 수행하려면 먼저 노드엑셀 메뉴 리본의 분석 섹션에 있는 Graph Metrics 버튼을 클릭한 다음 'Eigenvector centrality' 및 'Betweenness and closeness centralities'를 선택하고 'Compute Metrics'를 클릭한다. 그런 다음 노드엑셀 메뉴에서 Autofill Columns 버튼을 클릭하고 'Vertex Color' 옆의 드롭다운 목록을 클릭하고 'Eigenvector Centrity'를 선택한 후 'Versiet' 옆에 있는 드롭다운 목록을 클릭하고 'Betweenness Centrality'를 선택한다. 그래프 표시 창에서 'Autofill'을 클릭한 다음 그래프 표시 창에서 Refresh Graph 버튼을 클릭하여 그래프 캔버스의 Vertex크기와 색상을 업데이트한다. 그래프를 표시하기 전에 한 번 더 조정한다. @vlad43210은 정의상 자기중심 네트워크의 중심에 있기 때문에, 그의 betweenness와 eigenvector centrality는 높을 것이지만 @vlad43210가 네트워크에서의 위치를 파악할 수 없다. 워크시트에서 @vlad43210의 betweenness와 eigenvector centralities를 0으로 수동으로 설정하고 'Refresh Graph'을 다시 누른다.

그림 10.15와 그림 10.16을 비교하면, @vlad43210의 동료들이 그의 친구들보다 더 큰 관심의 중심이며, 두 클러스터는 정보 흐름의 측면에서 매우 고르게 일치한다는 것을 알 수 있다. 매우 높은 eigenvector와 매우 betweenness centrality를 가지며 그래프에 큰 녹색 노드로 표시되는 @redlog를 제외한다).

마지막으로, @vlad43210의 자기중심적인 네트워크의 친구들과 팔로워들을 @replies 와 비교 그리고 @vlad언급을 비교해본다. 이 두 네트워크 모두 자기중심적이지만, 두개의 안에 있는 사람들은 똑같을 필요는 않다. 노드엑셀은 자세한 @reply와 mention의 자료를 내보내진 않지만, 트위터 API가 제2의 해결책을 보여주고 있다. API의 상태들/언급을 사용해서, www.twitter.com/statuses/mentions.xml을 가볼 수 있고, 수동적으로 @vlad43210에게 @reply나 언급을 한 친구들이나 팔로워들을 기록할 수 있다. @vlad43210이 많은 @replies 나 언급을 받지 않고 있기 때문에, 이것은 시간 집약적인 작업이 아니다. 시간 집약적인 작업의 경우, 대안으로 이러한 이름을 자동으로 기록하는 스크립트를 작성할 수도 있다.

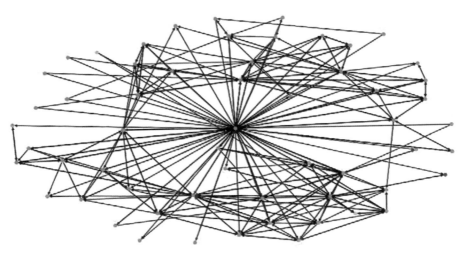

그림 10.15 @vlad43210 1.5급자기 중심 트위터 네트워크(강력한 소셜 넥타이만 해당) 노드엑셀은 자동으로 클러스터를 식별하고 다르게 색상을 지정한다. 오른쪽 상단(녹색)은 @vlad43210의 친구에 해당하며 왼쪽 하단(보라색)은 그의 동료에 해당한다.

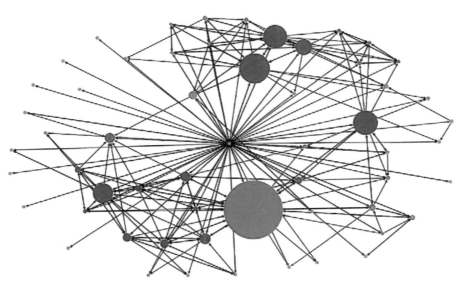

그림 10.16 @vlad43210 1.5급 자기중심 트위터 네트워크. 녹색의 꼭짓점(Vertex)는 더 높은 eigenvector centrality를 가지며, 더 큰 꼭짓점(Vertex)은 betweenness centrality가 더 높다.

다음으로, 각 이름마다 @vlad43210을 @replied 혹은 그를 언급한 사용자에게 연결시킬 수 있는 Edge를 'Edge 워크시트'에서 찾는다. 수동적으로 이 Edge의 폭을 @replies 나 @vlad4310를 언급한 수로 설정한다. 마지막으로, 'Refrehs Graph'를 클릭하여 이러한 업데이트를 반영한다(그림 10.17).

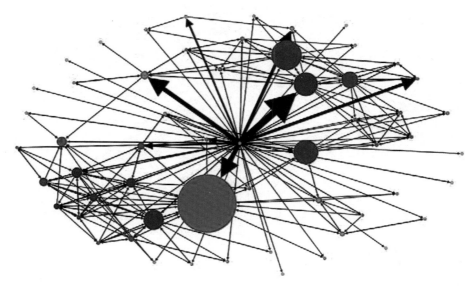

그림 10.17 @vlad43210 의 1.5급 자기중심적인 트위터 네트워크. Greener vertices는 더 높은 고유 벡터의 중심을 가지며, 더 큰 꼭짓점(Vertex)은 중심점 betweenness centrality 높다. 두꺼운 모서리(Edge)는 @vlad43210에 응답하거나 자신의 트윗 중 그의 닉네임을 언급하는 사용자를 표시한다.

@vlad43210의 동료들이 친구들보다 더 주목을 받고 있는 것을 볼 수 있지만, 그의 친구들이 그의 동료들보다 @vlad43210에게 답글을 더 많이 보내고 그를 더 많이 언급하고 있는 것을 볼 수 있다. 또한 일부 @reply 및 언급은 @vlad43210을 @redlog와 같은 high centrality 액터에 연결시키지만, 다른 부분은 @vlad43210을 low-centrality액터에 연결한다. @vlad43210의 친구/팔로워 자기중심 네트워크에서의 정보 및 주목 관계는 @replies/mentions 자기중심 네트워크(ego network)에서 반드시 동일한 가중치를 가질 필요는 없다.

10.5.2 유행화 주제

우리는 트위터의 정보 흐름에 대한 섹션으로 결론짓는다. 10.2.2절과 10.2.3절(예 : # 해시태그 및 리트윗)에서 논의된 많은 원칙이 여기에 적용된다. 작성 시 크고 설명 가능한 샘플을 편리하게 수집하기 위해 다음 예제는 특별히 인기 있는 검색어('Black Dayday')를 #hashtag(해시캐그) 대신 사용할 수 있지만, 인기 있는 다른 주제를 위해 #hashtag를 모색하여 분석할 수 있다. 다음 기술은 광고나 홍보를 위해 트위터를 사용하고자 하는 모든 사람들에게 유용할 것이다. 관심 있는 독자는 홉킨스[8]에서 노드엑셀을 통해 트위터의 정보 확산을 분석하는 또 다른 예를 들 수 있다.

ADVANCED TOPIC

그래프의 꼭짓점(Vertex)을 얼라이닝 하는 것

그림 10.9와 그림 10.10(정보/관심 네트워크 및 중앙 네트워크의 예)을 간략히 살펴보겠다. 그룹화를 명확히 보여주는 방법으로 소수의 Vertex를 나열한다고 가정한다. 수동적으로 움직이면서 이 많은 꼭짓점(Vertex)들을 줄 세우는 것은 힘든 작업이 될 수도 있다.

앞서 'Advanced(고급)' 상자에 설명된 대로 일반 스프레드시트처럼 노드엑셀 네트워크를 조작할 수 있다. Vertices 탭에는 그래프에서 꼭짓점(Vertex)의 위치를 유지하는 'X' 및 'Y'라는 열이 포함되어 있다. 또한 'Locked?'라는 열도 있다. 이 열은 꼭짓점(Vertex)의 위치가 잠기는지 또는 그래프를 다시 그릴 때 이동할 수 있는지를 제어한다. 원하는 방식으로 꼭짓점(Vertex)을 다시 정렬한 후 매크로를 실행하여 꼭짓점(Vertex)을 완벽하게 조정한다.

```
Sub Realign()
' the distance to round each location to
RDIST = 500
COL_VERTEX = 1
COL_LOCK = 21
COL_X = 19
COL_Y = 20
ROW_START = 3
Dim wksht As Worksheet
Set wksht = Sheets("ertices"
current—row = ROW_START
While wksht.Cells(current—row, COL_VERTEX).Text
> ""
' make sure the vertex' position is locked
wksht.Cells(current—row, COL_LOCK) = "es (1)"
' round the x and y
```

```
x = Round(wksht.Cells(current—row, COL_X) /
RDIST) * RDIST
wksht.Cells(current—row, COL_X) = x
y = Round(wksht.Cells(current—row, COL_Y) /
RDIST) * RDIST
wksht.Cells(current—row, COL_Y) = y
current—row = current—row + 1
Wend
End Sub
```

이 매크로는 그래프의 각각의 vertex를 루프시킨다. 이것은 vertex의 위치를 잠그고 (못 움직이게), 그리고 X, Y 좌표를 가장 가까운 500 픽셀로 돌린다. 따라서 두 개의 vertex가 나란히 있고 y 좌표가 1498과 1502인 경우 각각 y=1500으로 재배치된다. 이렇게 하면 vertex가 올바르게 정렬된다.

트위터의 가장 중요한 특징 중 하나는 정보를 분산하여 빠르게 전달할 수 있는 능력이다. 뉴스 센터와 셀럽들은 중요한 행사, 홍보 등에 대한 메시지를 트위터에 올린다. 그들의 팔로워들은 메시지를 보고, 그것이 충분히 중요하고 흥미로울 경우 그것에 대해서도 트윗을 한다. 이 시점에서 팔로워(원래 정보 소스를 따르거나 따르지 않을 수 있는)도 메시지에 노출된다. 이런 식으로, 수천 또는 수백만 명의 사람들이 몇 시간 안에 그것을 인식할 때까지 뉴스 속보도 트위터 팔로워 네트워크에 퍼질 수 있다. 트위터는 검색 인터페이스에서 가장 빠르게 성장하는 메시지 목록을 '트렌드 주제'로 명한다.

뉴스 속보만이 트위터에 퍼지는 것은 아니다. 알림, 프로모션 및 이벤트는 종종 트위터에 광고를 하고 싶어하는 사용자들의 관심사다. 곧 있을 홍보에 대하여 tweet하는 것은 비용이 적게 드는 광고 방법 중 하나다 — 하지만 당신의 tweet의 몇명의 사람들에게 보여질까? 사용자들이 이러한 홍보에 관심을 갖고 그들의 사회적 서클에 연관이 있다 싶어 retweet을 할 수 있다. 하지만 대부분의 사용자들은 이러한 홍보를 무시하거나 정보를 받았으나 전달을 하지 않았다. 그리하여, 메시지 전달을 잘 하는 트위터 사용자들에 대한 기록을 해놓은 것도 좋은 것이다(또한 미래에 더 활동적이게 메시지를 전달해달란 의미로 상을 줄 수도 있음).

노드엑셀을 사용하면 검색어(뉴스, 광고 및 트윗에 나타나는 기타 모든 내용 포함)를 검색하고 Twitter를 통해 전파되는 내용을 관찰할 수 있다. 첫번째 단계는 적합한 검색 문장을 찾는 것이다. 여기에는 여러 가지 관련 기준이 있다. 첫째, 첫째, 검색 어구는 최근의 사건과 관계가 있어야 한다. 트위터가 몇 년간 있었지만, 매초마다 나오는 정보 양은 엄청나기 때문에 검색 인터페이스는 보여주는 tweet 수에 대한 제한이 있다. '2008 Election'을 검색하는 것이 중요한 선거 활동에 대한 tweet을 보여줄 수도 있지만, 이 검색 인터페이스는 너무 오래된 것이라 유효하게 자료 수집하는 것이 어려울 수도 있다. 두 번째 기준은 검색 어구가 뉴스, 프로모션, 이벤트 등과 관련되어야 한다는 것이다. 즉, 'contagious(원래는 전염성을 뜻하지만, 여기선 유행성을 뜻한다)'(트위터 사용자들은 이 메시지를 보고 그들의 팔로워들에게 보여주고 싶어해야 한다), 'Thanksgiving' 같은 검색 문장은 트위터에서 추세적인 주제이지만 유행성을 일으키는 요소는 없다. 많은 사람들이 이것에 대해 이미 알고 있기 때문에 이 메시지를 퍼트릴 이유가 없고, Thanksgiving에 대한 tweet은 이미 독립적인 이벤트로써 트위터 인구에 퍼져나가고 있는 'Thanksgiving meme'와는 연관이 안되있는 것이다.

다음 예에서는 Twitter에서 'Black Day(검은 금요일)' 검색어의 확산을 관찰한다. Black Friday는 Thanksgiving과 마찬가지로 트위터 인구에 이미 익숙한 행사이지만, 이 검색 쿼리는 종종 행사 몇 주 전에 기업들이 광고하는 제품 거래와 관련이 있다. 사업들은 이러한 세일에 대한 정보를 많은 사람들에게 퍼트리는 것을 중요시한다. 이것이 일년에 가장 바쁜 쇼핑 날을 다른 기업들과 경쟁해야 하기 때문이다.

이 검색어를 염두에 두고 노드엑셀의 Twitter Import 인터페이스로 이동한다. Excel 메뉴에서 'NodeXL' 탭을 클릭하면 노드엑셀 리본 왼쪽의 데이터 섹션에 있는 Import 드롭다운 목록에 여러 가지 Import 옵션이 표시된다. 드롭다운 목록 상단에는 'Clear NodeXL Workbook First'라는 확인란이 있다. 이 예에서는 여러 개의 Twitter Import 결과를 동일한 워크시트로 결합할 수 있도록 이 확인란을 선택 해제할 수 있다. 이 기능의 유용성은 나중에 설명한다. 먼저 드롭다운 목록의 Twitter Search Network 옵션으로 이동하면 대화상자가 보인다(그림 10.18).

Twitter 검색 네트워크 데이터 가져오기 대화상자의 맨 위에 검색 용어의 텍스트 필드가 있다. 두 단어가 모두 포함된 트윗만 검색결과에 나오기 위해 따옴표에 'Black Friday'를 입력할 수 있다. 텍스트 필드 아래에는 세 가지 확인란이 있다: 팔로우, 답장, 그리고 언급에 Edge를 추가하라. 이러한 체크박스를 사용하면 원하는 검색 구문 전파네트워크의 종류를 지정할 수 있다. 예를 들면, 팔로우만 체크하였다면, 가져오기 절차는 'Black Friday'를 트위터에 언급한 팔로우 관계들만 잡아낼 것이며, 언급 관계나(사용자 A가 사용자 B의 이름을 자신의 tweet에 언급하는 것) 답장 관계는(사용자 A가 @user_B_name을 사용하여서 직접적으로 사용자 B에게 답글하는 것) 잡지 않을 것이다. 대부분 상황에선, 이 검색 문장을 언급한 모든 관계를 알아보기 위하여 세 개의 박스를 다 체크하는 것이 좋을 것이다. 데이터가 수집되면 오로지 한 개의 관계에 집중하는 게 쉽다. 그러나 Follows 관계는 'Replies-to' 또는 'Mentions' 관계보다 수집 속도가 훨씬 느리다. 이 예에서는 세 개의 체크박스를 모두 선택할 수 있으나 세 가지 체크박스가 모두 선택되더라도 결과 데이터 세트에는 Follows Edge(개인 간의 Mentions 또는 Replies-to 관계가 없다)만 포함될 수 있다.

다음 세 가지 확인란을 사용하면 Twitter 데이터 수집 크롤 범위를 명확할 수 있다.

그림 10.18 트위터 검색 네트워크 가져오기 다이얼로그. 선택된 옵션이 가져온 것은 처음 100명의 사용자가 "블랙 프라이데이"를 트윗 및 이와 관령된 모든 팔로우, 회신 및 멘션 관계 정보다.

'Limit to(제한)' 체크박스는 가져오기 박스에서 제일로 중요한 기능이다. 이 확인란의 선택을 취소하면 많은 데이터를 수집할 수 있지만 앞서 설명한 바와 같이 트위터의 속도 제한을 초과할 위험이 있으며 시간이 오래 걸릴 수 있다. 검색 인터페이스는(모든 상자를 선택한 상태에서) 트위터 사용자당 약 10~30초가 걸리므로 인기 있는 검색 문장에 대한 언급을 수집 하는 것은 몇 시간에서 며칠이 걸릴 수 있다! 또한 트위터 수집 프로세스는 자주 손상되거나 누락된 사용자 정보에 도달하여 수집 프로세스를 중단시키고 데이터 세트에 오류를 발생시킨다. 따라서 큰 데이터 집합에는 작은 표본에 없는 정보가 포함될 수 있지만 이 확인란을 선택하고 시작 한계(100명)를 가능한 낮게 설정하는 것이 좋다. 다음 두 확인란인 'Add a Tweet column to the Vertices worksheet'와 'Slower'는 검색 구문 확산에 대한 정확한 데이터를 수집하는 데 매우 유용함으로 체크된 강태를 유지하는 것도 좋다.

마지막 두 텍스트 필드는 본인이 '화이트 리스트'된 트위터 계정이 있다면 유저 이름과 비밀

번호를 구체적으로 명시할 수 있게 해준다(이전 설명). 여기에 '화이트 리스트'된 계정에 대한 정보를 적을 수 있다. 이것을 통하여 트위터 사용자 100명 제한을 초과할 염려가 없다. 이 시점에서, OK를 클릭하고 데이터Import 과정을 시작하면 된다. 프로세스가 완료되면, 일련의 트위터 사용자와 이들 사용자 간의 관계로 채워진 스프레드시트를 다시 볼 수 있다.

Twitter 관계의 전반적인 희소성에 대해 아는 것은 중요하다. 이 검색을 처음 두 번 시도했을 때 Edge를 못 찾았다. 'Black Friday'를 언급하는 사용자들이 연결 되어있지 않았다. 그러나 이 희소성은 'Black Friday'가 유행성이 없다는 것이 아니다. 앞서 언급했듯이 대부분의 사용자들은 광고를 이용하지만 전달하지 않는다. 그럼에도, 자신의 팔로워들에게 광고를 전달하는 소수의 사용자를 발견하는 것이 가치가 있다. 세 번째 연구 때에는, 66개의 Edge를 찾았고 그림 10.19에서 볼 수 있는 전체적인 연결된 패턴을 발견했다.

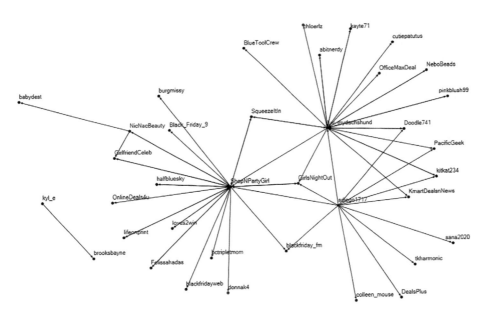

그림 10.19 트위터에서의'Black Friday' 네트워크 언급 패턴. 이 네트워크는 연결된 별모양과 같다는 점을 참고할 수 있다: 각각 @ShopNPartyGirl, @luv-mydaschund, 그리고 @sediego1717을 둘러싸며 형성된다.

이 패턴은 작은 수의 'starts" — 팔로워/친구들이 서로 연결되어 있지 않는 사용자들 — 가 Black Friday 홍보들을 자신의 사교적 서클에 전달한 것을 보여준다. 그러나 이러한 광고들이 더 멀리 퍼질 수 있을까? 이 그래프의 링크들은 '팔로우' 관계를 표현하고 있다는 것을 명심해야 한다. 이 말은 stars의 팔로워들이 정보를 전달하는 것보다 그냥 공교롭게 Black Friday란 말을

stars와 동일한 시간에 언급할 수도 있다(예 : 모 특정 Black Friday 광고). 다행히도, 노드엑셀은 우리가 Stars와 그들의 팔로워들의 트위트를 보고 이 가설을 테스트할 수 있게 해준다.

몇 개의 별을 보는 것으로 시작할 수 있다. Tweet행에서 @ShopNPartyGirl이라는 사용자가 'SneakPeek Kohl's Black Friday Ad-…' [Kohl의 Black Friday 세일 미리보는 광고…](광고 링크 생략)에 대하여 tweet을 한 것을 볼 수가 있다. @ShopNPartyGirl의 팔로워들이 그녀가 쓴 Black Friday 광고를 그대로 언급하였는지 본다. 먼저 'Edge 워크시트'로 이동하여 @ShopNPartyGirl의 팔로워를 찾는다. Vertex 2(이 케이스의 경우는 팔로우 대상자)를 이용해 모든 행을 정렬한다. 이제 Vertex 2가 'ShopNPartyGirl'인 모든 행을 찾는다. 이러한 행의 Vertex 1 값은 @ShopNPartyGirl의 팔로워이다.

이러한 팔로워들의 트위터 이름을 노트패드와 같은 스크래치 스페이스에 복사–붙이기함으로써 팔로워들을 적어보겠다. 이제 노드엑셀로 돌아가서 'Vertex 워크시트'로 전환하고 모든 행을 Vertex별로 정렬한다. 예를 들어, 사용자 GirlfriendCelleb가 @ShopNPartyGirl의 광고 트윗 중 하나를 리트윗하는 것을 볼 수 있다.

> GirlfriendCeleb: RT @ShopNPartyGirl: Sneak Peek
> Meijer Black Friday Ad - ...

Kohl에 대한 특정 트윗이 리트윗되지 않았을 수도 있지만 @ShopNPartyGirl의 팔로워들은 그녀의 광고들을 다른 이들에게 전달한 것 같다.

@ShopNPartyGirl의 tweet의 retweet한 모든 관계들을 강조하고 그녀의 광고가 어디까지 퍼져나갔는지 찾아보는 것이 좋을 것이다. 'Vertex 워크시트'의 꼭짓점(Vertex) 목록을 볼 때 @ShopNPartyGirl(노트로 저장됨)의 팔로워들 중 @ShopNPartyGirl의 광고를 리트윗하는 팔로워 이름 옆에 'R'로 표시한다. 이제 'Edge 워크시트'로 돌아와서 Vertex 2가 'ShopNPartyGirl'인 모든 Edge를 찾는다. 해당 모서리(Edge)의 너비를('Edge 워크시트'의 각 열에서) 2.0으로 설정하여 강조 표시한다.

'Vertex 워크시트'를 좀 더 살펴본다. 다른 별 @luv_mydaschund에 연결된 @abitnerdy 사용자는 @ShopNPartyGirl의 내용을 리트윗했다. 한편 @luv_mydaschund는 @ShopNPartyGirl을 팔로우하지만, 그의 트윗은 @ShopNPartyGirl의 리트윗이 아니다. 그러나 만약 @ShopNPartyGirl의 tweet이 @abitnerd의 트위터 스트림에 나타난다면 그 가@ShopN

PartyGirl의 tweet을 retweet했을 가능성이 높다. 즉, @luv_mydaschund가@ShopN PartyGirl의 tweet을 노드엑셀이 알아채지 못한 방식으로 retweet한 다음에 @abitnerd가 그 트윗을 리트윗한 가능성이 있다. @luv_mydaschund와 @ShopNPartyGirl 사이, 그리고 @abitnerdy와 @luv_mydaschund 사이의 모서리(Edge)를 모두 강조함을 통해서 이 세 파티의 리트윗 기록을 전부 파악하지 못해도@ShopNPartyGirl의 트윗이 어떻게 전달하는지를 확인할 수 있다. 같은 방식으로 @ShopNPartyGirl의 트윗을 리트윗한 @luv_mydaschund 의 팔로워와 @luv_mydaschund 사이의 모서리(Edge)를 하이라이트 할 수 있다 (@ShopNPartyGirl을 직접 팔로우 하지 않은 사용자도 됨). 이 때 그래프를 새로 고친다(그림 10.20).

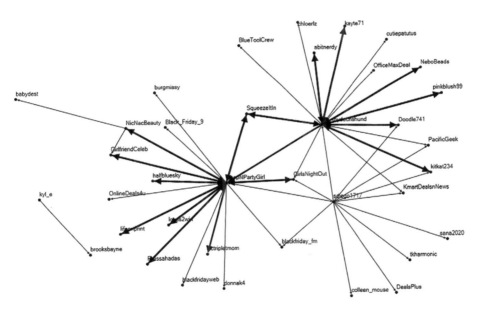

그림 10.20 'Black Friday'에 대하여 언급한 트위터. 더 두꺼운 Edge는@ShopNPartyGirl의 메시지들의 retweets를 보여주고 있다.

이 과정이 끝나면, @ShopNPartyGirl의 블랙 프라이데이 광고에 관한 트위터가 @luv_my daschund의 팔로워들을 포함한 그녀의 팔로워들에 의해 많이 리트윗되는 것을 볼 수 있다. @ShopNPartyGirl는 Black Friday 광고정보를 퍼트리는데 있어서 좋은 '씨앗'이 분명했다. 16명의 사람들이 그녀의 tweet을 리트윗했다! 이 사람들의 팔로워들이 자동적으로 그들의 retweet을 보았고, 그럼으로@ShopNPartyGirl의 트윗은 더 멀리 퍼져나간다는 것으로 볼 수 있다.

샘플 트위터 사용자에 대한 일부 통계를 캔버스 시각화에 통합함으로써 @ShopNPartyGirl
의 트위터 전파 범위를 더욱 정확하게 예측할 수 있다. 팔로워가 많은 사용자들이 더 인기가 많
다는 것을 예측할 수 있고, 그리고 tweets가 많은 사용자가 트위터에서 더 활동적이라고 예측
할 수 있다. 이러한 가정 하에 Vertex 크기를 팔로워에 매핑하고 Vertex 색상을 트윗에 매핑
하여 캔버스의 사용자 인기를 시각화할 수 있다. 이렇게 하려면 NodeXL Visual Properties
메뉴 섹션에서 Autofill 열을 클릭하고 'Vertex Size' 옆의 드롭다운 목록을 클릭한 다음
'Followers'를 클릭하여 'Vertex Color' 옆의 드롭다운 목록을 클릭하고 'Tweets'를 클릭한
다.(Autofill을 일단 클릭하지 않음) 이 시점에서 모든 리트윗 정보를 확인했으므로 캔버스에서
트윗을 숨기고 사용자 이름으로 대체한다. 이렇게 하려면 'Vertex Label' 옆의 드롭다운 목록
을 클릭하고 'Vertex'를 선택해야 한다. 이제 'Autofill'과 'Refresh Graph'을 클릭하면 된다
(그림 10.21).

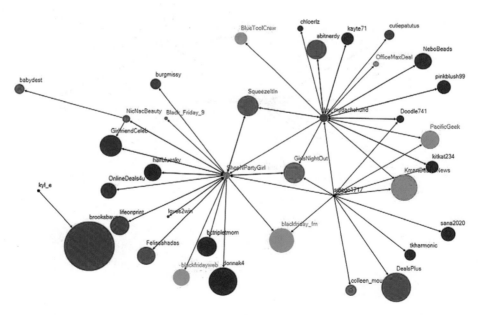

그림 10.21 'Black Friday'에 대하여 언급한 트위터. @ShopNPartyGirl과 그녀의 친구/팔로우 관계는 빨간색으로 강조
된다. 더 짙은 초록색의 Vertex는 더 많은 트위트를 가지고 있고, 더 큰 Vertex는 더 많은 팔로워를 가지고 있다.

위에 빨간색으로 강조 표시된 @ShopNPartyGirl은 메시지를 많은 큰 Vertex(많은 팔로워)
로 전달하는 작은 Vertex이며, 그 중 일부는 녹색으로 표시된다(트윗 많음). @ShopNParty

Girl은 블랙 프라이데이의 열렬한 팬일 수도 있고, 혹은 쇼핑 및 파티 세일과 관한 트윗을 위한 전문 계정일 수도 있다. @ShopNPartyGirl의 Twitter 페이지('Vertex 워크시트'의 두 번째 열 'Custom Menu' 아래)를 클릭하여 실제로 이러한 경우인지를 확인할 수 있다.

좁은 초점을 갖고 있는 전문화된 계정인 @ShopNPartyGirl은 큰 수용자에게 다가가기 위해서 많은 팔로워나 tweets를 필요로 하지 않는다. 이 계정의 소유자는 분명히 능숙한 홍보자이며 Black Friday에 세일하는 상점들의 주된 타깃이다. 캔버스에서 @ShopNPartyGirl을 강조 표시하고 Vertea 모양을 Twitter 프로필 이미지로 변경하여 연습을 종료한다. 이것은 @ShopNPartyGirl을 캔버스 안에서 오른쪽 클릭한 뒤 'Edit Selected Vertex Attributes'를 선택하고, 모양 드롭다운 목록을 클릭하고 'Image'를 선택하면 된다. 이 이미지를 레코드에 저장하려면 캔버스에서 마우스 오른쪽을 클릭한 다음 'Save to Image file'을 선택한다(그림 10.22).

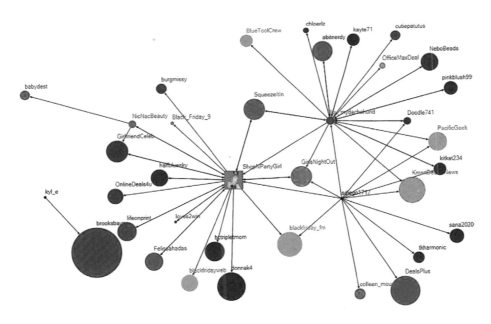

그림 10.22 'Black Friday'에 대하여 언급한 트위터. @ShopNPartyGirl과 그녀의 친구/팔로우 관계는 빨간색으로 강조된다. 더 짙은 초록색의 Vertex는 더 많은 트위트를 가지고 있고, 더 큰 Vertex는 더 많은 팔로워를 가지고 있다. @ShopNPartyGirl은 자신의 트위터 프로필 이미지로 캔버스에 표시된다.

10.6 실무요약

소셜 미디어 플랫폼으로 트위터가 인기를 보유하고 있는 원인은 다용도로 사용할 수 있다는 점이 있기 때문이다. 간단한 140자 업데이트란 프레임을 통하여, 트위터 사용자들은 그들의 친구들과 연락할 수 있고, 최신 뉴스 발표나 홍보와 같은 중요한 정보를 실시간 파악할 수 있다. 기업들은 트위터를 사용하여 브랜드를 개선하고, 더 많은 청중에게 다가가고, 광고를 통해 이익을 증대시킬 수 있으며, 그들의 메시지에 가장 관심이 많고, 그들을 위해 행동할 가능성이 가장 높은 사람들을 목표로 삼을 수 있다.

트위터를 사용하는 이유에 관계없이 실행 가능한 결과를 얻으려면 적절한 전략이 필요하다. 예를 들어, 개인 소셜 네트워크를 더 잘 알고 싶거나 제품을 홍보하기 위한 더 강력한 커뮤니티를 구축하고자 할 수 있다. 트위터의 네트워크에 대한 지식과 그러한 네트워크가 만들어내는 관계에 대한 지식은 적절한 전략을 짜는 데의 핵심이다. 예를 들어 트위터 정보 네트워크에서 영향력 있는 개인(예 : 'Black Friday' 네트워크의 @ShopNPartyGirl)을 알면 광고와 프로모션을 보낼 수 있는 '씨앗'을 선택하는 데 도움이 된다. 이 씨앗들은 당신의 광고에 대해 트윗을 할 수 있고, 그들의 트윗은 일부 사람들에 의해 리트윗될 수 있으며(@ShopNPartyGirl과 같은 씨앗이라면), 이렇게 함으로써 Black Friday 세일의 많은 소비자들을 끌어모을 수 있을 것이다.

특정 트위터 네트워크의 네트워크 구조를 이해하는 것 또한 트위터에서 실행 가능한 결과를 얻는 데 중요하다. 예를 들어, '스타형 네트워크' 구조는 중심주목적 구조이으로, 개인 네트워크가 별처럼 보인다면(친구와 팔로워 사이의 연결이 적음), 소유자의 트윗은 다른 팔로워보다 지나치게 많은 관심을 받는 것이다. 트위터에서 본인이 속한 네트워크의 종류와 그 네트워크의 구조에 대한 충분한 이해하지 못하면, 제품을 광고하기 위한 좋은 전략을 세울 수 없을 것이다.

노드엑셀은 당신이 트위터에서 많은 다른 소셜 네트워크를 추출하고 분석하는 것을 돕는다. 이전 섹션에는 작업 중인 노드엑셀의 두 가지 예제가 포함되어 있다. 하나는 개인 연락처를 관리하기 위한 것이고 다른 하나는 Twitter 사용자들 사이에서의 phrase 전파 경로 추적이다. 이용자가 이러한 사례들이 노드엑셀을 이용하여 트위터 네트워크를 보다 자세히 파악하고 마이크로블로그를 통해 비즈니스 또는 커리어에 도움이 될 만한 많은 방법을 발견하기를 바란다.

10.7 연구의제

트위터의 엄청난 인기와 개방성은(API를 통한) 데이터를 기반으로 한 연구의 전성기를 맞이하게 한다. 컴퓨터와 정보과학에서, 이 연구는 월드와이드웹과 같은 물리적 컴퓨터 네트워크와 정보 네트워크를 분석하는 오랜 역사를 바탕으로 하고 있다. 소셜 네트워크 연구자들 또한 오랜 연구 전통에 주목하고 있다. 사회적 사건들의 참석에서부터 이메일의 교환까지, 소셜 네트워크 연구원들은 오랫동안 상호작용과 커뮤니케이션 패턴이 그렇지 않으면 측정할 수 없는 사회적 관계를 측정하는 실질적인 대용품이라는 것을 인식해왔다.

지금까지 Twitter를 사용한 연구는 크게 두 가지 범주 중 하나로 분류되었다. 마이크로 레벨의 연구는 Twitter 내의 개별 활동의 특성과 댓글, 리트윗[4] 및 해시태그와 같은 Twitter의 기능 사용 방법을 기록했다. 매크로 레벨에서는 밈, 아이디어 및 이와 같은 것들이 네트워크를 통해 어떻게 확산되는지, 같은 생각을 가진 사람들이 구조 클러스터를 구성하는 방법, 그리고 트위터의 통합 네트워크 속성이 다른 대규모 협업 네트워크와 어떻게 비교되는지를 보여 주었다[9]. 그러나 사회적 유대관계를 통해 정보를 공유하는 전달 수단으로서, 트위터는 소셜 네트워크 연구의 더 큰 기회를 제공한다.

많은 소셜 네트워크 연구자들은 네트워크 구조가 개인의 행동에 어떻게 영향을 미치는지, 소셜 네트워크에서 한 사람의 위치가 자원 접근에 어떻게 영향을 미치는지, 그리고 이러한 문제에 대한 개인의 선택이 네트워크의 구조에 어떻게 영향을 미치는지에 대해 초점을 두고 있다. 이러한 것들이 서로에게 미치는 영향은 시간을 초월하며 미묘한 방식으로 지행하고 있다. 이러한 질문에 답하기 위해서는 새로운 조치와 새로운 종류의 데이터가 필요할 것이다. 시간이 지남에 따라 대규모 네트워크와 구성원들이 어떻게 변화하는지 설명하는 데이터가 필요할 것이다. 최첨단 연구에서도 필요한 데이터를 얻거나 분석하거나 시각화하는 것이 어렵다. 트위터는 개인의 대화 내용(트윗을 통해), 네트워크에서의 그들의 위치(친구/팔로워 관계를 통해)와 이러한 두 가지 상호작용을 기록함으로써 이러한 데이터를 제공할 수 있는 소수의 대규모 온라인 소셜 네트워크 중 하나이다. 또한 트위터는 소수의 공공적인 네트워크중 하나이며 기관적인 경계선을 넘어서서 연구자에게 개인적 유대를 통해 조직들이 어떻게 연결되어 있는지를 이해할 수 있는 기회를 제공한다.

참고문헌

[1] J. Golbeck, J. Grimes, A. Rogers, Twitter Use by the U.S. Congress, Technical Report, College of Information Studies, College Park, MD, University of Maryland, 2009.

[2] A .L. Hughes, L. Palen, Twitter Adoption and Use in Mass Convergence and Emergency Events, Proceedings of the Sixth International ISCRAM Conference, Gothenburg, Sweden, May 10-13, 2009.

[3] D . Sagolla, 140 Characters, Wiley, Hoboken, NJ, 2009.

[4] d. boyd, S.A. Golder, G. Lotan, Tweet, tweet, retweet: conversational aspects of retweeting on twitter, in: Proceedings of the Forty-Third Hawaii International Conference on System Sciences (HICSS-43), Kauai, HI, 2010.

[5] R . Burt, Structural Holes: the Social Structure of Competition, Harvard University Press, Cambridge, MA, 1995.

[6] S. Fox, K. Zickuhr, A. Smith, Twitter and Status Updating, Fall 2009, Pew Internet and American Life Project, 2009, www.pewinternet.org/~/media/Files/Reports/2009/PIP_Twitter_Fall_2009web.pdf

[7] S. Brin, L. Page, The anatomy of a large-scale hypertextual web search engine, in: Proceedings of the Seventh International World Wide Web Conference, Brisbane, Australia, 1998.

[8] J. Hopkins, Visualizing a Monetized Twitter Network, http://julianhopkins.net/index.php?/archives/266-Visualising-a-monetised-Twitter-network.html

[9] B. Huberman, D. Romero, F. Wu, Social networks that matter: twitter under the microscope, First Monday 14 (1) (2009).

추가자료

Golder, S., & Huberman, B.A. (2006). Usage patterns of collaborative tagging systems. *Journal of Information Science*, 32(2), 198-208.

Golder, S., Wilkinson, D., & Huberman, B.A. (2007, June). Rhythms of social interaction: Messaging in a massive online network. In C. Steinfield, B.T. Pentland, M. Ackerman, & N. Contractor (Eds.), *Communities and technologies 2007*. Springer.

Honeycutt, C., & Herring, S.C. (2009). Beyond microblogging: Conversation and collaboration via twitter. In: *Proceedings of the Forty-Second Hawaii International Conference on System Sciences (HICSS-42)*.

Messina, C. *Groups for Twitter, or a Proposal for Twitter Tag Channels*. http://factoryjoe. com/blog/2007/08/25/groups-for-twitter-ora-proposal-for-twitter-tag- channels/

Owyang, J. *Coverage of the SXSW Web Awards. Blog post*. 3/11/07./ www.web- strategist.com/blog/2007/03/11/coverageof-the-sxsw-web-awards/

페이스북(Facebook) 네트워크의 시각화 및 해석

목차

11.1 페이스북 소개: 세계의 소셜 그래프 ·········· 284

11.2 페이스북의 역사 ···························· 286

11.3 페이스북 네트워크를 매핑하는 이유는
　　무엇인가? ································ 288

11.4 페이스북 우정 네트워크는 어떤 종류의
　　네트워크인가? ·························· 289

11.5 데이터를 노드엑셀로 가져오기 ·········· 290

11.6 기본 페이스북 시각화 만들기 ············ 295

　11.6.1 자신의 네트워크로부터 자신을 숨기기 ·· 295

　11.6.2 네트워크의 모양 ···················· 296

11.7 정렬된 및 정렬되지 않은 데이터와 속성 ······ 296

　11.7.1 순서가 지정되지 않은 데이터 시각화:
　　　　 클러스터 및 범주 ················ 297

　11.7.2 정렬된 데이터 시각화 ·············· 302

11.8 Friend wheel에서 pinwheel로:
　　 페이스북을 통한 노드엑셀 시각화 ······ 306

11.9 실무요약 ······························ 312

11.10 연구의제 ···························· 313

참고문헌 ·································· 314

추가자료 ·································· 315

11.1 페이스북 소개:
세계의 소셜 그래프

　당신은 한 그룹의 친구가 있는가? 고등학교 때부터 알던 친구들은 당신의 대학교 친구들을 알고 있는가? 당신의 친구들은 모두 같은 그룹의 일부에 속해 있는지 아니면 다른 그룹들의 일부에 속해있는가? 아마 페이스북은 이 질문들에 대한 답을 알고 있을지도 모른다.

　페이스북 참여는 '공개적으로 연결된 네트워크'[1]라는 관계의 고유한 특징을 기반으로 한다. 즉 페이스북 네트워크는 메일 트래픽 같은 행동적인 네트워크가 존재하지 않고, 친밀한 관계처럼 우리가 보통 생각하는 네트워크도 아니다.[2] 오히려 그것들은 우리가 다른 사람들에게 보여주고 정보에 대한 접근을 관리하기 위한 수단으로 사용한다. 트위터는 다른 사람들을 팔로우 하는 사용자를 대표하는 네트워크를 가지고 있다. 유튜브는 친구들과 구독자들뿐만 아니라 이러한 네트워크를 가지고 있다.1) 페이스북에서 친구들은 뉴스 피드라는 정보의 롤링목록에 표시된다(그림 11.1). 친구들은 게임, 채팅을 하고 메시지를 보내며 사진들을 공유하고 서로를 이벤트에 초대할 수 있다. 기본적으로 친구들의 목록은 사람들이 다른 사람들과 온라인으로 하고 싶어 하는 활동들의 출발점이지만, 모두 다에게 그런 건 아니다. 페이스북은 마치 세계에서 제일 큰 공개적으로 연결된 네트워크다. 이글을 쓰는 현재, 페이스북은 사실상 어떠한 방식으로든 그들 모두를 연결시키고 있다. 200만 명의 페이스북 사용자들은 페이스북에 매달마다 로그인을 하고 있다.2)

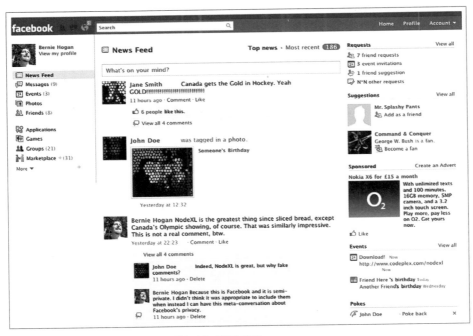

그림 11.1 사용자의 뉴스 피드를 보여주는 페이스북 페이지 예시

---

1) 페이스북은 소셜 네트워크 사이트의 역사와 정의에 대한 광범위한 논의를 위한다[11].

2) www.facebook.com/press/info.php?statistics

이 챕터는 두 가지의 목적이 있다. 첫째, 페이스북에서 우정관계가 어떻게 해석되고 있는 지 넓게 논의하고 있다(예로 들자면, 누가 누구와 친구인지). 물론 다른 챕터에서 보았듯이 소셜 미디어 참여의 네트워크를 구축하는 방법에는 여러 가지가 있다. 예를 들어, 페이스북 네트워크는 누가 누구한테 메시지를 보냈는, 누가 같은 사진에 나왔는지, 또는 누가 같은 그룹에 속해 있는지의 목록에서 만들 수 있다.[3] 페이스북 사이트에서 모아진 네트워크 데이터의 다른 재미난 요소를 가지고 있는 독자들은 여전히 여기에 설명된 기술혜택을 누릴 수 있다. 둘째, 이 장에서는 또한 파트 2(4장부터 7장)의 이전 논의 대부분을 확장하는 시각화에 대한 광범위한 논의를 다룬다.

페이스북이 구성되는 방법의 단점 중 하나는 사람의 사회적 네트워크를 구성하는 우정의 모든 것들을 선명하게 얻기 어렵다는 것이다. 아마 노드엑셀을 사용하여 전체적으로 당신의 네트워크를 확인한다면 많은 질문들에 대답을 할 수 있게 될 것이다.

11.2 페이스북의 역사

2004년 페이스북은 friendster의 여파로 그저 새로운 소셜 네트워크 사이트로 생겨났다(friendster는 서비스가 갑자기 빠른 성장으로 인한 서비스 품질 문제 때문에 급락했다). 같은 시기 떠오르는 Myspace라는 소셜 미디어는 고객맞춤형 서비스를 제공하고 음악가들을 링크하며 최신 유행을 선도했다. 반면에 페이스북은 성공적인 온라인 사업이 되기 위해 직관적으로 보이지 않는 어떤 것(배타성)을 제공했다. 이 사이트는 하버드 학생들 사이에서 시작되어 성장에 대한 점진적인 접근을 했고, 처음에는 특정 대학에 사용자를 추가하고, 그 다음에는 사실상 모든 대학과 일반 대중만을 대상으로 했다. 이 방법은 페이스북이 경쟁에서 살아남을 수 있게 만든 두 가지 강점을 만들어 주었다. 첫째, 거의 모든 사용자들이 대학생이었기 때문에 이미 서로서로 연결이 잘 되어 있었고 페이스북은 '네트워크 효과'의 혜택을 일찍부터 받을 수 있었다.3) 둘째, 하버드에서의 기원 시원한 파란색과 하얀색의 결합이 하버드가 생각되어지게 했고, 이로 인해 나이가 많고 회의적인 사용자들을 초대할 수 있게 되었다.

페이스북의 모순 중 하나는 사이트가 개인정보 보호를 위한 도구를 제공하지만, 가능한 많은

---

3) 네트워크 효과는 전화 네트워크, DVD 형식 등과 같이 그것을 사용하는 사람이 더 많을 때(Metcalfe's law과 비교[12])

사람들에게 컨텐츠를 공개하기를 원하는 경향이 있다는 것이다. 이것이 페이스북의 모순이 되는 이유는 소셜 네트워크 사이트는 일반적으로 접근 통제의 방법으로서 친구의 행동을 전제로 하고 있기 때문이다. 페이스북이 2006년에 처음으로 좀 더 공개적인 정보를 향한 노력을 의미 있게 표현한 것이다. 그해 9월 페이스북은 사용자 홈페이지에 최근 활동을 통합한 뉴스 피드를 추가했다. 거의 즉시, 단체들은 그것이 사생활 침해이고 침해였다고 말하면서 이 기능에 항의하기 위해 조직했다. 하지만 오늘날까지, 그것은 매우 인기 있는 기능으로 남아있다. 사실, 친구들로부터의 이런 정보 흐름은 사이트를 자주 확인하는 실질적인 이유가 되었다.

페이스북은 사람들이 자유롭게 많은 정보를 볼 수 있게 하지만 한계는 있다. 예를 들어 어떤 사람을 친구를 끊을 경우 더 이상 사용자에게 알림을 주지 않고, 또한 그 사용자는 친구를 끊은 사람의 정보나 페이지를 볼 수 없다. 사실, 그것은 이 정보를 사용자에게 제공하기 위해 고안된 응용프로그램을 공개적으로 금지했다(예를 들면 2009년 Burger King의 악명 높은 '무료 허퍼(Whopper)를 위해 친구 10명을 삭제하기' 활동).

하지만 궁극적으로 페이스북의 정보 자유주의에 가장 중요한 현재 한계는 데이터 공유 정책이다. 페이스북은 자신이 저장하는 데이터를 소유한다고 주장하지 않는다. 그러나, 페이스북에서 이러한 데이터를 캡처한 App 개발자들은 사용자 동의 없이 이러한 데이터를 보관해서는 안 된다. 즉, 페이스북에서 추출한 수많은 학술적 데이터 세트는 일반적으로 사이트 자체와의 사용 계약을 통해 또는 직접 데이터 수집과 네트워크 세부 정보의 유사 익명화를 통해 존재하는 것으로 알려져 있다.

페이스북은 많은 국가에서 상당한 참여율과 함께 정보에 대한 개방성으로 인해 매력적인 데이터 출처가 되고 있다. 특히 서비스에 여러분 자신의 네트워크가 있다면 더욱 그러하다. 그러나 페이스북에서 데이터를 캡처하고 있으며 이러한 데이터의 사용은 페이스북의 개인정보 보호 정책에 따라 결정된다. 이 정책은 언제든지 변경할 수 있으므로 다운로드한 데이터가 모두 삭제 또는 익명화되었는지 확인하려면 현재 사용 조건을 확인해야 한다.[4]

---

4) www.facebook.com/terms.php

11.3 페이스북 네트워크를
매핑하는 이유는 무엇인가?

페이스북에서 네트워크를 매핑하고 해석하는 데에는 여러 가지 용도가 있다. 네트워크에 있는 사용자와 연결된 사용자를 알면 개인정보 설정을 수정하는 데 도움이 된다. 예를 들어, 가족 구성원 목록이 있는 경우 이 목록을 노드엑셀이 검색할 수 있는 가족 구성원 클러스터와 비교하는 것이 유용할 수 있다. 둘째, 페이스북과 같은 네트워크를 분석하는 것은 네트워크 분석의 몇 가지 기본 개념에 대한 정보를 얻는 가장 좋은 방법 중 하나이다. 그 이유는 당신의 친구, 가족 그리고 지인의 네트워크는 당신이 가장 잘 알고 있는 네트워크이기 때문이다.

네트워킹을 위해 페이스북을 사용하는 전문가들은 현재의 네트워킹 스타일에 대하여 더욱 자세하게 알아낼 수 있으며, 서로 다른 목적으로 이 스타일을 변경하고 싶은지에 대한 여부를 알아낼 수 있다. 예를 들어, 어떤 사람들은 '팀 선수'가 되는 것을 선호하고 다른 사람들은 '브로커'가 되는 것을 선호한다. 팀 선수는 동료 두 명이 서로 연결되어 있지 않다는 것을 알게 되면 이들을 소개하거나 '삼인조를 닫는다.' 이와 달리 브로커는 사람들이 그녀를 가야만 한다면, 이것은 그녀를 가치 있게 만든다(이것을 '브로커리지'라고 한다).[4]

페이스북을 사용하여 큰 이벤트들이나 행사들을 계획하는 사람들은 그들의 친구들에 대해 배우는 것으로 이득을 볼 수 있다. 참석자들은 페이스북 친구들의 밀집된 단일 클러스터 또는 네트워크의 많은 부분에서 오는 경향이 있는가? 만약 미술전시회나 소규모 음악회에 참석하는 모든 사람들이 밀집된 한 무리의 친구들로부터 온다면, 이것은 사람들이 다른 집단을 바라보고 그 집단에 있는 사람들에게 직접 닿아야 한다는 신호이다. 반면에 만약 행사나 쇼에 참석한 사람들이 모두 완전히 단절되어 있다면, 이것은 공동체를 만들 가능성이 높다는 것을 의미한다. 이러한 선택 항목은 전략에 따라 다르지만 노드엑셀을 통해 보다 전략적인 업무에 기여할 수 있다.

이 장에서는 주로 네트워크의 예에 대하여 초점을 맞추고 있다. 이것은 나의 페이스북 네트워크의 수정된 버전이다. 수정되는 이유는 무엇인가? 다른 많은 것과 달리 이 책에서 사용된 네트워크들, 페이스북 네트워크는 반독립적인데, 이것은 페이스북의 많은 데이터가 공개되더라도, 당신이 보는 네트워크는 당신의 계좌에만 속해있다는 것을 의미한다. 따라서, 나는 개인적으로 식별된 세부사항을 사용하지 않을 것이다. 단, 내가 허락을 얻은 몇몇 친구의 경우는 예외이다. 그들의 성별은 그대로 유지되었지만, 나는 다른 어떤 세부 사항도 언급하지 않을 것이다. 이것은 또한 네트워크의 대부분의 미리 보기 URL을 삭제해야 한다는 것을 의미한다. 노드엑셀을 사용하여 다운로드한 네트워크 NameGenWeb(실험하는 결과로 NameGenWeb 서비스 중단한 상태로 인해 다른 도구를 이용하여 야 한다)의 데이터에는 실제 썸네일 URL이 있다.

11.4 페이스북 우정 네트워크는
어떤 종류의 네트워크인가?

이 장에서 논의된 네트워크는 '중심의' 네트워크이다. '자아(ego)'라는 용어는 네트워크의 모든 사람과 연결된 사람을 나타내기 위해 사용된다. 자기중심 네트워크(egocentric network)는 자기의 관점에서 보는 사회세계다. 자기중심 네트워크는 네트워크에서 다른 사람을 알아보기 위해 'alter'이라는 용어를 사용하는 규칙이다. 이는 그들이 모두 'alter'라면 친구들, 팔로워, 팬들에 대해서 이야기할 수 있는 방법이다.

Twitter에 대한 10장의 토론을 통해 자기중심 네트워크를 만들 수 있는 방법은 여러 가지가 있다는 걸 알 수 있겠다. 하나는 단순한 자아와 모든 자아 변화를 보여주는 별이다. 또 다른 것은 이 친구들 사이의 유대를 포함하는 네트워크이다(1.5도 네트워크). 2.0도 네트워크는 다른 모든 연결들을 포함한다. 단지 자아가 아는 사람들과의 연결만이 아니다(그림 11.2)

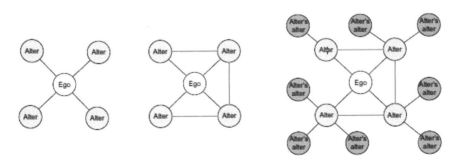

그림 11.2 1.0, 1.5 및 2.0 네트워크의 예다. 가중치가 없는 간접 네트워크에서 1.0 네트워크는 단순히 한 개인의 친구 목록이다. 1.5 네트워크에는 이러한 사용자 간의 연결이 포함되며 2.0 네트워크에는 다른 친구가 포함된다. 페이스북은 사람이 1.0과 1.5 목록을 동시에 볼 수 있게 해 주지만 2.0 목록은 볼 수 없다.

페이스북은 그녀나 그의 1.5 정도의 네트워크는 찾아낼 수 있도록 개별 허용하고 있지만, 사람들이 2.0 정도의 네트워크를 찾을 수 있게 하는 것은 허용하지 않는다. 즉 나는 나의 모든 친구들(나의 alters)이 누구인 지 배울 수 있다는 것을 의미한다. 또한 이러한 사람들끼리 서로서로(alter과 alter)친구가 될 수도 있다는 것을 알 수 있다. 내가 알 수 없는 것은 그들이 가진 친구가 누구냐는 것이다. 그것은 페이스북 사용자가 친구의 페이스북 페이지를 서핑할 때 정보를 볼 수는 있지만, 이 데이터 수집을 위해 친구의 페이지를 사용하는 것이 적합하지 않다고 생각되어진다. 대신에 페이스북은 페이스북 사용자의 네트워크에 대한 데이터를 수집할 수 있는 방법을 제공한다-페이스북 API. 이것은 페이스북이 만들어진 방식을 존중하고 사람들이 설치한 프라이버시 환경에 충실하기 위함이다. API는 개인별로 정의된 개인정보 보호 설정을 존중하므로, 따라서 연구자가 가벼운 공간을 남겨두기를 원할 경우도 있다.

'나' 네트워크는 간단한 우정 네트워크이기 때문에, 어느 한 쪽으로 편중되지 않고 무방향인 것을 지적할만한 가치가 있다. 페이스북에서 사람들은 친구가 되길 동의하고 기본 우정 관계는 모두 같다. 이러한 개인은(가중 네트워크를 구축하려는 경우) 자아에 다소 중요한 것으로 간주될 수 있다. 그러나 이 정보는 가까운 친구(즉, 1.0 네트워크)에게만 제공된다. 결과적으로, 이것은 매우 흥미로운 네트워크를 분석하지 못할 것이다.

최종적으로 페이스북 우정 네트워크는 자연스럽게 사람들의 삶 주위의 다른 영역을 그룹화하는 경향이 있다: 친구들, 학교친구들, 회사동료들, 가족, 다른 그룹들이나 취미로 이어진 그룹이다. 만약 누군가가 특히 사이트에서 활동하거나 매우 친 페이스북 문화 출신이라면, 이 네트워크는 거대할 수 있지만 두려워하지 않는다면, 여전히 의미있는 방식으로 집결될 가능성이 높다. 이러한 이유로 이 장의 대부분은 클러스터링과 이러한 클러스터 내 및 클러스터 간의 중요한 사용자를 중점적으로 다룬다.

기본적인 우정 네트워크는 페이스북에서 캡처할 수 있는 많은 가능한 네트워크 구조들 중 하나일 뿐이다. 예를 들어, 한 고등학교 학번에서 온 모든 사람들의 네트워크를 만들 수 있다. 어떤 사람은 그룹의 참여자인 사람들과 이 사람들이 서로 친구인지 아닌지의 네트워크를 만들 수 있다. 루이스 외 연구진(2008)은 '맛, 티즈 및 시간' 데이터 세트로 특히 현명한 일을 했다[3]. 친구 네트워크 외에도, 그들은 함께 사진에 나타나는 사람들의 네트워크를 만들었다. 그들은 이것이 특히 가까운 사람들을 대표하는 네트워크라고 주장했다.

11.5 데이터를 노드엑셀로 가져오기

프로그램에서 데이터를 얻기 위해서, 먼저 브라우저로 페이스북 앱에 접속하여(https://apps.facebook.com/namegenweb) 노드엑셀 그래프를 다운로드 해야 한다. 자신의 네트워크를 위해 이 작업을 수행하려면 앱을 수락해야 한다. 파일을 준비하는 동안 시작화면이 업데이트된다. 큰 네트워크를 사용하는 경우 몇 분 정도 걸린다. 일반적으로 200명 당 1분 정도 걸린다. 앱이 완료되면 자신의 네트워크에 대한 링크가 제공된다. 오른쪽을 클릭하여 '저장하기(Save as...)'를 눌러 이 파일을 당신의 컴퓨터에 저장한다. 그 다음 이 네트워크에 대한 모든 것을 다 제공했다는 서버인 '나의 네트워크를 삭제하기(delete my network)' 링크를 클릭한다. 만약 당신이 당신의 네트워크를 지우지 않는다면, 그 서버는 하루 뒤에 페이스북의 조건을 준수하여 스스로 삭제한다.

NameGenWeb에서 받은 파일은 엑셀 파일보다는 GraphML 파일에 가깝다. 노드엑셀은 수많은 다른 파일 포맷들을 가져올 수 있다. 그러나 오직 하나 GraphML은 노드들에 대한 정보들을 저장한다. 우리는 이 정보들을 이 챕터에서 나중에 사용할 것이다. 이 파일을 열기 위해 새로운 노드엑셀 템플릿을 연다. 이 네트워크를 가져오기 위해, Import를 클릭하고 From GraphML파일을 선택한 후 당신이 지금 막 다운로드 받은 파일을 선택한다. 당신은 화면에 모든 꼭짓점(Vertex)들로 나열되어있는 alter들이 다른 사용자들이 그들과 관련되어 있는 자세한 정보를 가지고 있다고 눈치채지 못한다. 사람들은 제한된 수의 친구들 또는 대중들에게 그들의 정보를 사용할 수 있도록 그들의 페이스북 설정을 조정할 때 몇 가지 정보들은 생략된다. 페이스북 API는 이러한 정보들을 제공하지 않을 것이다. 당신의 네트워크가 괜찮은 지 테스트하려면 'Read Workbook'을 클릭하라. 노드엑셀은 모든 꼭짓점(Vertex)과 모서리(Edge)를 처리하고 일반 네트워크 그래프 시각화를 보여줄 것이다.

> **팁(Tip)** : 당신의 테스트 화면상에 테스트들이 제대로 형성되어 있는지 확인하는데 유용하다. 이렇게 하려면, 당신이 처음 'Read Workbook'를 누르기 전에 모서리(Edge)의 수와 꼭짓점(Vertex)의 수를 제대로 알아두어야 한다. 그런 다음 노드엑셀의 메뉴 리본으로 간후, 'Merge Duplicate Edges'을 클릭하고, 'Read Workbook'을 선택한다. 만약 당신이 수많은 모서리(Edge)와 꼭짓점(Vertex)의 수를 동일하게 만들었다면 당신이 붙여 넣은 테스트 화면이 제대로 형성되어 있을 것이다.

페이스북 네트워크의 시각화하기 위해 데이터를 먼저 수집하여야 하는데 기존 보여준 NameGenweb 서비스 중단이므로 다른 방법으로 데이터를 수집하여야 한다. 그래서 그래프 API를 통해 데이터를 가져오려는 시도를 한다.

그래프 API는 Facebook의 플랫폼에서 데이터를 가져오고 내보내는 기본 방법으로, 앱에서 프로그래밍 방식으로 데이터를 검색하고, 새 소식을 게시하고, 광고를 관리하고, 사진을 업로드하고, 다양한 작업을 수행하기 위해 사용할 수 있는 낮은 수준의 HTTP 기반 API이다.

그래프 API라는 이름은 '소셜 그래프'에서 따온 것으로, 소셜 그래프는 Facebook 정보를 나타낸다. 다음 항목으로 구성된다.

- **노드** – 기본적으로 사용자, 사진, 페이지, 댓글과 같은 개별 개체이다.
- **엣지** – 개체 컬렉션과 단일 개체(예 : 페이지의 사진, 사진의 댓글) 간의 연결이다.
- **필드** – 개체에 대한 데이터이다(예 : 사용자의 생일, 페이지의 이름).

일반적으로 특정 개체에 대한 데이터를 얻기 위해 노드(Node), 단일 개체에서 개체 컬렉션을 얻으려면 모서리(Edge), 컬렉션의 단일 개체 또는 각 개체에 대한 데이터를 얻으려면 필드를 사용한다. 모든 SDK 및 제품은 그래프 API와 일정한 방식으로 상호작용하고 다른 API는 그래프 API의 확장 프로그램이므로 그래프 API의 작동 방식을 이해하는 것이 중요하다. 거의 모든 요청이 graph.facebook.com 호스트 URL에 전달되어 있기에 우리가 이 호스트 URL에 들어가서 확인해 보려고 한다. 그러나 아래와 같이 오류가 생긴다.

```
{
   "error" : {
        "message": "Unsupported get request. Please read the Graph API
documentatin at https://developers.facebook.com,
        "type": "GraphMethodException",
        "code": 100,
        "error_subcode": 33,
        "fbtrace_id": "EYa92kTswBF"
   }
}
```

안내하는 대로 https://developers.facebook.com/docs/graph-api에 들어가서 정보를 확인했다. 그래프 API 최신버전은 v3.2이며, 여기서 그래프 API 탐색기와 그래프 API 사용에 들어가면 데이터 수집하는 방법을 알려져 있다.

Facebook에서는 개발자 경험을 개선하고자 그래프 API 탐색기 v2.0(베타)를 도입했다. 이 새로운 버전에는 다음과 같은 기능이 있다.

- 노드 필드 뷰어, 응답 및 액세스 토큰 패널 크기 조정

- 권한을 관리하고 요청을 하는 앱, 현재 권한 및 액세스 토큰 유형 표시
- POST 매개변수에 구문 하이라이트 및 구문오류 알림 기능이 있는 JSON 옵션 사용

그래프 API 탐색기 앱은 사용이 중단되어 그래프 API 탐색기의 드롭다운 메뉴에서 삭제되었다. 이제 그래프 API 탐색기와 함께 그래프 API 탐색기 앱을 사용할 수 없다. 대신 관리자, 개발자 또는 테스터 역할을 배정받은 앱을 사용해야 한다. 구체적인 내용은 https://developers.facebook.com/docs/graph-api/explorer에서 확인 가능하다.

ADVANCED TOPIC

Roll-Your-Own Facebook Queries: REST API and FQL

만약 당신이 친구들을 찾는 앱을 만들고 싶다면, 페이스북 API를 직접 조회하는 방법을 알아야 한다. 나는 php와 python을 사용해서 쿼리(query)를 수행했다(페이스북 개발자 사이트에 제공된 모듈을 사용). php script와 옥스퍼드대학교에 있는 옥스퍼드 인터넷 연구소는 기꺼이 서버공간을 나에게 제공해 주었다. 여러분은 여러분의 것을 찾을 필요가 있을 것이다. python script는 바탕화면에서 실행되므로 서버가 필요하지 않다.

친구를 조회하는 방법은 두 가지가 있다. REST API와 FQL이다. REST 조회(queries)는 모든 친구가 서로 친구인지 물어봐야 한다. 이렇게 하려면 길이가 같은 두 개의 목록을 서버에 보내야 한다. 이 두 목록에 있는 사람들이 친구인지 여부를 나타내는 길이의 목록을 반환한다. 그림 11.3은 호머(Homer), 마지(Marge), 리사(Lisa), 바트(Bart), 매기(Maggie) 등 5가지 변화를 통해 이러한 과정을 개념적으로 보여준다.

- 1단계: 1에서 n-1로 내려가고 2에서 n열로 가로질러가는 이름이 적혀있는 이러한 사람들(그림 11.3a)의 삼각행렬을 만든다. 다섯 개의 이름이 있기 때문에 n은 5와 동일하다.
- 2단계: 첫 번째 목록을 위하여 왼쪽에서 오른쪽으로 이름을 읽는다. 두 번째 목록은 왼쪽에서 오른쪽으로 표시되는 열 이름이다.
- 3단계: 서버를 조회한 다음 'Edge 리스트'를 작성한다. 반환되는 목록은 친구 한 쌍을 꺼내 사용할 수 있다. 이러한 'Edge 리스트'를 형성할 수 있을 것이다.
- 4단계: 노드엑셀에 목록을 붙여 넣는다.

이 과정은 철저하지만 실제로는 친구가 아닌 사람들을 포함하여 가능한 모든 쌍을 묻기 때문에 매우 느리다. 두 번째, 훨씬 효과적이지만 훨씬 더 까다로운 방법은 FQL 쿼리(query)를 사용하는 것이다. FQL은 Facebook Query Language를 의미하며, 이는 표준 SQL(Structured Query Language)의 변형된 형태이다. 이 질문에서 여러분은 자아의 친구인지, 그리고 이 사람들이 서로 친구인지 물어볼 수 있다. 이 쿼리의 기본 형식은 다음과 같다.

SELECT uid1, uid2 FROM friend WHERE uid1 IN (SELECT uid2 FROM friend WHERE uid1=$user_id) AND uid2 IN (SELECT uid1 FROM friend WHERE uid2=$user_id)

그러나 만약 당신이 100명이 넘는 친구들이 있을 경우에는, 이 쿼리는 아마도 모든 모서리(Edge)들을 반환하지 않을 수도 있다. 이것이 바로 쿼리를 작은 쿼리들로 만들어버리는 이유다. 당신은 이 책과 함께 제공되는 웹사이트 전체의 알고리즘을 찾을 수 있다.

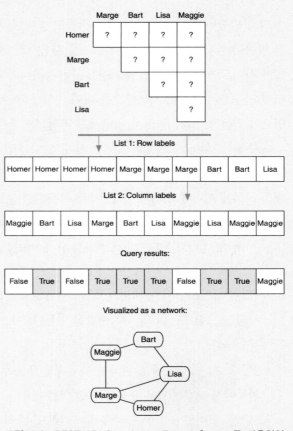

그림11.3 REST API friends. areFriends()query를 사용하여 친구 목록에서 네트워크를 구성하는 방법을 보여 주는 다이어그램. 알고리즘은 텍스트로 작성된다.

11.6 기본 페이스북 시각화 만들기

만약 당신이 'Read Workbook'을 누른다면, 당신은 이미 당신의 페이스북 네트워크의 기본사진들을 보았을 것이다.

11.6.1 자신의 네트워크로부터 자신을 숨기기

만약에 이 네트워크가 당신의 것이라면 아마도 당신이 가장 먼저 궁금해 할 질문은 "이 그래프에서 나는 어디에 있는가?"이다. 대답은 사실 아무데도 없다! 어느 한 방향으로 편중되지 않고 무방향인 '나' 네트워크에서는 개인적인 네트워크 그래프에서 네트워크의 소유자를 제외하는 습관이 있다. 이는 (네트워크 연구자들이 일반적으로 '나'라고 부르는) 소유자가 네트워크에서 모든 사람에게 연결되어 있고, 이를 개재함으로써 얻는 정보가 없기 때문이다. 만약 당신이 '나' 자신을 포함하고 있다면 매우 달라 보일 것이다. 예를 들어, '나' 중심의 네트워크에서 거대한 그룹과 연결되지 않은 모든 개개인들은 갑자기 모두와 연결이 되고 이를 어렵게 알린다. 그래프에서 '나' 자신을 유지하는 것은 네크워크에서 이런 종류의 패턴을 더욱 쉽게 식별할 수 있다.[5]

이점을 설명하기 위해 그림 11.4를 보자. 이것은 '나'가 있고 없는 동일한 네트워크다. 왼쪽이 하나의 단일 네트워크 다이어그램처럼 보인다. 오른쪽에는 하나의 큰 구성 요소가 있고5), 하나의 triad과 두 개의 isolate를 쉽게 찾아 볼 수 있다.

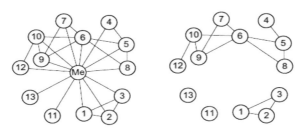

그림 11.4 '나'가 포함된 또는 포함되지 않는 자아연결망이다. 두 번째 시각화(자아 제외)는 네트워크의 구조를 보다 명확하게 보여준다.

---

5) 비간접적 네트워크의 구성요소는 서로 연결된 모든 사람을 포함한다. 격리된 구성 요소는 아무에게도 연결되지 않은 하나의 꼭짓점(Vertex)이기 때문에 '임시' 구성 요소이다.

이러한 구성 요소는 '나'와 통하는 것을 제외하고 사이트에서 친구가 없는 개인의 고유한 그룹을 나타낸다. 만약 이것이 당신의 네트워크라면, 당신은 아마도 상단에 있는 당신과 연결되어 있는 사람들 보다 하단의 다섯 사람이 모두 연결되어 있는지에 대해 더욱 관심이 있을 것이다.

11.6.2 네트워크의 모양

이전 장에서 배웠던 것처럼, 노드엑셀은 수많은 시각화 옵션을 제공한다. Fruchterman-Reingold 레이아웃과 Harel-Koren Fast Multiscaling 레이아웃은 고전적인 'networky' 모양을 제공한다. 이 모습에서, 서로 가까운 꼭짓점(Vertex)들(친구들)은 서로 가까이 표시된다. 반면에 가깝지 않은 꼭짓점(Vertex)들은 멀리 떨어져 표시된다.

대부분의 페이스북에서의 개인적인 네트워크들은 거의 완전히 연결되어 있다(또는 네트워크 분석측면에서 '하나의 큰 구성요소'). 또한 대부분의 페이스북 개인 네트워크들은 높은 수준의 사람들과 함께 사회적 맥락을 나타내는 수많은 그룹들은 물론이고 유명하거나 개인적으로 중요한 사람들을 포함한다. 어떤 사람들은 이러한 패턴을 보여주지 않는 네트워크를 가지고 있다. 예를 들어 나는 모든 사람과 연결되어 있지는 않은 6명의 사람으로 이루어진 그룹을 가지고 있는 사람을 알고 있다. 그것은 그녀의 전 남자친구와 그의 친구들로 구성되어 있다. 그녀는 이러한 친구들을 없애지는 않았지만 분명히 그녀는 그녀의 남은 삶을 그들에게 링크되게 하고 싶지 않았다.

Fruchterman-Reingold 레이아웃은 고전적인 배열이지만 당신은 아마도 기본설정을 사용하여 최고의 사진을 얻을 수는 없다. 그 대신 이러한 네트워크들은 10번 반복을 하는 것보다 알고리즘을 80번 또는 100번 반복하는 것이 필요하다(**Advanced Topic: 제7장 Changing advanced layout options for the Fruchterman-Reingold Layout 참조, p160**). 그림 11.5 는 Fruchterman-Reingold 알고리즘 기본설정, 그리고 100번의 반복을 하는 동일한 네트워크를 보여준다. 클러스터링의 시작은 첫 번째 레이아웃에서 시작되지만, 두 번째에서 특히 더 명확하게 나타난다.

11.7 정렬된 및 정렬되지 않은 데이터와 속성

넓은 의미에서 보자면 두 가지 종류의 데이터가 있다. 정렬된 데이터(Ordered Data)와 정렬되지 않는 데이터(Nonordered Data). 정렬된 데이터는 값이 의미있는 방식으로 정렬될 수 있음을 의미한다. 연결정도(Degree)는 정렬된 속성으로, 가장 낮은 수준(단독점)에서 가장 높은 수준(가장 많은 친구를 가진 사람)까지의 값을 정렬할 수 있다. 나이는 또 다른 정렬된 속성이다. 정렬되지 않은 특성(종종 범주형 데이터)에는 명확한 순서가 없다. 종교는 성별과 스포츠 팀처럼 질서 정연한 특성이다. 클러스터는 일반적으로 순서가 지정되지 않은 것으로 간주된다. 왜 이것을 구별하는가? 크기 및 불투명도와 같은 네트워크 속성이 정렬되는 반면 색과 모양 같은 속성은 순서가 지정되지 않는다.6) 이 장의 시각화에서는 정렬된 데이터를 순서 속성과 일치시키고 정렬되지 않은 데이터를 순서가 지정되지 않은 속성과 일치시킨다.

첫 번째 섹션은 정렬되지 않는 데이터에 대해 설명한다. 두 번째는 정렬된 데이터를 보여준다. 두 경우에서, 나는 어떻게 당신이 페이스북의 데이터(그리고 일반적인 네트워크 데이터)를 보여주는 간단한 방법으로 노드엑셀을 사용하는지를 보여주고, 더 복잡하지만 더 좋게 동일한 데이터를 보여주는 방법을 보여준다.

11.7.1 순서가 지정되지 않은 데이터 시각화: 클러스터 및 범주

전형적인 페이스북 네트워크에서 꼭짓점(Vertex)들은 개개인들의 그들 사이에서보다 그룹 내에서 더 링크되어지는 명확한 그룹으로 밀집되어 있다. 7장에서 배운 것처럼, 이러한 그룹들은 노드엑셀에서 '클러스터'라고 불린다. 당신의 네트워크에서 클러스터를 검색하려면, 단순히 노드엑셀 메뉴 리본에서 찾기 클러스터 버튼을 눌러 그래프를 새로 고치면 된다. 그림 11.5에서 보여주는 이러한 네트워크들은 이미 꼭짓점(Vertex)들이 색상으로 표시되어 클러스터가 되어져 있다.

이러한 클러스터는 종종 고등학교 친구들이나 동료들 같은 개인의 의미있는 그룹을 의미한다. 사실 이 클러스터링은 아마도 당신이 페이스북 친구 네트워크에서 그릴 수 있는 가장 중요하고 의미있는 정도이다. 네트워크를 클러스터링한 후에는 네트워크를 살펴보고 각 클러스터가 의미있는 사용자 집합을 나타내는지 여부를 물어본다. 이 정보를 저장할 위치 하나는 '클러스터 워크시트'의 새 열에 있다. 레이블이라는 새 열을 만들고 클러스터 이름을 삽입한다. 또는

---

6) 기술적으로 색상은 노드엑셀에서 정렬된 또는 정렬되지 않은 데이터를 모두 나타내기 위해 사용될 수 있다. 자동 채우기 열 기능은 두 가지 색상의 다른 배열을 정렬된 데이터에 매핑된다. 반면에, 분류된 그래프 구성표(그림 11.6 참조)와 클러스터는 이 장 전체에서 수행하는 것과 같이 각 클러스터에 고유한 색을 매칭하여 순서가 지정되지 않은 데이터에 색상을 매핑한다.

손으로 클러스터에 레이블을 지정할 수도 있다. 자세한 내용은 7장의 공화당과 민주당 표지를 라벨링하는 예시를 참조하면 된다.

그림 11.5 동일한 그래프의 두 네트워크 레이아웃 비교. 첫 번째는 기본 Fruchterman–Reingold 설정을 사용하고 두 번째 용도는 100회 반복 및 3.3의 반발을 지정한 것이다. 클러스터와 클러스터 사이의 브릿지는 두 번째 레이아웃이 더 명확하게 표시된다.

페이스북은 많은 '정렬되지 않는 데이터'나 '범주적인 데이터'를 포함한다.

NameGenWeb은 성별과 현재 위치를 다운로드한다. 범주별로 꼭짓점(Vertex)을 구분하는 가장 간단한 방법은 노드엑셀 메뉴 리본의 'Graph' 탭에서 미리 정의된 그래프 'Scheme'을 사용하는 것이다(그림 11.6). 그러면 선택한 범주에 따라 색상과 모양이 지정된다.

범주와 클러스터를 동시에 표시하려면 어떻게 해야 하는가? 예를 들어 성별 및 클러스터 멤버십을 모두 표시하려고 한다. 색상과 모양을 사용하려면 클러스터 시트의 모양과 색상이 다른 모양과 색상 값을 재 정의하기 때문에 표준 노드엑셀 클러스터 기능을 사용할 수 없다. 이 경우 카테고리를 수동으로 연결해야 한다.

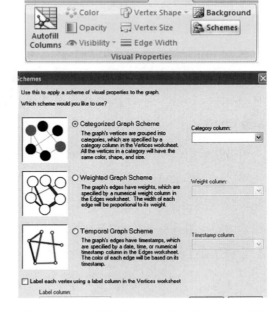

그림 11.6 NodeXL의 Schemes 버튼 및 Scheme 대화 상자(분류된 그래프 구성표 포함)의 세부 정보

Vertex Attributes(꼭짓점 속성)에 수동으로 카테고리 부착

꼭짓점(Vertex) 속성에 카테고리를 추가하는 두 가지 단계

1. 카테고리를 표시하는 테이블을 생성하고 어떤 값을 가져야 하는지
2. 각 꼭짓점(Vertex)을 보고 어떤 꼭짓점(Vertex)이 있는지, 따라서 어떤 꼭짓점 (Vertex)이 가져야 할 속성을 결정하는 것.

Step 1: 카테고리를 만들고 속성을 설정

먼저 새로운 워크시트를 만든다. 본인의 것을 카테고리라고 설정한 다음 첫 column 에 카테고리 이름을 입력한다.

> **팁(Tip)** : 모든 카테고리를 아는 경우에는 하나씩 차례로 작성할 수 있다. 모든 카 테고리(예 : Hometown)를 모르는 경우 다음을 수행하면 된다. 필요한 모든 열을 Vertices 시트에서 카테고리 시트로 복사하고 이 열을 강조 표시하면 된다. 그런 다음 Excel의 리본으로 이동한다. (데이터 도구 섹션의) 데이터 탭에서 '중복 제거'를 클릭 하면 된다.

다음은 column의 스타일 속성(Style attribute)이다. 헤더(Headers)에 원하는 이름 을 지정할 수는 있지만 Vertices 시트와 같은 이름 (색상, 모양, 크기, 불투명도 및 가시 성)을 사용하는 것이 좋다.

성별을 사용하기로 하고 3개의 열을 남성, 여성, 성별불상으로 설정한다. **그림 11.7**은 저자가 작성한 카테고리 시트이다. 카테고리 시트를 보면 다른 노드엑셀 워크시트처럼 색이 입혀진 것을 불 수 있는데 엑셀 워크시트의 흰색과 다르다.

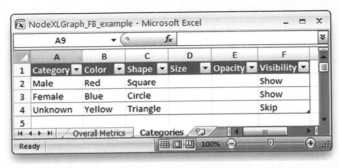

그림 11.7 룩업 테이블(look-up table)로 사용한 예시 카테고리 시트. 맨 위 행에는 'Format as Table' 명령을 사용하여 열 레이블 세부 정보가 있다.

이는 시트를 돋보이게 하는 유용한 특징이다. 전체 시트를 돋보이게 하기 위해 리본 메뉴의 '포맷 테이블(Format as Table)'에서 원하는 테이블 스타일을 클릭하고 '확인 (Ok)'을 누르면 된다.

Step 2: 꼭짓점(Vertex)에 특성 할당

카테고리 워크시트 입력 후 서로 다른 카테고리 값뿐만 아니라 진정한 의미에서의 꼭 짓점(Vertex)을 설정한다. 여기에서 엑셀의 Look-up, VLOOKUP 함수를 사용한다.

VLOOKUP에서는 3개의 값인 찾기의 'value', 엑셀에서 'value' 찾기의 table array, 돌아가기의 'relative column'을 사용한다. 이때 VLOOKUP값은 아래를 참고 한다.

= VLOOKUP([#This Row].[Sex]).Table9[#All].2)

The table array : 단순히 첫 번째 열을 가리키는 것이 아니라 모든 데이터 열을 가리 킨다. 전에 실행하였던 포맷 테이블이 기억나는가? 예쁘게 보이기 위한 것뿐만 아니라 이 명령은 바로 앞의 테이블을 스마트 테이블로 변환시킬 수 있다. 그래서 대신에

Table9 [A $ 1 : F $ 4]   (또는 당신의 데이터를 나타내는 모든)는
Table9 [#All]

The Relative column : 엑셀에서는 table array의 첫 번째 column을 검색하여 값 을 찾는다. 따라서 엑셀에서는 남성, 여성, 성별불명을 찾아낸다. 다음 엑셀에서는 어떤 column으로 돌아갈지를 알아야 한다. column1은 column array의 첫 번째 열이며 column 2는 두 번째 열이다. 컬러 값이 table array에서 두 번째 column에 있기 때문 에 relevant column은 숫자 2다. 이 값을 찾지 않는 모든 꼭짓점(Vertex)(즉 우리가 성 별을 모르는 사람)을 무시하기 위하여 relevant column은 숫자6(가시도 속성이 여섯 번째 column에 있기 때문이다)이다.

= VLOOKUP([#This Row].[Sex].Table9[#All].6)

그림 11.8에서는 꼭짓점(Vertex)을 수정함으로써 성별에 따른 페이스북 연결을 보여 주었다. 데이터 값이 없는 사람들을 원형이나 사각형이 아닌 중간이 비어 있는 다이아몬 드 모양으로 나타나도록 설정하였다.

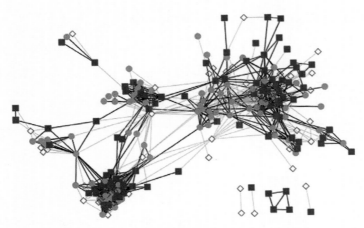

그림 11.8 카테고리 테이블을 사용하여 성별로 색칠된 꼭짓점(Vertex)이 있는 작성자의 Facebook 네트워크. 파란색 사각형은 남성이며 빨간색 원은 여성이다. 속이 빈 회색의 다이아몬드는 성별 데이터가 없는 사람을 보여준다. 누락된 데이터가 있는 꼭짓점(Vertex)에 연결된 모서리(Edge)는 그렇지 않으면 은색과 검정색이다. 이것은 네트워크의 대부분이 젠더에 의해 클러스터링되지 않았음을 보여주지만, 비슷한 유형의 사람들, 특히 가운데 근처에 빨간색 클러스터가 있고 맨 아래에 네 사람의 파란색 구성 요소가 있는 것처럼 보인다.

마지막으로 카테고리 시트에 이러한 정보들을 제시하였다면 꼭짓점(Vertex)뿐만 아니라 Edges에서도 사용할 수 있다. 이렇게 되면 Edges의 출처나 꼭짓점(Vertex)이 특정한 값을 가지는지를 알아야 되기 때문에 더욱 복잡해진다. 엑셀의 함수는 다음과 같다.

= IF(OR(condition_for_source_vertex.condition_for_target_vertex).False_value.True_value)

아래와 같은 의문이 생긴다(성별이 'Vertex 워크시트'의 34번째 column일 때):

= IF(OR(VLOOKUP(Edges[[#This Row].[Vertex1]].Vertices[#All].34.FALSE)="None". VLOOKUP(Edges[[#This Row].[Vertex2]]. Vertices[#All].34.FALSE)="None")."Silver". "Black")

팁(Tip) : 시각속성의 유형과 데이터속성의 유형을 조합하는 것이 매우 중요하다. 카테고리는 상호배타적(예를 들어 한 사람의 출생국가가 2개가 될 수 없다)이고 무질서하다. 서로 다른 크기로 카테고리의 속성을 설정하면 이러한 규칙을 깰 수 있다. 왜 천주교가 유태교보다 넓고 높은가? 카테고리에서 서로 다른 형태와 색을 사용하는 것이 가장 좋다.

만약 당신이 흑백프린트를 사용하려고 한다면 회색 톤을 사용할 것이다. 주의할 것은 사람이 4가지 이상의 서로 다른 색(검은 색, 짙은 회색, 옅은 회색, 흰색)을 분별하는 것이 쉽지 않다는 것이다. 회색 톤에서 카테고리 혹은 커뮤니티를 시각화하기 위해 뒷부분에서 소개하는 Pinwheel 레이아웃을 고려해보자.

11.7.2 정렬된 데이터 시각화

사람들은 페이스북 상에서 많은 친구들을 사귄다. 페이스북 사용자와 페이스북 친구가 더 친밀한 관계를 유지한다는 것은 의심할 나위가 없다. 네트워크에서는 거리상 멀리 떨어져 있는 친구들도 존재하며 많은 평론가들은 '친구란 무엇인가?'라는 의문을 제기한다. 친구가 많다고 하여 네트워크의 의미가 퇴색되지 않는다. 실제로 친구가 많으면 네트워크의 일관성을 높일 수 있으며 이는 친구가 친구의 Edge 네트워크를 모으는데 유리하며 메트릭스(metrics) 계산에 유리하기 때문이다.

이러한 Metrics의 일부분으로 많은 친구 사이의 관계를 설명할 수 있다. 예를 들어 Gelbert와 Karahalios[6]는 페이스북에서 얻은 데이터로 두 사람 사이의 우정의 강도에 영향을 주는 모든 변량의 절반을 설명하였다. 그들은 복잡한 모형을 사용하였는데 페이스북의 댓글뿐만 아니라 댓글에서 사용하는 어투, 사진과 공동취미에서 친구들이 동시에 나타내는 상황도 고려하였다. 그러나 이 모형에서는 가장 강력한 요인으로 같은 친구를 보유하고 있는 인원수를 제시하였다. 우리의 네트워크에서 measure는 연결정도 중심성이다. 그러나 사람과 사람의 관계를 해석할 수 있는 다른 measure도 있다. 자신의 네트워크[7]를 분석하는 과정에서 매개중심(betweenness)이 중요한 사람을 구분할 수 있다는 것을 발견하였다. 이는 매개중심을 통해 네트워크의 서로 다른 부분에서 누가 가장 가까운 경로에 있는지를 측정할 수 있기 때문이다. 결합체(Cluster)는 서로 다른 친구그룹을 나타내며 매개중심이 높은 사람이 서로 다른 친구그룹을 모두 연결할 수 있는 사람임을 의미한다. 나의 서로 다른 친구그룹에 속해 있는 친구를 많이 아는 사람이 일반적으로 나를 가장 잘 아는 사람이다.

Metrics는 순서가 있는 숫자데이터이다. 그 중에서 일부(예를 들어 매개중심)는 지속적이며 그 외의 것(예를 들어 연결정도)은 비연속적이다. 그러나 어떠한 것이든 네트워크 도표에서 중요한 사람을 나타낼 수 있으며 네트워크를 전반적 구조를 이해할 수 있다.

먼저 노드엑셀 메뉴 리본에서 'graph metrics'를 클릭한다. 팝업 창에 여러 가지 Metrics 와 그에 따른 설명이 나타난다. 자세한 설명은 제5장을 참고하기 바란다. 그러나 페이스북은 전체 네트워크가 아닌 자기 네트워크이므로 이러한 측정은 서로 다른 해석이 존재한다.

연결 중심성

이 장에서 논의된 개인 네트워크(또는 더 구체적으로는 자아를 배제한 1.5-네트워크)에서 연결정도는 자기와 alter사이의 같은 친구의 수를 말한다. 이는 1.5-연결정도의 네트워크가 자 기를 아는 사람 사이의 Edge만을 포함하는 것이 아니기 때문이다. 만약 'Bob'이라 불리는 사 람의 alter 연결정도가 5라고 할 때 Bob이 자기를 아는 5명의 사람을 알고 있다는 것이다. 동 시에 Bob은 자기의 친구가 아닌 다른 alter들도 알 것이다.

연결정도는 일반적으로 크기 또는 불투명도에 매핑된다. 그러나 크기에 대한 매핑하는 것이 좋은 선택은 아니다. Fruchterman-Reingold 레이아웃에서 밀집되어 있는 그룹을 자주 볼 수 있다. 이 포켓은 밀도가 높기 때문에 많은 사람들이 포함되어 있음을 의미한다. 만약 이러한 모든 꼭짓점(Vertex)들을 매우 크게 만든다면 그것은 그래프를 보기 어렵게 만들 것이다. 이 경우 색상 구배 또는 불투명도에 매핑하는 것이 편리하다. 밀도가 높은 포켓을 쉽게 식별할 수 있도록 높은 수준의 꼭짓점(Vertex)에 대해 불투명도 또는 색상 구배 더 밝게 만든다. 자동 채 우기 기능(Autofill feature)(4장)을 사용하여 노드엑셀에서 이 작업을 수행할 수 있으며 색이 나 최소 및 최대 불투명도와 같은 옵션을 원하는 대로 조정할 수 있다.

매개 중심성

제5장에서 매개중심이 네트워크에서 최단경로의 measure라고 제시하였던 것을 기억할 것이 다. 이는 개인 네트워크(근접 중심성에서 자기를 포함하지 않은 measure도 있다)중의 하나 이다. 만약 자기를 포함할 수 있다면 최단경로 혹은 두 꼭짓점(Vertex)(A에서 B의 Edge)을 직 접 연결하거나 두 Edges: A와 자기를 연결하고, 자기를 다시 B와 연결할 수 있다. Freeman의 주요문헌[8]에서 그는 매개중심을 컨트롤(information flow의 한 개 measure)로 묘사하였 다. 그러나 페이스북 네트워크는 정보이동에 대한 진정한 묘사 없이 서로 인지하는 경로만을 설명한다. 같은 고등학교를 다니는 사람이나 직장동료는 서로에 대해 인지할 것이다. 만약 어 떤 사람이 당신의 두 가지 그룹에 대해 모두 인지하거나 당신의 가족, 스포츠 팀에 대해 인지하 고 있다면 그는 당신을 매우 잘 아는 사람이다. 따라서 개인네트워크에서 매개중심은 alter이 며 서로 다른 소셜 그룹을 연결하는 measure이다.

연결정도와 같이 Autofill Columns 기능으로 꼭짓점(Vertex)의 크기를 매개중심에 그릴 수 있다. 매개중심은 크기의 효과적인 measure이며 이는 높은 매개중심을 가진 꼭짓점(Vertex)이 일반적으로 그룹 사이에 있기 때문이다. 그러나 매개중심 값의 분포가 매우 편향되었다는 문제점이 있다. 즉 소수의 사람들이 높은 값을 가지는 반면 대부분의 사람들이 낮은 값을 가진다는 것이다. 한 가지 간단하고 명확한 방법으로 이 문제를 해결할 수 있다. 꼭짓점(Vertex) 크기 옆의 역삼각형을 클릭하면 옵션 바가 나타난다. 하단의 두 개의 옵션 Ignore outliers와 logarithmic mapping을 선택하면 매개중심이 편향된 문제를 쉽게 해결할 수 있다. 최대크기를 10으로 설정하거나 graph display pane의 scale slider를 줄이는 것으로 꼭짓점(Vertex)의 크기를 줄임으로써 크기가 너무 커지는 것을 방지할 수 있다.

그림 11.9 페이스북 네트워크의 완벽한 시각화 노드 모양은 성별에 해당하는 것이다(원형은 여성, 정사각형은 남성, 다이아몬드는 Facebook을 통해 알 수 없는 성별). 크기는 중간 크기(커넥터 정렬)이다. 불투명도는 고유 벡터의 중심이다(밀도 클러스터를 표시). 색상은 자동으로 탐지된 클러스터에 매핑된다. 엄지 손톱으로 된 이미지는 이 책의 동료 작가들을 보여준다.

그림 11.9의 네트워크는 앞에서 제시한 기술들을 전부 결합하여 그린 그림이다. 꼭짓점(Vertex) 컬러는 서로 다른 결합체를 나타내며 불투명도는 고유벡터 중심성이다(숫자가 높을수록 불투명하다). 고유벡터 중심성은 주위의 연결 정도에 의해 결정되며 밀집된 결합체를 더 투명하게 하며 nodes가 드물게 짙어진다. 크기는 고급 함수(괄호 안은 400, 1.5는 곱수)로 얻은 매개중심으로 나타낸다. 따라서 많은 그룹을 연결하거나 많은 사람을 알고 있는 사람의 네트워크는 크고 짙게 나타난다. 또한 형태와 성별을 연결하였는데 노란색 큰 다이아몬드가 서로 다른 그룹과 연결되어 있는 것을 볼 수 있다. 이것은 저자의 배우자이다.

매개중심을 수동으로 변경하기

매개중심은 log trasform에 유익한 measure이다. 불행한 것은 매개중심의 값이 항상 0이라는 것이다. Log of zero는 확실하지 않은 것으로 분모가 영인 것처럼 의미가 없다. 즉 포함되지 않는다는 것이다. 동시에 아웃라이어는 일반적으로 가장 재미있는 개체로 아웃라이어 무시를 선택하는 것은 이상적이지 않다. 따라서 엑셀의 함수로 크기를 계산할 것을 추천한다.

노드엑셀의 매개중심 measure는 표준화된 것으로 0에서부터 1까지의 값이다. 따라서 매개중심을 크기의 measure로 사용하기 위해 가장 간단한 변환은 그 값에 10을 곱하는 것이다.

= Vertices[[#This Row].[Betweenness Centrality]]*10

일부 꼭짓점(Vertex)이 너무 크다는 것을 발견하였다면 이는 데이터가 왜곡(skew)되었기 때문이다. 엑셀의 LOG함수로 데이터를 log scale에 플롯시킨다.

= LOG(Vertices[[#This Row].[Betweenness Centrality]]*10)

매개중심은 0에서 1까지의 값이며 log(0)은 확실하지 않은 것이라고 했던 말이 기억날 것이다. 간단한 수정으로 이 문제를 해결할 수 있다.

= LOG(Vertices[[#This Row].[Betweenness Centrality]]*100)+1)+1

먼저 매개중심 값에 큰 숫자를 곱한 다음 다시 1.1을 더한다. 꼭짓점(Vertex)이 하나의 log scale에 있을 때 큰 숫자를 곱하면 모든 꼭짓점(Vertex)이 커진다. 1.1을 더하여 log(0)의 문제를 해결한다. 조작 후에도 한 가지 문제가 발생할 수 있다. 크기가 0에서 100까지의 숫자가 아닌 1에서 100까지의 숫자일 수 있다. Log(1)이 0이기 때문에 뒤에서 1을 더하면 Node의 값이 모두 1보다 크게 된다. 그러나 이러한 함수도 완벽하지는 않다. 따라서 저자는 아래의 함수를 더 선호한다.

= (LOG((Vertices[[#This Row].[Betweenness Centrality]]*100+1.1)+1)*1.5

이 함수에서 100은 모든 꼭짓점(Vertex)을 커지게 하였으며 1.5는 높은 매개중심과 낮은 매개중심사이의 차이를 더욱 선명하게 하였다. 100과 1.5에 사용한 특정 파라미터가 서로 다르게 되며 이는 당신의 네트워크에 따라 결정된다.

이러한 결과는 나의 배우자가 인생의 서로 다른 부류에서 만난 지인을 많이 알기 때문에 이상할 것이 없다. 예를 들어 오렌지그룹은 가족이고 노란색그룹은 대학교 본과그룹, 회색은 대학원그룹이다. 만약 오래된 반려자(혹은 친한 친구)가 페이스북에 있다면 그들도 비슷한 종적을 나타낼 것이며 반려자는 서로 다른 그룹을 연결시킬 수 있으며 당신의 친구와도 자주 연락할 것이다. 만약 최근에 사귀기 시작한 친구가 당신의 네트워크를 여러 번 다운받으려고 시도한다면(당신이 좋아하든 싫어하든) 당신의 남자친구 혹은 여자친구가 당신의 네트워크에서 점점 중심이 되어갈 것이다. 또 다른 사례를 보면 새로운 도시로 이사했거나 새로운 직장을 다닌다고 가정했을 때 새로운 소셜 환경에서 새로운 사람을 만나는 동시에 당신의 네트워크 끝부분에 새로운 컨포넌트가 나타날 것이다. 만약 이러한 새 컨포넌트가 큰 컨포넌트와 연결된다면 당신이 새 친구를 큰 컨포넌트에 소개시켜 주었거나 혹은 새로운 도시, 직장에서 만난 사람이 당신의 큰 컨포넌트에 있는 사람을 우연히 알고 있었던 것은 아닐까?

마지막으로, 다운받은 노드엑셀 워크시트에 페이스북의 섬네일 이미지 URL이 연결되어 있을 것이다. 이 네트워크에서 마지막으로 한 작업은 나의 페이스북 네트워크에서 이 책의 저자 혹은 편집자를 선택하여 섬네일 이미지로만 설정하고 형태를 설정하지 않았다. 이들은 비교적 끝부분에 위치하여 있는 결합체 - 파란색 직장연락처 결합체의 일부분임이 분명하다.

11.8 Friend wheel에서 Pinwheel로: 페이스북을 통한 노드엑셀 시각화

당신의 네트워크를 시각화하는 각광받는 페이스북 어플로 'Friend Wheel'이라는 프로그램(http : //apps.facebook.com/friendwheel)이 있다. Thomas Fletcher가 개발한 프로그램으로 사용자의 친구들을 휠을 둘러싼 일종의 방식으로 조합한 것이다. 초기화면에서 휠의 Edge는 무지개 색으로 표시되었다. 이런 무지개 색은 예쁘기도 하지만 페이스북상의 매 사용자의 소셜 네트워크 본질을 설명한다. 이러한 방식은 그룹과 그룹의 연결에 집중되어 있기 때문에 force-directed 배열방식보다 유리하다. Force-directed 계산방법은 매우 복잡하여 두려워할 수도 있지만 다른 사람한테 보여줄 때에는 매우 간편한 네트워크이다. 이러한 방식은 스케일이 좋아 1000명의 친구가 있더라도 Node가 겹치지 않는다.

노드엑셀에서 Friend Wheel식의 시각효과를 제작할 수 있다. Friend Wheel 방식에서 Node는 스펙트럼을 통해 색을 입힌다(기술적으로 노드엑셀에서도 가능하지만). 이 예에서는

Friend Wheel처럼 Edge에 서로 다른 색을 입히지는 않지만 사람을 결합하여 컬러 범위 내에 배열할 것이다(그림 11.10). Friend Wheel와 비슷하며 radical 배열을 기초로 한다.

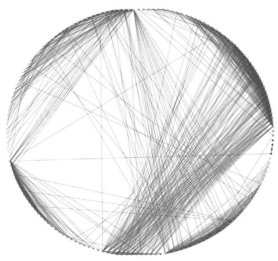

그림 11.10 페이스북 네트워크에 대한 노드엑셀의 방사형 레이아웃. 색상은 다른 클러스터를 나타낸다. 각 클러스터 내의 모든 꼭짓점(Vertex)은 degree 순으로 정렬되었다. 이 다이어그램은 서로 다른 클러스터가 어떻게 연결되는지를 보여주며, 각 클러스터에 대한 원형 차트의 형태도 나타낸다.

　Friend Wheel 방식의 도표를 만들기 위해 여러 단계를 거쳐야 하며 데이터를 정리하여야 한다. 데이터를 정리할 때 함수가 필요하며 함수는 쉽고 직접적이기 때문에 advanced section에 포함되어 있지 않다.

　우선 Circle 레이아웃으로 꼭짓점(Vertex)을 배열한다. 다음 'Find Clusters'로 네트워크를 결합하고 도표를 새로 고침 한다.

　다른 컬러의 꼭짓점(Vertex)들이 가까이 있는 것을 볼 수 있으며 원 내 많은 선들이 교차되어 있는 것을 볼 수 있다. 이러한 방식은 총체적으로 어떠한 결합체들이 다른 결합체와 잘 연결되어 있는 지를 쉽게 판단하도록 한다. 만약 완전히 독립된 인생영역에서 연락되는 일부의 사람들이 있다고 할 때 모든 Edge가 그룹 내에 있기 때문에 네트워크의 중간을 가로지르는 Edge는 없을 것이다.

　결합체를 조로 묶기 위해 그림의 꼭짓점(Vertex) laid out 순서를 변환시켜야 된다. 변환시키려면 'Vertex 워크시트'의 'layout order'를 편집하여야 한다. 이 워크시트는 초기상태에서 보통 감춰져 있기 때문에 먼저 보이도록 하여야 한다. 노드엑셀 메뉴 리본에서 'Workbook columns'를 클릭하면 많은 columns 옵션들이 나타나는데 'Layout'을 선택한다. columns

를 확인하면 새로운 6개의 columns(Layout Order, X, Y, Locked, Polar R 및 Polar Angle)이 보인다. Layout Order에 정확한 정보를 입력하기 위해 반드시 'Cluster Vertices 워크시트'에서 확인하여야 한다.

불행한 것은 Layout Order는 숫자이고 결합체는 모두 텍스트(전부 C위에 숫자를 추가한 것)이다. 따라서 먼저 cluster columns를 삭제하여야 한다. 엑셀에는 초급수준의 string cleaning(문자열 제거)만 있으므로 아래의 함수로 조작할 수 있다.

=TRIM(REPLACE(ClusterVertices[[#This Row].{Cluster}].1.1.""))

위의 함수를 'Cluster Vertices 워크시트' 기타 columns의 오른쪽에 붙여넣는다. 목적은 첫 번째 character를 스페이스바(혹은 화이트 스페이스바)로 변환시키기 위한 것이다. 다음 화이트 스페이스바에 숫자를 하나 남기면 이 columns를 'Vertex 워크시트'에 삽입할 수 있다. 두 가지 방법으로 columns을 이동할 수 있으며 VLOOKUP 단어를 복사해서 붙여 넣기 한다. 여기서 복사 붙여 넣기를 사용하려면 복사와 붙여 넣기의 순서가 정확해야 된다.

Step1 : 첫 번째 columns(꼭짓점(Vertex))에 따라 'Vertex 워크시트'를 정리한다. 마지막 열의 번호를 선택한다.

Step2 : 두 번째 columns(꼭짓점(Vertex))에 따라 Cluster Vertices를 정리한다. 마지막 열의 번호를 체크한다. 'Vertex 워크시트'는 두 개의 헤드 열이 있지만 'Cluster Vertices 워크시트'에는 하나의 헤드 열만 있기 때문에 이 번호는 'Vertex 워크시트'의 번호보다 1이 작아야 된다.

Step3 : 'Cluster Vertices 워크시트'에서 모든 수치 열을 복사한다.

Step4 : 'Layout Order'의 첫 번째 셀을 오른쪽 마우스로 클릭하고 'Paste special'을 선택한다. 여기에 셀의 내용이 아닌 값을 붙여 넣어야 한다.

Step5 : 그림을 새로 고침하고 네트워크 무지개 도형을 감상한다.

인터넷은 묶여있기 때문에 Edge를 통해 어떠한 결합체들이 다른 결합체들과 밀접히 연결되어 있는지를 알 수 있다(네트워크 예에서 보라색과 파란색의 결합체 사이에 굵은 선이 지나가고 있는 것을 확인하라). 이러한 관계를 더 선명하게 나타내기 위해 Edge를 조절하였다. Edge의 폭을 기존의 1.0에서 1.3으로, 불투명도를 100에서 60으로, 컬러를 회색으로 설정하였다.

Friend Wheel을 Fireball로 바꾸기

Friend Wheel은 좋은 레이아웃이다. 이러한 레이아웃은 화려해 보이면서 네트워크 구조의 잠재적 정보를 제공한다. 그러나 이러한 레이아웃을 통해 잠재적인 구조를 더 많이 조작할 수 있으며 그림(그림 11.11)을 더 쉽게 읽을 수 있다. 이 레이아웃은 기존에 제시한 Friend Wheel을 보았다고 가정한다.

Step1: 결합체의 꼭짓점(Vertex)을 다시 배열하기

결합체 꼭짓점(Vertex)의 현재 상태는 순서대로 배열한 것이 아니다. 다시 배열하기 위해 레이아웃의 순서를 변환시켜야 한다. 이때 연결 정도로 배열함으로써 가장 많은 꼭짓점(Vertex)들을 결합체에 옮길 것을 추천한다.

'Vertex 워크시트'에서 'Cluster'라는 새로운 columns를 만들고 레이아웃 서열 값을 붙여 넣기 한다(함수가 아닌 수치). 다음 레이아웃 Order에 함수를 추가한다. 이 함수는 이 값을 포함한 새로운 cluster서열을 추가한다.

= (Vertices[[#This Row].[Cluster]]*COUNTA([Vertex]))+Vertices[[#This Row].[Degree]]

그림을 새로 고침 한다. 결합체의 더 많은 Edge들이 그림의 한쪽에 편중되어 있는 것을 불 수 있다. 서로 다른 값을 시도하는 것도 좋지만 두 가지 주의할 점이 있다. (1) 결합체내의 수치범위가 반드시 결합체의 간격보다 작아야 한다. 크면 중복되는 결합체가 생길 수 있다. (2) 레이아웃서열은 하나의 소수 자리어야 하며 따라서 0부터 1까지의 measure에 계수를 전부 곱해야 한다.

Step2: Circle 레이아웃을 Polar 레이아웃으로 바꾸기

레이아웃에 대해 더 깊게 조작하기 위해 그림을 Circle 레이아웃에서 Polar 레이아웃으로 바꿔야 한다. Polar 레이아웃은 연결 정도로 꼭짓점(Vertex)을 배열하며(좌표 의미의 각도를 말하는 것이며 그림 metrics 의의에서의 connection수가 아니다) 각도범위는 0°부터 360°, 반경은 0에서 1, 1은 화면의 끝부분을 뜻한다. 이러한 값(polar 각도와 polar R)의 columns를 삽입하면 레이아웃 Order columns를 제시할 때 이미 바뀌었을 것이다.

Polar R의 값은 매우 간단하다- 값이 1이다. 1을 각 columns에 간단하게 붙여 넣기 한다.

Polar Angle(폴라 각도) 값은 조금 더 복잡하지만 현재 X 및 Y 좌표를 사용하여 계산할 수 있다. 이러한 좌표들은 먼저 새로운 columns에 붙여 넣기 한다. 왜냐하면 초기의 X 및 Y 좌표가 그림을 새로 그리려고 할 때 변화가 생기기 때문이다. 현재의 columns 우측에 새로운 두 개의 columns를 만든다. 'Insert Table column to the right'를 오른쪽 마우스로 클릭하여 파란색의 헤드가 생기도록 한다. 다음 X와 Y의 columns를 선명하게 하고 새로운 columns에 붙여 넣는다. 노드엑셀은 이러한 columns 이름을 자동으로 X2와 Y3으로 바꾸어 두 개의 X와 Y columns이 만들어지지 않도록 한다.

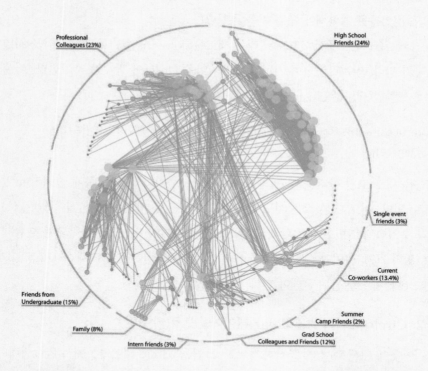

그림 11.11 Pinwheel 레이아웃 이 레이아웃은 Friend wheel 레이아웃(또는 클러스터 된 반지름 레이아웃)의 확장이다. 반지름은 중간 및 기타 속성(크기, 색상 및 순서)으로 축척된다. 이 레이아웃은 반지름 레이아웃과 관련된 추가정보를 클러스터에 제공한다. 높은 수준의 노드가 나머지 클러스터 또는 다른 클러스터에 연결되어 있는지 여부를 보다 명확하게 확인할 수 있다. 클러스터 외부에서도 낮은 수준의 노드가 연결되는지 확인할 수 있다. 클러스터는 모두 동일한 색 구배를 사용하지만 여전히 구별될 수 있다. 네트워크 주변의 링과 레이블이 일러스트레이터에 추가되었다.

X값과 Y값을 복사한 다음 한 개의 연결 정도를 계산하여 Polar Angle columns에 넣는다. Polar Angle columns에서는 아래와 같은 함수를 사용한다.

= DEGREES(ATAN2(Vertices[[#This Row].[X2]]-5000. Vertices [[#This Row].[Y3]]-5000))

X와 Y의 범위가 0에서부터 10000까지므로 5000을 빼서 origin(중심점)이 화면의 중심에 위치하도록 한다. Polar 레이아웃을 선택하면 순식간에 Circle 레이아웃과 똑같이 변한다.

Step 3: Ring을 Flames로 바꾸기

마지막이 가장 어려운 부분이자 재미있는 부분이다. Autofill Columns을 이용하여 일련의 속성을 간단하게 설정한다. 매번 새로운 변량을 선택하고 다시 Autofill을 클릭하여 네트워크의 변화를 살펴볼 것을 추천한다.

Polar 레이아웃에서 반경을 바꿀 수 있다. 매개중심이 사람들이 서로 다른 집합체를 통해 연결되는 정도를 나타내는 measure임을 기억해야 한다. 따라서 이 값은 높은 매개중심의 꼭짓점(Vertex)을 중심에 더 가까워지게 하며 마치 모서리(Edge)가 그들을 다른 결합체로 끌어당기는 것과 비슷하다. Autofill Columns에서 이 값을 선택하면 약간의 조절을 하여야 한다. 최소 매개중심은 1이여야 하며 원의 끝부분으로 기울어졌음을 뜻한다. 반대로 높은 매개중심은 중심과 가까우나 너무 가깝지 말아야 한다. 값을 0.5로 설정하고 새로 고침을 한다.

Pinwheel 형식의 그림이 꼭짓점(Vertex)을 더 한층 펼쳐놨기 때문에 꼭짓점(Vertex)의 모양을 조절할 수 있다. 크기와 컬러에서 연결 중심을 사용할 것을 추천한다. Pinwheel은 순서가 있기 때문에 높은 연결정도가 앞에 있고 낮은 연결정도가 뒤에 있다는 것을 기억해야 한다. 따라서 다른 값에 연결정도를 사용하면 ordering을 강화할 수 있으며 사람들로 하여금 많은 metrics에 따른 혼란을 피하도록 한다. 나는 빨간색과 노란색으로 flaming의 느낌을 제작하였다. 검정색의 배경에서 파란색과 흰색의 효과도 괜찮은 것 같다. 또한 꼭짓점(Vertex)의 크기에서 연결정도를 사용하여 flame이 안으로 들어가면서 점점 약해지게 하였다. 마지막으로 불 투명도를 60으로 설정하고 scale slider를 조절하여 원하는 형태를 얻었다.

11.9 실무요약

이 장에서는 페이스북에서 개인 네트워크 시각화와 해석의 과정을 보여주었다. 페이스북의 친구 네트워크는 특정한 개인과 관련된 소셜 세계를 제시한다. 개인의 인생에서 서로 다른 영역의 사람들이 함께 결합하는 경향이 있다(이러한 사람들이 친구가 될 가능성이 높다). 이러한 관계의 Edge와 노드엑셀 파일을 다운받으면 네트워크를 해석할 수 있다.

일반적으로 순서가 없는 데이터 예를 들어 Clusters와 categories 및 순서가 있는 데이터 (예를 들어 wall posts 혹은 서로의 친구)를 사용한다. 카테고리 분류(Category scheme)와 Autofill Columns를 하는 두 가지 쉬운 방식이 있다. 어려운 방식으로는 엑셀함수를 이용하는 것이다. 기대하는 바와 같이 쉬운 방식은 유용하고 교묘하지만 제한적이다. 어려운 방식은 복잡하지만 사용자로 하여금 더 많이 조절할 수 있게 하였다. 이 장에서는 두 가지 네트워크 레이아웃: force directed와 circular을 소개하였다. 두 가지 방식 모두 기존의 환경을 조금 수정하여 재미있는 패턴을 제작할 수 있다. 마지막에 얻은 Force directed 레이아웃은 결합체와 카테고리 및 구조상 중요한 사람을 보여주었다. 이는 그룹 간 상호 연결 정도를 판단하기에 매우 유용하다. Pinwheel 레이아웃은 카테고리에서 시작한 것이지 카테고리에서 끝난 것이 아니다. 이러한 방식은 결합체에서 connection의 밀도 및 다른 결합체와의 관계(즉 이러한 연락이 주로 개인/일부 개체에서 온 것인지 혹은 결합체에서 온 것인지)를 제시하였다. Pinwheel 도 네트워크 connection의 파이 그래프이다.

이는 노드엑셀에 대한 학습 곡선이 가파르거나 얕지 않을 수 있음을 보여주는 것이었다. 노드엑셀은 효과적이고 기발한 스프레드시트 프로그램을 기반으로 만들어진 것이다. 엑셀 2007의 포맷테이블, Remove Duplicates와 비슷한 기능, 멀티시트공식, LOG, ATAN2, VLOOKUP과 같은 함수를 응용함으로써 노드엑셀이 유연해지고 유용해졌다. 이러한 기능들은 Pinwheel에서 보여주며 Pinwheel의 시각화는 파이 그래프와 같은 배치와 다른 네트워크 레이아웃의 특성을 결합하였다.

페이스북 네트워크의 매력은 학습에서 네트워크의 특성을 느끼도록 하는 것뿐만 아니라 본인이 가장 잘 익숙한 네트워크(예를 들어 본인의 것)를 통해 네트워크를 이해하도록 한다.

11.10 연구의제

페이스북 자기 네트워크에서 결합체는 매우 중요하다. 알고리즘에 따라 결합체에 대한 서로 다른 해석을 할 수 있다. 결합체에 대한 해석은 네트워크를 사용하는 모든 사람들을 설명하며 임의의 결합체들이 모두 의미가 있음을 나타낸다. 그러나 어떠한 비율의 결합이 유용한지는 앞으로 검증해야 할 것이다. 동료가 누군지를 아는 것이 의미가 있을 가? 아니면 동료가 고등학교 친구와 어떻게 연락하는지를 아는 것이 의미가 있을 가? 혹은 동료들 중 스포츠 팀에 소속되어 있으며 인도에서 이민 온 사람이 누군가를 아는 것이 의미 있을 가? 그 외에도 soft partitioning (사람들이 여러 개의 카테고리에서 존재하는 구역)영역과 longitudinal partitioning(결합체가 시간에 따라 변하는 구역)은 연구가 활발하게 이루어져야 할 영역이다.[9]

본 연구 외에도 더 좋은 결합체의 알고리즘은 소셜 네트워크 심리학에서도 다루어진다. 대체로 사람들이 기억하고 있는 네트워크의 크기가 페이스북 네트워크보다 작은 것처럼 나타났다. Dunbar는 인지가 인간의 능력을 150의 connection(및 그들의 상호관계)으로 제한한다고 하였다.[10] 그러나 그와 그의 동료들 모두 이러한 네트워크가 존재하는 기초이다. 페이스북이 우리의 자기 인지를 강화하는 것인가 혹은 소셜정보 과부하의 피할 수 없는 전조일가? 아직 우리는 그 답을 알 수 없다. 답(이 장에서 설명한)은 새로운 시각화에 따라 변한다.

참고문헌

[1] d. boyd, Friends, Friendsters and Top 8: writing community into being on social network sites. First Monday 11 (12) (2006).

[2] S.G.B. Roberts, R.I.M. Dunbar, T.V. Pollet, T. kuppens, exploring variation in active network size: constraints and ego characteristics, Social Networks 31 (2) (2009) 138-146.

[3] k. lewis, J. kaufman, M. Gonzalez, A. wimmer, N. christakis, Taste, Ties and Time: A New Social Network Data Set using Facebook.com, Social Networks 30 (4) (2008) 330-342.

[4] R. Burt, Brokerage and closure, Oxford university Press, Oxford, uk, 2005.

[5] B. Hogan, J.-A. carrasco, B. wellman, Visualizing Personal Networks: working with Participant-Aided Sociograms, Field Methods 19 (2) (2007) 116-144.

[6] e. Gilbert, k. karahalios, Predicting Tie Strength with Social Media. cHI '09: Proceedings of the SIGcHI conference on Human Factors in computing Systems, AcM Press, New York, 2009, pp. 211-220.

[7] B. Hogan, A comparison of On and Offline Networks through the Facebook API. QMSS2: communication Networks on the web, Amsterdam, 2008.

[8] l. Freeman, centrality in Social Networks: A conceptual clarification, Social Networks 1 (3) (1979) 215-239.

[9] M.A. Porter, J.-P. Onnella, P.J. Mucha, communities in Networks, Notices of the AMS 56 (9) (2009) 1082-1097.

[10] R.I.M. Dunbar, The Social Brain Hypothesis, evolutionary Anthropology: Issues, News, and Reviews 6 (5) (1998) 178-190.

[11] d. boyd, N. ellison, Social Network Sites: Definition, History, and Scholarship, Journal of computer-Mediated communication 13 (1) (2007).

[12] c. Shapiro, H. Varian, Information Rules, Harvard Business School, cambridge, MA, 1998.

추가자료

Hogan, B. (2008). Analyzing social networks via the Internet. In N. Fielding, R. lee, & G. Blank, *The sage handbook of online research methods* (pp. 141-160). Sage, Thousand Oaks, CA.

12

웹(Web):
하이퍼링크 네트워크

목차

12.1 들어가기 ································ 316

12.2 하이퍼링크 네트워크 ················· 318

    12.2.1 하이퍼링크 이론 ················ 319

    12.2.2 방법론적 이슈 ················· 320

12.3 보손 데이터 제공자 ················· 322

12.4 예 1: 나의 조직 웹사이트로 연결되는

    사람은 누구인가? ················· 323

    12.4.1 도입 ·························· 324

12.4.2 VOSON 데이터 공급자를 사용하여

    자체 하이퍼링크 네트워크 만들기 ······· 329

12.5 예 2 : 분야/산업/부문의 하이퍼링크

    네트워크란 무엇인가? ··············· 337

12.6 블로그, 임시 변경 사항 및 네트워크 흐름 ··· 340

12.7 실무요약 ························· 342

12.8 연구의제 ························· 342

참고문헌 ···························· 344

12.1 들어가기

웹페이지가 서로 연결 되었을 때 기계가 읽을 수 있는 세상에서 가장 큰 네트워크 그래프가 만들어진다. 전 세계 인터넷 망에 존재하고 있는 수천만 개의 웹페이지들은 URL 링크로 서로를 연결하고 있고 이는 그래프의 꼭짓점(Vertex)으로 나타내어 진다. 이러한 하이퍼링크는 같은 웹사이트 내에 다른 페이지의 연결을 도와주기도 하고, 다른 웹사이트의 다른 기관, 회사, 국가로도 연결을 지어준다. 그 결과 수천만 개의 보이지 않는 웹이 생겨난다. 이처럼 서로 연결된 웹사이트들은 기본적인 '웹 1.0'에 기초를 두고 있을지 몰라도 중요한 사회적, 경제적, 기관

내의 관계를 성립하고 연구자들, 정책인들, 전략가들에게 중요한 통찰력을 제공한다. 더불어 웹 2.0의 기술인 블로그, wikis, 그리고 Delicious와 같이 사회적 정보를 공유하는 웹사이트들은 하이퍼링크 네트워크를 포함하고 있는데 이것은 웹사이트의 크롤 기술을 이용하면 캡처가 가능하다. 이러한 네트워크들은 그 이전에 비해 자료를 수집하고, 비교, 분석하는데 편리하게 접근할 수 있다.

대부분의 회사나 기관들은 웹을 만드는데 여전히 웹 1.0의 기술을 사용하고 있다. 기관 웹사이트는 간혹 블로그를 포함하는 기능을 갖춘 웹 2.0을 사용하고 있지만 대다수의 기관 웹사이트들은 웹 1.0을 고수한다. 대부분 기관을 설명하고 있는 내용을 담고 있고 다른 웹사이트로 갈 수 있도록 하이퍼링크를 제공하고(내부 링크) 웹사이트 밖에 있는 페이지에 대한 연결을 제공한다(외부 링크).

이 챕터는 기관 웹의 내부 링크와 외부 링크를 이해하고 이를 수량화하는데 있다. 우리는 이 것을 유기적 구조/웹 1.0/고정된 웹사이트라고 부르겠다. 여기서 '고정된 웹사이트'라는 것은 자주 업데이트 되도록 개설되지 않은 웹사이트를 일컫는다. 대부분의 기관들은 웹사이트 중에서 웹 1.0이 웹 구성의 일부를 차지하고 있을 뿐 전부는 아니다. 웹을 구성하고 있는 다른 요인들은 토론의 장, 트위터, 페이스북, 플리커, 유튜브와 같이 중요한 요소들이고 이것은 9장, 10장, 11장, 13장 그리고 14장에서 각각 다루도록 하겠다. 사람과 사람을 연결해주는 네트워크에 초점을 두고 있는 다른 챕터와 다르게 이 챕터는 기관과 기구 간의 관계에 중점을 두고 있다. 의미론적인 네트워크의 비슷한 개념과 같이 월드와이드웹에는 다양한 네트워크 데이터 소스를 포함하고 있지만 이 챕터는 하이퍼링크 네트워크만을 살펴봄으로써 배울 수 있는 점에 초점을 두겠다. 더 진보된 접근들은 이러한 다양한 네트워크 데이터 소스를 통합한다.

기관 웹사이트들의 매니저들은 자신의 사이트에 대해 많은 지식을 가지고 있어야 한다. 브랜드의 느낌과 사이트의 생김새가 일치하는가? 사이트의 구조는 소비자들이 필요한 정보를 쉽게 찾을 수 있도록 구성되어 있는가? Traffic metrics라는 것은 무엇인가?(사람들이 어느 페이지로 가는가? 얼마나 오래 머물러 있는가? 어디서 소비자들이 유입되는가?) Google analytics 와 같이 웹사이트 분석 툴은 많은 양의 정보를 제공해주고 웹 디자이너와 마케터들에게 굉장히 중요하다. 그러나 현재 버전들은 기관과 관련 있는 다양한 웹사이트들 중 자신의 웹사이트가 어디에 위치해 있는지에 대한 정보는 제공해 주지 못하고 있다. 예를 들어 분석도구는 일반적으로 어떤 사이트가 당신의 웹사이트를 연결하는지 표시하지만 링크 사이트가 서로 어떻게 연결되어 있는지는 표시하지 않는다.

우리는 모두 '측정할 수 없다면 증명할 수 없다'라는 비즈니스 만트라를 알고 있다. 현재까지는 자신의 웹에 대해서 하이퍼링크를 쉽게 수집하고 이를 나타낼 수 있는 방법이 어려웠다. 이 챕터는 하이퍼링크 네트워크를 엑셀의 차트로 나타낼 수 있는 간단한 툴과 방법을 보여준다. 이 챕터는 서치엔진을 최적화하는 방법을(웹사이트가 구글 웹 크롤러에 액세스 할 수 있는지를 확인한다), 혹은 다양한 링크를 설치하는 것, 구글 혹은 다른 검색엔진에서 랭킹을 향상시키는 내용을 담고 있지 않다. 기관들이 그들의 온라인에서의 위치를 수치화하고 이에 따라 적절하게 행동할 수 있는 정보를 제공해 그들의 웹사이트를 향상시킬 수 있는 기술에 관한 내용을 담고 있다.

하이퍼링크 네트워크 데이터를 수집하고 분석하는 것은 다음의 질문에 답을 할 수 있게 해준다. 오프라인 브랜드 이미지와 웹사이트 이미지가 어떻게 비교되는가? 만약 회사가 다양한 브랜드가 있다면 각각의 웹사이트들은 어떻게 비교되는가? 웹사이트의 이미지가 예전과 비교해 어떻게 변해왔는가?

하이퍼링크 데이터는 또한 드러나지 않게 사용될 수 있고, 윤리적으로 경쟁력 있는 위치를 살펴보게 해줌으로써 온라인 범위 내에 회사가 활동할 수 있는 정보를 제공한다.

유기적인 웹사이트가 경쟁사들과 비교했을 때 어떠한가? 하이퍼링크 데이터는 또한 새로운 경쟁자를 발견할 수 있게 해준다. 새로운 시장에 진입할 때 이러한 데이터는 현재 누구랑 경쟁을 하고 있는지 그리고 어떻게 서로 연관이 되어 있는지 보여준다.

12.2 하이퍼링크 네트워크

하이퍼링크는 웹의 본질이라고 여겨진다.(예 : [1]) 그들은 웹 내에 URL로 링크된 다양한 네트워크의 웹을 구성하고 있다. 하이퍼링크는 일종의 평가기준이라고 여겨지기도 한다. 다른 웹사이트 링크가 나의 웹사이트로 연결되어 있는 것을 발견했을 때 기뻤던 적은 몇 번이고 다른 웹사이트에 '중요한 링크'라고 되어 있는 항목에 사이트가 누락되어 있는 것을 발견했을 때 안타까워했던 적은 몇 번이나 되는가?

하이퍼링크가 중요하다고 여겨지고 있기는 하지만, 이들은 이해가 잘 되어 있지 않고, 여러 개의 링크를 동시에 살펴볼 수 있는 기능도 최근에나 가능해졌다. 이 섹션은 유지적 구조의 하이퍼링크 분석을 이론적이고 방법론적인 한계를 서술한다. 이 장의 나머지 부분에서는 노드엑셀을 사용하여 조직의 웹사이트 네트워크 및 그와 연결된 다른 네트워크를 분석하는 단계별 가이드를 제공한다.

12.2.1 하이퍼링크 이론

웹은 한편으로는 하이퍼링크 문서들을 소장하고 있는 전자 서점이라고 바라볼 수 있다. 그러나 웹이 정보의 중립적인 저장소라는 가정에 비판적이게 되면, 웹의 구조는 훨씬 더 흥미로워진다고 Jackson은 말한다. 하이퍼링크 네트워크는 중요한 유지적 구조의 기능을 가진다. 하이퍼링크 네트워크는 단순히 기계적 혹은 은유적 표현의 네트워크가 아니라 사회적 네트워크 분석 테크닉을 수행할 수 있는 운영체제이다. 그러나 하이퍼링크를 여러 개의 기관을 연결해주는 연결고리로 보기 전에 우리는 먼저 무엇이 사람으로 하여금 다른 페이지 혹은 사이트로 연결을 짓게끔 행동하는지 그리고 하이퍼링크를 받으면서 얻게 되는 장점은 뭔지 살펴봐야 한다.

하나의 기관이 다른 기관으로 하이퍼링크를 연결하는 이유는 여러 개이다. Thelwall[2]가 말한 것과 같이 하이퍼링크를 하는 데에는 여러 개의 이론이 존재한다 하이퍼링크는 권위, 보증[3] 그리고 믿음[4]을 부여한다. 물론 하이퍼링크를 다른 사이트를 비판하기 위해 사용할 수 있다. 이것은 부정적인 효과를 가져온다. Rogers and Marres[5]는 하이퍼링크의 유기적인 의사소통과 전략적인 행동을 강조했고 Park, Kim과 Barnett[6]은 하이퍼링크의 역할로 메시지가 더 멀리 전파될 수 있고, 동맹을 만들어 갈 수 있다는 점을 강조했다.

다른 웹사이트들로부터 하이퍼링크를 받는 것은 믿음이 있다는 소리고 사이트로 사람들이 유입이 될 수 있기 때문에 매우 중요하다. 인바운드 링크들은 2가지 이유로 사이트로 사람들이 유입이 된다는 점에서 중요하다.

첫째로 다른 관련 웹사이트들로부터 인바운드 링크가 많을수록 사람들이 사이트로 유입될 수 있는 경로가 다양해진다. 둘째로 관련 인바운드 링크들은 구글과 같은 검색엔진에서 랭킹을 결정짓는 중요한 요소이다. Hindman 등의 사람들[7]이 말한 바와 같이 웹사이트 검색 기능은 절대적인 개념이다. 특정 시점에서 내 개인 웹사이트의 내용을 검색할 수 있거나 (사이트가 작동중인 경우) 검색할 수 없거나 (사이트가 작동하지 않는 경우) 마이크로소프트의 기업 웹사이트와 마찬가지로 (양쪽 사이트가 운영되고 있다고 가정)의 한계 뷰어로 검색할 수 있다. 그러나 웹사이트 가시성은 상대적이며 다른 관련 웹사이트, 특히 순위가 높은 웹사이트의 인바운드 하이퍼링크 수에 따라 크게 결정된다.

많은 수의 인바운드 하이퍼링크는 많은 수의 사람들의 웹사이트를 살펴본다는 소리고, 이것은 긍정적인 것이다. 그러나 여기서 중요한 것은 '관련성'이다. 웹사이트에서 중요한 것은 얼마나 많은 하이퍼링크가 있느냐가 아닌 어디로부터 하이퍼링크가 되어 있냐는 것이다. 대부분의 웹사이트들은 몇 개의 하이퍼링크가 걸려져 있는지 뿐만 아니라 누가 자신에게 링크를 걸었고 이렇게 하이퍼링크를 건 웹사이트들이 얼마나 네트워크상에서 중요한 웹사이트인지 알고 싶어

한다. 즉, 그들은 자신의 기관과 관련 있는 완벽한 네트워크를 건설하고 관찰하고 싶어한다.

그러나 이러한 과정을 어떻게 시작할 것인가? 우리는 중요하다고 여겨지는 '링커(linker)'의 특징 두 개를 구분 지을 수 있다.

첫째로 그래프 - 이론적인 특징이다. 웹 네트워크 그래프 상에서 사이트로 링크를 걸은 사이트의 위치가 어디인가? 웹 가시성의 관점에서 볼 때 전체적인 하이퍼링크 네트워크 내에 가시적이고 두드러지는 다른 사이트에서의 인바운드 링크를 얻는 것이 중요하다. 3장, 5장에서 얘기한 것과 같이 네트워크의 중심성을 파악할 수 있는 다양한 방법이 존재한다. 예를 들면 스스로 인바운드 링크를 가지고 있는 사이트에게 링크를 받는 것 혹은 진입 차수 중심성을 가지고 있는 사이트에게 링크를 받는 것이 중요할 수 있다.

둘째로, 그래프가 아닌 - 이론적인 특징을 지니고 있는 사이트들이 어느 웹사이트로 하이퍼링크를 걸 수 있다. 예를 들어 웹 네트워크 그래프 내의 위치와 관계없이 산업 분야에 중요하게 여겨지는 웹사이트로부터 링크 받을 수 있다.

네트워크의 구조와 기관의 위치가 중요하다고 인식하고 있는 사람들 또한 당면하는 과제는 하나다. 어떻게 소비자들이 쉽게 접근할 수 있는 데이터를 얻고 이를 관리하는가? 하이퍼링크의 개념적인 틀을 다뤘으니 이제는 당면하고 있는 방법론적인 과제와 웹 가시성에 대해 다뤄보자.

생성되고 나면, 로컬 웹 네트워크 공간 맵 웹 가시성을 향상시킬 수 있는 방안에 대해 행동할 수 있는 통찰력을 제공해 줄 것이다.

12.2.2 방법론적 이슈

어느 사회적 네트워크를 분석하더라도 3개의 근본적이고 상호 관련 있는 방법론적인 질문들에 답해야 한다. 노드(Node) 혹은 꼭짓점(Vertex)은 무엇인가? 네트워크 Tie 혹은 Edge란 무엇인가? 그리고 네트워크의 경계란 무엇인가?

하이퍼링크 네트워크의 문맥에서 보자면, 각각의 측면이 리서치 질문에서 소개되겠지만 우선 전반적인 내용을 나열하겠다.

하이퍼링크 네트워크에 있는 Node는 오프라인 사회적 네트워크 혹은 온라인 사회적 네트워크에 비해 훨씬 더 복잡하다. 우정 네트워크에서 Node란 사람들을 말한다. 트위터 네트워크 혹은 페이스북 또한 Node란 개개인이 가지고 있는 각자의 사용자 계정을 말한다. 그러나 웹 1.0 하이퍼링크 네트워크는 공통된 Node로 구성되지 않을 수도 있다. 예를 들어 대학, 정부 부서, 회사 혹은, NGO와 같은 독립체를 Node로 구성하는 것은 쉽다. 이러한 웹사이트들은 오프라인 혹은 실제로 존재하고 있는 사람들/독립체를 말한다. 그러나 오프라인에서 존재하지 않는 독립체도 있다. 그 예는 포털 사이트, 정보 사이트, 온라인 비즈니스 사이트, 개인이 운영하고 있는 웹사이트, 그리고 블로그라고 불리는 인기 사이트를 말한다.

어떤 웹사이트를 네트워크에 포함시킬지는 어떠한 분석을 하려고 하는지에 따라 달라진다. 어떤 상황에서는 사이트 내에 오프라인에서만 존재하는 Node를 포함하는 것이 좋을 것이고 어떤 상황에는 웹에서 존재하는 정확한 Node를 포함시키는 것이 더 맞을 수 있다.

하이퍼링크 네트워크를 만들기로 했다고 가정해보자. 기관과 관련이 있고 다른 기관들을 상징하는 오프라인 혹은, 실제 존재하는 독립체인 Node만을 포함하기로 했다. 이처럼 간단한 상황에서도 하이퍼링크 네트워크를 분석하는데 많은 복잡함을 느낄 것이다.

이상적인 상황에서, 기관 하이퍼링크 네트워크의 Node는 각 기관의 웹 보유를 나타낼 것이다. Node는 웹페이지 하나하나를 표시하기 보단 웹사이트, 웹사이트의 일부분을 나타낼 것이다. 고로, 하이퍼링크 네트워크는 수천만 개의 웹페이지를 하나하나 나타내는 몇 만개의 Node 보다, 전체 웹 보유를 덩어리로 나타내는 Meta-Node를 필요로 할 것이다. 이것은 특정 호스트 이름 밑에 여러 개의 페이지를 덩어리지어 달성할 수 있다. 그러나 간혹 기관의 웹 보유가 여러 개여 호스트 이름 밑에 반영될 때가 있다. 예를 들어 하나의 기관이 다양한 도메인 이름(www.mycompany.com, www.mycompany.com.au), 다른 하위 도메인 (brand1.mycompany.com, brand2.mycompany.com) 또는 다른 하위 사이트(예 : www.mycompany.com/brand1, www.mycompany.co.kr/brand2)을 가질 수 있다. 기관의 웹사이트를 명확하게 측정하기 위해서는 파악된 모든 도메인 페이지, 하위 도메인, 하위 사이트들이 모두 그룹 시켜줘야 한다. 이것은 많은 부분 자동으로 될 수 있지만 분석자가 어느 정도는 내용 기입을 해야 정확하게 그룹화를 시킬 수 있다.

두 번째 방법론적인 질문은 네트워크 Tie란 무엇인가 이다. 웹 보유가 하나의 사이트에 반영되어 있는 가장 비슷한 두 개의 기관을 가정해봐라. 이러한 단순한 상황에서도 네트워크 Tie를 구성할 수 있는 다양한 가능성이 존재한다. 만약 A 기관의 웹사이트가 B 기관의 웹사이트로 하이퍼링크를 가지고 있다면 이것은 네트워크 Tie라고 이해하면 된다.

만약 서로 연계되고 있는 하이퍼링크에 관심이 있다면 (A는 B를 링크, B는 A를 링크) 이것은 무방향 대칭적인 하이퍼링크 네트워크가 된다. 끝으로 네트워크 Tie를 반영하는데 A에서 B로 하이퍼링크가 걸린 네트워크에 더 많은 가치와 무게를 두고 싶을 수 있다(하이퍼링크가 많으면 더 강력한 네트워크 관계를 반영한다고 주장할 수 있다). 혹은 하이퍼링크가 내장된 웹사이트에 더 무게를 두고 싶을 수도 있을 것이다(A 홈페이지의 하이퍼링크가 웹사이트의 깊숙한 곳에 묻혀있을 때 보다 더 중요한 의미가 있다고 주장할 수 있다).

하이퍼링크란 다양한 것들을 의미할 수 있기 때문에 모든 하이퍼링크가 하나의 의미를 내포할 수 있도록 구성되는 것이 중요하다. 여기서 데이터를 수집하는 과정이 어느 정도 자동으로 이뤄진다는 점을 유추할 수 있다. 분석가들은 하이퍼링크가 걸린 페이지마다 찾아가 각 페이지별 하이퍼링크가 어떤 것을 의미하는지 확인할 수는 없다. 이렇게 하나하나 확인할 수 없을 때, 동일한 네트워크 처리 방안이 있어야 한다. Lusher와 Ackland는 호주에 있는 피난민 지지자들을 대상으로 네트워크 웹사이트를 구성했다. 특정한 actor를 대상으로 네트워크가 제한되었다는 점에서 작가들은 집합행동 틀을 이용해 하이퍼링크를 해석할 수 있었다. 피난민 지지 사이트에서 정부 사이트로 이어주는 하이퍼링크는 정부 정책에 대한 비판으로 이어질 수 있기 때문에 Lusher와 Ackland는 의도적으로 정부 사이트를 네트워크에서 제외했다.

마지막 방법론적인 질문은 하이퍼링크 내의 경계선은 어디냐는 것이다. 하이퍼링크의 경계는 특정 Node에 따라 정해질 수 있지만, 하이퍼링크를 구성할 때 지리학과 같이 익숙한 경계를 구분 짓기에는 복잡하다는 점을 들 수 있다. 오프라인 우정 네트워크 같은 경우 경계선은 학교일 수도 있다. 그러나 이러한 지리학적 물리적 경계선은 경계선이 존재하지 않는 웹에서는 말이 되지 않을 수 있다.

어떠한 상황에서는, 지리학은 하이퍼링크 네트워크 경계를 구분하는데 도움이 될 수 있다. Lusher와 Ackland[8]는 예를 들어, 피난민을 지지하는 호주에 위치한 기관들만 포함시켰다. 하지만, 이러한 상황에서도 많은 양의 Node를 발견하고 이를 경계선 안에 넣으려 하거나 혹은 이와 일치하는 nodes를 그리기 위해 노력해야 할 것이다. Lusher와 Ackland는 관련 있는 웹사이트를 찾기 위해 눈덩이 표집 접근을 이용했다. 그러나 이것은 분석가가 샘플 틀이 아직 않는 이상 관련 있는 모든 사이트를 하이퍼링크에 포함시켰는지 알기 힘들 것이다.

12.3 보손 데이터 제공자

VOSON Data Provider는 하이퍼링크 데이터 수집과 분석을 위한 노드엑셀 데이터 플러그인이다. 이것은 VOSON 시스템[9][10]의 일부인 데이터 수집과 분석 서비스를 제공한다. 이 서비스는 웹 크롤러를 포함하는데, 이 장치는 사용자가 지정한 사이트를 방문해 각종 하이퍼링크를 자동적으로 수집한다. 또한 하이퍼링크를 특정 사이트에게 주기도 한다.

존재하고 있는 하이퍼링크를 수집하고 분석하는 기구들이 있다. 가장 많이 사용하는 것은

Issuecrawler(예 : [11])와 LexiURL Searcher/SocSciBot(예 : [12])이다. VOSON과 노드엑셀의 차이점은 VOSON은 특화된 하이퍼링크 리서치 서비스이고 노드엑셀은 클라이언트 쪽 네트워크 분석과 시각적 소프트웨어 틀을 제공하는 플러그인 서비스라는 점이다. 이 둘을 같이 사용했을 때 프로그래머가 아닌 사람들도 쉽게 복잡한 데이터를 수집하고, 분석하고, 시각화 등을 할 수 있다.

이 책의 다른 챕터는 노드엑셀 클라이언트가 사회 미디어 서비스인 API를 통해 데이터를 연결하는 예시를 보여준다. 유튜브, 페이스북, 트위터 같은 다른 서비스들은 사회 미디어 플랫폼이다.

반면 VOSON은 하이퍼링크 네트워크를 연구할 수 있도록 도와주는 연구 서비스이다. VOSON은 사회 미디어 플랫폼은 아니지만 다른 웹사이트와 연결고리에 대한 정보를 얻을 수 있는 도구이다. VOSON은 'boutique'라는 새로운 트렌드의 일부이다. 이것은 사이버세계에서 특정 부분을 스크랩 할 수 있는 서비스이다.

VOSON과 노드엑셀의 결합은 독립되고, 특화되고, 분배된 리서치 자원이 소비자들로부터 요구된다는 것을 보여준다. 이것은 미국 외에도 e-space와 연관된 영국, 유럽, 호주 등에서 예상되었던 프로그램이다.[13]

12.4 예 1: 나의 조직 웹사이트로 연결되는 사람은 누구인가?

VOSON Data Provider를 사용하여 하이퍼링크 네트워크를 만드는 두 가지 기본 방법이 있다. 이미 시드사이트 집합(예 : 회사 소유의 브랜드 URL 또는 경쟁 업체 웹사이트의 URL) 또는 용어 또는 구 또는 시리즈 산업 분야 또는 분야를 설명하는 정보를 제공한다. 이 섹션에서는 이전 접근법(하나의 시드사이트, VOSON 프로젝트 사이트, http://voson.anu.edu.au)을 사용하는 반면, 다음 섹션에서는 현장, 산업 분야 또는 섹터의 하이퍼링크 네트워크를 매핑하는 방법을 보여준다.

외부의 하이퍼링크를 노트하는 것과 간단하게 웹사이트를 둘어보는 것을 통해 정보를 얻을 수 있다(주의 : 큰 사이트 정보 수집은 어렵다). 이런 연습은 하이퍼링크 네트워크 맵을 생성에 관한 것이다. 소셜 네트워크 분석용어 중, 이런 것을 ego network라고 부른다. 이 ego network 안에서 연구 조직은 'ego'이고 연구자 신분은 'alter'이다. 이 사이트가 연구대상 사이트랑 연결되어 있다.

12.4.1 도입

가장 최신 버전의 VOSON은 http://uberlink.com에서 확인할 수 있다. 이 플러그 인은 NodeXL_VOSON_Spigot_x.dll이라는 이름의 단일 동적 링크 라이브러리(DLL) 파일로 구성된다 ('x'는 버전 번호를 나타냄). VOSON 데이터 공급자를 설치하려면 DLL 파일을 다운로드하여 다음 폴더에 저장하면 된다(C 드라이브에 Excel 2007을 설치했다고 가정). 'C:\Program Files\Microsoft Research\Microsoft NodeXL\Excel\Template\PlugIns'. 설치가 끝나면 노드엑셀을 종료한 다음 다시 시작해야 한다.

노드엑셀 데이터 메뉴 항목 '가져오기 → 웹 1.0 / 블로그 네트워크(VOSON을 통해)'를 선택하면 VOSON 로그인 대화상자가 나타난다(그림 12.1). VOSON 사용자 계정이 없다면 계정을 신청해야 한다.

그림 12.1 VOSON 로그인 대화상자

VOSON 사용자 계정 세부 정보(사용자 이름 및 암호)를 확인한 후 로그인 대화상자에 정보를 입력하고 '로그인' 단추를 누른다(참고 : 노드엑셀용 VOSON Data Provider는 인터넷에 연결된 경우에만 작동한다). VOSON 시스템에 성공적으로 로그인하면 '기존 VOSON 네트워크 선택 또는 빌드' 대화상자가 표시된다(그림 12.2). 네트워크 선택 대화상자는 사용 가능한 모든 VOSON 데이터베이스 목록을 제공한다. 이들은 VOSON 서버에 저장된다(VOSON 사용자 계정을 만든 경우 자습서 또는 테스트 데이터베이스에만 액세스 할 수 있다).

VOSON 계정이 생성되면 계정 정보를 입력하고 로그인이라는 버튼을 클릭하라.

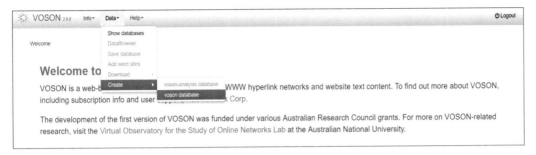

그림 12.2 새로운 VOSON 데이터베이스를 만드는 메뉴

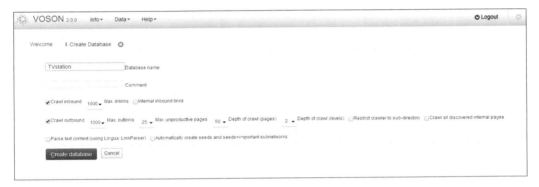

그림 12.2.1 새로운 데이터베이스의 명칭을 설정해주는 대화상자. 이 책에서 다루는 예제의 데이터베이스 이름은 'TVstationAN'이다.

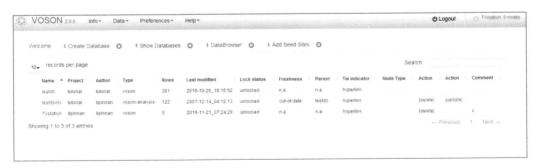

그림 12.2.2 기존에 작성한 데이터베이스 목록을 보여주는 Show Database 메뉴

그림 12.2.4의 'Show Databases' 창에는 메타 데이터가 포함된 단일 VOSON 데이터베이스가 나열되어 있다. 'Data' 메뉴를 누르고 그 밑에 나와 있는 'Add seed sites' 버튼을 누른다.

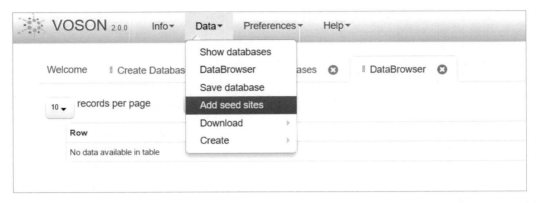

그림 12.2.3 Add seed sites 메뉴

빈 칸에 'ABC', 'BBC', 'NHK', 'KBS' 네 개 방송사의 공식 사이트 주소를 입력한 다음에 'add sites' 버튼을 누른다. 오른쪽에 'ready to crawl' 밑에 있는 'Yes' 버튼을 누른다. 'show databases'를 누르면 'TVstationAN'라고 이름 붙인 버튼이 나타나는데, 이것을 클릭하면 수집된 데이터를 확인할 수 있다.

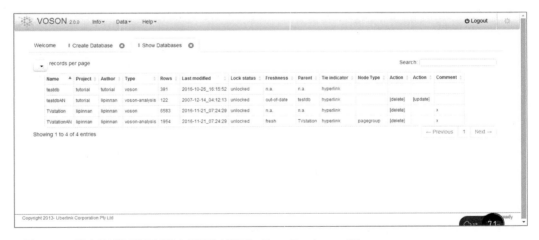

그림 12.2.4 이미 작성한 데이터베이스 목록을 보여주는 Show Databases 메뉴

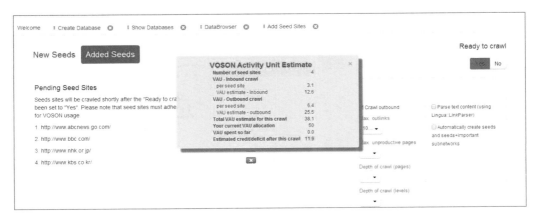

그림 12.2.5 추가된 시드(Seed) 목록

데이터를 다운로드하려면 'data' 버튼을 누르고 밑에 있는 'download'를 클릭하고 다운로드하는 파일 형식은 graphml를 선택한다.

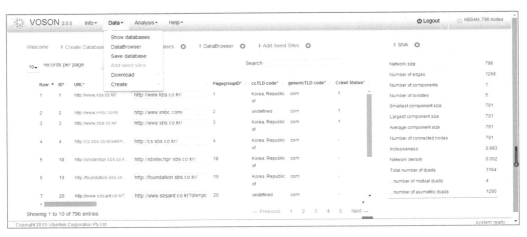

그림 12.2.6 데이터베이스를 다운로드하는 Data – Download 메뉴

노드엑셀에 들어가서 GraphML 파일을 import한다. 데이터를 import하고 나서 Harel-Koren Fast Multiscale를 선택하고 Show Graph를 누르면 **그림 12.2.8**과 같은 그림이 나온다.

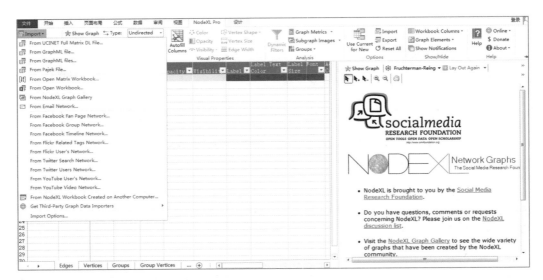

그림 12.2.7 노드엑셀의 GraphML 파일 가져오기(Import) 메뉴

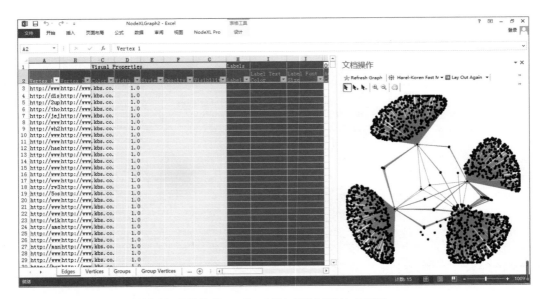

그림 12.2.8 GraphML 파일을 임포트한 후 Show Graph를 누르면 나타나는 그래프

12.4.2 VOSON 데이터 공급자를 사용하여 자체 하이퍼링크 네트워크 만들기

사용할 수 있는 하이퍼링크 네트워크를 생성하는 네 가지 단계는 다음과 같다.

1) 새로운 VOSON 데이터베이스를 만든다.

2) 시드사이트를 VOSON 데이터베이스에 입력한다.

3) VOSON 데이터베이스를 노드엑셀 안으로 읽어들인다.

4) 더 많은 시드사이트를 첨가한다.

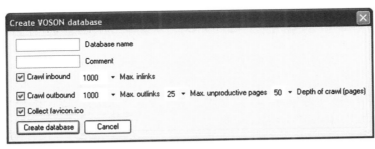

그림12.3 노드엑셀의 'VOSON 데이터베이스 만들기' 대화상자

선택된 네트워크 대화상자 안에 있는 'Build new' 버튼을 누르면 'Create VOSON database' 상자가 나타난다. 이 대화상자를 통해 설정할 수 있는 각 매개 변수 또는 기능의 특징은 다음과 같다.

- **Database name** : 원하는 데이터베이스 제목(알파벳과 숫자만 사용함)을 입력한다.
- **Comment** : 선택한 데이터베이스를 설명하는 내용을 입력한다.
- **Parameters for inbound crawl** : 'crawl inbound' 체크박스를 체크하면, VOSON System은 시드사이트로 연결되는 다른 사이트 링크들을 찾아낸다. 'crawl inbound' 항목에는 (해당한 사이트에 있는 크롤러를 중지하기 전에) 찾아내는 inbound hyperlink의 수의 상한치를 정하는 옵션이 있다.
- **Parameters for outbound crawl** : 'crawl outbound' 체크박스를 선택표시하면 VOSON 시스템은 시드사이트에서 연결되어 나가는 다른 사이트를 찾아낸다. 'crawl outbound' 선택한 후에 크롤러 각 시드사이트 및 언제 크롤러를 중지시키는 것을 선택할 수 있다.

다음 상황에서는 크롤러를 중지시킬 수 있다.

1) X outlinks/outbound hyperlinks가 찾게 될 때(x10,100,1000 가능함)

2) 한 unproductive page가 새로운 outbound hyperlink를 돌릴 수 없는 경우에 X 'unproductive pages'에 도달할 수 있다(x 5,10,25 가능).

3) 이 웹사이트는 깊이 X(1,10,15) 있는 페이지로 도달할 수 있다.

주의(Note) : 신중하게 웹 크롤링 매개 변수를 설정하는 것이 중요하다. 웹 크롤링은 자료를 많이 사용하므로(대역폭 및 프로세서 주기와 관련하여) 실제로 필요하지 않은 데이터는 수집하지 않는 것이 좋다. 또한 현재 VOSON 데이터베이스를 만든 후에 웹 크롤링 매개 변수를 변경할 수 없으므로 신중하게 선택하라! 서비스를 테스트하는 경우 크롤링 매개 변수를 얕은 크롤링으로 설정하라(예 : 각 시드사이트에서 단일 페이지를 크롤링 한 후 크롤러가 중지됨).

이 crawler의 parameter를 세팅한 후에 Creat database 버튼을 누른다. 이 대화상자가 없어지고 새로운 선택된 데이터베이스가 나타난다(그림 12.4).

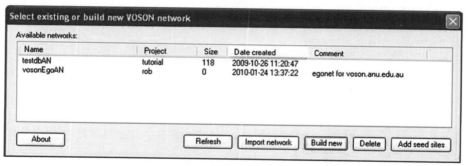

그림 12.4 새 데이터베이스를 만든 후에 노드엑셀의 '기존 VOSON 네트워크를 선택하거나 새로운 VOSON 네트워크를 구축' 대화상자를 연다.

주의(Note) : 'AN'('분석'을 의미) 문자는 VOSON 데이터베이스 이름에 자동으로 추가된다. 따라서 시스템 또는 숨겨진 데이터베이스는 데이터베이스 작성 대화상자에 입력한 이름이다. 반면에 네트워크 선택 대화상자에 표시되는 보이는 데이터베이스에는 시스템 데이터베이스의 이름과 'AN'이 추가된다.

사용자 'rob' 새로운 VOSON을 생성하는 예시 :

사이즈 0= 시드사이트를 설정하지 않는다.

database name = "vosonego"

comment   = "egonet for voson.anu.edu.au"
"crawl inbound" Max. inlinks -1000
"crawl outbound" Max. inlinks -100

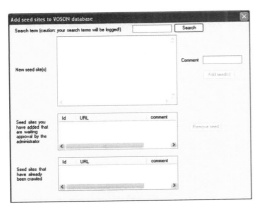

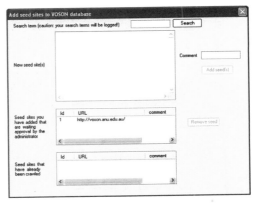

그림 12.5 노드엑셀의 'VOSON 데이터베이스에 시드사이트 추가' 대화상자

그림 12.6 시드사이트로 voson.anu.edu.au를 입력한 모습이다.

시드사이트를 VOSON 데이터베이스에 첨가할 때 'Add seed site' 버튼을 누르면 'Add seed sites to VOSON database' 대화창이 나타날 것이다(그림 12.5).

시드사이트를 선택하는 방법은 두 가지가 있다.

1. 수동적으로 seeds를 입력한다
2. 시드를 검색한다

VOSON 프로젝트 웹사이트의 '자아 네트워크'를 추출하려면 시드사이트 추가 대화상자의 '새 시드사이트' 텍스트 상자에 'voson.anu.edu.au'를 입력하라. 자아 네트워크는 VOSON 웹사이트가 링크된 다른 웹사이트 모음의 중심에 VOSON 웹사이트를 배치한다. 그러면 '씨앗 추가' 버튼이 활성화된다. 이 버튼을 누르면 시드사이트 추가 대화상자가 업데이트되어 'http://voson.anu.edu.au'가 시드사이트로 성공적으로 입력되었음을 보여준다. 크롤링이 예약된다(그림 12.6). 시드사이트 추가 대화상자의 '새 시드사이트' 텍스트 상자에 별도의 줄에 각 시드 URL을 넣어 여러 시드사이트를 동시에 입력할 수 있다.

노드엑셀 시드사이트 voson.anu.edu.au에 들어간 후 'Add seed sites to VOSON database'라는 대화창이 나타난다.

vosonegoAN VOSON database를 노드엑셀 안으로 도입하고 'Import network' 버튼을

누른 후 'Select existing or build new VOSON network' 대화상자가 없어지면 'Refresh Graph' 버튼을 누르면 그림 12.7의 화면이 나타난다(Fruchterman-Reingold 레이아웃).

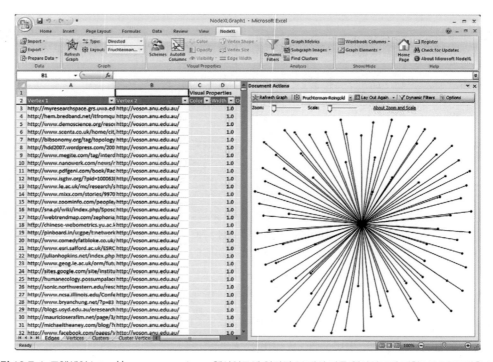

그림 12.7 노드엑셀이 http://voson.anu.edu.au 웹사이트에 연결된 83개의 다른 웹사이트에 대한 VOSON 맵을 시각화하여 나타낸 모습

그림 12.7에 제시된 네트워크 맵은 특별히 흥미로운 것은 아니다(여러분이 고슴도치를 좋아하지 않는다면). 쉬운 향상은 VOSON Data Provider에서 가져온 꼭짓점(Vertex) 속성 데이터를 사용하는 것이다. 'Vertex 워크시트'에 다음 열이 추가된 것을 볼 수 있다.

- **Ringset**: 이 값은 시드 사이트의 경우 1이고 nonseed의 경우 2이다.
- **Country code TLD**: top-level domain (TLD) — 자동으로 호스트 이름에서 뽑아내는 코드이다. 예를 들면, au-15, de-55, uk-225, 호스트이름 안에 CONTRY CODE TLD가 포함되지 않는 경우 가치가 0으로 설정된다.
- **Generic TLD**: 예를 들면, EDU-12, ORG-9, COM-3, 호스트 이름은 generic TLD가 포함되지 않는 경우 가치가 영으로 설정된다.

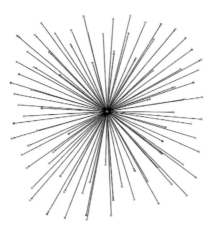

그림12.8 꼭짓점(Vertex) 색상이 일반 TLD와 일치하는 1도 보손 (VOSON) 하이퍼링크 네트워크의 노드엑셀 시각화

EXCEL VLOOKUP 기능을 이용해 Vertex 색깔을 generic TLD와 매치시킨다

0 (not defined), gray;

3 (".com" and variants), red;

8 (".net"), brown;

9 (".org"), blue;

11 (".gov" and vari- ants), green;

12 (".edu" and variants), turquoise.

이 사진은 결과는 많은 정보를 제시하는 그래프이다.

VOSON project 웹은 전문적인 사이트이며 광범위한 사이트와 연결되어 있다. 'Vertex 워크시트'를 선택하고 색깔 칼럼에서 분류하는 것을 통해 VOSON Project 사이트가 generic TLD가 없는 29 .edu sites, 26 .com sites, 13 .org sites, 7 .net sites, 1 .info site, 그리고 7 sites과 연결되어 있는 것을 알 수 있다.

이 네트워크에 대한 가장 유용하고 흥미로운 정보는 'Edge 워크시트'를 보면 알 수 있다. 여기에서 사이트가 VOSON 프로젝트 사이트로 연결되는 하이퍼링크를 정확히 볼 수 있다. 'Edge 워크시트'의 Vertex 2 열을 정렬하면 그림처럼 http://voson.anu.edu.au에 링크된다는 것을 빠르게 볼 수 있다 .16 VOSON 프로젝트 리더(그리고 프로젝트 웹사이트의 관리자인 2005년부터 운영되고 있다), 이것을 통해 읽는 것은 "와우, X 링크에서 우리에게 이르기까지 다양한 반응을 보이는 매혹적인 운동이다! 우리는 그들과 연결되어 있을까?"에서 "누가 지구상에 있고, 왜 우리와 연결되어 있을까?"에서 "어서! Z는 VOSON 프로젝트에 대해 알고 있으며 관련 사이트를 적극적으로 유지하고 있다. 왜 우리와 연결되어 있지 않을까? 결국, 우리는 그들과 연결된다!"

사이트에 링크된 페이지 목록을 통해 작업할 수도 있지만, 브라우저에서 선택한 웹페이지를 열어 자신이 누구인지 알아낼 수도 있지만(아직 모르는 경우), 수백, 수천 개 이상의 인바운드 하이퍼링크가 있다. 자신의 사이트에 누가 연결되어 있는지에 대해보다 효과적인 발견 방법은 발견된 사이트를 '홍보'하여 시드사이트가 되어 VOSON 시스템에서 크롤링 되도록 두 번째 데이터 수집을 수행하는 것이다(따라서 다른 사람은 누구에게 링크를 걸고 누가 링크하는지). 이렇게 하면 네트워크의 힘을 이용하여 사이버 공간에서 누구에게 연결되어 있는지 더 자세히 알 수 있다.

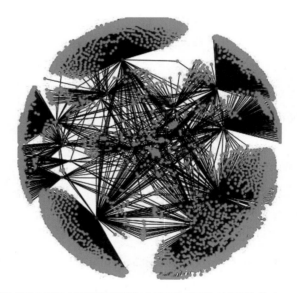

그림12.9 그래프를 분석하면 무척 어렵고 복잡하기 때문에 더 간단한 방식을 사용해야 한다.

15개 시드사이트가 the add seeds 대화상자를 경유로 VOSON 데이터베이스에 첨가된다. VOSON 시스템은 이 15개 crawl parameter가 처음부터 설정된 수치과 똑같은 수치인 시드사이트를 수집하고, 그 다음에 사용자에게 메일로 분석결과를 발송한다. 이 그래프 안에 3962개 노드가 있다.

- 그래프 유형(type)은 undirected로 설정한다
- 중복 모서리(Edge) 병합(데이터 준비 → 모서리(Edge) 복제 메뉴 항목 병합).
- 그래프 메트릭을 계산한다(그래프 메트릭 메뉴 항목).

참고(Note) : 하위 네트워크를 만들려면 연결정도(Degree)만 계산해야 한다(모든 메트릭을 선택하면이 크기의 네트워크에서 시간이 많이 소요된다). 'Vertex 워크시트'에서 Degree 열을 가장 큰 것부터 가장 작은 것으로 정렬하면 가장 높은 연결정도(Degree)를 가진 사이트가 위에 놓인다. 색상 열로 이동하면 모든 시드사이트(Ringset 속성을 사용하여 꼭짓점(Vertex)을 지정했기 때문에 파란색으로 표시됨)의 연결정도(Degree)가 2 이상임을 알 수 있다.

- 자동 채우기 열에서 꼭짓점(Vertex) 가시성을 '연결정도(Degree)'로 선택한 다음 옆의 드롭다운 상자에서 '크거나 같음'을 선택하고 상자에 숫자 '2'를 입력한다. 확인을 클릭하면 된다. 자동완성 대화상자의 하단에 있는 자동완성 버튼을 클릭하면 된다.
- 그래프 유형을 다시 directed로 설정하고 Refresh Graph 버튼을 누른다. 결과 서브 그래프는 그림 12.10과 같다.

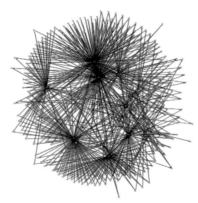

그림 12.10 16개의 시드사이트와 관련 '중요한 사이트'를 포함하는 VOSON 프로젝트 로컬 하이퍼링크 네트워크의 필터링된 노드엑셀 시각화

결과 서브 그래프는 295 개의 꼭짓점(Vertex)을 가진다. 이제 하위 그래프 분석을 진행할 수 있다. 그러나 먼저 하위 통합 그래프를 하위 통합 문서에 저장하는 것이 좋을 수 있으므로 나중에 추가 분석을 수행하려는 경우 필터링 프로세스를 다시 거칠 필요가 없다. 하위 그래프를 자체 통합 문서에 저장하려면 그래프 창을 마우스 오른쪽 버튼으로 클릭하고 모두 선택 → 꼭짓점(Vertex) 및 모서리(Edge)를 선택한다(모든 꼭짓점(Vertex) 및 모서리(Edge)는 빨간색으로 변한다). 그런 다음 수출 선택 → 새 노드엑셀 통합 문서 선택을 선택하고 결과 통합 문서를 저장하면 된다.

시드사이트의 하위 그래프와 중요한 사이트의 분석을 진행하기 전에 앞에서 설명한 꼭짓점

(Vertex) 필터링 프로세스에 대한 또 다른 요점이 있다. 이전 방법에서는 단일 속성(꼭짓점 (Vertex) 연결정도(Degree))만 선택했다. 이것은 특정 네트워크에서 모든 시드사이트가 2보다 큰 차수를 가지고 있기 때문에 효과가 있었다. 그러나 시드사이트 중 일부가 격리되었거나 1의 차수를 가졌으면 어떨까? 이전 방식은 결과로 필터링 된 네트워크에 이러한 사이트를 포함하지 않았을 것이다. 이러한 상황에서 진행 방법은 자동완성 열을 사용하는 대신 'Vertex 워크시트'의 가시성 열에서 사용자 정의 수식을 사용하는 것이다. 이 열을 보면 이전에 자동 채우기 열을 사용하면 하위 그래프에 포함된 사이트의 가시성 열에 '1'이 표시되고 그렇지 않으면 '0'으로 표시된다. 따라서 Visibility 열의 IF 함수를 사용하여 도수가 2보다 크거나 같거나 1과 같은 반지름(즉, a가 1 인 경우)이 꼭짓점(Vertex)이 보이도록 만들 수 있다(즉, 이 열에 하나가 온다). IF(OR(Vertices[[#This Row], [Degree]] 2,Vertices[[#This Row],[Ringset]] 1),1,0)과 같은 Excel 수식을 사용하면 된다.

그림 12.10은 개선되었지만 VOSON Project 웹사이트가 포함된 하이퍼링크 네트워크에 대한 분석적 통찰력을 제공하는 측면에서는 여전히 다소 부족하다. 그림 12.11은 Autofill Columns와 사용자 정의된 VLOOKUP 공식을 사용하여 다음과 같은 방식으로 꼭짓점 (Vertex) 색상, 모양 및 크기를 변경하는 동일한 네트워크의 또 다른보기를 제공한다. 꼭짓점 (Vertex) 색상이 일반 TLD에 매핑되고, 꼭짓점(Vertex) 크기가 꼭짓점(Vertex) 내부 - 정도이며 시드사이트의 꼭짓점(Vertex)은 단색 삼각형으로 설정된다(단단한 삼각형으로 설정된 VOSON 프로젝트 사이트는 제외).

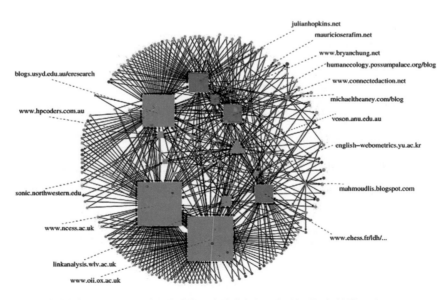

그림12.11 노드엑셀에서 VOSON 프로젝트에 대해 로컬 하이퍼링크 네트워크를 시각화한 모습

그림 12.11은 VOSON 프로젝트 웹사이트는 사이버 공간에 있는 장소에 대한 정보의 예외적인 양을 보이게 한다. VOSON 프로젝트 웹사이트가 이 네트워크의 중심 위치를 차지하면서 **그림 12.11**의 흥미로운 특징은 그래프를 두 부분으로 분할된다는 점이고 크게 데이터 수집 프로세스의 생성물인 것이 강조되어야 한다. 그래프의 하부 2/3 시드사이트 (10)에 의해 점유되고 이러한 모든 시드사이트가 학술적인 웹사이트이며, 그래프의 이 부분에서 nonseed 사이트 중에 대부분 학문적 사이트이며 org사이트이기도 하다. 이 그래프는 모든 전자 연구를 중점으로 여기는 Vertex에 의해 지배된다. 그래프의 다른 부분은 블로그나 컨설팅 위치이다 그들 모두 나머지 6 시드사이트로 점유되고, 그래프의 이 부분에서 nonseed 사이트는 주로 상업적 위치이다.

따라서 VOSON 프로젝트의 로컬 하이퍼링크 네트워크는 학문적/비영리적인 초점과 다른 상업적 초점을 반영한 두 부분 또는 커뮤니티로 깔끔하게 나뉘어져 있다. VOSON 프로젝트 사이트와 학술 블로그 사이트 blogs.usyd.edu.au/eresearch는 그래프의 두 부분 사이에 있다. VOSON 프로젝트의 리더인 VOSON 프로젝트는 본질적으로 의미가 있다. VOSON 프로젝트는 학계(특히 e-research)에서 시작되었지만 VOSON 방법 및 도구의 개발은 상업 지향적이거나 자금 지원을 통해 이루어졌다. 웹 연구, 그리고 상업 분야에서 VOSON에 대한 관심과 인식이 증가하고 있다.

따라서 **그림 12.11**의 VOSON 프로젝트의 온라인 브랜드 존재를 시각화한 것은 현재 프로젝트가 위치하고 있는 위치와 일치한다. VOSON 연구 방법과 서비스가 점점 더 상업 중심의 웹 연구에 사용되는 정도까지(그리고 이 장은 그런 방향으로의 이동을 반영한다) VOSON 프로젝트 로컬 하이퍼링크 네트워크의 미래의 변화가 어떻게 보일지 흥미롭다.

12.5 예 2 : 분야/산업/부문의 하이퍼링크 네트워크란 무엇인가?

두 번째 예시에서, 이미 새로운 소셜 네트워크 분석 소프트웨어를 만들고 팔 준비를 한다고 추정한다. 또한 이 웹이 마케팅과 판매의 1차 매체라고 추정한다. 나의 웹사이트를 만들었는데, 어떻게 내 웹사이트의 잠재적인 사용자를 찾을까?

'웹사이트를 만들면 사용자가 온다'라는 전략이 유용하지 않을 것 같다. 경제적인 요인으로 Google-spondored 사이트를 사는 전략도 현실적이지 않다. 이 사이트들을 우선적으로 매기는 것이 좋은 전략이다. 그 중에 한 전략은 VOSON Data Provider를 통해 하이퍼링크 네트워크 맵을 그리는 것이다. 이 맵을 통해 어떤 소셜 네트워크 분석도구가 있는지, 누가 그들과 연결하는지를 알 수 있다.

이 예시에서, 우리는 첫 100개 시드사이트의 inlink만 포함한 VOSON 데이터베이스를 만든다. crawler가 첫 페이지만 잡는다. 시드사이트를 추가하는 창에서 'social network analysis'를 체크하고 'Search' 버튼을 누른다. 그럼 VOSON 시스템이 (Yahoo!API를 통해) 100개 페이지를 가져온다(그림 12.12).

이 리스트를 통해 모든 페이지가 관련 있는 것을 빨리 살펴보고 싶고 관련이 없는 페이지를 줄을 하이라이트하고 삭제할 수 있다. 나머진 페이지들을 'Add seed(s)' 버튼을 눌러 추가하면 된다.

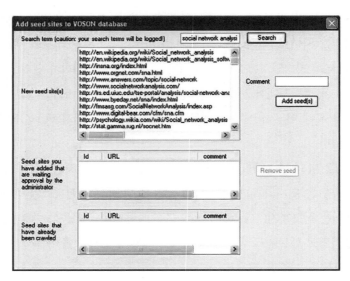

그림12.12 노드엑셀 16개의 시드사이트 및 관련 '중요한 사이트'가 있는 'VOSON 데이터베이스에 시드사이트 추가' 대화상자

데이터가 너무 많고 주제 이동 때문에 네트워크를 분석하기 어렵다. 그러므로 시드사이트인 중요한 사이트만 선택한다. 그림 12.13과 같이 896개 마디가 있다. 특정한 시드사이트의 파비콘이 수집되지 않았으면, default image(빨간색 X)가 나온다. 특정 시드 사이트에 대한 favicon이 수집되지 않은 경우 즉, 존재하지 않거나 'VOSON 데이터베이스 생성' 대화상자에서 'collect favicon.ico' 확인란을 선택하지 않은 경우 기본 이미지(a 적십자)가 표시된다. 종자 사이트 중 약 40개가 파비콘을 가지고 있다. 나머지는 기본 이미지가 사용된다.

마지막으로, 시드사이트만 포함한 부분그래프가 그려진다(그림 12.14).

그림 12.13 소셜 네트워크 분석과 중요한 사이트(2보다 크거나 같은 연결정도(Degree)가 있는 사이트)에 초점을 맞춘 시드사이트의 필터링 된 노드엑셀 시각화. 시드에 대한 파비콘(상징 아이콘)이 표시되는 반면, 빨간색 점은 시드가 없는 사이트를 나타내는 데 사용된다.

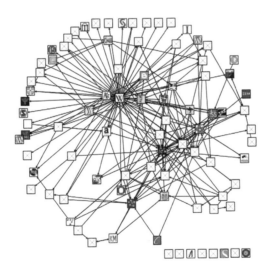

그림 12.14 그래프 꼭짓점(Vertex)에 대한 파비콘(사용 가능한 경우)을 사용하여 '소셜 네트워크 분석'에 중점을 둔 시드 사이트의 필터링 된 노드엑셀 시각화

이 그래프에 하이퍼링크 네트워크 중의 중요하거나 중심을 잡는 사이트가 **그림 12.13**보다 분명하다.

그림 12.14에서 이 하이퍼링크 네트워크 내에서 몇 개의 사이트가 매우 중추적이거나 중요한 역할을 하고 있음을 즉시 알 수 있다. 노드엑셀에서 대화식으로 그래프 작업(꼭짓점

(Vertex)에 커서를 놓고 'Vertex 워크시트'에서 누구인지 알아내는 것)을 통해이 액터를 식별할 수는 있지만 꼭짓점(Vertex)의 열 정렬 기능을 사용하는 것도 도움이 된다. 다양한 열을 기준으로 'Vertex 워크시트'를 정렬하면 다양한 유형의 웹사이트를 가장 주변에서 가장 중심까지 맨 위로 가져올 수 있다.

진입 차수가 가장 많은 5개 사이트는 International Network for Social Network Analysis INSNA (http://insna.org); Analytic Technologies, the distributors of the UCINET social network analysis software (www.analytictech.com); the academic homepage of Vladimir Batagelj, who is the creator of the Pajek social network analysis software (http://vlado.fmf.uni-lj.si); orgnet.com social network analysis software and services (www.orgnet.com); and the homepage of the academic Robert Hanneman (http://faculty.ucr.edu/~hanneman)이다. 첫 세 개 사이트는 모두 소셜 네트워크 분석 소프트웨어 혹은 서비스이다.

출력 차수도 알아볼 수 있다. 첫 5개 사이트는 Wikipedia(http://en.wikipedia.org), Answers.com(www.answers.com), the homepage of the academic Steffen Mazanek (www.steffen-mazanek.de), INSNA(http://insna.org), Analytic Technologies (www.analytictech.com)이다. 마지막으로 매개 중심성(betweeness centrality)이 강한 3개 사이트는 Wikipedia, INSNA, Analytic Technologies이다.

이 데이터 분석을 통해, 전에 주목하지 않았던 중요한 사이트(Stffen Mazanek's homepage)를 발견했다. 그리고 Analytic Technologies가 소셜 네트워크 서비스를 제공하는 사이트로 알려졌지만 사람들을 다른 소셜 네트워크 분석 사이트로 기울이는 데에 활동적인 역할을 한다.

만약에 맵 그리고 싶은 분야가 익숙하지 않거나 이 예시에서 나온 소셜 네트워크 분석보다 더 크면, 모든 주요한 것을 다 알 수 없다. 이럴 때 노드엑셀이 많은 도움이 될 것이다.

12.6 블로그, 임시 변경 사항 및 네트워크 흐름

이 장에서 노드엑셀을 이용해서 하이퍼링크 네트워크 데이터를 수집하고 분석하는 방법을 소개했다. 세 가지 향후 연구 주제를 간단하게 언급한다.

블로그는 Web 2.0 이용형태의 첫 번째 모형이고, 페이스복과 트위터 출시하기 전에 많이 유행했다. 블로깅 네트워크에 대한 많은 학문적 연구가 있다. 예를 들면, Adamic and Glance[14] 의 미국 정치 블로거 활동 분석 – 미국 정치에서 뚜렷한 반대되는 집단을 설명한다. 이 문장에서 노드엑셀로 블로그를 분석하는 방법을 제안하지 않는 몇 가지 원인이 있다. Web 1.0을 위해 최대한 적합하게 만든 crawler를 통해 효율적으로 블로그 네트워크 데이터를 분석하지 못한다. 특히 블로그 연구자들이 특정한 기간 내 행동에 관심 있다. 더불어 블로그 연구에서 'permalinks(hyperlinks occurring in the body of blog posts)'과 'blogrolls(lists of hyperlinks that sit to the side of the blog posts)'의 하이퍼링크를 구별하는 것이 유용하다. 전자가 블로거의 현재의 읽기 활동을 반영하고 질이 나빠지는 추세가 있기 때문이다. 이 것도 도전적이다.

블로그 사이트에서 유용한 연구 데이터를 추출(규모에 따라) 하는 것과 관련된 문제는 너무 커서(그러한 데이터에 대한 요구가 너무 큼), Spinn3r과 같은 새로운 회사에서 블로그 영역을 계속 크롤링하고 사용 가능한 API를 통해 (파싱된) 데이터(수집된 컨텐츠에 API를 제공한 회사의 초기 예가 Bloglines 20). 그러나 우리가 알고 있는 한, 그러한 서비스는 현재 하이퍼링크 네트워크로 쉽게 변환될 수 있는 형태로 데이터를 제공한다. 이 장에서 Web 1.0 데이터를 사용한 하이퍼링크 분석은 노드엑셀을 사용하면 훨씬 쉽게 만들 수 있지만 블로그 네트워크는 훨씬 복잡하다. 따라서 우리는 향후 VOSON Data Provider 버전을 위한 블로그 네트워크를 떠나야 할 것이다. 또는 다른 노드엑셀 스피곳 개발자(이 플러그인을 위한 시장이 분명히 있음)와 이 책의 또 다른 버전에서 다루어질 것이다.

다른 두 가지 향후 항목은 많은 사람들이 하이퍼링크 네트워크 분석의 'Holy Grails'로 인식한다. "하이퍼링크 네트워크 분야/산업의 오늘의 모습을 안다, 그러나 어떻게 어떻게 되었나?" 와 "나한테 pipes(hyperlinks between web sites)를 보여줬는데, 그들 간의 교통량이 어떤가?"

첫 번째 질문에 대해, 동적 네트워크에 관한 통계적인 분석이 가장 핫하고 도전적인 주제이다. 그러나 이 부분에서 데이터 수집도 도전적이다. 자신의 하이퍼링크 네트워크의 1년 전, 혹은 5년 전의 모습을 알고 싶다면, VOSON Data Provider가 도움이 되지 못한다.

마지막으로, VOSON Data Provider for NodeXL이 웹사이트 간에 존재한 하이퍼링크를 발견할 수 있지만, 모서리(Edge)의 교통류를 고찰하지 못한다.

12.7 실무요약

이 장은 조직의 웹 보유와 관련된 도구에 초점을 둔다. Kleinberg가 두 가지 사이트의 개념을 제공했다. 'hub'는 주로 사용자를 재미있는/중요한/유용한 정보를 제공하는 다른 웹사이트(authorities)로 인도하는 사이트이다. good hub는 많은 양질의 authority를 가지고 있는 하이퍼링크로 인도하는 사이트이고, 좋은 authority는 많은 good hub의 하이퍼링크를 받는 사이트이다.

그러므로 만약에 hub이며 autority인 사이트를 만들려면, 노드엑셀을 이용해서 맵을 그리면 관련된 하이퍼링크를 얻을 수 있다. 예를 들어, 소셜 네트워크 분석에 중점을 둔 사이트를 방금 설정했고 새 웹사이트가 현장에 대한 최신 정보를 얻을 수 있는 장소가 되고 배너 광고로 웹사이트에서 수익을 창출 할 계획이라면 따라서 소셜 네트워크 분석에 대한 권위 있는 도구와 전문가 정보를 제공하는 다른 웹사이트에 하이퍼링크로 연결되기 때문에 하이퍼링크 네트워크에서 좋은 허브가 되기를 원한다. 따라서 노드엑셀을 사용하여 연결되어야 한다. 동전의 반대편에서는(처음에 했던 것처럼) 소셜 네트워크 분석 분야에서 귀하의 역할은 전문적이고 권위 있는 도구와 서비스를 제공하는 것이라고 가정한다. 하이퍼링크 네트워크에서 주요 권한을 갖기 위해 노드엑셀을 사용하여 링크해야 하는 허브 사이트를 식별하는 것이 전략이다.

가장 간단한 예를 들자면, 노드엑셀을 이용해서 원하는 분야나 산업의 리더를 찾아내고, 그의 하이퍼링크 네트워크의 성공적인 내용을 이해하려고 한다. 노드엑셀이 웹의 개선에 도움이 된다.

하지만, 우리가 이 부분을 두 개의 경고로 끝나야 한다. 첫 번째로, graph-theoretical 측정은 일종의 정보원인 뿐이고 다른 분야에 대한 지식과 견주함도 필요하다. 온라인에서 측정한 것이 현실과 일치하는 조직도 있다.

두 번째로, 적합한 데이터 준비와 처리의 중요성을 과소평가하면 안 된다. 많은 데이터 처리가 휴먼 인풋이 필요하고, 이런 인풋이 없으면 하이퍼링크 네트워크가 의미 없을 수도 있다.

12.8 연구의제

웹이 시작할 때부터 하이퍼링크 네트워크가 존재한다. 그것은 산업 회사, 개인과 정부의 온라인 활동의 중요한 부분이다. 하이퍼링크 데이터가 e-government를 연구하는 데와 기업 정보 수집 활동에 많이 이용된다. 예를 들어, Escher[15]는 웹이 정부의 '노드(social and informational network)'의 중심에 있는 (정부의 입장에 미치는 영향에 대한 실증 분석) 경쟁 비즈니스 인텔리전스를 위한 하이퍼링크 데이터의 사용은 공동 링크 데이터를 사용하여 통신 회사 웹사이트의 네트워크를 구성한 Vaughan and you[16]를 조사하는 방법을 사용하였다(페이지 X와 Y가 모두 페이지 Z, X 및 y는 서로 연결되어 있으며 두 페이지가 공유하는 공동 링크의 수는 유사성을 측정한 것이다). 이러한 네트워크의 시각화를 통해 회사를 업계 분야로 정확하게 매핑할 수 있다.

노드엑셀과 같은 e-government에 긍정적 영향을 줄 수 있는 도구가 많이 활용된다. 예를 들면, Escher et al은 전자 정부 성능의 척도로서(하이퍼링크를 전송하거나 수신하는 사이트의 속성을 확인하지 않고) 정부 사이트로 또는 사이트로부터의 하이퍼링크의 원시 카운트에 중점을 둔다고 영향력을 평가하였다. 하이퍼링크 데이터를 사용하여 공식적인 소셜 네트워크 분석이 아직 전자 정부 연구에 사용되지 않은 이유는 분명하지 않지만 웹의 광대함은 분명히 도전 과제이다. Ackland[17]가 지적했듯이 완전한 하이퍼링크 네트워크를 추출하기 위해 네트워크 샘플링을 사용하는 것이 앞으로의 길일 수 있다. 노드엑셀과 같은 도구의 가용성이 전자 정부 하이퍼링크 연구에 긍정적 인 영향을 미칠 것으로 기대한다.

동적 하이퍼링크 분석은 하이퍼링크와 텍스트 내용 데이터를 분석할 수 있기 때문에 연구의 유효 영역이다. 마지막으로, 질적 하이퍼링크 분석과 질적 민족지학 이론을 용합한 혼합법 접근법은 유망한 연구 영역[18]이다.

참고문헌

[1] M.H. Jackson, Assessing the structure of communication on the World Wide Web, J. of Comput.-Mediated Commun. 3 (1) (1997) 273-299.

[2] M. Thelwall, Interpreting social science link analysis: a theoretical framework, J. of the Am. Soc. for Inform. Sci. and Technol. 57 (1) (2006) 60-68.

[3] Kleinberg, Authoritative sources in a hyperlinked environment, J. ACM 46 (5) (1999) 604-632.

[4] E. Davenport, B. Cronin, The citation network as a prototype for representing trust in virtual environments," in the web of knowledge: a festschrift in honor of eugene garfield, in: B. Cronin, H. Atkins (Eds.) , Information Today, Metford, NJ, 2000.

[5] R. Rogers, N. Marres, Landscaping climate change: a mapping technique for understanding science and technology debates on the world wide web, Pub. Understand. of Sci. 9 (2) (2000) 141-163.

[6] H.W. Park, C.S. Kim, G.A. Barnett, Socio-communicational structure among political actors on the web in south korea: the dynamics of digital presence in cyberspace, New Media & Soc. 6 (3) (2004) 403-423.

[7] M. Hindman, K. Tsioutsiouliklis, J.A. Johnson, Googlearchy: how a few heavily linked sites dominate politics online, Paper presented at the annual meeting of the Midwest Political Science Association, 2003.

[8] D. Lusher, R. Ackland, A relational hyperlink analysis of an online social movement, J. Soc. Struct. (2010). Accepted 13th October 2009.

[9] R. Ackland, R. Gibson, Mapping Political Party Networks on the WWW, refereed paper presented at the Australian Electronic Governance Conference, University of Melbourne, April 2004, pp. 14-15.

[10] R. Ackland, R. Gibson, W. Lusoli, S. Ward, Engaging with the public? Assessing the online presence and communication practices of the nanotechnology industry, Soc. Sci. Comput. Rev. (2010). Accepted 19, June 2009.

[11] R. Rogers, Mapping Public Web Space with the Issuecrawler, in: C. Brossard, B. Reber (Eds.), Digital Cognitive Technologies: Epistemology and Knowledge Society, Wiley, London, 2009, pp. 115-126.

[12] M. Thelwall, Introduction to Webometrics: Quantitative Web Research for the Social Science, Morgan & Claypool, San Rafael, CA, 2009.

[13] W.H. Dutton, P.W. Jeffreys, World Wide Research: Reshaping the Sciences and Humanities, The MIT Press, Cambridge, MA, 2010.

[14] L. Adamic, N. Glance, The political blogosphere and the 2004 U.S. election: divided they blog, Mimeograph(2005). Available at www.blogPulse.com/Papers/2005/AdamicGlanceBlog www.pdf.

[15] T. Escher, H. Margetts, V. Petricek, I. Cox, Governing from the centre? comparing the nodality of digital governments. Paper presented at the 2006 Annual Meeting of the American Political Science Association, Chicago, August 31-September 4, 2006.

[16] L. Vaughan, J. You, Mapping business competitive positions using web colink analysis, Proceedings of 2005 International Conference of the International Society for Scientometrics and Informetrics, 2005, pp. 534-543.

[17] R. Ackland, Social network services as data sources and platformsfor e-researching social networks, Soc. Sci. Comput. Rev. Special Issue on e-Social Science 27 (4) (2009) 481-492.

[18] P.N. Howard, Network ethnography and the hypermedia organization: new media, new organizations, new methods, New Media & Soc. 4 (4) (2002) 550-574

플리커(Flickr): 사람, 사진, 태그의 연결

목차

13.1 들어가기 ···················· 346
13.2 플리커 소셜 미디어 ············· 347
　13.2.1 Flickr로 무엇을 할 수 있을까? ··· 349
　13.2.2 플리커 세트, 수집 및 태그 ······· 351
　13.2.3 플리커 그룹 ··············· 352
　13.2.4 공유와 사회적 상호작용 ······· 354
13.3 플리커 네트워크 ··············· 354
　13.3.1 태그 네트워크 ············· 356
　13.3.2 사용자 네트워크 ··········· 357
13.4 플리커 네트워크를 분석함으로써
　　어떠한 질문들이 답변이 될 수 있을까? ········ 358
　13.4.1 개인 영역(personal sphere) ····· 358
　13.4.2 커뮤니티 영역(community sphere) ·· 358
　13.4.3 응용프로그램 영역(application sphere) ·· 359
13.5 노드엑셀에 플리커 자료 가져오기 ··· 360
　13.5.1 관련 태그 네트워크 ········· 360
　13.5.2 플리커 사용자 네트워크 ······· 362

13.6 플리커 자료를 사용하는 것 ········· 364
　13.6.1 그래프 유형 ··············· 364
　13.6.2 반복되는 모서리를 합치는 것 ····· 365
13.7 노드엑셀을 사용하여 플리커 네트워크를
　　분석하는 것 ················· 365
　13.7.1 위치 태그를 사용하여 랜드마크와
　　　　관광 명소 표시 ··········· 365
　13.7.2 태그의 의미를 구분하기 위한
　　　　태그 클러스터 식별 ········· 369
　13.7.3 플리커 사용자 네트워크 ······· 371
13.8 실무요약 ····················· 377
　13.8.1 데이터 준비 ··············· 378
　13.8.2 그래프 레이아웃 ··········· 379
13.9 연구의제 ····················· 380
　13.9.1 탐색 및 검증 ··············· 380
　13.9.2 통합(integration) ··········· 381
참고문헌 ························· 383

13.1 들어가기

　　플리커(Flickr)는 사용자가 디지털 사진 및 최근의 비디오를 업로드, 정리 및 공유할 수 있게 해주는 소셜 미디어 서비스이다. 그것의 중요성은 종종 웹 2.0이라고 불리는 소셜 웹 및 온라인 서비스의 진화에서 상당히 현저해진다. 실제로 플리커는 사진 애호가가 자신의 사진을 게시하고 토론하여 창의력과 재능을 표현할 수 있는 새로운 방법을 열었다. 가족과 친구들이 디지털 사진을 통해 특별한 순간을 공유할 수 있게 하여 가족과 친구를 연결한다. 또한 많은 사람들에게 백업, 바이러스 공격 및 유망한 개인 사진 컬렉션의 손실 가능성에 대해 걱정할 필요 없이 안전한 저장 및 액세스를 위한 실질적인 솔루션을 제공한다. 플리커가 전 세계적으로 8400만 명이 넘는 사용자를 보유하고 있으며 40억 개 이상의 사진을 보유하고 있는 것은 인상적이다.

플리커 서비스의 규모에는 컨텐츠 저장 및 관리를 위한 효과적인 기술적 솔루션이 필요하다. 그러나 이것이 서비스를 실행하는 데 절대적으로 필요하지만 자체적으로 소셜 미디어를 성공적으로 만들 수는 없다. 핵심은 매력적이고 효과적인 컨텐츠 액세스를 제공하는 것이다. 이미지 및 비디오의 경우에는 이러한 미디어를 통해 검색하는 것은 텍스트 및 오디오 검색보다는 명확하지 않기 때문에 특히 어려움이 있다. 사실 텍스트 컨텐츠와 오디오 트랜스크립트를 검색하는 것은 잘 이해할 수 있다. 검색엔진은 텍스트에서 키워드를 추출하고 사용자 검색 중의 키워드와 이를 포함하는 문서 간의 효과적인 매핑을 제공하는 역 인덱스를 만든다. 그러나 사진을 검색하는 경우에는 검색 시스템이 주로 사진의 다양한 측면을 설명하는 텍스트 메타 데이터에 의존해야 한다. 플리커의 접근법은 사용자가 사진에 태그를 지정하고 주석을 달고 해당 태그를 기반으로 사진을 검색하고 탐색할 수 있게 하는 것이다.

총괄적으로 플리커 커뮤니티는 플리커에서 컨텐츠를 액세스하고 관리하기 위한 기반인 커져가는 커다란 어휘집을 만들었다. 동시에 태깅 메커니즘은 효율성을 위한 플리커의 사회적 특성에 달려 있다. 태그는 개별 사용자에 의해 생성되기 때문에 다른 사용자에 대한 유용성은 태그의 의미에 대한 이해에 달려 있다. 태그의 의미는 사용자와 집단이 공동으로 채택하는 방식에 따라 컨텐츠와 메타 데이터가 노출됨으로써 결정된다. 그런 이유로 플리커에서 사회적 상호작용과 태깅 관행 사이의 상호작용을 연구하는 것은 흥미롭다. 이 장에서는 노드엑셀을 사용하여 이 작업을 수행하는 방법을 보여준다. 플리커 사용자의 컨텐츠 및 상호작용 패턴에 대한 통찰력을 얻기 위해 노드엑셀을 사용하는 방법을 보여주는 것을 통해 여러 플리커 네트워크 분석을 제공한다.

13.2 플리커 소셜 미디어

2004년 출시된 이후로 플리커는 플리커가 통합하는 몇 가지 주요 기능 및 서비스를 통해 적극적이고 참여적인 커뮤니티로 성장했다. 플리커 계정이 없더라도 이 서비스 중 일부를 계속 사용할 수 있다. 웹브라우저를 통해 www.flickr.com에 접속하면 플리커 공개 사진을 볼 수 있다. 그림 13.1과 그림 13.2는 키워드 별 검색, 캘린더 별 필터링, 팔로우할 링크 권장 사항 및 세트와 플리커 그룹에 대한 액세스를 제공하는 탐색 페이지를 보여준다.

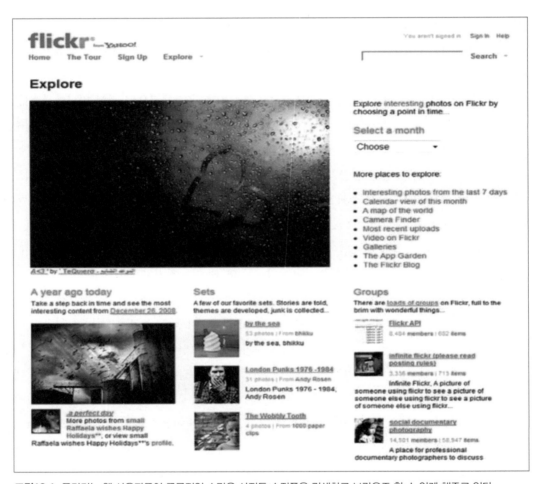

그림13.1 플리커는 웹 사용자들이 공공적인 수많은 사진들 수집품을 검색하고 브라우즈 할 수 있게 해주고 있다.

플리커에서는 지난 일주일 또는 특정 월말에 게시된 컨텐츠를 쉽게 볼 수 있다(그림 13.1). 과거 데이터 외에 세트 및 컬렉션으로 그룹화되거나 특정 관심 그룹별로 게시된 사진을 볼 수 있다. 그림 13.2에서 볼 수 있듯이 지리적 태그로 캡처된 특정 위치 또는 사용자가 수동으로 추가한 태그를 기반으로 사진을 찾을 수도 있다. 태그 클라우드에서 태그를 선택하면 공통점이 있는 사진으로 이동한다. 이 공통 속성은 플리커 커뮤니티에서 공유되는 태그의 의미를 반영한다.

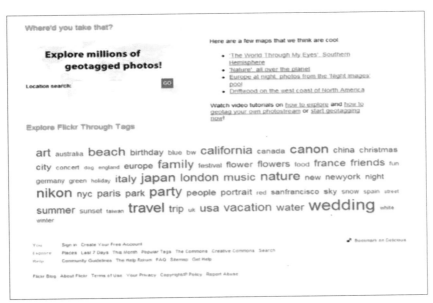

그림13.2 플리커 검색 페이지는 geo-태그 이미지를 검색해주고 태그에 의하여 사진을 브라우징 할 수 있게 해주는 태그 클라우드 또한 포함하고 있다.

13.2.1 Flickr로 무엇을 할 수 있을까?

플리커를 최대한 활용하려면 플리커 계정을 가져야 한다. 플리커 계정이 있어야 플리커가 사진 및 비디오 관리에 제공하는 많은 기능을 활용할 수 있다(표 13.1)

표 13.1 플리커로 수행할 수 있는 기본 작업

작업	내용
업로드	개인 사진이나 사진집을 바탕 화면, 이메일 또는 카메라 폰에서 업로드한다. 짧은 비디오에도 동일하게 적용된다.
편집	플리커의 파트너 Picnik(예 : 빨간 눈 현상 제거, 사진 자르기, 텍스트 추가 및 사진 효과 만들기)을 사용하여 기본 사진 편집을 수행한다.
구성	컬렉션, 세트 및 태그 개념을 사용하여 사진 및 비디오를 구성할 수 있다.
공유	그룹을 만들거나 가입하고 개인정보 제어 기능을 사용하여 다른 사람들과 사진 및 비디오를 공유한다.
지도	사진 및 비디오 위치를 지도에 매핑(지리 참조)하고 근처에서 찍은 다른 사진을 본다.
물건 만들기	사진을 사용하여 카드, 사진집, 액자 인쇄물, DVD 등을 만든다.
연락 유지	가족 및 친구로부터 업데이트를 받는다.

업로드부터 플리커는 이미지 및 비디오를 게시하는 데 5가지 이상의 방법을 제공한다. PC 및 Mac으로 사용가능한 플리커 업로드를 통하여, iPhoto, Aperture 또는 Windows XP 플러 그인을 통해, 플리커의 업로드 웹페이지를 통해, 이메일을 통해, 플리커 응용 프로그래밍 인터 페이스(API)를 사용하는 다양한 무료인 제3자 응용프로그램을 통해 제공된다. 사진을 온라인 으로 편집하고 싶다면 플리커의 파트너 서비스인 Picnik에 업로드하여 여러 가지 방법으로 편 집할 수 있다(자르기, 텍스트 추가, 빨간 눈 현상 제거, 효과 추가 등).

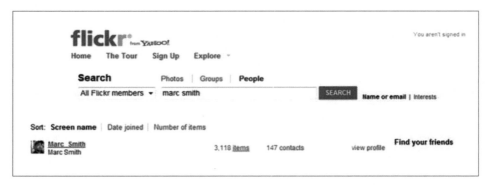

그림 13.3 플리커 회원 찾기 알고 있는 사람이 올린 사진을 찾으려면 '모든 플리커 회원' 검색을 사용하고 그 사람의 포토 스트림을 본다(그림 13.4). photostream은 항상 가장 최근에 업로드된 사진을 보여준다. 오른쪽에는 최신 사진 세트가 있다.

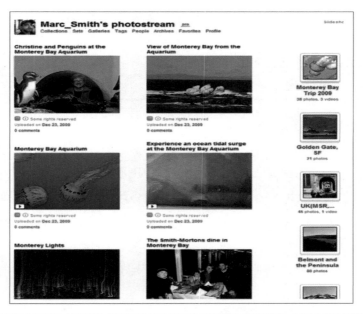

그림 13.4 플리커 포토스트림은 사용자가 최근에 게시한 사진을 보여준다. 오른쪽에는 날짜순으로 정렬된 사진집이 있다.

13.2.2 플리커 세트, 수집 및 태그

Flickr organizr 도구를 사용하여 사진과 비디오 세트 및 수집을 만들 수 있다. 일반적으로 세트에는 '휴일 사진'과 같은 특정 테마 주변의 사진 및 비디오 그룹이 포함된다. 세트의 일반적인 용도로는 좋아하는 사진 그룹화 및 사진 앨범 만들기가 있다.

세트는 일반적으로 수집으로 그룹화가 된다. 예를 들어, 컬렉션은 사진을 찍은 해를 가리키거나 보다 광범위한 주제(여행, 회의, 이벤트, 초상화 등)를 나타낼 수 있다. organizer를 사용하면 여러 사진과 비디오를 동시에 처리하여 집합과 컬렉션을 관리할 수 있다.

플리커에서 태그와 설명으로 사진과 비디오에 주석을 달 수 있다. 태그는 본질적으로 **그림 13.1**과 **그림 13.2**에서 볼 수 있듯이 조직화와 검색을 용이하게 하는 키워드이다. 대부분의 경우 사용자는 개인 및 공공 이익을 위해 사진에 대한 추가 콘텍스트를 전달하기 위해 태그를 적용한다.[1][2] 친구 및 가족에게 문맥을 설명하는 태그를 추가할 수 있다. 일부는 컨텐츠 또는 콘텍스트를 나타내지는 않지만 자신의 사진에 대한 관심을 높이는 유일한 목적으로 태그를 붙이고 적용하는 키워드를 잘못 사용한다.[3]

그림 13.5 상단 그림은 플리커에서 여러 사진 세트를 보여준다. 중간 그림은 '2007 MSR 라틴 아메리카 학부모 회담'에서 개별 이미지를 보여준다. 하단 이미지는 여러 세트가 포함된 컬렉션을 보여준다.

각 사진 또는 비디오에는 최대 75개의 태그가 포함될 수 있다. 일반적으로 이러한 태그는 관련이 있다. 서로 다른 수준의 세부 묘사로 사진을 설명함으로써 서로를 보완할 수 있다. 예를 들어, 그림 13.5에서 사용자는 사진(2007, 10월)을 게시하는 시간을 나타내는 두 개의 태그와 특정 이름에서(예 : 유즈넷, 트리 맵)에서 일반 개념까지의(예 : 뉴스그룹, 정보, 시각화) 5개의 태그를 달아놓았다.

13.2.3 플리커 그룹

플리커에서 그룹을 만들고 친구 세트 및 다른 플리커 회원이 그룹의 사진을 공유하고 의견을 나눌 수 있다. 그룹은 공통 관심사를 중심으로 하위 커뮤니티를 모인다. 예를 들어 그룹은 특정 주제, 특정 사진 기술 및 인기가 있는 장소에 대한 사진에 관심을 가질 수 있다. 플리커를 사용하면 기존 그룹에 쉽게 가입하거나 새 그룹을 시작할 수 있다.

그룹은 공개적(즉, 완전히 열리거나 초대로만 공개) 또는 비공개적일 수 있다. 각 그룹에는 사진 및 비디오 공유를 위한 '풀'과 '토론 게시판'이 있다. 사진 제목과 사진 사이에 있는 간단한 '그룹으로 보내기' 버튼을 사용하여 그룹에 사진을 게시할 수 있다. 그룹에 게시하면 게시자 또는 그룹 관리자만 사진을 제거할 수 있다.

공개된 그룹은 플리커 사이트(예 : 그룹 페이지, 사용자 프로필 페이지(그림 13.7) 및 그룹 풀에 제출된 사진을 보여주는 모든 페이지)를 통해 여러 위치에 나열된다. 비공개 그룹은 플리커 사이트 어디에도 나열되지 않으며 새로운 회원은 초대로만 가입할 수 있다. 일반적으로 플러커에서는 개별 사진이나 비디오의 개인정보 보호 수준을 설정할 수 있다. 프라이버시는 가시성 및 사용권을 결정하여 저작권 소유권이 명확하게 표시되도록 한다. 사진을 '그룹 내 비공개'로 표시하면 그룹 구성원은 메모, 메모 및 태그를 추가할 수 있지만 비회원에게는 사진이 표시되지 않다. 일반적으로 무료 플리커 계정으로 사진을 10개의 다른 그룹 풀에 추가할 수 있다. Flickr Pro 계정을 사용하면 60개의 그룹 풀로 증가한다.

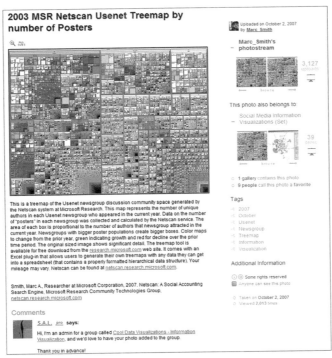

그림 13.6 플리커 이미지는 7개의 태그 및 광대한 묘사를 포함한다. 9명의 사람들이 사진을 좋아하고 그것을 '즐겨찾기'라고 불렀다. 이미지는 하나의 갤러리에 포함되어 하나의 코멘트를 받았다.

그림 13.7 사용자의 Flickr 프로필 페이지에는 연락처 수(146) 및 그룹 회원 수(6)가 표시된다.

13.2.4 공유와 사회적 상호작용

그룹 내에서 사진을 공유하는 것 외에도 개인 사진을 친구와 공유할 수 있다. 플리커 회원이 아닌 경우 특별 URL 웹 링크를 사용하여 액세스 권한을 부여하는 '게스트 패스'를 만들 수 있다.

플리커의 다른 사용자와 연락을 유지하려면 '연락처'로 추가할 수 있다. 연락처를 친구 또는 가족(또는 둘 다)으로 선언할 수 있다. 연락처 페이지를 사용하거나 매일 이메일을 구독하면 연락처가 하는 일을 쉽게 확인할 수 있다. 메모와 의견을 사용하여 상호작용할 수 있다. 메모를 사용하면 연락처가 사진과 비디오의 표면에 직접 메시지를 남길 수 있다. 마우스가 이미지 위로 이동하고 일반적으로 사람, 물체 또는 위치를 식별할 때 나타난다. 주석은 추가 논의를 용이하게 하기 위해 이미지 아래에 위치한다(그림 13.6).

진정으로 사람의 사진을 좋아하고 감사의 말을 표현하고자 한다면 '즐겨찾는' 사진 목록에 사진을 포함시킬 수 있다. 이 것은 사회적 승인의 한 형태이며, 플리커는 그것을 사진의 '흥미'를 확인하는 척도 중 하나로 사용한다. 클릭 연결, 댓글 수 및 사진이 즐겨 찾기로 선택된 횟수를 포함하는 일련의 측정을 기반으로 흥미도를 계산한다.

13.3 플리커 네트워크

연락처를 만들고, 사진에 댓글을 달고, 플리커 그룹에 가입함으로써 실질적인 소셜 네트워크를 개발하고 사회적 존재감을 높일 수 있다. 실제로 플리커에서는 활동을 모니터링 할 수 있다. 일정 기간 내에 각 사진의 조회수 또는 수신한 의견 목록을 포함하는 보고서를 작성한다. 따라서 커뮤니티에 대한 기여도를 알 수 있다. 얼마나 많은 다른 회원들이 여러분의 사진을 '좋아하는 것'으로 좋아하고 표시했는지 알 수 있다. 그러나 현재 귀하는 전체적으로 플리커 커뮤니티에 대해 거의 알지 못한다. 예를 들어, 다른 사람들과 비교하여 커뮤니티에 얼마나 잘 연결되어 있는지 또는 플리커의 사회적 유대 관계가 시간 경과에 따라 어떻게 변하는지, 그룹을 통해 사진을 배포하는 데 어떤 영향을 주는지, 사회구조 네트워크가 있다. 다른 사람들과의 상호작용에서 발생하는 자신의 소셜 네트워크를 이해하는 데 관심이 있을 수 있다. 예를 들어, 시간이 지남에 따라 플리커에서 새로운 관계를 발전시킬 수 있으며 귀하의 참여는 기존 관계에 의해 영향을 받을 수 있다.[4] 친구가 다른 플리커 사용자와 의견을 나누는 것보다 사진에 댓글을 달

가능성이 있다. 소셜 네트워크 분석은 사용자가 수행하는 다양한 역할과 소셜 네트워크의 발전에 기여하는 다양한 방식을 포함하여 흥미로운 패턴을 나타낼 수 있다.[5][6]

플리커 사용자가 사진에 태그를 지정하는 방법과 사용자와 사진에서 그 방법이 다른지를 관찰하는 것이 특히 흥미롭다. 미리 정의된 어휘와 엄격한 지침이 없기 때문에 다른 사용자가 동일한 사진에 대해 다른 태그 세트를 선택하게 될 것이다. 그 반대도 마찬가지다. 매우 다른 의미와 문맥상의 의미를 지닌 사진들에 대해 동일한 태그가 사용될 수 있다. 사용자가 각 사진에 여러 개의 태그를 할당할 수 있게 함으로써 플리커는 태그의 다양성을 증가시키지만 동시에 사진이 태그를 공유할 가능성을 높인다. 실제로 다른 사용자가 태그를 독립적으로 할당하더라도 일반적으로 태그 사용에 수렴이 있다.[7] 사진 간에 공통으로 발생하는 태그는 종종 사진 컬렉션의 좋은 설명자 역할을 하며 검색 및 검색에 효과적으로 사용될 수 있다.

공통 태그와 사진 및 사용자와의 연관성을 검사하여 플리커 커뮤니티 및 컨텐츠의 특성을 파악할 수 있다. 예를 들어 다음 요소를 분석할 수 있다.

(1) 플리커의 사회적 관계. 사용자는 명시적인 관계를 만들거나(예 : 같은 플리커 그룹에 속하거나 서로를 연락처로 추가하여) 사회적 활동에 해당하는 암시적 관계를 만든다(예 : 서로의 사진에 댓글 달기, 동일한 태그를 사진에 지정, 유사한 활동).

(2) 플리커의 컨텐츠 구조. 또한 사진에는 동일한 컬렉션에 속하거나 동일한 태그로 분류되거나 플리커에 의해 '재미있는' 플래그가 지정된 것과 같은 명시적 관계가 있다. 태그 자체는 사진 전체에 걸친 동시 발생 또는 사용자 전반의 공통 사용을 기반으로 클러스터로 암시적으로 그룹화 된다.

사용자, 사진, 태그 또는 그룹 쌍 간의 이러한 모든 관계는 사용자가 플리커에 참여함으로써 발생하며 네트워크로 나타낼 수 있다 (그림 13.8).

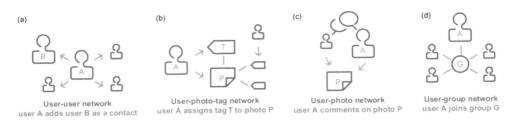

그림 13.8 플리커에 대한 사용자의 참여 및 컨텐츠 기여로 발생하는 네트워크. (a)연락처 추가 (b) 사진 작성 및 태그 지정. (c) 사진에 주석 추가 (d) 그룹에 가입

사용자-사진-태그 형태로 플리커 데이터가 있다고 가정한다. 즉, 모든 플리커 사용자는 플

리커에 업로드한 모든 사진과 사진에 할당한 모든 태그의 목록을 얻는다. 여러 사진에 동일한 태그를 적용한 사용자 쌍을 연결하여 암시적 사용자–사용자 관계를 유도할 수 있다. 마찬가지로 하나 이상의 태그를 공유하는 사진 쌍을 연결하여 암시적인 사진–사진 네트워크를 얻을 수 있다. 마지막으로 이미지 또는 사용자 간에 자주 발생하는 태그 쌍을 연결하여 태그–태그 네트워크를 도출할 수 있다.

정의되고 분석될 수 있는 많은 다른 암시적 네트워크가 있지만 이 장에서는 태그가 사진과 연관되어 발생하는 태그 네트워크와 두 개의 사용자 네트워크를 탐구한다. 하나는 사용자 연락처 목록의 결과이고 다른 하나는 특정 사용자가 게시한 사진에 대한 사용자 의견이다.

13.3.1 태그 네트워크

플리커 구성원은 사진을 플리커에 업로드 할 때 사진에 태그를 할당한다. 플리커 도구를 사용하면 세트의 여러 사진에 태그를 쉽게 할당할 수 있다. 또한 사진에 여러 태그를 적용하여 사진과 그 사진의 중요한 모든 측면을 캡처할 수 있다.

그림 13.9에 표시된 것과 같은 맥락[2]. 이 예제에서 사진에는 사진을 찍은 위치와 시기 및 사진이 표시하는 특정 개체를 나타내는 7개의 태그가 포함되어 있다. 라스베이거스나 분수대 사진에 관심 있는 사람들은 태그를 이용하여 이 사진을 쉽게 찾을 수 있다.

그림 13.9 라스베가스에 있는 벨라지오 호텔 분수들의 태그된 사진

태그는 종종 개념적으로 서로 관련된다. 벨라지오 호텔의 사진을 찍은 다른 사용자들이 '벨라지오'와 '베가스'라는 태그를 붙였다고 해도 놀랄 일은 아니다. 실제로, 호텔은 라스베가스에 위치해 있고 두 태그의 연관성은 지리적 근접성을 반영한다. 더욱이, '벨라지오'와 '베가스'의 사용은 그들이 대표하는 기관들(즉, 시내에 위치한 호텔) 간의 관계를 반영할 가능성이 높다. '벨라지오'라는 태그가 붙은 사진에는 도시를 참조하기 위해 '베가스'라는 태그가 포함될 가능성이 있다. 그러나 '베가스'로 태그가 지정된 많은 사진들은 '벨라지오'를 참조하지 않을 수도 있다. '베가스'는 '카사 궁전', '베네티안' 또는 라스베이거스에 있는 다른 호텔의 이름과 함께 사용될 수 있다. 그런 점에서, '벨라지오'는 '베가스'에 비해 더 구체적인 태그로 여겨질 수 있다.

이러한 관측에 따라 태그 간의 관계를 각 태그가 포함된 사진의 비율로 정의하는 것이 유용한다. 더 정확히 말하면, 동일한 사진에 적용되는 두 개의 태그는 관련이 있는 것으로 간주된다. 관계는 일반적으로 비대칭이며 각 방향에서 서로 다른 강도 값을 가진 양방향 링크로 재전송될 수 있다. 태그 네트워크를 분석할 때 일반 태그를 필터링하고 더 구체적인 태그에 초점을 맞추는 것이 종종 유용한다. 사진에 있는 특정 태그의 동시 발생은 태그가[7]을 나타내는 개념 사이의 고유한 연관성을 드러내고 동일한 태그의 다른 의미에 해당하는 태그 클러스터를 식별할 수 있다. 실제로 이러한 공동커링 태그의 클러스터는 태그가 지정된 사진의 주제나 주제를 구분하는 데 도움이 될 수 있다.

13.3.2 사용자 네트워크

사용자 연락처(user contacts)

플리커에서 사용자는 다른 사용자와 접촉하여 사회적 유대관계를 설정할 수 있다(그림 13.8(a)). 그 관계는 교환될 수도 있고 그렇지 않을 수도 있다. 연락 관계-선박은 사용자와 이들의 연락처 사이의 연결을 보여주는 소셜 네트워크로 표시될 수 있다. 서로 연락처로 포함시킨 두 사용자의 경우, 링크는 상호관계를 나타내며, 네트워크 속성, 특히 접촉 관계의 상호성을 분석하면 커뮤니티 내의 개인 속성뿐만 아니라 개인의 속성도 쉽게 이해할 수 있다.

다른 사용자의 사진에 대해 언급(comment)하는 사용자

플리커를 사용하면 사진에 주석을 추가할 수 있다(그림 13.8(c)) 개별 플리커 그룹의 구성원들은, 시험을 위해서, 그 점에 있어서 꽤 활동적이다. 그들은 모든 그룹 멤버들이 보고 언급할 수 있는 사진들의 풀에 기여한다. 더 일반적으로, 사람은 플리커에서 공개적으로 이용할 수 있는 어떤 사진에도 의견을 추가할 수 있다.

　사진에 주석을 게시할 때 사용자는 해당 사진의 소유자와 암시적 연락처를 설정한다. 이러한 상호작용은 서로의 사진에 대해 언급하는 사용자 간의 링크를 보여주는 사용자 네트워크에서 캡처할 수 있다. '개요 링크'는 사실상, 주제, 품질 또는 사진의 다른 측면에 관한 작가의 사진에 대한 관심을 표현하는 것이다. 네트워크의 모서리(Edge)는 타임스탬프를 포함할 수 있으며 따라서 사용자가 의견을 교환한 순서를 캡처할 수 있다. 그러한 시간적 네트워크는 시간에 따른 사용자 상호작용 패턴을 설명하는 데 도움이 될 수 있다.

13.4 플리커 네트워크를 분석함으로써 어떠한 질문들이 답변이 될 수 있을까?

　플리커 소셜 미디어 서비스는 사회의 다양한 측면을 포착한다. 본질적으로, 플리커는 이미지를 통한 사회의 반영이며 그것과 함께 그리고 그것 주위로 나타났다. 그러므로, 당신은 다른 영역에서 당신 자신에게 질문을 할 수 있다.

13.4.1 개인 영역(personal sphere)

　당신의 플리커 연락망을 보면, 당신은 우정의 끈을 조사하고 링크가 상호적인지 확인하기를 원할 수 있다. 여러분은 아마 사진을 통해 정기적으로 관심을 공유하고 여러분과 함께 참여하는 친구들과 많은 상호관계를 기대한다. 비회상적 연결은 팔로워, 먼 친구 또는 소셜 미디어에 참여하기 위한 선호도가 낮은 가족 구성원일 수 있다.

　사진, 태그 및 주석의 네트워크를 고려하여 컨텐츠 테마 주위에 클러스터를 생성하여 내성적인 검사와 컨텐츠 이해에 도움을 줄 수 있다.

13.4.2 커뮤니티 영역(community sphere)

　특정 사진에 대한 태그 선택을 바탕으로 다른 사람과 친구를 구분할 수 있을 것이다. 여러분의 친구 그룹은 공통된 어휘로 모여 서로의 태그를 재사용하기 시작할 것이다.

　플리커에서 사용자는 그룹을 만들도록 권장된다. 일부 구성원은 관리자 역할을 하며, 참여를 완화하고 그룹으로부터 사람들을 초대 또는 금지한다. 대규모 플리커 그룹을 어떻게 관리할 수 있을까? 그 그룹이 활발하고 건강한지 어떻게 평가할까? 당신은 중요한 사람들을 어떻게 식별할 것인가?

먼저 노드엑셀 및 소셜 네트워크 분석을 사용하여 구성원의 행동에 대한 통찰력을 얻을 수 있다. 예를 들어 사용자가 다른 그룹의 구성원인지 확인하고 해당 그룹의 추적 레코드를 항상 관찰할 수 있다. 둘째, 그룹이 중심 테마에 계속 집중되도록 할 수 있다. 태그, 댓글, 이미지 등을 분석해 이동이 있는지 확인하고 추세가 계속될 경우 얼마나 많은 사람이 소외될 수 있는지 평가할 수 있다. 커뮤니티에 정보를 노출하면 자체 수정 메커니즘이 활성화될 수 있다. 마지막으로 그룹을 떠나 다른 사람에게 관리 업무를 이전해야 한다고 가정한다. 당신은 논평과 응답의 네트워크를 기반으로 그룹의 사회적 네트워크를 분석하고 그룹에서 가장 권위 있는 사람과 잘 연결된 사람을 확인하고 싶을 것이다.

13.4.3 응용프로그램 영역(application sphere)

전자 상거래(e-commere)

소셜 미디어에서 우정에 의한 영향은 상당하다. 당신은 물어볼지도 모른다, 친구들은 그들의 행동에 있어 친구들을 따를 것인가? 사용자가 최신 차량 모델의 이미지를 제출하면 다른 차량도 후속 조치를 취할까? 그것이 어떤 사람이 특정한 자동차 브랜드를 사거나 심지어 전체 그룹에까지 영향을 미칠까? Singla와 Weber[8]의 연구는 카메라 브랜드 선택에 관한 플리커 친구들 사이의 일치성을 밝혀냈다. 제품 브랜드들은 아마도 우정의 사회구조를 분석하고 그들 사이의 불화를 확인하기를 원할 것이다. 네트워크 구조에 대한 그러한 통찰력은 신제품 출시를 알려줄 수 있다. 기업은 주요 영향력 행사자 및 관련자를 파악하고 타겟 제품 캠페인을 수행할 수 있다.

서비스 및 인프라(service and infrastructure)

플리커에 대한 비교적 간단한 데이터 사용 분석에서 소셜 또는 아카이브 용도로 게시했는지 여부를 결론을 내릴 수 있다. Van House의 연구[9]에서 많은 사람들이 플리커를 개인 화랑으로, 다소 일시적이고 변화무쌍한 성격으로 사용하고 있다는 것이 명백해졌다. 플리커와 같은 서비스의 경우, 작지만 사회적으로 중요한 미디어 세트에 대한 게시 및 코멘트와 비교하여 보관 기능을 지원하는 데 필요한 인프라를 결정하는 것이 중요하다.

지오태그 애플리케이션(geo-tagged application)

플리커는 다른 플랫폼에서 액세스할 수 있다. 따라서 지오 태그 이미지를 삽입하여 지리적 지도에 표시할 수 있다. 이것은 재난대응부터 레저 계획에 이르기까지 특정 사용 시나리오를 가능하게 하는 강력한 추가정보를 제공한다(Crandall et. al.[10]). 3천 5백만 개 이상의 이미지에 컨텐츠 및 네트워크 분석을 사용하고, 시간이 지남에 따라 우리에게 중요한 사항을 공개하기 시작했다. 이것은 전자상거래에서 교육, 정책 만들기에 이르기까지 많은 목적으로 사용될 수 있다.

13.5 노드엑셀에
플리커 자료 가져오기

플리커는 프로그래머가 사용자, 사진, 태그, 그룹 등에 대한 정보를 자동으로 수집하는 데 사용할 수 있는 PPI 서비스를 통해 데이터를 쉽게 얻을 수 있도록 한다. 노드엑셀은 이러한 API 방법 중 일부에 연결하여 네트워크 및 관련 메타데이터를 노드엑셀 네트워크 템플릿 워크북으로 직접 가져온다. 이 섹션에서는 이 장에서 사용되는 데이터를 가져오는 단계를 설명한다.

첫 번째 단계는 새 노드엑셀 워크북을 열거나 생성하는 것이다. 기존 Excel 리본 탭 옆에 있는 노드엑셀 메뉴 리본이 활성화된다. 데이터 가져오기 옵션은 그림 13.10과 같이 노드엑셀 메뉴 리본의 맨 왼쪽에 있는 데이터 그룹의 가져오기 메뉴에 있다.

그림 13.10 노드엑셀의 데이터 임포트 스페셜

13.5.1 관련 태그 네트워크

'From Flickr related tags Network' 옵션을 선택하면 새 대화창이 열린다(그림 13.11). 이 창에는 관련 태그(예 : barcelona)를 검색할 태그를 입력하는 필드와 플리커 API 키를 지정하는 다른 필드가 포함된다. 플리커를 사용하려면 모든 데이터 요청에서 플리커 웹사이트에서 가져와야 하는 API 키를 사용해야 한다. 아직 가져오지 않은 경우 가져오기 창에 제공된 링크를 사용하여 플리커 API 키를 신청한다. 수신되면 해당 필드에 입력하고 플리커 네트워크를 노드엑셀로 가져온다.

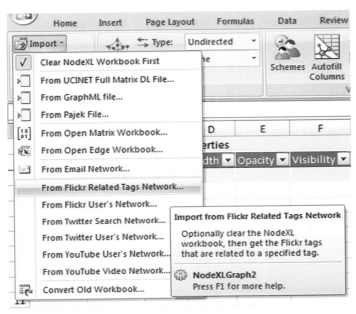

그림 13.11 노드엑셀 '플리커 관련 태그 네트워크' 메뉴를 통해 'barcelona' 태그와 관련된 모든 태그를 가져와 각 태그에 대해 샘플 플리커 사진을 다운한다.

가져오기 대화상자에서 관련 태그 네트워크에 포함할 공중제비를 지정할 수도 있다. 수준은 지정된 태그의 자기중심 네트워크(egocentric network) 깊이를 나타낸다. 노드엑셀은 태그와 관련된 모든 태그를 검색하여 태그 사이에 모서리(Edge)를 만든다.

지정된 태그가 **그림 13.12(a)**의 중앙에 있는 진한 파란색 꼭짓점(Vertex)에 해당하며 다른 밝은 파란색 꼭짓점(Vertex)이 관련 태그를 나타낸다고 가정한다. 이 경우 자기 중심 네트워크의 깊이 수준은 세 개의 꼭짓점(Vertex) 사이의 모서리(Edge)만 포함하므로 1이다. **그림 13.12(b)**에서, 네트워크는 관련 태그들 사이의 모서리(Edge)를 보여주며, 이러한 태그들이 중앙 태그뿐만 아니라 그들 사이에도 관련되었음을 나타낸다. 이 네트워크의 깊이는 1.5이다. **그림 13.12(c)**는 깊이 2의 네트워크를 나타내며, 중앙 태그와 직접 관련되지는 않지만 수준 1 태그에 연결된 태그를 포함한다.

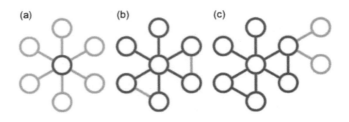

그림 13.12 깊이 수준이 n과 동일한 자기 중심 네트워크 (a) n =1. (b) n =1.5. (c) n =2.

대화창의 확인란을 선택하여 노드엑셀이 네트워크의 각 태그에 대한 샘플 사진을 다운로드 하도록 지시할 수 있다. 태그 꼭짓점(Vertex)을 이미지로 표시하는 네트워크 시각화를 만들 수 있다.

노드엑셀은 'Vertex 워크시트'에 태그를 삽입하고 관련 태그 쌍을 'Edge 워크시트'에 삽입 하여 태그 네트워크를 가져온다. 또한 샘플 이미지 파일의 URL을 '이미지 파일' 열에 추가하고 개별 태그의 플리커 페이지에 대한 링크를 'Vertex 워크시트'의 '사용자 지정 메뉴' 열에 삽입 한다. 이러한 링크는 마우스 오른쪽 버튼 클릭 시 그래프 꼭짓점(Vertex)을 선택할 때마다 상 황에 맞는 메뉴의 노드엑셀 그래프 캔버스에 나타난다.

13.5.2 플리커 사용자 네트워크

'From Flickr User's Network'(그림 13.10 참조) 옵션을 선택하면 그림 13.13과 같이 약 간 다른 대화창이 열린다. 이 경우 첫 번째 입력 필드를 사용하면 소셜 네트워크의 중심에 있을 플리커 사용자의 이름을 지정할 수 있다. API 키와 네트워크 수준은 이전 섹션에서 설명한 대 로 설정된다.

13.3.2절에 언급된 두 가지 유형의 사용자 네트워크를 선택할 수 있다. 첫 번째 상자를 선택 하면 사용자의 실제 이름, Flickr Pro에 업로드된 사진 등 네트워크의 각 사용자에 대한 정보를 추가할 수 있다.

상태가 형성되고 프로필 사진이 URL로 이동되었다. 두 번째 상자에서는 선택한 네트워크 수준이 매우 큰 데이터 세트로 이어질 것으로 예상될 경우 미리 정의된 수의 꼭짓점(Vertex)으 로 네트워크 작업 크기를 제한할 수 있다.

모든 데이터를 다운로드하는 데 필요한 시간은 네트워크의 크기에 따라 다르다. 연락처가 많 은 사용자나 사진을 많이 받은 사용자가 많은 의견을 받는 경우 데이터 다운로드가 완료되는 데 다소 시간이 걸릴 수 있다. 노드엑셀은 사용자 이름을 'Vertex 워크시트' 및 사용자 이름 쌍을 'Edge 워크시트'에 삽입한다. 각 모서리(Edge)는 첫 번째 사용자가 두 번째 사용자가 게시한 사진에 추가한 주석을 나타내며, 주석의 시간 스탬프를 포함한다.

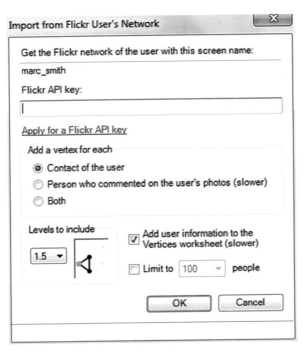

그림 13.13 노드엑셀의 '플리커 사용자의 네트워크에서 가져오기' 대화상자. 사용자 'marc_smith'의 모든 연락처와 각 사용자 프로필 사진에 대한 정보를 가져오는 모습이다.

노드엑셀은 URL을 'Comment URL' 열의 설명과 'Comment Time' 열의 시간 스탬프를 연결하는 플리커 페이지에 저장한다(그림 13.14). 각 사용자 쌍 간의 관계 유형인 '연관' 또는 '상담사'를 나타내기 위해 'Edge 워크시트'에 '관계' 열을 추가한다. 노드엑셀은 '이미지 파일' 열에도 포함된다. 각 사용자 쌍 간의 관계 유형인 '연관' 또는 '상담사'를 나타내기 위해 'Edge 워크시트'에 '관계' 열을 추가한다. 노드엑셀은 또한 플리커 사용자의 프로필 사진의 URL을 '이미지 파일' 열에 포함한다. 또한 사용자 프로필 페이지 링크를 'Vertex 워크시트'의 'Custom Menu' 열에 삽입한다. 'Real Name', 'Total Photos', 'Is Professional' 열은 각 사용자에 대한 정보를 저장한다.

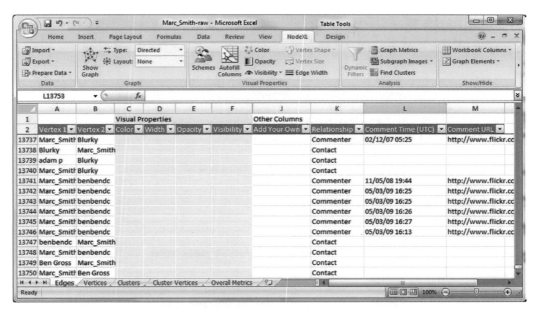

그림 13.14 두 사용자 네트워크(연락처 및 주석)를 가져온 후 노드엑셀 'Edge 워크시트'의 원시 데이터(raw data)이다. 관계 열은 각 사용자 쌍 간의 관계 유형을 나타낸다.

13.6 플리커 자료를 사용하는 것

13.6.1 그래프 유형

노드엑셀은 지시 및 직접적 네트워크와 함께 작동한다. 가져온 네트워크 유형을 지정해야 한다. 나중에 그래프 리본 그룹에서 유형을 변경할 수 있다(그림 13.15).

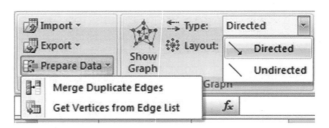

그림 13.15 노드엑셀 데이터(Prepare Data) 및 그래프 유형 드롭다운 메뉴 준비

특히, 플리커 네트워크는 노드엑셀이 데이터와 모서리(Edge)의 의미를 가져오는 방식을 고려할 때 모두 직접 네트워크로 취급되어야 한다. 그러나 어떤 경우에는 직접 네트워크를 직접

적 네트워크로 전환하는 것이 유용하다. 그래프 유형을 '간접화됨'으로 설정하면 노드엑셀이 그래프 모서리(Edge)에 화살표를 그려서는 안 되며 그래프 메트릭을 계산할 때 네트워크를 간접화되지 않은 것으로 취급한다.

13.6.2 반복된 모서리를 합치는 것(merging duplicate edge)

지시된 네트워크에서 직접적 네트워크로의 변환은 태그와 사용자 네트워크에 종종 존재하는 상호 연결 때문에 모서리(Edge)가 중복될 가능성이 있다. 데이터 준비 메뉴(그림 13.15)에서 '복제 에지 관리' 옵션을 선택하면 중복 모서리(Edge)가 집계되고 각 모서리(Edge)에 모서리(Edge) 중량이 할당된다. 노드엑셀은 'Edge 워크시트'에 '에지 가중치' 열을 생성하고 가중치는 양방향인 모서리(Edge)에 2이고 가중치는 1이 아닌 모서리(Edge)에 할당한다. 'Edge 워크시트'에 이미 '에지 가중치' 열이 포함되어 있는 경우 노드엑셀은 중복 모서리(Edge)를 병합하고 개별 가중치를 계산한다. 이 작업에서는 타임 스탬프와 URL을 포함하여 워크시트의 추가 모서리(Edge) 데이터가 손실된다. 가중치는 네트워크 분석과 시각화를 돕기 위해 사용될 수 있다.

13.7 노드엑셀을 사용하여 플리커 네트워크를 분석하는 것

이 섹션에서는 플리커 네트워크의 노드엑셀 시각화 및 분석에 대한 몇 가지 예를 소개한다. 앞의 두 절에서는 (1) 특정 위치의 랜드마크와 관광 명소를 식별하는 데 관련 태그 네트워크를 사용할 수 있는 방법과 (2) 관련 태그의 클러스터를 식별하여 태그 의미를 분산시키는 방법을 설명한다. 나머지 섹션은 코멘트를 통한 사용자 상호작용으로 야기되는 사용자 네트워크에 초점을 맞추고 이들을 분석하는 몇 가지 접근방식을 제시한다.

13.7.1 위치 태그를 사용하여 랜드마크 및 관광 명소(tourist attraction) 표시(revealing)

다음의 시나리오를 고려하다 라스베가스를 처음으로 방문할 기회가 있다. 플리커 사용자로서 플리커 커뮤니티의 다른 사용자가 방문하여 사진에 캡처한 내용을 보고 싶을 수 있다. 일반적인 장소, 랜드마크 및 관광 명소에 대한 감각을 얻기 위해 태그 'vegas'와 관련된 태그를 찾고 해당 태그와 관련된 사진을 볼 수 있다. 노드엑셀에서 'vegas'에 대한 관련 태그 네트워크의 시각화를 작성하려면 아래에 설명된 단계를 따른다. 일한 프로세스를 다른 위치 태그에 적용할 수 있다.

단계1. 노드엑셀로 데이터 가져오기

위치 태그를 지정하고, 샘플 사진을 포함할 상자를 선택하고, 1.5 깊이 수준을 선택하여 데이터를 새 템플릿으로 가져온다. 그래프 유형을 '방향'으로 설정하고 'Harel-koren Fast Multiscale' 레이아웃을 선택한다.

첫 번째 시각화를 얻으려면 Show Graph(그래프 표시) 버튼을 누른다. 그래프 캔버스가 열리고 관련 태그가 모두 보이는 그림 13.16과 유사한 그래프를 표시한다. 그러나 그래프는 매우 밀도가 높고 태그 간의 연결을 탐색하기 어렵다. 그래프 메트릭의 전체 메트릭 옵션을 선택하면 그래프의 밀도가 계산되고 전체 메트릭 워크시트에 표시된다. 농도 측정 범위는 0과 1 사이이며 그래프에서 모서리(Edge)의 수와 분포를 반영한다. 예를 들어 모든 꼭짓점(Vertex)이 다른 모든 꼭짓점(Vertex)에 연결되는 그래프의 최대 밀도는 1이다. 'vegas' 그래프의 밀도는 0.584로, 평균적으로 각 태그는 다른 태그의 절반 이상에 연결된다.

다음 단계에서는 강력하게 연관된 그룹 태그인 모서리(Edge)를 필터링하고 태그 클러스터를 제거하는 방법을 안내한다.

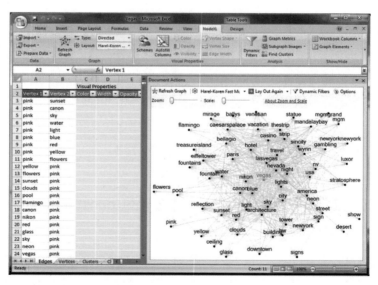

그림 13.16 '베가스' 태그에 대한 플리커 관련 태그 네트워크의 원시 노드엑셀 시각화이다. 이 태그는 그래프 중앙에서 선택된 상태로 표시된다.

단계2. 데이터 준비

섹션 13.3.1에서 관찰한 바와 같이, 두 개의 플리커 태그 사이의 관계는 각 태그와 관련된 사진의 비율을 살펴봄으로써 모델링될 수 있다. 그 관계는 전형적으로 비대칭적이다. 예를 들어 'pink'는 'flamingo'와 강하게 관련되어 있지만 'flamingo'는 'pink'와 크게 관련되지 않을 수 있다. 이는 플리커 커뮤니티의 사용자 간에 집계 태깅 동작에서 발생한다. 커뮤니티는 '핑크'라는 태그를 '플라밍고'라는 태그가 붙은 사진에 할당하는 경향이 있다. 그러나, '핑크'라는 태그가 붙은 '포토'는 홍학과는 관계없는 많은 텍스트에 분홍색을 사용할 수 있기 때문에 '플라밍고'라는 태그를 똑같이 얻을 가능성이 없다. 두 태그 사이에 강력한 의미 연결이 있을 때마다 이들을 연결하는 모서리(Edge)는 양방향이다. 관계가 반복되지 않는 경우 모서리(Edge)의 방향은 더 구체적인 태그에서 덜 구체적인 태그로 흐를 수 있다. 약한 의미 연결(semantic connection)을 필터링하고 태그 간의 강력한 연결만 표시하여 플리커 태그 네트워크를 탐색할 수 있다. 분석을 위한 데이터를 준비하려면 그래프 유형을 '비간접'으로 설정한 다음 '가장 중복되는 모서리(Edge)'를 설정한다. 이제 2와 동일한 모서리(Edge) 중량은 태그 쌍이 원래 양방향으로 연결되었음을 나타낸다.

단계3. 그래프 메트릭 및 필터 데이터 계산

네트워크의 그래프 메트릭을 계산한다(5장 참조). 그런 다음 Autofill Columns 대화상자를 열고 Edge Visibility 열을 Edge Weight 열에 매핑하여 양방향이 아닌 모서리(Edge)를 필터링한다. 무게가 1보다 큰 모서리(Edge)만 포함한다. 많은 태그와 관련된 꼭짓점(Vertex)(예 : 높은 수준의 꼭짓점(Vertex))은 태그 간의 강력한 연결을 식별하기에 너무 일반적이기 때문에 건너뛴다. 먼저 동적 필터를 사용하여 꼭짓점(Vertex) 등급에 대한 적절한 컷오프를 식별할 수 있다. 현재 예제는 45의 컷오프를 사용하며, 이 컷오프는 아래와 같다.

단계4. 태그 클라우드 그래프 시각화

다음 단계는 그래프 메트릭을 꼭짓점(Vertex)의 시각적 특성에 매핑하는 것이다. 태그 이름을 포함하는 꼭짓점(Vertex) 열과 같은 꼭짓점(Vertex) 레이블을 설정하고 각도에 비례하는 꼭짓점(Vertex) 크기를 설정한다. 이것은 '태그'를 만든다.

tag cloud은 그래프에 영향을 미치며, 여기서 태그 크기는 관련 태그의 수에 따라 달라진다 (그림 13.2 참조). Vertices Shape를 자동 채우기 열을 통해 또는 스프레드시트에서 직접 '라벨'로 설정한다. 그림 13.17은 Harel-koren Fast Multiscale layout를 사용한 후 이 레이아웃을 좋아한 후 이 '비상'을 방지하기 위해 몇 개의 꼭짓점(Vertex)을 수동으로 재배치한 후의 태그 그래프를 보여 준다. 또는 꼭짓점(Vertex)의 위치를 잠글 수 있다. 그림 13.18은 꼭짓점(Vertex) 모양을 '이미지'로 변경한 후 그래프의 동일한 보기를 보여준다.

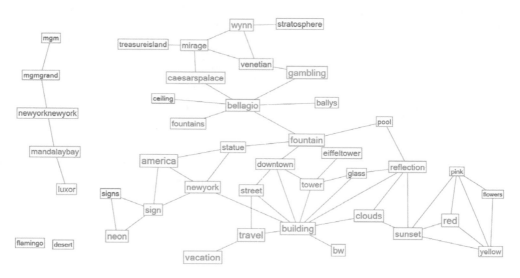

그림 13.17 필터링된 노드엑셀 플리커 태그 클라우드 네트워크 무게가 1보다 큰 모서리(Edge)와 정도가 45보다 작은 꼭짓점(Vertex)을 표시한다. 꼭짓점(Vertex) 크기는 도에 비례하고 색상은 중심도 사이에 비례한다(최소: 회색, 최대값: 주황색).

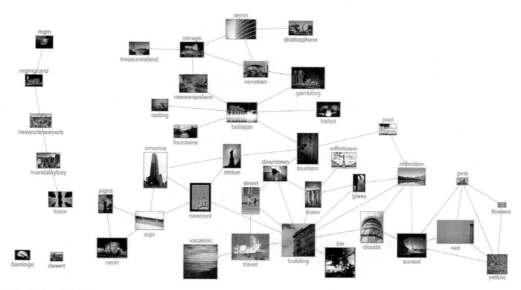

그림 13.18 필터링된 노드엑셀 플리커 태그 사진 네트워크 무게가 1보다 큰 모서리(Edge)와 정도가 45보다 작은 꼭짓점(Vertex)을 표시한다. Vertex 크기는 정도에 비례하고 색상은 중심도 사이에 비례한다(최소: 회색, 최대값: 주황색).

단계5. 시각화 해석

그림 13.17과 그림 13.18의 그래프는 라스베이거스에 대한 흥미로운 사실을 보여준다. 태그는 라스베이거스 스트립에 위치한 여러 호텔의 이름과 이러한 호텔에 대한 다양한 관심 지점을 가리킨다. 시각화는 Las Vegas Strip에 근접한 호텔들 사이의 관계를 암시한다. 이것은 아래 지도에서 확인할 수 있다.

'분수'는 '벨라지오'와 연결되어 있다. 벨라지오 분수는 라스베이거스에서 가장 인기 있는 명소 중 하나이며, 조명과 음악이 있는 복잡한 안무로 잘 알려져 있다. '분수', '풀', '반복' 사이의 연결은 벨라지오 분수를 나타낸다. 분수등과 벨라지오 빌딩은 수영장에 반사되어 있고 밤에 가장 잘 보인다. 따라서 반사와 일몰 사이의 연관성은 직관적이다.

도박은 벨라지오, 베네치안과 관련이 있다.

'New York' 태그는 뉴욕 호텔을 의미하며 'statue', 'neon' 및 'signs' 태그와 연결된다. 그 호텔은, 정말로, 자유의 여신상 복제품 그리고 네온 불빛이 있는 간판을 가지고 있다.

13.7.2 태그의 의미를 구분(identifying tag clusters)하기 위한 태그 클러스터 식별

다른 시나리오를 고려하다 사진을 플리커에 업로드하고 좋은 태그 세트로 레이블을 지정하여 다른 사용자가 쉽게 검색할 수 있도록 하려는 경우 첫 번째 태그를 선택한 다음 관련 태그를 탐색하여 추가 제안을 받는다. 그러나 태그에는 여러 가지 의미가 있으며 태그에 사용되는 다양한 콘텍스트를 이해해야 한다.

이 섹션에서는 태그 의미를 분리하기 위해 노드엑셀 자동 클러스터링 및 동적 필터를 사용하는 방법을 설명한다. 태그 '마우스'는 방법론을 입증하기 위해 사용된다.

단계1. 노드엑셀로 데이터 가져오기

태그 '마우스'를 지정하고, 샘플 사진을 포함하려면 상자를 선택하고, 1.5 깊이 수준(1.5 depth level)을 선택하여 Flickr 태그 네트워크 데이터를 새 노드엑셀 워크북 템플릿으로 가져온다. 그래프 유형을 '방향'으로 설정하고 'Harel-koren Fast Multiscale' 레이아웃을 선택한다.

Show Graph 버튼을 누르고 기본 꼭짓점(Vertex) 모양을 레이블로 설정 한 후에 **그림 13.19**와 비슷한 그물 모양 시각화를 얻을 수 있다. 앞의 예와 달리 태그의 세 그룹은 0.26인 경우 그래프 밀도가 낮기 때문에 나타난다.

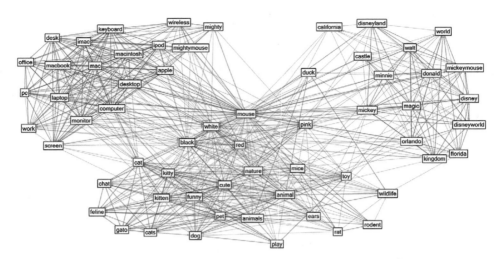

그림 13.19 '마우스' 태그에 대한 플리커 관련 태그 네트워크의 원시 노드엑셀 시각화

단계2. 클러스터 꼭짓점(cluster vertex)

태그의 다양한 콘텍스트를 보는 한 가지 방법은 노드엑셀에서 제공하는 자동 클러스터링 알고리즘을 사용하여 관련 태그의 하위 그룹을 식별하는 것이다. 분석 리본 그룹으로 이동하고 그래프 캔버스 도구모음에서 '클러스터 찾기'를 클릭한 다음 '그래프 새로 고침'을 클릭한다. 그래프는 '클러스터 색상'(그림 13.20)으로 꼭짓점(Vertex)을 색칠하여 클러스터를 노출시킨다. 클러스터 워크시트에서 색상을 수동으로 변경할 수 있다.

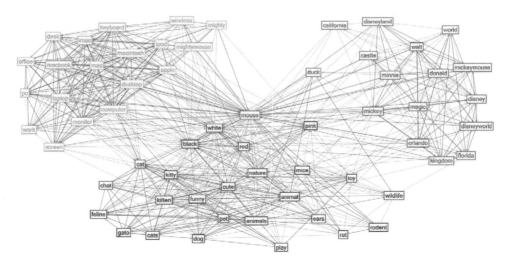

그림 13.20 노드엑셀 클러스터 시각화에서는 3개의 플리커 태그 클러스터를 보여 주며, 각각은 '마우스'에 대한 다른 콘텍스트를 나타낸다.

단계3. 시각화 해석(interpreting the visualizations)

이전 섹션에서 설명하는 2~4단계를 따라 꼭짓점(Vertex) 간의 상호관계를 나타내는 모서리(Edge)만 유지하고 높은 수준의 꼭짓점(Vertex)을 필터링할 수 있다. 이 프로세스는 **그림 13.21**과 같이 클러스터를 격리한다. '마우스' 태그의 세 가지 콘텍스트는 매우 뚜렷하다. 즉, 작은 동물인 마우스, 컴퓨터 마우스 및 미키 마우스 디즈니 캐릭터이다.

그림 13.21 노드엑셀은 플리커의 '마우스' 태그, 즉 마우스 동물, 컴퓨터 마우스 및 미키 마우스 디즈니 캐릭터에 대한 서로 다른 세 가지 상황에 대해 클러스터를 표시한다.

13.7.3 플리커 사용자 네트워크(user nerwork)

예를 들어, 플리커 Photostream 사진에 댓글을 올린 사람과 그 중에 연락처 목록에 없는 사람이 있는지 알아보려고 한다. 이 절에서는 노드엑셀을 사용하여 서로의 사진에 대한 주석으로 인한 사용자 네트워크를 시각화하고 분석하는 방법을 설명한다. 플리커 멤버인 'Marc_Smith'는 방법론을 입증하기 위해 사용된다.

단계1. 노드엑셀로 데이터 가져오기

사용자 네트워크 데이터를 플리커에서 새 노드엑셀 워크북 템플릿으로 가져온다. 플리커 사용자 이름(예 : 'Marc_Smith')을 지정하고 주석 네트워크 옵션을 선택한 후 이 확인란을 선택한다. 그래프 유형을 '방향'으로 설정하고 그래프 표시 또는 그래프 새로 고침 단추 옆에 있는 드롭다운 목록에서 'Harel-koren Fast Multiscale Layout'을 선택한다. 이 설정은 기본적으로 Fruchterman-reingold로 설정할 수 있다.

사용자의 화면 이름을 그래프에 꼭짓점(Vertex) 레이블로 표시하여 누구와 연결되어 있는지 확인할 수 있다. 자동 채우기 열을 사용하여 Vertex 레이블 열을 Vertex 열에 매핑하고 Show Graph 버튼을 누르면 **그림 13.22**와 유사한 시각화를 얻을 수 있다.

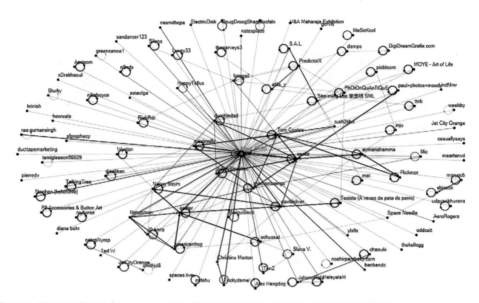

그림13.22 플리커 사용자의 'Marc_Smith'에 대한 주석 네트워크의 원시 노드엑셀 시각화이다.

단계2. 데이터 준비 및 새 열 작성(prepare data and create new columns)

플리커 사용자는 다른 시점에 다른 사용자의 여러 사진에 의견을 올릴 수 있다. 네크워크 표현에서 이러한 상호작용은 동일한 사용자 쌍 사이의 여러 모서리(Edge)에 의해 표시되며, 각 사용자마다 고유한 시간 스탬프가 있다. 현재 분석 시나리오가 네트워크의 시간적 측면에 초점을 맞추지 않는 경우 타임스탬프 정보를 무시하고 대신 전체 상호작용에 집중할 수 있다. 이 경우 각 사용자 쌍에 대한 모서리(Edge) 중량을 얻기 위해 중복 모서리(Edge)를 병합할 수 있다. 또한 다른 사용자의 사진뿐만 아니라 자신의 사진에 대한 주석도 제공할 수 있기 때문에 이러한 두 가지 경우를 구분할 수 있다. 자가 편차는 그래프에 원형 모서리(Edge, 자가 루프)로 표시된다(**그림 13.22**). 이러한 두 가지 유형의 모서리(Edge)를 구별하려면 고급 항목인 자동 자기 설명 및 기타 코멘트를 사용하여 모서리(Edge)와 'Vertex 워크시트'에 새 열을 작성한다.

자기 주석 및 다른 사용자의 주석 자동식별

'Edge 워크시트' 내의 새 열

사용자가 자신의 사진에 게시한 코멘트는 Vertex 1과 Vertex 2 셀이 동일한 사용자 이름을 포함하는 모서리(Edge)를 만든다. 'Edge 워크시트'에 '자체 조정'이라는 새 열을 만들고 첫 번째 셀에 다음 기능을 삽입한다.

```
"=IF(Edges[[#This Row],[Vertex 1]]=Edges[[#This Row],[Vertex 2]],Edges[[#This Row], [Vertex 1]],"")"
```

주석이 자체 주석인 경우 Vertex 1이 새 열의 해당 셀에 복사되고 그렇지 않으면 셀이 비어있게 된다. 다른 칼럼 'edge weight others'를 만들고 첫 번째 셀에 다음 함수를 삽입한다.

```
"=IF(Edges[[#This Row],[Vertex 1]]=Edges[[#This Row],[Vertex 2]],0,1)*Edges[[#This Row], [Edge Weight]]"
```

이 경우 모서리(Edge)가 자체 주석을 나타내는 경우 새 열의 각 셀이 0으로 설정되고, 그렇지 않으면 값이 모서리(Edge) 가중치 열에서 복사된다. 이 열은 시각화에서 자체 주석을 필터링하는 데 사용된다.

'Vertex 워크시트'의 새 열

'Vertex 워크시트'에 나열된 각 사용자가 게시 한 총 주석 수에 대한 집계 통계를 얻으려면 세 개의 새 열 '전체 메모 수', '자체 메모 수' 및 '다른 사용자에 대한 메모'를 작성한다. 총 주석 수를 얻으려면 총 주석 열의 첫 번째 셀에 다음 함수를 삽입한다.

```
"=SUMIF(Edges[Vertex 1],Vertices[[#This Row],[Vertex]],Edges[Edge Weight])"
```

자신의 사진에 게시된 총 댓글 수를 얻으려면 다음 기능에 대한 설명의 첫 번째 셀에 셀을 삽입한다.

```
"=SUMIF(Edges[Self-Comment],Vertices[[#This Row],[Vertex]],Edges[Edge Weight])"
```

세 번째 열에 대한 데이터는 총 댓글과 자체 댓글의 차이이다.

```
"=Vertices[[#This Row],[Total Comments]]- Vertices[[#This Row],[Comments to Self]]"
```

이러한 열은 꼭짓점(Vertex)의 시각적 속성을 설정하고 그래프 레이아웃을 설정하는 데 사용된다.

단계3. 데이터 필터링 및 시각적 속성 설정(Filter data and set visual properties)

일부 플리커 사용자는 많은 의견을 교환하는 반면 다른 사용자는 매우 드물게 의견을 교환한다. 지역사회의 특성화에 크게 기여하지 않기 때문에 분석에서 간헐적인 상호작용을 제외할 수 있다. 자동 채우기 열 대화상자를 열고 그림 13.23(a)와 같이 네트워크 메트릭을 그래프의 시각적 특성에 매핑한다. 모서리(Edge) 가시성 설정은 지정된 값보다 무게가 작은 자체 루프 및 모서리(Edge)를 숨긴다. 이 경우 4에서는 먼저 동적 필터를 사용하여 모서리(Edge) 중량에 대한 적절한 컷오프 값을 식별할 수 있다. 모서리(Edge) 폭은 모서리(Edge) 중량에 비례하며 로그 매핑을 사용하여 1과 3 사이의 범위로 설정된다. 꼭짓점(Vertex) 크기는 다른 사용자에게 주어진 총 주석 수에 비례한다. 로그 매핑을 사용하여 범위를 1.5에서 4.5 사이로 설정한다. 플리커에 업로드된 총 사진 수와 같은 사용자에 대한 추가 데이터를 사용하여 꼭짓점(Vertex) 도구 설명에 표시할 수 있다. 사용자 프로필 사진을 그래프의 꼭짓점(Vertex)으로 표시하려면 꼭짓점(Vertex) 모양 열을 '이미지'로 설정한다.

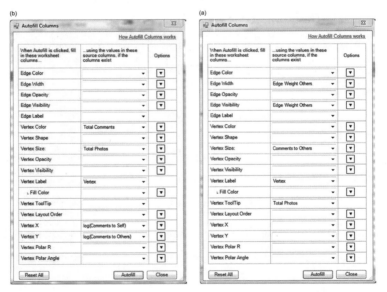

그림 13.23 필터링된 주석 네트워크 및 (b) 주석 분산 그래프에 대한 노드엑셀 자동 채우기 열 설정

단계4. 사용자 의견 그래프 시각화(visualize the user comments graph)

다음 단계는 그래프를 그리는 것이다. Harel-Koren Fast Multiscale 레이아웃을 사용하고 모서리(Edge) 교차 및 꼭짓점(Vertex) 부식을 최소화하기 위해 수동 레이아웃 조정을 진행한다. 개별 꼭짓점(Vertex) 레이블의 위치를 변경하여 그래프의 가독성을 향상시킬 수도 있다.

이를 위해 꼭짓점(Vertex)을 마우스 오른쪽 버튼으로 클릭하고 '선택한 꼭짓점(Vertex) 특성 편집' 메뉴를 선택한다. 그러면 라벨 위치를 변경하는 옵션이 포함된 창이 열린다. 그림 13.24 는 결과 시각화이다.

주황색으로 표시된 사용자는 'Marc_Smith' 사진에 대해 언급하지만 연락처 목록에 없는 플리커 사용자이다. 플리커 사용자 연락처 네트워크를 가져오고 사용자 주석 네트워크의 데이 터와 비교하여 해당 정보를 얻고 시각화할 수 있다.

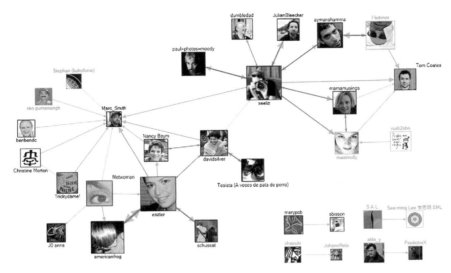

그림 13.24 Marc_Smith의 사진에 대해 언급한 플리커 사용자의 노드엑셀 네트워크(네트워크 깊이 1.5, 모서리 중량 ≥4)

단계5. 사용자 연락처 정보 가져오기(get user contacts information)

'사용자 연락처' 네트워크 옵션을 선택하고 깊이 수준을 1.5로 설정하여 플리커 사용자의 네 트워크를 새 노드엑셀 워크북으로 가져온다. 플리커 사용자 네트워크를 가져오면 Excel 기능 을 사용하여 연락처 네트워크에 있는 사용자를 확인할 수 있다(**ADVANCED TOPIC: 다른 네 트워크의 데이터 결합** 참조).

단계6. 자아 대 타인 의견의 산점도 시각화

각 사용자가 자신의 사진에 올린 설명의 수를 다른 사용자의 사진과 비교하여 분석함으로써 사용자의 코멘트 행동에 대한 자세한 정보를 얻을 수 있다. 산란 그래프는 그러한 분석에 도움 이 되는 적절한 시각화이다. 각 사용자 꼭짓점(Vertex)에 대해 X 좌표를 '자체에 대한 설명' 열 에 매핑하고 y 좌표를 '다른 사람에 대한 설명' 열에 매핑한다(그림 13.23(b)) 전체 개요를 얻기

다른 네트워크의 데이터 결합

플리커 사용자의 연락처 네트워크가 ContactsNetwork.xlsx 파일에 저장되고 주석 네트워크가 Marc_Smith-Comments.xlsx 파일에 저장된다고 가정한다. 사용자가 연락처인지 여부를 나타내는 CommentsNetwork.xlsx 'Vertex 워크시트'에 '연락처입니다'라는 새 열을 만들 수 있다.

```
=IF(COUNTIF('ContactsNetwork.xlsx'!Edges[[Vertex 1]:[Vertex 2]], Vertices[[#This Row], [Vertex]]),1,0)"
```

COUNTIF 함수는 주석 네트워크 꼭짓점(Vertex) 열에 지정된 사용자 이름이 포함된 연락처 모서리(Edge) 목록의 행수를 계산한다. 함수의 전체 결과는 사용자가 접촉 일 경우 1이고 그렇지 않은 경우 0이다. 색상과 같은 꼭짓점(Vertex)의 시각적 속성을 매핑하는 데 '연락처입니다' 열을 사용할 수 있다. 열의 모든 값을 합산하여 주석 네트워크와 연락처 네트워크 간의 겹침을 결정할 수도 있다.

위해 다른 사용자의 사진에 대한 코멘트가 거의 없는 사용자를 포함하여 모든 사용자의 꼭짓점(Vertex)을 표시할 수 있다. 먼저 모든 꼭짓점(Vertex)이 그래프 캔버스에 다시 나타나도록 '엣지 가시성' 열을 지워야 한다. 그런 다음 표준 산점도를 얻으려면 기본 모서리(Edge) 불투명도를 0%로 설정하여 모서리(Edge)를 보이지 않게 한다. 사진 및 주석의 총 개수에 비례하는 꼭짓점(Vertex) 크기와 색상을 설정하면 그래프 해석에 도움이 되는 추가정보를 고려할 수 있다. 그림 13.25에는 레이아웃을 '없음'으로 설정하고 그래프를 그린 후의 산란 그래프가 표시된다. 노드엑셀 메뉴 리본 표시/숨기기 그래프 요소로 이동하여 축과 범례를 선택하여 그래프 축과 범례를 표시할 수 있다.

단계7. 시각화 해석

그림 13.22의 첫 번째 시각화를 통해 얻은 중요한 사실은 Marc_Smith의 사진에 대해 언급한 사용자 중 상당수가 자신의 사진에 대한 코멘트를 게시하는 경향이 있으며, 일부는 자주 그렇게 한다는 것이다. 자기소개는 사진에 대한 콘텍스트를 제공하거나, 사진에 대해 의견을 제시한 사용자에게 응답하거나, 평가해준 개인에게 감사하기 위해 자주 사용된다(그림 13.26의

예 참조). 일반적으로 사진이 많은 사용자는 자신의 사진에 대한 설명을 통해 다른 사용자와 대화하는 경향이 있다(그림 13.25). 그러나 일부 사용자에게는 다른 사용자 사진(예 : Americanfrog, xeeliz, eszter)에 대한 언급이 매우 활발하다.

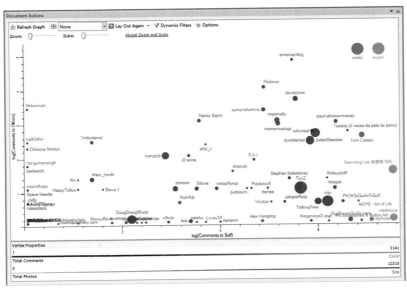

그림 13.25 노드엑셀 로그 척도에서 자체(X 축)와 다른 사용자(y 축)에 대한 총 플리커 주석의 분산 그래프. 꼭짓점 (Vertex) 크기는 사용자의 플리커 Photostream에 있는 총 사진 수에 매핑되고 색상은 사용자가 게시한 총 주석 수에 매핑된다.

그림 13.24에서 두 번째 시각화는 비교적 작은 사용자 하위집합이 마크 스미스 씨의 사진에 대한 설명을 통해 적극적으로 참여하고 있으며, 그들 중 대부분은 그의 연락처이다. 좀 더 광범위하게 보면 마크 스미스 씨의 사진에 대해 언급한 사용자 99명 중 37명만이 그의 연락처 목록의 일부이다.

13.8 실무요약

플리커와 같은 풍부한 소셜 미디어는 광범위한 분석 기회를 제공한다. 이와 동시에 노드엑셀과 같은 소프트웨어 패키지는 사용하기 쉬운 도구를 제공하고 일반적인 유형의 분석을 간소화하도록 설계되었다. 특히 노드엑셀은 기존 노드엑셀 기능의 한계에 도달할 때 피드백을 제공하는 실무자의 요구와 새로운 요구 사항을 인지하는 개발 노력을 통해 진화하고 있다. 이 반복적인 소프트웨어 설계 및 개발 프로세스는 사용자 커뮤니티에서 노드엑셀의 인기로 인해 좋은 결과를 산출하는 것으로 입증되었다.

모든 기술의 효과적인 사용은 사용자들이 개발하고 그들 사이에서 공유하는 관행에 따른다. 또한 노드엑셀에서 아직 완전히 지원되지 않지만 노드엑셀 툴 및 기능을 현명하게 용도 변경할 수 있는 분석 가능성에 대해서도 논의한다.

그림 13.26 사용자가 사진에 콘텍스트를 추가하고(상단), 다른 사용자 의견(중간), 다른 사용자(하단)에 응답하고 다른 사용자(하단)에게 감사하는 자기 설명의 세 가지 예이다.

13.8.1 데이터 준비

데이터 준비(data preparation)의 한 가지 중요한 측면은 분석해야 할 네트워크 속성을 식별하는 것이다. 여기에는 네트워크가 지시되는지 여부 결정, 네트워크에 사진, 사람 및 태그와 같은 단일 또는 여러 유형의 엔티티가 있는지 여부 결정, 모서리(Edge) 및 기타 데이터 속성과의 의미 이해 등이 포함된다.

(1) 모서리(Edge) 병합. 플리커 데이터는 직접 네트워크로 가져오고 A→B 모서리(Edge)를

포함하는데, 여기서 링크는 예를 들어 사용자가 접속 목록에 B 사용자를 포함한다는 것을 의미할 수 있다. 경우에 따라 모서리(Edge) 방향이 중요하지 않을 수 있다. 실제로, 누가 누구에게 연결되어 있는지, 누가 이 연락처를 설정했는지 여부를 고려하지 않고 분석하려는 경우 이 반환된 다음 데이터 가져오기 결과인 기본 워크시트를 조정해야 한다. 그래프 유형을 간접으로 변경하여 쉽게 변경할 수 있다. 이 변경으로 인해 계산 그래프 메트릭에 병합할 수 있는 모서리(Edge)가 중복되고 모서리(Edge)가 가중될 수 있다. 모서리(Edge) 중량을 제외하고 모서리(Edge)(예 : 타임스탬프 또는 모서리 유형)와 관련된 특성을 처리하지 않기 때문에 병합 작업을 사용할 때 정보가 손실되지 않도록 주의해야 한다.

(2) 시간적 데이터. 소셜 미디어의 매우 동적인 특성 때문에 '에지 타임 스탬프'는 시간이 지남에 따라 네트워크 진화의 분석에 중심적인 역할을 한다. 플리커 데이터에는 A→B를 발생시킨 이벤트의 타임 스탬프가 포함될 수 있다. 특정 기간 내에 네트워크를 보거나 시간 경과에 따른 변경 사항을 시각화하려면 데이터를 적절한 시간 간격으로 분할해야 한다. 현재 노드엑셀에서는 표준 Excel 날짜 기능을 사용하여 먼저 시간 스탬프를 적절한 시간 조각(예 : 주, 월 또는 연도)으로 변환한 다음 모서리(Edge) 가시성을 설정하고 동적 필터를 정의하는 데 사용할 수 있는 숫자 열에 시간 간격을 저장한다.

13.8.2 그래프 레이아웃

대부분의 그래프 레이아웃(graph layouts) 알고리즘은 모서리(Edge)의 특정 데이터 세트 및 의미적 의미와 독립적인 일반 및 양식별 최적화이다. 따라서 수동 레이아웃 수정으로 자동화된 시각화를 보완해야 한다. 예를 들어, 그림 13.17 또는 그림 13.24의 레이아웃은 처음에 Harel-koren Fast Multiscale 레이아웃 알고리즘을 적용하고 판독성을 개선하기 위해 순차적으로 수정함으로써 반자동적으로 달성되었다.

수동 및 다중 레이아웃(multiple layout)

경우에 따라 동일한 네트워크의 여러 시각화를 생성할 수 있다. 예를 들어, 그래프의 시각적 특성이 서로 다른 동일한 데이터의 대체 뷰를 제공하는 것이 유용할 수 있다(예 : 꼭짓점(Vertex)을 텍스트 레이블 대 이미지 대 기하학적 모양으로 표시). 마찬가지로 한 슬라이스에서 다음 슬라이스까지 꼭짓점(Vertex)의 위치를 유지하면서 서로 다른 시점에 네트워크 관계를 표시할 수 있다. 노드엑셀에서는 가장 까다로운 사례에 적합한 그래프의 양호한 자동 또는 반자동 레이아웃을 먼저 생성하여 이러한 목표를 달성할 수 있다. 그런 다음 다른 필터를 적용할 때 고정 위치에 있도록 꼭짓점(Vertex)의 위치를 잠글 수 있다. 이를 통해 동일한 데이터의 다중 뷰를 연결하거나 다른 시간 조각에서 새로운 꼭짓점(Vertex) 및 모서리(Edge)의 출현을 보다 쉽게 관찰할 수 있다.

13.9 연구의제

노드엑셀 프로젝트는 주로 네트워크 데이터 분석과 사회과학의 연구 목표 사이의 시너지 효과에 의해 동기 부여되었다. 소셜 웹 현상을 이해하는 것은 학문 간 접근방식과 새로운 방법과 기술을 개발하기 위한 공동의 노력을 필요로 한다. 이것은 연구자들이 그래프 분석, 데이터 클러스터링, 컴퓨터 그래픽과 같은 기술 분야의 이론과 알고리즘을 발전시키고 사회과학의 범위를 확대하여 새로운 행동과 사회 규범, 그리고 사용자 프라이버시와 신뢰에 대한 그들의 영향을 조사하도록 요구한다.

여러 학문 간 작업을 용이하게 하기 위해, 최첨단 방법과 도구를 통합하고 다양한 분야의 연구자들이 쉽게 접근할 수 있도록 하는 것이 큰 도움이 된다. 이러한 도구를 사용하면 표준 분석을 수행하기 위해 최적화된 방법을 활용하여 보다 효율적이고 효과적으로 연구 조사를 수행할 수 있다. 노드엑셀의 주요 목표 중 하나이다. 노드엑셀을 사용하면 데이터 사전 처리를 위한 도구 구현 비용이나 그래프 분석을 위한 방법 및 알고리즘 없이 데이터로부터 통찰력을 얻고 가설을 세울 수 있다. 노드엑셀은 기계 학습, 텍스트 마이닝, 자연 언어 처리, 이미지 및 비디오 검색과 같은 다른 보완적 기술과 쉽게 통합될 수 있도록 설계되었으며, 따라서 연구자들이 노드엑셀 분야에서 더욱 발전할 수 있는 기회가 많이 있다.

13.9.1 탐색 및 검증

이 장에서는 플리커 데이터에 대한 통찰력을 얻기 위해 노드엑셀을 사용하여 수행할 수 있는 몇 가지 분석을 보여 주었다. 여기서는 노드엑셀이 탐색 단계와 결과 검증에서 모두 역할을 수행할 수 있는 몇 가지 다른 연구 시나리오를 제공한다.

Negoescu와 Gatica-Perez[11]의 연구는 플리커 그룹의 분석에 집중되었다. 노드엑셀을 사용하면 개별 또는 다중 플리커 그룹의 예비 분석을 시작하고 그룹 구성원 간의 상호작용 패턴을 시각적으로 묘사하여 유사한 작업을 쉽게 수행할 수 있다. 예를 들어, 여러분은 서로의 사진과 우정에서 코멘트의 패턴을 관찰할 수 있다. 또한 특정 사용자가 속한 그룹을 보여 주는 자기 중심 네트워크를 생성하고 사진을 공유할 수도 있다. 이를 통해[12] 취해진 더 광범위한 통계 접근법을 보완하는 그룹 또는 특정 유형의 그룹에 대한 보다 구체적인 분석이 가능하다. 또한 개별 사용자 또는 그룹에 대한 일반 결과의 영향을 조사하는 데 도움이 될 수 있다.

Sigurbjörnsson과 van Zwol는 태그 방식 및 태그 권장 알고리즘을 연구했다. 최적의 알고리즘은 최종 스코어링과 태그 제안에 도달하기 위해 태그의 다른 측면을 결합할 가능성이 있다. 노드엑셀은 태그 채점과 랭킹에 대한 메트릭스에 반영되어야 하는 태그 특성을 식별함으로써 연구자들을 도울 수 있다. 이전 섹션에서 설명한 것처럼 노드엑셀 필터링을 통해 태그 조합 패턴을 쉽게 시각화하고 통계값의 특정 범위가 그래프 표현에 어떤 영향을 미치는지 확인할 수 있다. 이것은 Sigurbjörnsson과 van Zwol[12]이 도입한 태그 안정성 및 설명과 같은 조치의 잠재적 효과에 대한 통찰력을 얻는 쉬운 방법이다.

또한 노드엑셀을 사용하여 소셜 미디어의 정량적 및 질적 연구를 연결할 수 있다. 실제로 노드엑셀은 Ames, Naaman[1] 및 Nov[2] 등과 유사한 방법으로 사용자 행동에 대한 정성적 연구를 지원하고 보완할 수 있다. 개별 파일 태그를 사용하여 스터디에 적합한 태그를 선택할 수 있다. 또한 개별 사용자와 연구 참가자의 샘플에 대한 정량적 결과를 순수하게 로그에 기초하여 연구 이전과 이후에 그들의 관행과 비교하고 상관할 수 있다. 이것은 사용자 행동에 대한 연구 방법의 영향을 탐지할 수 있으며 관찰에서 도출된 가설의 검증에 도움이 될 수 있다. 이것은 노드엑셀이 연구의 탐색 단계를 지원할 수 있는 몇 가지 상황에 불과하다.

13.9.2 통합(integration)

노드엑셀의 고유한 가치는 네트워크 데이터를 쉽게 시각화하고 꼭짓점(Vertex) 및 모서리(Edge)의 속성을 탐색하는 것dl다. 그러나 많은 경우 당신의 연구 질문은 여러 분석의 데이터와 적용에 대한 다양한 관점을 요구할 수 있다. Crandal [10] 등에 의한 플리커 영상의 연구지리 태그와 사용자가 사진에 할당하는 태그를 활용하여 대량의 사진 컬렉션을 구성하는 방법을 조사하였다. 작업에서는 텍스트 태그와 정확한 공간 정보가 포함된 이미지를 사용하여 특정 위치에서 찍은 사진 사이의 구조를 정의한다.

전형적인 작업은 어디서 특정한 사진이 찍혔는지 결정하는 것이다. 이것은 당신이 생각하는 것처럼 간단하지 않다. 심지어 지리 위치가 사용가능할 때에도. 예를 들어, 바티칸에 있는 성 베드로 교회에 있는 스위스 교도관의 사진을 찍을 수도 있다. 경비병들의 변화를 묘사하는 사진들이 많을 수도 있지만, 같은 장소에서 다양한 고위 인사들을 보여주는 다른 사진들도 많이 있을 수 있다. 따라서, 사진의 의미는 시간이 지남에 따라 해당 위치에서 발생하는 이벤트에 따라 바뀐다. 이미지의 구체적인 의미를 파악하려면 정교한 내용과 구조 분석에 의존해야 한다. 노드엑셀은 두 가지 방법으로 사용할 수 있다. 첫째, 기존 정보를 사용하여 사진을 분석하고 어떤 유형의 피쳐가 다른 기법을 효과적으로 만들 수 있는지 확인할 수 있다. 예를 들어 사진사, 특정 지리적 랜드마크 및 태그의 관계를 손쉽게 플로팅하여 일부 초기 패턴의 표면 여부 및 사진 분류에 유용한지 확인할 수 있다. 둘째, 노드엑셀을 사용하여 내용 분석의 중간 결과를 분석할 수 있다. 예를 들어 기계 학습 기법을 사용하여 이미지를 사전 선택된 랜드마크와 관련된 그룹으로 분류한 다음 노드엑셀을 사용하여 사진작가 및 태그 사용에 대한 정보와 함께 결과적인 이미지 클러스터를 가져온다. 그런 다음 노드엑셀은 각 랜드마크에 대한 주요 사진을 시각화하는 데 도움을 주거나 지리적 지도에 랜드마크 네트워크를 오버레이할 수 있다.

플리커와 같은 소셜 미디어를 위한 노드엑셀의 지속적인 사용은 확실히 수백만 개의 이미지로 구성된 대용량 데이터의 분석과 관리를 보완하기 위한 도구와의 통합 기회를 보여줄 것이다. 이러한 기술적 도전과 흥미로운 연구 기회들 사실상 그들은 소셜 미디어가 대표하는 복잡한 환경을 이해하는 데 있어 진전을 이루는 열쇠이다.

참고문헌

[1] M. ames, M. Naaman, Why we tag: motivations for annotation in mobile and online media, in: Proceedings of the SIGcHI conference on Human Factors in computing Systems (San Jose, california, USA, april 28-May 03, 2007), cHI '07, acM, New york, Ny, 2007, pp. 971-980.

[2] O. Nov, M. Naaman, C. Ye, What drives content tagging: the case of photos on Flickr, in: Proceeding of the twenty-Sixth annual SIGcHI conference on Human Factors in computing Systems (Florence, Italy, april 05-10, 2008), CHI '08, ACM, New york, NY, 2008, pp. 1097-1100.

[3] G. koutrika, F.A. Effendi, Z. Gyongyi, P. Heymann, H. GarciaMolina, combating spam in tagging systems, in: Proceedings of the 3rd International Workshop on adversarial information retrieval on the Web (Banff, Alberta, Canada, May 08, 2007), AIRWeb '07, vol. 215. ACM, New york, NY, 2007, pp. 57-64.

[4] A. Mislove, H.S. Koppula, K.P. Gummadi, P. Druschel, B. Bhattacharjee, Growth of the flickr social network, in: Pro- ceedings of the First Workshop on online Social Networks (Seattle, WA, USA, august 18, 2008), WOSP '08, ACM, New york, NY, 2008, pp. 25-30.

[5] R. Kumar, J. Novak, a. tomkins, Structure and evolution of online social networks, in: Proceedings of the 12th ACM SIGKDD international conference on knowledge discovery and data Mining (Philadelphia, Pa, USA, august 20-23, 2006), KDD '06, ACM, New York, NY, 2006, pp. 611-617.

[6] M. Valafar, R. Rejaie, W. Willinger, Beyond friendship graphs: a study of user interactions in Flickr, in: Proceedings of the 2nd ACM Workshop on online Social Networks (Barcelona, Spain, august 17, 2009), WOSN '09, ACM, New York, NY, 2009, pp. 25-30.

[7] H. Halpin, V. Robu, H. Shepherd, the complex dynamics of collaborative tagging, in: Proceedings of the 16th International conference on World Wide Web (Banff, alberta, canada, May 08-12, 2007), WWW '07, ACM, New York, NY, 2007, pp. 211-220.

[8] A. Singla, I. Weber, camera brand congruence in the Flickr social graph, in: Proceedings of the Second acM International conference on Web Search and data Mining (Barcelona, Spain, February 09-12, 2009), WSDM '09, ACM, New York, NY, 2009, pp. 252-261.

[9] N.A. Van House, Flickr and public image-sharing: distant close- ness and photo exhibition, in: CHI '07 extended abstracts on Human Factors in computing Systems (San Jose, ca, uSa, april 28-May 03, 2007), cHI '07, AVCM, New york, NY, 2007, pp. 2717-2722.

[10] D.B. crandall, D.L. Huttenlocher, J. kleinberg, Mapping the World's Photos, in: Proceedings of the 18th International conference on World Wide Web (Madrid, Spain, april 20-24, 2009), WWW'09, ACM, New York, NY, 2009, pp. 761-770.

[11] R.A. Negoescu, D. Gatica-Perez, analyzing Flickr groups, in: Proceedings of the 2008 International conference on content- Based Image and Video retrieval (Niagara Falls, canada, July 07-09, 2008), CIVR'08, ACM, New york, NY, 2008, pp. 417-426.

[12] B. Sigurbj rnsson, r. van Zwol, Flickr tag recommendation based on collective knowledge, in: Proceeding of the 17th international conference on World Wide Web (Beijing, china, april 21-25, 2008), WWW '08, acM, New york, Ny, 2008, pp. 327-336.

14

유튜브(YouTube): 컨텐츠, 인터렉션, 유명세의 대조적 패턴

목차

14.1 들어가기 ……………………… 385
14.2 유튜브란 무엇인가? ………… 386
14.3 유튜브의 구조 ……………… 388
　14.3.1 비디오 ………………… 388
　14.3.2 사용자의 채널 …………… 390
14.4 유튜브 네트워크 ……………… 391
　14.4.1 비디오 네트워크 ………… 391
　14.4.2 사용자의 네트워크 ……… 392
14.5 중심, 그룹, 층: 유튜브의 소셜 네트워크 분석은
　　어떤 질문에 답할 수 있는가? ……………… 392
　14.5.1 비디오 네트워크 ………… 393
　14.5.2 사용자 네트워크 ………… 394
14.6 노드엑셀에 유튜브의 데이터 가져오기 …… 395

14.6.1 비디오 데이터를 가져오기 ……… 395
14.6.2 사용자 데이터를 가져오기 ……… 396
14.6.3 윤리적 고려 ……………… 398
14.6.4 유튜브 네트워크 데이터의 문제점 … 398
14.7 유튜브 네트워크 데이터에 대한 준비 …… 399
14.8 유튜브 네트워크에 대한 분석 …… 400
　14.8.1 사용자 네트워크 ………… 400
　14.8.2 비디오 네트워크 ………… 407
　14.8.3 유튜브의 '메이크업' 비디오 네트워크 ·· 407
　14.8.4 의료 개혁 유튜브 비디오 네트워크 … 416
14.9 실무요약 ……………………… 420
14.10 연구의제 ……………………… 421
참고문헌 …………………………… 422

14.1 들어가기

끝없는 주제에 대한 수십억 동영상은 무수한 사람들에 의해서 인터넷에 업로드되었다. 소셜 네트워크 분석 기법을 사용하여 연결된 비디오 및 사용자의 풍경(landscape)을 시각화하고 생산, 코멘트, 소비자의 역할의 종류에 연결되어 중요한 패턴을 강조하여 표시할 수 있다. 지난 몇 년간, 온라인 비디오의 공유는 사회적 대세로 상승하였다. 예전에는 미디어 플레이어의 1회

분과 컨텐츠를 다운로드하기 위한 장기간의 대기를 포함한 온라인 비디오 시청은 귀찮은 일이였다. 오늘날, 사람들은 쉽게 개인의 비디오를 친구들과 가족에게 공유 한다. 아마추어들과 전문가들도 예술적인 방송을 위해 노력 한다. 미디어 회사에서 TV 프로그램을 공급하고 영화를 발췌하며 수많은 사람들이 비디오를 시청하고 다른 사람들에게 추천하여 매우 인기를 끌기도 한다. 온라인 비디오의 공유 서비스는 사용자가 비디오 컨텐츠 창작자이든 소비자이든 상관없이 모든 사람들에게 제공된다. 비디오 컨텐츠는 많은 목적으로 사용 된다. 지식을 전달하고 정보를 널리 알리는 것부터 개인 홍보까지 세계정세를 문서화한다. 비디오 공유 사이트에서 볼 수 있는 다양한 컨텐츠는 다양한 사용자를 만든다. 하지만 모든 컨텐츠가 그런 것은 아니다, 인기 있는 컨텐츠는 같은 방식으로 인기가 있다.

유튜브는 온라인 비디오 시청을 의미한다. 비록 '비디오 공유'가 대부분 사람들에게 익숙한 용어이지만, 그렇게 정의하는 것은 진부하다. 유튜브를 새롭게 정의하면 비디오 공유 시스템을 이용하여 비디오를 게재하거나 소비하는 이러한 시스템, 비디오, 그리고 그들을 묘사하는 태그들과 관련된 버라이어티를 창작하는 것이다. 사회구조는 비디오 창작자들과 시청자들이 사회 네트워크 그래프를 대표할 수 있는 상호작용으로 나타난다. 유튜브는 비디오 공유 커뮤니티 내에서 네트워크 사회구조와 역동성을 탐구하며 매력적인 분야를 제공한다.

14.2 유튜브란 무엇인가?

2005년에 창립되었으며, 유튜브는 개인적인 커뮤니케이션의 한 영역, 온라인 커뮤니티거나 자기중심적인 소셜 네트워크, 그리고 상업적인 컨텐츠를 사용해 플랫폼 등을 창작하는 공간이다. 유튜브는 사용자에게 동영상을 업로드하고 세계와 공유할 수 있는 기회를 제공하는 최초의 온라인 서비스 중 하나였다. 메타카페, 야후와 같은 유사한 서비스들! 비디오와 구글 비디오는 같은 시기에 등장했고 후에 비메오, 드롭샷, 그리고 많은 다른 것들이 뒤따랐고, 유튜브는 세계에서 가장 인기 있는 비디오 공유 서비스가 되었다. 구글은 2006년에 유튜브를 합병했고, 그것은 현재 구글의 자회사로서 운영되고 있다. 사이트의 현재 기능 중 일부는 구글 툴(예 : Gmail Contacts 기반 검색 및 추천 친구 목록)을 기반으로 한다.

유튜브의 엄청난 인기는 회사에서 제공하는 현재 통계에서 볼 수 있다: 2009년 10월 9일, 회사 블로그의 공식적인 발표에 따르면 매일 1억 편이 넘는 영화들이 시청되고 있다.[1] 인터넷 거래 패턴을 보면 2009년 10월에 모든 인터넷 사용자들의 21~23%가 적어도 한번은 유튜브를 방문하였다. 유튜브의 홍보담당 부서에 의하면, 24시간 동안 매 순간마다 사용자들이 비디오를 업로드 한다고 한다. 유튜브의 인지도는 몇 가지 요소들 때문이라고 생각 한다. 비디오의 쉬운 업로드와 공유, 지속적인 사이트의 디자인 변화, 그리고 방송 네트워크, 영화 스튜디오, 정당 등의 상업 컨텐츠 제공 업체들과의 전략적 협력이다.

여러분들의 성공을 위한 가장 큰 이유는 상대적으로 쉽게 동영상을 업로드하고 공유하기 때문이다. 비디오 공유는 유튜브가 우세하기 전에 존재했다. 동영상을 전자메일 첨부로 보내거나 다른 비디오 호스팅 서비스를 통해 사용할 수 있었지만, 이러한 서비스는 느리고 번거로우며 스토리지 제공량에 제한이 있었다. 시청자들은 비디오를 바로 볼 수는 없었지만 독점적인 비디오 플레이어를 사용하여 비디오를 재생하고 보기 전에 컴퓨터에 비디오를 다운로드해야 했다. 비디오에 대한 메타데이터 설명은 거의 없었다. 당신튜브는 모든 것을 바꿨고, 보기 경험을 혼자만의 경험에서 사교적인 경험으로 옮겼다. 유튜브 인기의 상당 부분은 비디오 공유와 그에 대한 토론의 단순함에 기인할 수 있다. 유튜브는 각 비디오 옆에 관련 링크를 표시하여 e-메일에서 마이크로블로그, 소셜 네트워크의 상태 업데이트 등 다른 형태의 온라인 커뮤니케이션에 비디오를 포함시키도록 지원하고 장려한다. 사용자는 이러한 비디오 코드를 잘라 블로그, 위키, 이메일 및 상태 업데이트와 같은 다양한 소셜 미디어에 붙여 넣기만 하면 된다. 비디오 공유와 삽입의 단순함은 여러분들의 인기에 기여했을 뿐만 아니라 '바이러스 비디오(virus video)'의 현상에도 기여했다: 대개는 다양한 온라인 단어를 대량으로 배포한 후 온라인상에서 엄청난 인기를 얻는 자극적이고, 변덕스러우며, 매우 창의적인 비디오이다.

비디오 공유 관행은 몇 가지 유형의 네트워크를 만든다. 일부 네트워크는 컨텐츠에 기반하고 다른 네트워크는 사회적 친화성 또는 사회적 유대 관계를 기반으로 한다. 컨텐츠 네트워크는 상호 이익 또는 공유된 취미 또는 관행을 반영하며, 기본적으로 사용자의 관심사 사이의 공통점에서 비롯된 실행 커뮤니티[2]를 형성한다. 이러한 지역사회는 당신의 관에 의해 제안된 기존의 범주적 정의(예 : '음악', '엔터테인먼트', '방법과 스타일', '정치와 뉴스' 등) 또는 하위 네트워크의 특정 측면의 범주적 정의에 근거할 수 있다. 컨텐츠 네트워크는 동영상 주위로 진화하고, 댓글 작성, 상호 동영상 작성, '즐겨찾기' 수집 및 키워드로 컨텐츠 태깅을 위한 소셜 도구를 사용하여 형성되는 비디오(Vertex) 간의 상호 연결(Edge)에 기반한다.

소셜 선호도 네트워크는 사용자가 서로 상호작용할 때 형성된다. 유튜브는 사용자들이 서로 '친구'하거나 다른 사용자의 비디오 모음 '채널'을 구독할 수 있게 해준다. 가입과 우정의 관계는 네트워크의 모서리(Edge)이며 사용자는 꼭짓점(Vertex)이다. 소셜 선호도 네트워크는 기존의 관계(예 : 가족, 친구, 팬)에 기반하거나 사람들이 컨텐츠에 대한 상호 관심에 기초하여 상호작용하기 때문에 사이트 상에 형성될 수 있다. 보다시피, 두 네트워크 간의 개념적 구별은 때때로 어렵다. 그러나 다음 절에서 설명하는 바와 같이, 그들은 구조적으로 분리되어 있다.

다른 유튜브 네트워크를 분석하면, 사용자들이 컨텐츠를 만들고 감시하고 개인적인 관계를 형성할 때 만들어진 연결의 망에서 어떤 사람과 비디오가 차지하는 주요 위치를 알 수 있을 것이다. 어떤 경우에는 이러한 기본적인 연결성에 대한 통찰력을 제공할 수도 있다.

14.3 유튜브의 구조

유튜브의 홍보담당 부서에 의하면, 서비스의 목적으로는 두 부분이 있다. 비디오 컨텐츠에 플랫폼 배급을 제공하고 비디오 팬들의 커뮤니티를 형성하는 것이다. 유튜브의 구조는 비디오와 사용자 사이의 밀접한 관계를 유지하면서 명확하게 둘 사이를 구별하는 것이다. 마찬가지로, 네트워크 분석은 비디오 또는 사용자 네트워크 모두 수행 될 수 있다, 또한 서로 독립적이거나 함께 일 수도 있다.

14.3.1 비디오

유튜브에서 디스플레이 되는 매 비디오는 분리된 페이지이지만, 모든 비디오 페이지는 같은 배치를 갖고 있다(그림 14.1).

그림 14.1 유튜브 동영상 페이지는 동영상을 메타 데이터 옆에 표시하고 다른 사용자와 상호작용할 수있는 소셜 도구를 제공한다.

좌측에 있는 비디오는 스스로 디스플레이 되는 것이고, 타이틀 아래에 있다. 타이틀 밑에 있는 드롭다운 메뉴는 저자의 이름을 제시하고 이 사용자가 만든 다른 비디오를 시청할 수 있게 하며, 저자가 만든 다른 비디오로 가입할 수 있는 기회를 제공한다. 비디오 화면은 크기, 볼륨, 디스플레이 품질의 조정을 허용한다. 비디오 제공 하단에 있는 드롭다운 메뉴들과 메타데이터의 연결은 비디오와 관련된다.

기술어

- **비디오에 대한 설명** : 먼저 비디오를 업로드 할 때 사용자에 의해 주어진다.
- **태그** : 비디오를 설명하고, 사용자에 의해 주어진다.
- **카테고리** : 유튜브에 의해 제공된 폐쇄목록으로 부터 사용자가 선택한다.
- **보기, 테이터, 그리고 통계 탭** : 비디오 생성 뷰 뿐만 아니라 업로드 된 이후의 비디오 트래픽에 관한 다른 데이터의 개수, 뷰의 변화와 시간 등급, 트래픽을 변화하여 다른 사이트에서 비디오를 링크한다. 약도는 등록된 사용자의 전망 수 뿐만 아니라, 성별, 연령에 기초하여 비디오의 인기에 따라 서로 다른 지리적 지역에서 영상의 인기를 표시한다. 비디오가 수상했던 명예가 있다면 표시된다.
- **의견 코멘트** : 보기와 통계 탭 아래에 표시된다. 사용자는 두 가지 방법으로 비디오에 응답할 수 있다. 의견 상자로 이어지는 비디오 하단의 탭을 클릭하거나, 동영상 응답을 작성하고 원본 비디오를 연결하면 된다. 텍스트 코멘트는 스레드 대화와 같이 대화할 수 있는데, 좋다거나 싫다로 응답할 수 있으며 스팸으로 분류할 수도 있다. 이 또한 의견으로 표시된 경우가 아닌 원래 별도의 페이지인 경우에 비디오 의견을 수행할 수 있다. 비디오 시청자의 의견을 표현하는 또 다른 방법은 좋아요/싫어요 버튼을 클릭하는 것이다. '좋아요/싫어요'의 총 수는 다음의 의견 컬럼에 표시된다.
- **버튼** : 정보 상자 아래에, 버튼은 시청자로 하여금 다른 온라인 수동 도구에 직접 비디오를 삽입하거나 자신의 프로필로 여러 소셜 미디어 응용프로그램이나 이메일에 접속할 수 있다.

우측에 있는 페이지는 비디오와 관련된 목록을 제공한 것이다. 유튜브의 검색 알고리즘에 의해 사용자가 비디오에 도착하는 원점에서 결정된 바와 같이 이 목록은 동영상 중 공통성에 기초한다.

14.3.2 사용자의 채널

다른 소셜 네트워크와 마찬가지로, 유튜브는 사용자가 다소 정의할 수 있는 '채널'이라는 개인 프로필을 만들 수 있다.(그림 14.2) 사용자는 어떤 정보를 시청자들과 공유할 것인지와 어떤 위젯을 그들의 채널에 디스플레이 할 것인지 선택할 수 있다. 위젯은 개인 광고 또는 트위터와 페이스북 등의 소셜 네트워킹 사이트에 대한 연결과 같은 다양한 유형의 정보를 가진 작은 상자를 표시한다. 사용자는 자신의 환경을 반영하기 위해 이러한 설정을 조정할 수 있다. 따라서 사용자의 페이지는 현저하게 다를 수 있다. 사용자들이 자신의 페이지에 두 개의 서로 다른 소셜 네트워크를 표시할 수 있는 옵션이 있다.

그림 14.2 리한나의 유튜브 사용자 채널, 최신 동영상, 사용자 관련 정보 및 소셜 상호작용을위한 도구를 제공함.

1. **구독자** – 일부 시청자들은 선택한 사용자가 업로드 한 새로운 내용의 정기 알림을 수신하도록 요청한다. 구독은 비대칭적인 관계로서 채널 소유자의 승인을 요구하지 않는다. 구독은 새로운 내용으로 유지하기 위한 유용한 도구이며 반드시 대칭으로 표시되는 것은 아

니고 특정 사용자와 보답의 관계이다.

2. 친구 - 친구관계 요청은 다른 소셜 네트워크 서비스인 페이스북의 사회 연결과 같다. 이런 종류의 연결은 상호적이고 대칭적이다. 친구요청은 그들의 존재를 위하여 순서대로 승인을 받아야 한다.

사용자의 채널에는 다른 사용자가 주석을 남기고 상호작용할 수 있는 개인 게시판(bulletin board), 사용자의 최근 소셜 활동에 대한 공개 로그, 사용자가 가장 좋아하는 비디오, 사용자가 업로드한 비디오 및 재생 목록이 포함되어 있다(예 : '가장 많이 관찰됨', '가장 많이 의견', '가장 많이 구독됨').

노력과 시간, 열성적인 독자 또는 연구원은 사용자의 활동과 환경의 흥미로운 사진을 조립할 수 있는 정보의 조각을 볼 수도 있다. 이 정보를 수집하기 위한 자동화 된 도구는 더 많은 도전을 한다. 유튜브 API는 이 정보 수집에 적합하지 않고 비디오와 사용자 채널에 함께 제공되는 XML 메타 데이터에 포함되는 것의 대부분을 제공하지 않는다.

14.4 유튜브 네트워크

대체로, 비디오 네트워크는 컨텐츠와 구조상에서 모두 사용자 네트워크와 다르다. 이러한 네트워크 내에서 일부 하위네트워크들은 중요한 사람, 비디오 및 이벤트에 대한 통찰력을 제공한다. 사람과 컨텐츠의 연결에 관심이 있는 것을 알 수 있다.

14.4.1 비디오 네트워크

일부 네트워크 구성은 비디오 페이지 속성에서 발견할 수 있다.

- **비디오** - 비디오는 동일한 설명자를 공유한다. 사용자가 유튜브에 동영상을 업로드 할 때, 그들은 반드시 비디오 컨텐츠에 관한 설명을 제공하며, 제목과 태그 또는 관련 키워드를 포함한다. 비디오는 또한 미리 정의된 범주에 따라 분류될 수 있다. 비디오는 동일한 설명자뿐만 아니라 동일한 유형의 컨텐츠도 공유할 수 있다. 그러나 사용자로 비디오에 대한 설명을 지정하면 설명이 매우 다양할 수 있고 우리는 기술자를 공유하여 비디오들에서 유사한 컨텐츠를 가정할 수 없다.

- **비디오와 응답 비디오** - 사용자들은 원문이나 비디오 코멘트를 이용하여 비디오에 응답할 수 있다. 비디오 코멘트는 일반적으로 직접 원본 비디오와 연결되어 있는 '응답 비디오'의 형태를 취한다.
- **코멘트 네트워크** - 사용자는 비디오의 결과로 코멘트를 남긴다. 원문의 코멘트는 비디오를 보면서 기록하거나 또는 사후에 기록할 수 있다. 코멘트 범위는 읽기 어려운 영 숫자 표기법의 조합부터 사려 깊은 토론까지 다양하다. 현재 유튜브의 API와 노드엑셀은 원문의 코멘트를 검색하기 위한 기본적인 지원을 제공한다.
- **관련 비디오** - 관련 비디오의 목록은 선택한 동영상의 옆에 제시된다. 이런 목록들은 유튜브의 알고리즘을 근거로 한다. 지금은, 노드엑셀은 관련 비디오 네트워크를 지지하지 않는다.

14.4.2 사용자의 네트워크

비디오 네트워크와 내용면에서 비교하면, 사용자 네트워크는 자기중심적이다. 이러한 네트워크의 비디오가 아니라 사용자이다. 사용자 네트워크는 사용자들 사이의 관계와 상호작용의 명시적 또는 암시적 증거가 될 수 있다. 적어도 하나의 사용자 직접 요청 또는 액션은 명시적 네트워크를 만든다. 사용자들은 클릭에 노력하여 '하위설명'과 '친구관계' 네트워크를 만들고 이러한 관계를 그들의 채널에 전시한다. 암시적인 네트워크는 두 명 혹은 그 이상의 사용자들이 코멘트, 평가, 사용자 및 비디오 프로파일 페이지에 대한 선호의 상호작용을 통하여 만들어진다. 셋으로 =부터, 코멘트만이 식별 형태로 유튜브의 외부 사용자들이 볼 수 있다. 평가와 선호는 익명과 단일 값에 의해 합산된다. 이러한 네트워크에 대한 탐구는 비디오 컬렉션 및 핵심 비디오와 해당 네트워크에서 중요한 위치뿐만 아니라 비디오와 사용자 간의 문맥 연결을 지지하고 사용자의 전체 구조에 대한 통찰력을 제공할 수 있다(그림 14.3).

14.5 중심, 그룹, 층: 유튜브의 소셜 네트워크 분석은 어떤 질문에 답할 수 있는가?

유튜브는 그것의 기본적인 네트워크 구조를 쉽게 밝히지 않는다. 데이터를 수집과 분석을 결정하기 전에, 당신은 뒤로 물러나 관심 있는 질문을 개념화해야 한다. 공식화되면 질문은 모두 비디오 및 사용자 네트워크에 관련 될 수 있다.

14.5.1 비디오 네트워크

1. 중심위치 – 어떤 비디오의 부류/유형이 내 중앙에 있는가? 어떤 비디오가 많은 의견, 응답 비디오, 높은 평가를 생성하는가? 이 비디오와 사용자들은 다른 비디오에서 생산되는 내용에 영향을 미치는 그 내용에 관심을 공유하는 사람들과 인간관계를 유지할 수 있다. 일부 비디오는 주변에 있는 특정 부류를 이끌 수 있다. 단일 비디오와 같은 사용자에 의해 만들어진 일련의 비디오는 차이가 있는가?

2. 그룹 – 네트워크가 조밀하게 상호 연결된 비디오를 공유하는 일반 속성 태그와 기술자의 허브가 포함되어 있는가? 어떤 비디오가 해당 허브의 중심인가? 자신의 중심성은 다른 속성에 상관관계가 있는가? 서로 연결된 허브인가? 이러한 허브를 연결하는 경계 비디오는 어떤 것인가? 이 허브의 밀도는 어떤가? 그들은 어떻게 사회의 다른 유형의 컨텐츠와 비교하는가?

3. 시간비교 – 비디오 네트워크는 시간이 지남에 따라 어떻게 진화 하는가? 무엇이 개발에 영향을 주는가? 비디오의 특정 디스크립터 태그, 주제 및 유형은 네트워크의 진화에 결정적인가? 비디오와 사용자 네트워크의 개발에 신속하고 광범위하게 변화시킬 비디오의 효과는 무엇인가? 이 동영상은 중단 또는 기존 네트워크를 강화 하거나 대부분 유튜브의 외부에서 참조할 수 있는 바이러스성 비디오의 영향이 있는가? 비디오가 인기가 있게 되면 어떤 변화가 발생하는가?

	동영상 네트워크	사용자 네트워크
평가(Comments)	동영상 및 댓글에 대한 평가/반응	댓글에 대한 반응
친구(Friends)	–	정보 공개의 경우 수집 가능
구독(Subscriptions)	–	정보 공개의 경우 수집 가능
비슷한 묘사 (Similar descriptors)	동영상의 제목, 태그, 설명, 카테고리에 바탕으로 형성된 네트워크	시청자 정의한 스타일 및 카테고리 네트워크
관련 동영상(Related videos)	Youtube 알고리즘 바탕, 노드엑셀 수집 불가	–

그림 14.3 유튜브에서 발견된 다양한 네트워크의 예

14.5.2 사용자 네트워크

1. 중심위치 - 어떤 사용자가 유튜브와 연결된 사용자 네트워크의 중심인가? 일부 사용자는 특정 부류에 있지만 다른 중심일 수 있다. 명시적 또는 암시적 네트워크의 결과는 중심적인가? 네트워크의 다른 부분 사이의 경계 스패너는 어떤 사용자인가? 주변은 어느 것인가? 상승하는 유튜브 스타를 식별할 수 있는가?

2. 그룹 - 사용자는 어떻게 새로운 그룹을 형성하도록 함께 링크하는가? 무엇이 그들을 함께 제공하는가? 방법, 가입자 및 친구의 개체 수는 중복하는가? 암시적 그룹을 발견하고 명시적 그룹과 비교 될 수 있다. 중앙 및 주변 그룹이 있는가? 같은 그룹에 친구의 친구, 또는 구독자의 구독자가 속하는가? 이 그룹의 밀도는 어떠한가?

3. 시간 및 구조비교 - 어떻게 그리고 왜 사용자의 인기를 변경하는가? 사용자는 어떻게 중앙 및 주변에서 이동하는가? 경계 스패너는 시간이 지남에 따라 변화하고 있는가? 외부 상황은 사용자, 그들의 인기 및 자신의 네트워크에 어떤 영향을 미치는가? 비디오, 구독, 친구관계 네트워크는 어떻게 정렬하는가? 사용자의 구독 및 친구관계 네트워크의 차이점은 무엇인가? 밀도는? 어느 쪽이 더 큰가? 비디오 인기의 변화는 이러한 네트워크에 영향을 어떻게 주는가? 명시적 네트워크와 암시적 네트워크 사이에 차이가 있는가? 그들은 각각 어떻게 영향을 미치는가?

유튜브의 특징의 일부는, 즐겨 보는 것, 시청 횟수, '최고로 많은 구독', '최고의 조회 수'와 같은 목록들과 '뜨는 비디오'와 같은 카테고리는 당신에게 인기 동향에 대한 이해를 제공할 수 있다. 하지만, 당신은 혼자 이러한 기능의 정보 흐름, 중심 성, 그리고 서브네트워크 구조에 대해 배울 수 없다. 이를 위해, 네트워크 그래프 시각화 결합 노드엑셀의 네트워크 분석 측정 기준을 사용한다.

14.6 노드엑셀에 유튜브의 데이터 가져오기

유튜브에서 노드엑셀로 데이터를 가져 오려면, 먼저 관심이 있는 네트워크를 선택하고 노드엑셀의 데이터 메뉴에서 '데이터 가져오기' 옵션 중 하나를 사용하여 데이터의 유형을 가져온다. 데이터 가져오는 것을 결정할 때, 유튜브 비디오와 사용자 사이를 구별하는 것을 기억해야한다. 사용자와 비디오의 네트워크 모두 같은 노드엑셀 네트워크 파일로 입력하고 통합하며 나중에 비교할 수 있지만, 동시에 가져올 수는 없다.

14.6.1 비디오 데이터를 가져오기

노드엑셀 메뉴 리본에서, 'Import → From YouTube's video network.'를 선택한다. 그림 14.4와 같은 상자가 표시된다. 이 옵션을 사용하면 검색 창에 입력한 키워드를 포함한 비디오를 가져올 수 있다. 유튜브 검색은 유튜브/구글 검색엔진을 사용하여 수행되며, 검색 알고리즘은 비디오에 관련된 메타 데이터의 종류를 구별하지 않고 제목, 설명 태그 및 카테고리 필드에 있는 모든 정보에 대하여 일치하게 된다. 그림 14.4에서 검색 기술어 중의 '메이크업'을 포함하는 임의 단어를 가져올 것이다. 그러나, 검색 영상 자체의 오디오 및 텍스트 컨텐츠는 수행될 수 없다.

언급한 바와 같이, 비디오 네트워크는 여러 가지 속성을 지니고 있으며, 비디오는 그 중 하나 혹은 그 이상에 기초하여 가져올 수 있다. 비디오 속성은 다음과 같다.

- **태그** - 한 쌍의 비디오가 동일한 핵심단어로 태그 되는 경우, 그 사이에는 우위가 생기게 된다. 예를 들어, 비디오 A와 B는 모두 핵심단어 '메이크업'을 포함한다면, 그들은 우위로 연결될 것이다.
- **동일한 사용자의 코멘트** - 동일한 사용자에 의하여 코멘트가 작성되었을 경우, 한 쌍의 비디오들 사이에 우위가 생기게 된다.
- **비디오 응답** - 비디오는 비디오 응답도 링크할 수 있다.

데이터 가져오기에 대한 결정은 연구 문제에 따라 달라진다. 일부 옵션은 실질적으로 가져오기 절차의 속도가 느리고, 나중의 분석을 위해 데이터의 추가 필터링을 필요로 할 것이다. 또한 모든 데이터 가져오기에서 가져 오려고 하는 비디오 수량에 대한 범위도 설정할 수 있다. 이는 유튜브의 크기와 비디오의 엄청난 수와 데스크 탑 스프레드시트 프로그램의 한계를 고려할 경우 매우 유용하다.

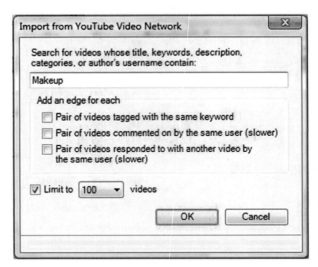

그림 14.4 노드엑셀의 제목, 키워드, 설명, 범주 또는 사용자 이름에 '메이크업(makeup)'이라는 단어가 포함된 비디오를 가져오기 위해 표시된 비디오 네트워크 데이터 가져오기 대화상자이다. 가져온 비디오의 수는 여기에서 100으로 제한되지만 더 높게 설정할 수 있다.

데이터 가져오기에 대한 결정은 연구 문제에 따라 달라진다. 일부 옵션은 실질적으로 가져오기 절차의 속도가 느리고, 나중의 분석을 위해 데이터의 추가 필터링을 필요로 할 것이다. 또한 모든 데이터 가져오기에서 가져 오려고 하는 비디오 수량에 대한 범위도 설정할 수 있다. 이는 유튜브의 크기와 비디오의 엄청난 수와 데스크 탑 스프레드시트 프로그램의 한계를 고려할 경우 매우 유용하다.

14.6.2 사용자 데이터를 가져오기

노드엑셀의 메뉴 리본에서, 'Import → From User's video network.'를 선택한다. 그림 14.5와 같은 대화상자가 나타난다. 이 옵션을 사용하여 유튜브 사용자와 관련된 네트워크의 일부를 가져 올 있다. 검색 창에 네트워크를 가져 올 사용자의 채널 이름을 입력한다. 이는 몇 가지 변화가 유튜브의 다른 세그먼트에 표시되는 대로 정확한 채널 이름을 입력하는 것이 중요하다 (예 : Dana's, Dana, Danas, DanaChannel). 정확한 채널 이름은 사용자의 채널 구독 버튼 옆에 표시된다.

다음 데이터 가져오기에 포함 할 사용자 네트워크 관계를 선택할 수 있다. 친구관계 네트워크 및 구독 네트워크를 가져올 수 있다. 유튜브 API는 현재 사용자의 채널에 등록된 사람들의 목록은 가져올 수 없고 사용자가 선택하여 구독하는 사람들의 목록만 가능하다. 사용자 네트워크 의 명시적인 유형은 모두 동시적이거나 개별적으로 가져올 수 있다.

가져 올 네트워크 레벨을 선택할 수 있다. 레벨은 하나의 노드로부터 다른 네트워크의 단계이다. 하나의 단일한 레벨은 목표 사용자로 시작하고 자신의 친구 또는 구독을 모두 단일한 단계로 가져온다. 두 번째 단계는 자신의 친구의 친구에 대한 모든 데이터가 포함되어 있다. 다시반 단계를 돌아가서, 첫 번째 레벨 친구 사이의 관계에 대한 목록을 제한하는 1.5레벨의 네트워크를 구성할 수 있다. 상호적인 친구 관계가 나타나지 않을 경우, 누군가의 친구 관계에서 선택하지 않은 사용자의 친구는 표시되지 않는다. 데이터를 수집하러 네트워크에 이동하는 과정에 선택하는 높은 레벨 수는 어쩌면 유튜브에서 노드엑셀로 데이터를 가져오는 것보다 더 오래 걸린다. 대부분의 경우, 네트워크의 1.5레벨을 다시 가져올 것을 요청하는 것은 많은 일반적인 질문에 대답하기에 충분하다. 가져올 사용자의 수량을 제한할 수 있고, 만약 필요한 경우 가능한 크기의 데이터를 추출할 수 있다.

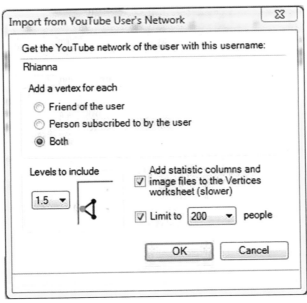

그림 14.5 노드엑셀의 유튜브 사용자 네트워크 데이터 가져오기 대화상자. 1.5 레벨의 사용자 우정 및 가입 네트워크를 가져 오도록 설정함. 네트워크 크기는 200 명으로 제한되며 유튜브에서 제공 한 사용자 활동에 대한 통계 항목이 추가됨.

'Add statistic columns'를 체크하고, 꼭짓점(Vertex)과 모서리(Edge)를 따라, 구독자 및

친구의 수와 사용자의 유튜브 가입 날짜를 포함하여 사용자에 대한 통계 자료를 가져온다. 이미지 파일 포인트는 각각의 사용자를 나타내고 사용자의 채널에 표시되는 것을 포함한다. 이러한 네트워크 시각화에 유튜브 사용자의 프로필 사진을 표시하는 것은 그들을 더 매력적으로 만들어 주고 더 유리할 수 있다. 자기중심적 네트워크를 분석하기 위해, 데이터에 포함된 1.5 혹은 2 레벨을 선택할 것을 조언한다. 이것은 사용자의 친구와 구독자, 그리고 그들의 친구와 구독자뿐만 아니라 그들 사이의 연결을 포함한다.

14.6.3 윤리적 고려

유튜브 사용자는 개인 채널에 대한 정보의 특정 부분을 선택할 수 있다. 그들은 그들의 친구 또는 구독자들에게 개인정보가 유출되는 것을 사전에 결정하고 코멘트를 승인하거나 삭제할 수 있으며 다른 사용자에게 개인 메시지를 보낼 수 있다. 유튜브에서 데이터를 가져올 때, 데이터로 인해 개인정보 기본 설정의 일부 구성 요소가 누락될 수 있다는 것을 고려하는 것이 중요하다(그들이 비공개로 정의된 경우, 완전한 친구관계 목록을 노드엑셀로 가져올 수 없다.) 또한 공개적으로 사용할 수 있는 경우, 다른 사람들의 데이터를 사용하는 근거를 윤리적으로 고려해야 한다. 사용자의 데이터를 찾고 또는 그들의 소셜 네트워크 분석을 수행 할 때, 연구자들은 신중하고 사용자의 개인정보 보호에 대한 기대를 존중해야 한다.

모든 사용자가 개인정보 설정 및 관련 사항을 고려해야 하기 때문에 군중이 인식할 수 있는 정보를 처리 할 때, 연구자들은 유의하여 설명해야 한다. 예를 들어, 개인의 관계 및 기타 개인 정보를 식별하는 단계를 포함한다. 유튜브와 같은 경우, 매우 개인적이거나, 당황스럽거나 위험한 정보들이 실수로 공개될 위험이 있다. 이름, 얼굴 및 의견을 모으는 것은 사용자가 예상한 것보다 더 많이 게시할 수 있다. 익명 데이터는 이러한 문제의 일부를 경감할 수 있다. 그러나 사용자에 대한 광범위한 데이터의 많은 측면을 제공하는 것은 네트워크에서 문제가 될 수 있다. 따라서 유튜브 비디오와 함께 제공되는 풍부한 메타 데이터와 사용자에 대한 처리를 관리해야 한다.

14.6.4 유튜브 네트워크 데이터의 문제점

노드엑셀 분석을 위해 수집된 데이터는, 스피 또는 API로 작성된 자신의 코드를 통하는데 완전하거나 정확할 필요는 없다. 첫째, 자신의 코드 또는 노드엑셀 스피 중 하나에 의해 사용되는 경우, 유튜브 데이터 API는 100% 신뢰할 수 없다. 이 웹을 통해 데이터에 접근하기 때문에 요청이 손실 되거나 또는 시간이 초과할 수 있다. 따라서 동일한 질문은 서로 다른 시간에 서로 다른 결과를 얻을 수 있다. 둘째, 오류 없이 가져온 데이터는 전체 네트워크를 공개하지 않을 수 있다. 비디오와 사용자 프로파일은 비공개로 표시되며 방문과 분석에 포함되는 것을 방지한다. 셋째, 사용자는 언제든지 업로드 된 비디오를 제거할 수 있다. 그리고 사이트의 이용 약관을 위반하거나 다른 사용자와의 검토를 통하여 비디오를 삭제할 수 있다. 그러나 비디오 사이트에서 삭제된 시간과 검색 결과에 나타나는 정지되는 시간 사이에 지연이 존재한다. 이것은 이전에 이용되었던 데이터가 허위적 - 비디오로 네트워크의 꼭짓점(Vertex)으로 나타날 수 있지만 유튜브의 현재 데이터에서는 유지되지 않는다.

14.7 유튜브 네트워크 데이터에 대한 준비

일부 필터를 사용하여 노드엑셀에 유튜브의 데이터를 가져오는 과정에 같은 꼭짓점(Vertex)에 대한 여러 모서리(Edge) 수집이 발생할 수 있다. 결과와 같이, 사용자 또는 비디오를 한번 이상 서로 연결하는 것이 가능하다. 예를 들어, 사용자는 동일한 비디오에 코멘트를 반복할 수 있다. 두 사용자는 상호 구독을 통해 서로 연결되어 있는 경우도 있다. 이러한 경우, 중복된 모서리(Edge) 병합 관계의 명확한 그림을 제시하고 전체 네트워크 통계(metrics)를 계산할 때 바이어스를 제거한다. 그러나 통계적 시각에서 이러한 관계는 적절한 가중치를 줄 것이다.

데이터를 정리하는 기본 방법과 유튜브 네트워크 데이터의 사용 가능한 자본을 만드는 것은 노드엑셀 메뉴 리본에서 데이터 섹션의 'merge duplicate edges'을 이용한다. 이 명령은 각 우위를 비교하고 중복을 찾아 그것들을 하나의 연결로 병합하여 표시한다. 연결은 병합 중복관계 수에 따라 가중 될 것이다. 모서리(Edge) 무게를 포함하는 칼럼은 노드엑셀 우위 워크시트에 추가된다.

14.8 유튜브 네트워크에 대한 분석

14.8.1 사용자 네트워크

유튜브 사용자는 컨텐츠 제공자로서, 그들이 생산하는 비디오를 다른 사용자, 독자, 그리고 참가자들이 이용하도록 한다. 유튜브 자체가 비디오 컨텐츠를 생산하지 못하기 때문에 부족한 비디오는 유튜브 사용자들이 생산하고 업로드 하므로 사이트는 많은 자아가치를 상실할 수 있다. 그러나 사용자는 비디오 컨텐츠의 생산 현장에서 그들의 활동을 제한하지 않는다. 유튜브에서 발생하는 엄청난 양의 사회적 상호작용이 아이디어를 강화하며, 그 사이트가 사용자와 참가자의 복잡하고 활기찬 커뮤니티의 주최자이며 부수적 시청자가 단지 비디오를 볼 수 있는 플랫폼 이상이다.[3][4]

유튜브 사용자 네트워크가 중요한 몇 가지 원인. (1)사용자는 유튜브 커뮤니티의 본질이다. 그들의 상호작용이 유튜브 네트워크 정보의 흐름을 보여줄 수도 있고, 특정 사용자 커뮤니티 또는 사용자의 특정 하위 커뮤니티의 중요성을 강조한다. (2)사용자들 간의 부동한 네트워크는 부동한 참여 방식을 증명할 수 있으며 조화의 개선을 지원하여 다양한 시청자들을 수용할 수 있다. (3)이러한 네트워크는 유튜브 광고를 이용하여 광고, 로빙, 정보배포를 원하는 회사나 기관에서도 사용할 수 있다.

사용자의 자기중심적 네트워크는 사용자들 사이에 생성된 관계의 유형에 대한 흥미로운 이야기를 말 한다. 그 첫 번째 예로 매우 부동한 방식으로 유튜브를 사용하는 두 사용자의 자기중심적 네트워크에 대하여 비교하고 토론한다.

첫 번째는 유명가수 리한나(Rihanna)에 속한 네트워크이다. 그것을 보면, 노드엑셀에 리본에 있는 'Import from user's YouTube network' 옵션을 이용한다. 그 옵션을 클릭하면 그림 14.5와 유사한 스크린이 열릴 것 이다. 우리는 리한나의 구독과 친구 관계에 관심이 있다. 사용자의 채널을 구독할 때에는 일방적인 행위로써 사용자의 동의가 필요하지 않지만, 친구 맺기는 사용자와의 합의가 필요하다는 것을 기억하라. 두 네트워크를 입력하고 'add a vertex for both' 옵션을 선택한다. 다음 드롭다운 메뉴를 이용하여 가져오고자 하는 네트워크의 범위를 구체화한다. 1.5레벨을 선택하면 사용자와 리한나의 관계, 자기 자신과의 관계에 대해서 가져올 수 있다. 이것은 당신뿐만 아니라 자기중심적 네트워크의 중간 인 뿐만 아니라 관계의 중심이 다른 사용자들 사이에 존재하는 경우 찾을 수 있는 사람과 사용자의 관계를 분석할 수 있다. 굉장한 크기의 유튜브와 방대한 양의 사용자들을 고려하면, 꼭짓점(Vertex)들의 수량을 가져오기는 제한적일 것이다. 이 사례는 처음의 사용자 200명을 요청하였다, 이는 복구 과정을 방해하지 않을 때의 큰 자기중심적 네트워크의 합리적인 표본을 제공할 것이다.

　데이터를 노드엑셀에 모두 입력하면 그것들은 엑셀의 워크시트에 보여 질 것이다. 워크시트의 모서리(Edge) 탭에서 각 쌍의 꼭짓점(Vertex)과 새로운 칼럼의 제목은 'Relationship'인데, 이는 표준 노드엑셀의 모서리(Edge) 워트시트를 추가하고 유튜브 관계의 종류에 따라 이러한 꼭짓점(Vertex)들을 연결한다. 노드엑셀에 구독과 친구관계 리스트를 모두 입력해야 한다는 것을 기억해야 한다. 그렇지만, 관계 칼럼을 살펴보니 구독이 없고 단지 친구였음을 밝혀냈다. (그림 14.6) 이번 연구 결과의 의미는 나중에 논의할 것이다. 지금은 이 워트시트의 작업을 통하여 리한나를 둘러싼 자기중심적 네트워크의 시각적 표현을 만들 것이다. 이는 그래프의 모양을 설명하고 그 안에서 매 사람 또는 비디오의 위치를 설명하고 네트워크 그래프 측정기준을 계산하는데 유용하다. 일부 네트워크 측정기준이 정확하지 않을 때와 같이 연결이 한 번 이상 표현되는 경우, 제대로 많은 네트워크 측정기준을 계산하기 위해 'Edge 리스트'는 통합 문서에 동일한 모서리(Edge)의 반복을 제거할 준비를 해야 한다. 노드엑셀의 데이터 메뉴 옵션 'Prepare data'를 'Merge duplicate edges'로 하여 사용하면 된다. 이는 모서리(Edge) 탭에서 중복을 제거하고 중복의 수에 해당하는 '모서리(Edge) 무게'의 칼럼을 추가한다. 예를 들어

존이 리한나의 친구이자 구독자라면, 칼럼에서 모서리(Edge)와 모서리(Edge) 무게를 추가하여 '2'로 통합할 것이다. 중복 모서리(Edge)가 통합된 후, 네트워크 그래프 측정기준을 정확하게 계산할 수 있다. 리한나의 자기중심적 네트워크는 밀도 수준이 0.008이며 매우 부족하다는 것을 알 수 있다.

　네트워크의 그래픽 표현의 특성을 계속하여 탐구할 수 있다.

　첫 번째로 시각적 디스플레이에서 통계를 통하여 스토리를 확인 한다. 이는 네트워크의 중심에서 리한나와의 여러 관계로부터

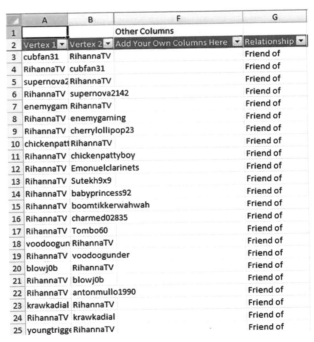

그림 14.6 리한나의 자기 중심적 유튜브 네트워크 NodeXL은 1.5 레벨의 우정 및 구독 목록을 가져온 후 가장자리 워크시트임.

기인한 자기중심적 네트워크이다. 리한나와 연결된 사람들 중 소수의 연결은 네트워크에 가려져있다. 서로 연결되어 있는 꼭짓점(Vertex)을 강조하기 위해 최대 규모에서 최소 규모, 정도에 따라 그 꼭짓점(Vertex)을 모두 배열하는 엑셀 데이터 도구를 사용한다. 워크시트를 보면 사용자가 상대적으로 큰 정도의 변화를 볼 수 있다. 그러나 수많은 사용자들의 측정기준은 1) 사용자는 네트워크의 작은 허브의 중심으로써 높은 정도의 변화를 겪한다. '이미지'에 대한 자신의 형상을 설정하고 자동 채우기 칼럼을 표시하여 각 꼭짓점(Vertex)의 이름을 표시하는 수단 힌트를 설정한다. 2)모서리(Edge) 지도는 투명도를 설정하여 모서리(Edge) 무게를 반영하여 반복 모서리(Edge)가 적게 반복되는 것보다 더 불투명하게 될 것이다. 다음 'refresh graph'을 클릭하여 **그림 14.7**과 같이 표현한다. 이 정교한 네트워크 그래프는 유명한 가수의 커뮤니티 스토리에 대하여 더욱 상세하게 알려준다.

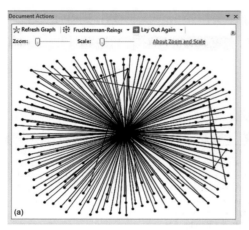 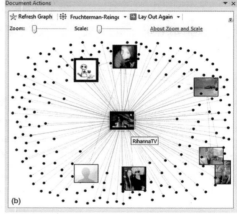

그림 14.7 리한나의 egocentric 유튜브 네트워크가 노드엑셀에 표시되었다. 기본 레이아웃 (a)은 꼭짓점(Vertex)에 대한 정보를 제공하지 않지만 일반적인 단일 레벨 중심 레이아웃을 보여줌. 차수 및 모서리(Edge) 가중치를 기준으로 필터링 한 다음 눈에 잘 띄는 꼭짓점(Vertex) (b)에 이미지를 추가하면 소수의 중요한 연결이 표시된다.

리한나의 자기중심적 네트워크는 연예인이나 유명한 인물과 같이 다른 사용자들로 둘러싸인 중심에 있는 사용자의 모범이다. 네트워크의 꼭짓점(Vertex)들은 서로 연결되어 있는 것이 드물다. 리한나의 팬들은 서로 팬이 아니거나 서로 친구가 되기를 필요로 하지 않기에 커뮤니티나 허브가 만들어지지 않는다. 측정기준은 네트워크가 친구 관계에서만 생성되고 있음을 입증한다. 이것은 리한나의 유튜브 사용방식을 반영한다. 팬 기반을 벗어나게 하는 외적 시도의 부재에서, 리한나는 다른 채널에 가입하지 않지만, 자신의 친구 요청 승인을 통해 그녀의 팬 기반을 유지하는 것을 볼 수 있다. 그녀의 유튜브 채널은 주로 아티스트의 상업적 비디오 홍보 쇼케이스로 사용되며, 아티스트가 팬 혹은 다른 아티스트들과 연락을 유지할 수 있는 상호적 채널로 사용하는 데는 훨씬 적다는 것을 추론할 수 있다 .

이 네트워크는 예술가인 Leesha Harvey로 비교된다. 유튜브의 사용자들은 그녀자신을 유튜브에 있는 그녀의 음악채널을 통해 마치 수많은 관중의 마음을 사로잡으려고 하는 포크 '가수 혹은 작곡가'라고 정의한다.

그녀의 네트워크를 회복하기 위해서는 리한나의 네트워크 움직임에 맞춰서 회복을 실천해야 한다. 먼저 Leesha Harvey 색다른 이미지를 시현한 네트워크 metrics를 살펴보면 그녀는 네트워크 농도를 0.166으로 했으며 이것은 현저히 Rihanna's 네트워크 농도(0.008)보다 높은 것이다.

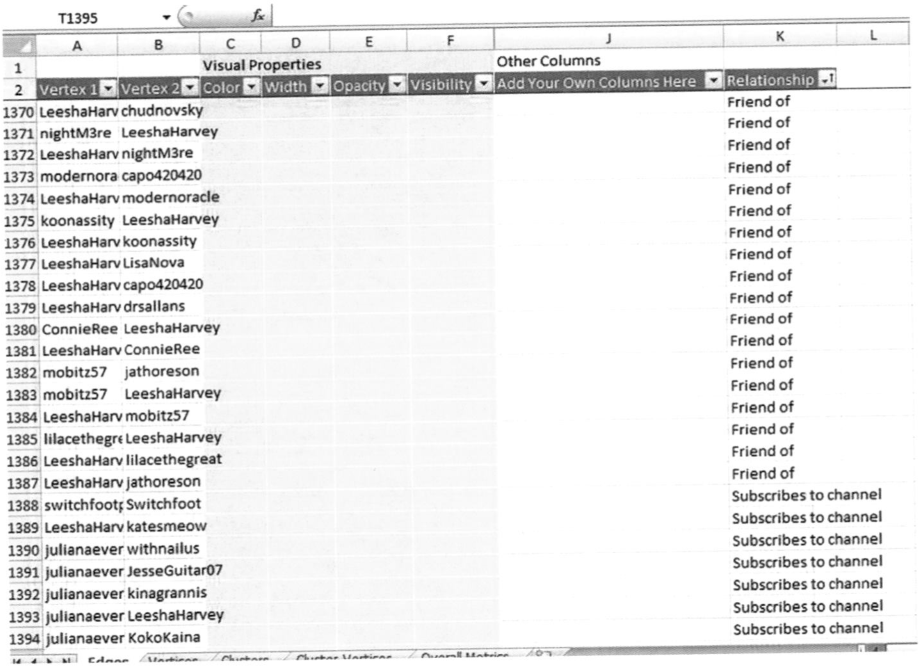

	A	B	C	D	E	F	J	K	L
1			Visual Properties				Other Columns		
2	Vertex 1	Vertex 2	Color	Width	Opacity	Visibility	Add Your Own Columns Here	Relationship	
1370	LeeshaHarv	chudnovsky						Friend of	
1371	nightM3re	LeeshaHarvey						Friend of	
1372	LeeshaHarv	nightM3re						Friend of	
1373	modernora	capo420420						Friend of	
1374	LeeshaHarv	modernoracle						Friend of	
1375	koonassity	LeeshaHarvey						Friend of	
1376	LeeshaHarv	koonassity						Friend of	
1377	LeeshaHarv	LisaNova						Friend of	
1378	LeeshaHarv	capo420420						Friend of	
1379	LeeshaHarv	drsallans						Friend of	
1380	ConnieRee	LeeshaHarvey						Friend of	
1381	LeeshaHarv	ConnieRee						Friend of	
1382	mobitz57	jathoreson						Friend of	
1383	mobitz57	LeeshaHarvey						Friend of	
1384	LeeshaHarv	mobitz57						Friend of	
1385	lilacethegre	LeeshaHarvey						Friend of	
1386	LeeshaHarv	lilacethegreat						Friend of	
1387	LeeshaHarv	jathoreson						Friend of	
1388	switchfoot	Switchfoot						Subscribes to channel	
1389	LeeshaHarv	katesmeow						Subscribes to channel	
1390	julianaever	withnailus						Subscribes to channel	
1391	julianaever	JesseGuitar07						Subscribes to channel	
1392	julianaever	kinagrannis						Subscribes to channel	
1393	julianaever	LeeshaHarvey						Subscribes to channel	
1394	julianaever	KokoKaina						Subscribes to channel	

그림 14.8 Leesha Harvey의 독창적인 유튜브 네트워크 노드엑셀은 1.5 레벨의 우정 및 구독 목록을 가져온 후 모서리(Edge) 워크시트임

Edges workbook을 살펴보면 다양한 종류의 관계를 볼 수 있다. 예를 들면 몇몇 친구들과 다른 구독자들 간 혹은 양자 간의 사이. 그것을 영상으로 표시하여 다른 관계나 서브네트워크 나타내기 위해 먼저 Excel Data → 용모 등을 알파벳 기준으로 정리한다. 그러다보니 친구들과 구독자들이 나눠지게 되었다. 다른 유대관계, 관계구도 및 구독자관계를 구별하기 위해 모서리(Edge)에 다른 색들로 표시를 하여지는데 친구들의 모서리(Edge)는 파란색 바탕칠로 표

시하나 구독자의 경우 오렌지색 바탕색으로 표시된다(그림14.9). 전반적으로 네트워크는 두 가지 subnet works로 실현되며, 어찌되었든 색 부호화는 단독으로 그들의 구성에 강한 인상을 제공하지 않는다. 좀더 깊이 그 구성들을 살펴보자면, 그 누구보다 네트워크에 더 많이 접속한 사람을 나타나게 하므로 꼭짓점(Vertex) 데이터를 다루는데 각 사용자들의 수치는 꼭짓점(Vertex) worksheet 리스트에 기재되어진다. 수치의 측정은 in-degree와 out-degree로 지정된 네트워크에 나누어지며 각 유저로부터 제한되어진 숫자로 계산되어진다. 모든 수치는 자동적으로 지정되지 않는 도표로 삽입되어진다.

지정된 도표와 수치는 수동으로 overall degree줄에서 관계의 총계를 in-degree와 out-degree를 추가하여 만들어내기도 한다(이것은 5장에서 정의된 수치와는 비슷하지 않다). 그러나 이 'overall degree' 네트워크 안에 꼭짓점(Vertex)들의 총 연결 관계를 확연하게 볼 수 있도록 제공해주며, 가장 큰 거에서 가장 작은 것 까지 정리되는 것을 볼 수 있을 것이다. Leesha Harvey가 가장 큰 overall degree를 가지고 있는 것은 놀랄 일도 아니다. 그래프 표 안에 동적인 필터 사용하여 네트워크의 기초적인 패턴을 체계적으로 열게 된다. 필터의 변화는 overall degree의 작은 증가로 시작되는데 예를 들면 사용자가 25의 overall degree사용 또는 더 남길 경우(네트워크의 약 10퍼센트), 두드러지는 패턴일 경우 그래프에 필터가 되어 질 때 유저들은 높은 overall degree를 시현

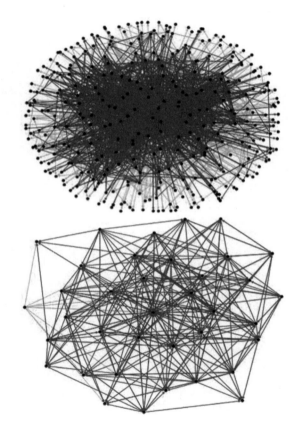

그림 14.9 Leesha Harvey의 NodeXL 맵은 자기중심의 유튜브 네크워크이다. 레이아웃의 overall friendship 네트워크(파란색), 중요구독(subscription) 네트워크(주황색)로 나타낸다. 레이아웃II은 degree≥25으로 기초하여 여과 된 후를 나타내며 friendship 네트워크가 또한 많은 다른 유튜브 사용자와 친구가 된 단 한 명의 구독자와, 구독(subscription)네트워크보다 밀집된 것을 보여준다.

할 수 있다. 몇 가지 난해한 연결고리, 대부분 friendship에 기초된 것은 제한된 이니셜 그룹에 숨겨지거나 특정한 초점이 될시 overall degree에 강조되어 진다. 이러한 hub는 네트워크를 만드는 유저들 중심으로 되어 있다. 이 허브에 대해 좀 더 배우자면 노드엑셀의 기능을 사용하여 직접적으로 워크북 기본웹 정보를 통해 알 수 있다. 이 hub들은 곧 네트워크를 만드는 중심이 되는 유저들이다. hub에 대해 조금 더 배우기 위해서 노드엑셀의 기능을 사용하여 직접적으로 워크북에서 웹-베이스 정보로 연결하면 된다. Vertex에서 오른쪽 클릭 후 Context 메뉴를 실행시킨다. Vertex context 메뉴의 밑 부분에 'Open YouTube page for this person'을 선택한다. 그러면 default 웹브라우저에 관련된 채널이 실행될 것이다. 중심유저 채널에 그들의 공통성으로 시현된다. 모두가 아티스트, 가수 지망생이며 또 그 이상이다. 그들은 같은 뮤직 장르를 공유한다(folk). 유튜브 네트워크로부터 더 통찰력을 드러내는 다음단계로 중심유저들의 개인속성을 지도화 하여 디스플레이 속성으로 추가하는 것이다.

Harel-Koren 레이아웃과 Autofill 칼럼 특색을 사용하여, 자료속성을 따라 네트워크 가상화의 전시속성을 지도로 나타낸다.

- 모서리(Edge) 불투명에서 모서리(Edge) 무게를 지도로 나타내라.
- 꼭짓점(Vertex) 모양과 크기를 지도화하라. 현재 오로지 25 혹은 더 큰 overall degree를 보고 있기에 더 세련화 시켜야한다. 이 단계는 네트워크의 중요 참여자 및 위치를 강조하는 필터 설정을 찾아내는 작업이 필요할 수 있다. 몇 번의 시도 후 40 혹은 그 이상의 degree 설정으로 그리 헷갈리지 않는 방식으로 여러 특출된 사용자들(네트워크의 2.5퍼센트에 포함된 사람)을 선명하게 볼 수 있는 것을 알 수 있을 것이다. 선정된 전반적인 정도(overall degree) 보다 이상인 유저들은 전번적인 정도(overall degree)에 따른 크기와, 1과 6사이의 범위는 이미지를 통해 표현될 것이다. 그 외 유저들은 기본설정(default setting)으로 사용하여 표시된다.
- Tooltip으로 username을 지도화하라. 꼭짓점(Vertex)에 대해 조금 더 알기 위해서 툴팁(Tooltip)을 vertex(유저)이름으로 표시하도록 설정해야 한다.

결과는 **그림 14.10**에 나타나 있다.

현재 Leesha Harvey는 그녀의 주위에 배치된 몇몇 다른 눈에 띄는 사용자와 같이 네트워크의 중심에 위치한 것을 명백히 알 수 있다. 이러한 서브 네트워크의 대부분은 우정 관계를 기반으로 하지만, Leesha Harbey의 친구이자 구독자인 사용자(RachelPachel)을 중심으로 하고 있다. 또한 이 사용자는 가입관계의 연결(hub)이다. 그녀에 대해 더 알기 위해 노드엑셀의 기능을 사용할 수 있는데, 이것은 통합문서(workbook)에서 꼭짓점(Vertex)(사용자)을 바로 웹페이지로 연결하는 기능을 한다. RachelPachel의 유튜브 채널 표시는 유튜브에 있는 다른 'vlogging(블로그)' 또는 동영상 블로그를 하는 사용자로 연결이 되며 많은 다른 뮤지션 블로거나 그녀의 음악에 대한 관심을 표현들과 같이 연결이 된다. 당신은 네트워크의 다른 중앙 꼭짓점(Vertex)과 맥락과 관련된 연결된 것을 보기 위해 이 단계를 반복할 수 있다. 뿐만 아니라 구독자들, 친구의 수, 비디오 수 또는 유튜브 가입날짜와 같은 다른 통계들이 가시화 되었을 때 어떻게 이러한 관계들이 반영되었는지 검토를 할 수 있다.

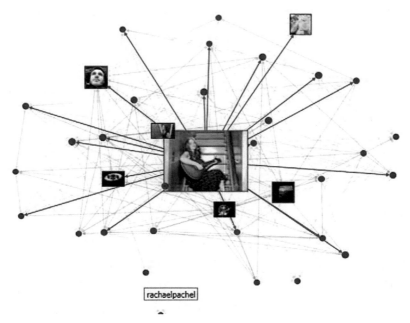

rachaelpachel

그림 14.10 이미지와 Leesha Harvey의 자기중심적 유튜브 네트워크의 노드엑셀 맵 모서리(Edge)는 모서리(Edge) 무게의 의해 필터링 되며 꼭짓점(Vertex)는 정도(degree)에 의해 필터링 된다. 이 레이아웃은 대부분의 유저들이 Leesha Harvey 네트워크의 접속하였으며 대부분이 그녀의 친구이며, 네트워크를 포함한 한 구독자임을 보여준다. 이미지를 클릭하면 유저의 채널의 연결되며 그들 중 다수가 Leesha Harvey와 같은 음악 장르를 공유하는 것을 볼 수 있다.

단지 **그림 14.10**를 보았을 때 깔끔하면서도 이 네트워크는 리한나의 네트워크와 확연하게 다르다. 당신은 많은 연결과 허브(Hubs) 네트워크 꼭짓점(Vertex)과 더 응집력 있는 것과 상호작용하는 네트워크를 나타내는 것을 쉽게 볼 수 있다. 비록 자연적인 자기중심적 네트워크지만 그것은 유튜브 사용자의 소사회를 엿볼 수 있게 해준다. 덜 알려진 뮤지션과 공통의 관심사를 공유하는 팬들, 그리고 아마도 또한 성공을 추구하는 그들 안에서 서로 돕는 사람들로 구성되어 있다.

14.8.2 비디오 네트워크

유튜브에서 찾을 수 있는 네트워크의 두 번째 레이어는 컨텐츠 관련된 네트워크이며, 이것은 사이트에 업로드 된 비디오 간 연결의 다양한 내용들로부터 생겨난 것이다. 이러한 네트워크들은 개인 선호도 혹은 기존 관계의 묘사보다 덜하며 공유된 관심사들과 주제의 협회에 대해 더 많은 것으로 되어 있다.

비디오 네트워크를 이해하는 것은 당신에게 유튜브 에서 발생된 몇 가지 중요한 것들 볼 수 있는 통찰력을 제공하는데, 바이러스 성 비디오가 익숙해진 정보 전염되어 있는 현상에서 어떻게 독립적이고 후원의 비디오에 서로 접속하고 연결을 형성하며 그것에 반응하여 다른 목적에 사용된 유튜브를 이해하는 것을 도울 수 있는가, 그리고 이 커뮤니티 안에서 그들 자신의 약정을 이끄는 것에 대해 제공 받을 수 있다.

다음 예제는 비디오 네트워크를 통한 유튜브의 컨텐츠에 대해 알아보겠다.

14.8.3 유튜브의 '메이크업(Makeup)' 비디오 네트워크

노드엑셀은 몇 가지 속성을 기반으로 유튜브 비디오 네트워크를 가져올 수 있다. 특히 공유 태그로 연결된 비디오의 네트워크를 가져오게 하는 기능은 유용하다. 비디오들은 그 컨텐츠의 묘사된 주요단어(keyword)로 종종 태그가 된다. 공유된 태그에 의해 만들어진 비디오의 그 링크를 통해서 연구자들은 비슷한 컨텐츠로 공유된 비디오 네트워크를 수집할 수 있다. 이것은 비디오를 같은 주제에서 연결된 다른 것들과 식별할 때 주로 관련이 있다. 일부 비디오와 유저 사이의 연결이 단지 공유된 개념 이상을 나타내는가? 이러한 연결지도들은 일부 중앙 사용자와 높은 등급 또는 가입자의 증가를 나타낼 비디오를 연결하는 인식 전략을 알려준다.

한번 '메이크업(Makeup)' 비디오에 있는 우리 예문에 초점을 둬보자. '메이크업(Makeup)' 으로 태그 되어 있는 비디오는 여러 소스로부터 올 수 있다. 일부는 화장품 회사가 온라인 시청자들을 사로잡을 마케팅 확장의 노력이다. 일부 비디오는 대중에게 교본으로 제공하여 판촉하기 위한 메이크업 전문가들로부터다, 그 외 처음 화장품을 접해본 십대 소녀들로부터도 제작이 되어 진다.

'메이크업(Makeup)'은 유튜브에서 가장 인기 있는 화제중 하나이며, 수많은 관련된 주제의 동영상과 다양한 범주에서 광범위하게 있다.

유튜브의 '메이크업(Makeup)' 비디오 네트워크 분석을 시작하려면 별도의 또는 중복된 그룹 또는 공유된 조건(용어)를 전제하로 만들어진 사용자 소그룹을 찾아야 한다. 일부 특정조건

(용어)에서 사용은 서로 구분이 된다(바로 'relationship'과 'makeup') 반면에 다른 조건은 같이 혼합된다('eye shadow'와 'make up') 일부 영상들은 명백하게 개인 또는 아마추어의 것이며, 반면 또 어떤 것들은 전문적으로 제작된 것이 있다.

노드엑셀 통합문서에서 비디오 네트워크 데이터를 가져와서 시작한다. 노드엑셀 데이터 메뉴에 '네트워크에서 유튜브 영상 가져오기' 기능을 이용한다. 먼저 검색에 사용되는 용어 'makeup'을 입력한다. 우리는 같은 태그를 공유하는 비디오를 위해 특별히 찾고 있기 때문에 첫 번째 상자를 클릭한다. 동시에 비디오 네트워크 연결의 다른 유형을 가져올 수 있지만 이 예문을 위해 같은 키워드로 된 태그된 비디오만 사용한다. 노드엑셀은 엄청난 수의 비디오를 가져 올 수 있지만, 주제의 인기와 엄청난 양의 관련 영상자료가 있기에 200개의 동영상으로 제한 검색한다. 검색창에 방금 입력한 키워드에 대한 검색을 한다. 응용프로그램이 결합가능한 모든 검색 필드에서 찾게 된다. 현재 유튜브 API는 다양한 필드사이의 생겨난 차이에 대해 광범위 검색들을 허용하지 않는다(예를 들어, 헤더, 설명, 태그, 카테고리). 따라서 일부의 동영상들은 'makeup'의 키워드를 헤더 또는 설명부분에 있을 것이며 어떤 것들은 그렇지 않을 것이나, 어쨌든 모든 동영상(꼭짓점(Vertex))은 키워드 'makeup' 태그를 가질 것이다. 노드엑셀에 유튜브 makeup 비디오 네트워크를 가져온 후 통합문서에 다음이 포함된다. 자신의 관계를 설명하는 칼럼과 더불어 한 쌍의 꼭짓점(Vertex)을 포함한 워크시트 모서리(Edge)(우리의 경우 모든 모서리(Edge)들은 공유된 태그로 연결이 될 것이다, 다른 경우에는 관계(relationship)

이 코멘트 혹은 비디오 응답에 기초할 수 있다), 그리고 각 개별 꼭짓점(Vertex)(비디오)의 정보로 채워져 있는 'Vertex 워크시트', 노드엑셀 그래프 메뉴에서 그래프 버튼 보이기를 선택하여 'makeup' videos의 인구수 사이의 연결설정을 시각화한다. 유튜브 비디오 태그 네트워크를 처음 보기에는 다소 어려움이 있을 수 있다. 그림 14.11에서의 blob은 무엇을 의미하는가?

공유된 태그 네크워크의 리콜은

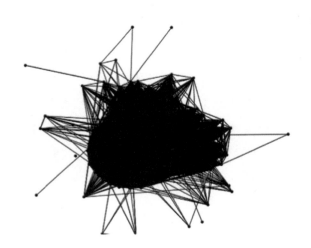

그림 14.11 "makeup" 태그에 대한 유튜브 비디오 네트워크의 초기 노드엑셀 시각화는 200개 동영상으로 제한하였다. 난해한 시각화는 비디오 네트워크 탐구의 출발점이 되었다.

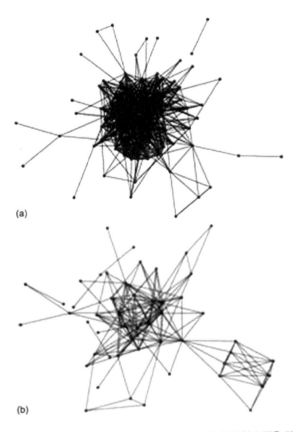

(a)

(b)

그림 14.12 유튜브 'makeup' 태그의 NodeXL 네트워크 맵은 가장자리 무게 기반으로 점차적으로 필터링하는 것을 보여준다.(a) 가장자리 무게 ≥2에서 필터링 후의 네트워크 (b) 가장자리 무게≥4에서 필터링한 후의 네트워크. 필터링은 전체 데이터의 질량에서 네트워크 패턴을 보여준다.

극단적이며 연결이 매우 밀집되어 있으며 지저분해 보이는 모양을 만든다. 노드엑셀에 영역 도구를 이용하면, 모호한 정보를 필터링하여 흥미로운 것으로 시현하는 것으로 이 네트워크 안의 심층을 볼 수 있다. 이 과정의 첫 단계로 먼저 노드엑셀 데이터 메뉴에 있는 모서리(Edge) 병합복사(Merge Duplicate Edges) 기능을 이용해서 자료를 준비한다.

비디오 네트워크의 경우에 마치 검색필드 각각에 나타나는 조건(용어)에 기초하여 반복적으로 생성되는 복합계와 같이 매우 중요하다. 예에서는, makeup 비디오 네트워크, 모서리(Edge) 병합복사 (Merge Duplicate Edges) 기능은 네트워크를 28,000개 이상의 모서리(Edge)를 12,000개의 모서리(Edge)로 감소시켰다. 데이터 준비가 완료되면 네트워크 메트릭(metrics)을 생성할 차례이다.

노드엑셀의 'Analysis → Graph Metrics' 메뉴에서 네트워크의 대한 요약 메트릭은 전체 메트릭 워크시트(overall metrics worksheet)에 기록된다. 이 값은 리뷰를 검토한 결과, 이 네트워크는 여러분이 보았던 그전 사용자의 네트워크보다 0.642로 더 밀집되었다. 이것은 같은 태그로 공유되는 네트워크 안의 많은 비디오들이 또한 주제와 관련된 다른 속성을 공유한다고 우리의 생각을 이끌어 낼지 모른다. 그러나 여전히, 네트워크는 해독하기가 어렵고, 시각화는 우리에게 단지 하나의 탐구의 시작지점만을 알려준다.

네트워크를 모서리(Edge) 무게로 기준으로 필터링하면 일부의 과도한 데이터를 제거할 수 있다, 특히 네트워크 코어에 속하지 않는 주변 비디오를 제거할 수 있다. 모서리(Edge) 영역을 보면 아주 넓고 1~15에 걸쳐있는 것을 볼 수 있다. 노드엑셀에서 필터링하는 방법에는 두 가지가 있다. 하나는 시각화 창에 노드와 모서리(Edge)의 디스플레이에 작동하고 다른 하나는 그래프 시각화를 공급 스프레드시트에서 데이터 행에서 작동하는 것이다.

동적 필터(dynamic filter)와는 달리, 모서리(Edge) 또는 꼭짓점(Vertex)은 자동채우기(Columns) 사용을 중단 했을 때 그래프 시각화로 읽을 수 없게 되고 관련 모서리(Edge) 또는 꼭짓점(Vertex)을 클릭하면 표시되지 않는다.

스프레드시트 수준에서 필터링하면 데이터를 공학계산 작업으로 보내는 크기를 감소하는데 유용하다. 예를 들면 메트릭 계산, 클러스터(cluster), 레이아웃 계산과 같은 작업 등이 그것이다. 데이터를 이 수준에서 필터하게 되면 동적필터를 어떻게 설정을 하였던 그래프 디스플레이에 절대 나타나지 않는다. 이 방식의 필터링에 대해 주의해야 하며 네트워크 그래프의 중요부분을 배제해서는 안 된다.

자동 열 채우기 옵션을 우선적으로 사용한 경우, 나중 단계에서 네트워크 메트릭을 재계산하여 오직 그것의 핵심 구성요소를 포함한다.

자동 열 채우기를 사용하여 네트워크의 원하는 해상도로 표시한다. 이를 위해, '모서리(Edge) 가시성(Edge Visibility)'을 선택하고 '모서리(Edge) 무게'를 기본으로 오른쪽 옵션 탭에서 모서리(Edge) 무게를 선택하여 2에서부터 시작하면서 정기적으로 시각화된 결과를 확인한다.

그림 14.12에서, 모서리(Edge) 시각화를 그 무게의 의존하기 위해 그래프가 필터링 되었다. (a)는 모서리(Edge)들이 모서리(Edge) 무게와 같거나 2보다 큰 것을 보여주기 위해 필터링 되었다. (b)는 모서리(Edge)들이 모서리(Edge) 무게와 같거나 4보다 큰 것만 표시가 되었다. 위에서 볼 수 있듯이 그것에 흐트러짐 없이 여전히 그것에 대한 충분한 정보를 주는 네트워크의 최상화 된 시각화는 모서리(Edge) 무게가 ≥ 5인 경우로 찾을 수 있다.

이 단계에서 당신은 몇 가지 혼란된 시각화의 고립(isolates)을 볼 수 있는데, 그래프를 정리하는 가장 쉬운 방법으로 '비닝(Binned)' 레이아웃을 사용하면 된다. 그래프창에서 '비닝' 레이아웃을 선택하고 그래프를 새로 고침을 한다. 그 고립(isolates)은 현재 주요 그래프와 떨어져서 그래프의 아래쪽에 위치해 있을 것이다. 이 레이아웃은 그 고립(isolates)을 다루는데 있어 유용하나 그리 유용하지는 않다. 그래서 서로 비닝 레이아웃에 결합하는 것이 가장 좋다. 이를 위해, 그들 주위를 사각형을 그려 모든 고립(isolates)을 선택한다. 마우스 오른쪽 버튼을 클릭하여 대화상자를 연다. '선택된 꼭짓점(Vertex) 속성 설정하기(Edit seleted vertex properties)'를 고른 후 드롭다운 목록(drop-down)의 '잠금' 옵션에서 'yes'를 선택한다.

이제 고립(isolates) 제자리에 고정되고 당신이 선호하는 그래프의 나머지 레이아웃을 선택할 수 있다. 이 경우는 Harel-Koren 레이아웃을 선택 하였다. 작업가능한 시각화로 필터링이 제시하게 되면, 다음단계로 네트워크 내 클러스터를 발견하는 것이다. 종종 네크워크 시각화에서 클러스터를 인식할 수 있지만 클러스터는 Wakita와 Tsurumi의 클러스터링 알고리즘의 노드엑셀의 구현으로 자동적으로 식별하여 사용될 수 있다.

이 기능은 그것의 상호연결의 패턴을 기반된 노드 그룹의 세트로 만든다. 그것은 몇 가지 명백한 클러스터를 발견할 뿐만 아니라 명백히 가시화 되지 않는 더 미묘한 차이도 인식할 수 있다. 자동화된 클러스터링 알고리즘을 사용하려면, 노드엑셀 '분석' 메뉴 리본에서 '클러스터 찾기(Find cluster)' 옵션을 사용한다. 이어서 새로고침하여 그래프를 클러스터로 나타낸다. 주의 깊게 만들어 진 클러스터를 살펴본다. 노드엑셀은 각 클러스터 고유의 형상과 색으로 할당하나 때로는 상이한 클러스터는 동일한 색상으로 공유할 수 있다. 만약 이 경우에서와 같이 비슷한 색상 때문에 클러스터를 구별하기 어려울 경우, 통합문서를 수동으로 클러스터의 색상과 모양을 설정하여 사용한다.

그림 14.13 네트워크 클러스터를 보여준다. 두 클러스터는 다른 녹색과 분홍색 클러스터보다 더 지배적이다. 가지각색의 불투명도 들은 꼭짓점(Vertex)의 가장 큰 숫자를 가지고 있을 뿐만 아니라 두 클러스터로부터 여러 모서리(Edge)가 꼭짓점(Vertex)으로 연결됨과 같이 밀집하게 상호연결된 것을 보여준다.

자동화된 클러스터는 알고리즘 관련 발견 속성을 기반으로 생성되지만 이 비디오를 이해하는 것은 더 많은 연구를 필요로 한다. 이를 위해, 'makeup' 네트워크의 모든 비디오 목록이 포함된 'Vertex 워크시트'로 전환한다. '연결정도(Degree)'로 된 열을 선택하고 엑셀의 메뉴 리본에서 정렬 기능을 선택한다. 가장 큰 정도에서 작은 꼭짓점(Vertex)까지 정렬한다. 워크시트는 이제 비디오 목록들이 어떻게 다른 비디오로 연결되었는지 목록으로 보여주며 꼭짓점(Vertex)의 목록을 아래로 스크롤하면 대부분의 비디오는 10 이상의 정도와 녹색과 분홍색 클러스터에 속하며 네트워크 안에서 가장 특출하고, 연관된, 그리고 주요한 클리스터들을 나타낸다.

다른 클러스터에 있는 비디오 사이의 관계를 이해하려면 각 비디오 꼭짓점(Vertex)에서 마우스 오른쪽 클릭하여 비디오 웹페이지로 바로 이동하는 컨텐츠 메뉴를 실행할 수 있다. 녹색과 분홍색 클러스터의 비디오를 전망 하는 것은 이 클러스터의 있는 영상이 아마추어 또는 전문가가 자세히 어떻게 성공적으로 특정보기를 성취하는가에 대한 교본이 되는 것을 계시한다. 클러스터간의 차이는 비교적 작으며 분홍색 클러스터 안의 대부분 비디오는 단지 두 사용자의 (panacea81과 MissCheivous) 의해 제작되었다는 사실을 반영한다. 반면 다른 클러스터의 비디오는 유저들의 큰 그룹에서 제작되었다. 마찬가지로, 파란 클루스터는 한 사용자에게(Michelle Phan) 만들어진 비디오나 이 사용자로 영감을 받은 비디오로 되어 있다. 분홍색 클러스터 또한 여러 상황에 맞는 공통점을 가지고 있다. 많은 이 클러스터의 비디오들은 할로윈과 뱀파이어 makeup 튜토리얼을 제시한다.

그것은 비상업적 비디오들 또는 이 데이터 세트가 포함되어있는 특정제품을 영상에 출연시키는 영상들을 발견하는 것은 재미있는 일이다. 그것은 아마도 화장품회사가 유튜브를 광고행위 또는 상업적인 컨텐츠에 비해 튜토리얼

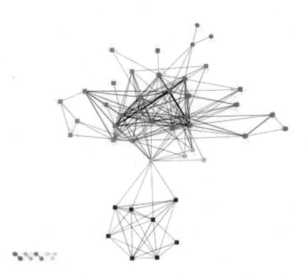

그림 14.13 유튜브 makeup 비디오 네트워크의 노드엑셀그래프는 가장자리 무게 ≥5로 필터한 후에 가장자리 무게로 불투명하게 매핑하고 클러스터는 계산한다. 당신은 비디오의 다섯 개 주요 클러스터를 관찰할 수 있는데,두 가지(분홍색과 녹색)는 다른 클러스터에 속하는 비디오를 포함하는 외부 클러스터를 거치는 상호작용하는 눈에 띄는 밀도의 허브이며, 다른 세 가지(파랑, 빨강, 주황색)는 좀더 부족하거나 덜 상호적인 것들이다. 몇몇 고립(isolates)은 그래프 아래쪽에 배치되어 있다.

비디오의 인기로 사용하는 것을 꺼렸기 때문일지도 모른다('makeup 광고'에 대한 검색이 4800개의 결과를 보이며, 300,000개 이상의 makeup 튜토리얼과 46,000개의 makeup tips을 보인다). 그것은 또한 견본 크기에 기인할 수 있다. 어찌되었든 상업 기업이 광고 블랫폼으로 유튜브를 사용하려는 경우에는, 그들이 어떻게 그리고 어떤 경로를 통해야지 그들의 제품을 최상의 홍보를 할 수 있는지에 대해 고려해야 한다. 한 가지 방법은 특정제품을 한 장면에 등장시킬 때 눈에 띄는 사용자를 쓰는 것 이다(즉, 자신의 튜토리얼 또는 팁에서 특정 상품을 사용한다). 광고주에 접근하기 위해 가장 전략적인 유저들을 찾아내고 제품 생산자는 다른 누구보다 더 사회에 영향적인 주요 사용자는 누구인지 알 필요가 있다. 일부 사용자들은 다른 사람들보다 더 영향력이 있다.

소셜 네트워크 분석은 네트워크 위치의 '영향'에 관련을 주장할 수 있는 몇 가지 수치를 가지고 있다. 유튜브 네트워크 안에 영향력 있는 사용자를 식별할 수 있는 한 가지 방법은 사용자의 'betweenness centrality' 수치를 분류하는 것이다. 이 값은 네트워크의 두개 별도의 분류된 부분의 이를 유일한 경로범위에 있는 사람을 잡아내는 것이다. 우리 각자는 별도 네트워크의

'사이'이며 이러한 네트워크는 가족과 작업장을 연결하는 '다리'이다. 예를 들면 유튜브에 일부 동영상은 비디오 별도의 클러스터 사이의 유일한 연결이기에 전략적으로 연결되어 있다. 이 단계는 이 분석의 시작단계에서 당신은 모서리(Edge) 무게가 5 미만을 가진 많은 비디오를 걸러내었다는 것을 기억하는 것이 중요하다. 이것은 단지 명확한 시각화를 허용할 뿐만 아니라 이전에 계산된 네트워크 메트릭들의 정확성에 영향을 받는다. 이전 중앙 또는 눈에 띄는 영상들은 필터링후에 네트워크에서의 위치를 변경할 수 있다. 현재의 네트워크를 반영하여 메트릭들을 갱신하기 위해, 그래프 메트릭들을 다시 계산한다. 이제 전체적 그래프 밀도가 두 배로 된 0.13을 볼 수 있다. 당신이 유튜브 'makeup' 태그 네트워크의 핵심을 찾고 있는 것을 의미한다.

그림 14.13을 보면, 그것은 하나의 비디오가 네트워크에서 두 개의 주요 클러스터 사이의 유일한 다리인 것은 분명히 알 수 있다(파란색 클러스터와 녹색/빨강/분홍/주황). 툴팁을 사용하여 '천연 화장품'이란 제목의 비디오를 볼 수 있다. '천연화장품'의 특출함이 네트워크의 반영이 되었는지 확인하기 위해서, 'Vertex 워크시트'를 키고 Betweenness 중심 열(Centrality column)을 선택한다. Excel 데이터 정렬 메뉴 리본을 사용하여 가장 큰 것에서 작은 것까지 정렬한다. 상단 행을 선택하고 클릭하거나 목록을 스크롤하고 클러스터 내에 높은 Betweenness 비디오들의 위치를 확인한다. 그것은 거의 즉각적으로 동일한 비디오 또한 가장 높은 betweenness 중심성과 같이 눈에 띄는 것을 나타낸다. 이 비디오는 유튜브 'makeup' 네트워크 집합체를 둘러싼 경계체(Boundary objects)이다. 경계체는 지적인 개념, 가공품, 또는 개체이며 이 개체는 비록 각 커뮤니티를 해석하거나 다르게 사용할 수 있지만 흥미[2][5]의 다른 커뮤니티를 연결하는 개체이다. 경계체는 또한 번역 메커니즘으로 사용된다. 그들은 정보 전송을 위한 채널, 아이디어, 그리고 다른 커뮤니티들 사이, 즉 각 커뮤니티 경계체에 공통구조를 이미 자신들의 것으로 해석하여 적용한 인식들 사이의 이해를 제공한다. 비디오는 본질적으로 스스로가 경계체는 아니다. 그것은 다른 커뮤티니들의 의미를 부여하거나 그것으로 사용하면서 하나가 된다. 이 경우에는, '천연 메이크업' 비디오는 하나의 비디오의 클러스트에 연결이 된다. 즉, 자연적인 모습의 makeup 응용프로그램과(남성의 메이크업부터 안경을 착용한 여자를 위한 메이크업까지) 팁을 제공하고 더 정교하고 때로는 연극 makeup을 위해 제공하는 튜토리얼 비디오의 클러스트에 연결된다. 이는 충분히 탄력적으로 상이한 의미들은 상이한 클러스터에 의한 결과라는 것을 수용할 수 있고, 매일과 대체사이의 연결을 해주며, 고유한 자신의 내용을 유지하고 두 그룹의(예로써, 그것은 네트워크에서 가장 큰 연결정도(degree)를 가진다) 연결을 유지하면서 수용할 수 있다.

전체 유튜브 네트워크 내에서 같은 비디오의 전체 위치를 살펴보는 것은 재미롭다. 이것은 유튜브에서 제공된 통계 데이터를 사용하여 수행할 수 있다(예를 들면, 보기, 선호, 댓글의 수). 이것은 또한 노드엑셀로 가져와 수행할 수 있다. 통계에 따르면, 그것은 '자연 메이크업' 네트워크에서 덜 중앙적인 다른 많은 비디오들보다 뒤쳐진 것은 분명하다. 그것은 123,378번 조회 되었다(네트워크에서 가장 많이 조회된 비디오는 3 백만 남짓 된다. 이것과 비교해 짐작해보자). 4753개의 댓글이 달렸으며(가장 많이 달린 댓글은 24,000개보다 많았다는 것을 감안하자), 그리고 즐겨찾기 9896개를 얻었다(가장 많이 달린 즐겨찾기 수는 23,000개 넘짓 임을 감안하자). 그림 14.14에서 볼 수 있듯이 '천연 메이크업'은 유튜브 인기통계

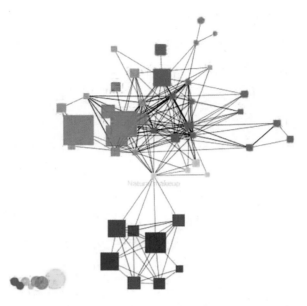

그림 14.14 유튜브 메이크업 비디오 네트워크의 NodeXL 그래프 안에 "천연 메이크업" 위치이다. 꼭짓점(Vertex) 불투명도와 크기는 각각 전망과 의견으로 매핑 되었다. 이 비디오의 betweenness 중심은 하나 또는 고립된 클러스터와 여러 가지 다른 클러스터 사이의 연결을 나타낸다. 이것은 네트워크에 대한 관심의 여러 가지 커뮤니티를 연결하는 경계체이다. 그러나, 이 역할은 유튜브 네트워크 비디오의 전반적인 인기가 반영되지 않았다.

를 고려했을 때 가장 뛰어난 비디오는 아니다.

이제 'Vertex 워크시트'로 돌아가서 네트워크에서 다른 비디오들의 유튜브 등급을 검사할 수 있다. 네트워크에서 가장 높은 등급의 비디오(그리고 'Natural makeup' 보다 많은 댓글이 달린) 중앙 크러스터에 포함되지 않고 고립(isolate)이 된다(Queen of hearts). 그리고 가장 많이 조회된 비디오는 모서리(Edge) 주변기기에 속한다('Beau Nelson's essential makeup tip').

그림 14.15는 betweenness 중심과 정도가 유튜브의 일반적 시청하는 인구수 안에 비디오의 인기도 또는 탁월함 나타내는데 중요하지 않은 것을 나타낸다. 그러나 이러한 수치는 메이크업 네트워크와 같이 애호가의 특별 커뮤니티의 작은 범위 내에서 비디오의 위치를 반영한다. 이러한 경우에, 갭이 내부 중요성과 비디오의 중심과 클러스터의 외부 영형력 사이에 존재한다. 광고주들이 자신들의 제품을 홍보할 통로 되는 채널을 선택하려 할때, 그들은 인기는 적지만 유튜브 관심에 있는 각 관련 서브커뮤니티에서 더 영향을 주는 중앙 유저들을 고려해서 찾

아야 한다. 비디오들과 시청자들 사이의 전체 인구 중 넓게 대중성을 가진 사용자들은 관심되는 로컬 커뮤니티에서 영향력이 결여될 수 있다.

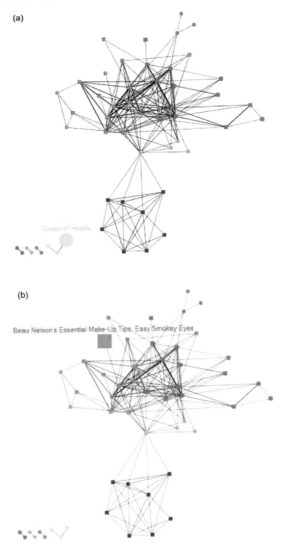

그림 14.15 'Queen of hearts'의 노드엑셀 맵들(a), 유튜브 메이크업 비디오 네트워크에 있는 가장 높은 점유율의 비디오는 고립(isolate)이다. 반면 'Beau Nelson's Essential Makeup Tips'(b), 네트워크에서 가장 즐겨 찾는 비디오, 네트워크의 코어 주변기기이며, 오직 다른 하나의 비디오만을 연결한다.

유튜브 네트워크의 비디오들은 조회된 횟수, 즐겨찾기된 횟수, 그리고 업데이트된 날짜를 포함하는 많은 특성을 갖는다. 네트워크 그래프는 색상, 크기, 모양 및 노드의 위치와 같은 다양한 디스플레이 속성을 가진다.

네트워크 속성의 복잡한 조합을 표시하면, 서로 다른 메트릭스를 다른 시각적 속성으로 매핑할 수 있다. 그림 14.16에서처럼 노드는 그것의 로컬 네트워크 중심과 유튜브 전체수의 인기도, 측정된 조회 또는 댓글수와 같이 다른 특성들을 보유할 수 있다. 이러한 추가된 특성들은 유튜브에 인기와 활동의 종류를 구별하게 도와주고 일부 비디오는 인기 있지만 논의를 일으키지 않거나 반대로나 그렇게 되는 것을 보여준다.

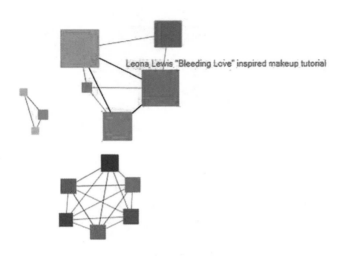

그림 14.16 꼭짓점(Vertex) 사이즈와 함께 노드엑셀 차트는 연결정도(degree)로 매핑, 조회수에 불투명도, 비디오 수신 댓글의 수에 꼭짓점(Vertex) 가시성, Panacea81의 'Leona Lewis' 'Bleeding Love' 'inspired makeup look'비디오는 유튜브 네트워크에서 가장 높은 전체 인지도 뿐만 아니라 가장 높은 중심 메트릭으로 눈에 띈다. 이 비디오와 그 저자는 네트워크 탐색 및 상업적 효과로 좋은 출발점이 될 수 있다.

14.8.4 의료 개혁 유튜브 비디오 네트워크

유튜브 동영상은 경향, 논쟁 및 인기 뉴스를 전시한다. 많은 비디오들은 뉴스부분에 대중매체 언론, 정치 캠페인, 로비 활동을 알려주거나 또는 그들이 이러한 주제에 대한 해설을 전문가 및 블로거들로부터 제공한다. 원문의 의견과 상호적 비디오들을 통해서, 이러한 비디오로 링크 토론에 의해 생성된 네트워크들을 매핑하면 사용자가 그것을 좀 더 잘 이해하거나 거기에 반응수 있게 하며, 정치적이며 논쟁의 이슈의 경우에는 카운터 정보를 제공한다.

이 장이 기록된 시각에 미국에서 가장 떠들썩했던 논쟁 중 하나는 바로 국가 의료 개혁이다. 키워드 '의료 개혁'의 유튜브 검색은 그 주제를 다루는 53,000개 이상 비디오를 제공한다. 이러한 동영상과 그것을 조회 후에 남긴 특별한 댓글들 보면 당신은 비디오의 대한 더 많은 반응들을 볼 수 있도록 한다. 어떻게 사용자와 비디오 네트워크 내에 그들의 위치는 인기 순위와 연관이 있고 시청자수를 어떻게 만드는가? 그리고 일부 사용자로부터의 연결은 다른 사용자들보다 더 많은 트레픽을 유발하는가? 이러한 질문에 답을 찾기 위해, 노드엑셀 유튜브 데이터 불러오기 기능을 이용하여 그 기능 안에 '의료 개혁' 키워드를 가지고 있는 비디오 샘플을 불러온다. 동일한 사용자의 주선된 비디오 한 쌍만을 검색을 요청하여 데이터를 필터한다. 자료를 수집하고 수집된 모서리(Edge) 복사본을 병합한 후, 네트워크 데이터를 모서리(Edge) 157과 꼭짓점(Vertex) 102을 포함하여 생성된 것을 설정한다.

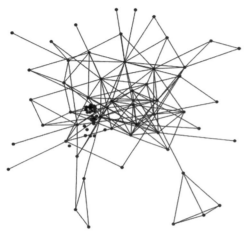

그림 14.17 유튜브 'healthcare reform' 비디오 비평가 네트워크의 노드엑셀 맵 초기(preliminary) 레이아웃, Harel-Koren 레이아웃을 사용한다. 이 레이아웃은 상대적으로 드러나는 네트워크 패턴에서는 유용하지 않으나 추가 분석을 위한 출발점이다.

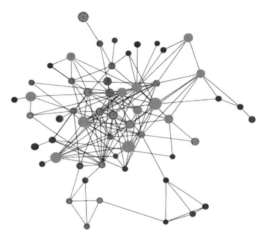

그림 14.18 견해와 의견에 대응하는 색상과 크기가 있는 유튜브 의료 개혁비디오의 노드엑셀 지도. 빨간색 꼭짓점(Vertex)은 많은 의견을 생성한 것이고(큰 크기로 매핑됨), 파란색 꼭짓점(Vertex)들은 낮은 수의 의견이 달려 있는 것이다.

당신은 네트워크에서 자신의 중점에 있는 일부 고립(isolates)과 함께 비디오의 몇 가지 허브를 식별할 수 있다. 그들을 워크북에서 수동으로 삭제하여(모든 불러온 자료들과 같이 데이터세트 원본을 저장하고 조작된 복사본은 다른 이름으로 저장하는 것을 권장한다) 그 고립을 정리할 수 있고 더 낳은 네트워크 환경을 얻을 수 있다.

먼저 유튜브에서 제공된 통계를 기반으로 네트워크 내 가장 인기 있는 동영상을 찾는다. 노드엑셀 메뉴 리본의 '가시화 속성' 섹션에서 자동 열 채우기(Autofill Columns) 기능을 사용하여 각 생성된 비디오 의견(comments)의 수를 꼭짓점(Vertex) 색(Vertex color)으로 매핑한다. 그리고 각 동영상을 본 횟수를 꼭짓점(Vertex) 크기로 매핑한다.

당신은 몇 가지 반복적으로 동일한 사용자에게 코멘트된 비디오들의 고도로 상호 연결된 허브들을 볼 수 있다. 핵심 동영상들의 대부분은 의견의 상당수를 받으며, 자신의 색에 반영된다(적색은 가장 많이 주석되는 동영상들로 된다). 그들은 또한 매우 크며, 조회된 횟수를 보여준다. 주변 비디오들은 대부분의 경우 약간의 의견을 수령한다. 인기가 덜한 비디오들은 네트워크 밀집된 코어를 배회를 한다.

또 다른 흥미로운 질문은 의견의 수와 등급의 상관관계가 있는

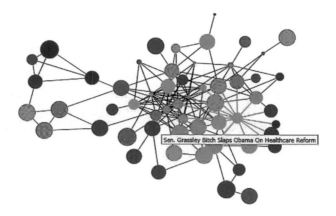

그림 14.19 의견의 수와 각 비디오의 등급에 대응하는 색상과 사이즈가 각각 있는 유튜브 의료 개혁 비디오 네트워크의 노드엑셀 지도는 자주 주석되지 않는 파란색 꼭짓점(Vertex)은 (일반적으로)주석 처리되는 비디오들보다 더 높은 등급을 받았다. 이것은 아마도 격렬한 논쟁 그러나 더 낮은 등급에서 반영된 불창성을 생성한 논쟁적인 내용의 결과일지도 모른다. 강조된 영상은 가장 높은 betweenness 중심을 가지고 있고, 온라인 논쟁에서 중요한 영상을 만든다.

지 여부이다. 이러한 논쟁의 주제에 대한 비디오는 몇 가지 가능한 응답을 생성할 수 있다. 주석자 또는 비디오 컨텐츠에 동의하는지와 그들의 의견을 텍스트를 통해서뿐만 아니라 비디오 등급을 변화시킴으로 전시하기도 한다. 이 관계를 탐색하기 위해 당신은 네트워크의 시각화를 변경하는 방법을 이용할 수 있다. 의견의 수의 꼭짓점(Vertex)색의 매핑을 유지하지만 각 비디오의 등급을 반영하기 위해 꼭짓점(Vertex)의 크기를 변경한다. 이것은 그림을 약간 바꾼다. 약간의 의견을(파란색) 접수한 일부의 비디오는 가장 크고, 가장 높은 등급을 받은 것을 의미한다, 반면에 활발한 토의(빨간색)에 선행된 다른 것은 실제로는 적게 논평된 영상보다 등급이 더 낮다. 이것은 우리의 높게 논평된 비디오들은 반드시 대중적인 것은 아닐 것이라는 가정을 증명한다. 그리고 의견의 높은 수 는 가능하다, 사실 논쟁의 컨텐츠의 결과가 있기에 그 내용의 이의하는 사용자로부터 낮은 등급이 따라오게 된다. 특정 비디오의 컨텐츠를 보기에 앞서, 당신은 또한 토론의 중심에 있는 동영상을 살펴볼 수 있다. 정도와 betweeness 중심을 사용하여 가장 많이 연결된 중앙 비디오(Sen. Grassley Bitch Slaps Obama on Healthcare Reform)가 가장 논쟁이 된 것이 아니라는 것을 볼 수 있다. 그리고 사실, 가장 낮게 평가된 비디오 중 하나이다(비록 3.5 아래로 설정된 비디오는 없지만).

어째든, 건강 관련 비디오 댓글의 네트워크 내에 그것은 중심이 되기 위해 충분한 주의를 야

기하고 있다. 그 논쟁의 컨텐츠에 대한 비디오의 제목에서 알 수 있지만, 자세히 본 비디오는 오로지 유튜브 비디오 컨텐츠에 제공하는 'The Young Turks,'라고 불리는 풍자적이고 진보적인 소식평론으로 제시된다. 그들의 불순한 논평은 많은 찬성내지 반대하는 응답(댓글과 평가를 통해)을 이끌어낸다.

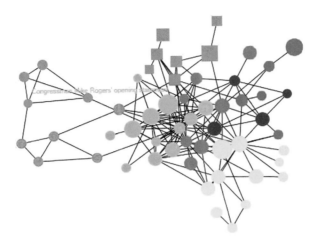

그림 14.20 공유된 의견으로 연결된 의료 개혁 논의 유튜브 비디오들의 클러스터의 노드엑셀 지도와 두 가지 예외(노란색 클러스터는 행정건강관리계획에 반대되는 것을 나타내고 빨간색 클러스터는 그 계획에 지원하는 영상들을 나타낸다),대부분의 클러스터는 동영상들 사이의 문맥적 관계를 묘사하지 않는다.

당신은 또한 이 네트워크 내에서 클러스터를 찾기 위해서 **그림 8.2.1**에 묘사돼 있는 make up 네트워크를 사용된 동일한 방법으로 사용할 수 있다.

이 시각화에서 크기는 댓글의 수에 매핑되고, 색상과 모양은 클러스터에 따라 설정된다. 툴팁은, 다시, 비디오의 제목을 표시하기 위해 매핑된다. 비록 두개의 매우 별개의 클러스터를 찾을 수 있지만, 노란색 클러스터가 주로 제안된 의료건강 개혁에 상대되는 거에 게시된 비디오들을 포함하고 빨간색은 지원하는 비디오들을 포함한다, 대부분의 다른 클러스터들은 문맥상 공통성을 공유하지 않는 영상들로 만들어진다.

흥미로운 발견은 클러스터의 몇 가지가 논쟁의 한 면을 대면하는 비디오를 잡는다는 것과 그리고 비디오들이 울타리의 다른 면에서 이러한 논쟁에 반응한다는 것이다. 한 가지 예는 13,000개 이상 논쟁으로 열띤 토론을 만들었던 비디오이며, 이는 의회에서 Mike Roger's 하의원의 건강 오프닝 성명을 촬영했던 비디오이다. 이것은 또한 한 쌍의 응답비디오로 두 지원을 제안하는 것과 원본 비디오에 표현된 견해를 반대하는 것에 대답되었다.

클러스터를 깊게 들여다보고 툴팁을 사용하다보면 대부분의 비디오에 달린 댓글은, 당연하게도, 패러디와 풍자 동영상에 밀접하게 따라붙는 정치인들이 포함되어있는 것을 관찰할 수 있다. 개혁 세부 사항에 대한 개인 논평과 정보동영상들은 적게 논의된다.

제안된 의료 개혁에 대한 정보를 유포 또는 토론을 촉진을 위해 유튜브를 활용하는 방법을 고려할 때, 연구자와 전문가들은 비디오들이 토론, 논평, 또는 논쟁까지 발생될 수 있는 것들을 고려해야 한다. 이들은 스포트라이트를 유지하고 대중매체와 같이 다른 소스로 부터 관심을 얻을 것이다. 여러분이 본대로, 비록 많은 사용자가 유튜브에 자신의 의견을 표현하지만, 이 비디오들은 생생한 토론의 대세 외부에 주로 남아있다. 건강개혁 관련된 비디오의 분석은 풍자적 인기를 얻은 토론을 제안하는 것을 건의하거나, 정치인들 미디어 출연의 발췌 사용 또는 정치 집회를 더 활기를 이끌어 낼 것 이고, 이 비디오들 관련 토론을 연장시킨다.

14.9 실무요약

유튜브 소셜 네트워크를 분석하는 것은 비디오가 인기를 끌고 있는 방법에 많은 통찰력을 제공할 수 있다, 때때로 심지어 '바이러스'가 되어 그러한 정보는 비디오를 통해 전파된다. 유튜브의 인기는 마케팅 전문가로 부터 정치고문까지 인기 있는 테마와 공공의 동향을 측정하기 위해서 전문을 가능하게 하는 채널을 만든다. 네트워크 비디오를 분석하는 것은 개입의 유형을 쉽게 결정할 수 있게 만든다. 자신의 결과를 극대화 할 수 있는 창조적인 경로, 그리고 그보다 중요한, 어떠한 접근이 부정적 반발을 피하기 위해 가지지 않는가. 대규모 미디어 기업의해 지원되지 않는 예술가와 컨텐츠 생산자를 위해, 단순한 소셜 네트워크 분석 — 자기중심과 컨텐츠 네트워크의 초점 — 유튜브 공간 내에 성공과 인기에 영향을 미치는 많은 면을 엿볼 수 있게 해준다.

유튜브가 교육과 공공위생과(예를 들면, 질병 통제의 스트리밍 채널2 센터) 같은 다른 비영리적 영역에 있는 정보 보급을 위한 중요한 공구가 됨에 따라, 다른 종류의 소셜 네트워크 분석 — 관객이 유튜브 비디오를 통해 도달할 수 있는 탐구하는 것, 예를 들어 — 유용한 툴을 효율적인 방식에서 재정과 생산노력에 협조하기 위해 제공할 수 있다. 유튜브와 엄청난 인기와 결합된 이러한 관측은 오늘날 실존에 있는 주요 미디어 매체 중 하나에 깊은 통찰력을 제공한다. 유튜브 네트워크의 크기는 위협될 수 있으나 자료의 적합한 견본에 초점함으로, 관련된 메트릭으로 필터링함으로, 그리고 광범위 시각화를 사용함으로, 우리 현대문화 형태를 적어도 파악할 수 있다.

14.10 연구의제

유튜브의 엄청난 인기에도 불구하고, 유튜브의 기초 소셜 네트워크에 대한 연구는 초기단계에 있다.

마케팅 전문가에서 교육자까지 실무자이지만, 이 네트워크를 정보 보급을 위해 유튜브를 이용하는 가장 좋은 방법의 이해를 얻기 위해 탐구를 시도하였다. 연구원은 대부분 Facebook 과 Twitter와 같은 '명백한(obvious)' 소셜 네트워크를 더 공부하는 것을 선호했다. 유튜브의 형태적인 학문들은 전반적인 육안적 구조(macrostructre)[6][7]또는 카테고리 레벨[3][8]에 집중되었다. 유튜브에서 발견된 풍부한 복합 데이터가 포함된 연결의 네트워크를 매핑할 강력한 이유를 제공한다.

생성된 사용자 컨텐츠와 사회적 관계의 조합은 우리의 대중문화를 많은 현상으로 교화할 수 있는데, 이 현상은 우리 대중문화[9]의 모습뿐만 아니라 기관 정보가 전파되는 방법 또는 여론이 방송되는 방법[10]이다.

소셜 네트워크 분석을 사용하여, 연구자들은 중요한 유튜브 사용자 또는 피봇(pivotal) 비디오를 유형, 구조, 및 그들 주위에 생성되는 네트워크의 개발과 같이 식별할 수 있다. 연구원은 또한 관계의 구조와 네트워크가 유튜브에서 컨텐츠 제작에 어떻게 미치는가에 대해 탐구할 수 있다.

컨텐츠와 구조 사이의 상호작용은 유튜브의 중요한 속성 중 하나이며 깊은 탐구의 가치가 있다. 우리가 보여준 대로, 다른 사용자 또는 비디오는 그것을 중심으로 지어진 서로 다른 네트워크를 가지고 있다. 이러한 네트워크의 본질과 진화를 이해하는 것은 사용자와 기업 또는 영상 공유 상호작용의 디자이너에 의해 유튜브의 개선된 사용으로 이끌어 낼 수 있다. 연구원들은 기본이 되는 유튜브에 상호작용과 특정견해, 의견, 또는 비디오 컨텐츠를 무시한 채 인기에 기여하여 사이트에 존재하는 소셜네크 방법에 대한 우리의 사회 과정의 지식을 넓혀 줄 수 있다.

참고문헌

[1] C . Hurley, Y,000,000,000uTube, in Broadcasting Ourselves, The Official YouTube Blog vol. 2009, ed. San Bruno, CA, 2009.

[2] D . Rotman, et al., The community is where the rapport is: on sense and structure in the YouTube community, presented at the Proceedings of the fourth international conference on communities and technologies, University Park, PA, June 4–7, 2009.

[3] D . Rotman, J. Preece, The "WeTube" in YouTube: Creating an Online Community Through Video Sharing, International Journal of Web-based Communities, 6 (2010),

[4] E . Wenger, Communities of Practice: Learning, Meaning, and Identity, Cambridge University Press, Cambridge, MA, 1998.

[5] G. Geisler, S. Burns, Tagging Video: Conventions and Strategies of the YouTube Community, presented at the Proceedings of the 7th ACM/IEEE-CS joint conference on Digital libraries, Vancouver, BC, Canada, June 18–23, 2007.

[6] J. Burgess, J. Green, YouTube: Online Video and Participatory Culture, Polity Press, Malden, MA, 2009.

[7] J.C. Paolillo, Structure and Network in the YouTube Core, presented at the Proceedings of the 41st Annual Hawaii International Conference on System Sciences, January 07–10, 2008.

[8] M. Cha, et al., I tube, you tube, everybody tubes: analyzing the world's largest user generated content video system, presented at the Proceedings of the 7th ACM SIGCOMM conference on Internet measurement, San Diego, CA, October 24–26, 2007.

[9] S.L. Star, J.R. Griesemer, Institutional ecology, 'Translations' and Boundary Objects:Amateurs and Professionals in Berkeley's Museum of Vertebrate Zoology, Social Stud. of Sci. 19 (August 1, 1989) 387–420.

[10] V. Gueorguieva, Voters, MySpace, and YouTube: the impact of alternative communication channels on the 2006 election cycle and beyond, Social Sci. Comput. Rev. 26 (2008) 288–300.

위키(Wiki) 네트워크:
창조성과 협업의 연결성

목차

15.1 들어가기 ······················· 423
15.2 위키시스템의 주요 특징들 ·········· 426
15.3 편집활동으로부터의 위키 네트워크 ··· 432
　15.3.1 일반적 관심을 공유하는 위키 네트워크 ·· 434
15.4 위키 프로젝트내에서 다른 유형의
　　　편집자를 식별하기 ················ 435
　15.4.1 위키 소셜 네트워크 샘플링 프레임과
　　　　　데이터 수집 ················· 436
　15.4.2 위키 소셜 네트워크의 모서리(Edge)와
　　　　　속성의 정의 ················· 436
　15.4.3 위키 네트워크 데이터 수집 ······· 438
15.5 특정 사용자 유형을 보이기 위한 노드엑셀
　　　시각화 전략 ····················· 441
　15.5.1 네트워크 그래프의 비주얼 포매팅을
　　　　　이용한 탑 위키 편집자 강조 ···· 443
　15.5.2 독특한 사회적 역할을 알아보기 위한
　　　　　위키 네트워크 그래프 해석 ······ 445
　15.5.3 서브그래프 이미지를 사용한 사용자 유형 구별 ·· 447

　15.5.4 나무와 숲을 보는 위키 네트워크
　　　　　데이터 분석 ················· 449
15.6 문서 토론 페이지에서 양질의 공헌자 찾기 ··· 449
　15.6.1 공헌자의 유형을 알아보기 위한
　　　　　문서 토론 페이지 시각화 전략 ···· 451
　15.6.2 위키 문서 토론 페이지 네트워크에서
　　　　　대립과 숙의의 구조적 특징 찾기 ········ 453
15.7 로스트피디아 돌아다니기: 노드엑셀을 사용하여
　　　위키시스템의 큰 규모의 협력적 구조 나타내기 ··· 455
　15.7.1 노드엑셀을 이용한 로스트피디아 내용의
　　　　　네트워크 지도 개요 작성 ········· 457
　15.7.2 로스트피디아 사용자들의 개요 지도 작성 ·· 459
　15.7.3 데이터 정규화를 통한 강한 연결 암시 ·· 461
15.8 위키시스템으로부터의 데이터 수집 ········· 462
15.9 실무요약 ························· 464
15.10 연구의제 ························ 465
참고문헌 ···························· 467

15.1 들어가기

위키(Wiki)는 누구나 편집할 수 있고 수정한 내용이 각각의 페이지에 보관되고 기록되는 웹 사이트이다. 첫 번째 위키시스템인 WikiWiki웹은 한 그룹이 HTML에 대해 아는 것이 없어도 웹페이지를 쉽고 빠르게(wiki는 하와이어로 '빠른'을 의미함) 편집할 수 있게 하거나 웹서버로 파일들을 여기저기 옮기는 것을 처리할 수 있도록 1995년 Ward Cunningham에 의해 개발되었다. 웹페이지를 만드는 일에 대한 기술적인 장애물을 축소시킬 뿐 아니라, 위키는 사람들이 문서작성 작업을 하는 데 있어서 협력을 용이하게 하였다. 그 이유는 위키의 기술력이 컨텐츠를 작성하도록 하고 작성 중에 있는 컨텐츠와 관련된 사항들에 대해 의논하기 위한 개별적인 공간을 제공하기 때문이다. 위키가 가지는 변화에 유연한 구조와 토론에 대한 지원, 사용의 용이성 때문에 위키는 점점 온라인 커뮤니티를 지탱하는 인기 있는 플랫폼이 되고 있다. 예를 들어, 위키 커뮤니티를 소유하는 회사인 Wikia는 50,000여 개가 넘는 개별 그룹을 가지고 있으며 그것은 단지 수많은 플랫폼 중에 하나이다. 이번 챕터에서는 커뮤니티 설계자로 하여금 누가 그리고 무엇이 커뮤니티에 중요한지 이해하고 또 커뮤니티가 건전하고 활력 있는지 알아보거나 각기 다른 종류의 공헌자들을 구별하는 일을 돕는 소셜 네트워크 체계를 구축하기 위해서 위키를 어떻게 활용하는 지에 대해 알아 볼 것이다.

비록 1995년에 고안되었지만 위키는 누구나 편집할 수 있는 온라인 백과사전인 위키피디아(Wikipedia)가 중요해지기 시작할 때인 약 2003년경까지 상대적으로 알려지지 않았다. 위키피디아는 영향력 있는 백과사전적 온라인 정보의 원천이 되어왔으며 점점 더 전통적인 개념으로서의 권력, 전문지식, 지식 구조에 대항하는 사회적 원동력으로 이해되고 있다.[1][2] Socialtext, PBwiki, Wikispace, Wetpaint 그리고 Wikia와 같은 많은 조직과 교육기관들은 이제 위키를 사용자들을 위한 지식 저장고로서 사용하고 있다. 오픈 소스 프로젝트나 기술적인 묻고 답하기(Q&A) 커뮤니티는 위키를 문헌기록과 지원을 위해 활용한다. 비록 많은 소셜 미디어 프로그램들이 정보공유를 지원하지만 위키는 협력적인 컨텐츠 창작과 유지보수를 지원하는 능력에 있어서 독보적이다.

위키시스템은 또한 소셜 네트워크 분석을 위한 데이터수집의 훌륭한 원천이 된다.[3][4] 비록 위키는 소셜 네트워크 데이터의 풍부한 원천이지만 그것들은 정보를 빼내고 활용하기 위해 기술적으로 가장 많은 것을 요구하는 소셜 미디어 네트워크의 한 형태이기도 하다. 위키는 어떤 분석이 시작할 수 있기 전에 문법적으로 분석되거나 견본실험이 선행되어야 하기 때문에 많은 양의 데이터를 필요로 한다. 위키는 이메일이나 채팅, 트위터와 같은 시스템보다도 더욱 복잡한 사회적 맥락을 제공하며 여러 유형의 페이지 및 에디터들간에 상호작용하기 위한 여러 가지 방법들을 제안한다. 이런 관점에서 위키는 페이스북이나 마이스페이스와 같은 소셜 네트워크와 비슷한 사회적이고 실용적인 공간을 차지한다(11장 참조).

대다수의 위키 커뮤니티는 특별한 주제에 관한 정보저장고를 창조한다. Gardenology나

Marvel Comics 데이터베이스와 같은 몇몇 위키는 백과사전의 형태를 취하는 반면에 다른 위키는 많은 주석이 달린 링크나 논의, 설명서 따위의 페이지 양식을 취한다.[5] 위키는 변화에 대한 유연함 때문에 사용자들의 요구에 매우 적합하게 대응할 수 있다. 회사의 직원들은 정보를 공유하고 노력을 조화시키기 위해서 조직내부의 위키를 사용하고 선생님들은 수업계획을 짜고 공유하기 위해 Calssroom 2.0 Wiki를 사용하고, 암환자들은 병상실험과 의사에 대한 정보를 공유하기 위해, 정보분석가들은 Intellipedia를 여러 기관들과 정보를 공유하기 위해, 티비쇼 'Lost'의 팬들은 Lostpedia를 복잡한 스토리라인을 이해하기 위해, 워크래프트의 게이머들은 Wowwiki를 게임의 세계관을 기록하고 공략을 제공하기 위해 사용하고 있다.

이런 광범위한 활용과 데이터 원천으로써의 가능성에도 불구하고 위키시스템은 수많은 상호작용 방식과 네트워크 그래프의 형태로 상관관계를 나타내는 다수의 방법을 가진 어렵고 복잡한 형태의 온라인 커뮤니티로 여겨진다. 어떤 위키시스템에 대한 조사를 시작함에 앞서, 몇 가지 질문에 대해 짚고 넘어가는 것이 필요하다. 어떠한 상호작용방식들이 당신의 온라인 커뮤니티를 이해하기 위해 가치가 있는가? 모서리(Edge)에 대한 어떠한 정의가 시스템 내에서 의미있는 상호작용과 양립가능한가? 당신이 수집한 데이터의 경계선을 분할하기 위해 어떤 상호작용의 타임 프레임을 써야 하는가? 이런 질문들 때문에 그리고 많은 종류의 네트워크데이터를 수집하는 일과 연관된 기술적 난관들 때문에 위키시스템은 실제 활용하는 사람들과 연구자들 모두에게 다루기 어려운 상급의 소셜 미디어 시스템으로써 고려되어야 한다. 하지만, 주의 깊은 계획과 데이터 관리기술이 있다면 위키를 소셜 미디어의 네트워크 분석에 대한 가장 보람 있는 영역 중 하나로 만들 수 있다.

이번 챕터는 소셜 네트워크 분석 프레임워크에서의 위키로부터 얻은 정보를 활용하는 여러 가지 탐구적인 방법들을 소개하는 일에 중점을 둔다. 소셜 네트워크분석을 하는 데 있어서 흥미를 끌만한 여러 가지 위키 유형이 있다. 우리는 먼저 이런 위키 유형과 위키 네트워크데이터에 대한 질문들에 대해 논의하고 다른 유형의 네트워크에 대해서 설명한다. 또 위키시스템의 속성에 대해서 그리고 이 속성과 위키 페이지의 유형이 사람들이 위키에서 상호작용하는데 어떻게 어떠한 연관을 가지는 지에 대해 설명한다.

이 챕터에서는 세 가지 쟁점을 예시로 들어서 소개한다. 세 가지 다른 종류의 질문을 하기 위해 노드엑셀을 사용한다. 첫 번째 예시는 Castle Project와 관련된 Empire Wiki에 있는 위키 페이지들에 대한 연구다. 그리고 해당 프로젝트에 대한 다양한 유형의 공헌자들을 식별하고자 하는데 이를 진행하는 데 있어서 그들의 네트워크 속성과 그들이 편집했던 혹은 편집하지 않았던 페이지들의 형태와 연관 있는 주요 변수 모두에 기초한다. 이 예시에 사용된 데이터는 공통적으로 유용한 Web-scraping 툴을 상황을 확인하고 데이터를 수집하기 위해 사용하면서 만들어졌다. 다른 유형의 공헌자들을 이해하고 식별하는 것은 유용하다. 그것은 웹관리자가 중요한 유형의 공헌자를 찾아내는 일을 돕고 또 누구의 참가가 격려되고 보상되어야 하며 혹은 경우에 따라서는 어떤 이들의 참여가 저지되고 그들의 참여가 다른 방향으로 유도되어야 하는지 도울 수 있기 때문이다.

두 번째 예시는 Wikipedia의 특별한 프로젝트와 연관 있는 '토론' 페이지에 대한 온라인 논의의 질을 검토한다. 이것은 질적인 분석과 작은 그룹의 상호작용에 관해 주안점을 둔 소규모의 연구학습이다. 위키에서 이루어지는 많은 상호작용들은 협력적인 문서작성에 중점을 둔다. 하지만 그와 동등하게 중요한 점은 바로 각각의 공헌자간에 이루어지는 작성하고 있는 문서에 대한 그리고 그것을 왜 그렇게 쓰고 있는 지에 대한 토론이다. 완성된 컨텐츠가 한 조직의 번영에 결정적일 때, 공헌자들간의 이루어지는 작업에 대한 토론의 질을 평가하는 것은 유용할 수 있다. 이 조사학습은 모서리(Edge)와 꼭짓점(Vertex) 속성을 측정하기 위해 컨텐츠분석의 사용에 대해 설명한다. 논의에 사용된 패턴을 시각화하기 위해서, 우수한 공헌자를 구별하기 위해서, 그리고 문제가 있는 상호작용, 즉 논의를 통한 업무를 성취를 돕지 않는 상호작용을 찾아내기 위해서 노드엑셀이 사용되었다.

마지막 예시는 Lostpedia의 데이터를 활용하여 위키에서 편집패턴의 대규모 체계를 보여주는 전략들에 대해서 설명한다. 분석작업은 문서 페이지에서 공유된 편집물로부터 얻어진 네트워크데이터를 활용한다. 그런 편집물은 어떻게 페이지들이 공유된 편집자들과 연결되어있는지를 보여주는 비교하며 어떻게 편집자들끼리 공유된 흥미나 관심을 가지는 영역에 의해 연결되어있는지 보여준다. 이 전략은 수많은 편집과 참여에 대한 이해를 돕는 수단이며 협력 네트워크의 활용과 모든 위키에 대한 탐구활동을 위한 대규모의 분석에 대해 설명한다.

15.2 위키시스템의 주요 특징들

사람들이 행동하는 방식에 대한 연구를 지지하는 위키시스템의 몇몇 주요 특징에 대해 알아볼 것이다. 위키는 이 책에서 다루어진 트위터나 이메일과 같은 대부분의 다른 소셜 미디어 네트워크 데이터 소스보다도 더욱 복잡한 구조를 가지고 있다 특히 위키는 각각의 페이지별 혹은 공헌자별로 보여주는 편집 히스토리를 모두 유지시킨다. 위키는 위키에 대한 다른 종류의 공헌을 체계화하기 위해 네임스페이스를 사용한다. '위키는 모든 것이 페이지다(Everything is a page.)'라는 전제하에 형성된다. 컨텐츠 그 자체와 컨텐츠에 대한 논의, 개별적인 공헌자들, 카테고리 페이지처럼 지원하는 프로그램들 그리고 심지어 커뮤니티 자체의 방침마저도 모두 사용자들의 기여에 의해 만들어지며 시간이 지남에 따라 진화하게 된다. 그리고 위키는 사용자계정을 가지고 있는데 이 계정은 각각의 사용자 자신에 의한 활동 히스토리를 추적하고 자기공개(self disclosure)를 허용케 하며 사람간의 직접적인 의사소통을 가능케 한다. 우리의 논의는 무엇보다도 이런 기능을 시행하는 Wikipedia와 MediaWiki 소프트웨어에 바탕을 둘 것이다. 많은 위키 사이트들이 MediaWiki 소프트웨어를 사용하는데, 히스토리(history), namesspaces 그리고 '모든 것은 페이지다'라는 통상적인 개념은 대부분의 위키들에 공통된 사항이다.

그림 15-1 영어-언어 Wikipedia의 자료 페이지는 컨텐츠와 논의, 편집, 히스토리탭을 보여준다. 이 탭들은 대부분의 위키시스템에서 표준이며 이 탭들은 Edge 관계들과 속성을 평가할 수 있는 것으로부터 발췌된 편집기록에 대한 접근성을 제공한다.

위키에 대한 대부분의 사람들의 시각은 웹서칭에 의한 Wikipedia 페이지들을 봄으로써 형성된다. 예를 들면 이 문서에 대해 구글에 '벨기에 맥주'를 검색하면 첫째 결과로서 벨기에에 있는 맥주에 대한 Wikipedia 페이지가 나올 것이다(15.1 자료). 그 페이지의 명백한 특징은 그것이 페이지의 주제에 관한 정보를 제시한다는 것인데 머리말에서 언급되었듯이 이런 페이지들은 링크나 사용방법을 설명하는 내용과 같은 다른 형태의 정보를 제공할 수도 있지만 일반적으로 Wikipedia에서의 정보제시의 방법은 백과사전의 문서 형태를 취한다.

- **히스토리(History)** – 보여지는 주제 페이지는 그것을 만드는 과정 중에서 일어난 활동의 빙산의 일각과 같다. 사실, 매번 어떤 사람이 페이지 편집 탭을 사용하며 Wikipedia 페이지를 편집할 때 마다 소프트웨어는 누가 편집했고 왜 그렇게 했는지, 언제 그랬는지 무엇이 바뀌었는지 기억한다. 그림 15.1처럼 히스토리 탭을 클릭하면 시간에 따른 페이지와 관련된 모든 변화 히스토리가 보여진다. 마찬가지로 사용자 공헌도를 볼 수 있는 툴도 있는데 그것은 해당된 사용자가 진행했던 모든 편집기록을 보여준다(그림 15.2). 이런 히스토리정보는 연구자로 하여금 전반적인 위키시스템[6]의 성장부터 이런 커뮤니티 안에서 이루어지는 효과적인 협력의 패턴까지 모든 것에 대해서 연구하는 것을 용이케 한다.[7][8] 또한 그것은 사람들이 보여주는 흥미에 대한 토픽에 기반해 추천을 하는 기술적인 툴들의 개발을 지원한다.[9] Wikipedia는 한 페이지 혹은 많은 양의 페이지의 히스토리를 얻게 하는 다수의 툴과 정보자원을 제공하는데 이런 정보들은 데이터베이스와 외부의 Scraping tool의 데이터베이스로의 접근을 용이하게 하는 공식적인 응용프로그램 인터페이스(Application Programming Interface)를 포함한다.

- **네임스페이스(Namespace)** – 네임스페이스는 다른 종류의 공헌을 체계화하고 조직화한다. 때때로 편집자들은 주어진 페이지에 정확하게 무슨 문서가 들어갈 지에 대해 의견을 달리한다. Mediawik 소프트웨어에서는 계속 서로의 버전을 편집하거나 페이지에 자신들의 코멘트를 달거나 찬성하지 않는 것에 대해 표시를 하기보다는(여러 사람들이 공통된 워드작성을 함께 할 때 이런 일이 실제로 생긴다) 문서작성과 문서에 대한 논의를 네임스페이스를 사용하여 구분한다. 관련문서 그 자체는 '메인' 네임스페이스에 위치하며 각각의 문서에 대한 '의논' 네임스페이스가 있는데 여기서는 페이지에 대해 이야기를 나누고 질문하며 내용을 분명하게 하기 위한 설명을 요청하기도 하고 메인 페이지의 문서들을 극단적으로 변화시키는 일 없이 의견불일치를 해결하기도 한다. 위키의 주요 컨텐츠에 관해서는 논의 탭(그림 15.1)을 클릭하면 관련된 논의 페이지가 열린다. 비록 근본적인 툴은 같지만 이러한 논의 페이지들은 전형적으로 여러 메시지들이 연결된 스레드 형태의 논의를 취한

다. 그림 15.3은 어떻게 공헌자들이 페이지에 특화된 편집여부를 토론하기 위해 그리고 적합한 편집에 대한 규범적인 기준을 통지하기 위해 논의 페이지를 사용하는지를 잘 설명해준다. 토론부분을 다른 편집기능으로부터 분할시키는 것은 사람들이 협력하는 특정한 방법과 의견불일치를 해소시키기 위한 전략을 연구하는 데 용이하다.[10][11] 스레드화된 논의의 특징은 의논하면서 서로 답장을 다는 사람들끼리의 연결고리를 만들어냄으로써 Wikipedia에 기초한 소셜 네트워크를 구축하는 자연스러운 방법을 제공한다[19]. 우리는 어떻게 단 시간 안에 소셜 네트워크 구조를 구축하기 위해 이 풍부한 히스토리 데이터를 사용할 것인지에 대해서 나중에 다시 이야기 할 것이다.

그림 15-2 위키 페이지들은 모든 편집작업의 시기를 설명하고 편집을 행한 편집자나 해당 IP주소를 지시하고 대략적인 편집에 대한 설명을 제공하며 편집전후의 상태에 대한 링크를 보여주는 히스토리 페이지들을 가지고 있다. 히스토리 페이지들은 위키시스템에 있는 네트워크와 속성 데이터의 중요한 원천이다.

- **모든 것은 페이지다** – 수많은 네임스페이스가 있다. 그림 15.4에서 볼 수 있듯이 '파일' 네임스페이스는 이미지나 소리파일 혹은 비디오를 업로드하기 위해 쓰여진다. '카테고리'나 '템플릿' 네임스페이스에서는 공헌자들이 페이지를 그룹으로 묶는 툴을 만들 수 있고 또한 카테고리 안에 포함되어 질 수 있는 정보의 표준을 제공하는 일부터 새로운 유저를 환영하는 일까지 모든 것을 지원해 줄 수 있고 재사용 가능한 토막글을 만들 수 있는 기술적인 툴

을 만들 수 있다.

그림 15-3 위의 논의 페이지는 해당 문서 페이지(벨기에의 맥주)의 최고의 컨텐츠 결정에 대한 조화를 이끌어내기 위해 사용되었다. 이 페이지에 대한 편집은 컨텐츠 페이지에 관심이 있는 사람이나 때로는 문서페이지를 활발히 편집하는 사람들에 의해서 행해지기도 한다. 이 페이지는 커뮤니티의 편집 기준에 대한 순응을 촉진하기 위한 컨텐츠 기반의 토론과 템플릿의 이행 증거를 보여준다.

Wikipedia 네임스페이스는 사람들이 Wikipedia의 방침을 만들고 논의를 하기 위해 쓰여진다. 이런 네임스페이스는 커뮤니티 설계자로 하여금 유저들이 취하는 역할에 대한 이해와 지원을 하게 만들면서 그들이 기여하는 공헌의 종류를 체계화하고 식별한다.[12][13][14] 모든 위키 페이지의 유형들이 각각의 변화와 편집내역에 대한 히스토리를 가진 다른 어떤 위키 페이지와도 똑같은 취급을 받는 다는 사실은 커뮤니티 그 자체의 발전에 대한 연구를 지지한다. 그러한 연구는 어떻게 개개인들이 공헌의 유형에 따라서 특정한 역할을 맡는 지 그리고 어떻게 그룹이 방침[14]과 관리 결정을 내리는 지에 대한 연구이다[11].

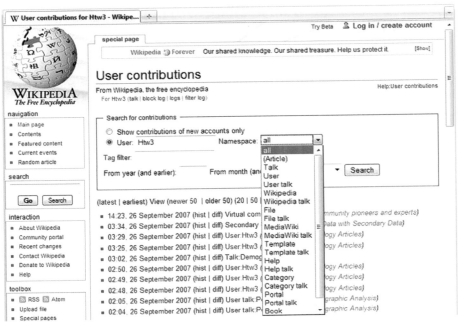

그림 15-4 이 페이지는 한 위키 유저에 의한 부분적인 편집내역에 관한 히스토리를 보여준다. 이런 공헌 페이지들은 편집자들에 대한 정보의 중요한 원천이 된다. 이 이미지는 또한 Wikipedia나 전형적인 위키에 있는 페이지 형태 및 네임스페이스의 범위와 드롭다운 메뉴를 보여준다. 그러한 편집자들이 다른 부분은 편집하지 않으면서 특정한 네임스페이스를 편집하는 경향은 그들이 위키 커뮤니티에서 맡은 역할에 대한 중요한 단서를 제공한다.

- **사용자 계정** – 비록 많은 위키가 공헌활동에 대한 비용절감을 위해 익명성을 유지한 접근과 편집을 허용했으나, 위키에 대한 대부분의 정기적인 공헌자들은 사용자 계정을 만든다. 편집과 변화에 대한 히스토리를 기록하는 위키의 똑같은 특징은 연구자들로 하여금 페이지의 진화에 대해 조사할 수 있게 하거나 특정한 인물의 편집활동에 대한 연구를 가능케 한다. 그림 15.4에는 한 공헌자의 편집 로그의 작은 부분이 보여진다. '사용자' 네임스페이스는 등록된 사용자들이 그들 자신에 대해서나 그들의 흥미, 기술 그리고 그들이 가장 많은 참여를 하고 있는 위키의 영역에 대해서 설명하는 페이지를 만들게 허용하고 있는데 이런 것들은 개개의 커뮤티니 멤버들의 특징을 이해할 수 있는 풍부한 자원이다. '사용자 논의' 네임스페이스는 사용자간의 직접적인 커뮤니케이션을 가능케 하며 이것은 Wikipedia 활동에서 생기는 소셜 네트워크 관계를 표시하는 데이터베이스를 만들 수 있게 하는 또 다른 자원이다.

15.3 편집활동으로부터의
위키 네트워크

사용자들간의 상호작용과 활동에 대한 히스토리에 기초하여 Wikipedia를 분석하는 여러 가지 흥미로운 방법들이 있다. 그러나 커뮤니티 분석을 위해 소셜 네트워크 툴을 사용하는 것에는 편집히스토리를 소셜 네트워크 관계로 변환해석하는 일이 필요하다. 이것은 실제로 어떠한 종류의 시스템 안에서 행동을 이해할 수 있도록 하는 소셜 네트워크 분석의 활용에 대한 일반적인 질문이다. 심지어 페이스북처럼 명시적으로 '소셜 네트워크서비스'라고 명명 되어지는 영역에서조차도 선행되어야 할 선택사항들이 있다. 예를 들면 모든 '친구들'이 진짜 친구들인 것은 아니기 때문에 당신은 정기적으로 페이스북에서 의사소통하는 친구들을 '진짜 친구'로서 고려할지 모른다. 혹은 당신은 그룹들이나 팬페이지, 사람들이 참여하는 이벤트들에서의 관계를 분석하기 위해 소셜 네트워크 분석을 사용하는 데 흥미를 가지고 있을 지도 모른다. 그래서 당신은 동일한 그룹이나 페이지에 참여하거나 메시지를 포스팅하는 사람들의 행동의 근거를 활용하며 이러한 그룹들 사이에서 소셜 네트워크를 만들어야 할 필요가 있을 것이다.

카터 버트[15]가 쓴 최근의 문서는 활동성 데이터를 네트워크 표시로 변환하는 것에 대한 과제와 관련된 몇 가지 기초적인 이슈를 환기시켰다. 특히, 네트워크는 두 선이 만나서 이루는 꼭짓점(Vertex)들 혹은 존재들(Entity)로 구성되어 있는데 이것들은 그들 사이의 관계를 나타내는 모서리(Edge)를 통해서 연결되어 있다. 두 선이 만나서 이루는 점들과 이러한 관계 모두 꼭짓점(Vertex)들끼리의 연결고리가 가지는 강점이나 또는 그 점들이 네트워크의 부분을 이루었던 기간 같은 속성들을 가질 수 있다. 분석가에게 닥친 난관은 해당되는 문제에 대한 통찰력을 줄 수 있는 꼭짓점(Vertex)들과 관계들(Relationship) 그리고 속성들을 선택하는 일이다. 여기서 우리는 위키시스템과 관련하여 각각의 이러한 일반적인 이슈에 대해서 논의해보고 몇 개의 네트워크 예시를 들어본다.

Vertex란 무엇인가? 많은 소셜 네트워크 연구에서 꼭짓점(Vertex)들은 개별적인 사람이나 그룹, 회사, 혹은 기관을 나타낸다. 위키에서는 각각의 사용자 계정이 위키시스템을 사용하고 있는 사람들끼리의 관계에 기반한 네트워크의 꼭짓점(Vertex)이다. 그러나 몇몇의 질문, 페이지 심지어 페이지의 카테고리들도 소셜 네트워크에서 적합한 꼭짓점(Vertex)이 될 수 있다. 예를 들어서, 만약 당신이 한 커뮤니티가 흥미를 두고 있는 어떤 종류의 주제(혹은 상품)끼리의 연결관계를 이해하고자 한다면 페이지나 상품카테고리를 만드는 것이 아마 가장 옳은 선택이 될 것이다. 이런 종류의 꼭짓점(Vertex)은 예시문에서 설명한다.

무엇이 모서리(Edge)로 고려되는가? 만약 꼭짓점(Vertex)을 위키시스템에서 편집업무에 공헌하는 사용자 정체성으로 정의한다면 모서리(Edge)를 두 사용자간의 어떤 유형의 상호작용을 나타내는 여러 활동 중 하나로 정의 내리기를 원할 것이다. 비록 두 사용자간의 관계를 나타내는 잠재적인 표시기가 여러 종류 존재하지만, 처음의 두 개의 예시는 모서리(Edge)를 편집활동으로부터 추론할 수 있는 두 가지 공통된 방법을 설명한다. 첫 번째로, 우리는 한 사용자가 다른 사용자의 사용자 토론페이지를 한 편집한 것을 그 두 명 사이에 일어난 커뮤니케이션 관계의 증거로서 사용한다. 즉, 편집자 A가 편집자 B의 사용자 토론페이지를 편집할 때 우리는 A로부터 B로의 모서리(Edge)를 도출하는데 왜냐하면 A는 직접적으로 B에게 의사를 전달하기 때문이다. 두 번째 케이스에서는 두 사용자간의 직접적인 의사소통을 표시하기 위해 문서의 토론페이지 편집기능의 컨텐츠를 사용한다. 편집자 A가 B에 의해 선행된 편집업무를 참고한 편집을 실행할 때 우리는 A에서 B로의 모서리(Edge)를 도출한다. 세 번째 예시는 상호작용을 나타내기 위해서 컨텐츠 페이지의 공유된 편집기능을 사용한다. 실제로, 동일한 시간에 편집하는 편집자들은 종종 더욱 더 직접적인 상호작용을 지속하게 된다.[16] 더욱이, 사용자를 연결해주는 모서리(Edge)는 통제되거나 통제되어 지지 않을 수도 있다. 예를 들면, 만약 편집자 A가 문서의 토론페이지에 글을 올리면 편집자 B는 A에게 답글을 올리고 그럼으로써 우리 모두는 B가 A를 인지하고 있다는 것을 알게 된다. 그러나 우리는 A가 B를 인지하고 있는지는 알 수 없다. 그래서 만약 잠재적인 영향력의 관계들을 측정하고자 한다면 A에서 B가 아닌 B에서 A로의 통제된 모서리(Edge)를 생성시키는 것이 타당할 것이다.

어떤 속성들이 중요한가? 편집 중에 많은 속성들이 모서리(Edge)나 꼭짓점(Vertex)에 할당된 변수들을 구성하기 위해 사용된다. 작가의 두드러진 특징은 작가가 편집한 특정페이지들이나 작가가 편집하거나 편집을 절제한 종류의 페이지들일 수도 있다. 페이지 그 자체는 변수로써 코드화될수 있는 속성을 가진다. 예를 들자면, 주제, 카테고리, 그리고 하이퍼링크의 실재나 부재는 변수로써 코드화될 수 있다. 편집을 한 내용이나 특정한 유형의 편집을 하는 경향은 측정되어질 수 있다. 예를 들면 몇몇 위키 사용자들은 스펠링이나 문법수정처럼 간단하고 단순한 수정업무를 전문적으로 한다. 이런 '대수롭지 않은' 편집활동은 위키[9,14]에서 사용자들이 맡은 역할을 나타내준다. 그래서 그런 하급의 편집활동의 횟수나 중요한 편집활동 대비 중요치 않은 편집활동의 비율을 세는 일이 이해를 도울 것이다. 마찬가지로, 만약 당신이 주어진 툴의 채택에 대한 소셜 네트워크의 영향력에 흥미를 두고 있다면, 당신은 소셜 네트워크안에서의 유얀과 그의 동료들이[4] Wikipedia에서 어떻게 사람들이 편집제안툴을 채택하는지에 대한 조사활동에서 그랬던 것처럼 그 툴을 과거에 채택했던 이웃사람의 퍼센티지를 알아봐야 할 것이다. 이런 사람들과 페이지 사이의 모서리(Edge)에 관해서는 페이지가 각각의 한 사람에 의해 편집된 횟수 즉 활동량을 세는 것이 타당하다. 다른 흥미를 끄는 변수는 다른 사용자들의 편집에 관계 있는 작가의 편집시기로부터 유래한다. 예를 들면 토론페이지에서 일어나는 커뮤니케이션을 나타내는 편집은 일시적인 근접성 속에 있거나 한 편집자에 의한 편집이 다른 이들의 편집활동 사이에서 일어나는 구성을 보여줄 듯하다.

15.3.1 일반적 관심을 공유하는 위키 네트워크

세 가지의 위키 네임스페이스는 그 자신들에게 사람들 사이에서 관계를 정의하게 한다. 따라서 네트워크 데이터가 창조되는 것이다. 다른 사용자들에 의한 토의 페이지 편집은 확실한 커뮤니케이션의 징표이다. 컨텐츠에 대한 공유된 편집활동은 중첩되고 실재하는 흥미도를 나타내거나 혹은 최소한 공동의 관심사를 나타낸다. 그리고 문서 페이지에 대한 논의는 공동의 흥미와 직접적인 의사소통 모두를 나타낸다. 만약 목표가 위키문서간의 관계를 탐구하는 것이라면 공동편집하는 행동(똑 같은 사람이 다른 두 페이지를 편집하는 것), 카테고리 멤버쉽, 그리고 한 페이지에서 다른 페이지로의 명확한 링크는 당신이 어떤 연구질문을 할 것인가에 따라서 유용한 표시기가 될 수 있다. 다른 종류의 엔티티와 관계 역시 가능하다. 예를 들면 어떤 사람은 그룹간(위키 프로젝트들) 페이지 카테고리간, 혹은 심지어 방침간의 관계에 초점을 두고 싶어 할지 모른다. 하지만 일반적으로 사람들과 페이지들은 소셜 네트워크 분석 프로젝트에서 관심사의 주요 엔티티(Entity)가 될 가능성이 있다.

표 15.1은 위키시스템에서 편집활동이 측정될 수 있는 몇몇의 네트워크를 보여준다. 그 네트워크들은 사회적 관계를 추론하기 위해서 다른 종류의 페이지와 편집을 사용한다. 그래서 꼭 짓점(Vertex)과 모서리(Edge)에 대한 다른 정의를 가지고 있다. 이것들 중 세 가지는 이 챕터에서 증명되었지만 다른 종류의 네트워크 유형도 표에서 볼 수 있듯이 가능하다. 예를 들면 추가적인 산술적 노력이 있다면 위키 페이지에서의 컨텐츠끼리의 연결성을 반영하는 의미론적(semantic)인 네트워크와 사용자들의 하드웨어가 Wikipedia의 하드웨어와 상호작용하는 방식을 반영하는 기술적인 네트워크가 고안되어 질 수 있다.

표 15.1 편집 기록에서 파생될 수 있는 Wiki 네트워크의 여러 기본 유형

Network	Vertices	Edges	Weighted	Directed
Page Link Network	Pages	Hyperlinks	Yes or No	Yes
User Talk Page(예 : Profile) Network	Users	Comments on another user's profile page (예 : user or user talk page)	Yes	Yes
User Discussion Network	Users	Comments posted in reply to each other on an Article Discussion page	Yes	Yes
User to Page Affiliation Network	Pages and users (bimodal)	User edits per page	Yes	No
Page Co-editor Network	Pages	Co-editors	Yes	No
User Co-edit Network	Users	Co-edited pages	Yes	No
Category Network	Categories	Shared pages	Yes	No
Project Network	Projects	Shared pages or shared members	Yes	No

15.4 위키 프로젝트내에서 다른 유형의 편집자를 식별하기

모든 위키는 사용자들에게 컨텐츠 공헌의 방법과 컨텐츠에 대한 논의를 하는 방법을 내포하고 있다. 헌신적인 공헌자들은 자주 특정한 유형의 공헌을 전문적으로 한다. 예를 들면 몇몇의 공헌자들은 새로운 컨텐츠를 전문적으로 생산해내는 데 반해 다른 이는 작은 분쟁을 해결하거나 규칙과 기준을 무시하는 공헌자들에게 제재를 가하는 일을 전문적으로 하는 이들도 있다. 여전히 어떤 이들은 다른 사람들의 이루어낸 일련의 노력을 조화시키는 데 특화된 이들도 있다. 여기서 우리는 몇몇의 편집자 유형을 구별하는 전략을 설명하고 또 이전에 언급된 유형의 편집자들에 대한 증거를 제공하는 예시를 제공한다.

우리의 접근방식은 편집자들이 자주 편집하는 경향이 보이거나 그들의 의사소통 구조를 수집하는 페이지 유형에 대한 몇몇의 디테일을 측정하는 것이다. 우리는 상업적인 웹 스크래핑

유틸리티를 이런 데이터를 수집하기 위해 사용하였고 Empire Wiki라 불리는 공공의 위키에 있는 관련 페이지에 중점을 두었다. 우리가 추출한 표본 페이지의 세트와 관련한 사회적 움직임에 연관된 잠재적 리더들을 찾아내기 위해 우리는 이 위키와 특정 페이지를 선정하였다.[17] 이 연구에서 우리의 초점은 서로 다른 타입의 사용자들을 구별하기 위한 전략들을 좀 더 단순화하는 데에 있다. 그러나 곳곳에서, 연구 질문들은 기존의 연구로 하여금 우리가 어떤 특성들을 측정해야 하며, 어떤 페이지들을 우리의 표본에 포함시켜야 하는지 찾아낼 수 있도록 도와주었다.

15.4.1. 위키 소셜 네트워크 샘플링 프레임과 데이터 수집

우리의 주력 프로젝트(프로젝트 캐슬)와 관련한 글을 최소 한 번 이상 수정한 사용자들로부터 표본을 추출하였다. 프로젝트 캐슬은 인터넷 검열에 반하여 생성된 온라인 커뮤니티와 연관된 참여자부터 시작되었다. 표본을 정립하기 위해 우리는 다음과 같은 절차를 거쳤다. 첫째로, 프로젝트 캐슬과 관련된 모든 글들의 히스토리 페이지의 URL들을 일련의 목록으로 작성하였다. 태그란 글을 설명해주는 하나의 키워드로 에디터들이 글에 달 수 있는 것인데, 태그를 닮으로써, 유사한 글들이 하나의 그룹으로 엮일 수 있게 된다. 태그를 이용하여 프로젝트 캐슬과 관련된 자료를 찾아내는 것은 두 가지의 이점이 있다. 첫 째는, 프로젝트와 관련된 글 목록을 한 페이지에 정리해준다는 것이다. 두 번째, 태그는 사용자가 만드는 것이기 때문에, 연구원이 일방적으로 정의한 것이 아닌, 프로젝트 캐슬과 연관된 것에 대한 커뮤니티의 새로운 정의에 부합하는 글들을 타깃으로 설정할 수 있도록 도와준다. 이 다음으로, 표본 기간(7개월 정도) 동안 각각의 글을 어떤 사용자가 수정했는지에 대한 목록을 포함한 엑셀 스프레드시트를 생성하기 위해 상업적 웹 스크래핑 프로그램을 이용하였다. 그림 15.5는 위키 글의 히스토리 페이지를 보여준다. 프로젝트 캐슬과 관련된 각각의 수정한 유저 네임을 목록으로 만든 후에는, 엑셀 2007의 데이터 탭 기능에서 찾을 수 있는 중복 값 제거 툴을 이용하여 중첩되는 유저 네임을 목록에서 제거하였다. 우리는 이렇게 정리된 목록을 우리 연구의 표본 사용자로 정의하였다.

15.4.2 위키 소셜 네트워크의 모서리(Edge)와 속성의 정의

우리는 특정 프로젝트에 기여하는 개개인들 간의 대인 커뮤니케이션에 흥미를 지니고 있기 때문에, 사용자 토론 페이지는 프로젝트 페이지의 편집에 신경 쓰지 않고 사용자들 간에 소통할 수 있는 공간임을 보여주는 좋은 증거라고 생각했다.

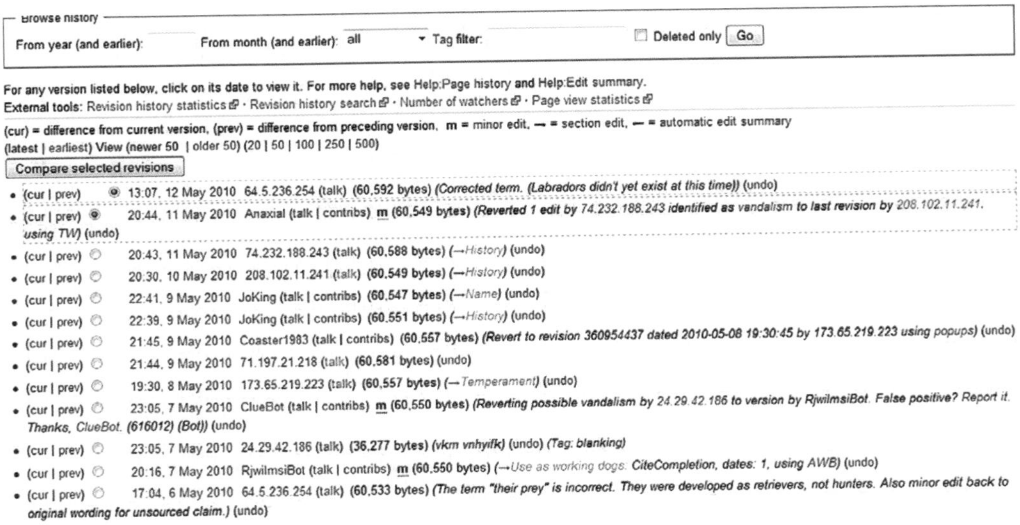

Browse history

From year (and earlier):   From month (and earlier): all   ▼ Tag filter: ☐ Deleted only Go

For any version listed below, click on its date to view it. For more help, see Help:Page history and Help:Edit summary.
External tools: Revision history statistics ⬦ · Revision history search ⬦ · Number of watchers ⬦ · Page view statistics ⬦

(cur) = difference from current version, (prev) = difference from preceding version, m = minor edit, → = section edit, ← = automatic edit summary
(latest | earliest) View (newer 50 | older 50) (20 | 50 | 100 | 250 | 500)
[Compare selected revisions]

- (cur | prev) ⦿ 13:07, 12 May 2010 64.5.236.254 (talk) (60,592 bytes) (Corrected term. (Labradors didn't yet exist at this time)) (undo)
- (cur | prev) ⦿ 20:44, 11 May 2010 Anaxial (talk | contribs) m (60,549 bytes) (Reverted 1 edit by 74.232.188.243 identified as vandalism to last revision by 208.102.11.241. using TW) (undo)
- (cur | prev) ⦾ 20:43, 11 May 2010 74.232.188.243 (talk) (60,588 bytes) (→History) (undo)
- (cur | prev) ⦾ 20:30, 10 May 2010 208.102.11.241 (talk) (60,549 bytes) (→History) (undo)
- (cur | prev) ⦾ 22:41, 9 May 2010 JoKing (talk | contribs) (60,547 bytes) (→Name) (undo)
- (cur | prev) ⦾ 22:39, 9 May 2010 JoKing (talk | contribs) (60,551 bytes) (→History) (undo)
- (cur | prev) ⦾ 21:45, 9 May 2010 Coaster1983 (talk | contribs) (60,557 bytes) (Revert to revision 360954437 dated 2010-05-08 19:30:45 by 173.65.219.223 using popups) (undo)
- (cur | prev) ⦾ 21:44, 9 May 2010 71.197.21.218 (talk) (60,581 bytes) (undo)
- (cur | prev) ⦾ 19:30, 8 May 2010 173.65.219.223 (talk) (60,557 bytes) (→Temperament) (undo)
- (cur | prev) ⦾ 23:05, 7 May 2010 ClueBot (talk | contribs) m (60,550 bytes) (Reverting possible vandalism by 24.29.42.186 to version by RjwilmsiBot. False positive? Report it. Thanks, ClueBot. (616012) (Bot)) (undo)
- (cur | prev) ⦾ 23:05, 7 May 2010 24.29.42.186 (talk) (36,277 bytes) (vkm vnhyifk) (undo) (Tag: blanking)
- (cur | prev) ⦾ 20:16, 7 May 2010 RjwilmsiBot (talk | contribs) m (60,550 bytes) (→Use as working dogs: CiteCompletion, dates: 1, using AWB) (undo)
- (cur | prev) ⦾ 17:04, 6 May 2010 64.5.236.254 (talk) (60,533 bytes) (The term "their prey" is incorrect. They were developed as retrievers, not hunters. Also minor edit back to original wording for unsourced claim.) (undo)

그림 15-5 위키 소셜 네트워크의 이 연구는 엠파이어 위키의 Project Castle 페이지의 전체 수정 히스토리를 관심 커뮤니티의 정의와 사용자 ID 출처 모두로써 사용했다. 우리는 이 페이지에 대한 공헌자들의 커뮤니티 내에서 행해지는 역할에 관심이 있다. 그러므로 이 모든 히스토리 페이지를 스크랩했을 때, 우리는 이 프로젝트에 대한 모든 활동적인 공헌자들을 얻을 수 있을 것이라고 확신했다. 프로젝트 히스토리 페이지에 대한 URL의 리스트로 시작하는 웹 스크래핑 소프트웨어는 편집 날짜 이후와 링크 이전에 발생한 모든 텍스트로 채워진 엑셀 시트로 돌려준다.

예를 들어, 누군가는 문서의 편집부터 토론 페이지까지를 통해 모서리(Edge)를 측정할 수 있지만, 이러한 방식은 프로젝트 페이지들의 편집 그 자체와 반드시 연관성을 지녀야 한다는 한계를 지닌다. 그 대신, 사용자 토론 페이지의 편집은 어떤 이유에서든지, 특정 프로젝트 페이지의 맥락과는 상관없이 한 사람의 편집자가 다른 편집자와 소통하고 싶어한다는 증거가 될 수 있다. 우리는 이를 사용자 양 측에 모두 의미있는 상호작용이 될 수 있을 것으로 생각했다. 우리 네트워크 상에서, 꼭짓점(Vertex) A에서 B로의 연결은 사용자 A가 사용자 B의 토론 페이지를 편집 하는 것을 나타낸다.

네트워크 분석은 상호작용의 구조적 측면을 강조해주지만, 상호작용에 연관된 주체들의 컨텍스트, 컨텐츠, 아이덴티티에 주목하는 것은 구조분석에 포함될 수도 있다. 그러므로 우리 연구의 상황으로 따져보았을 때, 꼭짓점(Vertex)의 속성은 사회적 구조와 개인 행동의 다른 속성을 연결시켜주는 방법을 제공해준다.

두 종류의 꼭짓점(Vertex) 속성은 위키 네트워크 그래프 내의 각각의 꼭짓점(Vertex)으로부터 생성되며, 그와 연관되어 있다. 첫 번째 세트의 특징은 각 꼭짓점(Vertex)의 구조적 위치를 묘사해주며, 두 번째 세트의 특징들은 엠파이어 위키 커뮤니티에의 참여와 특히 프로젝트 캐슬 관련 문서들에 대한 참여로부터 생성된다.

첫 번째 세트의 특징들은 네트워크 전역에서의 정보 전달과 정보를 찾기 위해 어느 정도로 사용자들이 주어진 대상을 보게 되는지에 대한 개인의 중요성을 특징화시키기 위해 선별되었다. 우리는 정보의 흐름에 대해 개인의 중요성을 측정하고자 중개성과 인접 중앙성을 사용하기로 결정하였다. 폭넓게 말하자면 인접 중앙성은 그래프에서의 모든 다른 꼭짓점(Vertex)들에서 한 꼭짓점(Vertex)으로의 상대적인 거리의 측정을 말한다. 중개성 중앙성은 그래프에서의 총 측지선의 총 숫자에 비해 주어진 꼭짓점(Vertex)에서 가장 짧은 거리가 몇 개나 되는지를 측정한다.[18] 일반적으로, 중개성 중앙성의 값이 높고 인접 중앙성 점수의 측정이 높을수록 정보가 네트워크로 이동하고 그리하여 그룹 내 개개인들의 의사소통을 관리하는데 주어진 꼭짓점(Vertex)이 더욱 중요한 것이 된다.

우리는 진입차수를 이용하여 정보의 원천으로서 주어진 사용자의 상대적인 중요성을 측정하고자 하였다. 어떠한 꼭짓점(Vertex) N에서의 진입차수는 그래프 내의 모든 꼭짓점(Vertex)에서 점 N까지 연결되는 모든 모서리(Edge)들의 총 숫자라고 정의한다. 이러한 경우, 진입차수는 개개인의 사용자 토론 페이지에 메시지를 남긴 다른 에디터들의 총 수를 나타내며 이는 더 높은 진입차수의 개개인들은 네트워크 내에서 더 중요하다고 가정할 수 있다. 네트워크 이 자체 내에서 이는 점 N에 향해있는 독특한 모서리(Edge)들의 숫자를 나타낸다. 최종적으로, 엠파이어 위키 커뮤니티 내에서와 프로젝트 캐슬 문서에서의 독자성 투자 측정에 대해 조사가 이루어졌다. 엠파이어 위키 커뮤니티와의 투자는 얼마나 사용자들이 그들의 개인적 사용자 페이지를 엠파이어 위키에 유지하려고 힘쓰는지를 정의하며 이는 사용자들이 그들의 개인 페이지에 올린 총 편집 횟수를 바이트로 측정되었다. 프로젝트 캐슬 문서들과의 연관성은 주어진 사용자들이 프로젝트 캐슬과 관련된 글들에 대한 편집의 숫자로 정의하였다. 표본 사용자들에 의한 총 편집 숫자의 큰 차이를 설명하고자 프로젝트 캐슬과 관련된 편집 수의 비율이 사용되었다.

15.4.3 위키 네트워크 데이터 수집

wiki 데이터를 수집하기 위해 다음과 같은 사전 절차를 거쳐야 한다. 먼저 노드엑셀 홈페이지에 접속하여 검색창에 'The mediawiki impoter'을 검색한다.

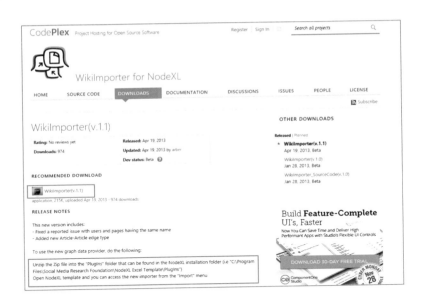

검색 후 나타나는 화면에서 'wikimporter(v.1.1)'을 다운로드 받는다. 이 때 주의할 사항은 파일을 저장하는 위치를 반드시 다음 위치로 설정해야 한다(예 : C:/Program Files/Social Media Research Foundation/NodeXL Excel Template/Plugins).

Plusgins 폴더에 압축을 해제한 후 노드엑셀 프로그램을 실행시킨다. Import-Import Data Options을 클릭 후 이전에 파일을 저장한 위치를 선택하여 Browse 한다.

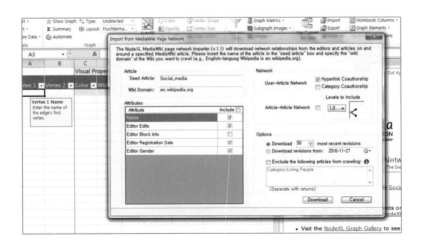

Browse한 후 현재 실행중인 노드엑셀을 종료하고 다시 실행하면 'Import' 메뉴에 'from mediawiki page network' 항목이 생성되며, 이 항목을 선택하면 wiki 데이터를 불러올 수 있다. 그러나 현재 위키피디아 정책과 노드엑셀 정책 간 호환성 문제가 있어 다음과 같은 메시지가 생성된다. 이러한 문제를 해결하기 위해서는 위키피디아의 개방된 자료를 호환할 수 있는 새로운 경로가 구축되어야 할 것이다.

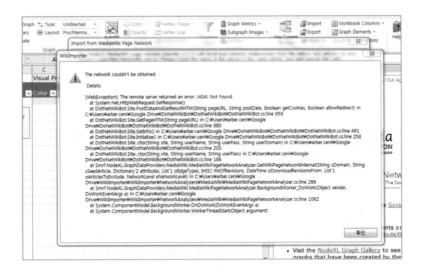

네트워크를 구축하는데 사용된 사용자들의 리스트로 시작하여 우리는 먼저 노드엑셀이 네트워크를 구축하도록 필수적인 위키 'Edge 리스트' 데이터를 수집하였다. 아까 언급했다시피, 우리는 모서리(Edge)를 다른 사용자를 위해, 자세히 말하자면 유저 대화 페이지를 편집하는 코

멘트를 남기는 사용자로 정의하도록 한다. 이러한 데이터를 얻기 위해서 엑셀 내에 표본 사용자들의 리스트가 사용되었다. 그리고 우리는 샘플화된 사용자들의 열어본 페이지 목록을 확인하는데 웹 스크래퍼를 이용하였고 페이지가 스크랩화된 사용자들의 이름, 편집을 한 사용자들의 이름, 각 편집이 만들어진 타임스탬프로 엑셀 시트를 만들었다. 우리는 이러한 자료들을 노드엑셀로 보내어서 데이터 메뉴에서 'Merge Duplicate Edges' 기능을 이용하여 조작에 대한 인접 리스트를 준비하였다.

그 후, 우리는 엠파이어 위키와 프로젝트 캐슬 관련 글들을 교정하는데 각 사용자들의 연관 수준 척도를 구상하고자 데이터를 수집하였다. 각 사용자들이 만든 모든 문서 편집에 대한 스프레드시트를 만듦으로써 각 사용자들의 프로젝트 캐슬에 대한 전체 숫자를 얻고자 웹 스크래퍼를 이용하였고, 필터링으로 다른 편집들로부터 프로젝트 캐슬과 관련된 편집들을 구분하고자 하였다. 그리고 우리는 피벗 테이블을 이용하여 프로젝트 캐슬에 대한 편집들의 숫자를 얻었고 각 사용자들의 전체 프로젝트 캐슬 편집들을 각 개인이 한 전체 편집 숫자로 나눠 사용자가 프로젝트 캐슬 편집에 대해서 차지하는 비중을 알고자 하였다. 마지막으로 우리는 각 사용자들이 개개인의 개인적 사용자 페이지에서의 총 편집 숫자를 얻었다. 이러한 값들은 'Vertices'라고 명칭된 워크시트의 'Add your own columns here'의 열의 노드엑셀 템플릿에 복사되었다. 이러한 예시의 목적으로 우리는 전체 표본의 흥미로운 면들을 가장 잘 나타내는 원본 데이터의 작은 부분을 포함시켜 놓았다. 이러한 부분집합은 26명의 표본 사용자들, 전체 503개의 꼭짓점(Vertex)들과 803개의 모서리(Edge)들을 포함하고 있다.

15.5 특정 사용자 유형을 보이기 위한 노드엑셀 시각화 전략

이러한 데이터들을 시각화하고자 우리는 어떻게 노드엑셀이 위키 사이트에서 훨씬 큰 네트워크 데이터들을 분석하는지 설명하고자 한다. 우리 그룹의 위키 에디터들의 전체적 네트워크 구조에 대해 더 알기 위해 우리는 에디터들이 수행하는 각기 다른 역할에 관련된 독특한 네트워크 구조를 살펴볼 것이다.

이러한 목적들을 달성하기 위해 우리는 (1) 전체 네트워크 그래프를 설계하고, (2) 다른 축 특징들을 시각적으로 표현하며, (3) 유사한 행동들이나 유사한 역할을 보이는 개개인들 사이의 구조적 유사성을 찾아야 할 필요가 있다. 이 모든 세 가지의 과제들은 노드엑셀로 쉽게 이루어질 수 있다. 우리는 어떻게 당신이 이를 할 수 있을지에 대한 기본적인 과정을 거칠 것이다.

노드엑셀에서 전체적인 네트워크에 대한 그래프를 얻는 것은 아주 간단하다. 우리가 연결의 방향에 대해 고려하고 있기 때문에 Type 드롭다운 메뉴에서 'Directed'를 고른다. 그리고 노드엑셀에서 'Show Graph' 메뉴를 선택한다. 레이아웃 드롭다운 메뉴에서 네트워크의 구조의 좋은 첫 묘사를 제공하는 그래프에 흔한 레이아웃인 'Fruchterman-Reingold'를 선택한다. 노드엑셀 탭의 'Visual Properties' 섹션과 더불어 가장 선명하게 네트워크 구조를 하이라이트 시킬 수 있는 다른 레이아웃을 사용하는 것으로 그래프의 다양한 시각적 세팅을 조절할 수 있다. 그래프의 특성이 더 잘 보이도록 배경을 약한 음영의 회색으로 바꾸고 전체 축의 사이즈를 2.0으로 키우고, 모서리(Edge)의 불투명도를 40퍼센트로 낮추었는데 이 모든 것은 그래프 창의 옵션 탭에서 나온 것들이다.

우리의 다음 과제는 관심대상의 축 특징을 시각적으로 나타내는 것이다. 우리는 다양한 축 특징들을 나타내기 위해 각 축의 색깔, 모양, 그리고 크기를 동시적으로 사용할 수 있다. 이러한 종류의 시각화는 네트워크 그래프에서 흥미로운 구조적 특징을 위치하거나 흥미로운 패턴을 찾기 위한 도구로서 네트워크 분석에 흔히 쓰이곤 한다. 우리의 예시에서 우리는 위키 커뮤니티 내에서 주요 역할을 맡고 있는 사용자들 사이의 구조적 유사성을 찾는데 이러한 시각화를 적용할 것이다. 축 특징들을 빠르고 쉽게 시각화하기 위해 노드엑셀 탭 아래 Autofill Columns tool을 사용할 수 있다. 이는 축 색깔 또는 모서리(Edge) 불투명도와 같이 그래프의 다양한 면들을 고르는 메뉴를 보여주며 Project Castle 교정에 대한 정도나 비중과 같이 각 축 또는 모서리(Edge)의 특징에 기반한 각각의 축과 모서리(Edge)들에 노드엑셀이 자동적으로 값을 매기게 할 수 있다.

노드엑셀에 의해 계산되지 않은 축 특징들을 사용하려면 'Add your own Columns Here' 헤딩의 오른쪽에 새로운 열들을 만들어야 할 필요가 있다. 노드엑셀은 당신의 네트워크 분석에 쓰일 새로운 열들을 자동적으로 형성할 것이다. 각 축에서 값들을 복사하고 이들을 축 워크시트로 삽입하고 난 후, Autofill Columns 도구로 각 꼭짓점(Vertex)의 디스플레이 특징을 변화시키기 위해 이러한 데이터들을 쉽게 사용할 수 있다. 그림 15.6은 노드엑셀 워크북에서 새롭게 생성된 열들을 보여준다.

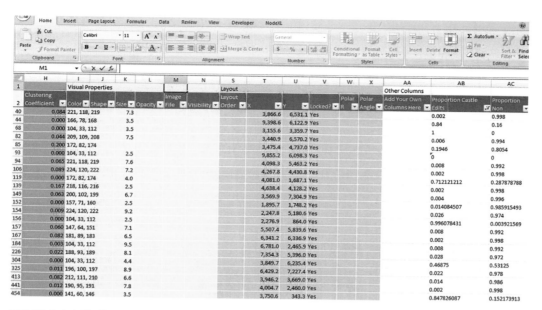

그림 15-6 노드엑셀은 각 꼭짓점(Vertex)의 속성을 저장하기 위해 스프레드시트 열들을 사용하며 표준 엑셀 공식을 사용하여 변형될 수 있다. 이 예에서, 우리는 일부 엠파이어 위키 편집자들의 전체적인 활동과 그들이 Project Castle과 관련하여 편집한 페이지의 비율의 표본을 볼 수 있다.

15.5.1. 네트워크 그래프의 비주얼 포매팅을 이용한 탑 위키 편집자 강조

제 자리를 찾은 데이터를 가지고, 우리는 이제 각 편집자들의 속성을 색깔, 크기, 모양을 통해 나타내는 것을 포함한 위키 네트워크의 시각적 모형을 설계할 수 있게 되었다. 모형 설계의 시작으로 유용한 한 방법은 특정 시점에서의 꼭짓점(Vertex) 속성을 기반으로 각 꼭짓점(Vertex)의 색깔을 바꾸고, 네트워크 그래프가 관측된 패턴들을 보여주는지 관찰하는 것이다. 예를 들자면, 꼭짓점(Vertex)들의 색깔을 바꾸는 과정을 'Proportion Castle Edits'라는 변수에 기반하여 설명할 수 있을 것이다. 노드엑셀의 '비주얼 속성' 메뉴에 있는 Autofill Columns 버튼은 '꼭짓점(Vertex) 색' 메뉴에 포함된 'Proportion Castle edits'을 직접 선택할 수 있게 해주는 대화창을 생성하게끔 해준다. 그리고 이 버튼 옆의 화살표 메뉴를 클릭하면 셋팅의 미세한 조정이 가능하다. 해당 메뉴의 설정을 디폴트 값으로 남겨두면, 노드엑셀은 해당 열의 값들 중 가장 작은 값에 대해서는 빨강으로, 가장 큰 값에 대해서는 녹색으로 설정한다. 이는 우리의 목적에 적합하게 작동했지만, 하나의 색상 범위를 사용하는 것이 자료 해석에 더욱 용이하기 때문에, 우리는 가장 작은 값의 어두운 녹색부터 시작하여, 가장 큰 값에는 밝고 선명한 녹색을 사용하는 것으로 색상을 달리할 것이다. 지금으로선, '아웃라이어 무시' 옵션과 '대수 분포 사용'을 체크하지 않은 채로 두도록 한다. 이는 사용하고 있는 변수가 넓은 범위의 값을 가지고 있을 때에조차 색깔의 범위를 좋게 만들기 위해 사용될 수 있다. 이렇게 다른 시각적 옵션을 사용함으로써 서로 다른 꼭짓점(Vertex) 속성을 비교할 수 있다. 예를 들어 **그림 15.7**은 도구가 꼭짓점(Vertex) 색으로 매개 중심성(betweenness centrality)을, 꼭짓점(Vertex) 모양으로 사용자 페이지 활동을, 꼭짓점(Vertex) 크기로 프로젝트 캐슬 편집 수를 나타내는 것을 보여준다. 어떻게 네트워크 그래프 구조의 서로 다른 측면들을 시각적으로 강조할 수 있는지를 보기 위해 값들을 변경하면서 다뤄보는 것은 이러한 매우 효과적인 도구를 사용하는 것을 모두 배우는 데에 도움이 된다. 우리가 이야기할 모든 시각화는 이 기본적인 과정을 사용하여 만들어졌다.

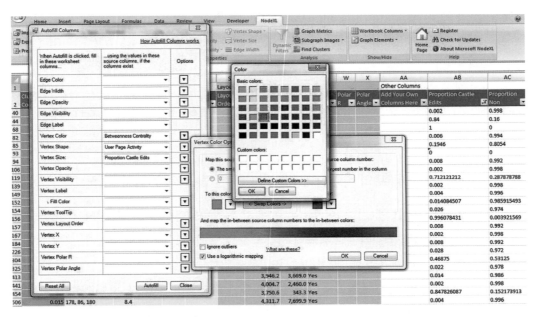

그림 15-7 노드엑셀은 스프레드시트에 있는 데이터 속성들에 상응하는 꼭짓점(Vertex) 색깔을 설정할 수 있게 한다. 이것은 결과 그래프를 더 쉽게 읽고 분석할 수 있게 만들며 관심 있는 주요 특징들을 강조한다.

세 번째 과제를 완수하기 위해 우리의 샘플화된 사용자들 각각의 'immediate vicinity'에서 네트워크의 구조적 측면들을 살펴보는 것은 유용할 것이다. 노드엑셀은 네트워크 안의 각 개인과 그 개인에게 연결된 다른 사람들의 여러 그래프를 만들어내는 강력하고 간단한 도구이다. 이것은 자아 네트워크 그래프라고 불리며 많은 네트워크 분석 과제에 유용하다. 이러한 자아 그래프를 만들기 위해서는 단순히 노드엑셀의 'Analysis' 메뉴에 있는 'Subgraph Images'를 클릭하면 된다. Subgraph Images에는 어떤 꼭짓점(Vertex)을 각 서브그래프(subgraph)에 포함시킬 것인지, 어떻게 서브그래프를 내보일 것인지, 그것들을 어디에 저장할 것인지에 대한 여러 옵션들이 있다. 분석을 위해 1.5 인접한 꼭짓점(Vertex)을 선택하기로 한다. 이는 다른 꼭짓점(Vertex)으로의 직접 연결과 그 다른 꼭짓점(Vertex)들 사이의 연결들을 포함하여, 주어진 노드의 서브그래프를 만들어낼 것이다. 이것은 나와 친구가 아닌 친구의 친구는 포함하지 않는, 나의 친구들과 그들 서로의 연결로 생각될 수 있다. 이 자아 네트워크 그래프는 각 사용자들에게 직접 연결된 것들의 구조를 조사하는 수단을 제공하기 때문에 위키의 네트워크 분석에서 매우 유용하다. 이 대화창의 다른 옵션들은 생성된 서브그래프의 크기를 변경하고 노드엑셀 워크시트에 각 서브그래프 이미지를 삽입할 것인지를 선택할 수 있게 해준다. 이 서브그래프 이미지를 저장하고 나면, 데이터를 우리의 연구 질문에 대답하는 데에 제공하기 위해 필요한 시각화를 갖게 된다.

15.5.2. 독특한 사회적 역할을 알아보기 위한 위키 네트워크 그래프 해석

시각적 네트워크 데이터를 분석할 때, 먼저 흥미롭거나 독특한 구조적 형태를 찾으며 전체 그래프를 점검하는 것이 종종 유용하다. 그림 15.8은 샘플 위키 데이터로부터 생성된 네트워크이다. 이 그래프를 훑어보면 사용자의 외륜과 더 빽빽이 연결된 내핵을 볼 수 있다. 특히 흥미로운 것은 이 외륜을 내핵으로 연결하는 소수의 꼭짓점(Vertex)들이 있다는 것이다. 우리는 이 개인들 없이는 내핵이 상대적으로 외륜으로부터 분리되어 있을 것이라고 추론할 수 있다. 이 구조적인 유사성이 다른 역할이나 행동에 대해 의미가 있는지를 결정하기 위해 여전히 우리는 더 많은 정보가 필요하다. 여기에서 우리의 또 다른 시각화가 유용하게 쓰일 수 있다.

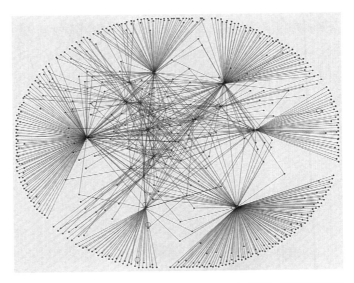

그림 15-8 위의 노드엑셀 위키 네트워크 그래프는 잘 정의된 사용자들의 외륜과 강한 내핵을 보여준다. 오직 한 줌의 꼭짓점(Vertex)들이 외륜을 내핵으로 연결한다. 이 nodes가 없다면 인구는 매우 분열되었을 것이다.

그림 15.9는 두 개의 시각화를 보여준다. 왼쪽은 색깔을 이용해 프로젝트 캐슬 편집의 비율을 나타내고 있다. 어두운 녹색 꼭짓점(Vertex)들은 프로젝트 캐슬과 관련된 편집의 가장 낮은

비율을 나타내며 연한 녹색은 프로젝트 캐슬과 관련된 편집의 가장 높은 비율을 나타낸다. 오른쪽 그림에서는, 어두운 파랑색의 꼭짓점(Vertex)은 그들 각각의 사용자 페이지에 대해 가장 낮은 편집 수(the lowest volume of edits to their respective user page)를 가지는 반면 밝은 파랑색 꼭짓점(Vertex)들은 가장 높은 크기를 갖는다. 검은 꼭짓점(Vertex)들은 우리가 표본화하지 않아 완전히 데이터를 갖지 못한 사람들이다. 그들을 검은색으로 남겨놓음으로써 우리의 표본이 더 쉽게 눈에 띄도록 하였다. 흥미로운 것은 우리가 외륜을 내핵으로 연결하는 데에 중요한 역할을 하는 것으로 확인한 모든 꼭짓점(Vertex)들과 내핵에 있는 대부분의 꼭짓점(Vertex)들이 낮은 프로젝트 캐슬 편집의 비율을 가지며 더 큰 사용자 페이지에 대한 편집의 수를 가졌다. 이에 비해, 프로젝트 캐슬과 관련된 편집의 더 큰 비율을 갖는 사람들을 나타내는 꼭짓점(Vertex)들은 그래프에서 더 고립되어 있으며 전체 엠파이어 위키 커뮤니티에서 덜 투자된 것으로 보인다. 반면, 그래프의 다른 부분들을 연결하는 데에 필수적인 것으로 이는 사용자들은 엠파이어 위키 커뮤니티에서 잘 투자된 것으로 보이지만 프로젝트 캐슬에서는 매우 활동적이지는 않았던 것으로 보인다. 프로젝트 캐슬에 더 많이 연루된 사람들은 엠파이어 위키 커뮤니티에는 잘 통합되지 않았고 사이트의 다른 내용들과는 크게 독자적인 프로젝트 캐슬과 관련된 위키 페이지에 공을 들였다. 네트워크 분석은 온라인 커뮤니티를 연구하거나 온라인 커뮤니티를 관리하는 데에 책임이 있는 사람들이 커뮤니티 내의 서로 다른 집단들이 그들 자신들과 그리고 다른 그룹들과 상호작용하는 법을 알 수 있는 좋은 방법이다.

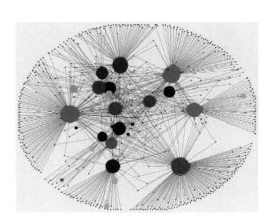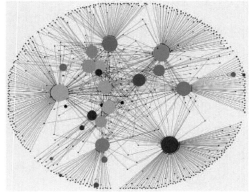

그림 15-9 왼쪽의 노드엑셀 위키 네트워크는 표본화된 사용자들 사이의 Project Castle 편집의 상대적인 비율을 보여준다. 어두운 초록색은 가장 낮은 편집 비율을 가리키며, 밝은 초록색은 가장 높다. 오른쪽의 그림은 사용자들 각각의 사용자 페이지에 대한 편집의 수를 나타낸다. 짙은 파랑색은 가장 낮은 편집 수를 가리키며, 밝은 파랑색은 가장 높은 편집 수를 나타낸다. 이전의 시각화에서 외륜을 내핵으로 연결하는 사용자들은 Project Castle 편집을 거의 하지 않았으며, 높은 편집 수를 보여준 사용자들은 상대적으로 이전 시각화에서 고립되어 있다. 이는 Project Castle이 더 큰 엠파이어 위키 커뮤니티에 강하게 연결되지 않는다는 것을 가리킨다.

15.5.3 서브그래프 이미지를 사용한 사용자 유형 구별

위키 네트워크의 구조적인 측면을 더 탐구하고 구조와 관찰된 행동 사이의 연결을 찾기 위해서, 서브그래프 이미지를 검사할 수 있다. 서브그래프 이미지를 조사하는 것은 **그림 15.10**에 나타난 네 개의 서로 다른 뚜렷한 유형들을 보여준다. 첫 번째 유형은 타입 1 시솝(sysop)이다. 시솝은 엠파이어 위키를 유지하는 것을 담당하는 사람들로 위키의 규칙을 집행하고 사용자 질문에 대답하며 사용자들 사이의 분쟁을 관리한다. 이 유형의 자아 그래프를 갖는 사용자들은 모두 엠파이어 위키의 시솝인 것으로 밝혀졌다. 이들은 꼭짓점(Vertex)들의 외륜을 그래프의 내핵으로 연결했던 꼭짓점(Vertex)들이다. 이 내핵은 대부분 두 번째 유형의 자아 네트워크 그래프가 관찰된 타입 2 시솝들로 이루어져 있다. 그들 사이에는 연대가 없는 사용자들과 많은 연대를 가지고 있는 타입 1 시솝과는 달리 타입 2 시솝은 전체적인 연대가 더 적지만 타입 2 시솝과 연결된 사용자들은 그들 사이에 더 많은 연결을 공유하고 있었다. 타입 2 시솝의 대부분은 상위 위치를 갖는 반면 타입 1 시솝들은 더 낮은 수준의 권한을 갖는 새로운 관리자였다. 구조와 다른 권환 수준 사이의 관련성은 아주 흥미롭다. 이것은 낮은 권한의 시솝들이 주로 그날그날의 관리상의 의무를 책임지며 다른 사용자들과 상호작용하고 있다는 것을 가리킨다. 타입 2 시솝들은 반면 단단히 연결된 내핵을 형성하나 훨씬 적은 사용자들을 대하며 다른 시솝들의 밀집된 네트워크 내에 박혀져 있다. 타입 1 시솝은 타입 2 시솝과 더 넓은 커뮤니티 사이의 중요한 연결을 제공한다.

세 번째 유형의 자아 네트워크 그래프는 낮은 수준의 프로젝트 캐슬 공헌자로, 여기서는 간소화를 위해 소극적인 참여자로 부르기로 한다. 이 사용자들은 프로젝트 캐슬에 크게 관련되어 있지는 않지만 전체 네트워크 내에 꽤 잘 박혀있는 경향이 있다. 이는 높은 수준의 프로젝트 캐슬 공헌자 혹은 적극적 참여자인 네 번째 유형과는 대조적이다. 적극적 참여자는 매우 낮은 수의 연대를 가지고 있는 경향이 있고 일반적으로 전체 네트워크 내에 잘 통합되어 있지 않다. 이는 꼭짓점(Vertex) 속성의 시각화를 통해 우리가 추측한 내용을 지지한다. 일반적으로 시각적 데이터에 대한 우리의 분석은 가장 적극적으로 프로젝트 캐슬에 참여한 사용자들은 엠파이어 위키 커뮤니티 내에 잘 통합되지 않으며 프로젝트 캐슬과 관련된 글을 구성하는 데에 매우 독자적으로 작업하는 경향이 있다는 것을 말해준다. 또한, 독특한 구조적 유사성이 엠파이어 위키 커뮤니티의 관리자들 사이에서 발견되었다. 특히 흥미로운 것은 이 뚜렷한 구조적 특성들은 우리가 네트워크 구조의 관찰에 근거해 시솝들의 위치를 파악할 수 있게 해준다는 것이다. 시솝의 구조적 역할은 커뮤니티 내에서의 그들의 역할과 매우 동일하게 나타난다. 타입 2 시솝은 다른 시솝들의 작지만 밀집된 중심에 단단히 박혀있는 경향이 있다. 타입 시솝들은 관리자의

'공적인 얼굴'로 보여질 수 있으며 타입 1 시숍들을 더 넓은 엠파이어 위키 커뮤니티에 연결하는 데에 필수적이다.

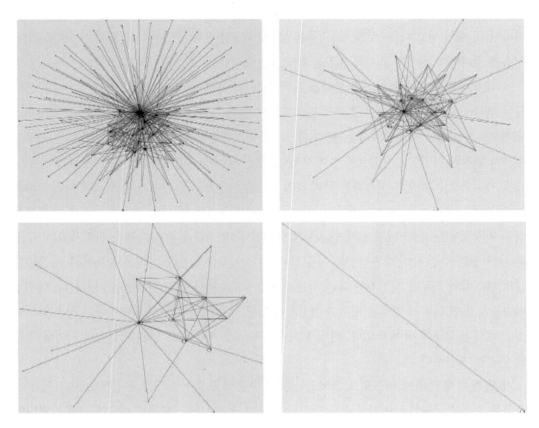

그림 15-10 그림은 네 개의 서로 다른 예시 유형의 Project Castle 공헌자들의 1.5도(degree)의 자아 네트워크 그래프를 비교한다. 자동화된 레이아웃을 이용한 자아 네트워크 그래프는 온라인 역할의 잠재적인 구조적 특징을 알아내는 좋은 방법이다. 이 사례에서, 우리는 시스템 관리자들은 실질적인 전문가들보다 프로젝트에 연루된 사람들과 더 많은 연결을 가지는 경향이 있다는 증거를 볼 수 있다. 흥미롭게도, 시숍과 실재적인 공헌자 모두에게 더 높은 수준의 공헌자는 더 적은 연결을 가지는 경향이 있다.

　이 시점에서 다음과 같은 질문을 할 수 있을 것이다. '그래서 왜 적극적인 프로젝트 캐슬 공헌자의 자아 그래프가 낮은 수준의 프로젝트 캐슬 공헌자의 자아 그래프와 다르다는 것을 아는 것이 유용한가?' 자아 네트워크 그래프에서 이러한 뚜렷한 패턴을 발견함으로써 우리는 잠재적으로 거대한 공헌자 모집단 내의 서로 다른 유형의 사용자를 알아내기 위해 네트워크 구조를 사용하는 방법을 찾기 시작할 수 있다. 우리는 온라인 커뮤니티를 나타내는 네트워크를 구축할 수 있으며 빠르게 다른 종류의 사용자들의 위치를 찾아내고 그들이 사용자들의 더 큰 커뮤니티 내에서 어디에 들어맞는지, 그들이 어떻게 서로 연결되었는지에 대한 감각을 얻을 수 있다. 일단 우리가 확실하게 특정 유형의 사용자들을 특정 유형의 네트워크 구조에 연관 짓는다면, 우리는 특정 유형의 사용자들이나 행동을 찾는 자동화된 방법을 구축할 수도 있다. 다음 예에서 볼 수 있듯이, 만약 우리가 이러한 기법을 보상을 주거나 제재를 가하고 싶은 행동을 알아내기 위해 사용한다면, 온라인 커뮤니티를 관리하는 것을 돕기 위해 매우 유용한 도구를 갖게 되는 것이다. 동시에, 이것은 바람직한 역할과 행동에 도움이 되는 구조의 유형을 가리킴으로써 새로운 온라인 커뮤니티를 발전시키고자 하는 사람에게 큰 도움이 될 것이다.

15.5.4 나무와 숲을 보는 위키 네트워크 데이터 분석

네트워크 분석은 위키 사이트 안에서 형성된 큰 커뮤니티를 조사하기 위한 좋은 도구이다. 엠파이어 위키와 같은 위키 사이트의 조직은 많은 사용자들과 그들 사이의 관련된 연결을 다루는 것을 가능하게 해준다. 이는 커뮤니티의 대규모 관찰을 위해 필요한 시간과 재원을 크게 감소시켜준다. 이 방법론과 관련하여 특히 재미있는 것은 이것이 공식적인 조직을 갖지 않고 그 구조에 기반하여 다른 행동이나 역할을 찾아내는 수단을 제공하는 그룹에서도 사회적 구조의 윤곽을 수립하는 수단을 제공한다는 것이다. 네트워크 분석의 독특한 시각적 측면은 다른 기법들로는 불가능한 방법으로 우리가 연구하는 독립체들의 여러 측면들을 고려할 수 있게 해준다. 일반적으로, 만약 온라인 커뮤니티가 어떻게 연결되어있는지에 대한 '큰 그림'이 필요하다면 네트워크 분석을 피하는 것은 어려운 일이다. 다음은 풍부한 데이터를 가지고 더 작은 규모에서 네트워크 분석을 사용하는 사례를 살펴보고 어떻게 네트워크 분석이 우리가 탐구하기에 흥미로울지도 모르는 특정 종류의 행동들을 뽑아내기 위해 사용될 수 있는지를 알아볼 것이다.

15.6. 문서 토론 페이지에서
양질의 공헌자 찾기

어떻게 사람들이 위키시스템에서 상호작용하는지를 연구하기 위해서는 특별한 도구가 필요하지 않다. 필요한 것은 '토론 페이지(talk page)'에서의 상호작용을 코딩하는 데에 약간의 시간을 소요하려는 의향과 약간의 기본적은 내용 분석방법들이다. 이 사례는 문서 토론 페이지의 문맥에서 내용 분석과 상호작용의 시각화를 결합한 연구를 보여준다. 이와 같은 연구는 질적 분석과 사회적 네트워크 시각화를 결합하는 방법을 제공하고 팀워크, 소그룹, 대인 상호작용에 관심 있는 전문가와 연구자를 위한 실행 가능한 전략을 제시한다.

다음 사례는 몇몇 노드엑셀 기법들을 보여주고 데이터의 수집과 연구 결과의 해석에 있어 가장 좋은 관행에 대해 논의한다. 이 사례는 어떻게 사람들이 위키 토론 페이지에서 상호작용하는지를 탐구하고 상호작용의 구조를 기록하며 그들의 논의의 질을 평가한다. 특히, 이 사례는 어떻게 꼭짓점(Vertex) 속성 상호작용 구조, 그리고 관계의 강도가 양질의 공헌자와 비생산적인 다른 사람들 사이의 차이점을 드러낼 수 있는지를 보여준다.

이 사례에서, 우리는 어떻게 다른 사람들이 위키에서 내용을 구성하는 과정에서 서로 의사소통하는지에 대해 알아보고자 한다. 협력하여 내용을 써나가는 것은 어려움이 있다. 예를 들어, 공헌자들이 내용을 추가하기 위해 노력할 때 누군가에 의해 설명도 없이 수정되는 것은 매우 불만스러울 수 있다. 이러한 어려움은 사람들이 참여하고자 하는 의욕을 꺾을 수 있으며 심지어 편집 전쟁이나 다른 비생산적인 시간 소모로 이어지기도 한다. 위키시스템이 효과적이기 위해서는 리더가 어떻게 양질의 토론을 격려하고 발전시킬지를 이해해야만 한다. 이 스터디에서 우리는 '의사소통에서 더 혹은 덜 깊이 생각하는 사람들이 대화에서 다른 네트워크 포지션을 갖는 경향이 있는가'라는 질문을 하게 된다. 얼마나 잘 사람들이 줄곧 생각해왔고 그들의 내용 편집을 논의해왔는지를 이해하는 것은 중요할 수 있다. 만약 위키시스템이 사람들로 하여금 그들의 협력적인 글쓰기 전이나 중간에 편집을 논의하도록 격려했다면, 논의의 질은 영향을 미치거나 심지어 만들어지는 내용의 질을 결정한다. 웹 관리자는 위키에서 편집 전쟁이나 광범위한 참여를 억누를 수 있는 다른 역학을 피하는 것을 돕기 위해 생산적인 논의를 격려하고 싶을 것이다.

초기 연구에서, 우리는 코딩 구성(coding scheme)을 특정 내용 토론 페이지에서의 샘플 토론에 적용했다.[19] 코딩 구성은 토론의 질을 두 가지로 평가한다. 첫째는 얼마나 잘 사람들이 좋은 증거를 이용하여 주제를 이해하고 장단점을 따져보았으며 효과적인 결정을 위한 기준을 명확히 하였는가를 측정한다. 둘째로는 다른 사람의 이야기에 대한 존중과 배려와 같은 그룹 토론의 사회적인 측면을 측정한다. 우리의 목적을 위해, 결과 데이터가 상호작용하고 있는 꼭짓점(Vertex)을 포함하고 있다는 것과 그 꼭짓점(Vertex)들이 몇몇 속성 면에서 다르다는 것을 알고 있을 필요가 있다.

어떻게 위키로부터 데이터를 수집하기 위해 표본 추출의 틀을 결정해야할까? 표본 추출의 틀은 샘플에 포함시키도록 선택한 편집의 세트와 어느 분석의 단위가 조립될 것인지를 말한다. 당신은 당신의 연구에서 편집을 포함시키기 위해 잘 통솔된 이성을 정의내리고 싶을 것이다.

우리는 중요한 위키피디아의 정책을 확인하고 이 정책의 토론 초기 단계 동안 발생한 문서 토론 페이지에 대한 모든 편집을 포함했다. 이 챕터에 포함된 데이터는 그 데이터 셋에서 세 개의 가장 큰 대화로부터 숙의(deliberation) 점수를 포함한다. 그러나 내부의 위키일지라도 종종 꽤 크게 자라나기 때문에, 언제나 데이터 수집은 데이터의 포함에 대한 명확하고 이론적으로 뒷받침된 정당성을 갖고 시작하는 것이 좋다. 너무 큰 데이터 셋은 네트워크 그래프를 조작하고 분석하는 데에 필요한 시간과 자원에 관련된 문제를 포함하고 있을 수 있다.

위키 토론 페이지는 자동적으로 분명한 답변 구조를 만들어내지 않는다. 그러나 사용자들은 온라인 포럼에서 그것과 유사한 패턴을 따르는 편집을 만드는 경향이 있다. 우리는 모서리 (Edge)가 사용자들이 초기 편집자들을 이름으로 직접 호칭하거나 초기 편집자들에 의해 소개된 내용을 직접 언급하거나 반응하는 편집을 할 때마다 존재한다고 추론하였다. 편집이 새로운 아이디어를 소개하거나 이전 포스트와 명확한 관계가 없을 때 우리는 메시지를 '모든 편집자' 로 코딩했다. 또한 여러 집단에게 명쾌하게 대답한 메시지는 각 수령인에 대한 모서리(Edge)로 코딩되었다.

많은 온라인 토론 포럼은 상호 공격과 적대적이고 비생산적인 대화 유형과 같은 문제를 앓고 있다. 비록 많은 대화가 중립적이기는 하지만, 다른 대화와 특히 사용자들은 신중함의 원칙과 관련된 특징들을 적극적으로 설명하는 공헌을 만들 것이다.[20] 예를 들어, 몇몇 공헌자들은 적극적으로 다른 사람들의 아이디를 재언급하거나 다른 사용자들의 공헌의 타당성이나 중요성을 알아차릴 것이다. 숙의하는 토론은 여러 차원이 있으며 우리는 우리의 표본 추출의 틀로부터 모든 메시지를 이 속성에 따라 코딩하기 위해 내용 분석방법(scheme)을 사용했으며 우리의 표본 추출 틀에서 각 공헌자의 숙의의 평균 점수를 계산하였다.

15.6.1 공헌자의 유형을 알아보기 위한 문서 토론 페이지 시각화 전략

이 예시에서 우리의 데이터는 세 개의 샘플 스레드에 참여한 모든 참여자들을 나타내는 꼭짓점(Vertex) 목록을 포함한다. 그것은 우리가 그 사용자들 집단 사이에서 관찰하고 각 자아 사이의 직접적인 대답의 수로 가중치가 부과된 모든 모서리(Edge)를 포함한다. 이 예시에서 우리의 시각화 목적은 어떻게 상호작용의 구조와 연대의 강도가 모두 사용자들의 숙의하는 혹은 대립하는 경향과 연관되어 있는지에 대한 증거를 찾는 것이다. 이는 탐험적 질문이며 따라서 우리의 주요 목적은 우리가 후에 더 많은 데이터를 가지고 다른 문맥을 넘나들며 잠재적으로 조사할 수도 있는 패턴들을 알아보는 것이다. 이 목적을 마음에 새기고 우리는 다음과 같은 세 개의 시각화 과제를 갖는다. : (1) 응답의 수에 따라 모서리(Edge)를 가중치를 주는 것, (2) 꼭짓점

(Vertex)을 참여자의 수에 따라 크기를 달리 하는 것, (3) 꼭짓점(Vertex)을 숙의(deliberation) 점수에 근거해 색깔을 칠하는 것.

가장 최소한으로 모서리(Edge) 가중치를 모두 선 두께 입력을 위해 유효한 범위인 1에서 10 사이에 떨어지도록 변형시킬 필요가 있다. 그러나 우리는 또한 보는 사람들의 주의가 산만해지지 않도록 의미있는 차이들을 강조하는 범위를 찾기를 원한다. 우리의 해답은 우리의 높은 값을 끌어당기고 바닥 값을 도입하는 공식을 쓰는 것이다. 실제로 우리는 단순히 메시지 수의 제곱근을 취하고 상수를 추가하는 것을 선택했다. 우리는 꼭짓점(Vertex) 크기에도 유사한 전략을 취했는데, 가장 큰 꼭짓점(Vertex)과 가장 작은 꼭짓점(Vertex)들 사이의 규모 차이의 modest 요인만을 도입하려는 목적으로 out-degree의 공식을 사용했다. 우리의 '모든 편집자' 꼭짓점(Vertex)은 중요한 논제를 제기했다. 꼭짓점(Vertex) 크기를 out-degree로 정의했고 '모든 편집자'는 모두에게 대답할 수 없기 때문에, 가장 작은 꼭짓점(Vertex)이 보여질 수 있는 충분한 크기를 갖게 하기 위해 확실하게 바닥을 추가해야 한다.

우리는 꼭짓점(Vertex)에 편집자들이 얼마나 숙의하였는지에 근거하여 색깔을 할당하고자 한다. 두 가지 기본 전략이 가능하다. 먼저, 이 챕터의 여러 예시와 같이, 높은 값에서 낮은 값까지 범위를 할당하기 위해 노드엑셀의 'Visual Properties' 메뉴에서 찾을 수 있는 Autofill Columns의 특징을 사용하는 것이다. 또 다른 방법은 그림 15.11에서 볼 수 있듯이 'if-statement'를 몇 개의 숙의 점수에서 범위의 변동에 따라 의미있는 색깔을 정의내리기 위해 사용할 수 있다. 두 전략 모두 장점을 가지고 있으며 연구 목적에 따라 각각의 고려할만한 가치가 있다. 이 사례에서는, 숙의에 대하여 적극적으로 숙고하는 것에 대해서는 초록색, 적극적으로 대립하는 것에 대해서는 빨간색, 중립적이거나 두 극단 사이의 균형을 잘 맞추고 있는 세 번째 옵션에 대해서는 노란색을 이용함으로써, 세 개의 다른 성향과 관련된 색깔 정의 범주를 사용하고자 한다.

정지신호에 비유한 세 가지 색깔들은 우리가 격려하고 싶어하는 행동의 사용자들(초록불), 우리가 멈추게 하고 싶은 행동의 사용자들(빨간불), 그 사이에 있지만 초록불로 이동시키고 싶어하는 사용자들을 나타낸다. 범주적으로 색을 할당하려고 하는 두 번째 동기는 이론적인 배경에 근거한다. 우리는 숙의나 대립 정도의 차이보다는 대화의 질에 긍정적이거나 부정적인 효과를 가하는 사람들 사이를 구별하는 것에 관심이 있다.

우리의 세 번째 동기는 방법론에 관한 것이다. 숙의의 측정에 약간의 내재적인 오류가 있다는 것을 알고 있기 때문에 우리는 일반적으로 숙의의 작은 차이보다는 큰 차이에 대해 주목을 이끌어내고자 한다. 그러므로 만약 단순히 빨간색과 초록색을 비교한다면, 우리는 최소한(우리가 if-statement에서 정의한 구분점에 따라 결정되는) 상당한 양의 차이를 다루고 있다는 것을 알 수 있다. 마지막으로, if-statement를 열을 오른쪽과 노드엑셀 테이블의 바깥쪽으로 사용하여 구성하면 단순히 그 셀에서 꼭짓점(Vertex) 색깔 열을 가리킨다는 것을 주목해야 한다. 노드엑셀에 필수적인 포매팅으로 인해, 노드엑셀 열을 if-statement에 대한 값의 출처로 사용하면 if-statement는 작동하지 않는다.

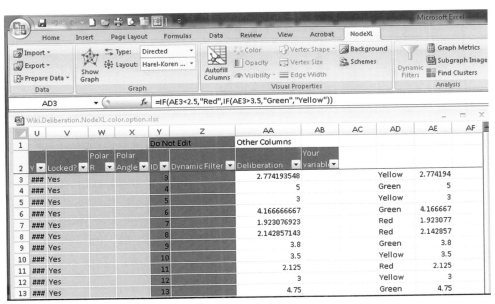

그림 15.11 노드엑셀은 엑셀 2007의 모든 기능을 사용할 수 있다. 예를 들어, 'if-statement'을 사용하여 낮음, 중간, 높음의 범주적 정의에 따라 꼭짓점(Vertex)에 색깔을 할당할 수 있다. 이것과 같은 범주적 할당은 측정된 속성에서 큰 차이점을 강조하는 데에 사용된다. 이 예에서, 적극적으로 토론의 질을 향상시키는 공헌자들(초록색)과 적극적으로 약화시키는 공헌자들(빨간색) 사이의 차이점에 집중할 수 있다.

15.6.2 위키 문서 토론 페이지 네트워크에서 대립과 숙의의 구조적 특징 찾기

그림 15.12는 가독성과 명확성을 위해 여러 작은 수정들을 수행한 결과다. 이미지는 데이터 셋에서 세 개로 코딩된 스레드의 참가자들 사이의 상호작용 구조를 나타낸다. 그래프는 노드엑셀의 사용과, 어떻게 숙고가 네트워크 구조에 연관되어 있는지에 대한 이해와 관련된 몇몇 눈에 띄는 특징들을 가진다. 먼저, 레이아웃은 처음의 자동 레이아웃으로 얻어졌지만 가독성을 증가시키고 불필요한 혼동을 줄이기 위해 수동으로 조정된 몇몇 노드 위치를 갖고 있다. 첫 레이아웃 이후에 'fix vertex location' 셀을 '예'로 설정하고 꼭짓점(Vertex)의 위치를 핏(fit)을 본대로 조정했다. 두 번째로, 라벨 위치를 모서리(Edge)와의 중첩을 피하기 위해 조정했다.

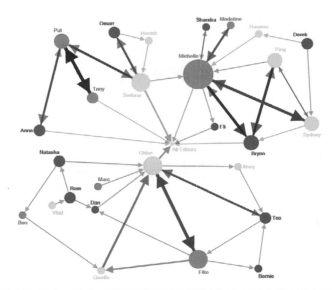

그림 15.12 이 노드엑셀 네트워크 그래프는 위키피디아 정책 문서로부터 사용자간 토론 페이지 연결을 묘사한다. 이 그래프는 공헌의 스타일이 구조적 속성에 관련이 있는 한 방향을 설명한다. 붉은 nodes(가장 대립적인)가 가장 강한 연대에 연루되어 있고 가장 높은 out-degree를 갖는다. 대조적으로, 가장 deliberative 공헌자들은 파트너가 거의 없는 경향이 있으며 필수적으로 강력한 양자 상호작용에 연루되지도 않는다. 이것과 같은 관찰은 통계적으로 이러한 목격자 관계의 강도를 테스트하는, 앞으로의 연구가 향해야 할 방향을 제공한다. 궁극적으로, 이 측정이 탄탄한 예측 변수라면 더 혹은 덜 협동하는 공헌자들을 알아내고, 커뮤니티 건강을 평가하며, 어디에 중재나 지지가 가장 도움이 될지를 결정하기 위한 자동화 시스템에 사용될 수 있을 것이다.

이 예시에서 상호작용의 구조가 어떻게 숙의의 패턴과 연관되어 있는지에 대해 몇 가지 관찰을 할 수가 있었다. 먼저, 우리가 세 개의 우세한 스레드로부터 데이터를 끌어냈다는 사실은 세 개의 스레드 사이의 유일한 연결이 우리가 '모든 편집자'로 코딩한 메시지인 하나의 모서리 (Sedona와 Michelle 사이)를 제외한, 네트워크의 세 개의 밀집된 구조를 통해 명백해졌다. 우리는 숙의와 관련된 세 개의 관찰을 끌어냈다. 먼저, 큰 꼭짓점(Vertex)의 다수는 빨간색으로 칠해졌고, 따라서 대립을 일삼는 것으로 코딩된 공헌자들로 나타났다. 예를 들어, Pat, Elke, 그리고 Michelle은 큰 꼭짓점(Vertex)이었으며 대립을 일삼는 것으로 코딩되었다. 유사하게 모든 큰 꼭짓점(Vertex)들은 붉은 색이거나 노란색이었으며 이는 대부분의 숙의하는 공헌자들은 덜 숙의하는 공헌자들만큼 많은 개정자들(alters)과 이야기하지 않는다는 것을 가리킨다. 둘째, 가장 강력한 모서리(Edge) 모두는 대립을 일삼는 사용자들과 연관되어 있다. 이것은 가장 굵고 강력한 양자 관계 모두 각 대화로부터 크고 붉은 꼭짓점(Vertex)과 연관되어 있는 각각의 세 대화에서도 명백하게 드러난다. 셋째, 숙의하는 공헌자들은 반드시 대립을 일삼는 사용자들로부터 분리되어 있지는 않다. 사실, 그들 중 몇몇이 특히 숙의하는 방식으로 행동하는 이유는 대립을 일삼는 저자들에 의해 제기된 논점들을 다루는 중간 입장에서 찾을 수 있다. Brynn과 Anna과 같은 몇몇은 이 적대적이고 분산된 역할을 수행하는 반면, Ram과 Natasha와 같은 사람들은 단순히 예의바르고 숙의하는 대화에 참여할 수도 있다.

그림 15.12는 사용자들의 문서 토론 페이지에서의 공헌의 질을 평가하기 위해 노드엑셀을 사용하는 것에 대해 두 가지 중요한 교훈을 제시한다. 고강도 교환에 참여하고 상대적으로 높은 out-degree 를 보여주는 편집자들은 더 대립적인 경향을 보인다. 나아가 매우 숙의하는 공헌자들은 아무도 이러한 특징을 공유하지 않았다. 이와 같은 이해는 앞으로의 주목을 위해 편집자들을 표시하고 내용을 읽을 필요 없이 스레드 대화의 질을 평가하며 자동적으로 편집자들의 공헌의 질을 예측하기 위한 단순한 구조적 특징의 집합을 형성할 수 있다. 물론, 초기 관찰은 결과와 실제 대화의 내용을 비교함으로써 통계적인 검사와 개선을 필요로 할 수 있다. 그러나, 실행자와 연구자들 모두 그들의 연구를 구조적 특징을 개선하는 것과 이 이해를 기반으로 진단에 영향력을 미칠 시스템을 구축하는 것의 진행중인 과정으로서 다루는 것으로부터 이득을 얻을 것이다. 노드엑셀 시스템은 단순성, 데이터 입력의 편이성, 엑셀 2007 특징을 이용한 이해하기 쉬운 통합성으로 인해 이러한 반복적인 유형의 작업에 적합하다. 이것은 네트워크 데이터는 엑셀의 다른 표준 데이터 분석과 시각화와 연결될 수 있다는 점의 이용하라는 모든 노드엑셀의 사용자들에게 제안하는 일반적인 교훈을 강화시킨다.

15.7 로스트피디아 돌아다니기: 노드엑셀을 사용하여 위키시스템의 큰 규모의 협력적 구조 나타내기

커뮤니티 중재자는 활발한 커뮤니티에 의해 생성될 수 있는 데이터 무리를 이해해야만 한다. 가장 활발하고 큰 커뮤니티들의 일부는 위키피디아를 통해 확인되었듯이 위키 소프트웨어에 의존한다. 이 섹션은 인기 있는 틈새(niche) 위키 프로젝트에서 큰 규모의 협력적 구조를 매핑(mapping)하기 위한 기법을 설명한다. 로스트피디아(Lostpedia)는 복잡한 플롯과 수많은 등장인물, 다양한 연관된 문제 해결 활동들을 갖는 인기 있는 쇼인 ABC 텔레비전 시리즈 로스트의 1,700만 명이 넘는 팬들의 커뮤니티이다. 로스트 커뮤니티는 로스트피디아 위키를 중심으로 85,000개 이상의 페이지를 포함한다. 그러나 커뮤니티는 토론 포럼, 블로그, 인터넷 릴레이 챗(IRC) 채팅 채널 또한 포함한다. 커뮤니티는 쇼의 등장인물 외모와 배우 소개에서부터 에피소드 전문과 각 에피소드의 배경에 깔리는 음악에 대한 프로듀서 팟캐스트에 이르기까지 거의 모든 측면을 문서화하였다. 위키의 백과사전적 사용뿐만 아니라, 로스트피디아는 또한 공헌자들이 벌어지는 일에 대해 가능한 설명들을 제안하고 토론할 수 있는 '이론' 페이지를 포함한다. 예를 들어, 커뮤니티 멤버들은 멀리 떨어진 열대 섬에 누가 이집트 여신 타와레트의 거대한 조각상을 세웠는지에 대해 이론을 제시한다(그림 15.13). 그 결과, 협력적으로 매우 복잡한 이야기를 문서화하고 이해하는 헌신적인 개인들의 커뮤니티가 만들어진다.

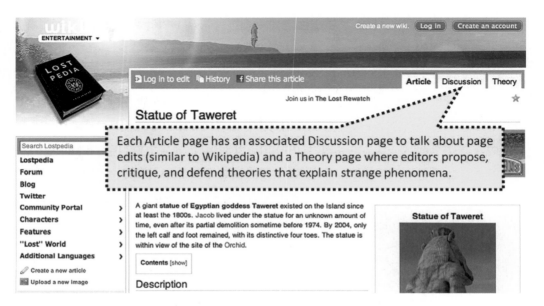

그림 15.13 연관된 토론과 이론 페이지로의 링크를 가지고 있는, 타와레트의 조각상에 대한 로스트피디아의 문서. 다른 위키 시스템과 유사하게, 로스트피디아는 히스토리 페이지와 편집 페이지로의 링크를 포함하고 있다. 이론 페이지는 무엇이 왜 일어났는지에 대한 공헌자 설명을 위한 추가적인 페이지 유형인 반면, 문서는 쇼에서 무엇이 발생했는지에 대해 더 묘사한다.

380만개 이상의 단어들과 수천 개의 이미지를 가지고 신입자가 로스트피디아 위키의 전체적인 구조를 이해하는 것과 중심 멤버들이 모든 활동들을 따라가는 것은 어려운 일이다. 스탠바이 위키 도구(예 : 최근 변화, 워치리스트(watchlist), 사용자 페이지)는 사람들이 연결되도록 하고 그들이 관심 있는 프로젝트를 찾는 것을 도와주는 데 있어서 필수적이다. 그러나, 네트워크 분석과 시각화는 위키 데이터에서의 관계를 이해하기 위한 새로운 방법을 제공한다. 이 섹션에서, 위키에서 길을 잃지 않게 도와줄 수 있는 로스트피디아에서의 활동과 관계에 대한 세 가지 다른 시야(view), 혹은 지도를 볼 것이다. 그것들은 커뮤니티 멤버들과 관리자들이 활동을 더 잘 조정하고, 사회적 관계를 이해하며, 더 큰 커뮤니티 내에서 어디에 위치해있는지를 알 수 있도록 사용할 수 있는 많은 가능한 시각화의 일부를 나타낸다.

15.7.1 노드엑셀을 이용한 로스트피디아 내용의 네트워크 지도 개요 작성

이 섹션에서 논의되는 시각화의 목적(그림 15.14)은 사이트 내에서 연결된 위키 페이지들의 구조에 대한 개요를 제공하는 것이다. 어느 페이지가 하이퍼링크나 카테고리를 통해 다른 페이지에 연결되는지(이것은 위키 내비게이션이 이미 잘 하고 있다)를 보여주기보다, 이미지는 양 페이지를 모두 수정한 사람들의 수에 근거하여 페이지 사이의 연결에 초점을 맞춘다. 이것은 공동 편집에 근거한 페이지간 네트워크이며 사람들을 그들이 편집했던 페이지로 연결하는 제휴 네트워크에서 유래했다. 두 페이지 사이의 연결은 '페이지 X를 편집했던 사람들이 페이지 Y 역시 편집했다'는 것을 알려주며 웹에서의 유명한 쇼핑 서비스에서 볼 수 있는 책이나 음악과 같은 내용 상품을 함께 구매하는 행동에 근거하여 서로를 연결하는 추천 시스템과 동일하다. 그 결과 지도는 위키 내용에 겹쳐지는 사회적 연결을 보여준다.

이 네트워크 지도 개요는 로스트피디아(Lostpedia) 커뮤니티에 대한 몇 가지 기본적인 사실을 강조한다.

대부분의 활동은 문서 페이지에 초점이 맞춰져 있으며 이 중 일부가 자주 편집된다(예 : 쇼에서의 주인공들을 설명하는 페이지). 그러므로, 편집 패턴은 많은 온라인 환경에서의 행동을 대표하는 상당히 편향된 분포를 따른다.

많은 이론 페이지들은 서로 연결되어 있으며(그림 15.14에서 초록색 집단), 이론 페이지를 편집하는 이론가 집단이 있다는 것을 알려준다. 이론 페이지는 문서나 토론 페이지에 자주 연결되지 않으며, 이론가들은 다른 유형의 페이지를 편집하는 사람들과는 구별되는 집단의 사람들일지 모른다는 것을 의미한다. 대조적으로, 위키에서의 '토론' 커뮤니티와 비교할만한 것이 보이지 않으며 이는 같은 목적을 위한 독립된 토론 포럼을 가지고 있기 때문인 것으로 보인다. 대신, 토론 페이지는 관련된 문서 페이지에 연결되어 있으며 이는 문서 페이지에 대한 편집을 토론하는 것과 같은 위키피디아에서 사용되는 법과 유사한 방식으로 사용된다는 것을 시사한다.

소수의 사용자 토론 페이지만이 포함되며 그것들은 모두 관리자에게 속해 있다 (LostpediaAdmin, Jabrwocky7, Nickb123). 그들 대부분은 서로 연결되어 있으며 중요한 멤버들의 사용자 페이지에 편집을 통해 상호작용하는 중심 멤버들(최소 50명)의 활발한 집단이 존재한다. 공동 편집 한계점이 낮추고 분석을 사용자 토론 페이지로 제한하는 것은 사용자 커뮤니티에 대한 추가적인 설명을 제공할 수 있다.

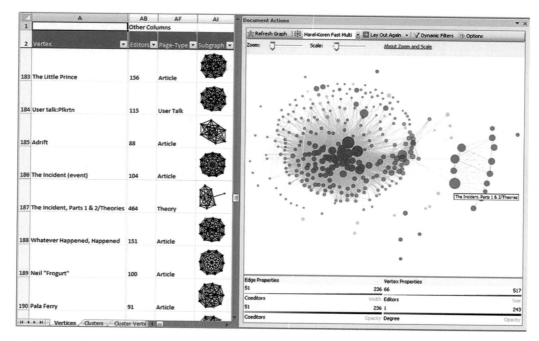

그림 15.14 노드엑셀 로스트피디아 위키 페이지간 공동 편집 네트워크 시각화와 50명 이상의 공동 편집자를 갖는 페이지들만을 보여주는 'Vertex 워크시트'. 페이지의 모든 유형들이 고려되었으나 문서 페이지(밤색), 토론 페이지(주황색), 이론 페이지(초록색), 사용자 토론 페이지(진한 분홍색)만이 나타나기에 충분히 공동 편집되었다. Harel-Koren Fast Multiscale Layout은 문서의 주요 무리와 밀접한 관계의 이론 페이지들의 무리와 같은 자연스러운 집단화를 찾아낸다. 크기는 페이지의 전체 사용자 편집에 기반을 두고 있으며, 투명도는 정도(degree)에 근거한다. 서브그래프 이미지는 전시된 꼭짓점(Vertex)들에 대해 작고 빽빽한 무리를 보여준다.

대부분의 페이지는 빽빽이 밀집된 집단 안에 위치해 있다(예 : 꼭짓점(Vertex)의 83퍼센트는 0.5 이상의 집단화 계수를 갖고 있다). 그러나 전체적인 네트워크 밀도는 0.12에 그치며, 평균 정도가 대부분의 꼭짓점(Vertex)들에게 가능한 것보다 훨씬 적기 때문이다. 전체적인 패턴은 몇 개의 중요한 문서 중심지(hubs)를 갖는 문서들의 여러 중첩하는 이웃들 중 하나이다.

비록 이 높은 수준의 시야는 커뮤니티의 개요를 이해하는 데에 도움이 될 수 있지만, 사용자들은 전형적으로 세부적인 부분에 관심이 있다. 그림 15.14를 만드는데 사용된 데이터 셋은 www.mkp.com/NodeXL에서 이용가능하다. 이것은 관심 있는 사람들로 하여금 데이터를 다이나믹하게 탐구할 수 있게 할 것이다. 파일은 꼭짓점(Vertex)을 연관된 로스트피디아 위키 페이지와 연결하기 위해 노드엑셀의 커스텀 Vertex Menues 특징(그래프 판 위의 옵션 창을 통해 접근할 수 있다)을 사용했다. 꼭짓점(Vertex)에서 오른쪽 버튼을 누르고 'Open Lostpedia Page'를 선택한다면, 인터넷 브라우저를 통해 연관된 페이지로 직접 이동하게 된다.

큰 문서 집단 내에서 패턴을 더 잘 보기 위해서 그래프로부터 주요 중심지들 중 일부를 제거하고 싶을 수 있다. 그렇게 하면 에피소드에 대한 밀접한 관계를 갖는 문서들의 집단을 드러낼 수 있으며 이는 아마도 연도 사이의 멤버십의 회전과 동시즌 내에서의 에피소드 내용들 간의 밀접한 관계를 반영하는, 시즌에 따라 집단화되는 경향이 있다. 그것은 또한 중요한 사건에 대한 페이지를 그것에 참여하는 사람에 관련시키는 것을 돕기도 하는 이는, 예를 들어, 에피소드 페이지는 종종 동일한 사람에 의해 그 에피소드에서의 사건과 등장인물에 대한 정보가 업데이트되기 때문이다. '미응답된 질문' 페이지와 같은 특정 페이지를 집중해서 관심을 갖는 것은 어느 문서에 질문이 올라오는지 뿐만 아니라 대답하는 데에 도움이 될 페이지를 빠르게 확인할 수 있다.

비록 **그림 15.14**과 같은 개요 그래프는 그들이 대답한 것만큼이나 많은 질문들을 제기하지만, 데이터 덩어리에 대한 문맥을 제공하고 높은 수준의 패턴과 중요한 내용을 알아내는 데에 도움을 준다. 또한 특정 관계의 탐험적 분석을 위한 시작점으로서의 역할을 할 수도 있다.

15.7.2 로스트피디아 사용자들의 개요 지도 작성

문서간 제휴 그래프에 대한 동반 그래프(companion graph)는 사용자간 제휴 그래프이다. 사용자간 그래프는 그들이 모두 편집한 페이지의 숫자에 근거하여 사용자들을 서로 연결시킨다. 예를 들어, Derek과 Ted가 모두 15개의 동일한 페이지를 편집하였다면 그들은 15라는 모서리(Edge) weight를 갖게 될 것이다. 그들이 서로 알거나 이야기했다고 말하기보다 위키에서는 그들이 같은 장소(페이지)에서 '시간을 보냈다(편집)'고 이야기한다. 이 그래프들은 많은 사용자들을 갖고 있는 위키에 대해 아주 커질 수 있다. 원 데이터는 최소 1의 모서리(Edge) weight를 갖는 거의 200만개의 모서리(Edge)를 포함한다. 네트워크를 관리할 수 있게 하기 위해서 특정 구분점 이하의 모서리(Edge)는 걸러낼 수 있다(6장 참조).

그림 15.15에서 보여지는 예시에서, 오직 20 혹은 그 이상의 공동 편집된 이론 페이지나 150 혹은 그 이상 공동 편집된 문서들을 갖는 모서리(Edge)만이 포함되었다. 필터링은 가장 활동적이고 거의 틀림없이 가장 중요한 사람들을 강조하며, 이는 많은 분석에서 선호된다.

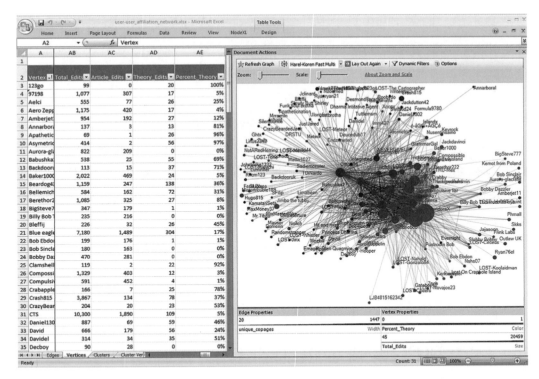

그림 15-15 그들이 함께 편집한(가중화된 모서리) 특정 페이지의 수에 근거하여 사용자들(꼭짓점들)을 연결하는 로스트 피디아 위키 사용자간 제휴 네트워크의 노드엑셀 시각화. 두 유형의 모서리(Edge)가 포함되었다. 바로 20 혹은 그 이상의 이론 페이지(초록색)의 공동 편집자에 근거하여 사용자들을 연결하는 것과 150 혹은 그 이상의 문서(밤색)의 공동 편집자에 근거하여 사용자들을 연결하는 것이다. 꼭짓점(Vertex) 크기는 전체 위키 편집에 근거하며, 색깔은 이론 페이지의 퍼센티지에 근거한다(초록색 꼭짓점(Vertex)은 대개 이론 페이지를 편집하고 밤색 꼭짓점(Vertex)은 대개 문서 페이지를 편집한다). 경계 spanners와 중요한 개인들은 쉽게 알아볼 수 있다.

그림 15.15에서 로스트피디아 사용자간 제휴 그래프를 볼 수 있다. 네트워크는 중요한 개인들과 관계, 특히 문서 편집자와 이론가들 사이를 알아보기 위한 목적으로 만들어진다. 사용자 사이의 연결은 그들이 모두 편집한 문서 페이지(고동색)와 이론 페이지(초록색)의 수에 근거한다. 이것은 다른 종류의 모서리(Edge)를 가지고 있기 때문에 멀티플렉스 네트워크의 예로 볼 수 있다(3장[21] 참조). 노드엑셀은 하나 이상의 모서리(Edge)가 있을 때 이것을 간파할 수 있도록 다른 색깔과 굵기, 모서리(Edge) 투명도를 사용함으로써 동일한 두 사람들 사이의 여러 모서리(Edge)를 시각적으로 나타낼 수 있다. 노드엑셀의 대부분의 네트워크 메트릭스는 한 종류의 모서리(Edge)만이 존재한다고 가정하며 따라서 데이터 해석은 조심스럽게 이루어져야 한다. 예를 들어, Degree 측정은 각 모서리(Edge)를 독립적으로 셀 것이다. 따라서 만약 두 사람을 연결하는 두 종류의 모서리(Edge)가 있다면, 그들은 서로 간에 오직 하나의 연결에도 불구

하고 2라는 Degree를 갖게 될 것이다. 사용자간 제휴 네트워크는 위키의 다양한 섹션에서 중요 개인들과 관계를 알아내기 위해 모든 종류의 페이지의 공동 편집이나 특정 종류의 페이지(예 : 사용자 토론 페이지)의 공동 편집에 근거하여 만들어질 수 있다.

네트워크는 이론가와 문서 작가, 그리고 이 집단들을 분리하는 경계를 포괄하는 사람들을 또렷하게 보여준다. 중요한 개인들을 알아내고 그래프에서 찾아내기 위해서 편집, 문서 편집, 이론 편집, 이론 페이지 편집 비율을 보여주는 'Vertex 워크시트' 안의 데이터 열을 분류함으로써 네트워크는 노드엑셀 내에서 탐구될 수 있다. 사용자 지정 꼭짓점(Vertex) 오른쪽 버튼 메뉴를 사용하여 각 사용자들의 로스트피디아 사용자 페이지에 접근할 수 있다.

15.7.3 데이터 정규화를 통한 강한 연결 암시

그림 15.15에서 자주 편집을 하는 사람들(더 큰 원)은 더 많은(높은 Degree를 갖는) 사람들과 연결되어 있다. 예를 들어, (시즌 외에 매우 바쁘게 활동한) Santa는 매우 많은 페이지들을 편집하여 88명의 다른 사람들과 연결되었다. 이러한 빈번한 편집자들은 누구와 가장 밀접하게 연관되어 있는지를 알기 어렵게 하고 빈번하지 않은 편집자들 사이의 연결을 흐리면서 위키 전체에서 많은 시간을 보낸다. 이 행동을 설명하기 위해 예를 들어 원 카운트 수(raw count number) 대신 공동 편집된 페이지의 퍼센티지에 초점을 맞춤으로써 데이터를 정규화할 수 있다. 이 책의 범위를 넘어서는 데이터를 정규화하기 위한 많은 고급 기법들이 있다. 여기에서는 관계가 있는 두 편집자들에게 유의미한 연결에 초점을 맞춘 덜 밀집된 그래프를 만들기 위해 퍼센티지에 근거하여 단순하지만 효과적인 기법을 사용하고자 한다(그림 15.16).

많은 추가적인 열들이, 각 사용자들이 로스트피디아 위키에서 편집했던 독특한 페이지의 전체 숫자를 가리키는 노드엑셀 워크북에 있는 'Edge 워크시트'에 추가되었다. 각 쌍이 갖는 공동 편집된 페이지들의 숫자는 개인의 총 편집된 페이지 수로 나누어 한 사람이 다른 사람과 공유하고 있는 페이지 편집 비율로 계산되었다(그림 15.16의 세 번째 줄). 이 퍼센티지가 두 개인에게 모두 높다면 그들 사이에는 강한 연결이 존재하는 것이다. 두 개인 모두 높은 퍼센티지를 가지고 있다는 것을 장담하기 위해 두 꼭짓점(Vertex)의 퍼센티지의 최소값을 구분점으로 사용할 수 있다. 그림 15.16에서 최소 퍼센티지가 0.3(dynamic filters를 이용하여 시행착오를 통해 도달한 값)보다 낮은 모서리(Edge)를 배제하기 위해서 'NodeXL Visual Properties' 메뉴에서 찾을 수 있는 Autofill Columns의 Edge Visibility 속성 설정을 사용하였다.

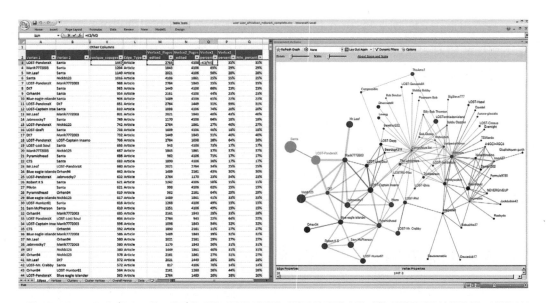

그림 15-16 NodeXL 'Edge 워크시트'와 사용자들이 편집된 페이지의 전체 수에 대한 퍼센티지로서 공유하는 페이지의 수에 근거하여 필터링된 모서리(Edge)를 가지고 있는 로스트피디아 위키 편집자간 제휴 네트워크 그래프의 시각화. Santa(빨간색으로 강조된)와 같은 빈번한 편집자의 모서리(Edge)의 수는 그래프에서 상당히 감소되었으나 크기는 그래프 밖으로 필터링된 것들이 존재함을 알려준다.

결과로 나타난 네트워크 그래프는 Santa와 Orhan94와 같은 개인들의 명성을 대단하게 생각하지 않았지만 여전히 그들의 두드러진 역할을 가리키기 위해 그들의 강한 연결을 Vertex Size를 사용하여 보여주었다. 덜 어수선한 그래프는 각각 이론과 문서 커뮤니티에서 중요한 Gaarmyvet과 Jabrwocky7와 같은 멤버들뿐만 아니라 이론과 문서 커뮤니티를 가로지르는 LOST-Captain, Rbfskywalker, Unknow과 같은 다른 중요한 개인들을 알아내는 것을 도와준다. 마지막으로, 그것은 로스트피디어 관리자와 같은 대부분 크고 붉은 꼭짓점(Vertex)으로 나타나는 중요한 개인들 사이의 관계를 알아내는 데에 도움을 준다.

15.8 위키시스템으로부터의 데이터 수집

위키에서 데이터 수집은 자동화방식이 아니다. 그리고 지금으로써는 실행자들과 연구자들에게 자기자신의 데이터수집전략을 억지로 운영하게 했다. 이렇게 높은 입장 비용은 여러 가지 면에서 이점이 될 수 있다. 처음 시작하기에는 어려울지 몰라도, 궁극적으로 데이터의 풍부함이 더 보람 있게 한다. 위키 데이터는 컴퓨터가 중재하는 수집행동의 일시적인 흐름에 대한 고유의 직관력을 제공한다. 다른 소셜 미디어시스템과는 달리 위키소프트웨어는 프로세스와 집단적인 협력의 생산물을 기록하고 자동으로 문서화한다. 더욱이 위키 데이터의 복잡성에 영향을 끼치는 네트워크 분석에 숙련된 실행자들은 단순한 형태의 소셜 미디어에서 얻을 수 있는 것보다 더욱 다양하고 깊이 있으며 중요한 직관력을 획득할 가능성이 있다.

위키로부터의 데이터수집은 기술적인 스킬과 노력의 조합을 필요로 한다. 많은 사항에서, 이행하기 가장 쉬운 전략은 엠파이어 위키에서 얻은 데이터를 사용하면서 첫 번째 예시에 설명되어져 있다. 그 예시에는 네트워크와 속성 데이터를 재빨리 모으기 위해 그리고 일련의 표준 엑셀 스프레드시트로 기록하기 위해 표준 웹스크래핑 패키지를 사용하였다. 그러한 소프트웨어는 표준화된 페이지 구성을 갖춘 포럼이나 블로그 혹은 다른 웹페이지의 데이터를 사용하는 시스템들에 대한 연구뿐만이 아니라 Wikipedia 연구에도 유용하다. 최초의 소프트웨어에 대한 투자와 관계없이, 이 방법은 수집 템플릿을 생성하기 위한 HTML에 대한 기초적인 이해력, 엑셀 및 액세스에 대한 기초지식 혹은 데이터를 체계화하기 위한 SQL 데이터베이스툴 그 이상의 것들을 필요로 하지 않는다.

우리의 두 번째 예시는 Wikipedia에서 직접적으로 발췌된 데이터들이며 특별한 툴을 필요로 하지 않는다. 모든 속성들과 모서리(Edge)는 문서 논의 페이지에 있는 컨텐츠들에 대한 간단한 코딩계획을 적용함으로써 수집되었다. 이 연구는 어떻게 실행자들 혹은 연구자들이 그들의 초점을 하나의 페이지의 구성을 둘러싼 상호작용 과정으로 좁혀나갔는지 설명했다. 이 정교한 초점은 작은 그룹 원동력과 리더십 이슈, 협력 그리고 사회적 통제를 강조한다. 물론 저 데이터는 편집 패턴과 편집자들의 동기를 알아내기 위한 그들과의 인터뷰, 또는 그런 동기와 위키 편집자들의 다른 유형에 대한 가설을 검증하기 위한 실험적 데이터, 이 모든 것들을 측정하기 위한 다른 방법(웹스크레핑과 같은)을 통해서 수집된 변수들과 함께 증대될 수 있다.

세 번째 예시는 위키 전체에서 획득한 데이터를 활용하는 방법을 설명했다. 그러므로 그것은 가장 기술적으로 많은 것을 요구하는 데이터 수집물을 사용한다. 본래의 SQL 데이터베이스로 시작해서, 데이터 수집 노력은 데이터베이스에 대한 질문을 통해 수행되거나 혹은 Wikipedia처럼 많은 공공 위키시스템의 경우처럼 데이터베이스의 상태를 나타내는 압축된 파일형태로서 접근이 가능하다. 실행자들은 SQL 데이터베이스를 조작, Python 혹은 Perl을 이용한 대규모 텍스트 해부분석 혹은 이상적으로 둘 다 하는 데 있어서 적합한 숙련도를 갖춘 인원이 그들의 팀에 필요할 것이다. 그와는 상관없이, 샘플 프레임이 설정되었다면 엑셀에 적합한 크기와 구조를 가진 데이터 단위들은 발췌되어 질 수 있고 노드엑셀에서의 작업도 진행될 수 있다.

15.9 실무요약

위키는 다양한 종류의 관계를 야기시키는 복잡한 소셜 미디어 시스템이다. 이런 관계들의 합은 더욱 복잡한 네트워크를 구성한다. 이러한 위키시스템안에서 내재되어 있는 복잡성은 실행가들에게 난관이기도 하며 동시에 기회가 될 수 있다. 위키는 그것들이 형식에 얽매이지 않는 조직을 통해 가치가 창출되고 협력이 발생하는 장소가 되기 때문에 가치있는 통찰력을 제공할 수 있다. 소셜 네트워크 분석은 어떻게 사람들이 함께 그 가치를 창출하기 위해 일하는 지를 보여주는 특별한 창문을 제공한다.

우리는 어떤 종류의 위키에도 즉시 적용될 수 있는 여러 가지 구조적 시각화 전략을 정의하고 설명하였다. 프로젝트에서 다른 역할을 도맡는 공헌자들을 식별하고 잠재적으로 비생산적인 공헌자들을 생산적인 협력을 활발히 이끌어내는 공헌자들로부터 구분하며 공헌자들의 중첩된 편집활동을 통해 분배된 대규모 협업의 구조를 상세히 기록하였다. 비록 기업적인 위키나 다른 내부의 데이터단위에 접근이 가능한 실행가들이 쉽게 연구질문들을 고안해낼 수 있다 하더라도 그 질문에 답하는 최상의 길을 찾아내는 일은 쉽지 않을 것이다. 이 챕터에서는 이러한 과제를 극복하는 과정에서의 주요 단계에 대해서 알아보았다. 첫째 일반적으로 위키시스템과의 친숙함은 실행가들이 어떤 종류의 페이지와 어떤 프로젝트가 특별한 관심을 보증하는 지 찾아내기 쉽게 한다. 둘째, 우리는 실행가들이 그들의 관심을 좁혀나가기 위해서 특별한 프로젝트와 특별한 편집자들의 집단, 혹은 관찰기간에 대한 지식을 활용하는 것을 제안한다. 어떤 질문이 답변 되어야 할 지 명확히 하는 것은 실행가들로 하여금 어떤 편집을 의미있는 네트워크 관계의 근거로써 사용해야 할지 혹은 어떤 속성들이 연관성이 있고 그러므로 측정되어야 할지 식별하는데 도움을 준다. 실질적이고 이론적인 통찰력은 연구목표에 대한 적합한 해답을 구해내는 방법들로 견본추출(sampling) 프레임을 줄여나가는 데 결정적인 역할을 한다. 당신은 이제 창조적일 수 있다. 위키 네트워크 연구는 아직 유년기단계이지만 빠르게 발전하고 있는 연구 분야이다. 컴퓨터와 인터넷만 있으면 당신의 연구는 이전에 보여지지 않았던 패턴을 발견할 수 있을 것이다. 이 챕터에서의 학문은 단지 위키 네트워크 데이터를 가지고 할 수 있는 일의 표면적인 부분만 다루었을 뿐이다. 이런 분량을 통한 분석과 측정의 기초 구성물들은 결합되고 위키시스템에 적용되어 질 수 있다. 그리고 그렇게 하는 것은 결실을 낼 가능성이 높다. 이 연구들은 또한 특유의 '모든 것은 편집이다'라는 위키시스템의 특징에 대해 예증을 들었다. 비록 의사소통이 위키시스템 안에서 이루어지지만 실제 의사소통은 시스템 자체가 식별하는 수령인 구조를 갖춘 명시적인 커뮤니케이션 체계가 아닌 표준 페이지 편집툴을 사용하면서 이루어진다. 이러한 관계에 포커스가 맞추어져 있기 때문에, 네트워크 분석 실행가들은 사용자간의 연계성 패턴을 무시하는 개별적인 전략을 사용하는 사람들보다 더욱 정확하고 가치있는 통찰력을 얻는 것이다.

15.10 연구의제

노드엑셀 프로젝트의 발전 이면에 있는 부분적 동기는 소셜 네트워크 분석기술을 연구에 사용하는 것에 대해 고려할 수 있는 연구자들과 실행자들의 범위를 확장하고자 하는 데 있다. 수년간, 네트워크 분석 소프트웨어는 이러한 툴들을 특허 소프트웨어 시스템을 배우기 위한 의지적인 측면과 기술적인 역량 측면에서 사용하고 싶어하는 사람들에게 높은 가격을 요구했다. 노드엑셀뿐만 아니라 TouchGraph와 같은 브라우저에 기반한 네트워크 시각화 툴도 소셜 네트워크 분석에 대한 프로그램 기술이 없는 이들에게도 그들의 참여를 확장시키는 데 일조하고 있다. 우리는 정착 되어진 연구사항들이 연구활동을 증가시킬 것이고 연구자들이 새로운 과제와 주제에 대한 네트워크 분석에 카메라렌즈를 들이 댈 것이라고 예상한다. 왜냐하면 위키는 너무도 풍부한 컨텐츠와 상호작용을 내포하고 있고 소셜 네트워크에 관한 새로운 연구사항에 대한 성장전망이 특별히 결실이 많을 것이기 때문이다. 우리는 전망성 있는 몇 가지 방향에 대해 논의할 것이다.

위키 데이터는 과정과 분배된 협력의 생산물을 지켜볼 수 있는 전례 없는 기회를 제공한다. 어떤 큰 업무에서도 내재하는 조화와 협력의 문제는 정도에 따라 다르지만 다른 위키 프로젝트들에서 극복되어진다. 어떻게 이런 협업이 성취되어질 수 있는가?[22][23] 협력적 성공을 구체화시킬 수 있는 조건들은 무엇인가? 어떤 기준과 관습 혹은 혁할, 관리전략 등이 핵심열쇠인가?[24]

온라인과 오프라인에서 사람들은 사회적 역할[25]이라 알려진 뚜렷한 행동과 상호작용의 패턴을 취한다. 위키시스템도 예외는 아니다. 사실 시스템의 복잡성과 조직적 작업의 다양성 때문에 위키는 많은 뚜렷한 사회적 역할을 야기시켰다.

위키는 확산(diffusion)의 역동성에 대한 연구를 할 수 있는 풍부한 무대장치이다. 일시적인 위키 편집 히스토리는 충실성과 함께 유지되어 진다. 그리고 편집자들은 내구성이 있는 정체성과 상호작용을 위한 수많은 내부적 환경을 갖추고 있다. 연구자들은 어떤 다른 곳에서보다도 확산과정을 더 잘 추적할 수 있다. 또한 창작과 의사소통이 위키에서 이루어지기 때문에 연구자들은 협력적인 창작을 진행하는 더욱 거대한 정황 속에서 확산과정의 역할에 대해서 연구할 수 있게 된다. 확산에 대한 연구와 협력에 대한 연구를 연결시키는 일, 그리고 사회적 역할에 대한 연구 모두를 연결하는 일은 많은 결실을 맺을 연구방향이 될 것이다.

참고문헌

[1] Y. Benkler, The Wealth of Networks, Yale University Press, New Haven, CT, 2006.

[2] C. Shirky, Here Comes Everybody: the Power of Organizing Without Organizations, The Penguin Press, New York, 2008.

[3] A. Capocci, V. Servidio, F. Colaiori, L. Buriol, D. Donato, S. Leonardi, et al., Preferential attachment in the growth of social networks: the case of wikipedia, Phys. Rev. E 74 (2006) 036116.

[4] Y. Yuan, D.C. Connie, T. Howard, L.X. Welser, G. Gay, The diffusion of a task recommendation system to facilitate contributions to an online community, J.Comput. Mediat. Commun. 15 (1) (2009) 32–.59.

[5] D.L. Hansen, Knowledge Sharing, Maintenance, and Use in Online Support Communities, Unpublished Dissertation, University of Michigan, Ann Arbor, 2007, Available online at:http://hdl.handle.net/2027.42/57608

[6] J. Voss, Measuring Wikipedia, in: Proc. 10th Intl. Conf. Intl. Soc. for Scientometrics and Informetrics, July 24–.28, Stockholm, Sweden, 2005.

[7] F.M.W. Viegas, K. Dave, Studying cooperation and conflict between authors with history flow visualizations, in: Proc. of the SIGCHI conference on Human factors in computing systems, April 24–.29, Vienna, Austria, 2004, pp. 575–.582.

[8] A. Kittur, R. Kraut, Harnessing the wisdom of crowds in Wikipedia: quality through coordination, in: Proc. of Computer Supported Cooperative Work, Nov. 8–.12, San Diego, CA, 2008, pp. 37–.46.

[9] D. Cosley, D. Frankowski, L. Terveen, J. Riedl, SuggestBot: using intelligent task routing to help people find work in Wikipedia, in Proc. of the 12th international conference on Intelligent user interfaces, January 28–.31, 2007, Honolulu, Hawaii, 2007.

[10] A. Kittur, B. Suh, B.A. Pendleton, E.H. Chi., He says, she says: conflict and coordination in Wikipedia, in: Proc. of 25th Annual ACM Conference on

Human Factors in Computing Systems, April 28–.May 3, San Jose, CA, 2007, pp. 453–.462.

[11] I. Beschastnikh, T. Kriplean, D.W. McDonald, Wikipeidan selfgovernance in Action: motivating the policy lens, in: Proc. of International Conference on Weblogs and Social Media, March 30–.April 2, Seattle, WA , 2008.

[12] E. Gleave, H.T. Welser, M. Smith, T. Lento, A conceptual and operational definition of social role in online community, in: Proc. of the 42nd Hawaii International Conference on Systems Sciences(HICSS), January 5–.8, Waikoloa, HI. Computer Society Press, 2009.

[13] J. Thom-Santelli, M.J. Muller, D.R. Millen, Social tagging roles: publishers, evangelists, leaders, in: Proc. of the twenty-sixth annual SIGCHI conference on Human factors in computing systems, April 05–.10, 2008, Florence, Italy, 2008 [doi   10.1145/ 1357054.1357215]

[14] H.T. Welser, D. Cosley, G. Kossinets, A. Lin, F. Dokshin, G. Gay, et al., Finding social roles in Wikipedia, Paper presented at the American Sociological Association annual conference, August 1–, Boston, MA, 2008.

[15] C.T. Butts, Revisiting the foundations of network analysis, Science 325 (2009) 414-16.

[16] D. Crandall, D. Cosley, D. Huttenlocher, J. Kleinberg, S. Suri, Feedback effects between similarity and social influence in online communities, in: Proc. of the 14th ACM SIGKDD Intl. Conf. on Knowledge Discovery and Data Mining, Aug. 24-7, Las Vegas, NV, 2008.

[17] P. Underwood, New Directions in Networked Activism and Online Social Movement Mobilization, Unpublished master's thesis, Ohio University, 2009.

[18] S. Wasserman, K. Faust, Chapter 8: affiliations and overlapping subgroups, Social Network Analysis: Methods and Applications, Cambridge University Press, New York, 1994.

[19] L.W. Black, T. Welser, J. DeGroot, D. Cosley, Wikipedia is not a democracy: deliberation and policy making in an online community, Presented in the

Political Communication Division of the International Communication Association annual convention, May22–6, Montreal, Canada, 2008.

[20] J. Gastil, L.W. Black, Public deliberation as an organizing principle for political communication research, J. Public Deliberat. 4 (2008) Article 3. Available at http://services.bePress.com/jpd/vol4/iss1/art3.

[21] R.A. Hanneman, Introduction to social network methods, 16. Multi-plex relations, www.faculty.ucr.edu/~hanneman/nettext/C16_Multi_Plex.html

[22] S.L. Bryant, A. Forte, A. Bruckman, Becoming Wikipedian: transformation of participation in a collaborative online encyclopedia, in: Proc. of ACM GROUP, '05, Nov. 6–, Sanibel Island, FL, 2005, pp. 11–0.

[23] A. Forte, A. Bruckman, Scaling consensus: increasing decentralization in Wikipedia governance, in: Proc. of 41st Annual Hawaii International Conference on System Sciences (HICSS), Jan. 7–0, Waikoloa, HI, 2008.

[24] B. Butler, E. Joyce, J. Pike, Don't look now, but we've created a bureaucracy: the nature and roles of policies and rules in Wikipedia, in: Proc. of 26th Annual ACM Conference on Human Factors in Computing Systems, 2008, April 5–0, Florence, Italy, 2008, pp. 1101–110.

[25] H.T. Welser, E. Gleave, D. Fisher, M. Smith, Visualizing the signatures of social roles in online discussion groups, J. Social Struct. 8 (2) (2007).

INDEX

색인

(#)

\# 기호 / 249

\#hashtag / 249, 256

\#robotpickuplines / 249

(.)

.plan / 60

(@)

@ 기호 / 178

@mention / 246

@reply / 246, 247

(A)

ABC-D 이메일 리스트 / 232

ABC-D의 이메일 목록 응답 네트워크의 노드엑셀 맵 / 234

ACM-CHI / 220

AFC / 236

Affiliation / 77

affiliation network / 135

affiliation-to-affiliation network / 137

Agent / 74

Aid4Mail / 188

AltaVista / 53

Alter / 77, 263, 289, 323

America Online / 50

answer-hashtag / 249

AoIR / 220

API / 222, 259

application programming interface / 259

application sphere / 359

ASCII / 184

Asynchronous communication / 47

Audio conferencing / 52

authority / 342

autofill / 148

Autofill Columns / 104, 146

Average Geodesic Distance / 123

(B)

balance / 80

BBS / 49, 219

Bcc / 184

Beau Nelson's Essential Makeup Tips / 415

betweenness / 302

Betweenness Centrality / 81, 119, 234, 267, 268, 412

Bimodal / 77, 135

bimodal network / 137

binary / 75

Binned Layout / 410

Black Day / 273

Black Friday / 275

Bookmarks / 59

Boolean / 189

Boundary objects / 413

boutique / 323

Bulletin Board System / 49, 218

(C)

CB / 50

Cc / 184

CCS-D / 224

centrality / 80

Centrality measures / 118

Centralization / 80

Circle Layout / 98, 307, 309

circular / 312

closed triad / 263

Closeness Centrality / 81, 120, 267, 268

Cluster / 154, 302

cluster vertex / 370

Clustering coefficient / 81, 118, 120, 127, 130
coding scheme / 450
collaboration / 54
comment / 357
Community / 154
community sphere / 358
companion graph / 459
CompuServe / 50
Connected Components / 122
Connection / 75
CoTweetite / 244
Country code TLD / 332
crawler / 330, 338
cScW / 37
CSS / 224
CSS-D에서 중요한 사람들과 사회적 역할 확인하기 / 226
CUSeeMe / 52

(D)

degree / 75, 118
Degree centrality / 81, 118
deliberation / 451
Delicious / 317
Density / 80
Digital object / 41, 53
directed edge / 75
DLL / 324
Douglas Engelbart / 37
dynamic filter / 142

(E)

e-commere / 359
e-government / 343
Edge / 74, 75, 94
edge weight / 125
edge weight column / 125
edge 가중치 / 125
Edge 가중치 시각화 / 125
Edge 강조 표시하기 / 96
Edge 레이블 / 110
Edge 리스트 / 92, 95
Edge 리스트 가져오기 / 96
Edge 워크시트 / 333
edge-filtering / 164
Ego / 77, 263, 289, 323

Ego network / 263, 323
egocentric network / 361
egonet / 262
Eigenvector Centrality / 81, 120, 234, 267, 268
Email list / 48
eml / 184, 188
Empire Wiki / 436
Enron / 209
Entity / 73, 74, 432
explicit / 43

(F)

Facebook / 61
Facebook Query Language / 294
FCC 로비 연합체 / 164
FERC / 209
Find and Replace Strategy / 191
Fireball / 309
Flickr organizr / 351
force directed / 312
Force-directed 계산방법 / 306
FQL / 293
Frequency Chart / 123
Friend Wheel / 306, 307, 309
friending / 61
Friendster / 61, 286
Fruchterman-Reingold Layout / 98, 159, 296, 303
Fruchterman-reingold 알고리즘 / 168

(G)

Gartner Group / 24
Generic TLD / 332
geo-tagged application / 360
geo-태그 이미지 / 349
Geocaching / 67
Go2Web20 / 47
good hub / 342
Google 문서 / 55
governance structure / 43
GPS / 66
granularity of control / 43
Graph Density / 123
Graph Metrics / 117
graph type / 364
graph-theoretical / 342

Grouplens / 48

(H)

Harel-Koren Fast Multiplex 레이아웃 / 164, 198, 296
Harel-koren Fast Multiscale 레이아웃 / 379
Harel-Koren 레이아웃 / 405
History / 428
Homogeneous view / 218
HootSuite / 244
hub / 342
hyper-tie / 45

(I)

ichat / 52
identifying tag clusters / 369
IF 함수 / 336
IMAP / 184
IMDB / 39
implicit / 43
in-degree / 229, 266, 404
inlink / 338
instant messaging / 51
Internet message Access protocol / 184
Internet Movie Database / 39
Internet Relay Chat / 39
IRC / 39, 50
isolate / 295, 414
Item / 74

(J)

Jaiku / 249
JavaScript Object Notation / 259
JCMC / 220
JSON / 259

(K)

keyword / 407
Kite 네트워크 / 116

(L)

Layout Order / 308
Layout 척력 / 159
LEFT함수 / 111
Link / 75
linkedIn / 56

linker / 320
Listservs / 179
log 매핑 / 105
log 분포 / 105
longitudinal partitioning / 313
Look-up / 299, 300
Lostpedia / 455
Lotus Notes / 184
lurkers / 220

(M)

Mailbag Assistant / 188, 189
maildir / 188
many to many / 36
Massively Multiplayer Online / 66
Maximum Edges in a Connected Component / 122
Maximum Geodesic Distance / 122
mbox / 184, 188
measure / 302
MediaWiki / 41, 54, 427
meetup / 236
Merge Duplicate Edges / 193, 365
Meta-Node / 321
Metrics / 302
Microsoft Access / 204
MIME / 184
MMO / 66
Mobile Short Messaging Service / 51
Moblog / 57
multimodal affiliation network / 137
multiple layout / 379
Multipurpose Internet Mail Extension / 184
MySpace / 61, 286

(N)

NameGenWeb / 288
Namespace / 428
NASA / 28
national priorities / 27
nesting / 217
Niche Networks / 62
Nigh of Neighbors / 27
Node / 74
NodeXL import wizard / 188
Nonordered Data / 297

nonseed 사이트 / 337

(O)

Odeo / 243
one to many / 36
Ordered Data / 296
out-degree / 229, 266, 404
outlier / 31, 105
Outlook / 186
overall degree / 404
overall metrics worksheet / 121

(P)

PageRank 알고리즘 / 53, 254
Pajek / 96, 124
PBWiki / 54
Perl / 463
Permanence / 218
person-to-person network / 137
personal sphere / 358
photostream / 350
Pinwheel 레이아웃 / 302, 310
Polar Angle / 310
Polar 레이아웃 / 309
POP / 184
Post Office Protocol / 184
post-and-reply / 215
public information dissemination / 28
Python / 463

(Q)

Q&A / 221
Queen of hearts / 414
query / 222

(R)

Ravelry / 235
RAVELRY 그룹 이해하기 / 235
raw count number / 461
raw data / 364
raw 메시지 / 204
raw 보낸 메시지 / 208
Real-Time collaborative Neighborhood / 27
Really Simple Syndication / 55, 246
Relationship / 75

representational state transfer / 259
repulsive forces / 159
REST / 259
retweet / 250
revealing / 365
RSS / 55, 246
RT / 250

(S)

sampling / 464
Schemes / 107
scraper / 222
Self Loop / 122, 194
semantic connection / 367
SeriousEats 네트워크 / 134
SeriousEats 온라인 커뮤니티 / 134
shared documents / 55
Simple Mail Transfer Protocol / 184
Single authored / 217
Single Vertex Connected Components / 122
single-authored / 238
Skype / 51, 52
SMS / 51
SMTP / 184
SNS / 60
social computing / 26
social interaction / 35
social network analysis / 22
social network map / 25
social world / 73
SocialText / 54
Sociogram / 73
sociotechnical systems / 30
soft partitioning / 313
spread out / 233
SQL / 294
SQL 데이터베이스 / 463
structural hole / 80
Structured Query Language / 294
STS / 30
Subgraph Images / 147, 444
Subgraph 만들기 / 147
subgraph 이미지 / 227
Sugiyama 레이아웃 / 146
synchronous conversation / 49

(T)

talk page / 449
TechABC의 부서분포 검토해보기 / 207
TechABC의 자료를 정규화하고, 필터링 하기 / 204
TechABC의 조직 이메일 네트워크 / 203
TechABC의 통신패턴에 대한 개요 만들기 / 205
Thread / 215, 217
thread-to thread / 238
Threaded 대화 구조 / 216
Threaded 대화 네트워크 / 221
Threaded 대화 시스템 / 216
Threaded 대화의 역사와 정의 / 216
Threaded 메시지 시스템 / 216
Tie / 75
Tim Berners-lee / 53
TLD / 332
top-level domain / 332
top-level 메시지 / 238
Top-Level 응답 네트워크 / 238
Topic / 216
Traffic metrics / 317
transitivity / 80
Tsurumi / 411
tweet / 41
TweetDeck / 244
Twhirl / 245
Twitter Search Network / 273
two-mode 네트워크 / 135

(U)

ubgraph / 169
UCINET / 96, 124
undirected edge / 75
Unimodal / 77
Unix 토크 메시징 / 50
unweighted edge / 75
URI / 53
Usenet newsgroup / 48
user comments graph / 374
user contacts / 357
user-generated products / 63
user-to-user / 238

(V)

Vertex / 74, 94

Vertex graph metrics / 124
Vertex Menues / 458
Vertex Visibility Options / 146
Vertex 레이블 / 107
Vertex 워크시트 / 333
Vertex 크기 / 103
Vertex 크기 고급 옵션 / 104
Vertex 크기 옵션 / 105
Vertex 크기(및 기타 시각적 속성) 변경하기 / 103
Video conferencing / 51
virtual world / 64
virus video / 387
Visibility / 262
Visibility Column / 147
Visibility Column Options / 148
visualization / 148
VLOOKUP / 192
VLOOKUP 함수 / 300
Voice over Internet Protocol / 52
VoIP / 52
VOSON / 323
VOSON Data Provider / 322
VOSON 데이터 공급자 / 329
VOSON 프로젝트 / 337
VOSON 프로젝트 사이트 / 323

(W)

Wakita / 411
watchlist / 456
Web 1.0 / 341
Web 2.0 / 340
Web Science Trust / 30
weighted edge / 75
Whopper / 287
wiki / 54, 424
Wikipedia / 54, 424
Windows LiveSync / 55
Windows Search 유틸리티 / 185

(X)

X, Y 좌표에 대한 그래프 메트릭스 매핑 / 128
XML / 188, 259

(ㄱ)

가상세계 / 64, 65
가상통화 퀘스트 / 66
가상현금 / 65
가상현실 세계 / 65
가시성 / 262
가시성 열 / 151
가중 네트워크 / 75
가중 연결 / 45
가중치가 없는 연결 / 75
가중치가 있는 연결 / 75
가트너 그룹 / 24
값 기반 필터링 / 140
강제 유도 레이아웃 알고리즘 / 160
개요 링크 / 358
개인 네트워크 / 262
개인 대 개인 네트워크 / 137
개인 수준 metrics / 116
개인 영역 / 358
개인 이메일 네트워크 분석하기 / 195
개인 이메일 네트워크 질문들 / 182
개인별 연결정도 / 233
검색엔진 / 53
검은 금요일 / 273
견본추출 / 464
결합체 / 302
경계 스패너 / 211
고립 / 410, 414, 417
고유 벡터 중심성 / 120, 267
고유 벡터 / 267
고유 벡터의 중심 / 255
고유벡터 중심성 / 81, 304
고정된 웹사이트 / 317
공개 로그 / 391
공공 접근 시스템 / 25
공공정보 전파 / 28
공동 이익 그룹 / 236
공유 / 354
공유 문서 / 55
관심의 중심 / 268
구글닥스 / 43
구독자 / 390
구조적 틈새 / 80
구조적인 패턴들 / 183
국가 우선순위 / 27

국제 웹 사이언스 트러스트 / 30
권한통제의 세밀함 / 43
균형 / 80
그래프 레이아웃 / 379
그래프 메트릭 계산하고 새로운 열을 추가하기 / 201
그래프 메트릭 계산하고 새로운 행을 추가하기 / 197
그래프 메트릭스 / 117
그래프 모양 변경하기 / 106
그래프 시각화 / 148
그래프 요소 보이기와 숨기기 / 130
그래프 유형 / 364, 365
그래프 창 업데이트하기 / 100
그래프 창 크기 조정 및 이동하기 / 97
그래픽 세계 / 64
그룹핑 / 154
근접 중심성 / 120, 267, 268, 303
금요일을 따르라 / 250
기술 지원 이메일 리스트 / 224
기술적 지원 그룹 / 224
기술적 특성 / 178
길드 / 66
꼭짓점 / 74
꼭짓점 색상 / 102
꼭짓점 크기 / 103
꼭짓점 색상 / 102, 103

(ㄴ)

내포반응 / 217
네임스페이스 / 428
네트워크 Tie / 321
네트워크 그래프 / 76
네트워크 데이터 이메일 목록 준비 / 225
네트워크 매핑 / 288
네트워크 선택 대화상자 / 324
네트워크 시각화랑 자료를 이해하는 것 / 202
네트워크 효과 / 286
네트워크를 그려보는 것 / 202
노드엑셀 템플릿 / 92
노드엑셀로 이메일 네트워크 가져오기 / 187
노드엑셀에 있는 이메일 자료 정리하기 / 191
뉴스 피드 / 285
뉴스그룹 / 219

(ㄷ)

다대다의 대화 / 36

다이나믹 필터 / 142
다중 레이아웃 / 379
단계 중심성 / 81
단일 네트워크 다이어그램 / 295
단일 모드 네트워크 / 137
답신 네트워크 / 224
대역폭 / 330
대칭 교환 / 256
덩어리 / 321
데이터 수집 / 257
데이터 입력하기 / 95
데이터 필터링 / 374
도형 / 109
독립 실행형 플랫폼 / 243
동반 그래프 / 459
동시 커뮤니케이션 / 41
동시적 대화 / 49
동적 링크 라이브러리 / 324
동적 필터링 / 134
동적 하이퍼링크 분석 / 343
둘러싼 경계체 / 413
드롭샷 / 386
디지털 객체 / 41
디지털 미디어 / 21
따라가기 / 56

(ㄹ)
라스트FM / 59
랜드마크 / 365
레미제라블 / 124
레이블링 / 107
로그기록 / 82
로봇의 작업멘트 / 249
로스트피디아 / 455
룩업 테이블 / 299
리트윗 / 250
리트윗팅 / 251
리플라이 그래프 / 47
리플라이 네트워크 / 47
링커 / 320
링크드인 / 62

(ㅁ)
마이크로 블로그 / 56, 246
많은 양의 이메일 수집을 사용하는 것 / 188

매개 그래프 metric / 116
매개 중심성 / 81, 119, 267, 268, 303
매개중심 / 302, 305, 311
멀티 모달 제휴 네트워크 / 137
멀티 플레이어 온라인 / 66
멀티플렉스 네트워크 / 78
메신저 / 51
메타 데이터 / 347, 388
명시적 접속 / 43
모든 것은 페이지다 / 429
모든 것은 편집이다 / 464
모든 것이 페이지다 / 426
모바일 장치 / 66
모서리 / 75
모서리 레이블 / 110
모서리 명칭 / 78
모서리(Edge) 병합복사 / 409
모양과 함께 레이블 / 107
모양으로 레이블 / 107, 108
무료 허퍼 / 287
묵시적 접속 / 43, 44
문서 페이지 / 434
물리적 현실 / 66
밀도 / 80
밀도집계 그래프 / 115

(ㅂ)
바이러스 비디오 / 387
반발력 강도 / 160
반복되는 부분 합치기 / 193
반복되는 이메일 주소 / 192
반복된 모서리 합치기 / 193
반복된 모서리를 합치는 것 / 365
방향성이 없는 연결 / 75
방향성이 있는 연결 / 75
범주 필터링 / 140
병합 중복 엣지 / 136
보손 데이터 제공자 / 322
북마크 / 59
분산형 네트워크 / 80
브라우저 / 53
브로커리지 / 288
블로거 / 341
블로그 / 55
블로그 피드 / 56

블로깅 / 55
블로깅 네트워크 / 341
비간접적 네트워크 / 295
비닝 레이아웃 / 410
비대칭 연결 / 256
비동기식 / 178
비동기식 Threaded 대화 플랫폼 / 215
비동시 커뮤니케이션 / 41
비동시적 대화 / 47
비동시적 스레드 / 47
비디오 네트워크 / 391
비디오 데이터를 가져오기 / 395
비메오 / 386
비주얼 디자인 / 102
비즈니스 만트라 / 317
빅 브라더 / 177

(ㅅ)
사용자 네트워크 / 371
사용자 생산 제품 / 63
사용자 연락처 / 357
사용자 의견 그래프 / 374
사회 기술 시스템 / 30
사회관계망 / 78
사회적 관계 / 78
사회적 관계망 / 22
사회적 상호작용 / 35, 354
사회적 역할 분별 / 229
사회적 역할 측정 / 229
사회적 유대관계 / 357
산란 그래프 / 375
산점도 시각화 / 375
상담사 / 363
서브 그래프 이미지 / 149, 229
서수 필터링 / 141
선형 대화 / 239
세컨드라이프 / 65
셀프 루프 / 194
셀프 루프를 자동적으로 찾아내기 / 194
소비자 애플리케이션 / 23
소셜 공유 / 58
소셜 그래프 / 61, 292
소셜 네트워크 맵 / 25
소셜 네트워크 분석 / 22, 73
소셜 네트워크 시각화와 메트릭 자료를 이해하는 것 / 199

소셜 네트워크를 시각화하기 / 197
소셜 네트워킹 / 21
소셜 네트워킹 서비스 / 60
소셜 미디어 / 21, 23, 36
소셜 미디어 시스템 / 37
소셜 세계 / 73
소셜 컴퓨팅 / 26
소속 데이터 / 221
소시오그램 / 73
수동 레이아웃 / 100
수식 사용 / 111
숙의 점수 / 451
숙의하는 공헌자 / 455
숨겨진 열 보기 / 108
숨은 참조 / 184
스레드 / 47, 48, 179
스레드된 대화 / 179
스타형 네트워크 / 280
스팸 / 175
스팸메일 / 176
스피 / 398
스피곳 / 341
시각적 속성 설정 / 374
시각화 해석 / 371, 376
시각화된 이메일 개요 만들기 / 195
시간적 비교 / 183
시드사이트 / 329, 334
시민 밴드 / 50
시숍 / 447
신축성 있는 구조 / 178
실시간 협력적 이웃 / 27
싱글 모드 네트워크 / 135
써드 파티 개발자 / 242
씨앗 / 280

(ㅇ)
아바타 / 41
아웃 라이어 / 31
아웃룩 / 186
앰버 경고 / 27
앳 리플 / 247
언급 / 357
엔론 / 208
엔티티 / 25
엠파이어 위키 / 438, 463

연결 중심성 / 118, 303
연결된 독립체 / 73
연결정도 / 75
연방 에너지 규제 위원회 / 209
열 자동으로 채우기 / 104
오디오 트랜스크립트 / 347
오디오 회의 / 52
온라인 백과사전 / 424
외향적 네트워크 / 233
우정 관계 / 290
우정 네트워크 / 289, 290, 320
우정관계 / 235
워드프로세싱 / 54
워치리스트 / 456
원 카운트 수 / 461
원시 데이터 / 364
월드와이드웹 / 53
웹 1.0 / 317
웹 2.0 / 346
웹 인터페이스 / 49
웹 크롤링 / 330
웹컨텐츠 / 53
웹크롤러 / 56
웹페이지 / 53
위치 정보 / 66
위치 태그 / 365
위키 / 54
위키 엔진 / 54
위키 저장소 / 239
위키 네트워크 / 432
위키시스템 / 434
위키피디아 / 54, 424
유니 모달 네트워크 / 137
유럽 기반 유망과학기술연구소 / 29
유비쿼터스 / 216
유사 익명화 / 287
유즈넷 뉴스그룹 / 48
유튜브 / 386
유튜브 API / 391, 408
유튜브 사용자 네트워크 / 400
윤리적 고려 / 398
윤리적인 문제 / 177
응답 네트워크를 보는 것 / 230
응용프로그램 영역 / 359
의미 연결 / 367

이메일 / 47
이메일 기록 보관소 / 188
이메일 네트워크 / 179
이메일 리스트 / 48
이메일 소셜 네트워크 자료를 노드엑셀로 가져오기 / 200
이메일 수집 / 181
이메일 자료 사용하기 / 184
이미지 / 53
이미지 내보내기 / 146
이미지를 Vertex로 추가하기 / 108, 109
이웃 국가 프로젝트 / 27
이원성 네트워크 / 77
이진 네트워크 / 75
이진 연결 / 45
이행성 / 80
인구 그룹 / 176
인바운드 / 334
인바운드 링크 / 319
인스턴트 메시징 / 50, 51
인터넷 연구 협회 / 220
인터넷 중계 채팅 / 50
일대다의 대화 / 36

(ㅈ)

자기 설명 및 기타 코멘트 / 372
자기 주석 / 373
자기중심 네트워크 / 77, 263, 268, 289, 361
자기중심적 네트워크 / 265, 402
자동 레이아웃 / 98
자동 채우기 / 104, 148
자동 채우기 열 / 150
자동적으로 클러스터 구분 / 161
자료 정리 / 196
자료 필터하기 / 197, 201
자아 / 77, 263, 289
자연 언어 처리 / 380
자체 하이퍼링크 네트워크 만들기 / 329
재 사용되는 조직도 만들기 / 202
전자 상거래 / 359
전자게시판 시스템 / 218
전자메일 메시징 / 47
전자상거래 / 360
전파 / 178
전파 경로 추적 / 280
전화 네트워크 / 286

전화접속 게시판 시스템 / 49
접근 중심성 / 81
정렬되지 않는 데이터 / 297
정렬된 데이터 / 296
정보 네트워크 / 253
정보 브로커 / 268
제휴 그래프 / 460
제휴 네트워크 / 77, 135
제휴 대 제휴 네트워크 / 137
제휴 데이터 / 137
조직의 이메일 네트워크 질문들 / 183
종합 메트릭스 워크시트 / 121
주요단어 / 407
주의 네트워크 / 253
주제중심 네트워크 / 77
중개 중심성 / 119
중심 멤버 / 211
중심성 / 80
중심위치 / 393
중앙집중식 네트워크 / 80
중요 인물들 찾기 / 209
중요한 개인 찾기 / 126
중첩된 If 문 / 141
지리적 태그 / 348
지배구조 / 43
지오 태그 이미지 / 360
지오캐싱 / 67
지오태그 애플리케이션 / 360
지향적 / 232
진입차수 / 438
질적 하이퍼링크 분석 / 343
집단화 계수 / 81, 120, 127, 130
집중 / 80

(ㅊ)
참조 / 184
찾고 대신하는 방법 / 191
채널 / 58, 390
채널태그 / 249
채팅 / 50
체계 / 107
최상위 수준 응답 네트워크 / 221
추가 클러스터링 알고리즘 / 166
측정할 수 없다면 증명할 수 없다 / 317
친구 / 253, 391

친구 네트워크 / 77
친구/팔로워 네트워크 / 253
친구관계 목록 / 398

(ㅋ)
커뮤니티 / 154
커뮤니티 영역 / 358
커스터마이징 / 242
컨텐츠 / 347
컴퍼스 / 66
컴퓨터 기계와 인간 간 상호작용 협회 / 220
컴퓨터 의료 통신 저널 / 220
컴퓨터 지원 협력 회의 / 220
컴퓨터 지원 협업 / 37
코딩 구성 / 450
콘텍스트 / 351
크롤 기술 / 317
크롤러 / 54, 329
크롤링 / 331
클러스터 / 154
클러스터 꼭짓점 / 370
클러스터링 / 154, 296
클러스터링 알고리즘 / 164, 411
클릭 작업자 / 28
킬러앱 / 178

(ㅌ)
타임스탬프 / 358
태그 네트워크 / 356
태그 안정성 / 381
태그 클러스터 / 357
태그 클러스터 식별 / 369
태그-태그 네트워크 / 356
태그의 의미 구분 / 369
태깅 관행 / 347
태깅 메커니즘 / 347
텍스트 레이블 / 107
텍스트 마이닝 / 188, 380
텍스트 채팅 / 51
토론 페이지 / 449
토의 페이지 / 434
툴팁 / 107, 110
툴팁 추가하기 / 110
트렌드 주제 / 272
트위터 / 243

트위터 게시물 / 41
트위터 셀럽 / 263
트윗 / 246
틈새 네트워크 / 62

(ㅍ)

파싱 / 341
팔로우 / 56
팔로워 / 248, 253
팟캐스트 / 57
페이스북 / 285
페이스북 네트워크 / 285
평가 사이트 / 64
포맷 테이블 / 300
포토 스트림 / 350
폴라 각도 / 310
푸시 기술 / 179
프라이버시 / 352
프렌드스터 / 61
플리커 검색 페이지 / 349

플리커 사용자 네트워크 / 371, 375
플리커 커뮤니티 / 354
플리커 태그 / 367
플리커 페이지 / 363
플리커(Flickr) / 346
필터링 / 134, 187

(ㅎ)

하위그래프 / 169
하이퍼링크 / 53, 318, 322
하이퍼링크 네트워크 / 320
하이퍼 타이 / 45
해시태그 / 249
협업 / 54
화상 회의 / 51
화이트 리스트 / 260, 275
확대/축소 및 크기 조정하기 / 101
확대/축소 슬라이더 / 101
히스토리 / 428